Il n'est pas de voy[age]
Sans épreuve de v[...]

VOYAGER DANS L'ANTIQUITÉ

DES MÊMES AUTEURS

Jean-Marie ANDRÉ

L'Otium dans la vie morale et intellectuelle romaine, des origines à l'époque augustéenne, Paris, PUF, 1966.
Mécène : essai de biographie spirituelle, Paris, Les Belles Lettres, 1967.
Le Siècle d'Auguste, Paris, Payot, 1974.
La Philosophie à Rome, Paris, PUF, 1977.
Les Loisirs en Grèce et à Rome, Paris, PUF, coll. « Que sais-je ? », 1985.
La Villégiature romaine, Paris, PUF, coll. « Que sais-je ? », 1992.

Marie-Françoise BASLEZ

Les Conditions de pénétration et de diffusion des religions orientales à Délos (thèse), Paris, coll. ENSJF, 1977.
L'Étranger dans la Grèce antique, Paris, Les Belles Lettres, coll. « Realia », 1984.
Saint Paul, Paris, Fayard, 1991.

JEAN-MARIE ANDRÉ
et
MARIE-FRANÇOISE BASLEZ

VOYAGER DANS L'ANTIQUITÉ

FAYARD

Les cartes ont été réalisées par
Études et cartographie, Lille.

© Librairie Arthème Fayard, 1993.

Introduction

L'époque actuelle vit du voyage sous toutes ses formes : voyages d'affaires, voyages officiels médiatiques, voyages d'agrément... Elle a, croit-on, inventé le « tourisme », c'est-à-dire la pratique de « tournées » à l'étranger conçues pour la curiosité ou le délassement, pratique inaugurée par les Anglais qui parcouraient la France et l'Italie au XVIIIe siècle.

Tout autant que l'Europe moderne, le monde antique a été par excellence le cadre et le temps d'une culture voyageuse. Les Grecs et les Romains avaient déjà créé, en un certain sens, ces « circuits » qui caractérisent le tourisme, et trouvé un mot qui désigne le voyage « pour voir du pays » (« théorique »). La formule s'est ensuite considérablement enrichie quand les savants ont développé ce type de voyage comme une pratique et une méthode d'observation et que les penseurs l'ont conçu, au propre et dans un sens métaphorique, comme un itinéraire spirituel. Si les Grecs ont inventé un mot, on peut penser qu'ils ont découvert la chose. L'histoire du voyage dans l'Antiquité ne saurait donc se limiter à une histoire des transports, axée sur les routes romaines et les épaves grecques. C'est l'histoire d'un changement de mentalité, qui a touché des milieux très variés.

Historiens, philosophes et médecins de l'Antiquité ont longuement décrit et analysé leur expérience du voyage. Les juristes en ont tiré les fondements d'un droit des personnes et d'un droit international. Mais ils n'ont pas été les seuls à laisser leurs impressions et leurs réflexions. Des témoignages de voyageurs plus ordinaires abondent, directs et souvent attachants, parfois inattendus comme ces empreintes de pas, laissées par les pèlerins dans les sanctuaires, qui émouvaient tant Flaubert en Égypte et qui sollicitaient à Rome, dans la chapelle du *Quo Vadis*, l'imagination des chrétiens.

Visiteurs grecs et romains ont laissé des graffiti et des inscriptions sur les parois des monuments d'Égypte ; profondément gravés dans la pierre et heureusement plus développés que ceux de nos contemporains, ils nous livrent directement et immédiatement les sentiments éprouvés par le voyageur quand il parvenait à son but.

Il est significatif aussi que le tourisme soit apparu en même temps que la littérature d'évasion : journal de voyage et roman. Autant qu'une histoire d'amour, le roman antique est un récit d'aventure qui entraîne le lecteur à travers toute la Méditerranée et dans un Orient fabuleux. Comme la satire ou la comédie latines, il eut vocation à devenir un journal de voyage et à en consigner les péripéties, les découvertes et les misères... Cette mode révèle un goût certain pour le voyage et un réel besoin de dépaysement dans toute l'élite cultivée et même, sans doute, dans un public plus large, grand consommateur de ce genre de littérature. En dépit de son caractère stéréotypé, celle-ci recrée le voyage au quotidien, dans son vécu, et non plus seulement à travers son cadre institutionnel et idéologique, ou son infrastructure.

Le voyage constitue pour l'homme antique une expérience existentielle, dont les multiples implications ne peuvent se lire que dans la longue durée, au fil d'une lente évolution et à travers des disparités fondamentales entre Grecs et Romains.

Le Grec a naturellement la vocation du voyage, indissolublement lié à l'aventure. Son espace habitable et nourricier étant au départ insuffisant, il s'expatrie volontiers. L'expatriation, qui ne rompt pas les liens culturels avec la métropole, pour le colon grec ou romain, qui ne brise pas la solidarité religieuse ou linguistique du monde grec, procède d'une extraversion fondamentale. Dans une Grèce d'Europe et d'Asie découpée à l'infini, pénétrée par la mer, battue par les vents du large, constellée d'îles, on aspire au dépaysement, au « beau voyage » du poète. Le Grec, plus que le Latin, maîtrise la mer, et il exorcise peu à peu les craintes de la préhistoire.

Les poèmes collectifs de la Grèce ancienne, solidaires des mythes primordiaux, sont certes des hymnes à l'aventure, mais ils recèlent aussi un lyrisme de la nostalgie. Ulysse est le symbole de cette double quête de la nouveauté et du retour, qui, dans les poèmes homériques, représente un héritage permanent, aux leçons perdurables et positives.

Dans les Odyssées ou dans les Argonautiques latines subsistent les antiques préjugés et les antiques préventions. Alors qu'Ulysse sur la mer violette aux paysages changeants se sent dans son élément, l'Énée de Virgile subit la mer comme une épreuve fatidique imposée à l'accomplissement de sa mission. La mouvance est le prix fixé par le destin pour les enracinements ultérieurs...

Quand le Grec s'expatrie, il crée des villes grecques d'un bout à l'autre de la Méditerranée, et ces villes définissent les étapes des navigations à venir. Il a le sentiment d'habiter un monde où l'universalité culturelle dépasse les fractures politiques. Le panhellénisme a toujours survécu au conflit des cités, à l'affrontement des impérialismes éphémères de la Péninsule. Le monde hellénistique romanisé conserve les « panégyries » anciennes, qui sont ses festivals, et il en recrée d'autres, qui stimulent les déplacements et les échanges. Les athlètes internationaux, les itinérants de la technique, de la médecine, de l'art dramatique, scellent, par leur mobilité même, l'unité de l'espace grec. Ils ont le sentiment d'exporter leur valeur et leur savoir, comme les anciens sophistes, et ils sont d'instinct cosmopolites, avant que les philosophes rêvent la « cité du monde » (*cosmopolis*) dans le sillage d'Alexandre.

Il serait spécieux de prétendre sans nuances que le Grec se confond avec l' « oiseau migrateur » des philosophes grecs et des agronomes latins, qu'il ignore l'enracinement, qu'il assume l'exil mieux que le Romain, plus casanier il est vrai. L'exil est, pour tous, le châtiment absolu, d'autant plus qu'il fait franchir au Grec les frontières de la « barbarie », alors que pour un Romain il constitue une relégation dans l'espace romanisé. Cependant quelle différence entre un Ovide qui se désespère sur les rives du Pont-Euxin, si riches en cités grecques, qui trahit l'obsession de la barbarie d'outre-Danube, qui tente d'apprendre le gète, et un Dion Chrysostome chez qui l'exil en pays barbare alimente surtout la curiosité exotique ! Le Romain, homme de l'enracinement, apprécie surtout l'évasion lointaine à l'ombre tutélaire des Sept Collines. Mais pour tout voyageur antique, il n'est pas de départ heureux sans espérance de retour.

Paradoxalement, le Grec, qui n'a créé que de brefs impérialismes, ou des confédérations lâches, se meut plus facilement dans le monde, connu ou inconnu, que le Romain, qui l'a soumis à sa loi. Le Grec part à l'aventure, avec beaucoup d'improvisation, et cherche une organisation locale conforme au modèle de sa cité. Comme lui, le Romain d'Italie aspire à retrouver la Ville dans l'extension de l'Empire. Or, pour être « partout chez lui », comme dit Rutilius Namatianus, le Romain a reproduit Rome à l'infini dans les colonies, et dans les municipes de droit latin. Rome attend le Romain ailleurs... Le Romain a créé, pour le départ comme pour le retour, un système mondial de transports et d'échanges. Sa « grande République », même chez les philosophes, est quelque peu bornée aux limites du monde connu, donc de l'Empire. D'un Empire uniformisé plutôt qu'unifié, hérissé de glacis stratégiques et de barrières fiscales. C'est par le hasard de l'histoire que Rome a cessé d'être dans Rome, et que le Romain est devenu migrateur. C'est par vocation que le Grec, colonisateur, explorateur, migrant de l'art ou de la science, cherche la vaste humanité au-delà de la Grèce.

Il faudra au Romain, chez qui le cosmopolitisme intellectuel se circonscrit longtemps à l'Attique, à l'Achaïe et à l'Asie maritime, accueillir et assimiler l'universalisme chrétien, pour qu'il découvre totalement, avec le pèlerinage lointain, la grâce primordiale et aventureuse du voyage circulaire grec.

CHAPITRE PREMIER

L'héritage des Grecs : comme Ulysse, malgré eux

« Heureux qui, comme Ulysse, a fait un beau voyage » ? Les Grecs ne le pensaient guère, eux qui, pendant longtemps, ne conçurent pas les agréments du voyage non plus que le voyage d'agrément.

Non pas pour des raisons d'inconfort et d'insécurité, car ils n'étaient pas sédentaires. Le voyage, et souvent le voyage lointain, était une des conditions de la vie quotidienne, en temps de paix comme en temps de guerre. L'expédition outre-mer, la piraterie et le commerce au long cours, qui sont décrits par Homère, le « grand départ » vers l'Occident et vers le Nord, à l'époque de la colonisation (*apoikia*), la célébration de concours olympiques internationaux, dès le VIIIe siècle, les silhouettes de mercenaires et d'exilés qui apparaissent chez les poètes et chez Hérodote, tout cela témoigne que la société grecque archaïque n'était pas statique et traduit une aptitude au déplacement, sinon un goût du voyage.

En ces temps reculés, il fallait une raison puissante pour se mettre en route, souvent même la malédiction divine. La mentalité ne changea guère durant cinq siècles : l'éternel errant des poèmes homériques devint le « vagabond de la tragédie », déchu ou exclu de sa cité, condamné à errer par le jeu des événements ou pour expier quelque faute. Le voyageur, par contraste avec le citoyen solidaire d'une communauté, c'est l'homme de nulle part.

ADOSSÉS À LA MONTAGNE, REGARDANT LA MER

La nature a fait le Grec voyageur en même temps qu'elle lui imposait une vision locale des réalités. Les premiers habitants de la Grèce furent des gens du rivage, qui s'installaient en bordure de la mer sans en craindre les périls, soit pour récupérer les alluvions, soit pour mettre les navires au sec en utilisant les commodités de la plage. Mais ces premiers villages étaient adossés à la montagne, puisque, sur le continent balkanique comme dans les îles de l'Égée, le cloisonnement du relief met toujours la montagne à proximité de la mer : dans la petite île de Kéos, dont l'étendue dépasse à peine 100 kilomètres carrés, les terres arables se répartissent en quatre plaines littorales, séparées par des montagnes qui s'élèvent à 560 mètres ; chacune était le siège d'un habitat indépendant. La montagne est aussi nécessaire au Grec que la mer : elle lui fournit un ados, un refuge ; elle lui procure la pierre et le bois dont il a besoin ; elle est terrain de chasse ; elle est frontière naturelle enfin, immédiatement présente et toujours difficile à franchir. Les communautés grecques sont enracinées dans un horizon terrestre rapproché et s'ouvrent seulement sur les aventures maritimes.

Les « chemins de la mer[1] *»*

La mer appelle le Grec, et elle l'a appelé très tôt puisque les premières silhouettes de bateau apparaissent dans l'art des Cyclades à la fin du IIIe millénaire. Dès le milieu du IIe millénaire, l'architecture navale était déjà très sophistiquée, comme l'ont révélé les fresques de Santorin récemment découvertes. Dans les îles de l'Égée, l'invitation au voyage se fit encore plus pressante que sur le continent balkanique, car les Grecs y sont évidemment venus par mer même s'ils s'y installèrent comme paysans ; d'île en île, ils passèrent d'Europe en Asie.

Dès la fin du IIe millénaire, le Grec chercha fortune sur mer, là

---

1. Pindare, *Pythiques*, IV, 347.

où le profit était à la mesure des risques encourus ; la diffusion des poteries crétoises puis mycéniennes en mer Égée et même, pour les secondes, dans toute la Méditerranée orientale et jusqu'à l'embouchure du Tibre, atteste une vocation précoce pour le commerce. Explorations ou raids de piraterie, l'expédition des Argonautes à la recherche de la Toison d'or ou la guerre de Troie témoignent du même esprit d'aventure et de lucre qu'Homère a parfaitement dépeint par la bouche d'Ulysse se présentant incognito comme « Crétois[1] ».

Dans l'histoire de l'hellénisme, le fait colonial — ou plutôt l' « émigration », l'*apoikia* — ne fut pas un phénomène unique, mais bien une succession d'appels : au peuplement des Cyclades pendant le IIIe millénaire, à l'expansion dans toutes les directions à l'époque mycénienne, au grand déplacement des Ioniens depuis l'Attique jusqu'à la côte asiatique à la fin du IIe millénaire, aux mouvements ultérieurs à l'intérieur du Péloponnèse, enfin à la fondation de nouvelles cités en Méditerranée occidentale et dans les pays de la mer Noire au VIIIe et au VIIe siècle. Pendant plus de mille ans, l'hellénisme s'est constitué et s'est déterminé dans l'aventure maritime.

Nostalgie homérique et errance tragique

Mais la mer fut aussi une barrière. D'abord parce qu'elle faisait peur, ensuite parce que les conditions de navigation rendaient tout voyage difficile et donc tout retour problématique : la nostalgie est le mal commun des héros homériques, ballottés sur les flots pendant de longues années comme Ulysse, dérivant vers l'Égypte comme Ménélas et Hélène[2].

En Méditerranée orientale, ce sont les conditions climatiques surtout qui entravent la navigation. En été, les vents étésiens, qui soufflent très régulièrement du nord en Égée et du nord-ouest ailleurs, interdisaient certaines directions aux voiliers antiques incapables de venir facilement au vent et de louvoyer. Dès le VIIIe siècle, les Grecs ont donc constaté que la saison de bonne

---

1. *Odyssée*, XIV, 199-357.
2. *Ibid.*, IX, 39 à XII, 450 et IV, 81-90.

navigation était très courte : ouverte au printemps, elle prenait fin avec le lever des Pléiades en automne, car la Méditerranée connaît en hiver des types de temps très instables. La mer est alors « embrumée », « c'est le moment où bouillonnent les souffles de tous les vents », c'est donc aussi le moment de mettre le navire au sec en prenant toutes les précautions nécessaires, comme le conseille le poète Hésiode[1] :

> Tire le vaisseau au rivage, entoure-le de tous côtés de pierres, qui arrêteront l'élan des vents au souffle humide, et retire la bonde, pour que la pluie de Zeus ne pourrisse rien. Place chez toi en bon ordre tous les agrès, plie soigneusement les ailes de la nef marine, prends le bon gouvernail au-dessus de la fumée, et toi-même attends que revienne la saison navigante.

La navigation de printemps n'est pas non plus à conseiller, bien que la mer « soit alors abordable ». « Il faut en saisir l'instant, et il n'est pas malaisé d'éviter un malheur. » Si des esprits aventureux s'y risquent, c'est par appât du gain : « L'argent, c'est la vie des pauvres mortels ! Il est dur pourtant de mourir au milieu des flots. » Il faut en cela comme en tout observer la mesure au lieu de prendre des risques inutiles.

En conséquence, la saison navigante ne dure que cinquante jours, à partir de l'équinoxe d'été, car alors « les brises sont franches ». C'en est fini des vents variables qui sont les plus dangereux de tous pour les navigateurs.

Depuis une très haute époque, on connaît également les dangers que présentent certains courants marins. Homère a évoqué, à travers la fable de Charybde que Circé raconte à Ulysse, les dangereux tourbillons de l'actuel détroit de Messine[2] : « Trois fois le jour se soulève, et trois fois engloutit.

Ô terreur ! Ne te trouve pas là pour l'engloutissement ! » Ulysse pourtant se trouve là, mais ne périt pas puisqu'il réussit à se cramponner à un figuier, puis à se saisir d'épaves. Quant aux « Creux de l'Eubée », ils devaient leur triste célébrité aux changements de sens très rapides des eaux dans le

---

1. *Les Travaux et les jours*, 624-630.
2. *Odyssée*, XII, 105-107 ; 234-244.

chenal très étroit qui sépare l'île de la Grèce. Enfin, les détroits qui donnent accès à la mer Noire ne furent praticables pour les bateaux grecs qu'assez tardivement, au VIIe siècle.

Des poèmes homériques aux tragédies athéniennes, la mer est évoquée comme une puissance mauvaise, image du malheur chez Hésiode ou Eschyle, image du danger chez Homère ou Sophocle... Cette image uniformément négative de la mer dans toute la littérature de haute époque étonne si l'on songe que cette période fut celle de la colonisation en Occident, de l'établissement de circuits commerciaux à partir de Corinthe et, enfin, de la constitution de l'empire athénien en Égée. Les poètes sont d'ailleurs sensibles à cet aspect des choses, puisque Homère s'intéresse à la primauté maritime des Phéaciens ou des Phéniciens[1], tandis qu'Hésiode considère le commerce sur mer comme l'alternative à la crise des subsistances. Mais ce dernier donne la clé du comportement grec archaïque en précisant bien qu'on ne prend la mer que poussé par la plus cruelle des nécessités, c'est-à-dire la famine[2] :

> Tire à la mer le vaisseau rapide et prépare la cargaison voulue, pour avoir du profit à rapporter chez toi, grand sot de Persès, à l'exemple de notre père, qui naviguait, faute d'aisance, et qui, un beau jour, arriva ici, après avoir traversé une vaste étendue de flots, laissant derrière lui Cumes l'Éolienne, sur un vaisseau noir.
>
> Il ne fuyait point devant l'opulence, la richesse, la prospérité, mais bien devant la pauvreté funeste, que Zeus donne aux hommes. Et il vint ainsi s'établir près de l'Hélicon, à Ascra, bourg maudit, méchant l'hiver, dur l'été, jamais agréable.

Ce Grec des années 800 n'avait pourtant pas tenté la grande aventure ! Issu d'une famille qui était venue des Balkans coloniser le nord de l'Asie Mineure, à la fin du IIe millénaire, il avait tout simplement retraversé l'Égée en sens inverse. Néanmoins, le point de vue de son fils est significatif de l'esprit de la période : c'est l'insuffisance des ressources locales, plus que l'appétit de lucre, qui est le moteur des déplacements par mer. En second lieu interviennent des facteurs de marginalisation sociale : l'aventurier des mers est souvent un bâtard ou un exilé politique.

---

1. VI, 263-272 ; VIII, 110-115 ; XV, 414-484.
2. *Les Travaux et les jours*, 631-640.

Le témoignage autobiographique du poète Archiloque de Paros, au VIIe siècle, est bien révélateur de cet état d'esprit. Né bâtard dans une famille qui avait déjà l'habitude du voyage, il partit coloniser Thasos, une île de Thrace, pour chercher richesse et gloire ; il caractérise le mouvement comme une ruée vers l'or, « quand la misère du peuple grec entier s'est donnée rendez-vous à Thasos ». Les vers d'Archiloque contiennent beaucoup de descriptions de voyage et expriment l'expérience vécue : on ne redoute pas de naviguer la nuit « quand les souffles du vent portent les rames vers la terre » ; « on s'accoude dans l'ombre au bastingage », confiant dans « le pilote vaillant et expert qui sait éviter les récifs sournois ». Pourtant, la peur ne lâche pas : l'angoisse tenaille quand la faction est dangereuse et on boit pour oublier ; la terreur gagne quand la tempête se lève, jusqu'à ce que la mer se calme et qu'on enlève les ceintures assurant la cohésion du navire. À l'issue du voyage, le poète est bien amer : il a perdu tous ses gains dans un naufrage survenu au retour[1].

Le danger n'est pas seulement sur les flots, il est aussi dans le déracinement et dans l'errance, sujet de prédilection d'Homère et des dramaturges au Ve siècle. Être chassé de chez soi par la famine, la guerre ou l'exil est le pire des maux, parce que le destin grec est un destin collectif qui s'inscrit dans les décisions prises en commun et dans le territoire que les citoyens doivent défendre pour survivre. Exclu de sa communauté, le Grec n'est plus rien : son sort est d' « errer désormais de par le monde », sur le modèle d'Ulysse, sans appuis naturels, reçu comme un intrus ou comme un suspect dans les localités où il passe, victime offerte à tous les prédateurs.

L'état de guerre permanent et la tradition des représailles

Enracinées dans un territoire très restreint, les communautés grecques étaient adossées à la montagne comme à leurs particularismes et, depuis leur constitution en cités au Ier millénaire, elles se sont opposées en des conflits de frontières et d'intérêts sans fin qui ont imposé aux théoriciens du IVe siècle l'idée d'un « état de guerre

---

1. *Tétramètres*, 97-98 ; *Trimètres*, 28, 33-34, 41 ; *Tétramètres*, 103-104.

permanent[1] » ; les Grecs ne concevaient pas la paix (il n'y avait même pas de terme pour la désigner), mais seulement la cessation des hostilités.

Le sentiment primitif de la communauté grecque quand elle se structure, c'est le besoin de vengeance devant tout affront ou tout préjudice émanant de gens qui lui sont extérieurs ; elle réagit en frappant à son tour et en étendant ces « représailles » à tous ceux qui sont naturellement solidaires de ses agresseurs, car la solidarité est bien le fondement essentiel de la responsabilité dans la cité archaïque. Ces représailles se manifestent par une brutale prise de corps ou une saisie des biens, quand les circonstances s'y prêtent, c'est-à-dire à l'égard d'un ressortissant de la cité-agresseur, s'il vient à en passer, « à l'entrée ou à la sortie du port » où c'est le plus facile. Dans les temps anciens, on saisit la personne ; c'est l'aventure arrivée à ce marchand du VIe siècle qui clame sa détresse dans une lettre écrite sur une tablette de plomb qu'il envoie à Berezan, au sud de l'actuelle Ukraine[2] :

> Cette lamelle de plomb appartient à Achillodoros. À porter chez son fils et chez Anaxagorès. — Protagorès, ton père te communique : Il est victime d'un tort de la part de Matasys, car celui-ci est en train [ou bien : essaie] d'en faire son esclave et l'a privé des marchandises qu'il transportait. Va chez Anaxagorès et raconte-lui : Il [= Matasys] dit qu'il [= ton père] est esclave d'Anaxagorès, en disant : « Mes biens sont aux mains d'Anaxagorès : esclaves mâles, esclaves femelles et maisons » ; lui [= ton père] en revanche pousse des cris et dit qu'il est libre et que Matasys n'a en rien affaire avec lui, et quant à la question de savoir s'il [= Matasys] a affaire avec Anaxagorès, cela, ils le savent eux-mêmes entre eux deux. Dis cela à Anaxagorès et à sa femme.

La « prise » (*sulân* en grec) désigne toujours une action violente : d'Homère à Polybe, le terme est employé dans le sens de « dépouiller », « piller ». Car ces pratiques ont aussi une motivation économique : normalement, elles constituent une riposte à un acte d'hostilité, mais, sous des couleurs pseudo-légalistes, elles peuvent également être un moyen de se procurer abusivement de

---

1. Isocrate, *Panégyrique*, 172 ; Platon, *République*, 471d-e et *Lois*, 626a ; Aristote, *Politique*, 678e-679e ; Plutarque, *Pyrrhos*, 12, 3-5.
2. B. Bravo, *Dialogues d'histoire ancienne*, 1, 1974, 126-132.

l'argent ou des biens. Le bellicisme des Grecs, dont sont issus ces comportements de vengeance, a créé une tradition de piraterie et de brigandage.

Guerre permanente, brigandage endémique... Les philosophes théorisent au IVe siècle ce qu'Homère observait déjà au début du Ier millénaire : la guerre et la piraterie sont des « arts d'acquisition » ; elles se révèlent nécessaires, au même titre que la chasse, pour permettre aux hommes d'obtenir ce qu'il leur faut « sans échange ni commerce », en particulier des esclaves.

Le voyageur grec jouait donc non seulement ses biens, mais encore sa liberté. Et pourtant, il voyageait...

L'APPARITION DU TOURISME SACRÉ

Il y avait, dans la vie des Grecs, des occasions de voyage où ils partaient un peu rassurés : c'étaient les cérémonies périodiques qui rassemblaient autour d'un dieu les gens de toute une région, plus ou moins vaste. Il pouvait s'agir soit d'un culte campagnard, à l'écart de toute ville, soit, plutôt, d'un sanctuaire situé sur une voie de passage. Alors, les Grecs savaient où ils allaient et ils étaient, en principe, assurés du retour.

Pour les auteurs de l'époque classique, le plus ancien de ces points de rassemblement était le sanctuaire d'Apollon à Délos, au cœur des Cyclades, qui constituait une escale obligée entre Athènes et la côte d'Asie. S'y rejoignaient, de ce fait, tous les Grecs qui parlaient ionien : ceux qui étaient demeurés en Attique et ceux qui avaient émigré de l'autre côté de l'Égée à la fin du IIe millénaire ; ceux des îles, aussi, qui avaient été peuplées lors de ce grand mouvement de migration. On y venait chaque année en famille pour assister aux compétitions d'athlétisme et aux concours de poésie qui étaient organisés à l'occasion des fêtes du dieu depuis le VIIIe siècle ; l'*Hymne homérique à Apollon* en donne, aux dires de Thucydide lui-même, le plus ancien et le meilleur des témoignages[1] :

---

1. Thucydide, III, 104.

> Mais ton cœur, Phoibos, ne trouve jamais plus de charme à Délos qu'en ces jours où les Ioniens aux robes traînantes s'assemblent sur tes parvis avec leur femme et leurs enfants ; ils te rendent alors un hommage qui t'enchante en organisant ces jeux où ils se livrent à la lutte, aux danses et aux chants.

Ces grands rassemblements religieux internationaux portaient le nom de « panégyries ». Comme l'a souligné Thucydide, c'étaient des occasions de réjouissances et de festivités populaires : voyager devenait une partie de plaisir. Le tourisme fut donc, à ses origines, un tourisme sacré.

Les émissaires sacrés

Il ne pouvait s'agir d'un tourisme de masse, car, à ces époques reculées, le voyage était bien périlleux. Les citoyens d'une ville se faisaient représenter officiellement à ces fêtes par des émissaires sacrés (les « théores ») et par des chœurs de citoyens choisis pour prendre part aux concours au nom de tous. En dehors des spécialistes, athlètes et artistes, qui contribuaient directement à la panégyrie, les peuples concernés y participaient par personnes interposées.

Les émissaires sacrés n'étaient pas seulement des observateurs délégués, mais aussi des convoyeurs d'offrandes — comme l'indique souvent leur nom composé sur *hiera* (« objets sacrés ») : on connaît en Grèce des « hiéronautes », des « hiéragogues » et, plus tard, dans la Diaspora juive, des « hiéropompes » qui sont chargés, chaque année, de porter les contributions sacrées au Temple de Jérusalem, en grande... « pompe » ou procession [1].

À Délos, durant l'époque classique, Athènes envoyait tous les quatre ans, au mois de mai, des émissaires (*théoroi*) sur un bateau d'apparat (*théoris*), avec des chœurs recrutés et instruits par l'État ainsi que des victimes conduites au sacrifice par des « hiéragogues ». En tout, le convoi comprenait une centaine de personnes. Elles débarquaient dans l'île au port sacré, puis se rendaient au sanctuaire en procession (*pompè*), pour y déposer les offrandes et immoler les bœufs. Ensuite, on célébrait des

---

1. *Inscriptions de Délos*, 50 et 291, b, 8 ; Philon, *Leg. ad Gaium*, 216.

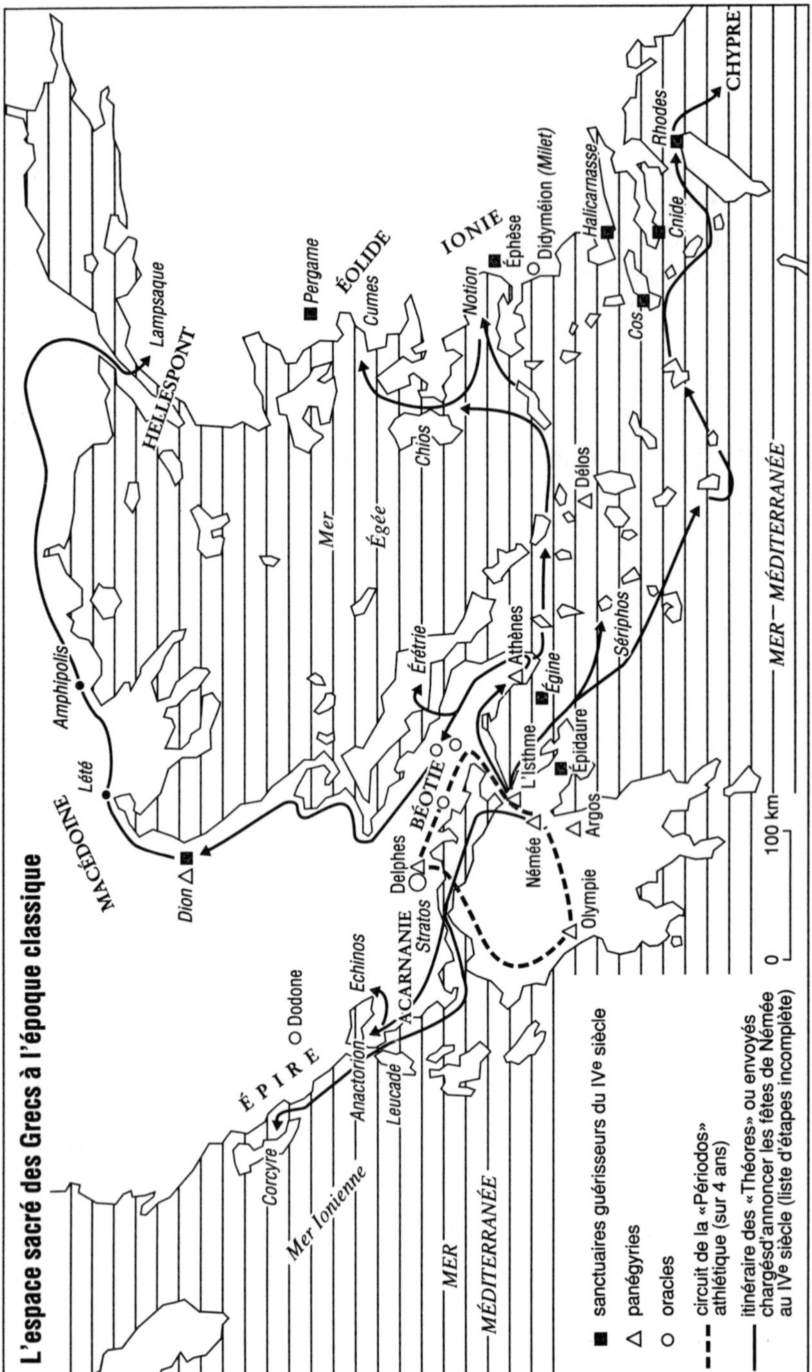
L'espace sacré des Grecs à l'époque classique
sanctuaires guérisseurs du IVe siècle
panégyries
oracles
circuit de la «Périodos» athlétique (sur 4 ans)
itinéraire des «Théores» ou envoyés chargés d'annoncer les fêtes de Némée au IVe siècle (liste d'étapes incomplète)
0
100 km
MACÉDOINE
Dion
Lété
Amphipolis
Lampsaque
HELLESPONT
Pergame
ÉOLIDE
Cumes
IONIE
Éphèse
Didyméion (Milet)
Notion
Halicarnasse
Cnide
Rhodes
Cos
CHYPRE
Chios
Mer
Égée
Délos
Sériphos
Érétrie
Athènes
Égine
Épidaure
L'Isthme
Argos
Némée
Olympie
BÉOTIE
Delphes
Stratos
ACARNANIE
Echinos
Dodone
ÉPIRE
Anactorion
Leucade
Corcyre
Mer Ionienne
MER
MÉDITERRANÉE
MER—MÉDITERRANÉE

concours gymniques, hippiques et musicaux ; on dansait et le programme se terminait par des représentations dramatiques et des banquets.

Émissaires et convoyeurs sacrés étaient choisis parmi les notables, car ils devaient faire les frais de leur entretien. Seuls le chef de la délégation et les spécialistes qui l'accompagnaient étaient autrefois pris en charge par l'État[1] :

> Sont dispensés de la contribution en vivres et en rôti : les trois chefs de la délégation, le devin, l'archonte, le héraut, le flûtiste, le pilote et son second, le chef des rameurs.
> Pourront emporter chacun une peau des victimes publiques : le héraut, le flûtiste, le chef des rameurs.
> Vivres à fournir : le premier jour, du pain d'orge, de la viande, du vin autant qu'on voudra, et les autres denrées appropriées. Pendant les deux jours, et en plus des vivres, chacun, enfant ou homme, versera une contribution d'une obole par jour.
> Le particulier pourra emporter le tiers des peaux des victimes qu'il aura sacrifiées, exception faite pour les victimes de consultation et de purification.

La vogue constante des oracles, au cours des périodes archaïque et classique, multiplia les voyages d'émissaires sacrés que les cités envoyaient consulter Zeus ou Apollon dans des sanctuaires plus ou moins renommés. Les plus célèbres étaient alors celui de Didymes en Asie, près de Milet, celui du Ptoion en Grèce centrale, celui de Dodone en Épire, et, surtout, celui de Delphes qui avait des relations avec tout le monde connu et qui joua, de ce fait, un rôle important dans les expéditions lointaines et dans les rapports avec les souverains orientaux. Gygès, qui régna en Asie Mineure au début du VIIe siècle, aurait été « le premier barbare à honorer l'oracle de Delphes », après Midas, le légendaire roi de Phrygie. Un de ses successeurs, Crésus, envoya consulter les oracles grecs sur l'opportunité de déclarer la guerre aux Perses, et il combla Delphes de bienfaits et d'offrandes ostentatoires[2].

Les barbares eurent une véritable vénération pour les oracles grecs, ce qui alimenta des échanges internationaux, à longue distance, à la faveur ou indépendamment des événements mili-

---

1. G. Rougemont, Études delphiques, BCH, Suppl. IV, 1977, pp. 37-47.
2. Hérodote, I, 13-14 et 50-54.

taires ou diplomatiques. En 480, lors de la seconde expédition perse en Grèce, un général ennemi envoya l'un de ses subordonnés faire la tournée de ces lieux saints, sans se laisser déconcerter par la barrière de la langue et des rites : le mandataire, d'ailleurs, procéda souvent par personnalités locales interposées [1]. Le besoin de connaître la volonté des dieux était bien alors l'invitation au voyage la plus pressante qui soit, pour les particuliers comme pour les États : on consultait l'oracle avant de se lancer dans une entreprise commerciale lointaine ou avant de s'engager comme mercenaire, ce que Socrate obligea le jeune Xénophon à faire avant de s'agréger aux Dix Mille en 401 [2]. Il y avait de telles files d'attente à Delphes que le droit de consulter l'oracle en priorité, la « promantie », y était très recherché.

*Malades en quête de guérison :
les débuts du voyage médical*

L'éventualité d'un changement de vie inquiétait. La maladie angoissait donc et devint, dès la fin du Ve siècle, un puissant motif de déplacement : on cherchait la guérison ailleurs que chez soi, dans des sanctuaires spécialisés où la divinité touchait, conseillait et soignait le malade au cours de rêves miraculeux.

Un certain jour de 423, l'Athénien Bdélycléon, inquiet de la manie de son père (il veut « juger » à longueur de journée !), l'emmène en désespoir de cause dans l'île d'Égine, à quelques heures de traversée, pour y visiter le sanctuaire d'Asclépios. Le bon fils, désolé, a déjà essayé le bain chaud, la purge et même l'hypnose lors d'une cérémonie d'initiation. C'est maintenant le dernier recours : une mini-croisière [3]...

Les malades devaient se déplacer, car tous les cultes guérisseurs s'étaient développés assez tardivement, en marge du panthéon et des rites officiels, et donc à l'écart des cités. De surcroît, le rôle important que jouait l'eau, aussi bien dans la vision que dans la cure, justifiait l'établissement de ces sanctuaires à la campagne,

---

1. Hérodote, VIII, 133-135.
2. *Anabase*, III, 1, 4-8.
3. Aristophane, *Guêpes*, 115-124.

auprès d'une source ou d'une rivière. Au VIᵉ siècle, c'étaient de petites chapelles ou des bosquets consacrés à un héros local : ainsi les « Bains d'Héraclès », à Thermai près d'Himère en Sicile, ou le passage des Thermopyles, près d'Héraclée Trachynia, ou encore le sanctuaire d'Amphiaraos à Oropos, à la frontière de l'Attique et de la Béotie, dans un ravin profond, près d'une source réputée pour ses vertus curatives.

Les premières implantations du culte d'Asclépios furent réellement marginales : à Tricca de Thessalie, sur les pentes du Pinde, dans une région considérée comme périphérique par les Grecs de l'époque classique ; à Corinthe, sur la route du port de Cenchrées, près de la fontaine de Lerne ; et enfin à Épidaure, en pleine nature, au bord d'un torrent, dans un paysage d'une douceur ineffable. Même lorsque Asclépios connut une très grande vogue, à partir du IVᵉ siècle, et que les plus grandes cités l'accueillirent, il resta le plus souvent aux portes de la ville : à Athènes, il s'installa d'abord au Pirée ; à Pergame, dans un vallon boisé à l'écart de l'agglomération ; à Délos, sur une plage éloignée ; à Cos, à 5 kilomètres du centre urbain. Consulter le dieu-médecin, dans l'espoir d'une guérison, nécessitait au moins une excursion.

La mode du tourisme religieux

La fréquentation des grands rassemblements religieux augmenta considérablement au cours de l'époque classique. Dès le début du Vᵉ siècle, les notables jugeaient bon de se faire voir à Olympie, à Delphes ou à Némée, et même d'y concourir ou d'y faire concourir. Artistes et hommes de lettres y firent leur publicité : Hérodote donna à Olympie des lectures publiques de ses *Histoires* « pour gagner d'un seul coup le cœur de tous les Grecs ». À l'époque de Socrate, beaucoup de gens faisaient le voyage d'Olympie, au moins une fois dans leur vie et, au besoin, à pied. Socrate lui-même, qui n'aimait pourtant guère sortir de l'Attique et qui refusait le tourisme par principe, assista aux fêtes de l'Isthme (de Corinthe) et morigéna en ces termes quelqu'un qui s'effrayait d'avoir à effectuer le voyage d'Olympie[1] :

---

1. Xénophon, *Mémorables*, III, 13, 5.

Pourquoi as-tu peur de ce voyage ? Est-ce qu'ici même tu ne marcheras pas presque tout le jour ? En allant là-bas, tu marcheras, puis tu déjeuneras, tu marcheras et tu dîneras et te reposeras. Ne sais-tu pas que si tu alignais les allées et venues que tu fais en cinq ou six jours, tu couvrirais aisément la distance d'Athènes à Olympie ? Au reste, tu auras plus d'agrément à avancer ton départ d'un jour que de te mettre en retard ; car il est pénible d'être forcé d'allonger les étapes outre mesure, tandis que, si l'on a un jour de plus pour les faire, on est grandement à l'aise. Mieux vaut donc se presser au départ qu'en chemin.

La tradition des fêtes développa le goût des spectacles, comme le remarquait Platon en évoquant ces « amateurs de spectacles » qui couraient partout, à travers l'Attique, pour ne manquer aucune représentation théâtrale liée au culte de Dionysos, en ville lors des Grandes Dionysies ou dans les théâtres des bourgs quand on y célébrait les Dionysies rurales [1]. C'était l'occasion d'excursions à la campagne, mais aussi de voyages d'une ville à l'autre — et l'on avait bien soin de faire retenir ses places à l'avance [2]. Cependant, l'on n'acceptait pas volontiers de passer la mer : seuls les notables de Sicile et de Libye que chanta Pindare pouvaient se le permettre, tandis que le commun des mortels n'envisageait pas alors un pèlerinage privé à longue distance. Lorsqu'un Grec faisait ses dévotions dans un sanctuaire éloigné de chez lui, c'était en général au cours d'un voyage motivé par une autre raison : la guerre, les affaires ou la diplomatie. Le tourisme religieux de l'époque classique restait encore très largement un tourisme occasionnel.

---

1. *République*, 475d. Héliodore, III, 1, 2.
2. Théophraste, *Caractères*, 9, 5.

ENTRE VILLE ET CAMPAGNE

L'excursion

Dès l'époque classique on aimait prendre un « bol d'air », à la façon de Socrate et de Phèdre dont Platon a évoqué les flâneries sur les bords de l'Ilissos[1]. Ils marchaient en respirant à pleins poumons et en profitant de la fraîcheur de l'eau, de la verdure et des fleurs. Dans son éloge de la nature, Socrate en devient lyrique :

> Ah! par Héra, le bel endroit pour y faire halte! Ce platane vraiment couvre autant d'espace qu'il est élevé. Et ce gattilier, qu'il est grand et magnifiquement ombreux! Dans le plein de sa floraison comme il est, l'endroit n'en peut être davantage embaumé! Et encore, le charme sans pareil de cette source qui coule sous le platane, la fraîcheur de son eau : il suffit de mon pied pour me l'attester! C'est à des Nymphes, c'est à Achéloos, si j'en juge par ces figurines, par ces statues de dieux, qu'elle est sans doute consacrée. Et encore, s'il te plaît, le bon air qu'on a ici n'est-il pas enviable et prodigieusement plaisant? Claire mélodie d'été, qui fait écho au chœur des cigales! Mais le raffinement le plus exquis, c'est ce gazon, avec la douceur naturelle de sa pente qui permet en s'y étendant, d'avoir la tête parfaitement à l'aise.

Socrate et Phèdre se contentaient d'une halte bienfaisante, mais beaucoup préféraient organiser des pique-niques, dont le but était souvent la visite d'un sanctuaire champêtre comme la grotte de Pan sur les flancs du Parnès, aux confins de l'Attique[2], ou celle des Nymphes dans l'île de Lesbos[3]. On étendait à terre des tapis et des couvertures, ou bien on disposait des jonchées de feuillage; on dressait des tables; on convoquait cuisiniers et musiciens. Le vin coulait à flots. On buvait, on dansait, les hommes d'un côté, les femmes de l'autre. On chantait aussi : l'un entonnait un chant de moissonneurs, l'autre

---

1. *Phèdre*, 227a et d ; 229a-b ; 230c.
2. Ménandre, *Le Misanthrope*, 909-953.
3. Longus, IV, 38.

lançait les brocards habituels des vendangeurs... Tout se passait à la villageoise.

Si les gens de la ville passaient volontiers une journée à la campagne — à condition, toutefois, que les chèvres ne viennent pas brouter trop près de leur pique-nique ! —, ils n'y créèrent pas un art de vivre. Dans la mentalité des Grecs, l'opposition entre la ville (*polis*) et la campagne (*agros*) s'exprima toujours en termes de « civilisation » et de « sauvagerie ». « Campagnard » (*agroikos*) était synonyme de « rustre », d' « inculte », alors que *politikos* évolua, au IVe siècle, dans le sens de « sociable ». À la fin de ce siècle, au cours duquel on constata pourtant une tendance au retour à la terre, Théophraste traça un portrait repoussant du « rustre » : il est d'une ignorance crasse, qui n'a d'égale que l'incongruité de son vêtement, de ses propos et de ses manières ; complètement inculte, il ne peut comprendre ni la beauté des monuments, ni les avantages de la monnaie ; ainsi, il n'a pas conscience d'appartenir à la communauté civique et il se range de lui-même parmi les marginaux, esclaves et travailleurs étrangers [1].

Cependant, la maison de campagne, sans aucune fonction agricole, semble bien avoir existé en Attique dès l'époque classique. Thucydide qualifiait d' « installations coûteuses » les demeures que de riches Athéniens s'étaient fait construire sur leurs domaines [2] et l'on connaît à Anagyronte, au voisinage de la mer, dans une région infertile, une importante maison de la fin du Ve siècle où les fouilles n'ont dégagé aucun bâtiment de caractère utilitaire ; elle est construite comme une maison urbaine, avec les salles de séjour et les cuisines au rez-de-chaussée et les appartements à l'étage. Les Grecs qui choisissaient de vivre à la campagne ne pouvaient qu'y transposer le mode de vie urbain, c'est-à-dire « civilisé ».

L'introduction d'un modèle étranger

L'élaboration d'un art de vivre propre à la maison de campagne se limita pendant longtemps, en Grèce, à quelques tentatives

---
1. *Caractères*, 4.
2. Thucydide, II, 65.

individuelles, influencées par l'Orient, jusqu'à ce que l'Empire romain popularise partout le modèle de la *villa*.

Xénophon, le chantre du retour à la terre au IVe siècle, mais qui avait aussi fréquenté les princes perses, aménagea pour lui-même un manoir à Scillonte, dans le Péloponnèse. Situé dans une région de collines boisées, à la sortie d'Olympie, le domaine était traversé par une rivière propre à la pêche et comprenait des pâturages, des terres à blé, des vergers, des vignobles ainsi qu'une réserve de chasse. Le parc était orné d'un petit sanctuaire rustique, lieu de pique-niques et de fêtes champêtres [1].

Il a transposé, à l'échelle des Grecs, le modèle du « paradis » perse tel qu'il l'avait découvert à Célènes, en Asie Mineure, et à Sittakè sur le Tigre [2]. Le mot perse de « paradis » — qui signifie « jardin » — désignait les vastes domaines que possédaient un peu partout les princes achéménides et les nobles apanagés. Tout à la fois unités d'exploitation, parcs d'agrément, réserves d'animaux et terrains de chasse, ils servaient au délassement et avaient une fonction décorative et esthétique qui séduisit les Grecs. Ou du moins certains d'entre eux, car Théophraste, lui, se moque, à la fin du IVe siècle, du goût des Athéniens snobs pour les ménageries peuplées d'animaux rares [3].

À partir du IVe siècle et durant toute l'époque hellénistique, le « paradis » perse resta le prototype de la luxueuse demeure de plaisance : on l'imita aussi bien en Crète qu'en Italie du Sud. Le modèle du « paradis » oriental est à l'origine, en Grèce, du jardin d'agrément, conçu pour le repos et le loisir. Une zone dite « des jardins » se développa à Athènes à l'extérieur du rempart, sur la rive droite de l'Ilissos. Il devint donc courant à Athènes, à Corinthe, à Sicyone et dans les îles de posséder une maison de campagne avec jardin d'agrément, en général dans les faubourgs, ce qui permettait des allées et venues fréquentes, voire quotidiennes, la randonnée à cheval constituant une promenade hygiénique [4].

---

1. *Anabase*, V, 3, 8-13.
2. *Ibid.*, I, 2, 7 et II, 4, 14 ; *Économique*, IV, 13.
3. *Caractères*, 21, 9.
4. Plutarque, *Philopoemen*, 4, 2-4.

Les parties de chasse

Dès la fin de l'époque classique, c'est la chasse qui ramenait les gens des villes à la campagne pour des excursions et des séjours. Le même Xénophon qui fit l'éloge du *gentleman farmer* écrivit aussi des traités sur l'équitation et sur la chasse à l'usage des amateurs éclairés : ils étaient encore plagiés et réactualisés quatre siècles plus tard, en pleine époque antonine ! Xénophon considérait l'équitation comme un loisir (et non plus comme un entraînement militaire, conformément à la tradition aristocratique) et conseillait la chasse comme une école de vertu, caractéristique d'une éducation de prince à la manière perse. Mais le sportif savait aussi évoquer le plaisir de la quête et de la poursuite ainsi que la communion avec les chiens. À l'époque hellénistique, il existait des sociétés de chasse, qui organisaient des battues dans des régions désertes, comme certaines contrées de Béotie où l'on trouve, dans les sanctuaires champêtres, des monuments de chasseurs [1].

LES « CIRCUITS » DE L'ÉPOQUE CLASSIQUE

On parle de « circuit touristique » quand on voyage pour prendre la mesure et les caractéristiques d'ensemble d'une région plus ou moins vaste : tour de Corse, tour d'Europe, voire tour du monde. Les Grecs de l'époque archaïque, eux, ne connaissaient que le circuit religieux, le « tour des sanctuaires », qui comprenait soit tous les lieux de culte d'un territoire civique, soit les principales panégyries qui rassemblaient tous les Grecs. Lors de leur incorporation, les jeunes gens d'Athènes commençaient par faire avec leurs officiers la « tournée des sanctuaires [2] » de l'Attique ; ils prenaient ainsi conscience du tracé et de l'étendue du territoire qu'ils auraient à défendre. De même, aller régulièrement à chacun des grands rassemblements internationaux, qui se

---

1. *IG*, VII, n°s 1828 et 2850.
2. Aristote, *Constitution d'Athènes*, XLII, 3.

succédaient au cours d'un cycle de quatre ans, à Olympie, à Delphes, à Némée et à l'Isthme (de Corinthe), donnait la mesure et les contours de la communauté grecque dans son ensemble et créait la notion d'« étape » dans un contexte de géographie sacrée. Le mot « circuit » (*périodos*) apparaît pour désigner le tour complet de ces quatre grandes manifestations sportives et musicales, et les athlètes qui ont parcouru ces quatre concours en vainqueurs sont dits « vainqueurs du circuit » (*périodoniques*).

C'est un circuit religieux et patriotique dont la référence unique est celui qui l'effectue, et non pas ce qu'il va voir. Ainsi se développe la conception d'un monde centré, qui subsiste même lorsque la notion de circuit évolue dans un sens profane. En effet, quand la colonisation, les voyages et les guerres avec les Perses eurent ouvert l'esprit des Grecs aux dimensions du monde connu, ils conçurent, au VIe siècle, le « circuit du monde » ou *périodos*. Ce mot s'appliquait aussi bien à des descriptions rédigées qu'à des dessins peints ou gravés sur des tablettes. Les Grecs employèrent ce terme de « tour » ou « circuit » pour désigner leurs premières tentatives de cartographie, parce qu'ils se représentaient le monde centré autour d'eux-mêmes et autour des points de convergence qu'étaient leurs grands sanctuaires.

Les premières cartes

L'utilisation d'une carte est attestée pour la première fois en 499[1]. Celle-ci figurait dans les bagages d'un homme politique ionien, venu de Milet à Sparte pour solliciter une alliance contre les Perses. Elle n'apparaît d'ailleurs pas comme un instrument utilitaire, apte à guider le voyageur, mais plutôt comme le support d'un exposé : l'homme de Milet la montre en décrivant l'état des forces perses et elle l'aide à mémoriser l'ordre des pays et des peuples dans l'Empire. Elle représente, en effet, « la terre, la mer et les fleuves » qui servent de frontières autant que de voies de communication et qui séparent les peuples entre eux. Les montagnes ne sont pas indiquées (peut-être faute de symbole adéquat), non plus que les toponymes. Cette carte ne semble donc pas

---

1. Hérodote, V, 49 et IV, 36.

résulter d'observations recueillies auprès de voyageurs, puisqu'elle ne signale même pas la route royale, principal axe de circulation de l'Empire ; elle ne permet pas d'évaluer les distances, qui sont estimées, globalement, en temps de voyage. Hérodote a beau jeu d'en souligner le caractère artificiel :

> Je ris, quand je vois que beaucoup déjà ont dessiné des images d'ensemble de la terre, sans qu'aucun en ait donné un commentaire raisonnable ; ils représentent l'Océan enveloppant de son cours la terre, qui serait toute ronde comme si elle était faite au tour, et s'imaginent l'Asie égale à l'Europe. Je vais, en peu de mots, montrer quelle est la grandeur de chacune de ces parties et donner une idée de sa figure.

Les premières cartes ne doivent que peu à l'expérience du voyage. D'abord, elles étaient à très grande échelle, puisqu'il s'agissait de cartes du monde. Ensuite, elles furent conçues, selon la tradition, par des géomètres ioniens, élèves du fameux Thalès, dans un esprit de spéculations mathématiques et cosmologiques. Elles offraient un modèle géométrique de la terre, reconstruite dans un espace parfaitement circulaire, dont le centre était le plus fameux point de convergence de l'hellénisme, le sanctuaire de Delphes, « nombril du monde ». La carte du monde n'est donc que le plus grand « circuit » religieux possible à partir du plus illustre des sanctuaires : de sacrée, la géographie est devenue ethnocentrique et politique. L'axe central est celui de la route dite « des îles », au milieu de la Méditerranée, qui joint la Phénicie au détroit de Gibraltar. De part et d'autre, la disposition des parallèles, des méridiens et même des principaux fleuves se fait selon un principe de symétrie, qui crée des « carrés » régionaux.

En dépit de leur caractère peu pratique, ces premières cartes représentent un progrès immense. Elles ont substitué à celui de l'errance un univers délimité et structuré : sur la carte d'Hérodote, au milieu du Ve siècle, le monde est divisé en trois continents (l'Asie étant d'ailleurs étendue à l'Égypte) et découpé selon les lignes de relief ; les peuples sont orientés les uns par rapport aux autres sur des axes Nord-Sud en Asie et Ouest-Est en Libye (Afrique).

À la fin du Ve siècle, on a appris à prendre des repères et l'exigence de mesures précises s'est fait jour. Dans une comédie qui a pour cadre une école de sophistes, Aristophane montre qu'on mesurait la terre avec des outils de géomètre, et que le tour du monde, la *périodos,* incluait des mesures et des données topographiques liées à la généralisation de l'arpentage[1] :

> STREPSIADE. — *(Avisant quelques objets.)* Au nom des dieux, qu'est-ce donc que tout ceci ? dis-moi.
> LE DISCIPLE. — C'est de l'astronomie cela.
> STREPSIADE. — *(Montrant un autre objet.)* Et cela qu'est-ce ?
> LE DISCIPLE. — De la géométrie.
> STREPSIADE. — Et à quoi cela sert-il ?
> LE DISCIPLE. — À mesurer la terre.
> STREPSIADE. — Celle que l'on distribue par lots ?
> LE DISCIPLE. — Non, mais la terre entière.
> STREPSIADE. — C'est charmant ce que tu dis là. L'idée est démocratique et utile.
> LE DISCIPLE. — *(Montrant une carte.)* Voilà devant toi le circuit de toute la terre. Vois-tu ? Ici, Athènes.
> STREPSIADE. — Que dis-tu ? Je n'en crois rien ; car je ne vois pas de juges en séance.
> LE DISCIPLE. — Dis-toi que cela représente bien le terroir attique.
> STREPSIADE. — Et où sont les Cicynniens, mes compagnons de dème ?
> LE DISCIPLE. — Là, ils y sont. Et l'Eubée, comme tu vois, la voici, étendue à côté, toute en longueur, fort loin.
> STREPSIADE. — Je sais.

Ces exigences nouvelles sont peut-être liées au développement des relevés topographiques en Attique, pour les champs et pour les mines, puisqu'on a retrouvé un plan des mines de Thorikos gravé au IVe siècle sur une des parois de l'entrée. Mais, à l'échelle du « tour du monde », elles dépendent avant tout de la localisation des villes, du tracé des routes et des distances chiffrées que fournissent les *Itinéraires.*

L'itinéraire et les débuts du voyage organisé

Comme le « circuit », l' « itinéraire » est d'abord en Grèce une notion sacrée, ou plutôt rituelle. Mettre ses pas dans ceux d'un

---

1. Aristophane, *Nuées,* 200-209.

dieu institue un rite régulièrement célébré et crée progressivement une route jalonnée d'étapes, avec toutes les conditions d'un voyage organisé. Il s'agit surtout de transporter soit des images ou des objets d'un sanctuaire à un autre, soit des offrandes annuelles à un sanctuaire fondateur. Les trajets sont parfois très courts, tel l'itinéraire des initiés d'Éleusis qui reproduisait chaque année le voyage de la déesse Déméter en Attique, à la recherche de sa fille Corè : ainsi, la procession convoyant les objets sacrés faisait halte près d'un pont, à 6 kilomètres environ d'Athènes, où avaient lieu les « farces du pont » (géphyrismes), rappel des lazzi qu'une vieille femme du cru avait lancés à la déesse pour la dérider ; le surlendemain, les impétrants se rendaient à la baie de Phalère, et trois jours plus tard ils partaient enfin en procession pour Éleusis, sur la route de Mégare, à 23 kilomètres d'Athènes.

Depuis des temps immémoriaux existaient également des transferts d'offrandes lointaines, venues de la périphérie du monde connu. Tel est celui des offrandes hyperboréennes portées chaque année à Délos depuis l'extrême Nord (l'Hyperborée, c'est-à-dire, peut-être, une colonie ionienne de la mer Noire) ; elles empruntaient l'itinéraire qu'auraient suivi, pour la première fois, des jeunes filles que le mythe associait à la naissance d'Apollon et que la tradition connaissait sous le nom des Vierges hyperboréennes. Hérodote visita leur sanctuaire à Délos, au milieu du Ve siècle, et témoigna que le rite restait très vivace, bien qu'il ait ignoré en quoi consistaient ces offrandes « enveloppées de paille ». Elles étaient convoyées de proche en proche et passaient de cité en cité : leur première étape, en Grèce, était le sanctuaire de Dodone, en Épire, puis elles traversaient la Thessalie et le golfe Maliaque pour gagner l'Eubée et, de là, les Cyclades et Délos. Ainsi se constitua un itinéraire avec des villes-relais, qui fonctionna pendant des siècles et qui existait encore, légèrement modifié, en pleine époque impériale[1].

En dépit de ces traditions immémoriales, le souci d'évaluer les distances et d'aménager les étapes n'apparut pas en Grèce, mais dans l'Empire perse lorsque le roi Cyrus fonda un service des postes, détermina pour cela des étapes journalières moyennes

---

1. Hérodote, IV, 33-34. Callimaque, *Hymne à Délos*, 277-299. Pline, IV, 36. Pausanias, I, 31, 1.

(*stathmos*) d'environ 27 kilomètres, elles-mêmes subdivisées en 3, 5 ou 8 « parasanges », et organisa des relais d'étapes qui firent l'admiration d'Hérodote parce qu'il ne connaissait rien de tel en Grèce[1] :

> Voici, d'ailleurs, ce que l'on peut dire de cette route : on y trouve partout des relais royaux et d'excellentes hôtelleries ; elle ne passe que par des régions habitées et sûres. On franchit la Lydie et la Phrygie en 20 relais, soit 94,5 parasanges. Après la Phrygie vient le fleuve Halys ; des portes gardent le seul endroit où l'on puisse le franchir, ainsi qu'une puissante forteresse. De l'autre côté du fleuve, c'est la Cappadoce ; jusqu'aux frontières de la Cilicie, on compte 28 relais, soit 104 parasanges ; pour entrer en Cilicie, il faut franchir deux portes et passer devant deux forteresses. Après quoi, la route traverse la Cilicie pendant 3 relais, soit 15,5 parasanges. Un fleuve qu'on passe en barque forme la frontière de la Cilicie et de l'Arménie : c'est l'Euphrate. En Arménie, il y a 15 relais et hôtelleries, soit 56,5 parasanges, et une forteresse.

Ainsi se trouvaient assurées en trois mois et 111 étapes ou relais des relations rapides et confortables entre la capitale royale, Suse, et le centre de l'administration perse en Asie Mineure, Sardes. Au Ve siècle, les Grecs s'emparèrent de ce modèle pour réaliser les premières cartes à objectif pratique qui ne soient plus des synthèses géopolitiques et hellénocentriques, mais qui mesurent la terre « par géométrie[2] », en signalant mers et fleuves qui sont voies de communication, et montagnes qui ne sont qu'obstacles à éviter. Alors qu'Hérodote avait publié des *Enquêtes (Historiai)*, les premiers *Itinéraires* apparurent peu après : le premier *Itinéraire* nautique *(Périple)*, attribué à un amiral grec de Darius, Scylax, est de toute façon antérieur au milieu du IVe siècle ; quant à Ctésias, médecin du Grand Roi contemporain de Xénophon, il rédigea des descriptions de l'Assyrie, de la Perse et de l'Inde, nommées *Périple, Tour (Périodos)* ou *Circuit (Périégèse)*, même si ces œuvres s'apparentent plutôt au genre des *Histoires extraordinaires* qu'à celui des guides de voyage. Au milieu du IVe siècle, l'astronome Eudoxe de Cnide, lui-même grand voyageur, écrivit un *Tour de la Terre*.

---

1. Hérodote, V, 52 ; voir VIII, 98 et Xénophon, *Cyropédie*, VIII, 6, 17.
2. Aristophane, *Nuées*, 200 et 217.

Mais les progrès décisifs, en Grèce, résultèrent de l'expédition d'Alexandre. Le roi avait dans son état-major des « arpenteurs » (*bématistes*) et des « courriers » (*hémérodromoi*) qui mesuraient les étapes parcourues et dont certains composèrent des *Guides d'étapes (Stathmoi)* : Baeton rédigea *Les Étapes du voyage d'Alexandre*, et Amyntas *Les Étapes*, où il donnait, outre les distances et les relais, des détails sur les productions et les habitudes locales. Le guide de voyage allait naître[1].

Dans les mêmes circonstances, les amiraux de la flotte d'Alexandre tinrent des journaux de bord, combinant instructions nautiques et description géographique de la côte. Le *Périple* de Néarque, dans l'océan Indien, est beaucoup plus qu'une simple relation de voyage, sur le modèle de l'*Odyssée* : bien que Pline lui reproche de ne mentionner ni tous les noms de stations ni toutes les distances, et de ne pas toujours préciser le site et la situation des villes qu'il nomme, il donne régulièrement les distances, les mouillages et leur qualité, les aiguades ; il relève les écueils et les îles qui jalonnent la route et, plus il va vers l'ouest, plus il fournit de renseignements sur les villes, les fleuves et leur navigabilité, la végétation et les ressources minières[2].

L'AMÉLIORATION DES CONDITIONS DU VOYAGE

L'apparition d'une infrastructure d'accueil

Étant donné les conditions d'édition de l'époque, ces livres ne pouvaient circuler que dans un milieu restreint, où ils étaient lus comme des ouvrages de géographie ; pratiquement, ils n'étaient guère utiles qu'aux voyageurs lettrés. Mais les pèlerins qui gagnaient à pied les grands sanctuaires, ou les marchands qui sillonnaient l'Égée, n'étaient plus tout à fait démunis en cette fin du IVe siècle. S'ils ne partaient pas avec cartes ou guides, ils

---

1. Athénée, X, 442b et XII, 514g. Pline, VI, 61-62.
2. Arrien, VII, 21-41. Pline, VI, 26.

avaient en tête une liste d'adresses où ils pourraient trouver gîte et assistance, le long d'un itinéraire usuel.

C'est un aspect des relations internationales développées par les cités à partir du vi[e] siècle. Les communautés grecques qui entretenaient des relations suivies se préoccupèrent d'avoir à leur disposition, l'une chez l'autre, des hôtes « officiels », nommés par décret, qui prendraient systématiquement en charge leurs ressortissants de passage. Ces hôtes, qui portaient le nom de « proxènes », jouaient un rôle analogue à celui d'un consul. Des hôtes spécialisés, ou « théarodoques », étaient tout spécialement désignés pour accueillir les émissaires d'un sanctuaire (« théores »), à intervalles réguliers, quand ils venaient annoncer les grandes fêtes.

Sanctuaires et cités dressaient et affichaient la liste de leurs proxènes et théarodoques : il suffisait de la consulter avant d'entreprendre un voyage ; elle fournissait au citoyen qui partait un itinéraire fréquenté, des haltes déterminées et quelques garanties d'assistance à l'étape. Les cités cherchaient à procurer ces avantages à leurs ressortissants le long des grands axes de circulation : la liste des proxènes d'Histiée, dans l'île d'Eubée, correspond exactement aux routes commerciales les plus pratiquées par les marchands de la ville, telle que l'atteste la circulation des monnaies. Progressivement, ces relais ne se limitèrent plus à quelques adresses de « logement chez l'habitant » : il s'y organisa parfois une hôtellerie ou un sanctuaire-succursale, comme Deipnias, le « Lieu du Festin », sur la voie sacrée qui menait de Thessalie à Delphes.

L'administration des grands sanctuaires internationaux fut en effet la première à envisager et à développer une hôtellerie publique pour répondre aux besoins du tourisme régulier qu'engendraient les fêtes périodiques et les concours. Bien que traditionnellement, en Grèce, l'accueil du voyageur ait relevé de l'hospitalité privée, dont la pratique remontait au moins aux temps homériques, les premiers abris « en dur » et les premiers restaurants apparurent dans les sanctuaires au cours du ve siècle. Puisque le repas en commun faisait partie du rituel sacrificiel et trouvait ses origines dans la tradition populaire la plus ancienne, on créa d'abord des salles de banquet publiques, ou *hestiatoria :* elles virent le jour dans le sanctuaire d'Apollon à Délos au milieu du ve siècle, au moins, et furent aménagées dans un premier temps par les cités des îles, toutes proches, qui y envoyaient régulièrement des délégations assez nombreuses. Très vite, la cité qui gérait le sanctuaire prit les choses en main : à Délos, on connaît au début du IIIe siècle deux restaurants publics dans le sanctuaire du Cynthe, de quatorze lits de banquet chacun, et un troisième dans un sanctuaire d'Artémis situé en pleine campagne. Dans le sanctuaire d'Héra à Platées[1], en Béotie, un hôtel ou *katagôgion* est attesté dès la seconde moitié du Ve siècle. La ville de Cassopè en Épire, qui était une étape de pèlerinage, et le sanctuaire d'Asclépios à Épidaure en construisirent un au milieu du Ve siècle.

Dans les sanctuaires guérisseurs, le rituel évolua rapidement vers une cure de plus en plus thérapeutique, dans une ambiance agréable. On peut dire que le thermalisme est né en Grèce vers le milieu du IVe siècle, comme en témoignent des aménagements caractéristiques. Dans le second Asclépieion de Gortys, les travaux du temple furent vite abandonnés au bénéfice des installations hydrauliques, et l'édifice de bains devint l'élément central du nouveau complexe. On construisit aussi des théâtres, qui donnent un indice de la fréquentation de ces cures et qui révèlent la durée des séjours et l'agrément qu'on y cherchait : celui d'Oropos pouvait contenir 3 000 personnes, celui d'Épidaure (le plus célèbre) 14 000 ; tous deux datent du IVe siècle. À cette date, ces lieux sacrés sont déjà devenus des endroits à la mode.

De l'émissaire sacré à l'observateur curieux

L'évolution sémantique du mot « théore » est l'indice le plus révélateur du changement de mentalité qui caractérise le début du IVe siècle. En jouant plus ou moins sur l'étymologie indécise de *théoros* et *théoria*, qui peuvent se rattacher aussi bien au radical *théos* (« dieu ») qu'aux composants *théa* et *oros* (« celui qui observe le spectacle »), on assimila le voyage d'observation, proprement touristique, au voyage rituel. Pour Platon, il y a des voyageurs qui sont les « véritables observateurs », par

---

1. Thucydide, III, 68, 3.

opposition aux marchands et aux officiels ; il s'agit de « retraités » qui ont au moins soixante ans, riches de loisirs et de moyens[1] :

> Ce véritable observateur (*théoros*) est attiré par tous les spectacles (*théorémata*) artistiques, offerts aux yeux et aux oreilles.

Par « spectacles », Platon entend non seulement les concours gymniques, qui représentent la forme la plus ancienne des panégyries, mais aussi les concours musicaux qui apparurent très vite dans les sanctuaires d'Apollon, à Délos et à Delphes, où des théâtres furent édifiés au IVe et au IIIe siècle. C'est donc un tourisme d'intellectuel : l'observateur conversera avec ses hôtes « tantôt instruisant, tantôt se faisant instruire ». Hérodote, déjà, concevait la *théoria* non pas comme un voyage rituel mais, de façon plus générale, comme un voyage « pour voir le monde[2] ».

La « Nouvelle Éducation » et l'esprit d'observation

C'est dire que l'apparition de ce tourisme culturel est directement liée au changement de contenu et de finalité de l'éducation, sous l'impulsion des sophistes et des philosophes dans la seconde moitié du Ve siècle. Il ne s'agit plus de former de bons soldats, grâce à l'exercice physique, mais des têtes bien pleines et bien faites. La sophistique, qui représente une véritable révolution pédagogique, répand dans la jeunesse le goût du voyage d'études.

D'abord, le sophiste va de ville en sanctuaire panhellénique, partout où il peut donner une exhibition devant un public international et trouver des élèves ; ceux qu'il s'est déjà attachés l'accompagnent dans ses pérégrinations[3]. Ensuite, cette pédagogie se déploie dans une perspective d'humanisme relativiste : affirmer que « l'homme est la mesure de toute chose[4] » incite à aller voir sur place, à faire ses propres expériences, et développe un esprit empirique. Le recours à l'expérience directe et rationnelle interdit désormais de continuer à colporter ces fantastiques histoires de marins qui faisaient à la fois le plaisir et l'effroi

---

1. Platon, *Lois*, XII, 953a-d.
2. Hérodote, I, 29.
3. Platon, *Protagoras*, 313d et 315a.
4. Protagoras, fgt 4 (éd. Diels).

des Grecs depuis les temps homériques. Ainsi, Hérodote pouvait prendre du recul sur ce qu'on racontait à propos des Égyptiens [1] :

> Les Grecs racontent encore bien d'autres fables, sans nul esprit critique, et voici sur Héraklès une de leurs histoires, qui est fort sotte. Quand le héros vint en Égypte, racontent-ils, les Égyptiens le couronnèrent comme une victime et l'emmenèrent en grande pompe pour l'immoler à Zeus. Héraclès se tint tranquille tout d'abord ; mais lorsqu'au pied de l'autel ils voulurent commencer les cérémonies du sacrifice, il fit appel à sa force et massacra tout le monde. Par ce récit, les Grecs manifestent à mes yeux leur complète ignorance du naturel et des lois des Égyptiens. Comment un peuple à qui sa religion ne permet même pas de sacrifier des animaux, sauf des porcs, des bœufs et des veaux (s'ils sont reconnus purs), et des oies, pourrait-il sacrifier des êtres humains ? Et cet Héraklès, qui était tout seul et n'était encore, à ce qu'ils prétendent, qu'un simple mortel, quelle vraisemblance y a-t-il à dire qu'il a massacré des milliers d'hommes ? Je n'en dirai pas plus là-dessus : puissé-je obtenir ainsi la faveur des dieux et des héros !

Toutes ces histoires n'étaient, au fond, qu'un moyen d'écarter les concurrents des places d'échange privilégiées : dans l'île de Pharos, où les marchands grecs faisaient relâche sur la côte égyptienne, couraient les plus terribles histoires de brigands. Mieux informés, les Grecs se rassurèrent.

Ce sont les sophistes, aussi, qui mirent à la mode le voyage en Égypte, parce qu'ils introduisirent la géométrie et l'astronomie dans les études fondamentales [2] : tous les Grecs, à la suite de Thalès et de Solon, au VIe siècle, reconnaissaient l'avance des Égyptiens en ces matières.

Enfin, l'intérêt porté par les sophistes à l'érudition littéraire entraînait à toutes sortes d'enquêtes-répertoires géographiques, archéologiques et historiques, qui constituèrent le point de départ de l'histoire scientifique, au sens moderne du terme. Elles furent à l'origine de toute une série de recherches analogues, à commencer par celles d'Hérodote, qui était de la même génération qu'un Protagoras ou qu'un Gorgias. Lors de ses immenses voyages préparatoires à la rédaction de ses *Enquêtes,* il nota tout ce qui lui paraissait susceptible d'intéresser son public dans tous les

---

1. Hérodote, II, 45.
2. Hippias, fgts 2, 3, 4 et 6 (éd. Diels).

domaines. Il ne consigna pas seulement les faits historiques, mais enregistra des données qui relèvent maintenant d'autres spécialités : géographie, ethnologie, anthropologie... et même journalisme, puisqu'il ne manque ni un crime, ni une anecdote piquante. Hérodote se comportait vraiment en voyageur curieux de tout...

Il tira un profit certain de son expérience personnelle du voyage. Il sut également utiliser les *Périples* phéniciens, qui se transmettaient dans les ports de bouche à oreille, ainsi que l'itinéraire de la route royale perse, qu'il emprunta. Il donna des distances (arrondies, le plus souvent), fournit des éléments de topographie et d'ethnographie, orienta ses cartes et les axes de circulation qu'il reconstitua. Pourtant, ses progrès sont limités en raison de sa conception politique et ethnocentrique de l'espace[1] : à l'image des cartes grecques traditionnelles qui étaient centrées sur Delphes, il décrivit l'Asie comme organisée en cercles concentriques autour du noyau perse.

Quand les jeunes veulent voir du pays

Tout cela ne resta pas simple préoccupation d'intellectuels : la jeunesse d'Athènes réagit très positivement, dès la fin du Ve siècle, à cet appel au voyage. Le jeune Xénophon, élève de Socrate, harcela son maître et tricha avec les oracles quand il reçut une invitation pour la cour d'un prince perse, tant son envie de voir du pays était grande. Il partit en 401, n'envisageant qu'un séjour limité à une brève campagne militaire ; engagé dans une expédition à l'intérieur de l'Asie, il y demeura deux ans au cours desquels il parcourut 5 000 kilomètres, dans un milieu hostile, en tenant son journal de route, l'*Anabase*.

En 415, l'envie de voyager touchait toute la jeune génération d'Athènes, celle d'Alcibiade, le promoteur de la désastreuse expédition athénienne en Sicile. Thucydide juge le point de vue de ses contemporains très différent suivant les générations[2] :

> Les gens âgés espéraient qu'on ferait la conquête de cette terre qu'on allait attaquer, ou du moins qu'une force aussi considérable serait à l'abri des accidents. Quant aux hommes en âge de porter les

---

1. Hérodote, IV, 37-46.
2. Thucydide, VI, 24 ; Plutarque, *Alcibiade*, 17, 4.

armes, ils aspiraient à voir du pays et à faire connaissance avec cette contrée lointaine, dont ils comptaient bien revenir sains et saufs.

Les hommes âgés étaient résignés, les plus jeunes avaient une mentalité d'aventuriers. C'était la fin des citoyens-soldats qui se battaient pour défendre leur sol ou les intérêts de leur patrie. Le guerrier du IVe siècle se voulait un découvreur, qui s'efforçait déjà de lire les cartes. On comprend qu'Alexandre ait trouvé tant de techniciens et d'hommes de lettres grecs prêts à l'accompagner quand il s'est enfoncé en Asie.

C'était un désir un peu trouble où se mêlaient le goût de l'aventure et celui du lucre. Déjà sensible chez Xénophon et ses compagnons de l'Anabase, cette double préoccupation est illustrée par le voyage d'un jeune noble venu des régions hellénisées de Crimée à Athènes vers 390[1] :

> Ayant entendu parler de votre ville et du reste de la Grèce, j'ai voulu y faire un voyage. Mon père me remplit deux navires de blé, me donna de l'argent et me fit partir à la fois pour faire du commerce et pour voir du pays.

« Voir du pays » : telle est l'aspiration universelle de la jeunesse. Les Grecs du IVe siècle la rendaient par un terme emprunté au vocabulaire religieux, celui de « théorie ».

Dans les sanctuaires, « en suivant le guide »

Ce changement de mentalité ainsi que le développement d'aménagements profanes et de lieux de distraction dans les sanctuaires firent quelquefois passer au second plan la conscience de célébrer un rite collectif ou le souci d'entrer en contact personnel avec la divinité.

Dès le milieu du Ve siècle, les sanctuaires étaient considérés comme des lieux de détente et de rencontre, comme des musées, aussi, qui entretenaient la mémoire collective grâce aux offrandes et aux monuments commémoratifs qui s'y accumulaient. Les membres du clergé local se transformaient en guides spécialisés et Hérodote, qui les avait soigneusement écoutés en Égypte, à

---

1. Isocrate, *Sur une affaire de banque*, 4.

Delphes et à Délos, procède, à leur suite, comme un moderne *Guide bleu*. Il situe les grands moments de la visite les uns par rapport aux autres selon l'itinéraire habituel des promeneurs : par exemple, le tombeau d'Opis à Délos « est derrière le temple d'Artémis, tourné vers l'est, tout près du restaurant des gens de Kéos[1] ». Il signale toutes les bizarreries sur lesquelles pourrait s'interroger le visiteur : à Delphes, l'inscription qui attribue certain vase d'or aux Lacédémoniens est un faux, l'objet est en réalité une offrande du roi Crésus dont un Delphien — dont il ne dira pas le nom, bien qu'il le connaisse — a refait la dédicace pour plaire à Sparte ; la statue en or d'une boulangère, bien étonnante en ce lieu, rappelle un complot auquel le même Crésus échappa par miracle.

Hérodote donne aussi les dimensions des objets et raconte leur histoire : le lion d'or qui se trouve actuellement dans le Trésor des Corinthiens pèse 6,5 talents. C'était une offrande de Crésus, qui l'avait fait ériger sur un piédestal en briques d'or ; lors de l'incendie du temple de Delphes, au milieu du VIe siècle, le piédestal fondit ainsi qu'une partie du lion qui perdit la moitié de son poids. Hérodote avait donc consulté les inventaires du temple antérieurs au sinistre[2].

Il intègre encore des épisodes colorés pour donner de la vie aux objets les plus ternes et montrer qu'ils valent le déplacement. Il y a des broches pour rôtir les bêtes sacrifiées à Delphes, derrière l'autel de Chios ; ce serait bien insignifiant si la donatrice n'était pas Rhodopis, une des plus célèbres courtisanes du VIe siècle, qui avait fait fortune en Égypte[3] :

> Elle voulut laisser en Grèce un monument qui rappelât son nom, et faire, pour cela, quelque objet que nul n'eût encore imaginé et qu'on ne pût trouver dans aucun temple, pour le consacrer à Delphes en mémoire d'elle. Avec la dixième partie de sa fortune, elle fit donc fabriquer un bon nombre de broches de fer, de taille à transpercer un bœuf entier, autant qu'en put payer la dîme prélevée sur ses biens, et elle les envoya à Delphes.

L'offrande n'avait rien d'exceptionnel, puisque les archéologues ont découvert des broches de ce type dans le sanctuaire d'Héra à

---

1. Hérodote, IV, 35.
2. *Ibid.*, I, 49-51.
3. *Ibid.*, II, 135.

Argos ; c'étaient leur taille et leur nombre qui étaient extraordinaires, tout comme la personnalité de la donatrice sur laquelle couraient toutes sortes d'histoires.

Hérodote indique, enfin, les points de vue et les endroits où l'on peut se reposer : à Babylone, quand on fait l'ascension du temple à terrasses superposées (c'est la *ziggourat* que les Hébreux appelèrent la Tour de Babel), on emprunte une rampe qui monte en spirale ; à mi-parcours, on trouve une station avec des sièges pour reprendre son souffle et contempler la ville [1].

---

1. Hérodote, I, 181.

CHAPITRE II

L'appel du voyage

L'OUVERTURE DU MONDE HELLÉNISTIQUE

À l'époque hellénistique, l'espace habité connu des Grecs, l'*œcumène* (*oikoumènè*), s'étend considérablement et le lieu des parcours et des voyages change d'échelle. Durant le IIIe et le IIe siècle, de l'expédition d'Alexandre à la victoire de Rome sur Carthage, l'horizon des Grecs a atteint les limites extrêmes d'un monde centré sur la Méditerranée, embrassant les pays compris entre le détroit de Gibraltar et l'Indus, la Grande-Bretagne et l'Éthiopie.

L'ère des explorations

L'expédition d'Alexandre en Orient, avec le dessein, progressivement révélé, de maîtriser l'empire asiatique des souverains perses, avait consisté en un immense tour de l'Iran et de l'Inde par terre et par mer. La surface de la terre habitée en avait déjà été doublée et les Grecs eurent alors une connaissance directe du plateau iranien, de la vallée de l'Indus et du littoral de l'océan Indien.

L'époque des grandes découvertes se prolongea sous les successeurs immédiats d'Alexandre. Séleucos, qui avait établi son royaume au Proche-Orient, fit explorer les régions de la Caspienne vers 285 et surtout envoya un ambassadeur, Mégasthénès, auprès d'un souverain indien installé sur le site de l'actuelle

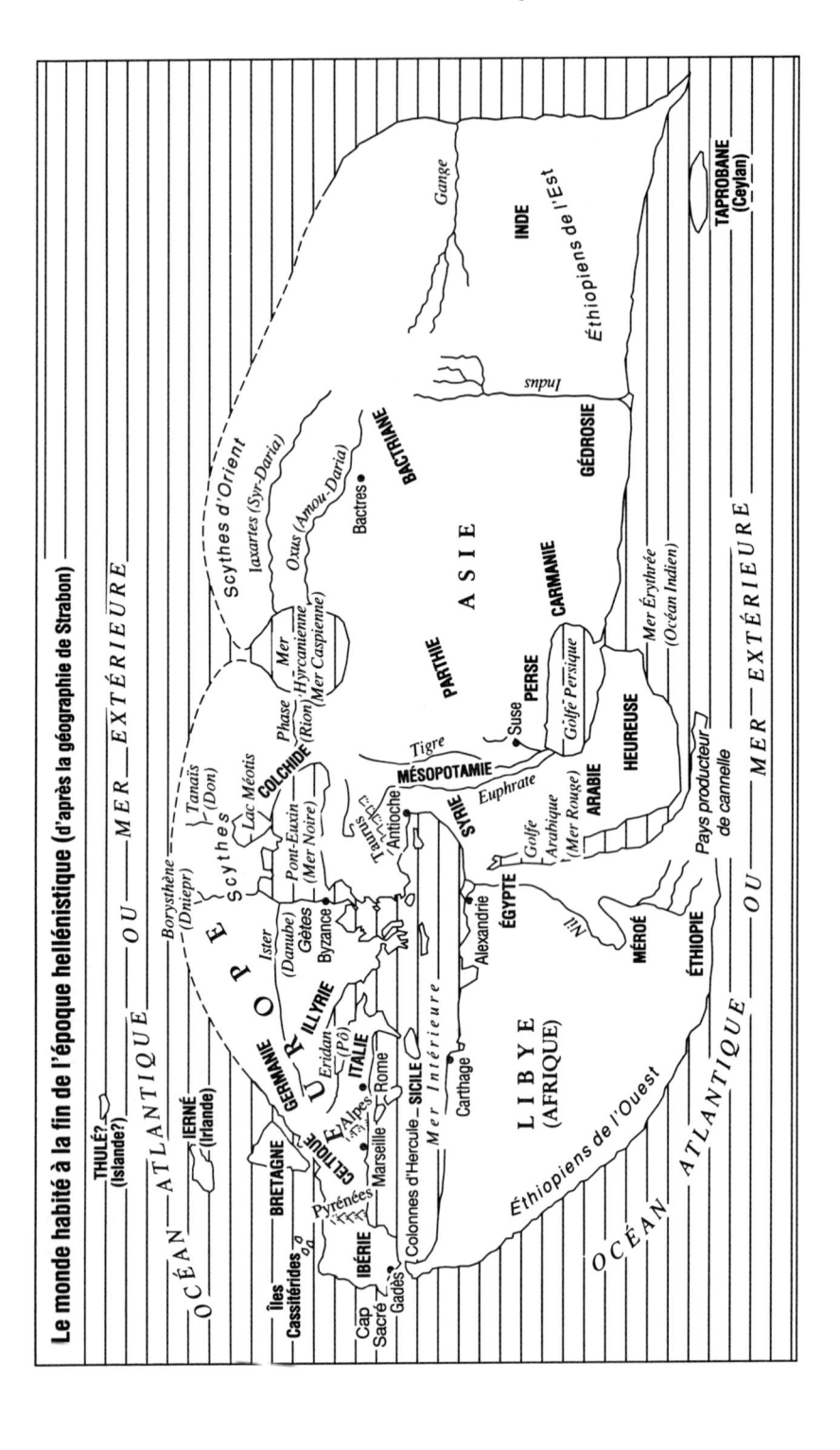

Le monde habité à la fin de l'époque hellénistique (d'après la géographie de Strabon)

Bénarès. C'était la découverte de l'immense plaine gangétique, l'ambassadeur ayant suivi un itinéraire immémorial que reprirent et aménagèrent finalement les Anglais, de Peshawar à Calcutta par Rawalpindi et Amritsar.

Sur ordre de Ptolémée II, le second souverain de la dynastie lagide, des expéditions furent lancées, à partir d'Alexandrie, à la fois vers la mer Rouge et, en remontant le Nil, vers l'intérieur de l'Afrique. Les objectifs étaient aussi divers que la chasse à l'éléphant, l'approvisionnement en métaux précieux et en produits exotiques, la recherche des sources du Nil... Ptolémée II fit établir un chapelet d'échelles en mer Rouge, du côté égyptien, jusqu'à la côte des Somalis, envoya des explorateurs sur la rive arabe et entretint des relations commerciales avec l'actuel Yémen. Vers l'intérieur de l'Afrique, des missions dépassèrent Méroé (l'actuelle Nubie) et atteignirent le Soudan, qui était pour les Grecs d'Égypte le pays des Troglodytes. Les rapports des explorateurs profitèrent directement à la célèbre école de géographie d'Alexandrie dont le représentant le plus remarquable est certainement, dans les années 120, Agatharchide de Cnide : en dépit d'un titre réducteur, son ouvrage *Sur la mer Rouge* constitue la somme des connaissances de son temps sur la mer Rouge, le golfe d'Aden, la mer d'Oman, l'océan Indien jusqu'à l'Indus, la Nubie, le Soudan et l'Éthiopie.

Alexandre avait ouvert la route des Indes. Celle du détroit de Gibraltar, vers l'Extrême-Occident, ne se révéla aux Grecs que progressivement et plus tardivement, au cours des IIIe et IIe siècles.

Pourtant, au moment même où Alexandre s'enfonçait en Asie, un Marseillais nommé Pythéas explorait, à l'autre bout du monde, l'Europe atlantique. Entré dans l'océan Atlantique par le détroit de Gibraltar, il suivit la côte ibérique et celle du golfe de Gascogne jusqu'à la péninsule armoricaine, puis cingla sur la Cornouaille, découvrit l'Irlande, les Hébrides et les Orcades, et gagna enfin Thulé (sans doute une des Féroé ou l'Islande), au voisinage du cercle polaire. Il fit l'expérience de la steppe, de la mer « figée », du jour de vingt-quatre heures. C'est là le point septentrional le plus extrême jamais atteint durant toute l'Antiquité : utilisant des guides indigènes de proche en proche, Pythéas fit mieux que les marchands qui rapportaient l'étain des « îles » Cassitérides (la Cornouaille ?) et il ne fut pas dépassé par la flotte romaine qui entreprit la conquête de l'Angleterre sous l'Empire.

Mais Pythéas était un Grec d'Occident, et même d'Extrême-

Occident. Son aventure n'est donc pas révélatrice d'une unité méditerranéenne réalisée dès la fin du IVe siècle, ni d'un horizon atlantique conçu à cette date par les gens d'Athènes ou d'Alexandrie, bien que ses relations de voyage y aient été connues et lues. Faute de la constitution en Occident d'un État grec unitaire analogue à l'empire d'Alexandre, la Méditerranée occidentale demeura très largement et très longtemps — à vrai dire, jusqu'à la conquête romaine — un monde extérieur aux Grecs, sinon inconnu d'eux.

Bien sûr, les relations commerciales et culturelles des colonies grecques d'Italie et de Sicile avec les sanctuaires des Balkans se sont poursuivies, voire intensifiées, au tournant des IVe et IIIe siècles ; Carthage envoya des ambassadeurs à Athènes dès la fin du IVe siècle et conserva des liens avec sa métropole, en Méditerranée orientale ; le roi Massinissa, en Afrique du Nord, se fit le bienfaiteur des cités de l'Égée et accueillit des marchands grecs à sa cour.

Pour les Romains, cependant, le voyage en Orient resta durant tout le IIIe siècle une aventure rare et isolée. À l'époque étrusque, on redoutait de faire le pèlerinage de Delphes pour consulter l'oracle[1]. On connaît seulement quelques cas de voyageurs ou d'émigrés romains en Égée, au milieu du IIIe siècle, arrivés là par on ne sait quel concours de circonstances[2]. Il fallut attendre la conquête des Balkans par Rome, dans la première moitié du IIe siècle, pour que des légats voyagent en Grèce et que des négociants romains s'y installent dans les pas des légions, pour que les ambassadeurs des cités et des rois hellénistiques prennent l'habitude du voyage à Rome et acquièrent ainsi une connaissance directe de l'Italie et des milieux romains ; philosophes et rhéteurs les y suivirent, dans les années 160, sans compter les esclaves et les otages transplantés par la guerre. Polybe, le plus célèbre de ces otages, nourrira de cette expérience et de cette découverte forcées sa réflexion d'historien et de géographe.

Les Grecs lui durent, en effet, la première description des contrées occidentales de Gaule, d'Espagne et d'Afrique. Il visita l'Espagne en 151, dans l'entourage de Scipion Émilien, alors

---

1. Tite-Live, I, 56, 5-6.
2. Inscriptions de Délos *IG*, XI/2, 115, 25 (a.259) et 287, A, 58 (a.250).

tribun militaire, et, à la faveur du voyage, s'arrêta en Gaule pour voir Marseille ainsi que d'autres curiosités, et pour s'informer des « confins », c'est-à-dire des pays de la Loire ou de la Bretagne... Un peu plus tard, en 147 ou en 146, et toujours à l'occasion d'un événement militaire (la troisième guerre contre Carthage menée sur le sol africain), il eut le commandement d'une escadre romaine et explora les côtes du Maroc jusqu'à la latitude des Canaries, en utilisant sans doute le *Périple* du Carthaginois Hannon que les Grecs connaissaient depuis plus de deux siècles[1]. Enfin, il compléta ses observations par un voyage en Égypte vers 140-135.

Polybe fut très conscient du caractère décisif qu'eurent ses voyages en Espagne et au Maroc pour la constitution de l'*oikoumènè*, et les Grecs lui en furent reconnaissants, comme en témoigne le monument que lui élevèrent ses compatriotes, rappelant qu'il avait « erré » par toute mer et par toute terre — dans l'intérêt de la science[2].

Une meilleure maîtrise du monde :
les progrès de la cartographie et de la géographie

À la faveur des grands voyages et des découvertes, la représentation du monde a évidemment gagné en précision. La cartographie a fait, durant toute l'époque hellénistique, d'immenses progrès et l'on peut dire que la géographie est née au Musée d'Alexandrie.

Déjà, à la fin du IVe siècle, Eudoxe de Cnide, un philosophe platonicien, avait reconnu la forme allongée du bassin méditerranéen et produit une carte du monde oblongue. Astronome formé en Égypte, c'est lui aussi qui, le premier, utilisa les mesures astronomiques et localisa les villes par leur latitude.

Dans la même voie, les savants alexandrins entreprirent une « rectification », sans cesse remise sur le métier, de la carte du monde. L'initiative en revient à Ératosthène, un géographe du IIIe siècle avant notre ère, et elle s'acheva avec la mappemonde de Claude Ptolémée au IIe siècle de l'Empire. Strabon, contemporain d'Auguste, a pris en compte toutes ces corrections dans sa

---
1. Pline, V, 9-10.
2. Pausanias, VIII, 30, 8.

géographie, qui témoigne ainsi des progrès réalisés sur trois siècles. Non seulement le cadre géographique de la carte, qui est celui de la terre habitée, s'est considérablement étendu, du parallèle de Thulé à celui du pays des épices, mais les observations astronomiques ont permis d'obtenir de meilleures mesures et de nouveaux repères.

Ératosthène a su calculer la circonférence de la terre, en utilisant l'angle formé par les rayons du soleil et la verticale, à midi, un jour de solstice d'été, en deux points situés sur le même méridien. Il donnait la latitude d'un lieu en déterminant la hauteur du soleil au-dessus de l'horizon. Le calcul astronomique de la longitude était beaucoup plus difficile et ne pouvait se faire que par l'observation d'éclipses simultanées ; aussi la fixait-on empiriquement en additionnant les données chiffrées des parcours par terre ou par mer. Mais le gain est énorme d'Ératosthène à Ptolémée qui a publié, dans son *Canon des villes remarquables,* une sélection de positions géographiques repères.

Compte tenu des découvertes, la carte hellénistique s'organise autour de deux axes : le premier, traditionnel, est celui de la route des îles, au milieu de la Méditerranée ; le second passe par Alexandrie en prolongeant la ligne du Nil et en continuant par Rhodes jusqu'aux Détroits. Le monde hellénistique est donc décentré vers l'est par rapport au monde classique, constitué autour de Delphes : l'espace de la carte est toujours politique.

Le géographe hellénistique s'efforce à l'exactitude d'ensemble et de détail en sélectionnant ses sources et en s'attachant aux témoignages les plus récents, aux derniers développements des conquêtes : si les informations des militaires sont recherchées, celles des marchands paraissent beaucoup plus suspectes, car ceux-ci passent pour des hâbleurs et des fanfarons[1].

La carte hellénistique persiste à découper le monde en figures géométriques, faciles à mémoriser, pour en fournir une vision synthétique, avec une liste de toponymes dont on donne maintenant les coordonnées. Mais elle accroît son efficacité visuelle et s'applique à obtenir une « image du monde », en accord avec ce

---

1. Polybe, IV, 42, 7.

procédé de description cher aux rhéteurs qu'on appelle la *mimésis* : alors que la carte d'Ératosthène privilégiait les formes géométriques ou métaphoriques (telles que la « chlamyde », le manteau), celle de Ptolémée se présentait comme un assemblage de lignes et de formes symboliques, avec des vignettes illustrées le long d'axes orientés.

C'était un « inventaire du monde », qui était moins destiné aux voyageurs ordinaires, marins ou marchands, qu'aux hommes d'État concernés par la maîtrise du territoire, et à un public cultivé, assoiffé de savoir et finalement plus épris de curiosités que de précision topographique.

L'espace et le temps du cabotage

L'extension considérable de l'*oikoumènè* dans toutes les directions à partir des rivages de la Méditerranée aurait pu donner aux Grecs une vision continentale du monde, remplaçant la vision méditerranéenne des générations antérieures. Dès le IIIe siècle, des géographes « décrivent la terre » (c'est le sens du mot « géographie ») en se fondant sur les éléments du relief, alors que les *Périples* brossaient un tableau du rivage tel qu'il était vu du bateau. Mais, si les cadres du géographe se complètent, l'expérience vécue du voyageur ne change guère.

Le voyage resta à l'époque hellénistique une aventure maritime. Polybe en Gaule et en Espagne ne procéda pas autrement qu'Hérodote en Égypte trois siècles auparavant. Son voyage fut une croisière qui suivit la ligne côtière et les vallées fluviales : après avoir longé depuis Rome les côtes d'Italie, de Gaule et d'Espagne — ce qui était l'itinéraire habituel —, il remonta le Guadalquivir, puis rejoignit la vallée du Tage. C'est la côte de Provence qu'il visita en détail, c'est là qu'il s'informa sur les régions continentales... La pénétration dans l'intérieur des terres était alors impensable sans le support d'une expédition militaire, et celle-ci, dans les royaumes hellénistiques, demeura en général sans lendemain — qu'il s'agisse de la campagne d'Antigone en Arabie en 312 ou de celle d'Antiochos III à travers l'Arménie, l'Iran et l'Afghanistan un siècle plus tard. Ce furent des marches triomphales, des raids de prestige par lesquels le roi-conquérant cherchait à soumettre les dynastes locaux à son autorité personnelle[1], mais jamais les souverains hellénistiques ne se préoccupèrent de contrôler le terrain, et donc de faciliter les voyages, en ouvrant des routes et en créant un réseau de points d'appui — ce que feront ultérieurement les Romains.

Dans le monde hellénistique, la circulation n'intégra donc pas réellement les circuits caravaniers traditionnels de l'Orient ancien. Certes, les missions exploratoires menées en Afrique, vers l'Arabie ou vers les Indes avaient pour objet de développer l'importation des produits exotiques nécessaires au luxe hellénistique : l'ivoire, les perles et les pierres précieuses, la soie, les épices et surtout les aromates dont l'Arabie était le grand producteur. Mais il était tout à fait exceptionnel qu'une même caravane assure le transport d'une denrée de bout en bout, et plus encore que des nomades s'aventurent sur les mers.

Il est vrai qu'on trouve trace d'Arabes, trafiquants d'aromates, à Alexandrie ou même à Délos au cœur de l'Égée[2] ; des gens de Pétra, la grande cité caravanière, parviennent à Cos ; un romancier évoque un rajah indien en visite à Alexandrie « pour ses affaires et pour faire du tourisme[3] »... Mais ce sont là des exemples isolés qui datent tous de l'époque romaine. En règle générale, les caravanes n'effectuaient que d'assez brefs parcours afin de rentabiliser au plus vite l'énorme capital investi dans l'achat de produits de luxe et dans un voyage à haut risque ; et les denrées précieuses avaient subi de multiples transferts avant d'être éventuellement chargées sur un navire alexandrin ou phénicien. Sur la route de la soie ou sur celle des aromates, c'étaient les marchandises qui voyageaient à très longue distance, et non les hommes.

Les lignes régulières, les lignes fréquentées, étaient les lignes maritimes. De grandes escales apparurent en Orient avec la fondation des ports de Séleucie, en Syrie, et d'Alexandrie. Le trafic maritime, en Méditerranée orientale, se trouva déplacé vers le sud-est, aux dépens du Pirée et au bénéfice des îles de Délos et de Rhodes ; pendant toute la période hellénistique, le port le plus important de la Méditerranée fut Alexandrie, à la fois terminus de

---

1. Polybe, XI, 39.
2. *Inscriptions de Délos*, 2319-2321.
3. Xénophon d'Éphèse, III, 11, 2.

lignes de caravanes — comme Pétra, Gaza ou Beyrouth —, port de transit pour toutes les denrées exotiques et escale de transbordement entre le Nil et la mer pour le blé égyptien et les produits manufacturés.

Le voyage maritime restait un cabotage très lent. Sur des distances qui auraient théoriquement pu être couvertes en quelques jours dans des conditions optimales, le trajet pouvait durer de un à deux mois ; tout dépendait de la saison, du vent, du type de bateau, de la route qu'on suivait et du nombre des escales. On faisait constamment des détours. Les bateaux longeaient les côtes et s'arrêtaient de port en port pour charger et décharger marchandises et voyageurs. Ainsi apparut et se généralisa un tourisme de passage [1] :

> Cependant, le navire passe au long de Cos et de Cnide, et déjà se découvre la belle île de Rhodes : il y faut absolument débarquer, car l'équipage déclare nécessaire de faire provision d'eau et de se reposer avant une longue traversée. On aborde donc à Rhodes. Les marins débarquent, et leurs deux passagers, Habrocomès et Anthia, descendent aussi [...]. Ils visitent la ville entière et, pour laisser un souvenir d'eux, consacrent dans le sanctuaire d'Hélios une armure d'or avec une dédicace. Après avoir fait cette offrande, ils restent quelques jours dans l'île, mais les marins les pressent d'embarquer : ils s'approvisionnent et, les Rhodiens en foule les escortant jusqu'à leur navire, ils reprennent la mer.

À l'escale, il fallait user le temps : de jeunes notables, comme Habrocomès et Anthia, alliaient piété et curiosité ; marchands et soldats de passage y dépensaient rapidement l'argent gagné ; à Comana, sur les routes anatoliennes, c'était au bénéfice des prostituées du sanctuaire [2].

L'internationalisation de l'espace

Marins et administrateurs allaient et venaient, en effet, d'une rive à l'autre de l'Égée, en temps de guerre comme en temps de paix. Les marchands, les aventuriers et les prêtres faisaient de

---

1. Xénophon d'Éphèse, I, 12, 1-3 ; voir aussi I, 11, 2 (escale de Samos).
2. Strabon, XII, 3, 36.

même. Aussi y avait-il, entre les régions balkaniques ou anatoliennes de vieille hellénisation et les nouveaux royaumes installés en Orient, un incessant mouvement d'hommes, en sus de la communauté de langue, de culture et d'institutions. Grâce à ce réseau très dense de rapports humains, les échanges furent assez nombreux pour que s'établisse une vigoureuse tradition du voyage.

Les dynasties implantées en Égypte et au Proche-Orient étaient d'origine macédonienne et leurs fondateurs avaient reçu une éducation grecque à la cour de Philippe II et d'Alexandre. Ils ne renièrent jamais ces racines et recrutèrent toujours les membres de leur cour et leur personnel administratif dans les régions de vieille souche grecque. Ces personnalités qui partaient faire carrière auprès des rois et tenter fortune dans le nouveau monde n'en demeuraient pas moins attachées à leur cité d'origine, où elles revenaient souvent : ainsi Sostratos, le donateur du Phare d'Alexandrie, architecte et ambassadeur de Ptolémée II, dans sa patrie de Cnide, au sud de l'Asie Mineure[1]. On s'attachait aussi à ce que les enfants reçoivent une éducation « classique » à Athènes.

En sens inverse, un Grec qui réussissait bien dans les bureaux d'Alexandrie avait envie de faire venir ses proches — au moins pour de courtes vacances et malgré les risques du voyage. Quand Zénon, l'agent du ministre Apollonios, se trouva à l'apogée de sa carrière, en 253, son père vint le visiter depuis la lointaine Carie et, à l'aller comme au retour, Zénon s'est jusqu'au bout tenu au courant des péripéties d'un voyage compliqué[2] :

> Démétrios à Zénon, salut ! Sache que ton père et Akrisios sont arrivés chez eux en bonne santé. Car des gens de Rhodes en séjour ici nous ont annoncé que le navire de Timocratès était à Rhodes (au moment de leur départ) et rentrait tout juste de Caunos. Quand ils ont pris le large, ils ont laissé ici les coussins et les oreillers de peau, en demandant à Kimon de les réexpédier à Caunos. Il lui est pour le moment impossible de les envoyer, mais il le fera au plus vite, dès que le beau temps sera revenu. Voici pourquoi le nauclère n'a pas voulu les monter à bord : il n'arrivait pas à leur faire passer la douane, alors qu'il était déjà en retard de plusieurs jours pendant que le bateau était à l'ancre en mer [...]. Porte-toi bien !

---

1. F. Dürrbach, *Choix d'inscriptions de Délos*, n°s 21-24.
2. *Pap. Lond.* 1975 (trad. Cl. Orrieux).

Quand les carrières sont devenues internationales et que l'habitude s'est prise de chercher fortune ailleurs, vouloir visiter sa famille constitue un motif suffisant de voyage.

L'utilisation massive et systématique de mercenaires dans les armées hellénistiques étendit encore le champ des voyages. Dans ce domaine aussi, les rois d'Égypte ou de Syrie préférèrent les Grecs et recrutèrent leurs troupes en Crète ou dans les régions montagneuses de la péninsule balkanique. Mais des barbares, venus de la périphérie du monde grec, servaient comme auxiliaires ou dans des corps spécialisés : Thraces, Gaulois et Illyriens, Sémites, Iraniens, Noirs d'Afrique se retrouvaient à Antioche ou à Alexandrie ; ils y portaient leurs armes et leurs costumes propres, introduisant une touche de couleur exotique dans les pèlerinages qu'ils fréquentaient ou dans les villes qu'ils visitaient. Car eux aussi faisaient du tourisme, à l'escale.

De ces voyages qui se généralisaient dans le cadre nouveau des États hellénistiques, les rois étaient les protecteurs et les modèles. Parce qu'ils régnaient sur des territoires étendus, hétérogènes, discontinus, aux limites mouvantes, ils durent asseoir leur domination sur des rapports de personne à personne, ce qui les amenait à multiplier les tournées d'inspection et les voyages de prestige. La tradition du voyage officiel naquit donc durant cette période.

C'est pour le royaume d'Égypte, et grâce à la documentation papyrologique, que nous connaissons le mieux les conditions de ces missions. Le fonctionnaire se déplaçait par voie d'eau, sur des chalands nilotiques spécialement aménagés ; il était accompagné d'une escorte nombreuse, de militaires, de civils, mais aussi d'amis et de parents qui profitaient de l'occasion pour visiter un lieu saint ou la Vallée des Rois.

À l'extérieur du royaume, et surtout dans les zones de protectorat, les tournées d'inspection étaient aussi des démonstrations de force : celles de la flotte égyptienne abondèrent en Égée dans la première moitié du IIIe siècle. Le commandant de l'escadre en profitait toujours pour se rendre au sanctuaire d'Apollon à Délos et perpétuer la tradition du tourisme religieux. À titre officiel, il y déposait une couronne d'or, en témoignage durable de sa piété et de celle de son souverain.

Se montrer, manifester sa force, étaler sa richesse et faire la preuve de sa générosité, tels sont les objectifs de ces voyages officiels, qui relèvent d'une conception de la monarchie-spectacle.

L'attraction des capitales et des fêtes

Dans la même perspective, les rois hellénistiques ont contribué à promouvoir le voyage, en faisant de leur capitale un pôle de grande attraction. C'était évidemment un effet de la centralisation administrative qui caractérisait ces monarchies nouvelles, mais tout était fait pour qu'ambassadeurs ou fonctionnaires joignent à leur mission les agréments du tourisme... pour la plus grande gloire du roi, puisqu'il s'agissait toujours de démontrer l'efficacité de l'administration[1] :

> Apollonios à Zénon, salut ! Dès que tu auras pris connaissance de cette lettre, envoie les voitures, les autres équipages et les mulets de bât à Ptolémaïs, à la disposition des ambassadeurs de Pairisadès et des émissaires sacrés d'Argos que le roi a envoyés visiter la région de l'Arsinoïte. Et arrange-toi pour qu'ils ne soient pas en retard au moment où on aura besoin d'eux. En effet, ils se sont embarqués pour remonter le fleuve au moment même où je dictais cette lettre. Porte-toi bien ! An 32, mois de Panémos 26, mois de Mésoré 1 [21 septembre 254].

Le Romain Scipion fut un de ces légats auxquels le pouvoir lagide réserva une visite mémorable d'Alexandrie : le roi alla jusqu'à se faire lui-même son guide avant de lui offrir une croisière en Basse-Égypte[2].

Ainsi naquit le tourisme d'État. Il fallait que les étrangers pussent venir contempler — et dans les meilleures conditions — les réalisations les plus dignes d'éloge, puis les décrire dans leur pays d'origine et contribuer de la sorte au renom du souverain.

Les fêtes royales constituaient aussi de pressantes invitations au voyage. Dès le début du IIIe siècle, le souverain lagide créa à Alexandrie un grand concours international, sur le modèle de ceux qui se déroulaient depuis des siècles à Delphes ou à

---

1. *Pap. Lond.* 1973 (trad. Cl. Orrieux).
2. Diodore, XXXIII, 28b.

Olympie : les cités des Balkans et des îles furent sollicitées pour y envoyer des représentants.

En des occasions exceptionnelles, les rois donnèrent un éclat particulier à des concours célébrés traditionnellement dans la capitale en y conviant des représentants de tout le monde grec : Ptolémée II le fit à Alexandrie lors des Ptolémaia de 271, et Antiochos IV en 166, dans le sanctuaire d'Apollon Daphneion près d'Antioche, à la fois pour fêter son jubilé royal et pour éclipser les fêtes du Romain Paul Émile en Macédoine[1]. Ce furent de gigantesques spectacles qui durèrent plus d'un mois et au cours desquels se succédèrent revues militaires, défilés de chars mythologiques, concours athlétiques et banquets.

Même une fois retombée l'animation de ces journées extraordinaires, la grande ville continuait à attirer les touristes par le rythme intensif de ses fêtes. On visitait aussi le palais royal, pour admirer toutes les œuvres d'art qui s'y accumulaient[2]. D'autre part, le développement par les rois d'un équipement culturel varié y favorisait les voyages d'études. Caton vint passer de studieuses vacances dans la capitale attalide, auprès du chef de la bibliothèque de Pergame qui était un stoïcien réputé mais qui, âgé, refusait de se déplacer : le magistrat romain profita d'un congé de deux mois que lui accordait la loi. Les bibliothèques publiques, mais aussi les odéons, où avaient lieu des auditions, et les collections d'œuvres d'art attiraient les intellectuels.

L'attrait des capitales suscitait donc un va-et-vient incessant, dont les pouvoirs publics se sont parfois méfiés. À Alexandrie, en particulier, le gouvernement réglementait très strictement les déplacements de certains étrangers et limitait la durée de leur séjour dans la ville royale.

La généralisation de la villégiature dans l'Orient hellénistique

À l'époque hellénistique et sous l'Empire, le « paradis » perse resta pour tout l'Orient le prototype de la luxueuse demeure de plaisance : on s'efforça de le reproduire en Égypte et en Syrie. Les

---

1. Callixène dans Athénée, V, 197c-203c. Polybe, XXX, 25-26.
2. Théocrite, *Les Syracusaines* (*Idylles*, XV).

archéologues ont récemment exhumé dans l'actuelle Jordanie les vestiges d'un manoir de ce type, aménagé là par un cheik du désert, malgré les contraintes du milieu. Mais le mieux connu reste celui du Fayoum, en Égypte, que l'on doit au principal ministre de Ptolémée II, Apollonios. Ses collaborateurs l'imitèrent et le Fayoum — cette région d'agriculture pilote où les Lagides mirent en œuvre le meilleur de la technologie grecque — se couvrit de résidences secondaires qui reprenaient toujours le plan traditionnel de la maison alexandrine, organisée autour de deux cours centrales, et qui étaient pourvues de tout le confort des riches demeures privées. La seule concession au milieu rural était le déploiement dans l'espace : les cours étaient agrandies, la maison comportait plusieurs ailes, il y avait des écuries et même un jardin d'agrément tout autour. La maison s'ouvrait davantage sur l'extérieur et sur une nature humanisée ; par son décor champêtre, elle annonçait déjà un peu, dès le début du IIIe siècle, la villa pompéienne.

Dans la vieille Grèce, au contraire, les résidences campagnardes de l'époque répondaient aux nécessités de l'exploitation plus qu'elles ne visaient à la détente et à l'agrément : d'après le descriptif des baux, dans les fermes de Rhénée, où les habitants de Délos (par ailleurs fort occupés à la ville) passaient une partie de l'été, à l'époque des moissons, la maison de maître ne faisait l'objet d'aucun aménagement particulier et il n'y avait pas de jardin. Mais l'influence romaine se fit là aussi progressivement sentir : on la constate à Délos dès la fin du IIe siècle, quand on y rencontre des « peintres-paysagistes » (*topographoi*) chargés, à l'instar des artistes pompéiens, d'orner les murs intérieurs de trompe-l'œil naturalistes qui étaient en eux-mêmes une incitation à la villégiature campagnarde ou maritime. Au début du Ier siècle, les habitants de Délos, selon Poseidonios, auraient aménagé des « villas » (*épauleis*) suburbaines où ils se réfugièrent lorsque la ville fut prise par les troupes de Mithridate[1].

En définitive, ce sont les romanciers qui, sous l'Empire, familiarisèrent le public grec avec l'art de la villégiature, en combinant le souvenir des « paradis » perses avec les réalités romaines contemporaines. Dans le roman de Chariton, situé au

---

1. *Inscriptions de Délos*, 2618 *bis*, 17. Athénée, V, 53.

Vᵉ siècle dans l'Empire achéménide, le domaine d'un satrape perse d'Asie Mineure est décrit comme une *villa rustica*, avec troupeaux d'esclaves et ergastule[1]. Dans le roman d'Achille Tatius, la demeure suburbaine d'un riche négociant de Tyr et le magnifique jardin qui l'entoure sont assimilés à un « paradis » : le parc est clos de murs et encadré par une colonnade à l'intérieur de laquelle poussent toutes sortes d'arbres abritant des vignes ; au milieu s'étend un bassin carré qui capte une source, qui reflète les parterres de fleurs et où nagent des cygnes ; des oiseaux chanteurs et des perroquets parsèment les arbres de taches de couleur ; des paons déploient leur plumage au milieu des fleurs[2]. Cette disposition architecturale du parc « couronné de toits », qui suggère divers édifices disséminés dans la verdure, rappelle très exactement les « paysages de villas » dans la peinture romaine et dans les mosaïques.

Dans l'histoire de *Chairéas et Callirhoé*, écrite par Chariton à Aphrodisias en Asie Mineure, abondent les descriptions de séjours d'agrément dans de luxueuses maisons de campagne. L'un des héros, Dionysios de Milet, possédait une exploitation agricole qui était aussi une villégiature de bord de mer. Le maître s'y rendait bien sûr pour des tournées d'inspection, mais également pour y chercher détente et distraction au milieu de ses soucis et de ses chagrins : les Grecs avaient enfin découvert les vertus du « repos des champs »... Dionysios aimait à y inviter ses amis et ses clients : la villa possédait des installations somptueuses — un port et des bains privés, un sanctuaire champêtre — et les appartements étaient nombreux, ainsi que les salles de réunion où les beuveries se prolongeaient tard dans la nuit. Le voyage en lui-même pouvait être une détente, à condition d'avoir quelques loisirs : au lieu d'emprunter une voiture, on pouvait le transformer en randonnée équestre ou en mini-croisière, le long de la côte[3].

Cette évocation romanesque a un fond de réalité : dans la région de Milet, justement, à moins de 2 kilomètres du centre de la ville, les archéologues ont exhumé une importante villa suburbaine d'époque romaine ; quant aux installations décrites, y compris le

---

1. *Chairéas et Callirhoé*, IV, 2, 1-8.
2. Achille Tatius, I, 15. Longus, IV, 13.
3. Chariton, II, 3, 1-4 et 4, 1-3.

port privé, elles correspondent assez bien à celle des domaines dont jouissaient les grands sophistes asiatiques, à l'époque impériale. Mais ces réalités sont-elles caractéristiques de la seule époque romaine, ou bien les romans exploitaient-ils dans leurs évocations comme dans leur forme littéraire des traditions hellénistiques ? Le problème n'est pas résolu.

Sanctuaires et vie de relation

Les principaux pôles de la vie de relation, à l'époque hellénistique, étaient les fêtes périodiques célébrées dans les grands sanctuaires à vocation internationale, les panégyries. Combinant pèlerinage, foire et spectacle, ces rassemblements répondaient au goût de l'époque ; ils invitaient au voyage, ils incitaient à prolonger l'escale[1].

Les participants à la fête étaient d'origines très variées : citoyens, pèlerins officiels (théores), artistes, médecins, soigneurs, professeurs, éphèbes... La coutume de consacrer au dieu la dîme des profits réalisés sur place révèle l'importance des transactions entre marchands de passage, pour qui c'était l'occasion d'exercer leur activité. Les visiteurs de la panégyrie bénéficiaient de la protection particulière des États, ainsi que d'un certain nombre d'exemptions. Ces privilèges statutaires faisaient de la panégyrie un lieu international qui avait sa propre organisation, sous le contrôle des administrateurs du sanctuaire ou d'un « agoranome de la panégyrie ».

Le cosmopolitisme s'épanouit dans le cadre de ces fêtes, dont la multiplication et le développement continus constituent le signe le plus évident de l'ouverture du monde hellénistique.

Un espace homogène et humanisé

Après la conquête d'Alexandre, l'implantation de royaumes grecs en Égypte et dans le Proche-Orient fit de la Méditerranée

---

1. Xénophon d'Éphèse, V, 12, 1. Criton, *Philopragmôn*, dans Athénée, IV, 179.

L'APPEL DU VOYAGE 59

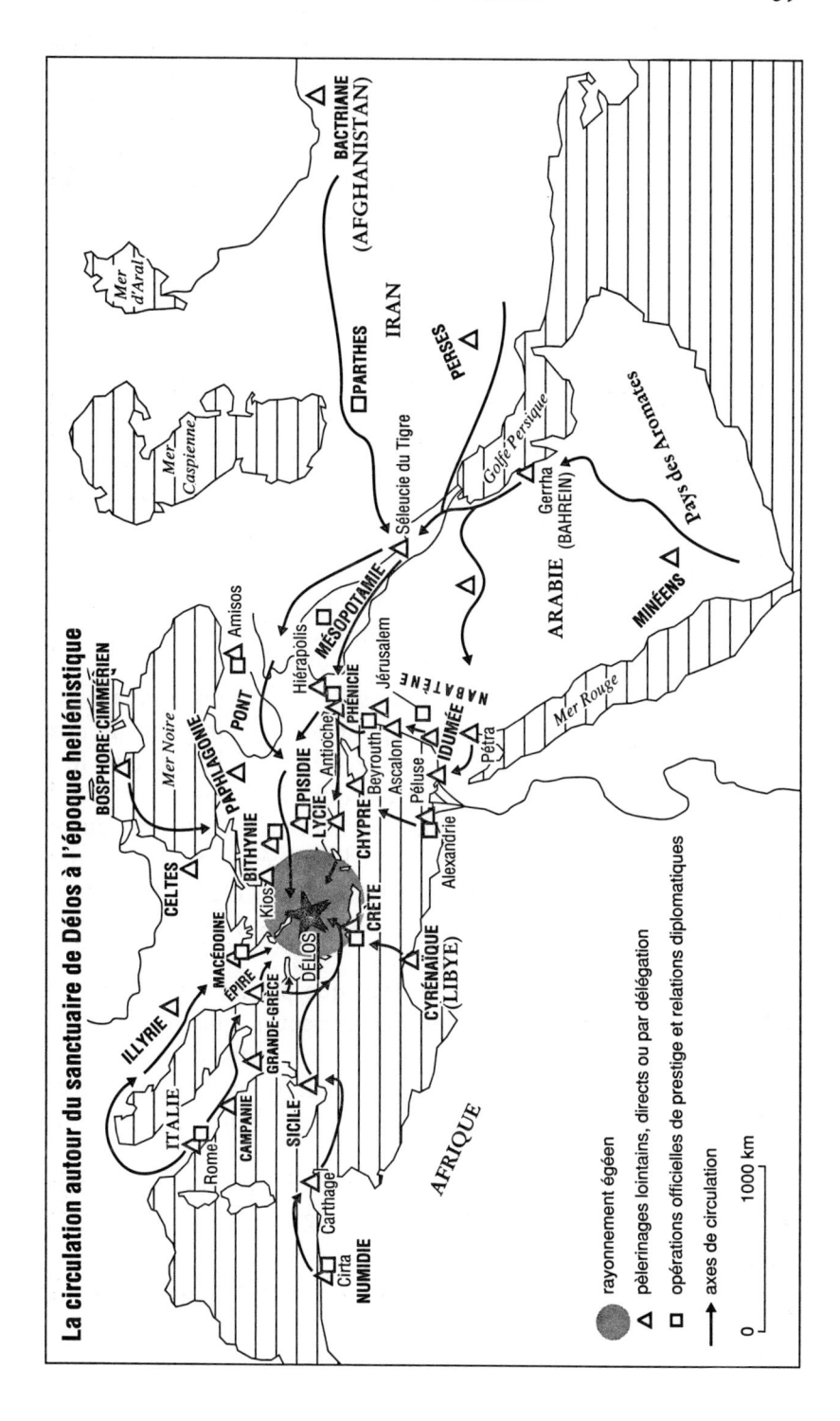

orientale un espace homogène, puisqu'il existait entre les anciennes cités d'Europe ou d'Asie Mineure et les royaumes lagide et séleucide une communauté de langue (le grec attique), de droit (très largement inspiré du droit attique) et d'usages (la religion, la monnaie...). Le sentiment d'incommunicabilité, d'incompréhension, de précarité, qui obsédait tant les Grecs de l'époque classique quand ils se rendaient en terre barbare, disparaissait donc. Au moins dans ses rapports avec l'administration, le voyageur grec du IIIe siècle ne pouvait se sentir dépaysé dans le royaume d'Égypte ou en Syrie, chez les Séleucides.

Il faut insister sur les progrès du droit international. L'accueil public institutionnalisé (la proxénie) se généralisa : pour une petite communauté de quelques milliers de citoyens comme Délos, on connaît, sur cent cinquante ans, au moins trois cents proxènes susceptibles d'accueillir et d'aider ses ressortissants dans les cours royales et dans des villes grandes ou petites, de la Sicile à la Syrie et de la Crimée à l'Égypte...

Surtout, les souverains reconnurent et firent reconnaître aux grandes escales qu'étaient les sanctuaires des garanties internationales de sécurité qui constituent l' « asylie ». Quiconque y fait halte s'y trouve « à l'abri des représailles, des spoliations » (*a-sylos*). Bien que ces garanties s'appliquent théoriquement aux personnes, on définit en fait une zone qui échappe aux lois communes des pouvoirs politiques, et donc à l'engagement parmi les belligérants en cas de conflit international ; c'est ainsi qu'au plus fort de la guerre entre Rome et la Macédoine, en 169, des marins de tous les camps pouvaient s'abriter à Délos, faire leurs dévotions au sanctuaire et profiter des plaisirs de la ville pour le plus grand avantage de la petite cité[1].

L'asylie n'était obtenue, il est vrai, que par les sanctuaires où s'étaient fondés ou réorganisés des concours qui se voulaient internationaux, c'est-à-dire panhelléniques ; cette pratique nouvelle de conventions internationales était donc liée au succès croissant des panégyries, comme un des éléments traduisant l'ouverture du monde hellénistique.

Dans les ports, les marchands étaient aussi protégés, car tous les États reprirent à leur compte les privilèges juridiques que leur

---

1. Tite-Live, XLIV, 29, 2.

avait reconnus Athènes dès le IVe siècle : l'accès aux tribunaux locaux, les juridictions accélérées, etc. Le négociant n'était donc pas immobilisé au port par un procès sans fin. La sécurité sur les routes s'accrut, et toujours grâce aux rois : les Lagides faisaient escorter les caravanes qui traversaient le désert entre la mer Rouge et la vallée du Nil ; les « archigardes » du corps assuraient la sécurité des convois de très grande valeur (encens, pierres précieuses), puis pourvoyaient aux bateaux et veillaient au transbordement [1].

Au Liban, un roi Antiochos prit toutes les mesures nécessaires pour faire d'un sanctuaire de montagne, Baetocécé, une halte privilégiée à l'usage des caravanes venues du désert syrien, qui redescendaient vers les ports phéniciens. Il accorda au dieu les revenus d'un village, afin que les sacrifices et les fêtes puissent se dérouler avec le maximum d'éclat ; en effet, ils étaient l'occasion d'une foire qui se tenait deux fois par mois, le 15 et le 30. Pour inciter les marchands à s'arrêter, cette foire était exonérée d'impôts et le sanctuaire jouissait du droit d'asile ; de surcroît, le village était exempté du logement des gens de guerre, ce qui lui permettait de réserver toute sa capacité d'hébergement aux trafiquants. Baetocécé devint ainsi un lieu favorable au repos et aux transactions, et le resta sous l'Empire [2].

Enfin, un trait d'époque, uniformément attesté dans tous les États hellénistiques, contribua à faciliter les conditions du voyage et à en diminuer les frais : c'est la tendance à l'association en fonction de solidarités ethniques, professionnelles ou religieuses. Bien établie en Grèce depuis le IVe siècle, cette pratique n'était étrangère ni à l'Égypte, ni à l'Orient sémitique. Ces associations des « Sidoniens du Pirée », des « Beyroutins de Délos » ou encore des « Alexandrins de Délos » fonctionnaient comme des concessions implantées en terre étrangère et jouissaient d'une certaine autonomie à l'intérieur d'une aire bien déterminée qui entourait le temple de leurs dieux nationaux ; elles étaient gérées par des « entrepositaires » sédentaires, installés en permanence dans le port grec, et pratiquaient l'entraide mutuelle. Le visiteur de passage était assuré d'y trouver des entrepôts pour abriter ses

---

1. *OGI*, 132 (A. Bernand, *Pan du désert*, n° 86).
2. *Inscriptions grecques et latines de la Syrie*, VII, 4028.

marchandises et, souvent, une hôtellerie ou au moins un restaurant ; il était, en effet, invité aux sacrifices et aux fêtes qui se déroulaient périodiquement dans l'établissement. On lui demandait à l'occasion une cotisation, mais on devait aussi l'aider s'il connaissait des difficultés financières. Le voyageur bénéficiait ainsi, à l'étranger, d'une caisse de secours mutuel.

L'ÂGE DE LA CURIOSITÉ

Le IIIe siècle grec est marqué par l'apparition d'une littérature de voyage, abondante et multiforme, significative de ce que François Chamoux a appelé l' « explosion de la curiosité ». En effet, la découverte de nouvelles terres et de peuples jusque-là inconnus a stimulé dans l'imaginaire de l'élite cultivée le goût du dépaysement, tandis qu'une meilleure appréciation des distances et de plus grandes facilités de communication instillaient aux esprits scientifiques, ou simplement curieux, le désir d'aller voir par soi-même.

Un imaginaire avide de dépaysement

Toute la littérature, technique ou romanesque, exploite à l'époque hellénistique le thème du voyage. Héritière lointaine des récits épiques de l'*Odyssée*, de la tragédie classique ou des *Enquêtes* d'Hérodote, sa floraison n'en surprend pas moins par son ampleur, sa richesse et sa variété.

Ce mouvement s'inscrivait dans l'imaginaire, ainsi que le prouve son développement romanesque. Tous les romans de l'époque hellénistique ou impériale sont des récits de voyages autant que des histoires d'amour : comme Ulysse, leurs héros sont ballottés sur une mer hostile ; ils se rencontrent en Sicile, se séparent en Asie, se rejoignent brièvement à Babylone et se retrouvent définitivement en Phénicie. Tout roman intègre — systématiquement et à intervalles réguliers — des narrations de voyages, des épisodes de naufrages, des récits d'excursions : dès que quelqu'un arrive, il raconte ses aventures[1].

Le roman d'Achille Tatius, *Leucippè et Clitophon*, est même écrit comme une relation de voyage, entièrement à la première personne, si bien qu'on a pu discuter de la place particulière tenue par les histoires de voyages, qui étaient jusque-là transmises oralement, dans la genèse du roman antique. La biographie, elle aussi, fut désormais souvent présentée au fil d'itinéraires et de déplacements qui permettaient d'articuler, de façon plaisante ou significative, les moments clés d'une existence : nous en avons conservé des exemples pour le début de l'époque impériale, tels les Actes des Apôtres qui sont, dans leur seconde partie, une biographie tronquée de saint Paul, ou la *Vie* du philosophe Apollonios de Tyane.

L' « ailleurs » des romanciers et de leurs lecteurs se déployait dans les royaumes d'Orient, Égypte, Perse, Éthiopie... On les décrivait à l'apogée de leur puissance et de leur éclat, comme pouvaient les concevoir des gens avides de pittoresque et de merveilleux. Le goût de l'exotisme fut aussi un trait de la société hellénistique, beaucoup plus généralement répandu qu'au IVe siècle, quand Ctésias collectionnait les histoires de harem et que Xénophon écrivait *L'Éducation de Cyrus*, qui est en fait le premier roman orientalisant.

À force de vouloir aller toujours plus loin, le voyage imaginaire finit par apparaître, qui entraînait le lecteur au-delà du monde connu. Aux environs du Ier siècle avant notre ère, un certain Iamboulos, que son nom désigne comme un marchand phénicien, raconta son périple au pays des épices comme une aventure extraordinaire, dans « une île merveilleuse de l'Océan méridional », une île « fortunée », où tout était différent et « paradoxal[2] ».

Ces romans d'aventure hellénistiques fournirent des modèles aux écrivains de l'époque impériale : à la fin du Ier siècle de notre ère, *Les Merveilles d'au-delà de Thulé*, d'au-delà les limites occidentales du monde exploré par Pythéas, rassemblent toutes les superstitions, toutes les rêveries relatives à un *Far West* qui demeurait, on l'a vu, mal connu.

---

1. Xénophon d'Éphèse, III, 4, 1-2.
2. Diodore, II, 55-60.

Les philosophes populaires et même les premiers prédicateurs chrétiens cédaient eux aussi au mirage et se donnaient pour but les « extrémités du monde », c'est-à-dire l'Espagne pour l'apôtre Paul, parti de Jérusalem, ou les pays du Danube pour le philosophe Dion de Pruse, originaire d'Asie Mineure, quand il parcourait, exilé, les campagnes du Péloponnèse[1].

Il ne restait plus qu'à proposer un voyage dans l'espace, assorti d'un séjour sur la lune ou dans l'île des Songes, ce que fit, avec une ironie certaine, le sophiste Lucien à l'époque des Antonins, en parodiant explicitement — dans *L'histoire véritable* — Ctésias et ses *Indica* du IVe siècle, Iamboulos et son île « fortunée », ainsi que *Les Merveilles d'au-delà de Thulé* d'Antonius Diognétès, un contemporain.

La naissance du guide de voyage

En même temps qu'elle se généralisait, la littérature de voyage se spécialisa. On élabora, pour guider le promeneur ou le visiteur sur un site, des inventaires descriptifs, selon un ordre topographique, qui signalaient, à la façon de nos guides de voyage modernes, « ce qui vaut d'être vu » et « ce dont tout le monde parle ». Ces ouvrages, dont la démarche était déjà en germe dans les *Enquêtes* d'Hérodote, prirent souvent le nom de *Périégèse*, mais le mot évolua et l'idée de « circuit » s'effaça progressivement devant l'exigence de « description ». D'autres recueils se présentent aussi sous l'appellation de « registre » (*anagraphè*).

Ces premiers guides touristiques ont été conçus comme un catalogue d'œuvres d'art plutôt que comme une description organisée de sites, à la fois pour répondre à une esthétique nouvelle, attachée aux modèles classiques, et à un besoin toujours aussi vivace de s'enraciner dans le passé. Ainsi, les *Guides de l'Acropole*, attestés au IIe siècle, décrivaient moins les monuments que les offrandes, en s'attachant à l'histoire et aux mythes : Pausanias partage encore ce point de vue dans la *Périégèse* qu'il rédige au IIe siècle de l'Empire et qui n'évoque pratiquement pas le Parthénon. On disposait encore, pour Athènes, d'un *Guide de la*

---

1. Rm 15, 24 et 28 ; I Clément 5. *Discours sur l'exil*, 9-13.

Voie sacrée et d'un autre *Sur les tombeaux*, ainsi que d'une monographie *Sur les trépieds*, ces objets rituellement consacrés lors des concours dramatiques. On pouvait utiliser un *Guide des trésors* pour le sanctuaire de Delphes et un *Guide des bronzes* pour celui de Dodone. Apparurent aussi des guides de musée, comme les *Guides des Propylées*, où étaient conservés des tableaux sur l'Acropole d'Athènes, ou le *Guide du Portique aux Peintures* de Sicyone.

Composés par des érudits locaux qui s'adressaient à d'autres lettrés, ces guides se présentaient comme une sélection des curiosités locales. C'est là un trait caractéristique de la société hellénistique, bien représenté en particulier au Musée d'Alexandrie : comme l'élite qui prétend détenir la vérité de l'hellénisme se distingue par son savoir, on recherche systématiquement « ce qui n'est pas connu de tout le monde » et « qui peut encore étonner [1] ». Ainsi, dans l'inventaire des traditions locales auquel procèdent les périégètes, ce sont toujours les moins connues qui apparaissent comme les plus anciennes et les plus vraies : le marchand Iamboulos juge nécessaire de relater son voyage dans l' « Océan méridional » parce qu' « au sujet de la connaissance de l'Inde, il ne rassemblait pas peu de données qui étaient ignorées du reste de ses contemporains [2] ». Pour répondre au goût de leurs lecteurs, périégètes et géographes inséraient systématiquement dans leurs descriptions des phénomènes extraordinaires que l'on retrouve partout, tels que les cigales aphones de Calabre ou les résurgences du Nil. Ils utilisaient des répertoires de *Merveilles du monde*.

L'inventaire des Merveilles du monde

Ces répertoires constituent la littérature dite « paradoxographique », qui apparut au IIIe siècle pour faire connaître tout ce qui heurtait le sens commun (les « paradoxes »). D'Hérodote à Ctésias, ce souci s'était déjà manifesté à l'époque classique dans une conception de l'histoire faite pour le plaisir, que critiqua

---

1. Pausanias, I, 27, 3.
2. Diodore, II, 55.

vivement Thucydide[1]. Au IVe et au IIIe siècle, on s'attacha toujours davantage aux faits incontrôlables et incroyables, en s'efforçant d'inscrire tous les événements dans une ambiance exotique ou mythique pour leur donner le charme du dépaysement. On procéda donc à des sélections dans les œuvres majeures pour tirer d'Hérodote, d'Éphore ou de Théopompe (des historiens du IVe siècle) des *Histoires d'hommes merveilleux*[2]. Le *Recueil d'histoires extraordinaires*, composé par Antigone de Carystos au IIe siècle, utilise à la fois Hérodote et Ctésias, des écrits techniques de l'école aristotélicienne et l'érudition alexandrine.

Les merveilles de la nature retenaient tout autant l'attention, sinon plus. À partir du IIIe siècle, on publia des recueils spécialisés qui rassemblaient les curiosités naturelles selon un classement régional ou typologique : on a trace de *Merveilles de la Sicile*, de *Merveilles de la Thébaïde*, de *Merveilles du Péloponnèse*, ainsi que de nombreuses *Merveilles des fleuves*. Dans le milieu aristotélicien, la zoologie se tailla la part... du lion et les phénomènes du monde animal constituent l'essentiel de la sélection d'Antigone de Carystos.

Les œuvres d'art elles-mêmes furent appréciées comme des merveilles, à la mesure de leur caractère exceptionnel : le Mausolée d'Halicarnasse, le temple d'Artémis à Éphèse, le Phare d'Alexandrie entrèrent dans l'inventaire. Ainsi le voyageur hellénistique introduisait-il naturellement dans sa vision du monde grec cet élément d'étrangeté qu'Hérodote et Ctésias reléguaient dans les confins barbares ; il interprétait tout ce qui le frappait en termes de « paradoxe », même la foule dans les rues surpeuplées pour ce visiteur d'Alexandrie[3].

L'EXPÉRIENCE DU VOYAGE

Le comportement du voyageur hellénistique était déterminé par l'univers restreint où il évoluait : celui des lettrés. Il circulait un

---

1. Thucydide, I, 21-22.
2. Diogène Laërce, I, 115-117.
3. Achille Tatius, V, 1, 6.

livre à la main, pour vérifier ses connaissances en allant « voir de ses propres yeux » (« autopsie »), et il se situait d'emblée dans la chaîne du savoir en prévoyant la relation de son expérience[1].

Voir de ses propres yeux

L' « autopsie » était le but avoué du voyage, leitmotiv du touriste à l'époque hellénistique et impériale. La nécessité de l'observation directe, qui avait été l'un des principes directeurs des géographes ioniens, à l'origine des *Enquêtes* au VIe siècle, se perpétua chez les historiens et les sophistes : Polybe orientait souvent ses relations de voyage dans le sens d'une invitation au lecteur à aller voir, à son tour, de ses propres yeux ; Dion de Pruse ne reculait devant aucun voyage pour aller observer directement la situation locale[2].

Il s'agit d'une découverte lente, en profondeur, telle que la permet le voyage à pied qui reste, avec la croisière, le mode de déplacement le plus fréquent. Vers le milieu du IIIe siècle avant notre ère, le Crétois Héracleidès sait nous faire sentir l'état de la route, les accidents du terrain, l'agrément d'un chemin ombragé. Mêmes notations chez Pausanias, qui parcourt la Grèce au IIe siècle de notre ère : par tout un jeu de préfixes, il décrit le trajet effectué en définissant l'orientation de la progression (avancer, descendre, traverser) et en suggérant la nature du terrain.

Ainsi le voyageur hellénistique a-t-il appris à percevoir l'espace. Comme le dira le géographe Strabon à l'époque d'Auguste, « on mesure le monde en le parcourant[3] » ; les distances entre deux points, même éloignés, sont toujours données en « stades », c'est-à-dire au rythme du marcheur, de l'arpenteur ou du marin, et non par le biais d'un calcul mathématique — les géographes n'utilisent les coordonnées terrestres que pour les parties inhabitées du monde. Si, d'Ératosthène à Strabon, la période hellénistique est la grande époque de la géographie, celle-ci reste une « périégèse », c'est-à-dire qu'elle se présente comme le récit d'un parcours, la

---

1. *Inscriptions grecques et latines de Philae*, II (éd. É. Bernand), n° 143.
2. Dion de Pruse, XIII, 36 et VII, 1.
3. Strabon, II, 5, 4.

progression du voyage introduisant les accidents du relief, les villes et les monuments. Les périégètes ont pour but d'offrir une image du monde fondée non seulement sur les données abstraites de l'astronomie et de la géopolitique, mais sur des mesures empiriques et donc sur des observations de voyage ; le terme de « géographie » (tableau de la terre) a été forgé par Ératosthène au IIIe siècle et repris par Artémidore à la fin du IIe pour caractériser cette nouvelle approche.

Guides de voyage ou écrits géographiques, toute la littérature dite périégétique diffuse la connaissance de l'espace tel qu'il est immédiatement perçu ; l'homme hellénistique a appris à voir...

Faire sentir ce qu'on a vu

La perception et les impressions du voyageur nourrissent la relation du voyage, qui doit offrir au lecteur un substitut de la vision directe. Et quand n'existent ni croquis ni photographie, on y parvient par une transposition dans l'écriture, selon un procédé de description littéraire de l'impression visuelle que l'on appelle l'*ecphrasis*.

Tous les moments marquants du voyage sont donc présentés comme des spectacles et enchâssés dans le récit comme autant de tableaux. C'est le cas des fêtes ou des aventures mémorables telles que la chasse à l'hippopotame sur le Nil, spectacle habituellement offert aux touristes en Égypte. C'est le cas encore pour les chefs-d'œuvre de l'art ; dans le roman d'Achille Tatius, qui se présente un peu comme un guide de la Basse-Égypte, le lecteur est véritablement mis devant le Phare d'Alexandrie[1] :

> Il se dressait comme une montagne au milieu de la mer et atteignait les nuages. L'eau, en bas, baignait la construction elle-même, et le phare semblait suspendu au-dessus de la mer, tandis que, au sommet de la montagne, se levait un second soleil pour guider les navires.

Les belles villes, en particulier, font l'objet de brillants tableaux, dans une vision panoramique qu'affectionnent les géographes.

---

1. Achille Tatius, IV, 2 et V, 6.

Ainsi Strabon devant Rome, contemplant le Champ de Mars, le Campus Flaminius et le Mausolée d'Auguste depuis le Janicule ; dans sa description, il sacrifie la précision topographique au « tableau[1] » :

> Les œuvres d'art qui en ornent tout le pourtour, le sol recouvert toute l'année de gazon vert et, au-delà du fleuve, la couronne de collines qui s'avancent jusqu'au bord de l'eau et font l'effet d'un décor de théâtre, tout cela offre un tableau dont l'œil a peine à se détacher. Près de cette plaine se déploie une autre plaine, bordée de nombreux portiques disposés en cercle et suivis de bois sacrés, de trois théâtres, d'un amphithéâtre et de temples somptueux, serrés à se toucher, au point que le reste de la ville ne paraît plus jouer, en comparaison, qu'un rôle accessoire.

En évoquant Athènes, un voyageur du IIIe siècle exploite à fond l'impression de « spectacle » et joue sur ce thème. Athènes, dit-il, est une ville-spectacle pour les visiteurs étrangers : par la beauté de ses monuments, elle agit sur leurs sens comme un spectacle. Mais c'est aussi une ville où le spectacle est constant, puisqu'elle offre des fêtes ininterrompues ; à Athènes, le spectacle fait vivre à défaut de pain, et les Athéniens sont par nature des spectateurs à la finesse exceptionnelle[2].

L'espace du voyageur hellénistique est donc devenu un espace esthétique. On ne se satisfaisait plus d'une description fonctionnelle de la ville, comme à l'époque classique, et tous les procédés furent utilisés pour l'évoquer comme un spectacle, un musée ou un décor de théâtre.

Mais la relation est aussi enseignement, puisqu'un savoir résulte du voir. Il ne faudrait pas croire, cependant, que l'expérience vécue bouleverse les catégories mentales de l'auteur du récit : le voyageur cultivé, attentif aux diversités régionales et humaines, ne trouve pas au loin de quoi étayer un scepticisme, un relativisme ou une nouvelle vision du monde. Dès le IIIe siècle, le géographe Ératosthène réfuta le postulat d'une différence de nature entre les Grecs et les barbares, mais la plupart des périégètes s'en tinrent à un hellénocentrisme absolu et perpétuèrent une approche négative

---

1. Strabon, V, 3, 8.
2. *GGM*, I, p. 98, § 1 ; thème repris par Aelius Aristide, *Panathénaïque*, 9, 10, 12.

des confins du monde, lieux de l'excentricité et de l'anormalité. L'angle de prise de vue part toujours de la Grèce vers « les derniers des Celtes » ou « les derniers des Éthiopiens [1] ».

Le point de vue des relations de voyage est donc très conservateur : les critères de langue et de race (la descendance d'Hellen) restent prépondérants pour déterminer ce qui est grec et ce qui ne l'est pas [2]. Et si touristes, périégètes et romanciers ne s'intéressent guère qu'aux villes (la campagne n'intervenant que comme environnement de la route ou pour traiter des ressources alimentaires [3]), c'est qu'ils tirent leur image du monde de la conception qu'ils se font de leur existence. Existence fondée sur la ville, lieu d'accueil, de culture, de possibilités multiples pour les voyageurs officiels, les marchands ou les conférenciers itinérants.

L'AMATEUR DE VOYAGE

À l'époque hellénistique, l' « amateur de voyage » (*philapodémos*) existe et il est reconnu comme tel par ses contemporains. Le terme semble avoir été forgé au IVe siècle par Xénophon à propos d'un Spartiate envoyé annoncer les victoires de son roi par toute la Grèce [4] : il en fut enchanté, car « c'était un amateur de voyage » (*philapodémos*). Ce tempérament particulier, un voyageur du IIIe siècle le reconnaît aux habitants de l'île d'Eubée — qui ont, il est vrai, vocation de marins étant donné leur situation privilégiée entre la Macédoine, l'Attique et le Péloponnèse ; cela va de pair avec leur curiosité d'esprit, leur goût pour les sciences et pour les lettres [5]. Dans la littérature grecque d'époque impériale, les « amateurs » deviennent une catégorie de voyageurs s'inscrivant entre ceux qui se déplacent pour leur métier — marchands, patrons et pilotes de navires, explorateurs — et les malheureux errants [6].

---

1. Diodore, III, 2, 2-8. Pausanias, IX, 21, 2-6.
2. Héracleidès le Crétois, dans *GGM*, I, p. 109, § 3-7.
3. *Ibid.*, I, p. 101, § 8 ; p. 102, § 13.
4. *Helléniques*, IV, 3, 2.
5. *GGM*, I, p. 105, § 30.
6. Artémidore, *La Clé des songes*, I, 80. Elien, *Hist. Anim.* VII, 24.

Ce tempérament, c'est celui qui fait les soldats et les marins. L' « amateur de voyage » hellénistique ne voyage-t-il donc jamais en toute liberté, sans autre motif que de satisfaire sa curiosité personnelle et son désir d'observer les choses et les gens ? En d'autres termes, dans quelle mesure l' « amateur de voyage » est-il assimilable au moderne « touriste » ? Il faut juger sur pièces, c'est-à-dire déterminer l'objectif du voyage et analyser le point de vue du voyageur.

Un tourisme de passage

Le développement du voyage dans le cadre — nouveau — des États hellénistiques relevait, pour une très grande part, du « tourisme d'État ». À titre d'exemple, les archives de l'administration égyptienne ne connaissaient comme « touristes » que des officiels, chargés de missions, auxquels les pouvoirs publics étaient désireux de montrer les principales attractions du pays et, surtout, les réalisations spectaculaires de la monarchie. Cette invitation pouvait répondre à une curiosité personnelle du voyageur officiel : nous ignorons les sentiments de Scipion Émilien promené par Ptolémée dans son palais et sur le Nil, mais il est sûr que certains légats romains furent des voyageurs curieux, tel le consul Mecianus qui parcourut l'Asie Mineure et les îles en notant tout ce qui frappait l'œil... et en chiffrant le coût des « merveilles » que lui présentaient les États hellénistiques[1] !

L'essor des échanges commerciaux à très longue distance ainsi que le pouvoir d'attraction des fêtes et des spectacles contribuèrent de la même façon à promouvoir le tourisme de passage. Il fit la fortune des pèlerinages qui étaient particulièrement bien placés sur les routes maritimes. Dans l'île de Délos, les phases de prospérité du sanctuaire reflètent strictement, à l'époque hellénistique, le passage des grandes flottes et la mise en place de nouveaux itinéraires commerciaux : tous les commandants, ceux d'Alexandre, ceux des Lagides, ceux de la flotte romaine, transformaient l'escale en pèlerinage. Les marchands faisaient de même et consacraient au dieu une offrande précieuse prise dans leur

---

1. Pline, XXXIV, 36 et 41-42.

cargaison ou la dîme des profits qu'ils avaient réalisés sur place. Tous combinaient la visite d'un lieu saint avec une obligation de service ou une nécessité professionnelle.

C'est une restriction d'importance qu'il faut apporter au développement du voyage durant cette période : la piété ou la curiosité ne constituaient qu'exceptionnellement une invitation au voyage assez forte en elle-même. À Délos, tel donateur d'un ex-voto à Apollon, agissant à titre privé, est identifiable avec le chef d'une délégation officielle envoyée par une cité pour les grandes fêtes. À Philae, l'île sainte d'Isis, en Égypte, la plupart des graffiti d'adoration (ou proscynèmes) ont été laissés par des fonctionnaires et des soldats au cours d'un déplacement de service.

Le caractère occasionnel des pèlerinages ressort encore de la forme collective que prennent de très nombreuses dédicaces : les témoignages d'individus qui voyagent seuls sont rares. À Délos se manifestent des équipages de navires de guerre, des familles, des « compagnons de navigations » ; dans les villes saintes d'Égypte, il s'agit le plus souvent d'un fonctionnaire qui entraîne avec lui tout un convoi de subordonnés, d'amis, de familiers, de serviteurs. Ce tourisme de passage semble avoir été assez généralement répandu dans le monde hellénistique, si l'on en juge par les nombreux récits d'excursions insérés dans la littérature romanesque : à Rhodes, à Memphis, à Alexandrie, sur le Nil, à Delphes [1]...

Le tourisme hellénistique résultait sans doute plus d'un concours de circonstances qu'il n'était affaire de tempérament. Aussi n'est-il pas aisé d'apprécier les motivations de ceux qui nous ont laissé un récit de voyage, ni même de cerner leur stature sociale et intellectuelle. Au milieu du IIIe siècle, le Crétois Héracleidès visita la Grèce centrale et la Thessalie. Était-il un marchand ? un homme de lettres ? un architecte ? On hésite. Ce n'était certainement pas un marchand, car s'il s'intéressait aux ressources agricoles et aux sites portuaires, il prenait toujours le point de vue du consommateur. C'était peut-être un architecte — à l'époque, profession itinérante —, car son intérêt pour le tissu urbain et l'habitat n'a d'égal que son habileté à évaluer le périmètre de la ville. En tout cas, c'était un homme cultivé, attentif à

---

1. Xénophon d'Éphèse, I, 12, 1-2 ; V, 4, 8-11 ; Achille Tatius, V, 2 ; Héliodore, III, 1, 1-3, 3.

l'équipement culturel des villes, et un notable habitué à réfléchir sur des problèmes d'intérêt public comme l'approvisionnement ou la sécurité. Dans le cas des officiers royaux ou des légats romains, l'expérience du voyageur et du touriste s'enrichissait tout naturellement du jugement du militaire et de l'homme d'État.

Un point de vue pratique

On relève, en effet, dans les récits des voyageurs hellénistiques une double préoccupation qui reflète bien leurs motivations mêlées. Ils décrivaient d'abord chaque étape d'un point de vue pratique, puis, dans un second temps seulement, à titre de curiosité, pour son intérêt archéologique, historique, artistique. De ville en ville, ils donnaient les distances et l'état de la route, puis, selon des rubriques stéréotypées, le site et la situation, le tissu urbain (rues, maisons, espaces publics), les ressources agricoles (c'est-à-dire alimentaires), le caractère et les occupations des habitants, les conditions d'accueil qu'y trouvait l'étranger (poids du fisc, tempérament procédurier...). Le touriste de l'époque hellénistique n'avait pas complètement perdu le sentiment de précarité qui tenaillait le Grec du Ve siècle dès qu'il quittait sa patrie : il cherchait toujours à s'intégrer parfaitement à la cité qu'il visitait.

Parmi ces préoccupations pratiques, celles du soldat apparaissent bien souvent. Étant donné les circonstances, on ne s'étonnera pas que les souvenirs de voyage de Polybe ressemblent à un journal de campagne : l'accent est mis sur la topographie ; les villes sont conçues comme des bases stragégiques et toutes les données géographiques sont incorporées aux événements pour expliquer une marche, un siège ou une bataille. Mais Pausanias, qui écrit deux siècles et demi plus tard, en pleine paix romaine, inclut lui aussi de nombreuses observations stratégiques dans sa description des curiosités de la Grèce : il relève les qualités d'un champ de bataille ou l'intérêt défensif d'un site, ou bien encore il refait l'histoire d'une bataille sur le terrain. Le modèle de l'*Anabase* de Xénophon, qui mêlait récit de voyage et histoire militaire, était resté bien vivant.

Cependant, ces écrits comportent aussi des notations désintéressées, plus proches de ce que fournissaient les guides de voyage, puisqu'elles signalent simplement ce qui vaut la peine d'être vu. Quand Polybe évoque le circuit de Paul Émile en Grèce, sans doute à l'automne 167, après sa victoire sur le roi de Macédoine, il fournit un abrégé touristique de la Grèce : oracles, sanctuaires guérisseurs, sites historiques comme Aulis (où Agamemnon avait sacrifié Iphigénie), belles villes riches de monuments et de souvenirs, comme Athènes ou Corinthe... Son guide, un prince de Pergame éduqué à Athènes, insiste autant sur les curiosités naturelles et les beaux points de vue que sur les œuvres d'art célèbres. Bien que ces hommes d'État du IIe siècle n'oublient jamais de considérer un site sous l'angle stratégique, ils veulent surtout satisfaire une vieille curiosité, nourrie de leurs lectures, et ils recherchent l'émotion esthétique, « ce qui frappe ». Bienheureux « quand la réalité dépasse leurs espérances[1] » !

Le plaisir des yeux

> Après une navigation de trois jours, nous arrivâmes à Alexandrie. Lorsque j'y entrai, j'eus immédiatement devant moi l'incomparable beauté de la ville et mes yeux furent remplis de plaisir[2].

Les voyageurs ne jetaient pas toujours sur le monde l'œil froid de l'antiquaire, du géographe ou du tacticien. Les impressions qu'ils nous ont livrées révèlent parfois un fonds de curiosité et de sensibilité tout proche de la mentalité du touriste moderne[3].

Le Crétois Héracleidès, qui arrivait avec ses lectures, ses informations... et ses illusions, connaissait quelquefois d'amères déceptions. Ainsi, lors de son détour par Platées (où avait eu lieu une grande victoire encore commémorée à son époque) : « Il n'y a rien à dire de la ville, sinon le souvenir de la victoire. » Il avait aussi été fort déçu en entrant à Athènes — l'aridité du paysage, l'archaïsme des rues et l'inconfort des maisons l'avaient étonné —, avant de découvrir la splendeur des monuments.

Ce voyageur est très sensible aux effets visuels, aux formes et

---

1. Fragments de Polybe, 30, 10, 3-6, à compléter par Tite-Live, XLV, 27-28 et Plutarque, *Paul Émile*, 28.
2. Achille Tatius, V, 1, 1.
3. *GGM*, I, p. 98, § 1 ; p. 101, § 8 ; p. 102, § 11 et 12.

aux couleurs. D'un mot, il évoque Tanagra-la-Blanche ou Thèbes-la-Noire. Athènes le « frappe » par deux visions qui s'encadrent comme des tableaux : le Parthénon dominant le théâtre (c'est encore de nos jours un angle de prise de vue courant pour l'Acropole) et la silhouette de l'Olympéion, ce temple gigantesque.

Certains panoramas suscitent une émotion forte, révélant chez les voyageurs hellénistiques un sentiment du paysage que ne possédaient ni un Hérodote ni un Xénophon. Polybe, qui découvrit et sut admirer les Alpes, pouvait s'arrêter devant un merveilleux point de vue[1] :

> Quand on atteint la ville, soudain se découvre toute la plaine comme une étendue de haute mer, si bien qu'il n'est pas facile aux yeux d'embrasser jusques à leurs limites les champs qui s'étendent au-dessous. À cause de cette merveille, le lieu est appelé « merveille ».

L'émotion est à la mesure de l'attente. Ainsi pour ce visiteur grec devant les tombeaux de la Vallée des Rois et la statue parlante de Memnon, en Égypte, une des merveilles du monde[2] :

> J'avais entendu parler de la voix de Memnon et de la merveille des Syringes. Mais je suis venu. J'ai trouvé l'un sans voix, et j'ai admiré l'art des autres.

Un autre éprouve devant le sphinx de Gizeh une impression terrifiante, qui fut encore celle des voyageurs du XIXe siècle : « Spectacle divin... Vision effrayante !... Noble apparition. » Une même admiration saisit le visiteur devant la hauteur des pyramides[3], sur le parement desquelles il laissait volontiers sa signature. L'étonnement des touristes s'explique par la prouesse technique que représentaient pour eux ces monuments :

> Étant monté ici, Catullinus a gravé cette inscription sur l'entrée, admirant l'art des carriers sacrés.

Ce comportement mérite d'être qualifié du terme moderne qui convient, celui de « tourisme ». C'est là une innovation majeure

---

1. Tite-Live, XXXII, 4, 4, d'après Polybe.
2. *Inscriptions métriques de l'Égypte gréco-romaine* (éd. É. Bernand), n°s 90, 126, 130, 141, 142, 147, 151.
3. *Anth. Pal.*, IX, 710.

de l'époque hellénistique, qui signale un changement réel des mentalités. Cependant, la démarche entreprise sans autre but que de satisfaire la curiosité ou de rechercher l'émotion n'est jamais qu'un moment du voyage, un détour sur le parcours du soldat, de l'émissaire ou du marchand ; bref, une excursion. Ainsi l'épigramme de Catullinus insiste-t-elle sur le « détour » : le voyageur a dû « se détourner » de son itinéraire à Tell Amarna afin d'escalader la falaise au flanc de laquelle sont creusés les tombeaux.

Excursion au milieu du parcours, l'expérience touristique constitue un *excursus* dans la relation de voyage. Un écrivain militaire comme Polybe n'hésite pas à interrompre son récit des opérations de 219 pour présenter Byzance, dont la visite l'a évidemment frappé : il s'étend sur les détroits, le tracé de la côte, les effets des vents et des courants, reprenant là sans aucun doute des impressions de croisière[1]. Dans les romans abondent ces *excursus,* qui sont autant de promenades ; ils sont manifestement attendus des lecteurs, comme les espéraient ceux de Pierre Loti ou de Gustave Flaubert.

C'est bien l'indice d'une évolution générale des mentalités. Même si les conditions du voyage ne le rendent pas encore accessible à tous, même si les risques et les difficultés sont encore trop grands pour que l'on puisse se déplacer réellement pour son seul plaisir, l'invitation au voyage s'adresse désormais à tous, comme le besoin et le plaisir de « voir » — ou, à défaut, de lire — pour se dépayser.

---

1. Polybe, IV, 38.

CHAPITRE III

Antiques préjugés et tabous à Rome
Évolution des mentalités

UNE SOCIÉTÉ FERMÉE

Toute étude du voyage à Rome doit partir d'une exploration des mentalités, qui expliquera pourquoi le Romain, face au Grec aventureux et marin, a longtemps fait figure de terrien casanier, attaché à la péninsule italienne et à la « petite patrie ». Il convient de tenir compte du primitivisme romain, de ses valeurs comme de ses tabous ; de l'archéologie sociale comme de l'archéologie religieuse.

Naturellement, les déplacements et voyages au sens classique ont pour nous l'âge des documents qui les relatent, historiographiques, littéraires, épigraphiques. Les plus anciens textes, telle l'inscription archaïque du forum, semblent concerner des charrois de l'époque royale. Le voyage le plus primitif se confond avec les premières migrations en Italie, telles qu'elles sont reconstruites par les antiquaires : le Caton des *Origines*, le Varron du *De lingua latina*, le Denys d'Halicarnasse des *Antiquités romaines*, les poètes augustéens et leurs savants commentateurs du Bas-Empire. Sénèque lie exil, errances légendaires, migrations primitives et colonisation — toutes formes d' « exil collectif » ; l'acte de fondation fait très souvent intervenir un exilé, un fugitif : Anténor, Évandre, Énée... L'accent est mis sur le déracinement, notion capitale pour les mentalités primitives, et chargée d'implications magiques et religieuses. Les fondateurs de dynastie, selon le Discours de

Claude à Lyon[1], le Sabin Numa, le Gréco-Toscan Lucumon, sont des transplantés : au stade primitif, un « voisin » peut être un « étranger », et, pour les communautés ethniques fermées, l'étranger est souvent caractérisé par le mot *hostis*, qui signifiera « ennemi ». Riche matière à réflexion sur l'autarcie et la xénophobie antiques... Les seuls déplacements de la communauté primitive ainsi reconstituée correspondent à des fonctions sociologiques et à des mécanismes économiques.

La préhistoire de la Péninsule fait apparaître l'opposition entre autochtones et envahisseurs — ou migrants —, entre agriculteurs et pasteurs. Varron, dans sa « sociologie[2] », suppose un stade pastoral primitif. Les Sabins, son peuple, pratiquent une transhumance habituelle entre les pacages d'été de Réate et les pacages d'hiver d'Apulie.

Du Latium casanier à l' « ouverture » de la Grèce :
débats et contradictions

Les agriculteurs primitifs, les *agricolae prisci* d'Horace, sont comme les *agricolae* de l'ère saturnienne chez Virgile, à la fois pâtres et cultivateurs. Dans ces représentations orientées, la ville est le repoussoir de la campagne heureuse et laborieuse. Or Columelle nous relate les joyeuses montées des rustiques à la Ville[3], et l'on sait par les antiquaires que le rythme « laïque » trafic/marché (*negotia/nundinae*) supposait le déplacement à la Ville tous les huit jours « pour mettre en ordre les affaires de la cité et de la campagne » : le déplacement initial a une fonction juridique et politique. On hésite, pour le promoteur des marchés, entre Romulus, Numa et Servius Tullius : de toute manière, leur création coïncide avec celle des « marchés, jeux, tous les motifs de réunion et d'affluence[4] ».

Le déplacement constitue le privilège du *paterfamilias*, enraciné dans sa campagne mais citoyen. Témoin Caton, qui déclare dans une autobiographie célèbre : « Moi, dès le début j'ai maintenu

---

1. *ILS*, 212.
2. *Res rusticae*, I, 2.
3. *De re rustica*, X, 309. Voir Horace, *Ep.*, II, 1.
4. Cicéron, *Rep.*, II, 14.

toute ma jeunesse dans l'économie, la dureté, l'activité, à cultiver la terre sur les rochers de Sabine, à transformer la pierraille en pacages et en cultures. » Or ce paysan enraciné, et retourné à la terre après son *cursus honorum,* a parcouru la totalité du bassin méditerranéen : l'Espagne, la Sicile, l'Afrique, la Grèce... La sédentarité agraire a horreur du déplacement : Caton honnit la « promenade ». Il la lie au désœuvrement dans un fragment célèbre (« Tu déambules comme un fainéant »). Il proscrit le promeneur et la promeneuse quand il s'agit du choix du fermier et de la fermière. Ailleurs, il associe dans une « censure » le « déambulateur » et « bavard trivial [1] ». Il convient de noter ce paradoxe : les petits paysans qui, au IIe siècle, ont vu la Sicile, la Grande Grèce, la Grèce et l'Asie sont des hommes de l'enracinement, attachés à leur canton et à leur « petite patrie », avec leur morale fermée, leurs rivalités de villages, leurs ridicules — ceux que Plaute caricature ici et là dans sa comédie, tels les Prénestins. Ils font du tourisme militaire, mais, chez eux, ils sont casaniers et xénophobes. D'où leur hostilité aux « petits Grecs en *pallium* » (*Graeculi palliati*)[2], dans lesquels on voit, dès l'époque de Plaute, le type du Grec errant. Longtemps les agronomes, secondés par la poésie patriotique et terrienne, maintiendront l'idéal de la sédentarité vertueuse, par opposition à l'instabilité migratrice, inséparable de l'aventure maritime. Columelle, comparant les *artes,* critique la navigation et le négoce maritime, parce qu'ils font de l'homme une sorte d' « oiseau migrateur » soumis aux caprices de la mer : il perd son essence d'animal terrestre. On sait l'hostilité viscérale des Romains pour les « thalassocraties » : Carthage en 149, Rhodes en 167 av. J.-C. Les préventions des Romains ont été systématisées par Cicéron, qui dénonce les civilisations maritimes, leurs tentations vagabondes et leur instabilité[3] :

> Les villes maritimes ont même pour caractère une sorte de dégradation et de métamorphose des mœurs : car elles se mélangent à des langues et cultures ignorées, et, non content d'importer de l'étranger des marchandises, on en importe les mœurs, de sorte que rien dans les traditions nationales ne peut demeurer intact ; de plus,

---

1. Malcovati, ORF, XXIX, 113 et XLVI, 181 ; *Agr.*, 5 et 143.
2. *Curc.*, 288 sq.
3. *Rep.*, II, 1.

ceux qui habitent ces villes n'ont pas d'attaches sédentaires, mais se laissent toujours entraîner assez loin de leur demeure sur les ailes de l'espérance et de l'imagination ; même quand ils restent physiquement, leur esprit est en exil et en errance. Et aucune circonstance n'a jadis bouleversé davantage des villes depuis longtemps ébranlées, Carthage et Corinthe, que cette errance et cette dispersion des citoyens, du fait que par passion du commerce et de la navigation ils avaient abandonné à la fois l'agriculture et l'art militaire. La mer fournit aussi en foule aux cités des tentations nocives de jouissance, qu'on trouve sur place ou qu'on importe. Et le charme de la civilisation (*amoenitas*) à lui seul comporte toutes les séductions du luxe ou de la paresse... À quoi bon citer les îles de Grèce ? Ceintes par les flots, elles nagent presque elles-mêmes avec les traditions et les mœurs des cités.

Ces préventions sont moins apparentes dans le théâtre de Plaute, qu'on a dit acquis au *mos maiorum*, et non sans raison. Il n'a certes pas accordé à la navigation et au commerce maritime une importance en soi. Les originaux de la Comédie nouvelle, si l'on consulte le répertoire des titres et le catalogue des personnages, donnaient un assez grand rôle aux métiers de la mer (*Les Pêcheurs, Les Pilotes*), en même temps qu'aux péripéties de la navigation, riche en imprévus et en pathétique (enlèvement par les pirates et vente de l'ingénue). Plaute exploite, à la suite de ses originaux, le thème du voyage d'affaires pour le nœud de l'action : le voyage lointain éloigne un personnage dont le retour débloque la situation statique. Les Charmidès (*L'Homme aux trois écus*), les frères du *Stichus*, courent le monde pour s'enrichir ou se rétablir. Le Labrax du *Rudens* est un marchand. Mnésiloque, qui veut récupérer une créance à Éphèse, dans les *Bacchides,* prend évidemment la mer. Athènes, les îles et l'Asie sont le centre des voyages d'affaires. Le *Mercator* de Plaute présente le cas le plus révélateur. Les voyages de Charinus importent moins que l'utilisation du commerce maritime comme moyen de rééducation de l'amour-passion ; la confession de Charinus a ceci d'original que la réhabilitation par le labeur commercial remplace la réhabilitation par le labeur agricole. Reflet d'une évolution économique, certes, mais aussi condamnation relative du commerce. Ainsi sont reproduits, avec des variantes romaines, les canevas cohérents de la Comédie nouvelle grecque : le genre donne pour cadre aux aventures maritimes et commerciales la Sicile et l'Italie du Sud, Rhodes et son port, Éphèse[1]. Le Charinus du *Mercator,* qui paraît sur scène en tenue de voyage, exprime son horreur de l'Attique corrompue, mais sans critiquer les civilisations maritimes. Il a dit les douceurs de Rhodes et de son port. Il énumère les épreuves du voyage terrestre, les obstacles géographiques et les rigueurs climatiques. La géographie imaginaire des comédies élargit le monde du public romain.

Or le théâtre de Plaute, qui place les rencontres amoureuses dans les péripéties fortuites du voyage, illustre quelque peu les préventions ancestrales à l'égard des pays étrangers. Les pièces les plus exotiques ne sont pas forcément postérieures à l'ouverture du monde grec : si *Le Carthaginois* (*Poenulus*) paraît écrit après la victoire sur Carthage, *Le Matamore* (*Miles gloriosus*) précède les campagnes d'Asie. L'exotisme de la tradition littéraire fait osciller les mercenaires entre l'Asie des expéditions et l'Attique des plaisirs. Grèce continentale, Attique et Asie, connues par ouï-dire, tombent sous le coup de caricatures nationalistes : Plaute a créé le néologisme *pergraecari* (« faire le Grec ») pour désigner la paresse, la beuverie, la débauche. Il revalorise la « rusticité », l'enracinement terrien, comme un symbole des vertus rurales face aux tentations malsaines de la ville (l'*urbanitas* des oisifs et des beaux parleurs), mais aussi face aux dangers de l'aventure lointaine. L' « Éphésien » Périplectomène, dans *Le Matamore*, est moins dangereux que les *Graeculi* du *Curculio*, parce qu'il reste dans le monde grec sans contaminer Rome[2]. *Le Carthaginois* de Plaute révèle la même xénophobie pour le Carthaginois honni : l'ennemi est ici moins dissolu que barbare ; son « sabir » révulse les personnages gréco-romains et Hannon se plaint qu'on se moque « d'un étranger et d'un voyageur ».

Le déplacement sacré et maudit

Primitivement, le Latin et le Romain ont, devant le déplacement lointain et le déracinement, une attitude de recul. La

---

1. *Mén.*, 17 sq. ; *Merc.*, 93 sq. ; *Bacch.*, 235 et 279.
2. *Mil. glor.*, 668 sq.

religion, en autorisant les translations fériales limitées, tend à entourer les déplacements d'un réseau d'interdits.

Ainsi, les Sabins primitifs se rendent à Rome pour assister aux *Consualia,* au nom des relations de bon voisinage[1]. La tradition du Latium primitif conserve la procession des Féries latines, jusqu'à Lavinium, métropole d'Albe, sur les monts Albains : vont y célébrer la fête flamines, augures, et même les magistrats revêtus de l'*imperium* qui inaugurent et clôturent leur charge. Les promagistrats sur le départ font encore ce « pèlerinage » à la fin de la République : ils se prémunissent ainsi contre la rupture des *sacra* qu'implique le voyage lointain. Si la translation liturgique se trouve sanctionnée par un transfert de la protection divine, le phénomène ne joue qu'au profit de la Ville. Inversement, la localisation des rites, corollaire de celle des dieux, impose aux prêtres, depuis la plus haute antiquité, des interdits dans le domaine du déplacement. On cite, parmi les tabous anciens du sacerdoce, l'interdiction de monter à cheval et même de proférer le mot, ainsi que celle de voir la troupe en armes — symbole d'un départ[2]. Le lit du flamine doit être scellé de boue, pour renforcer l'enracinement chtonien et la sédentarité. Tite-Live, dans un discours fameux, fait rappeler à Camille cet enracinement de la piété nationale[3] :

> Nous parlons des cultes et des temples : et les prêtres ? Ne réfléchissez-vous pas au sacrilège commis ? Car les vestales ont pour unique résidence celle d'où rien n'a jamais pu les écarter, sinon la prise de la Ville ; le flamine de Jupiter ne peut sans sacrilège (*nefas*) demeurer une seule nuit hors de la Ville. Voilà les prêtres que vous voulez rendre Véiens au lieu de Romains, et tes vestales t'abandonneront, ô Vesta !, et le flamine, en habitant à l'étranger, accumulera sur lui autant de malédiction, nuit après nuit, sur lui que sur l'État.

Ainsi, le devoir de résidence imposé au flamine de Jupiter, qui ne peut coucher plus de deux nuits dans un autre lit que le sien, pourra perdre une partie de son sens magique ; l'astreinte se retrouvera toutefois, à l'époque augustéenne, dans une loi de

---
1. Tite-Live, I, 9.
2. Aulu-Gelle, X, 15, 4 sq.
3. Tite-Live, V, 52.

Narbonne pour le flamine de la province[1]. La même sédentarité est prescrite à la femme par le mariage romain : le voyage de trois jours, l'*usurpatio trinoctii,* entraîne pour les juristes la rupture du lien conjugal coutumier[2]. La sédentarité et le lien avec le sacré de la cité expliqueront les restrictions au droit de circulation des magistrats, des préteurs par exemple (une absence de plus de dix jours de leur part requiert une autorisation).

Les angoisses du déplacement : le Latin et l'eau

Les interdits sacrés liés au déracinement engagent la solidarité primaire de l'homme avec la planète et avec les éléments. Les réalités géographiques et cosmiques sont profondément inscrites dans la conscience antique, et surtout italique. L'élément liquide se trouve au centre d'un complexe de tabous.

En fait, les superstitions terrestres ne sont pas moins importantes que les angoisses maritimes. On s'interroge sur les moindres signes donnés par les mouvements du corps : d'où la crainte révérentielle de l'éternuement, ou bien l'observation des *auspicia pedestria.*

Tibulle[3] utilise toutes les consultations « orthodoxes », qui toutes « garantissaient le retour » ; il exploite les superstitions juives et isiaques, et invoque le « présage sinistre » du pied qui « en route heurte la porte ».

Compte tenu du symbolisme du mouvement — droite ou gauche — et de la valeur divinatoire des échecs du comportement, tout déplacement peut être déconseillé par les auspices. Le faux pas ou le fait de partir « du pied gauche » sont considérés comme sinistres. Auguste suivait à la lettre les superstitions populaires du voyage, voyant dans la rosée un signe favorable du voyage terrestre ou maritime, et ne se mettant jamais en route le lendemain des marchés[4]. Le pied qui heurte la porte, le vêtement qui entrave la marche, sont autant de signes fâcheux. Néron, impressionné par ces signes, a remis son voyage en Orient.

---

1. *FIRA,* I, p. 201.
2. Gaius, *Institutes,* I, 111.
3. *Élégies,* I, 3.
4. Suétone, *Aug.,* 92, 1-5, *passim.*

L'élément liquide — et surtout la mer —, considéré comme instable même pour les signes divinatoires, nourrit la superstition. Il est interdit de se couper ongles et cheveux en mer [1], et l'on répugne à souiller celle-ci par les besoins naturels, ce qui complique la navigation. Le roi-mage Tiridate, en 66, est venu à Rome par un itinéraire terrestre pour ne pas transgresser ces tabous [2].

Si le *Digeste*, synthèse du droit classique, consacre la protection juridique du droit de circulation terrestre et de navigation fluviale [3], la sacralisation des sources, liée au naturalisme italique et au culte des Nymphes, introduit des limitations. Pline le Jeune, à l'époque impériale, rappelle que le cours supérieur du Clitumne comporte une zone « sacrée » et une zone « profane [4] » : dans la partie supérieure, seule la navigation est permise ; dans la partie inférieure, on peut naviguer et nager librement.

Mais c'est sur la mer, en vertu de certains dogmes archaïques, que semblent porter les interdits sacrés. Horace a évoqué le dogme de l'*Oceanus dissociabilis*, la barrière de l'Océan [5]. Les poètes de l'âge augustéen, malgré l'essor des marchands, malgré la politique maritime d'Auguste, lancent volontiers des anathèmes contre le mercantilisme insatiable et le « sacrilège de la navigation » : ces thèmes du « programme national » corroborent les éloges de la campagne et la propagande en faveur de l'autarcie italienne. On est frappé par le fait que ni Ennius, ni Plaute, si liés à l'idéologie « vieille-romaine », ni Lucrèce, puritain et terrien, n'aient porté contre la navigation une condamnation aussi catégorique qu'Horace et Tibulle. Virgile, contemporain comme eux d'un essor irrésistible du commerce international, a associé la navigation au progrès des techniques, dans les *Géorgiques* : il a exalté aussi bien la navigation fluviale que la navigation maritime. Horace, terrien et épicurien, comme Virgile jeune, a exalté les flottes céréalières de Rome et la victoire sur la disette [6]. Mais il ne faut pas exagérer la « romanité » du thème : il remonte aux Grecs, au poème *Les*

---

1. Pétrone, 104, 5.
2. Pline, XXX, 2.
3. *Digeste*, XLIII, 7-15.
4. *Lettres*, VIII, 8, 5-6.
5. *Odes*, I, 3.
6. *Épîtres*, I, 16, 71-72.

Travaux et les jours d'Hésiode, aux *Phénomènes* d'Aratos, et même à l'*Odyssée* d'Homère. Les poètes latins sont en général divisés, et ce qu'il y aurait de plus « archaïque » dans leurs anathèmes serait l'angoisse de la mort anonyme et de l'insépulture.

Intégration et déracinement

L'exploration des concepts socio-juridiques liés au voyage, et tributaires des mentalités anciennes, se révèle encore plus probante que celle des tabous religieux.

La notion d'expatriation se traduit à Rome par un champ lexical assez riche, qui se développe autour de l'adverbe *peregre*[1] : ce dernier est associé, dans les textes juridiques, aux verbes exprimant l'être, l'action, le mouvement. Le déplacement concerne aussi bien le Romain expatrié que l'étranger immigré, le *peregrinus*, dépourvu de droits civils (il a, pour trancher ses litiges, un préteur attitré, le « pérégrin »). Le verbe *peregrinari*, le substantif *peregrinatio* (voyage à l'étranger) désignent à la fois une modalité de l'existence et une rupture du tissu juridique, impliquant le déracinement.

La situation du captif romain, coupé de la collectivité nationale, et réintégré par le *postliminium* (droit de rentrée) dans ses droits de citoyen, avec plus d'une fiction (franchissement symbolique du seuil), est très significative : la cité est un foyer. On comprendrait mieux dès lors les liens subconscients qui associent, pour le Romain, toute forme de déracinement : captivité, exil, voyage...

Le symbolisme de l'eau et du feu ne saurait être dissocié de ces archétypes de la conscience nationale. Il joue positivement dans les rites d'intégration du mariage romain ; il domine le rite et la formule du bannissement, « l'interdiction de l'eau et du feu » *(interdictio aquae et ignis)*.

La « pérégrinité », que le Latin perçoit dans son ambivalence objective et subjective, projette la condition du voyageur romain dans le statut moral de l'étranger marginal. Cette *peregrinitas* est non seulement absence de *ciuitas*, d'intégration juridique et

---

1. *Digeste*, XVIII, 1, 35 ; XXXVIII, 1, 38 et I, 49 ; XLI, 1, 9 et 2, 44 ; XLIV, 7, 5.

politique, mais aussi, dans certains cas, usurpation des droits « civiques » : une hétérogénéité suscitant l'hostilité ambiante. L'adjectif *peregrinus* conservera longtemps, dans les textes juridiques, cette connotation d'altérité inférieure, le résidu de la prévention archaïque, encore présente dans les XII Tables, contre l'*hostis*, « étranger/ennemi ».

L'Italie ancienne était formée de rameaux ethniques conservant leur individualité. La Rome de la conquête les créditait de certains travers et ridicules, qu'on voit encore dans la comédie de Plaute. Le voisin proche reste un *alienigena*, d'une ethnie différente, comme le Sabin Numa Pompilius que l'empereur Claude définit ainsi dans le Discours de Lyon[1] : « venant de la Sabine, un voisin, certes, mais alors du dehors (*externus*) ». Même après la Guerre sociale, qui a fondu la Péninsule dans le même moule juridique, de 91 à 89 av. J.-C., le *municipalis*, le « provincial », est encore traité avec condescendance par le Romain de souche. Cicéron, à la fin de la République, se voit qualifié dans un pamphlet politique de « Romulus venu d'Arpinum », de « locataire de la ville de Rome[2] ». Loger à Rome est une chose, y avoir son foyer en est une autre. Ensuite, la Péninsule deviendra le foyer commun de la romanité, mais les archétypes de l'enracinement perdureront. Quand l'empereur Trajan impose à la classe sénatoriale de l'Empire, intégrée politiquement, de placer une partie de son patrimoine en terres italiennes, Pline le Jeune, commentant la mesure[3], souligne la différence entre une « patrie » et une sorte d' « hébergement de quasi-voyageur ». L'idée subsiste que le voyage se confond avec la précarité du passage.

Le nationalisme xénophobe, même après la romanisation de la Méditerranée, imposera des préjugés résiduels contre certaines races et, partant, contre certains pays, réputés inférieurs, parfois même « contaminants ». Barbares brutaux comme les Celtes et les Germains, ou les Nordiques, dont on moque l'habitat et le costume, barbares décadents comme les Asiates, voire les Grecs d'Asie, seront fustigés par l'historiographie latine la plus classi-

---

1. Cicéron, *Rep.*, II, 13, 25 ; *ILS*, 212.
2. Salluste, *Cat.*, 31, 7 ; ps. Salluste, *In Cic.*, 1 sq.
3. *Lettres*, VI, 19.

que, jusqu'à Tacite, sinon par la géographie : chez les géographes, l'Égypte lointaine est plutôt un repoussoir de la culture.

À côté des transferts liturgiques provisoires, il convient de mentionner les translations collectives sacralisées : les migrations militaires primitives, distinctes de l'*apoikia* grecque, en offrent un assez bon exemple. Ces migrations, placées sous le patronage de Mars et de Picus, masquent sans doute en rite — le *uer sacrum* (ou consécration du printemps) — une réaction de rejet. La colonisation romaine, à partir du IVe siècle av. J.-C., est en fait une expulsion ; mais le cas de force majeure, comme dans le départ d'Énée et le transfert des Pénates, est promu du profane au sacré par le transfert de l'énergie politique au forum et de la piété capitoline au temple local de la Triade. Toute colonie est une « image réduite de Rome[1] ».

La rupture des *sacra*, domestiques ou publics, peut être conjurée par le transfert rituel, ou par la prière aux puissances qui régissent le voyage : la Fortune, Neptune. Mais il est une rupture plus irrémédiable, pour les mentalités primitives, qui réside dans la mort en pays étranger, avec risque d'insépulture. L'épigraphie funéraire des voyageurs et des migrants, même à l'époque classique, se révèle riche de sens.

Sénèque dialogue avec les antiques hantises de l'insépulture, liées au déracinement (« mourir à l'étranger[2] »). Les mêmes croyances chtoniennes, sécurisantes, rassurantes, enserrent dans leur réseau le vivant et le mort. On le voit bien, à l'état résiduel, dans la poésie d'Horace, pourtant affranchi intellectuellement. Il reprend, sans les justifications théologiques, les imprécations ancestrales contre le marchand errant, qui viole l'ordre naturel ; il identifie son bonheur casanier aux exigences d'enracinement du terrien. Mais, corrélativement, il donne un relief pathétique aux plaintes du naufragé menacé d'insépulture[3] :

> Moi aussi le compagnon tumultueux d'Orion déclinant, le Notus, m'a englouti dans les ondes illyriennes. Mais toi, navigateur, ne me refuse pas, par malice, le sable errant du rivage, ne refuse pas à mes os et à ma tête, pour les inhumer, une trace de sable.

---

1. Aulu-Gelle, XVI, 13, 8.
2. *Rem. fort.* (éd. Haase), IV, p. 448 et 450.
3. *Odes*, I, 28, 21.

La hantise de l'expatriation et de l'aventure lointaine renforce l'enracinement terrien lié à l'amour de la *terra patria*, et favorisera la villégiature au détriment du voyage.

L'amour de la terre natale, inséparable d'un enracinement, a été relevé chez les écrivains de la fin de la République et de l'Empire. Plus solidaire de la terre que l'attachement des colons grecs à la « métropole », ce patriotisme local ou régional survit à l'extension œcuménique du corps civique. Les antiques mentalités se fondent ici avec des aspirations plus modernes : le recul devant les méfaits de la concentration urbaine inéluctable, le besoin de détente naturelle.

On connaît l'attachement de Plaute pour l'Ombrie, de Caton pour Tusculum, de Varron pour Réate, de Cicéron pour Arpinum : ce dernier célèbre l'air natal et son cadre familier[1]. Tibulle et Properce, rebutés par les longs voyages maritimes, qu'ils associent à l'image de la mort, restent sentimentalement très proches de leur Ombrie natale, dont leurs élégies chantent la rusticité ; leurs évocations ont la nostalgie des paradis perdus de l'adolescence. Chez Horace et Virgile, l'enracinement est encore plus net. Le « Vénousien » venu à Rome des confins de l'Apulie[2] retrouve très volontiers son Sud ensoleillé et un peu désertique ; de plus, il se crée de toutes pièces un enracinement sabin compensatoire, après le don de la villa de Sabine, non loin de Tibur. La Sabine abolit toutes les tentations de voyage lointain et valorise la villégiature périphérique. Le Romain déraciné a besoin de nouvelles racines : Virgile, exclu de sa Cisalpine natale, la Cisalpine verdoyante et ombreuse des *Bucoliques*, se reconstitue une petite patrie en Campanie, à Naples, dans cette Parthénopé qui le reçoit vivant et le conserve mort. Les poèmes de jeunesse (la *Copa*, le *Catalepton*) chantent la joie de vivre de la baie de Naples, sur laquelle insistent les *Vies* du poète : l'épilogue des *Géorgiques* célèbre les doux loisirs de Naples.

Avec les nuances de leur tempérament, les poètes augustéens expriment tous plus ou moins les terreurs anciennes inspirées par la mer, et la navigation, contrepartie positive de l'enracinement. Les *Élégies* de Properce, si l'on dépasse les plaintes « modernes »

---

1. *Leg.*, I et II.
2. Horace, *Satires*, II, 1, 34-35.

sur les fatigues et l'inconfort de la navigation, trahissent l'angoisse de la mort solitaire et de l'insépulture qui domine les épitaphes ou les épigrammes funéraires.

Reste une élégie qui constitue, au début du principat, une sorte d'anthologie des craintes et des répulsions du voyageur : le refus du négoce oriental, des « mers lointaines » où l'on « sert de pâture toute fraîche aux poissons », la peur de l'aquilon, l'incertitude des mouillages nocturnes, le choix entre l'insépulture et la tombe lointaine. Les reproches du poète terrien s'adressent autant à Neptune « briseur de carènes » qu'aux « routes du malheur » de l'essor maritime. La mentalité casanière intègre même à son argumentation les images du luxe domestique, le térébinthe d'Oricum et les coussins moelleux. L'aventure maritime révèle sa vanité à travers les misères d'Ulysse, le héros de l'errance : il a eu tort de quitter Ithaque et sa charrue ! L'aventurier des mers est l'artisan de son destin, l'artisan de son déracinement[1].

Les élégiaques associent dans leurs rêveries le rejet des aventures militaires, ou mercantiles, et la nostalgie d'un âge d'or idyllique, italien et rustique. Leur refus de la traversée lointaine est une rupture avec la civilisation contemporaine. Mais, les anathèmes archaïques dépassés, il subsiste autour du voyage des craintes religieuses, que la piété peut conjurer.

Horace, pourtant rationaliste, ne se borne pas à dénigrer les métiers de lucre et d'aventure. Il lui arrive d'épouser les affres du navigateur et l'angoisse devant les puissances de la mer. Une ode d'Horace évoque en faveur de Virgile, pour son voyage en Grèce[2], Vénus, les Dioscures, protecteurs de la navigation, et le « père des vents », Éole : on prie celui-ci d'enchaîner les vents violents et de conserver le « doux » Iapyge (Caurus)[3]. C'est l'époque où Vitruve systématise la « rose des vents », en insistant sur la santé publique, et où l'on construit la « tour des Vents » qui domine l'agora romaine d'Athènes[4]. Horace prie qu'on lui « rende sain et sauf » l'ami. La navigation n'est plus « impie », sauf dans une allusion très conventionnelle (« la race humaine se rue à travers le sacrilège interdit »). On perçoit l'écho affaibli de l'anathème dans

---

1. Properce, *Élégies*, III, 7.
2. *Odes*, I, 3.
3. *Vitae Vergilianae*, Donat, 35 ; Phocas, 102 sq.
4. Vitruve, *Arch.*, I, 6, 4 sq.

les *Épodes* : la navigation imaginaire vers les îles Fortunées est réservée à la « race des pieux ». Neptune et les rochers sourds aux appels des naufragés « dépouillés » sont évoqués avec une sorte d'humour noir.

Or la Rome primitive invoque Hercule comme protecteur des navigateurs. Varron consacre une satire à ce thème [1]. L'intervention d'Hercule est ambivalente, dans la mesure où le satirique appelle la malédiction et le naufrage sur un ennemi ! Properce regrette ainsi le retour maritime de son rival [2] :

> Il vient de rentrer de la terre illyrienne, ton préteur, ô Cynthie, grand butin pour toi, et pour moi grand souci. Il ne pouvait pas terminer ses jours sur les rocs Cérauniens ? Ah ! Neptune, comme je t'aurais remercié par des présents !

Les tablettes de magie noire (défixion) comportent souvent ce type de malédiction, d'autant plus fréquent qu'il est inséparable d'une crainte révérentielle, bien que les recueils spécialisés ne soient pas très probants. On y maudit surtout les voleurs de vêtements, les larrons ou les aubergistes fripons, et principalement dans les pays grecs (un exemple espagnol). Les poèmes de malédiction, comme les *Dirae* pseudovirgiliennes, mettent l'accent sur la colère de Neptune.

Rites d'exécration et de propitiation

Les *Dirae* (Imprécations) prolongent en malédictions les plaintes du poète déraciné, « exilé et démuni » loin de ses chères campagnes. Or celui-ci souhaite à l'usurpateur de ses terres et de son éden naturel les maux de la navigation transférés à la campagne :

> Que Neptune avec ses flots émigre dans les guérets et qu'il répande sur les plaines une épaisse couche de sable [...] on dit que sur la mer sombre nagent bien des êtres affreux, des monstres dont souvent les formes imprévues épouvantent, quand soudain leurs corps ont émergé de la mer en furie ; que Neptune les pousse, forces

---

1. Éd. Cèbe, VI, p. 213.
2. *Élégies*, II, 16.

aveugles, de son trident hostile, bouleversant de toutes parts de ses vents les flots sinistres [...] que l'on appelle mer sauvage mes campagnes.

La malédiction d'Ovide exilé contre le calomniateur, dans l'*Ibis*, voue l'adversaire, entre autres, aux misères de la route et de la navigation, et à la déréliction du voyage :

> Que la terre te refuse ses fruits, la rivière ses eaux, le vent et la brise leurs souffles [...]. Que ni Vulcain ni l'air ne se donnent à toi, et que ni la terre ni la mer ne te livrent passage, mais que tu erres exilé, sans ressources, que tu quêtes le seuil d'autrui, et que tu demandes d'une bouche tremblante une mince pitance.

Une fois de plus, l'arrière-monde sinistre du Latin se confond avec la malédiction du voyage, de l'errance, du déracinement et de la pénurie — misères de la Grèce archaïque dépassées par la Grèce classique. Les épitaphes funéraires des voyageurs surpris par la mort, naufragés ou non, parallèles aux épitaphes grecques, ni plus ni moins pathétiques, montreront ces malédictions devenues misères dans l'aventure du voyage.

Pour exorciser les colères de Neptune, la Rome ancienne célèbre très tôt le culte de Portunus, dieu du port, mais aussi, dans le contexte archaïque, de la « porte » domestique : les images de sécurité précèdent les conceptions économiques de l'échange prospère. Il semble indéniable que l'opposition Neptune/Portunus-Janus transcrit les vieilles hantises du déplacement maritime. Antérieur au culte de la Fortune, le dieu *Rediculus* avait son temple devant la porte Capène : à l'arrivée de l'Appia, on le remerciait pour l'heureux retour. Le dieu sans mythographie — à la différence des dieux grecs tuteurs du voyage — peut prendre la forme de *Neptunus Redux* dans des consécrations qui précèdent celles de la *Fortuna Redux*. Car, dominant de très loin les *Portunalia* et les *Neptunalia* passés, la grande divinité du voyage, liée à l'appréhension de l'avenir, sera la *Fortuna*, après, semble-t-il, l'hellénisation de son culte. Invoquée en son sanctuaire d'Antium[1], elle inspire des prières, comme « maîtresse de l'étendue liquide », au marchand qui tente la « mer de Carpathos » (l'Égée orientale) ; le poète la mobilise pour la protection et le

---

1. Horace, *Odes*, I, 35.

retour du chef : « Puisses-tu conserver César qui va aller au bout du monde chez les Bretons... » La *Fortuna* s'est déjà spécialisée en *Fortuna Redux* pour propitier et protéger le voyage individuel. Le culte impérial va l'affecter spécialement au voyage « auguste » des princes.

Jupiter reçoit aussi d'instantes prières comme protecteur du voyage, dans son sanctuaire capitolin : il peut écarter la tempête, et plus précisément l'orage en mer[1] : la piété se confond avec une sorte d' « horreur » superstitieuse, alors que le poète fustige la superstition ; les dieux domestiques sont associés dans la prière à Jupiter, ce qui est logique pour des vœux d'heureux retour. Intéressante pour le catalogue des misères du navigateur, la satire illustre surtout la survie des antiques angoisses liées au voyage. Ce « surnaturel du voyage » apparaît dans les avertissements des songes ; le voyage est matière à consultation divinatoire. Des plaintes poétiques, ou épigraphiques, des naufragés à la *Clé des songes* d'Artémidore, la continuité des angoisses est frappante.

La Clé des songes, *ou les itinéraires de l'inconscient*

La Clé des songes d'Artémidore d'Éphèse, recueil du IIe siècle, offre une image vivante de l'ère antonine ; mais le recueil constitue aussi toute une anthologie classique des rêves. Artémidore a fait parler les gens « de manière toute simple, sans dramatisation ni mise en scène » ; mais il a également compilé tous les traités du rêve antérieurs. Ces derniers, comme la *Clé* d'Artémidore, reprenaient souvent le thème du voyage et son « allégorie ».

Toutes les interprétations classiques du bassin méditerranéen n'ont de sens que par rapport à une inquiétude résiduelle. Il y a toute une symbolique des oiseaux migrateurs : grues et cigognes en troupe indiquent des attaques de brigands et d'ennemis ; les brigands et le brigandage interviennent souvent, associés dans l'inconscient collectif à toute sorte de prédateurs du voyage, « douaniers, aubergistes, escrocs », en une symbolique qui menace la propriété, confondus ailleurs avec la vision des « héros dans la

---

1. Juvénal, *Satires*, XII. Voir Horace, *Odes*, I, 3.

maison[1] ». Le voyage peut soit offrir des images hypniques à décrypter, soit se masquer, chez les experts et les habiles — les gens cultivés —, en « signes[2] » :

> Supposons qu'un expert [...] veuille entreprendre un voyage, il ne verra pas de véhicules ou un navire ou des couvertures de voyage ou des bagages enroulés ou des préparatifs, mais il rêvera qu'il vole ou il verra un tremblement de terre ou une bataille ou un coup de foudre ou toute autre chose qui symbolisera le voyage.

Il est net que cette symbolique du voyage s'enveloppe dans des images d'impossibilité ou de péril. De même, le sens « allégorique » du rêve dans lequel « on se bâtit un foyer à l'étranger sans avoir l'intention de se marier ou de vivre à l'étranger ; cela présage mort ». Le rêve se présente comme un « présage », un signe divinatoire ; la vérification suit : le jeune homme de Bithynie rêva qu'il s'installait à Rome, et il mourut[3].

Au niveau de la lecture directe, comme d'une lecture « allégorique », la navigation se situe au centre d'un système symbolique très riche[4]. La navigation est liée aux projets d'enrichissement, aux entreprises, aux relations sociales, et la tempête et le naufrage sont constamment présents. L'heureuse navigation est promesse de bonheur ; la navigation sur un grand bateau, promesse de sécurité (seul l'esclave peut se réjouir d'un rêve de naufrage, qui prédit sa libération). Le départ des navires est signe de plus de difficultés que leur retour de la haute mer. Les ports contiennent un imaginaire presque spéculatif : ils annoncent des amis et des bienfaiteurs, de même que toutes les rades — à la différence des îlots rocheux. Ici, le voyage est dans le voyage... Si le naufrage est porteur de menaces, la mer « se soulevant doucement [...] prédit de grands succès dans les affaires ».

Les implications symboliques de la navigation et du voyage terrestre paraissent tout aussi révélatrices :

> Naviguer et avoir heureuse navigation à travers la mer est meilleur qu'à travers la terre : rêver qu'on navigue à travers la terre signifie que les réussites viendront plus lentement ou plus difficile-

---

1. *Clé des songes*, II, 20 ; IV, 57 et 78.
2. *Ibid.*, IV, Préface.
3. *Ibid.*, IV, 34.
4. *Ibid.*, II, 23.

ment, ou se réaliseront à grand-peine. Or il est plus mauvais de subir une tempête en naviguant sur mer que de la subir sur terre.

Car il existe un complexe d'insécurité lié à la navigation et un complexe de sécurité lié à la terre ferme.

> Marcher sur la mer est bon pour celui qui veut voyager, et surtout s'il doit naviguer : ce rêve prédit grande sécurité [1].

La symbolique est d'autant plus rassurante que la mer comporte des analogies négatives avec la femme, la fille de joie et la populace. Comme la marche sur la mer, l'image terrienne de l'homme « véhiculé sur un char » présage « sécurité et bonheur ».

Le voyage est associé à l'inquiétude humaine en tant que représentation : il peut être voyage transcrit, ou symbole de la condition humaine. Mais d'autres images du rêve s'interprètent en fonction des hasards du voyage. Ainsi, une bonne défécation, en vertu de l'ambivalence du grec *aphodos* « expulsion », dans « un lieu d'aisances », est bon signe pour un voyage ou pour le retour du voyage. Les sites et reliefs sont naturellement essentiels [2] :

> Si les rivières ont une eau pure et transparente et un cours tranquille, elles sont bonnes pour des esclaves, des accusés, des candidats au voyage [...] car les rivières ressemblent aux voyages à l'étranger et aux mouvements du fait que l'eau ne reste pas en place.

La rivière trouble, elle, interdit le voyage à l'étranger. La symbolique des routes et des reliefs rejoint les misères du voyage antique :

> Montagnes, vallons boisés, enfoncements, ravins et taillis indiquent pour tous découragements, craintes, troubles, chômages... Il est toujours préférable de les franchir d'un bout à l'autre, d'y trouver les chemins existants, d'effectuer la descente vers les plaines.

De même, les larges chemins de plaine signifient la facilité des entreprises ; les chemins lisses et montants, les obstacles et les retards ; quant aux chemins escarpés, ils ne présagent pas le bonheur.

Ce document relativement tardif est intéressant parce qu'il

---

1. *Clé des songes*, III, 15 et 18.
2. *Ibid.*, II, 26, 27 et 28.

illustre des craintes résiduelles dans la mentalité gréco-romaine, plus aiguës sans doute à Rome. Or la *Clé des songes* valorise davantage le commerce international et le déplacement international.

Les superstitions du départ de la *Clé* rejoignent les affres de la conscience romaine, qu'on a vue anxieuse de scruter les « signes ».

DU LATIUM PRIMITIF À L'EMPIRE MONDIAL :
L'ÉLARGISSEMENT DES HORIZONS

La dislocation de la « rusticité » primitive

La Rome rustique des anciens temps, casanière, autarcique, « latine », survit longtemps dans les réalités autant que dans les mentalités. Au IIIe et au IVe siècle avant notre ère, Rome a entamé la conquête de la Péninsule en direction des lucumonies étrusques, de l'Apennin samnite et du Sud hellénisé. L'*ager publicus*, domaine du peuple romain, s'étend et la propriété rurale, confinée dans les modestes superficies du Latium et de la Sabine, s'élargit aux dimensions de la conquête. Mais les *imperatores*, les Fabricius, les Cincinnatus, les Curius Dentatus, partagent encore leur temps entre la Ville, centre du pouvoir, le commandement militaire en Italie, et la gestion directe du domaine. Tite-Live, sous Auguste, et l'agronome Columelle, sous Néron, exalteront encore ces généraux-laboureurs, que le Sénat fait quérir dans leur campagne proche par les appariteurs qui les escortent[1].

À l'aube du IIe siècle, après la défaite d'Hannibal, la Campanie est définitivement romanisée. Dans cette contrée fertile, les fermes-villas se multiplient : Scipion l'Africain aura son domaine à Literne, au nord de Capoue[2]. À cette date, le *paterfamilias* de rang sénatorial, à qui une *lex Claudia* vient de fermer les carrières maritimes et commerciales[3], habite désormais à Rome, et se

---

1. Columelle, I, pr. 18-19.
2. Tite-Live, XXXVIII, 50 sq. ; Sénèque, *Lettres*, LXXXVI.
3. Tite-Live, XXI, 63.

déplace pour inspecter le domaine italien. Les routes qui rayonnent en étoile autour de Rome permettent le passage continu de la ville à la campagne : l'inspection en Sabine, ou en Campanie septentrionale, reste un déplacement modeste. Durant la phase romaine de son *cursus*, entre 195 et 188 av. J.-C., Caton fait de fréquents voyages d'inspection en Sabine proche. Mais ce n'est pas une raison pour accepter l'image que donne de lui, au Bas-Empire, le préfet Symmaque : un Cincinnatus qui retourne à la terre entre deux campagnes ou deux magistratures [1]. Tout au plus, et après Caton, ce va-et-vient des propriétaires entraîne-t-il une certaine « urbanisation » de la villa.

C'est ainsi que le goût et la nécessité agronomique de la villégiature périphérique, au Latium ou en Sabine, conséquence d'une concentration urbaine irréversible, que souligne la comédie, créent un nouvel équilibre sociologique. Le propriétaire politisé et urbanisé oscille entre la cité et le domaine proche. La campagne et les campagnards, en retour, sont attirés par les appas de la Ville : l'*urbanitas*, ses plaisirs multiples et ses valeurs nouvelles (loisir urbain, *elegantia*, *deliciae*). L'opposition de mentalités qui domine la comédie de Plaute, entre 220 et 180 av. J.-C., dépasse le diptyque littéraire. Horace montrera, au début du principat, la séduction exercée par la Ville sur les campagnes proches [2]. Virgile, dans la première Bucolique, explicitera la même fascination. Le propriétaire citadin recherchant « la ville à la campagne », la villa rustique, acquiert progressivement le confort et le luxe, du IIe au Ier siècle, comme l'attestent les techniciens tels que Vitruve et les agronomes, de Varron à Columelle.

Le IIe siècle avant notre ère, où les légions passent les Alpes et la mer, selon l'expression de Montesquieu, élargit les horizons géographiques et altère les cadres sociologiques. La contradiction devient patente entre l'autarcie latine, casanière, voire bornée, et l'extraversion géographique et culturelle. Les combats d'arrière-garde des « vieux Romains » n'y changent rien. La contradiction n'affecte pas seulement les *imperatores* d'une cité devenue « grande et dominatrice », mais des classes d'âge entières : celles du service légionnaire.

---

1. *Lettres*, VII, 15.
2. *Ibid.*, I, 14, 14 sq.

Les légionnaires démobilisés, avec une teinture de langue grecque, peuvent applaudir les dernières pièces de Plaute : elles leur rappellent les mœurs grecques, les bombances à Athènes autour de 200 av. J.-C., le faste de l'Orient, de ses dynastes amollis qui jouent aux stratèges et dont se gaussent les chefs et les chroniqueurs romains[1] ; ceux qui ont vu l'Asie, terre des tentations et des périls moraux selon Caton, les anciens combattants de Magnésie du Sipyle, retrouvent l'Orient grec et Éphèse dans le Matamore *(Miles gloriosus)* de Plaute. Avant de découvrir les délices de l'Attique et de l'Asie, que le puritanisme romain confondra longtemps, ils ont vu la Grande Grèce et la Sicile ; à une époque où Rome se glorifie d'édifier des structures théâtrales provisoires, de regarder les représentations debout, les légionnaires ont vu les théâtres de pierre du monde grec : les pièces de Plaute laissent transparaître cette revendication des « places assises », et, d'une manière générale, un parallèle du *mos maiorum* (tradition ancestrale) et du *pergraecari* (vivre à la grecque).

L'extension de l'empire instaure la mobilité des carrières militaires et administratives liées au *cursus honorum,* et si les légionnaires s'en accommodent, les campagnes étant de durée limitée et se bornant à un périmètre méditerranéen, certains chefs se vantent de leur tourisme militaire : un Asellus, ennemi de Scipion Émilien, « avait durant ses campagnes parcouru toutes les provinces ». Cette loi de la mobilité s'imposera aux grands serviteurs de l'Empire.

Caton le Censeur fait partie de ces générations qui, en moins de cinquante ans, ont pu voir l'Espagne, les îles, l'Afrique, Athènes et la Grèce continentale, l'Asie[2]. Il illustre les contradictions d'une classe dirigeante qui reste farouchement enracinée dans sa terre, mais qui, revêtue de l'*imperium,* a parcouru le monde connu. On notera des contradictions analogues chez les premiers Césars. À la différence des philhellènes de son temps, Caton ne semble pas avoir été sensible à la culture des pays lointains, même s'il a appris le grec sur ses vieux jours. Revenu dans la Péninsule, le fermier de Tusculum va revoir — « pour le charme du loisir » — la Sabine, « salubre et proche ». Cicéron le montre cherchant dans le terroir

---

1. Tite-Live, XXXII, 34 ; XXXIII, 40 ; XXXVI, 11 ; XXXIX, 51.
2. Voir les biographies, *Cato Major,* de Cicéron et Plutarque.

familier les joies de l'agronomie, de la nature — ce qui est sujet à caution — et de la convivialité rustique. Le Caton de Plutarque est plus rebelle aux retraites à la campagne. Or, si Caton reste fidèle à l'économie rurale, il a perçu de son temps les formes nouvelles d'activité, liées au négoce et au commerce de l'argent. C'est l'époque où les dernières comédies de Plaute mettent l'accent sur les problèmes du crédit : Caton renonce à ses croisades contre l'usure. La classe dirigeante découvre dans l'expansion impérialiste l'investissement foncier lointain, latifondiaire, et les nouvelles sources de richesse : la Sicile, ses blés et ses taxes ; la Macédoine et ses mines, qui allècheront les aspirants proconsuls ; enfin et surtout l'Asie, ses pacages et ses taxes immenses, les *uectigalia* — cette province attire de plus en plus les trafiquants italiens. Bientôt, en 133 av. J.-C., le testament d'Attale III lègue le royaume de Pergame au peuple romain : l'adjudication des impôts et « marchés publics », faite sur place, va créer un courant de déplacement entre l'Italie et l'Asie, avant son transfert à Rome.

Les premiers documents littéraires sur le voyage : Lucilius

Les premiers déplacements lointains, militaires et financiers, n'engendrent pas à Rome une littérature du voyage. La relation en sera intégrée dans l'annalistique recueillie par Tite-Live, dans les biographies de Cornélius Nepos, puis de Plutarque, dans les rétrospectives des discours cicéroniens. Il est pourtant un genre, la « satire », qui insère très tôt une expérience vécue du voyage dans le témoignage sur la vie quotidienne, avec un mélange de réalisme critique et de bouffonnerie ; le genre a vocation à devenir journal de voyage, à en consigner les péripéties, incidents et misères.

Lucilius, le premier des satiristes est un chevalier romain : il fait partie d'un « ordre » ouvert aux affaires coloniales et au commerce international. Bénéficiaire de la politique d'investissement agraire qui suit la « conquête romaine », il est, à l'aube du Ier siècle av. J.-C., grand propriétaire en Campanie, en Apulie, en Sardaigne et en Sicile. Notons que la Campanie rurale subsistera très longtemps dans l'arrière-pays de la Campanie touristique. Une de ses satires est connue sous le nom de « Voyage en Sicile » (elle prélude au « Voyage de Brindes » d'Horace). Elle narre une visite au bouvier Symmachus, malade sur un domaine lointain. La Sicile a été reconquise sur Carthage à la fin de la seconde guerre punique et, en un siècle, les *latifundia* y ont prospéré : l'*ager publicus* a été converti en immenses pacages. Dans un débat qui se dessine entre l'agriculture péninsulaire, gérée de près, et l'agriculture « transmarine », Lucilius semble opter pour le contrôle épisodique des domaines lointains. Le poète n'est pas ennemi du déplacement : il a connu Athènes ; il fréquente les aristocrates du cercle de Scipion Émilien, disciples de Polybe et de Panétius, qui ont, pour leur temps, beaucoup voyagé. La satire met plus l'accent sur les voies de communication, les itinéraires et les étapes, que sur les éléments sociologiques ou culturels. La Sicile grecque, celle des théâtres et des gymnases, qui avait séduit Marcellus et Scipion[1], de 211 à 204 av. J.-C., a peu retenu l'attention du voyageur. Il reste chez lui, comme chez tout Romain, de l'arpenteur : du *gromaticus*.

Justement, l'itinéraire est établi avec une précision d'arpenteur et il permet à notre voyageur de réaliser un rêve ancien, attaché à un catalogue de sites évoqués sans progression géographique : le Détroit, Messine, les murailles de Rhegium, l'île de Lipara, le temple de Diane Facelina à l'Artemisium. La Sicile profonde n'est pas vantée. Lucilius a dû délibérer sur les avantages et les inconvénients de la voie terrestre et de la voie maritime. Il mesure les distances avec un soin extrême ; malgré la longueur de la via Popilia, les 321 milles attestés par le milliaire de Popilius Laenas, de Capoue à Rhegium, l'inconvénient majeur de cet itinéraire semble être l'état du revêtement, « glissant et boueux ». Le poète-propriétaire suppute les longueurs de l'itinéraire terrestre, de Capoue à Acerronia : il opte donc pour la voie maritime à Pouzzoles, et pour le cabotage jusqu'au cap Palinure, par Salerne et Paestum ; le souvenir de la partie escarpée de l'Appia, dans les contreforts de Setia, n'est pas étranger au choix du cabotage. Mais après Palinure, le voyageur paraît piquer droit vers le Détroit : dès lors, le fragment 18 peindrait l'embrasement nocturne des îles Éoliennes et de leurs volcans ; les notations des fragments 20 et suivants devraient être replacées dans l'itinéraire terrestre qui précède l'embarquement à Pouzzoles[2].

---

1. Tite-Live, XXIX, 19 ; Plutarque, *Marcel.*, 19-21.
2. *Livre* III, fgts 5, 8, 9-17.

L'essor du voyage à la génération de Varron et de Cicéron

Varron et Cicéron, de la même génération et tous deux tournés vers l'hellénisme, représentent assez bien leurs contemporains. Comme hommes publics, ils accompliront des déplacements militaires, Cicéron en Cilicie, comme proconsul (en 51 av. J.-C.), et Varron en Espagne, à la tête d'une armée pompéienne durant la guerre civile. Mais l'un et l'autre ont fait le séjour d'études à Athènes : tous deux entre 82-81 et 79 av. J.-C. Ni Cicéron ni Varron ne marquent une curiosité particulière pour la Cilicie ou la péninsule Ibérique. Quand César relate l'équipée pompéienne de Varron, dans la *Guerre civile,* il signale son rôle militaire en Espagne Ultérieure — dans le Sud, à Cordoue, Séville, Gadès. Or « le plus savant des Romains », l'encyclopédiste de la République finissante, se présente, dans une carrière composite, qui associe divers « genres de vie », à la fois comme un propriétaire très enraciné en Italie, comme un philosophe académicien à curiosité universelle et comme un homme public irréprochable.

Si Varron se déplace fréquemment en Italie, c'est pour inspecter ses divers domaines. Sabin dans l'âme, il a néanmoins varié ses investissements, acquis des terres en Campanie, autour de Cumes, et en plein Apennin samnite, à Casinum[1]. Mais il a conservé ses propriétés familiales de Réate, et il est aussi, comme Caton, fermier à Tusculum. Varron aime les voyages rapides d'inspection et, en cours de route, il s'intéresse aux réalités rurales. Son itinéraire sur la via Salaria lui permettait de faire une étape, à 24 milles de Rome (36 km), après Crustumerium, dans le domaine de sa tante maternelle. L'agronome allait aussi observer la transhumance de ses troupeaux, entre les pacages d'été de Réate et les pâturages d'hiver d'Apulie[2].

En Sabine, Varron mène la vie du *gentleman farmer* avec ses compatriotes, mais il apprécie de plus en plus le domaine de Casinum, avec sa villa richement aménagée. Cicéron, qu'on a peint comme un rural déraciné et urbanisé, ira lui aussi de villa en villa, mais chez lui la villégiature laissera peu de place à l'économie

---

1. *Res rust.,* III, 4 et V, 8.
2. *Ibid.,* I, 14 et III, 2, 14-15.

rurale : la ferme d'Arpinum représente seulement le berceau de la famille.

Dans ses Satires (les *Ménipées*), Varron évoque souvent les problèmes vécus du voyage, avec une stylisation littéraire et philosophique plus nette que chez Lucilius, et selon un subtil mélange de sérieux et de plaisant. Le politique-philosophe avait écrit pour Pompée, dont il fut le légat dans la guerre des pirates, un calendrier de navigation fort savant *(Ephemeris naualis)*. On lui attribue aussi un guide de voyage, l' *Ecdemeticus (En voyage à l'étranger)* — titre grec latinisé. Varron invoque Hercule comme patron des marchands et des voyageurs... pour souhaiter mauvaise traversée à un ennemi et à son esquif. Maintes allusions des satires sont interprétées dans la tradition des voyages imaginaires, mais les images réalistes ne sont pas à exclure. Ainsi, dans *Marcipor*, Varron parle d'un transbordement fluvial, avec en filigrane le Palus-Méotide plus ou moins fabuleux : l'évocation de la « double section » où les mariniers guident le coche d'eau à travers un canal marécageux devait rappeler aux contemporains le tronçon fluvial de l'Appia dans les marais Pontins. Ailleurs, il traite avec ironie la civilisation balnéaire de Campanie et la navigation de plaisance des « snobs » : témoin le fragment du *Desultorius* sur le canot *(phaselus)* qui fait les délices de son maître... Curieux d'antiquités et de sociologie primitive du peuple romain, Varron mentionne dans un *Gerontodidaskalos* que le Romain d'antan « se déplaçait une ou deux fois l'an en voiture avec sa femme » : il utilisait une *arcera*, voiture fermée, sorte de coffre sur roues, qu'il ne se sentait pas obligé de garnir de tapis pour neutraliser les cahots[1] !

Si le traité d'agronomie apporte beaucoup pour la vie rurale et les normes de la villa républicaine, les satires laissent tout au plus transparaître la mentalité casanière de l'ancienne Rome, et une méfiance résiduelle devant tout voyage inutile, devant tout voyage de plaisir. La génération de Varron et de Cicéron a certes découvert le voyage d'études — Cicéron fils et Horace feront leurs humanités à Athènes —, mais ils ne conçoivent guère que le voyage d'activité et le voyage officiel. Le déplacement professionnel de l'avocat Cicéron en Sicile en offre l'illustration.

---

1. Éd. Cèbe, III, 382, 422 sq. ; V, 833 sq. ; VI, 213 sq. ; VII, 1228 sq. (fgt 272).

L'enquête d'un avocat romain en Sicile

Cicéron, accusateur de Verrès, entreprend en 70 av. J.-C. un voyage privé à but professionnel. Il connaît certes la grande île, ayant été questeur à Lilybée, sur la côte occidentale. Il avait demandé, pour mettre au point son dossier, un délai de cent dix jours. Cinquante jours lui suffirent, incontestablement parce qu'il avait conservé des relations avec les collectivités et les notables. Parti en plein hiver par Vibo Valentia et le Bruttium, il parcourt la Sicile entière, « en cinquante jours, pour prendre connaissance de tous les documents publics et privés[1] ». On est en février. C'est par un hiver très rigoureux que l'avocat a sillonné « les vallées et collines d'Agrigente [...] et la célèbre plaine, si fertile, de Léontinoi[2] ». Les *Verrines* apporteront d'autres détails sur la Sicile profonde, et mentionneront toutes les campagnes visitées. Il s'agit des riches régions céréalières qui s'étendent à l'ouest de l'Etna. Toutes ces relations indiquent que Cicéron, dont l'acte d'accusation contient un livre entier sur les exactions frumentaires et fiscales du propréteur, apprécie surtout dans la Sicile de son temps la richesse des terroirs. En cela, il est bien, comme Lucilius, un membre de l'ordre équestre. Mais l'homme de culture sait aussi que la Sicile, comme le Sud, constitue une autre Grèce, dont les hommes et les cités ont des traditions d'autonomie et de liberté à respecter. La partie « artistique » des *Verrines* révèle un Cicéron connaisseur de l'art grec, malgré les précautions oratoires qu'il prend avec le puritanisme « vieux-romain » : le discours *Sur les statues (De signis)* souligne la richesse des musées et des collections privées. Cicéron a visité les temples et les hauts lieux sacrés de la Sicile ; il parle avec émotion et révérence de la Diane de Ségeste et de la Cérès d'Enna.

Ce voyage privé, qui impliquait activité et célérité et ne laissait que peu de temps pour le tourisme culturel, est bien resté privé. L'ancien questeur, le sénateur, n'a pas reçu l'hospitalité publique ; il est descendu non pas chez les plaignants,

---

1. *Verr.*, II, 12, 2.
2. *Pro Scauro*, 24 sq.

mais chez des « hôtes et amis ». Il déclare avec fierté : « Ma venue n'a occasionné à quiconque ni peine ni dépense, à titre public ou à titre privé[1]. »

Après les rigueurs de l'hiver, peut-être un peu « amplifiées » dans la relation, Cicéron accomplit un voyage de retour pénible de Vibo à Vélia, en mars, sur un « petit navire » : décidément, on évite la via Popilia. La mer, dit Cicéron, était infestée d'esclaves fugitifs, de pirates, voire d'assassins apostés[2].

LA CONQUÊTE ROMAINE ET LES PREMIERS VOYAGES OFFICIELS
(IIIe-Ier SIÈCLE)

Entre 250 et 150 avant notre ère, et surtout dans les premières décennies du IIe siècle, les historiens ont observé un incessant va-et-vient diplomatique entre Rome et le monde grec. On a même noté une « inflation d'ambassades[3] ». On voit converger vers Rome, avant comme après les campagnes décisives, les missions d'ennemis potentiels ou d'alliés du peuple romain : ainsi les ambassades de Philippe V de Macédoine — dirigée par son fils Démétrios —, d'Antiochos de Syrie, de Prusias de Bithynie, de Ptolémée d'Égypte ; les Rhodiens, écartelés entre leur alliance romaine et leurs sympathies pour Persée, viennent à Rome avant et après Pydna (167 av. J.-C.), ce qui ne les empêche pas de happer au passage des missions romaines, comme celle de Decimius et de Popillius Laenas, en 168. L'épisode montre que les missions n'ont pas toujours un itinéraire rigide.

C'est surtout après les victoires décisives, compte tenu des divisions profondes du monde grec, que les règlements territoriaux suscitent de nombreuses ambassades : ainsi, le seul problème de l' « indépendance de la Grèce », proclamée par Flaminnius en 196 av. J.-C., envoie à Rome bien des missions. Le Sénat, en 193, reçoit les envoyés de Grèce et d'Asie. Mais, dans cette période, on voit aussi à Rome des légats de Carthage.

---

1. *Verr.*, II, 1, 16.
2. *Ibid.*, II, 2, 99.
3. Recensées par Polybe et Tite-Live.

La prolifération des ambassades et le chassé-croisé diplomatique

En 170 av. J.-C. sont « venus à Rome simultanément les ambassadeurs de nombreuses cités de Grèce et d'Asie ». Quelques années auparavant, la capitale avait reçu Attale, frère du roi Eumène de Pergame, venu présenter, avant la dernière guerre de Macédoine, un tableau diplomatique et militaire complet. Ce bilan de l'Orient rappelle celui qu'avaient établi en 197 les missions des alliés grecs de Rome, avant la guerre contre Philippe V : il semble qu'ils aient, en cette circonstance, montré sur une carte « la situation maritime et terrestre de la région[1] ».

En sens inverse, Rome envoie aussi fréquemment des légats en Grèce et en Orient. Entre 174 et 171 av. J.-C., on a dénombré quelque treize ambassades romaines en Orient, et elles s'insèrent parfois dans des missions interrégionales. La « diplomatie » prend souvent la forme de sommations. Vieille habitude : dès 391 av. J.-C., Rome avait dépêché à Clusium une ambassade chargée de dissuader les chefs gaulois d'attaquer ses alliés.

En fait, les envoyés romains sont des « plénipotentiaires » libres de leur itinéraire, porteurs des volontés de Rome, nantis d'une grande latitude d'action, et parfois même accompagnés de troupes importantes (jusqu'à 2 000 fantassins[2]).

Les « plénipotentiaires » se comportent souvent comme en pays conquis, s'attardant pour régler les problèmes des cités, convoquer leurs assemblées, juger les procès. Parmi ces missions extraordinaires, on peut citer celle de Flamininus en Grèce en 191 av. J.-C. — six ans après sa victoire ; les ambassades de Popillius intimant à Antiochus IV l'ordre d'évacuer l'Égypte, ou dictant sa loi au Lagide, sont célèbres[3]. Les grandes conférences, comme celle de 172 av. J.-C., l'entrevue du Pénée (en Thessalie) entre Marcius, Atilius et Persée, ne laissent que peu de place à la discussion. Leur décorum a pour but d'imposer l'imaginaire de la puissance romaine : les deux escortes, en 172,

---

1. Tite-Live, XLIII, 6-7 ; XLII, 11 sq. ; XXXII, 37, 2 sq.
2. *Ibid.*, XLII, 39.
3. *Ibid.*, XXXV, 23 sq. et XLV, 12.

sont « royales » ; les délégués des cités grecques, venus à Larissa, escortent les Romains.

Les règlements territoriaux, l'aménagement des conquêtes en « provinces », auxquelles on octroie des « lois données », provoquent l'envoi des commissions sénatoriales, généralement de dix membres : ces légats fixent le statut des provinces comme des collectivités locales.

On regrette, en dehors des grandes conférences, d'être assez mal informé sur les voyages mêmes et sur l'hébergement. À Rome, la *Villa Publica* du Champ de Mars, « hors les murs » — c'est-à-dire hors du *pomoerium*, sacré et en partie démilitarisé —, offrait aux ambassadeurs étrangers « logement et entretien » ; même considérés comme hostiles, ils bénéficiaient d'une garantie de sécurité, la *fides publica*, sorte de sauf-conduit.

Les grandes missions des chefs romains : politique et curiosité

À partir du moment où les premiers écrivains ont suscité la curiosité culturelle, *imperatores* et légats romains devaient conjuguer la guerre, la diplomatie, le tourisme culturel et religieux. L'ambassade rhodienne de 190 av. J.-C. voit dans le Sénat une assemblée d'anciens « légats » qui ont sillonné la Grèce et l'Asie, et qui, pour la plupart, en connaissent les villes[1]. Ils sont censés avoir pénétré les réalités culturelles et politiques de l'hellénisme. Rome n'a-t-elle pas, dès les origines de la République, envoyé des ambassades consulter les oracles grecs ? Les *imperatores*, chacun selon son tempérament, ont cherché à concilier leur commandement avec la découverte du pays, qui peut les aider dans leur mission. Ainsi Flamininus proclamant aux fêtes Isthmiques, sur la base du panhellénisme, la « liberté » de la Grèce, en 196 av. J.-C.[2].

Les visites des Romains à Delphes dans les deux derniers siècles avant notre ère ont retenu l'attention, car elles ont valu honneurs et monuments aux généraux philhellènes, comme Flamininus et Acilius Glabrio. Si le règlement de la « question étolienne », au IIe siècle, déplace incessamment les ambassades vers la Grèce

---

1. Tite-Live, XXXVII, 54, 18-19.
2. *Ibid.*, XXXIII, 31-32.

centrale, les Romains viennent peu à Delphes, après l'envoi des missions sénatoriales[1].

Conciliant leurs missions et leur curiosité, Flamininus, Fulvius Nobilior, Manlius Vulso, Paul Émile, Scipion Émilien, ont pris un plaisir intellectuel à découvrir les pays de culture grecque. En attendant la commission sénatoriale, en 167 av. J.-C., Paul Émile s'octroie un « tour archéologique » :

> Il décida d'utiliser le début de l'automne pour parcourir la Grèce et visiter tous les sites illustrés par la renommée et amplifiés par la tradition orale, qui embellit le témoignage oculaire [...] sans escorte importante, il gagne à travers la Thessalie Delphes et son oracle illustre ; il y offre un sacrifice à Apollon, et comme des colonnes commencées, dans le vestibule, étaient destinées à recevoir les statues du roi Persée, le vainqueur les destine aux siennes. Il se rend aussi à Lébadée au temple de Jupiter Trophonius : ayant vu là l'orifice d'une caverne par laquelle les consultants de l'oracle descendent pour interroger les dieux, après un sacrifice à Jupiter et à Hercynna, qui ont là leur temple, il descend à Chalcis pour contempler l'Euripe et l'Eubée, île imposante reliée au continent par un pont. De Chalcis il passe à Aulis, distante de trois milles, port immortalisé jadis par le mouillage des mille navires d'Agamemnon ; il voit le temple de Diane, où l'illustre roi des rois mit le cap sur Troie après avoir immolé sa fille sur les autels. On arriva ensuite à Oropos en Attique, où l'on honore à l'égal d'un dieu un antique devin ; il s'y trouve un temple ancien, site plein de charme en raison des sources et ruisseaux d'alentour. On passa ensuite à Athènes, remplie elle aussi de l'ancienneté de sa gloire, mais qui possède bien des curiosités méritant la visite, la citadelle, les ports, les murs reliant le Pirée à la ville, les chantiers navals, les monuments des grands chefs, les statues des dieux et des hommes, remarquables par la variété de la matière et de l'art[2].

Chez Polybe, la relation de la visite du Péloponnèse met l'accent sur l'admiration des chefs devant les « merveilles », comme la statue d'Olympie ; les soldats s'extasient devant les souvenirs de la gloire militaire passée.

Le circuit en Phocide, Eubée, Attique et Péloponnèse n'est pas improvisé. On respecte certes le catalogue des sites illustres de

---

1. *Tite-Live*, XLI, 25 ; XLII, 4-6 et 15-17.
2. *Ibid.*, XLV, 27.

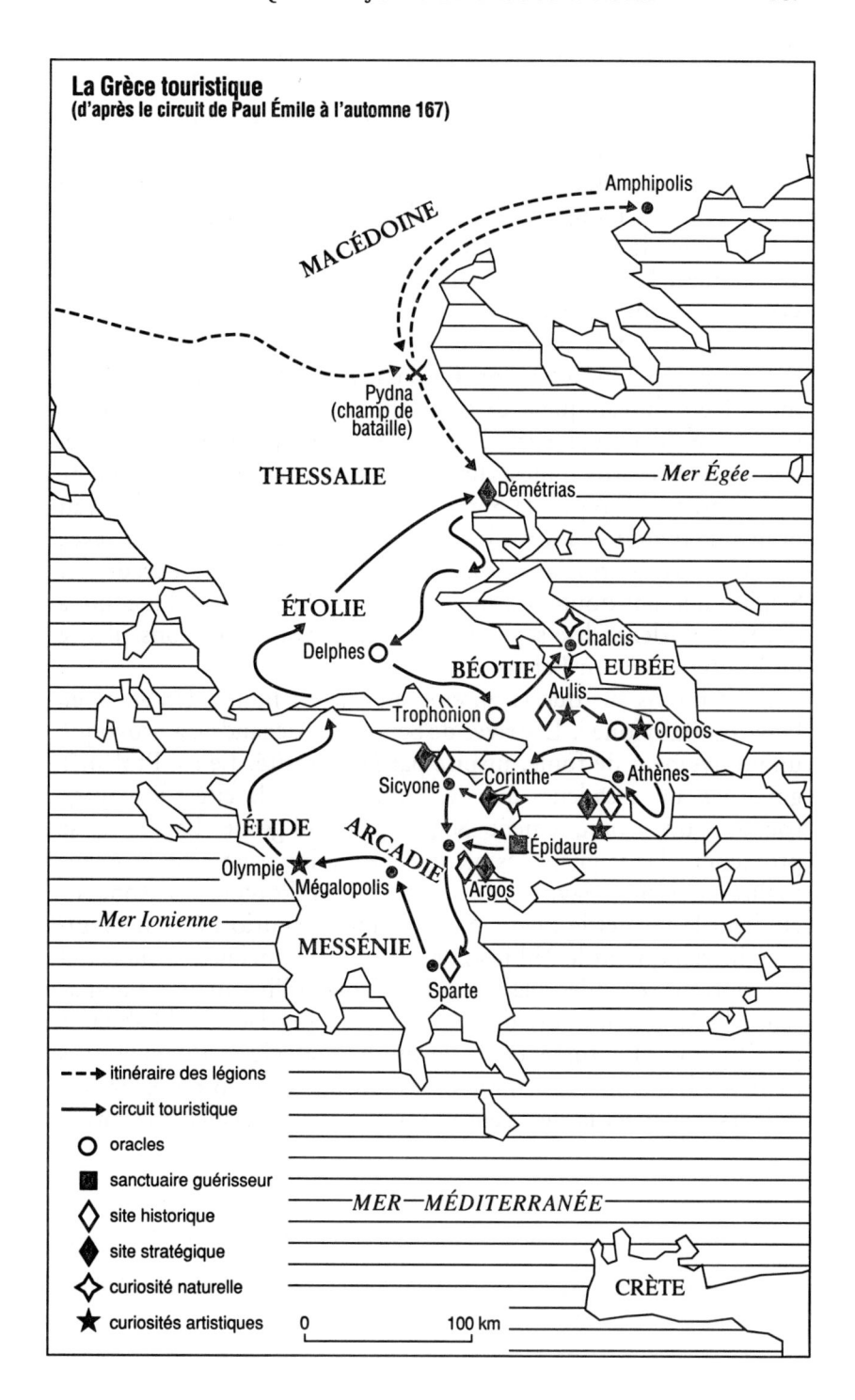

La Grèce touristique
(d'après le circuit de Paul Émile à l'automne 167)

- ‑‑▶ itinéraire des légions
- ⟶ circuit touristique
- ○ oracles
- ◼ sanctuaire guérisseur
- ◇ site historique
- ◆ site stratégique
- ✧ curiosité naturelle
- ★ curiosités artistiques

Lieux indiqués : Amphipolis, Pydna (champ de bataille), Macédoine, Thessalie, Démétrias, Mer Égée, Étolie, Delphes, Béotie, Chalcis, Eubée, Aulis, Trophonion, Oropos, Sicyone, Corinthe, Athènes, Élide, Arcadie, Épidaure, Olympie, Mégalopolis, Argos, Mer Ionienne, Messénie, Sparte, Mer Méditerranée, Crète.

l'Hellade, que le nationalisme romain a tendance à croire majorés par l'ancienneté *(antiquitas, uetustas)* et par l'union du site et des mythes. Mais Paul Émile, avant la confiscation de la bibliothèque de Persée, doit aussi avoir consulté des « périégèses » grecques. On a noté à deux reprises la notion de « curiosités à voir » *(uisenda)*. Le voyage revêt partiellement le sens d'un pèlerinage aux sources de la religion grecque, avec un goût pour les cultes archaïques; l'intention politique, le désir de capter le sacré des vaincus, ne doivent pas être négligés.

Différente est la grande mission d'information confiée par le Sénat, en 136-135, à Scipion Émilien, accompagné de Sp. Mummius, frère du vainqueur de Corinthe et de L. Metellus. Le Sénat voulait se documenter sur la complexité politique de l'Orient et « inspecter les royaumes alliés ». Scipion devait visiter comme ambassadeur l'Égypte, la Syrie, l'Asie, la Grèce. Le voyage avait pour but d'étudier les réalités et les mentalités de l'Orient, avec une très vive curiosité morale pour les éléments de décadence. Scipion n'a sans doute pas amené avec lui l'historien Polybe, qui a découvert Alexandrie séparément, mais il avait pour conseiller le philosophe stoïcien Panaitios [1].

Il est moins sûr que la mission ait visité Rhodes, Ecbatane en Perse ou Babylone [2]. L'arrivée de Scipion à Alexandrie a provoqué un mouvement de foule, inspiré par la curiosité. Le roi Ptolémée guide les ambassadeurs qui déambulent dans la cité : le voyage romain, dit ironiquement Scipion, a obligé le Lagide à se promener ! Dédaignant les plantureux festins, signes de la « sensualité et licence égyptiennes » notées par Polybe, les Romains étudient la ville et le Phare. Sans la moindre curiosité archéologique, ils remontent le Nil jusqu'à Memphis, l'ancienne capitale, et se montrent sensibles à la fertilité agricole, à l'inondation bienfaisante du Nil, au nombre des villes et aux « myriades » d'habitants de l'Égypte. La force de la position stratégique du pays, ses richesses humaines et économiques ont fait entrevoir aux ambassadeurs, par-delà la décadence morale de la dynastie, une future

---

1. Fragment de Posidonius chez Athénée; Plutarque, *Moralia*, 200e; Diodore, XXXIII.
2. Cicéron, *Acad.*, II, 2, 5 ; *Rep.*, VI, 11. Valère Maxime, IV, 3, 13. Diodore, XXXIII, 28. Poseidonios, dans *FgrH*, III, p. 255.

grande puissance, utile à intégrer dans l'Empire. La mission — majorée par Diodore, qui l'étend à toute l'Asie — s'est poursuivie à Chypre et en Syrie, selon les mêmes sources. Avant le dernier siècle de la République, il n'y a pas de trafiquants romains en Syrie et à Chypre. L'ambassade continue donc l'inventaire des monarchies hellénistiques [1].

La tournée du légat Verrès, ou le brigandage organisé

Les abus des gouvernements provinciaux et des missions officielles sont bien connus. Verrès a intrigué pour être nommé légat en Cilicie, sous Dolabella (en 80 et 79). En moins de deux ans, il sillonna toute l'Asie Mineure, de la Cilicie — où il est affecté — à l'Hellespont.

Pour rejoindre son poste, il débarque en Achaïe, sans doute à Patrai, passe à Sicyone où il exige l'hospitalité en numéraire ; un magistrat refuse, subit des sévices, et Verrès s'achemine vers Athènes. La razzia des objets d'art commence en Achaïe et se poursuit à Athènes (au Parthénon). Verrès, qui a frété un cargo, passe par Délos, où il pille le temple d'Apollon, avec Dolabella qu'il accompagne. Une tempête les contrarie : on est en hiver. Ensuite l'Asie, où le cortège fait son entrée. Il semble que les dispositions légales (*lex Porcia de sumptu prouinciali* de 195) soient transgressées : « entrées » imposantes, banquets, chevaux, présents. Le plus grave est qu'on « visite » les îles autour d'Éphèse, porte de l'Asie : Chios, Tenedos, Samos, en pillant les sanctuaires... Quittant la province d'Asie, Verrès reçoit comme escorte une trirème. Cinglant vers la Cilicie, il relâche à Aspendos et Pergè en cabotage. Tous les chefs-d'œuvre volés ont pu être contemplés au forum par « d'innombrables délégations venues d'Achaïe et d'Asie ». Aux « tournées » des légats succèdent les ambassades de protestation. À peine en Cilicie, Verrès obtient de Dolabella une mission en Bithynie, auprès du roi Nicomède. Décidément, les légats et promagistrats respectent peu les règles de

---

1. Polybe, XXVII, 13, 1 et XXXIX, 7.

sédentarité fixées par la *lex Cornelia majestatis*[1]. On voit Dolabella quitter la Cilicie pour aller soutenir, à Lampsaque, la mauvaise cause de Verrès...

À Lampsaque[2] se situe une péripétie tragi-comique plus rocambolesque encore que les scènes ultérieures du roman latin. Verrès a reçu l'hospitalité mais, insatisfait, il prospecte les beautés locales. Pour séduire la fille du notable Philodamos, il veut faire loger chez lui son âme damnée, Rubrius. Or il existe une réglementation, bien que Verrès juge son favori « mal logé »; l'hôte désigné tente de le retenir; Philodamus objecte que « cela ne correspond pas à son *munus*, à sa charge; si son rôle était de recevoir des hôtes, ce sont toutefois préteurs et consuls, et non la suite des légats, qu'il recevait d'ordinaire ». Mais le notable doit s'incliner, et organiser un festin d'hommes avec beuverie; le scandale arrive quand le pourvoyeur Rubrius veut faire banqueter la jolie fille du maître, au mépris de la coutume grecque. Il en résulte une rixe et une bataille rangée; un licteur est tué. Les hommes d'affaires romains s'entremettent pour préserver et le droit des gens et la majesté de l'Empire, car ils « considèrent la notion même d'ambassade comme plus importante que le méfait d'un ambassadeur ». L'incident pose le problème des missions officielles et des charges imposées à la province.

Dans le même « voyage », Verrès avait levé à Milet un *myoparon*, un navire léger, pour l'accompagner à Myndos. On voit à ce propos que Milet, et les autres cités d'Asie, entretenaient comme dépositaires des « flottes du peuple romain » : Milet avait dix navires. Dès la fin de la République, il existe donc des relais maritimes — élément essentiel pour la rapidité des communications officielles. Mais l'épisode du *myoparon* prouve que les prestations liées à l'entrée *(aduentus)*, malgré la comptabilité officielle, sont loin d'être codifiées.

Indépendamment des pillages artistiques, la légation de Verrès en Asie montre la conjonction de l'*imperium* et du trafic. Verrès rafle des laines « publiques » à Milet. Cas moins grave, et qui souligne à la fois le même phénomène et les implications juridiques du voyage et du patrimoine : l'affaire Malleolus,

---

1. Cicéron, *Verr.*, II, 1, 49 et 59. *Contre Pison*, XXI, 50.
2. *Verr.*, I, 24, 63 sq.

questeur de Dolabella. Il a été tué et Cicéron semble trouver la chose courante[1]. Or, partant pour la province, il n'a pas délégué l'administration de ses biens, il s'en est allé avec toute sa fortune en ne laissant quasiment rien chez lui (il est vrai qu'il a emmené femme et fils avec lui). Mais il voulait surtout « placer son argent chez les nations d'Asie et signer des contrats de prêt ». Cicéron lui-même s'occupera de ces créances bancaires lors de son proconsulat de Cilicie. Malleolus a emporté, outre ses capitaux, une masse d'argenterie destinée à son confort, et une *familia* de luxe, notamment des « artistes » — peut-être pour faire des copies vendables. Verrès sera chargé sur place de la tutelle de l'orphelin, mais l'éloignement créera au retour un labyrinthe juridique propice à toutes les manœuvres dilatoires du « tuteur ». Éloignement et dépaysement compliquent l'application du droit civil sur la protection des « faibles[2] ».

Les déplacements proconsulaires de Cicéron

Aux déplacements mixtes des *imperatores* philhellènes de la première génération, il serait facile d'opposer les missions et déplacements officiels au sens strict. Entrent dans cette catégorie les voyages aller et retour des gouverneurs de province. Cicéron évoque, en 58 av. J.-C., le retour de son frère Quintus, quittant la province d'Asie : il coïncide avec son départ propre pour l'exil. Les deux itinéraires se croisent. Un des témoignages les plus intéressants figure dans la correspondance de Cicéron : la relation de son proconsulat en Cilicie, en 51. Les lettres étant datées, toutes les étapes terrestres et maritimes peuvent être reconstituées[3].

L'itinéraire italien s'étend — on serait tenté de dire : s'étale — sur presque un mois. Parti de Rome la veille ou l'avant-veille des nones de mai, Cicéron est à Minturnes (par Aquinum) ; il s'arrête ensuite dans son domaine de Pompéi, puis à Trébula, en Campanie ; il n'atteint Bénévent que trois jours avant les ides de mai.

---

1. *Verr.*, II, 1, 90 sq.
2. *Digeste*, I, 18, 5 sq.
3. *Ad Att.*, V, 1 à 20.

Suivant l'Appia, il passe à Venouse deux jours après. Le voyage semble s'accélérer quelque peu, s'il est vrai que Cicéron est à Tarente vers le 19 mai, mais il passe deux jours chez Pompée, reste encore un jour à Tarente, pour rejoindre Brindes deux ou trois jours avant les nones de juin (le 5). Il a fallu un mois avant d'envisager l'embarquement !

Or le rythme du déplacement ne s'accélère pas pour autant. Une quinzaine de jours s'écoulent, durant lesquels le proconsul débarque à Actium, fait une étape « amicale » à Corcyre et aux îles Sybotes. Dès lors, il abandonne la navigation pour éviter les « inconvénients » de la mer et du cap Leucate, et gagne par terre Athènes. Il doit y séjourner au début de juillet, sans nous donner beaucoup de détails sur cette étape. Au milieu de juillet, Cicéron est parti du Pirée et il fait son courrier en pleine mer[1] ! Bloqué là par les vents, il est à Délos le sixième jour après avoir fait étape à Kéos, Gyaros, Syros. La « course » a été plus rapide que souhaité à cause des *aphracta* rhodiens, vaisseaux non pontés que Cicéron apprécie médiocrement. Quelque six jours avant les calendes d'août (28 juillet), Cicéron est arrivé à Éphèse par Samos. Il se rend ensuite à Tralles, au nord du Méandre, où le protocole semble imposer l'entrée des gouverneurs de l'Orient romain[2]. Enfin, le voyage s'accélère en fonction de l'échéance : la fin juillet est la date de l'installation officielle[3].

Dans ce journal de voyage, si le proconsul ne cèle pas les étapes amicales, vouées à la détente, voire à la gastronomie, il se montre avare de précisions sur le séjour d'Athènes[4]. Malgré les dispositions réglementaires déjà en vigueur, l'organisation du voyage procède d'une grande souplesse et d'une grande liberté. Cicéron a utilisé la navigation privée : sensible au problème de décorum, il s'interrogeait sur la possibilité d'aborder à Patras « sur des bateaux légers ». Or le problème ne se posait que parce qu'on avait dévié de la ligne régulière Brindes (Brindisi)-Patras.

Le proconsulat de Cicéron en Cilicie, comme plus tard celui

---

1. *Ad Att.*, V, 12.
2. *Digeste*, I, 16.
3. Lettres *Ad familiares*, XV, 6 (Caton) ; XV, 13 (Paullus) ; XV, 11 (Marcellus) ; II, 8, 9 et 10 à Caelius.
4. *Ad Att.*, V, 10 et 11.

de Pline en Bithynie, implique des déplacements nombreux, la menace parthe ayant rendu nécessaire une plus grande mobilité du proconsul[1]. L'installation semble avoir été rendue laborieuse par la mauvaise volonté du prédécesseur, Appius Claudius, qui « promène » Cicéron pour la passation des pouvoirs de Laodicée à Tarse. La province manque apparemment de moyens de communication. Cicéron a pris différents camps pour étapes (Iconium, Cybistra), après trois pauses de trois jours chacune aux confins de la province : pour lors, il est encore sous le régime du déplacement, et non pas pris en charge par le « budget » de sa province. C'est ce qui explique son souci de refuser même les prestations de la *lex Julia* (foin, bois, gîte) : le cortège reste « sous la tente ».

L'entrée dans la province suscite des mouvements de population importants, comme en Grèce. La curiosité s'attache à l'*aduentus* officiel dès la République. Il y a aussi la foule des solliciteurs et des plaideurs en procès. Cicéron est harcelé en route par les courriers des publicains. À la requête des cités, le proconsul entend diminuer les frais d'ambassade. Cicéron semble accorder plus d'importance aux ambassades de caractère politique et militaire.

Or cette mission lointaine paraît être une sorte d'exil. Une lettre, écrite en route en août, fait état d'interventions demandées pour éviter la « prorogation » de la promagistrature : Cicéron invoque des précédents. Cicéron, en raison des déplacements et de la vie des camps, a laissé ses enfants, les « petits Cicérons », à la garde du roi galate Déjotarus, qui les fera escorter à Rhodes en cas de besoin. On comprend mieux qu'au retour Cicéron, qui souhaite accélérer le voyage, du fait de l'urgence politique, fasse étape à Rhodes. D'une manière générale, le voyage de retour impatiemment attendu ne se déroule pas selon le rythme espéré. L'escale de Rhodes était indispensable, prévue depuis Tarse en juillet 50, mais Cicéron voulait « gagner Athènes le plus tôt possible, malgré l'orientation hostile des étésiens ». L'hypothèque des vents étésiens, souvent évoqués dans les voyages officiels, pèse sur le retour. Cette hantise du retour, outre

---

1. *Ad Fam.*, III, 6, 8 et 13 ; XV, 1 et 3 ; *Ad Att.*, V, 16, 1 et 2 ; 17 ; 18 ; VI, 6 et 7.

les urgences politiques, s'explique par la mentalité « romaine » de Cicéron, qu'il confesse à Caelius Rufus dès juin 50[1] :

> Habite la Ville, mon cher Rufus, et vis dans sa lumière. Tout voyage à l'étranger — telle est mon opinion dès l'adolescence — est obscur et minable pour ceux à qui l'activité romaine peut apporter le lustre. Comme je le savais fort bien, j'aurais bien dû persévérer dans mon sentiment. Ma foi, tout l'avantage d'une province ne supporte pas la comparaison avec une seule petite promenade et un seul de nos entretiens.

Le proconsulat de Cilicie a donné à Cicéron une nette conscience des difficultés de communication dans l'Asie romaine, avant même les déboires de la navigation en septembre-octobre 50 : une difficulté à naviguer chronique, et non limitée à l'hiver. La même missive nous révèle que Cicéron, malgré ses plans, est passé par Éphèse ; les « lignes » rhodiennes lui ont fait perdre vingt jours, et l'on guette les accalmies — à cause des étésiens. L'aller comme le retour du proconsulat prouvent que le voyage maritime d'un gouverneur n'est guère codifié : on recourt aussi bien aux lignes commerciales qu'à la marine de guerre. Les déplacements terrestres n'étaient pas plus faciles : Cicéron, au départ, a traversé l'Asie[2].

Tourisme et diplomatie à l'aube du principat

Auguste, réorganisant l'État, mettra en place la Poste impériale, le *Cursus publicus*, afin de faciliter les missions officielles et de les accorder à la *maiestas populi Romani*. Mais comme Paul Émile, les empereurs — Néron, Hadrien —, les princes impériaux, tel Germanicus, sauront toujours faire une part dans le voyage officiel à la fantaisie, parfois même aux dépens du décorum, et en provoquant la censure morale.

Une satire célèbre d'Horace, en 38-37 av. J.-C., relate le voyage de Brindes — un mélange de mission et d'excursion[3]. Mécène domine ce récit d'une mission diplomatique, avec Cocceius, autre négociateur d'Octave, « tous deux envoyés en mission impor-

---

1. *Ad Fam.*, II, 12.
2. *Ad Att.*, VI, 7 et 8 ; *Ad Fam.*, III, 11.
3. *Satires*, I, 5.

tante, habitués qu'ils étaient à raccommoder les amis brouillés » (en effet, en 40, ils ont négocié le fragile compromis de Brindes). Laissons de côté les problèmes de pure historicité, dont la solution dépend un peu de l'itinéraire choisi. Dans le chassé-croisé diplomatique des années 38-37, s'agit-il de l'ambassade malheureuse de Brindes, en 38, ou du voyage qui prélude à la rencontre de Tarente, en 37 ? Cette deuxième interprétation est la plus courante. Rappelons les faits historiques. Au printemps 38, Mécène voit échouer la « conférence de Brindes » : Antoine est reparti pour l'Orient. En 38 comme en 37, Octave est venu seul aux entretiens. En 37, Mécène était en compagnie d'Agrippa, d'après Plutarque, mais le ministre indolent, qui imprime à la mission son allure décontractée, ne risquait guère de voyager avec le grand soldat, et à son rythme, quelle que fût la date. La présence de Cocceius Nerva, médiateur habituel entre Octave et Antoine durant toute cette période, ne prouve rien contre la date de 37. L'étude de l'itinéraire et des étapes serait plus révélatrice : elle permettrait de dépasser la simple sociologie du voyage.

La compagnie qui part de Rome par l'Appia, par paresse, découpe le trajet. L'Appia est la voie la plus directe, mais elle est « moins pénible aux gens peu pressés ». Le ministre épicurien et ses amis n'ont pas la célérité des coureurs de l'aristocratie, ni celle des courriers officiels, pressés de « relayer ».

Le découpage des étapes permet de voir en la satire une relation réaliste, digne d'être confrontée avec l'*Itinéraire antonin* et la *Table de Peutinger*. Les étapes terrestres oscillent entre 16 et 37 milles (24 à 55 km). La section Forum Appi-Formiae comporte un trajet fluvial nocturne : 16 milles dans la nuit du deuxième au troisième jour ; le canal se termine 3 milles avant Terracine. Une section fluviale double la route dans le secteur mal viabilisé des marais Pontins[1].

Ce voyage quasi officiel se situe sous le signe de la diversité, sinon de l'imprévu. Mécène et les « politiques » ne rejoignent l'expédition qu'à Anxur, « citadelle plantée sur ses rocs brillant à l'horizon ». Il est probable que Mécène, Cocceius et Fonteius Capito sont venus par mer, pour éviter la promiscuité et les misères du coche d'eau.

---

1. Satires, I, 5, 11-23.

Les moyens de transport sont variés : les mulets pour les 17 milles du Pons Campanus à Capoue, la berline à quatre roues (*raeda*) — qu'on dit plus rapide — pour les 24 milles de Triuicum à Asculum Apulum. L'Appia est constamment présentée comme dure ; on la découvre défoncée et poussiéreuse : on évoque un accès de conjonctivite, et les voyageurs se disent « las » aux étapes.

Les problèmes d'intendance jouent un rôle important dans le voyage, du moins aux yeux d'Horace. On n'use qu'exceptionnellement de l'hospitalité officielle. Pour l'essentiel, on utilise les étapes amicales, et l'hôtellerie existante. Au Pons Campanus, les notables chargés de l'accueil des officiels fournissent « bois et sel ». Les étapes amicales ont lieu dans les villas de Murena et Mamurra après Fundi, et dans celle de Cocceius dans le secteur de Caudi (on a passé le défilé des fourches Caudines). Les voyageurs recourent abondamment aux services payants de l'hôtellerie à Forum Appi, au Pons Campanus, à Bénévent, sinon à Capoue, et sans doute pour les étapes 9 à 13 : l'hôte de Bénévent est un aubergiste ; mais la *uillula* du Pons Campanus semble être un gîte rural de fortune et la *uilla* proche de Trivicum en Apulie, tout enfumée, ressortit vraisemblablement à la même catégorie.

Le voyage n'a rien d'une austère mission officielle : Mécène et Cocceius rejoignent leurs amis à Terracine ; les poètes illustres du cercle de Mécène, Plotius, Varius et le grand Virgile, les retrouvent à Sinuessa. Le voyage aura duré 14 jours, et 12 pour les négociateurs !

Si l'on néglige les aspects purement littéraires, la satire éclaire à la fois les réalités quotidiennes et la « poésie » du voyage. Elle souligne la prévention traditionnelle des Romains, des délicats, à l'égard des revêtements inégaux et ravinés ; elle explicite la méfiance devant les aubergistes, malhonnêtes ou mal équipés. On note l'importance attribuée aux gîtes, inscrite souvent dans la toponymie même (le lieudit *super Caudi cauponas*). Le sous-équipement hôtelier de l'Apulie contemporaine apparaît nettement. Parmi les imprévus du voyage, pittoresques ou cocasses, on relèvera les altercations d'étape entre esclaves et mariniers du coche d'eau, les incidents entre le « grincheux » et le marinier fainéant, les rencontres ancillaires manquées. L'inconfort des gîtes rustiques enfumés, la précarité de la chère, rebutent les délicats : Horace signale les « grives maigres » du menu, ainsi que la pénurie d'eau et de pain en Apulie. N'oublions pas qu'à cette époque

Horace et Mécène professent l'épicurisme. La satire fait une grande place aux misères de l'estomac et, dès le début, Horace se préoccupe de la qualité de l'eau. L'épidémiologie et la médecine antiques, depuis Hippocrate, ont mis l'accent sur le rôle de l'eau dans la « salubrité ». A la chère médiocre des auberges, dangereuse pour les estomacs fragiles, s'oppose la table agréable des villas amies. Les villas, comme les auberges, apportent des divertissements qui détendent les voyageurs (jeu de balle au Pons Campanus ; spectacle « osque » chez Cocceius), mais qui ralentissent la progression.

Le voyage de Brindes ne donne pas le sentiment de l'insécurité, même dans les campagnes et semi-déserts du Sud. Et pourtant il se situe entre le rétablissement de l' « ordre romain » opéré par la République finissante et le triomphe de la *pax Augusta*.

L' « empire du peuple romain », formule consacrée même dans le langage des souverains, se présente comme un système d'ordre, de sécurité et de justice. Le scepticisme du philosophe Carnéade et de quelques adeptes romains (la plupart des Académiciens sont « impérialistes ») n'a pas entamé ce credo politique. Mais l'ordre mondial romain a subi, avant les convulsions des guerres civiles et l'écartèlement de l'Empire qui précède Actium, de sévères atteintes. La sécurité des personnes et des biens, la liberté de circulation, ont été gravement compromises au Ier siècle : l'invasion de l'Asie romaine par Mithridate, le déferlement de la piraterie organisée sur l'Égée orientale, ont remis en cause le superbe édifice construit par les idéologues du IIe siècle avant notre ère.

Le dernier siècle de la République a vu le massacre des commerçants romains dans l'Orient, à l'instigation de Mithridate, après les grandes invasions des Cimbres et des Teutons ; il a vu la Méditerranée envahie par les pirates, qui osent attaquer Syracuse sous la propréture de Verrès, et même le port d'Ostie. La guerre de Mithridate et la guerre des pirates, menées par Pompée en 67-66 av. J.-C., ont permis de raffermir un ordre romain que la guerre civile compromettra de nouveau.

Des mesures exceptionnelles avaient été nécessaires contre les pirates de Cilicie (*lex Gabinia* de 67) : Pompée avait obtenu pour trois ans une véritable dictature en Méditerranée, sur les mers et sur une frange littorale de 70 kilomètres. La sécurité internationale est en crise : le système fiscal romain et les circuits commerciaux ruinés par Mithridate, la piraterie et le brigandage affectant « toutes les côtes et toutes les terres, les nations et les peuplades, enfin toutes les mers, et, sur chaque côte, tous les golfes et tous les ports », le commerçant isolé risquant la mort ou la servitude « quand il naviguait l'hiver ou sur une mer pleine de pirates[1] ».

---

1. Cicéron, *De imperio Pompei*, 2, 5 et 11 ; *Pro Murena*, 10 et 15.

CHAPITRE IV

L'Empire romain et le voyage : essor et résistances

LE CADRE HISTORIQUE ET POLITIQUE

Le Haut-Empire paraît, à la différence du monde hellénistique, dominé par un certain nombre de contradictions, dans les mentalités comme dans les réalités. Le monde issu de l'empire d'Alexandre trouvait dans le panhellénisme culturel un ciment d'unité. Pour Rome, placée par l'histoire à la tête d'un empire composite, multiracial et pluriculturel, l'essor des communications, centripètes ou interrégionales, était essentiel. La paix romaine, avec son idéologie bien établie, se présentait comme un système civilisateur international, garantissant l'ordre et la sécurité. La *Securitas* représentée si souvent sur les monnaies est inséparable de la *pax Romana*, devenue sous l'Empire *pax Augusta*. Sur les ailes de la conquête mondiale, l'imagination poétique et l'exotisme littéraire s'envolent, dès l'époque d'Auguste, vers les mondes lointains ; ils donnent des couleurs plus ou moins fabuleuses au rêve impérialiste, notamment au rêve oriental. L'univers qui s'ouvre et se dilate au-delà de la péninsule italienne suscite la curiosité scientifique et géographique : l'ère d'Auguste et de Tibère encourage les explorations et les progrès de la géographie.

Pourtant, l' « italocentrisme » reste puissant, ravivé par la permanence de l'enracinement terrien : les poètes augustéens, dont l'imagination prend son essor vers les limites du monde, illustrent la contradiction ; ils présentent souvent en diptyque la prospérité italienne et la richesse mythique de l'Orient.

Les réalités politiques nouvelles peuvent jouer, dans le domaine du voyage, un rôle ambivalent. Le principat, « autocratie » à façade républicaine, voire libérale, n'est pas uniquement un « despotisme éclairé » qui gère l' « intérêt public », défini par les légistes. Interprète et incarnation de cet « intérêt », le prince, « dispensé de l'exécution des lois », dit la loi. Son omnipotence de fait lui permet de déplacer les peuples et les nations, à plus forte raison les individus.

Dans le domaine des libertés individuelles, qui comportent « le droit d'aller et de venir[1] », la volonté du prince peut être restrictive. César, dans une loi « sur les absents », s'était arrogé le droit, en 46 av. J.-C., d'interdire aux hommes de vingt à quarante ans non soldats de s'absenter d'Italie pour trois ans ; la mesure visait les fils de sénateurs[2]. Auguste et ses successeurs limiteront le droit de déplacement des sénateurs, notamment en Égypte. Claude interdit aux grands de quitter l'Italie sans « congé[3] ».

Mais le plus grave en la matière est le pouvoir donné au prince, dans le cadre d'une justice extraordinaire ou par jugement sénatorial, de condamner à la déportation, à la relégation, à l'exil. On se rappelle, sous Tibère, les 4 000 affranchis « infectés de superstitions égyptiennes et judaïques » qui furent déportés en Sardaigne[4]. Pour les grands personnages, voire pour les écrivains, suspectés de menées subversives ou d'ambitions dangereuses, l'exil, entraînant relégation et assignation à résidence, sera souvent prononcé autoritairement. La victime ne choisit — en principe — ni le lieu de résidence, ni surtout la saison du déplacement et les moyens de transport.

Une tradition républicaine faisait des îles des lieux de retraite, d'exil volontaire ou de villégiature agréable. Tibère, gendre d'Auguste, suivait encore cette coutume en se retirant à Rhodes, de 6 av. J.-C. à l'an 2 de notre ère. Avec l'absolutisme impérial, les îles sinistres se spécialisent comme lieux de déportation ou de relégation. La vengeance impériale peut même poursuivre les proscrits sur leurs îlots : Tacite, dans le prologue des *Histoires*, montre les rochers de la Méditerranée rouges du sang des exilés.

---

1. *Digeste*, XLIII, 7-8 ; VIII, 3, 1.
2. Suétone, *César*, 42, 1.
3. Suétone, *Claude*, 16, 3.
4. Tacite, *Annales*, II, 85.

Les îles de villégiature se distinguent de plus en plus des îles de déportation. Sénèque, exilé en Corse de 41 à 49, livre un catalogue[1] : le « rocher aride et broussailleux », au climat « malsain », à la population « farouche », fait partie des « îles les plus sauvages, Sciathos et Sériphos, Gyaros et Cossyra » — trois Cyclades et un îlot entre Afrique et Sicile. Il est aussi des îles de relégation douce : Mytilène, où Marcellus fut proscrit par César ; Lesbos, où Tibère a permis à Gallion de s'exiler[2]. Philon d'Alexandrie montre Flaccus échangeant la sinistre Gyaros, où Caligula l'avait relégué, contre la plus riante Andros, mais le stoïcien Musonius Rufus se verra assigner par Néron la déserte Gyaros[3]. Au classement purement touristique des îles, se substitue peu à peu un catalogue carcéral. Sous Tibère, on peut encore discuter la résidence forcée : quand il est question d'interdire de séjour Silanus et de le reléguer à Gyaros, « île rude et inhospitalière », on fait jouer la dignité de la famille junienne pour proposer la Cyclade Kythnos, plus riante. Gyaros et la minuscule Donusa sont privées d'eau douce, à la différence de la Sporade Amorgos[4].

Restauration de l'ordre mondial et pax Augusta

Entre les ides de mars et Actium, les campagnes italiennes ne sont pas plus sûres que les zones mal policées d'Orient ou les mers[5]. Tout déplacement en Italie était périlleux : aux assassinats politiques et aux pérégrinations tragi-comiques des proscrits s'ajoutent les attaques de brigands et les enlèvements ; maint esclave prend la fuite, maint voyageur se retrouve enchaîné dans les « ergastules » des grands domaines...

La *pax Augusta* se présente à la fois comme une restauration de l'ordre et comme une poursuite de la pacification.

Auguste s'est targué d'avoir purgé les mers de la nouvelle piraterie et d'avoir éliminé les bandes d'esclaves fugitifs[6]. Flavius

---

1. *Cons. Helvia*, 6-7.
2. Tacite, *Ann.*, VI, 3.
3. *In Flaccum*, 151 sq. et Philostrate, *Vit. Apoll.*, VII, 16.
4. Comparer Horace, *Épîtres*, I, 11 et Tacite, *Ann.*, III, 68-69 et IV, 30.
5. Appien, *Guerre civile*, IV, 16. Éloge de Thuria.
6. *Res gestae*, XXV.

Josèphe relate toutes les entreprises d'Auguste, d'Agrippa et du roi Hérode tendant à pacifier les contrées reculées et déshéritées de Syrie : expéditions punitives, colonisation et mise en valeur ; il s'agissait d'assurer la sécurité des caravanes qui gagnaient l'oasis de Damas[1]. Les actions de pacification concernent aussi, en Occident, la consolidation du glacis germanique, qui couvre la Gaule romanisée : Claude dira, dans le discours sénatorial de 47, que la conquête de César a été tranquille pendant un siècle. Auguste a également réduit les enclaves barbares des Alpes, pacifié le couloir à vocation stratégique et commerciale qui va des Alpes Maritimes au Valais : ce sera l'itinéraire intérieur d'Italie en Gaule « par le royaume de Cottius » — celui des *Itinéraires*.

Cette *pax Augusta*, dans l'idéologie officielle comme dans le lyrisme patriotique ou dans l'art commémoratif, domine l'époque julio-claudienne.

La Paix d'Auguste apparaît comme un bienfait majeur. Les reliefs allégoriques de l'autel de la Paix illustrent le corollaire de la *pax Augusta* : la Terre Mère représente la prospérité des campagnes pacifiées, l'élevage fécond, la luxuriance végétale ; les poètes chantent la paix des terres et des mers, la campagne paisible et « les marins qui voguent à toutes voiles par la mer pacifiée[2] ».

Les historiens reconnaissent un aspect positif du régime issu d'Actium[3] : la « séduction universelle de la paix ». L'historiographie courtisane du Haut-Empire a diffusé ce thème de propagande. Velleius Paterculus, flatteur de Tibère et « propagandiste », écrit que la restauration augustéenne, avec la paix civile et la légalité, a garanti « la culture des champs, le culte des dieux, la sécurité des hommes et des propriétés » ; la légalité a permis le retour de l'activité ; la paix, « diffusée dans les étendues de l'Orient et de l'Occident, dans les limites du Midi et du Septentrion », « conserve exempts de la crainte du brigandage tous les recoins du monde ». Malgré l'hyperbole, historiographie courtisane et poésie laudative, et même les digressions de la littérature scientifique, confirment cet idéal mondial de sécurité et de libre circulation.

---

1. *Ant. Jud.*, XV, 344-348 ; XVI, 271 ; voir Strabon, XVI, 2, 20.
2. *Res gestae*, 12-13 ; Virgile, *Géorgiques*, II, 136 sq. ; Horace, *Odes*, IV, 5 et *Chant séculaire*.
3. Tacite, *Ann.*, I, 2. Velleius Paterculus, *Hist. Rom.*, II, 89 et 126.

Toutes les générations du Haut-Empire apportent leur pierre à cet édifice idéologique.

Le genre bucolique, de Virgile à Calpurnius Siculus, sous Néron[1], chante un âge d'or latin qui n'est pas l' « an-archie » heureuse du mythe grec, mais un bonheur universel de légalité, de prospérité, de bienfaisance.

Une vision mondiale de l'ordre

Pline exalte à mainte reprise la « paix romaine » comme base d'un système d'échanges et de communications internationales. Dans le cadre d'une doctrine impérialiste liée à l'idée de progrès, il classe les provinces en fonction de leur degré de romanisation : ainsi la Narbonnaise, « seconde Italie plutôt que province », s'oppose-t-elle aux nations barbares et attardées de Germanie, aux paysages aussi inhospitaliers que leur habitat. Dans certains hymnes à la « paix romaine », la référence aux échanges internationaux est des plus explicites. Le peuple « vainqueur et dompteur du monde, qui répartit les peuples et les royaumes et envoie ses lois aux nations extérieures », a pour titre de gloire « la grandiose majesté de la paix romaine » : celle-ci ne se contente pas de révéler les uns aux autres les hommes de régions et de nations opposées, mais elle crée aussi ce lien de connaissance et de communication entre les montagnes, les massifs dressés jusqu'aux nues, avec leur faune et leur flore ; il s'agit d'un « bienfait qu'on souhaite éternel » et Rome passe pour avoir « donné à l'humanité une seconde fois la lumière ». La grandeur de l'Empire est ainsi définie[2] :

> Qui pourrait ne pas penser qu'en unifiant le monde par la communication la majesté de l'Empire romain a fait avancer la civilisation par le commerce des biens matériels et par la communauté d'une paix féerique, et que même les biens auparavant cachés sont devenus d'un usage courant ?

Avant que le système du luxe ne révélât ses tares, Rome a fait passer les connaissances et les richesses des « empires cloisonnés » à la dimension de l'univers. Le rôle que lui impartit la providence,

---

1. Calpurnius, I, IV et VII. Voir aussi Sénèque, *Apocoloquintose*, 4.
2. *Hist. Nat.*, XIV, 2 ; voir aussi III, 4 ; XVI, 1 ; XXVII, 3 ; XXXVI, 118.

celui de « souveraine et seconde mère de l'univers », tient à la position géocentrique de l'Italie.

Les sujets grecs ou orientaux de l'Empire font entendre le même hymne à la paix romaine, en censurant les déviations tyranniques[1] : Rome doit incarner le « bon roi », ou le « procurateur idéal » et Alexandrie doit rester un foyer de vie culturelle, un lieu de fêtes, propice au commerce des idées. La pensée du roi juif Agrippa est favorable à la paix romaine et à son ordre mondial : il les défend autant que Titus, le conquérant romain. Plutarque a, lui aussi, exalté cet ordre propice à la communication[2] :

> Rome, ayant pris toute sa force et tout son développement, lia entre eux non seulement les peuples et les nations de son propre pays, mais aussi les royaumes étrangers [...] ; la paix régna sur le monde où une hégémonie unique suivait son cours de manière infaillible.

Dion de Pruse[3], à l'aube du IIe siècle qui développe la théorie de l'impériale et du pouvoir « paternel », accepte que l' « autonomie » des cités se limite à l'exercice des honneurs, à l'urbanisme, à la vie culturelle, et que les problèmes d'ordre politique soient du ressort de Rome. Mais aussi bien, pour lui comme pour Plutarque, l'ordre mondial est-il conçu comme le cadre idéal du « panhellénisme » culturel et religieux. L'Asie de Dion, avec son autonomie restreinte, est celle des cités opulentes, qui rivalisent de luxe architectural et de panégyries ; on exalte la fraternité et la compétition au sein de l'hellénisme, de la communauté culturelle grecque, des beautés architecturales considérées comme « communes ». Or ces rivalités édilitaires, axées sur les portiques, les théâtres, les bains, les gymnases, qui prennent comme modèle prestigieux l'Athènes de Périclès, ont une finalité éducative dans l'Orient organisé par la paix romaine. Dion fait le catalogue des merveilles architecturales de la Grèce : Propylées, Parthénon, Héraion de Samos, temple de Didyme (Milet), Artémision d'Éphèse, en ajoutant que les constructions et les « fêtes » valent aux cités plus de considération et plus d'honneur, « autant de la part des étrangers en voyage que de la part des gouvernants » (les

---
1. Philon, *De Josepho* ; Flavius Josèphe, *Guerre des Juifs*, II, 345-391.
2. Plutarque, *Moralia*, 317 b-c.
3. Dion de Pruse, XXXVIII à XLVIII.

proconsuls romains). Le voyage dans l'Orient romanisé se justifie surtout par les fêtes.

De l'ère antonine au Bas-Empire : les constantes

Aelius Aristide, grand voyageur s'il en fut, apporte sa contribution à l'idéologie de la paix romaine. Le rhéteur souligne la compétition des cités grecques pour les beautés et les ornements architecturaux, le nombre des cités côtières et intérieures, le rayonnement éclatant de l'Ionie. Toute la terre est une « panégyrie » : allusion aux grands concours de la Grèce classique, doublés par les concours « isolympiques » et « isodelphiques » du monde hellénistique. Dans cette compétition pour la beauté, les villes se remplissent de « gymnases, fontaines, propylées, temples », et portent les marques de la « philanthropie » de Rome.

Dans cette péroraison, il convient de détacher le thème de la sécurité internationale[1] : « Il est permis au Grec comme au barbare, en déménageant ou non ses biens, d'aller facilement où il lui plaît, et en bref comme s'il allait d'une patrie dans sa patrie. » Le voyage, avec l'ordre mondial romain, cesse d'être une aventure et un déracinement. La crainte a disparu des itinéraires lointains, comme celui des Portes de Cilicie, ou des confins arabes de l'Égypte. Il n'est plus « de montagnes difficiles à franchir, de fleuves à l'immensité infinie, de races barbares impénétrables » : Rome a relié les fleuves par des ponts, creusé les montagnes pour en faire une terre praticable, rempli les déserts d'étapes.

L'image la plus forte de cette péroraison est celle de la fête universelle, dans laquelle Rome joue pour ainsi dire le rôle du guide universel — le maître du voyage et de la découverte des beautés du monde.

Les *Panégyriques latins* à la gloire des empereurs, de Dioclétien à Constantin, mettent moins l'accent sur la sécurité des routes que sur le triomphe de la légalité. Il arrive que, sans mettre en cause la *pax Romana*, on souligne une crise économique qui affecte le trafic routier, les « voies militaires » et le transport fluvial[2] ; mais

---
1. *Éloge de Rome*, 94-104.
2. *Pan. lat.*, VIII, 7 sq. ; voir *Digeste*, XLIII, 12-14.

jamais plus au Bas-Empire le thème de la sécurité des communications n'aura la même force que chez les écrivains latins du Ier siècle ou chez les rhéteurs grecs de l'époque antonine. Peut-être cela tient-il au fait que, jusqu'aux grandes invasions, la sécurité paraît acquise sur les grands axes de l'Empire : c'est ce que prouveraient par ailleurs les relations des officiels ou grands personnages du IVe-Ve siècle.

Avec de multiples péripéties, liées aux guerres civiles et à la récurrence du brigandage, la *pax Augusta* fait l'accord des païens et des chrétiens[1]. Pour tous, Rome a fait l'unité du monde ; elle lui a rendu le service de faciliter les communications mutuelles et de jouir en commun des bienfaits de la paix.

À la fin du « siècle d'or » de l'Empire romain, toutes les voix concordent pour exalter le rayonnement mondial de la paix romaine, et cette idéologie perdurera.

Le thème de la *pax Romana* génératrice de sécurité et de prospérité mondiales est développé, à l'époque d'Aelius Aristide, par l'Africain Fronton, dans un remerciement pour Carthage au Sénat :

> Je prie les autres dieux de tous les peuples et de toutes les villes et je leur demande de protéger pour de longues périodes ta vie [celle du prince] qui est le support de l'Empire romain, de notre salut, de la paix, grandeur et sécurité de toutes les provinces, de toutes les nations et de toute la terre.

La suite du discours, altérée, reprend le thème de la « sauvegarde » des cités et des nations. Une des dernières manifestations « officielles » de cette idéologie figure dans les considérants de l'édit de Dioclétien sur le maximum des prix, en 301[2] :

> La Fortune de notre empire, qui peut se féliciter avec les dieux immortels du souvenir de nos guerres heureuses, doit à la morale publique comme à la dignité et grandeur de Rome de se composer fidèlement et de s'ordonner harmonieusement avec la situation tranquille de l'univers installé dans le giron de la paix la plus profonde...

---

1. Irénée, *Hérés.*, IV, 30, 3 ; Tertullien, *De an.*, XXX.
2. *Monumenti Antichi*, XXXVIII, 1939, col. 225 sq.

Cette paix a été acquise par la victoire sur les nations barbares et leurs « déprédations ».

L'édit insiste sur les méfaits de la spéculation et de l' « inflation », dans les localités et « sur les routes » : il réglemente le commerce international, « les vendeurs et acheteurs qui ont pour activité habituelle d'aborder les ports et les provinces étrangères[1] ».

Or la *pax Augusta* se veut un ordre fort au service du droit.

L'Empire : légalité et répression

L'Empire n'a pas inventé l'arsenal répressif, mais il semble avoir systématisé et codifié la répression légitime qu'il oppose à la violence sauvage du banditisme et de la piraterie. Inscrite dans les missions de l'*imperium* militaire (on le voit pour les actions punitives de Cicéron, gouverneur de Cilicie), la répression intéresse le pouvoir central comme l'administration provinciale[2] :

> Il convient à un bon gouverneur et sérieux de prendre des mesures pour que la province qu'il dirige soit pacifiée et tranquille, obligation qu'il remplira sans difficulté, s'il applique son zèle à éliminer de la province les individus malfaisants et à les faire rechercher. Car il doit faire rechercher sacrilèges, brigands, faussaires, voleurs, et, selon les crimes de chacun, sévir contre le coupable et faire arrêter les receleurs, sans lesquels le brigand ne peut longtemps demeurer caché.

L'assaut, l'incendie, le pillage des fermes-villas, sont assimilés à la sédition ; il est caractéristique que la « faction » (faire le guet) le soit à l'intention criminelle, que les « rôdeurs criminels » surpris avec un « fer » soient traités comme les brigands et frappés de la peine capitale. Le même contexte définit l' « association de malfaiteurs » par les « plans », la « complicité », et même par l'instigation et le conseil. La qualification n'a rien d'exagéré si l'on songe aux brigands mis en scène par Apulée, à l'aube du IIIe siècle : ils constituent une société et un ordre parallèles.

---

1. *Édit*, I, 40 sq. et 52.
2. *Digeste*, I, 18. Voir surtout XLVIII, 6, 19, 27.

Cette répression, distincte de celle du vol, à l'auberge ou en mer, qui engage l'aubergiste ou le « patron » de navire, comporte un arsenal de peines très dissuasives. Les textes permettent, pour rendre le châtiment exemplaire et dissuasif, d'étendre les circonstances aggravantes : on tiendra compte du cas précis, de la personne, du lieu, du temps, d'un coefficient d' « atrocité » ; on envisage même le cas des décurions et notables locaux adonnés au banditisme. Mais les jurisconsultes semblent prendre leur parti de ce fléau social, puisqu'ils analysent la défaillance judiciaire provoquée par la captivité, conséquence du brigandage ou de la piraterie.

Les scènes d' « atrocités » ne sont pas des inventions de romanciers ou de professeurs d'éloquence, pas plus que la répression publique : Martial, dans le *Livre des spectacles,* met en scène un condamné qui illustre l'histoire du brigand Lareolus, crucifié et lacéré dans l'amphithéâtre.

L'organisation mondiale des échanges

L'organisation de la sécurité terrestre et maritime, malgré la récurrence des désordres, brigandage et piraterie, a pour complément une politique d'incitation. Un certain dirigisme maritime en est la preuve, dès les débuts du Haut-Empire.

Auguste, pacificateur des mers, s'était vu élever un temple, le *Sébasteion,* à Alexandrie, « pour avoir purgé les mers des pirates et les avoir couvertes de vaisseaux » ; dieu tutélaire, il était « l'espoir de ceux qui s'en vont et de ceux qui reviennent [1] ». Or le prince a laissé le commerce international, et même l'approvisionnement en blé, à l'initiative privée. Des limitations semblent aller en sens contraire, telle la remise en honneur de la *lex Claudia,* qui interdisait aux sénateurs de posséder des navires de plus de 300 amphores ; la mesure sera renforcée par l'interdiction faite aux exilés de posséder plus de deux « actuaires » — cargos mixtes de cabotage — et d'un navire de transport de 1 000 amphores. Ces dispositions ne concernent que la discipline sociale de la collectivité romaine. Les mesures incitatives de Claude corroborent sa

---

1. Philon, *Leg. ad Gaium,* 147 sq.

politique d'aménagement portuaire à Ostie. Il a octroyé le droit « quiritaire », la complète citoyenneté aux « Latins ayant construit un navire de haute mer d'une capacité au moins égale à 10 000 *modii* », à condition que le navire ait servi pendant six ans à l'importation céréalière[1]. Le système d'approvisionnement évoluera ensuite vers le commerce d'État, des Sévères à Constantin. Parallèlement, la corporation des transporteurs fluviaux ou maritimes s'est constituée en « collèges ». Ces groupements de patrons de bateaux (*domini nauium*), ou de naviculaires (propriétaires exploitant ou non le navire), s'organisent librement. L'institution de « bateliers » en Égypte par Aurélien est une exception résultant du statut particulier de cette province de la couronne. Les « naviculaires » de Carthage, qui ont élevé une statue à Antonin le Pieux à Ostie, en 141, sont célèbres. La « place des Corporations » à Ostie, datant de Domitien, illustre la vitalité de ces corporations : naviculaires d'Alexandrie, de Sabratha, de Carthage, de Narbonne, de Cagliari, etc., aux bureaux réguliers, pavés de mosaïques noires et blanches[2]... Les « nautes » d'Orient sont regroupés en collèges dans les principaux ports : à Smyrne, à Éphèse.

Les « naviculaires » sont puissamment organisés en Occident : à Narbonne, à Ostie, dans les ports de l'Adriatique, à Pisaurum, à Salone, à Ravenne, la corporation est attestée par l'épigraphie ; dans les pays du Rhône et de la Saône, d'Arles à Lyon, les nautes sont constitués en corporations. Compte tenu du caractère restrictif de la législation associative du principat, l'idée d'une tolérance officielle s'impose à l'évidence[3].

Une fois passées l'anarchie militaire et la « crise du IIIe siècle », il semble que la sécurité des routes soit moins menacée, aussi bien par la factieuse soldatesque des « usurpateurs » et « tyrans » que par les brigands. Il est vrai que le silence de certains panégyriques, qui célèbrent la paix romaine, ne prouve pas grand-chose. Ils concernent en général la fin du IIIe siècle et le IVe siècle. C'est pourtant l'époque où les campagnes ont tendance à se replier dans des fermes fortifiées, des *uillae*, nombreuses sur les cartes

---

1. Dion Cassius, LVI, 27. *Institutes*, I, 32.
2. *Hist. Aug., Aur.*, 47, 3 et *CIL*, XIV, Suppl., 4549, 1 à 58.
3. G. Rotondi, *Leges...*, p. 442-443.

primitives. Les témoignages d'Ausone pour la Gaule et la Germanie, de Symmaque pour l'Italie, nous offriraient plutôt l'image de déplacements et de villégiatures tranquilles, que seuls compromettent les soubresauts militaires. Symmaque ne redoute guère, dans ses villégiatures en Campanie, que les rigueurs du climat et les aléas de la navigation ; il mentionne toutefois, dans une lettre des années 385 un chef de brigands. Ses lettres à l'empereur Dèce, fanatique de la Campanie, insistent, en 398, sur la sécurité de la Via Appia, « libre de soldats », malgré les convois militaires nécessaires à la pacification de l'Afrique[1].

La même impression se dégage des lettres de Sidoine Apollinaire au Ve siècle, correspondance fort utile pour la vie sociale et la villégiature en Gaule, notamment en Aquitaine[2]. Le pays paraît sûr. Quant au grand voyage de l'évêque gaulois, entrepris de Lyon à Rome en 467, il ne semble pas avoir posé de problèmes de sécurité : il est vrai que le *Cursus publicus* l'a facilité et que Sidoine, comme Symmaque, est un grand personnage de l'Empire.

L'extension irréversible des voyages dans l'Empire romain n'a été possible que par l'élargissement des perspectives géographiques : une politique systématique d'exploration a accompagné les débuts d'une géographie de langue latine.

La politique d'exploration à l'époque julio-claudienne

On note d'abord, de Tibère à Néron, une politique officielle d'exploration du monde. Elle affecte à la fois l'océanographie et l'hydrologie, celle du Nil surtout.

Germanicus, pionnier de l'archéologie égyptienne, a aussi fait œuvre d'explorateur. La Méditerranée étant connue et sillonnée de lignes maritimes, il a voulu foncer vers le nord, vers l' « Océan » — la mer du Nord. Sa traduction du traité philosophique d'Aratos (les *Phénomènes*) était dominée par la curiosité astronomique, mais également par le souci des applications pratiques (agriculture et navigation). Il est bien le contemporain de ces philosophes, pour qui l'univers divin lui-même favorise les

---

1. *Lettres*, II, 48 et XXXVIII, 1.
2. *Ibid.*, I, 5.

entreprises de la connaissance. Germanicus suit les traces de son père Drusus, qui, en 12 avant notre ère, s'engagea dans la mer du Nord, jusqu'à l'embouchure de l'Amisia (l'Ems). L'Atlantique cesse graduellement d'être perçu comme un fleuve entourant la Terre ; mais ses marées, ses brumes inquiétantes, ses archipels peuplés de spectres ou de satyres, entretiennent les récits fabuleux. L'époque augustéenne avait salué la performance de Drusus, qui alimentait la fierté romaine. Germanicus fera mieux, malgré les relations extraordinaires et monstrueuses des rares voyageurs isolés[1] : « Selon l'itinéraire lointain qu'on avait parcouru, on narrait des merveilles (*miracula*), la violence des tourbillons, et des espèces inédites d'oiseaux, des monstres marins, des êtres mi-hommes mi-bêtes, spectacles observés ou croyances nées de la peur. » On a conservé la description versifiée (et fragmentaire) du rhéteur Albinovanus Pedo[2] : « atmosphère aveugle », « ténèbres interdites », faune nouvelle composée de monstres marins, de scies et de chiens de mer... Tout se passe comme si le navigateur avait transgressé un tabou : « Le jour s'enfuit de lui-même, et la limite extrême de la nature enferme le globe abandonné dans des ténèbres perpétuelles. »

Héritier de cette tradition familiale, Claude a présenté son expédition de Bretagne, en 43, comme une exploration et, « parmi les dépouilles ennemies, il fit attacher au faîte du Palais une couronne navale à côté de la couronne civique, comme symbole de la traversée et d'une sorte de victoire sur l'Océan ». Il invoque « la gloire d'avoir étendu l'Empire au-delà de l'Océan[3] ». C'est aussi sous le règne de Claude qu'un chevalier romain aborda l'île de Ceylan et rapporta des récits merveilleux de cette île baignée par une mer très verte où les gouvernails arrachent des feuilles d'arbres.

Les voyages d'exploration sont une affaire nationale, dans la mesure où ils reculent à la fois les bornes du monde connu et les limites de l'Empire. Dans ces conditions, le principat de Néron, avec ses rêves orientaux et le support scientifique du stoïcisme, devait être marqué par une politique d'exploration. Les dialogues

---

1. Tacite, *Ann.*, II, 23-24
2. Sénèque le Père, *Suasoires*, I, 15.
3. *ILS*, 212, 30 sq.

de Sénèque, et les *Questions naturelles,* avec les manifestes de l'esprit scientifique des *Préfaces,* définissent une nature infinie qui révèle graduellement ses secrets. Les pays inconnus sont du nombre.

L'imagination des contemporains, avec les tragédies de Sénèque, s'évade vers les mondes lointains : le dramaturge évoque aussi bien l'Inde que l'Elbe et le Rhin, la mer Rouge, le pays des Sères (Chine), ainsi que la faune encore inconnue de l'Océan.

Néron a envoyé une expédition pour reconnaître les sources du Nil en Haute-Égypte, dont Sénèque a entendu un rapport direct[1] :

> J'ai pour ma part entendu le récit fait par deux centurions que Néron César, aussi amoureux entre tous de la vérité que des autres vertus, avait envoyés pour explorer la source du Nil : ils avaient eux-mêmes accompli un long trajet, après avoir été pourvus par le roi d'Éthiopie de secours matériels et de recommandations pour les rois voisins, et avaient pénétré plus avant dans le continent.

Les militaires ont vocation à explorer, dans le cadre de la conquête. Ainsi Corbulon, sous Néron, a-t-il profité de sa guerre éclair en Arménie pour visiter la Mésopotamie et reconnaître les sources de l'Euphrate[2] : il a pu avoir la curiosité piquée par les savantes recherches de l'empereur Claude sur l'Asie Mineure et l'Arménie. De son côté, le général Suetonius Paulinus, de la Maurétanie, a pénétré dans l'Atlas, d'où il a rapporté une relation originale.

NAISSANCE DU VOYAGE DE CURIOSITÉ ET DE DÉCOUVERTE

Les expériences et les curiosités ponctuelles de l'élite républicaine aboutissent, par la convergence de divers facteurs, à développer conjointement le goût du voyage et la littérature scientifique. Cette dernière, qui sollicite et guide l'exploration du vaste monde, se nourrit à la fois de l'héritage encyclopédique et des conquêtes de l'exploration.

---

1. *Quest. Nat.,* VI, 8.
2. Pline, VI, 23 et 83.

L'héritage encyclopédique du monde grec et hellénistique se révèle inséparable de l'assimilation de l' « observation » grecque (*théôria*), bien commun de presque toutes les écoles philosophiques et source d'un certain syncrétisme idéologique qui brise les clivages. Platonisme, aristotélisme, stoïcisme, épicurisme, ont, à côté de leur système éthique, leur section « scientifique ». La « philosophie » apporte à la fois la justification de la connaisance (la vocation « théorique ») et la méthode d'investigation (l'épistémologie). La Rome républicaine, malgré sa préférence pour l'éthique et la science politique, a recueilli l'héritage de la physique présocratique : on le voit dans l'encyclopédie oratoire de Cicéron, en dépit des critiques de l'académisme romain[1] ; on le voit plus nettement encore dans le *De architectura* de Vitruve, notamment dans le catalogue des sources de ses préfaces[2]. L'encyclopédisme scientifique, favorisé par le Musée d'Alexandrie et par la politique culturelle des Ptolémées, a trouvé un puissant renfort dans le stoïcisme et dans l'héritage d'Aristote.

Discipline d'action politique et sociale, qui valorise la vocation « active » de l'homme, la pensée du stoïcien Panétios est aussi une incitation « contemplative », dans laquelle la contemplation cosmique se confond avec la connaissance physique. De Panétios à son élève Poseidonios, contemporain de Cicéron jeune, l'idéal « encyclopédique » s'élargit à la géographie et aux sciences humaines. L'héritage aristotélicien, pour les Romains, se développe dans une double direction.

La génération cicéronienne distingue, dans cet héritage, la composante scientifique et la dimension « sociologique ».

La tradition d'observation des diverses écoles grecques et hellénistiques est généralement acceptée à l'aube du principat. Elle favorise la découverte de l'univers et le voyage malgré quelques antinomies flagrantes. La plus nette de ces dernières, qui aboutit à une riche dualité, est celle de l'action et de la contemplation.

Elle marque la « famille platonicienne ». Cette vision unitaire d'un grand courant qui va de Socrate aux épigones d'Aristote, le « contemplatif » Théophraste et le « pratique » Dicéarque, est celle des contemporains de Cicéron, qui ont tendance à nier les

---

1. Cicéron, *ND*, I, 83 ; *De or.* I, 42 sq.
2. *Arch.*, VII, VIII, IX, *Prol.*

ruptures de l'Académie, et des platoniciens romains de l'ère antonine, tel le romancier Apulée. Théophraste, héritier du scientisme aristotélicien, a beaucoup apporté aux encyclopédies romaines du Haut-Empire : à Vitruve, à Sénèque, à la volumineuse *Histoire naturelle* de Pline l'Ancien. Le platonisme, même pythagorisant et pénétré de spiritualisme cosmique, a dès la fin de la République nourri la curiosité sur la planète et l'univers. Le *Songe de Scipion,* qui couronne la *République* de Cicéron, montre certes l'exiguïté géographique des États, et même la petitesse dérisoire de la terre dans le cosmos, mais il offre une contemplation de la planète : les zones tempérées et peuplées délimitent l'*oikoumenè* — le monde habité —, par opposition aux déserts torrides et aux étendues glacées. Le monde romanisé, dès lors, oscille entre l'échelle géographique, qui en ferait une « petite république », et l'échelle cosmique, qui le définirait comme la projection terrestre de la « grande république[1] », la *cosmopolis* stoïcienne, la patrie universelle des hommes et des dieux.

Ces concepts stoïciens sont présents au cœur du stoïcisme impérial. Ils délimitent à la fois la physique et l'anthropologie ; ils marquent les frontières entre l'action et la contemplation. Dans la stimulation de l'exploration et de la découverte, le stoïcisme joue un rôle aussi important que les écoles de Platon et d'Aristote : il devient, à partir d'Auguste, la philosophie quasi officielle du pouvoir et de la connaissance. Des philosophes chapelains d'Auguste, Areus et Athénodore, à Sénèque, précepteur de Néron, il tente de régir le pouvoir. De Vitruve à Pline, les écrivains scientifiques se réfèrent à son épistémologie, qui postule l'adéquation de la « raison » à la « nature », confond avec la science la « connaissance des choses divines et humaines », savoir et sagesse, et fait du progrès scientifique une progressive révélation des secrets divins de l'univers. Les *Préfaces* des livres des *Questions naturelles* de Sénèque se réfèrent à ce « progrès » qui est révélation.

Désormais, entre la connaissance « active » de l'explorateur et du voyageur, et la « mobilité divine » de l'esprit qui voyage dans l'infini du temps et de l'espace, le stoïcisme opère la synthèse. Seules les polémiques partisanes, sous l'Empire, reprochent

---

1. Plutarque, *Moralia,* 329a-b.

encore aux maîtres stoïciens, plus sédentaires il est vrai que leurs successeurs, Panétius et Posidonius, de prôner la navigation et de rester au mouillage [1].

L'appétit encyclopédique de connaissance physique stimulera l'essor d'une géographie et d'une « météorologie » romaines. Le consensus est si évident que même l'épicurisme, antispéculatif, tenant d'une physique positive, la « physiologie », rebelle à l'étonnement et à l'admiration, se dote de son encyclopédie. Le poète Lucrèce, dépassant la physique générale et l'anthropologie terrestre, propose une astronomie, une sociologie et une encyclopédie des curiosités naturelles, afin d'arracher celles-ci à l'émerveillement théologique [2] : les éruptions de l'Etna, les crues du Nil, les merveilles hydrographiques (les avernes, la fontaine d'Hammon, etc.). Le Haut-Empire conjugue l'idéologie politique, l'unification du monde par l'impérialisme, et la philosophie, impliquant l'échange perpétuel entre la connaissance livresque et l'exploration.

Les hymnes à la curiosité scientifique ne peuvent être dissociés de l'engouement pour les grands problèmes de la nature.

Le satirique stoïcien Perse, qui vit sous Claude, censurant l'inculture militaire, lui oppose un programme de curiosités scientifiques [3]. L'auteur contemporain d'un poème *Sur l'Etna* fait la même profession de foi. Toutes les conversations savantes ne mènent pas dans la vallée du Nil, sous Néron, mais elles mènent au Nil ! Elles encouragent à la découverte de l'Etna et du volcanisme, le Vésuve étant considéré comme un volcan éteint [4].

Une tradition continue, des exposés stoïciens du dialogue cicéronien à Sénèque, exalte les « miracles » de la nature. Outre l'Etna et le Nil, les grands fleuves de l'univers, les montagnes, les îles disséminées sur l'étendue des mers, la variété infinie des paysages, soulèvent l'admiration du stoïcien Balbus [5]. Lucain, neveu de Sénèque, dans sa *Pharsale*, profite de l'occasion fournie par l'épisode égyptien de la guerre civile pour introduire une digression

---

1. Comparer Sénèque, *De brev. vit.*, 14-15 et *De otio*, 8.
2. Lucrèce, *De rerum natura*, I-IV et VI.
3. *Satires*, III, 77 sq.
4. *Aetna*, 223 sq. et *Quest. Nat.*, IV.
5. Cicéron, *De nat. deorum*, II.

célèbre sur les secrets de la connaissance et les mystères du Nil[1].

L'engouement géographique marque l'époque de Sénèque. En un temps où la curiosité suscite le désir d'exploration, des mers du Nord aux sources du Nil, le philosophe de Cordoue, malgré quelques réserves critiques, associe le voyage et la connaissance ; la ferveur savante seconde la curiosité géographique. Sénèque promène le lecteur du cosmos à la planète. Le « voyage de Syracuse », avec ses risques et ses découvertes, devient le symbole de l'investigation humaine[2].

> Appliquons à présent cette image à l'entrée globale de l'homme dans la vie [...]. Tu vas faire ton entrée dans la ville commune des dieux et des hommes, qui englobe tout, astreinte à des lois fixes et éternelles, qui accomplit cycliquement les mouvements infatigables des corps célestes [...]. Quand, rassasié du spectacle d'en haut, tu abaisseras ton regard vers la terre, un autre aspect, et admirablement différent, fixera ton attention : d'un côté, l'étendue déployée de plaines ouvertes à l'infini, de l'autre, les cimes d'une hauteur sublime des montagnes qui dressent leurs hautes barrières enneigées ; la descente précipitée des rivières, les fleuves qui, à partir d'une seule source, dispersent leurs eaux vers l'Occident et l'Orient, et des forêts qui se balancent sur les plus hautes cimes avec leur propre faune et tant d'oiseaux, avec la musique variée de leurs chants : les sites variés de tant de villes, des nations séparées par les obstacles géographiques, dont les unes s'isolent sur la hauteur des monts et les autres se déploient peureusement au creux de rives profondes ; des champs écrasés sous le poids de la récolte et des arbres productifs sans culture et les ruisseaux serpentant mollement dans les prés, et des golfes attrayants (*amoeni*) et des rivages qui se ferment en rades ; tant d'îles semées dans l'immensité, qui introduisent sur les mers leur note de variété.

Cette amplification lyrique sur les beautés de la planète est nourrie par le providentialisme stoïcien le plus « classique ». Le voyage réel semble reculer devant l'imaginaire du voyage. Or l'apologie pour les beautés naturelles, avec le catalogue des villes et la diversité des paysages maritimes, l'horreur sublime des montagnes et la multiplicité des paysages marins, qui associe le milieu géographique et la variété pittoresque du règne animal, contient la

---

1. *Pharsale*, X, 194 sq. Cf. Sénèque, *QN*, IV a *(De Nilo)*.
2. *Cons. Marcia*, 18. Voir *De otio*, 5 et *Lettres*, CIV.

plus vibrante des invitations au voyage. La suite du texte le confirmera : Sénèque y vantera la splendeur des perles et des pierres précieuses — aliment de la curiosité orientale qui fait les explorateurs et les aventuriers depuis Alexandre —, le gigantisme impressionnant des monstres marins, péril pour la navigation. Lu « au premier degré », car l'interférence des points de vue est constante, le passage exalte la navigation, qui illustre l'ingéniosité humaine : « Tu verras des navires cherchant des terres qu'ils ignorent ; tu verras qu'aucune entreprise ne rebute l'audace humaine, et tu seras de ces tentatives à la fois le spectateur et le participant. » Sénèque a conscience du fait que son époque est dominée par les grandes explorations, terrestres ou maritimes : sa *Phèdre* en chante la gloire. Mais, dans un sens à la fois immédiat et allégorique, il sait les périls de toute exploration, y compris les naufrages, qu'on a vus présents dans les topiques de la consolation.

Outre les motivations sociologiques du voyage et de la migration humaine [1] — l'ambition politique, le désir du profit ou de la réussite sociale, l'attrait des spectacles et l'appétit de savoir —, la réflexion du philosophe, converti aux charmes de l'excursion limitée qu'il évoque dans sa correspondance, l'oriente de plus en plus vers la lecture symbolique du voyage, inséparable d'une « critique [2] » :

> Le voyage donnera la connaissance des peuples, te révélera de nouvelles formes de montagnes, des espaces de plaines non visités et des vallées arrosées d'eaux permanentes, la nature d'un fleuve soumis à l'observation : ainsi le gonflement du Nil lors de sa crue estivale, ou la disparition du Tigre qu'on perd de vue, qui chemine dans un cours secret pour recouvrer intégralement sa grandeur, ou le spectacle du Méandre, thème d'exercices et de variations pour tous les poètes, qui déroule ses entrelacs en gorges fréquentes et approchant souvent son lit d'un de ses bras, décrit une courbe avant de se jeter dans son propre cours ; or le voyage ne rendra ni meilleur ni plus raisonnable.

Cette profession de foi est distincte de l'éloge stéréotypé de la connaissance, dans la mesure où Sénèque lie le voyage et la connaissance géographique.

---

1. *Cons. Helvia*, 6.
2. *Lettres*, CIV.

Naissance d'une géographie latine

La *Chorographie*[1] de Pomponius Mela, parue sous Claude, à l'époque de l'expédition de Bretagne, affecte la forme d'un *Périple*, mais qui négligerait bien des données concrètes du voyage : les mensurations des isthmes et des détroits, les mouillages et leurs vents dominants, les points d'eau et la navigabilité des fleuves.

La curiosité du géographe se porte de préférence sur les mondes lointains, ou barbares, offrant une nature différente de celle des pays tempérés d'Occident et un milieu humain intéressant par ses coutumes : la Gaule « chevelue », où il discerne une Gaule profonde et primitive ; la Germanie ; le pays des Sarmates ; l'Inde.

Les limites du monde connu se situent pour lui, au nord, à Thulé, la « plus septentrionale des terres britanniques » d'après Strabon citant Pythéas ; à l'orient, à Taprobane-Ceylan, île mal explorée. La comparaison des rites funéraires et des coutumes familiales, ou matrimoniales, est un autre centre d'intérêt. Or les régions les plus touristiques, parce que les plus connues, celles de Strabon, fixent peu son attention. L'Égypte n'est pas encore un but de voyage, et elle l'intéresse comme un monde mystérieux. La Campanie balnéaire est évoquée dans un rapide catalogue de « Côtes de charme ». Les provinces grecques de l'Asie romaine sont parcourues à toute vitesse[2], avec de rapides allusions à leurs temples et à leurs monuments, comme le mausolée d'Halicarnasse et le temple de Didyme, le site religieux d'Éphèse ou de Lébédos. Pomponius Mela est pressé d'arriver au Pont-Euxin ! Pour être juste, on doit signaler qu'il mentionne en Asie les fleuves navigables. Fait curieux, les merveilles naturelles classiques de l'Asie Mineure, chères à Strabon, sont sacrifiées au profit des grottes merveilleuses de Cilicie, surtout l'antre de Corycos.

Parmi les îles, que la géographie antique a tendance à détacher des continents, l'auteur cite la Crète et la Sicile en leur conservant leur intérêt touristique : le tombeau mythique de Jupiter, la

---

1. *Chor.*, I, 59 ; II, 70 ; III, 25, 33 et 61.
2. *Ibid.*, II, 73 sq.

fontaine Aréthuse[1]. Il est vrai qu'il signale les difficultés de la navigation dans le détroit de Sicile.

Mela met-il l'accent sur les problèmes précis du déplacement et de la navigation, ainsi que sur les plaques tournantes du trafic mondial ? On peut en douter.

Il passe rapidement sur Corinthe, Cenchrées, les sanctuaires de l'Isthme, le panorama de l'Acrocorinthe ; les difficultés du cap Malée, maudit des navigateurs, ne sont pas mentionnées ; les vents étésiens ne sont cités que parmi les explications des crues du Nil. À ce bilan négatif, on objectera que Mela a donné à sa *Chorographie* l'allure d'un périple autour de la Méditerranée, en suivant « les côtes dans l'ordre » ; que la présentation de la Grèce prend ici et là la forme d'une navigation côtière, de l'Étolie au Sounion. L'évocation de l'Eubée et du détroit de l'Euripe précise que « le flot alternativement change de sens, sept fois le jour et sept fois la nuit, annulant les effets de la navigation vent en poupe ». La navigation sur l'estuaire de la Garonne est en revanche mise en relief, la pénétration de la marée, l'extension de la Gironde en bras de mer autorisant « les bateaux assez importants » ; Mela note que les turbulences de l'estuaire « ballottent cruellement les navigateurs » : on retrouvera ces problèmes dans la Gaule du Bas-Empire. S'agit-il des itinéraires terrestres, Mela ne dit mot des grandes voies romaines, quoique la facilité d'accès ne le laisse pas indifférent. Ainsi sa peinture de la Germanie souligne-t-elle que « les nombreux fleuves entravent le déplacement, mainte montagne hérisse le relief, forêts et marécages le rendent en grande partie impraticable » ; l'allusion au brigandage coutumier, corrigé par le sens de l'hospitalité, n'est pas faite pour encourager le voyage[2].

Il reste que de temps à autre la *Chorographie* s'arrête sur les sites pittoresques, les antres de Cilicie, le lever de soleil sur l'Ida de Phrygie, avec les feux épars de la nuit[3].

---

1. *Chor.*, II, 112-117.
2. *Ibid.*, I, 24, 53 ; II, 44-45 et 108 ; III, 21, 25.
3. *Ibid.*, I, 94.

La géographie de Pline l'Ancien et le voyage

Les livres III à VI de l'*Histoire naturelle* constituent une somme géographique de l'Antiquité, qui doit beaucoup aux devanciers grecs et latins, cités comme « sources ». Ils supposent des préoccupations touristiques, d'un double point de vue : la curiosité exotique, et la facilité des communications.

Il est évident que Pline adhère à la géopolitique « occidentale » d'Hippocrate et de Vitruve, qui postule la supériorité politique et culturelle des pays tempérés. L'éloge de la Narbonnaise romanisée, autre Italie, avec ses villes, ses ports et ses richesses naturelles, souligne son opposition éclatante avec le désert de Germanie, ses forêts impénétrables, ses fleuves infestés de pirates[1]. Pline révèle pourtant une vive curiosité pour les pays lointains : pour la vallée du Nil et la crue du fleuve, pour la faune exotique des crocodiles et des hippopotames ; le peuplement indigène et l'implantation des comptoirs retiennent son attention : il a mentionné Philae et Dendérah (Tentyris). Intéressé par l'Éthiopie et le haut Nil, lecteur attentif des récits d'explorateurs et de géographes, des Grecs comme du roi Juba — sources attestées —, l'encyclopédiste a noté le grand projet de la liaison navigable entre Nil et mer Rouge, avec ses avatars et ses dangers, conçu par Sésostris, Darius et Ptolémée. Il est vrai que Pline a voulu « démystifier » l'architecture monumentale de l'ancienne Égypte, les pyramides, mais la curiosité pour les obélisques semblait de nature à stimuler le voyage aristocratique en Égypte[2].

Si la géographie de la Grèce et notamment de l'Attique se limite à une ennuyeuse énumération de sites et de villes, remarque valable aussi pour la région de Delphes, « au pied du mont Parnasse, lieu de l'oracle mondialement célèbre d'Apollon », Pline avance comme excuse qu' « Athènes n'a pas besoin d'une plus ample célébration ». Or, pour Delphes comme pour Athènes, l'éloge des richesses et des curiosités culturelles se disperse dans toute

---

1. XVI, 5 et 203 ; X, 132.
2. *Livres* V, VI, VIII *passim.*, XVI, 162 sq ; XXXVI, 64-71.

l'étendue de l'*Histoire naturelle*. Le dessein n'est pas touristique [1].

La même impression se dégage de la présentation de l'Asie et des îles grecques, bien que, fidèle à sa méthode, l'auteur signale les ports et les distances.

L'intérêt exotique apparaîtra particulièrement dans deux directions. L'évocation du monde septentrional fait une grande place aux curiosités ethnographiques [2]. Pour le monde extrême-oriental, si la richesse agricole et arboricole de l'Inde inspire des mentions diffuses dans toute l'œuvre, sur la faune ornithologique « inénarrable », sur les éléphants de labour, sur le régime de figues des sages, le naturaliste cherche les détails piquants. La description de Taprobane (Ceylan), complétée de précisions ethnographiques ultérieures, révèle dans sa cohérence la consultation systématique des géographes : les distances et les durées de navigation sont spécifiées ; on sent l'intérêt de Pline ravivé par le périple d'un affranchi sous Claude, et par les ambassades qui en résultèrent [3].

La curiosité de Pline pour les communications, pour les obstacles géographiques et climatiques, constitue un fil directeur dans son œuvre.

L'itinéraire d'accès à l'Inde est étudié à partir des Portes Caspiennes : les distances et les itinéraires reposent sur les données de l'expédition d'Alexandre, dont les victoires ont jalonné toute la région de la Caspienne au golfe Persique. L'itinéraire terrestre de la Bactriane à l'Inde, exploré par Pompée, est évalué à sept journées, et Pline pense qu'il permet aux marchandises de l'Inde de passer en cinq jours au plus sur le Phase (mer Noire). Les itinéraires commerciaux [4] correspondent à un courant d'échanges privilégié, et lucratif (marchandises revendues au centuple) ; le lucre a rapproché l'Inde, d'Alexandrie à Coptos par le Nil, à partir de Coptos à dos de chameau avec des étapes calculées pour le ravitaillement en eau ; toutes les distances sont indiquées jusqu'au port de Bérénikè sur la mer Rouge (257 000 pas, et onze jours pleins ; marche la nuit à cause de la chaleur torride, et pauses diurnes). La curiosité de Pline, conforme à son image de la *pax Romana*, s'attache donc de manière toute

---

1. IV, 23 sq.
2. *Livre* IV.
3. VIII, 3 ; X, 3 ; XII, 24 ; VII, 30.
4. *Livre* VI, 79 sq.

particulière aux circuits commerciaux, dans les régions exotiques.

La naissance d'une géographie latine, le développement de récits d'explorateurs sont un trait caractéristique de la littérature claudienne. Même décalé par rapport aux évocations de la poésie augustéenne, ce phénomène culturel joue un rôle essentiel dans l'appropriation d'un espace international devenu romain par la loi des armes. Mais, pour le public cultivé et les classes moyennes, les pionniers ont été les poètes augustéens, malgré l'ambiguïté de leur message.

LES PARADIS LOINTAINS ET LES TERROIRS FABULEUX

Au-delà de la Grèce continentale, des îles et de l'Asie hellénisée, le rêve impérialiste entraîne l'imagination des poètes vers l'Orient. Les barbares de l'Ouest et du Nord, les Bretons et les Morins de Belgique, les Sicambres du Rhin, inspirent des plans de pacification purement stratégiques. On le voit dans le *Panégyrique de Messalla,* composé par Tibulle. La Germanie, la Cantabrique indomptée, les peuplades alpines, n'enchantent pas l'imagination. Les relations militaires ont trop insisté sur la dureté du milieu géographique et la barbarie des hommes[1], et les descriptions ultérieures, géographiques et ethnographiques, de Pomponius Mela à Pline, donneront la même image de ces régions déshéritées. Seuls les paradoxes cyniques[2] sur la vertu et la noblesse des primitifs, de Sénèque à Tacite, réhabiliteront quelque peu la barbarie occidentale, comme repoussoir de la civilisation décadente ; mais ils ne créeront pas pour autant, au-delà de la curiosité encyclopédique, la vocation du voyage. La « barbarie orientale », elle, est au contraire perçue comme une nature fabuleuse et une humanité raffinée.

---

1. César, *Bell. Gall.,* VI, 11-28 (Source : Posidonius).
2. A. Oltramare, *Diatribe...,* p. 263-292, *passim.*

Exotisme et rêve impérialiste

Le *Panégyrique de Messalla*, les notations exotiques des *Géorgiques* précèdent les progrès de la géographie impériale, mais sont sans doute tributaires de la géographie hellénistique. Tibulle évoque la Cyrénaïque, l'Égypte, la Perse, ainsi que l'Est européen (Dacie, Pont-Euxin). Même les Padéens de l'Inde orientale sont mentionnés.

Dans le temple d'Actium, symbole des victoires romaines, Virgile sculpte « sur les battants [...] la bataille contre les Gangarides [de l'Inde] et les armes de Quirinus victorieux, ailleurs le flot imposant du Nil plein de remous guerriers [...] les villes d'Asie domptées, le Niphate secoué par nos armes, le Parthe confiant dans la seule fuite ». Le rêve impérialiste s'étend aux « deux rivages », de l'Océan au golfe Persique. Les *Géorgiques* ne cessent de constituer la nature italienne, généreuse, et la nature orientale, fabuleuse, en diptyque antagoniste. Géographie physique et géographie rurale nourrissent le parallèle. Aux plaines fertiles d'Italie, Virgile[1] oppose volontiers les montagnes sauvages et infécondes de la Grèce septentrionale — le Rhodope et l'Athos —, les « forêts stériles sur les pentes vertigineuses du Caucase ». Les grands fleuves qui fertilisent la planète, selon la doctrine de l'école stoïcienne — le Nil, au même titre que les fleuves d'Orient —, représentent l'amplification inquiétante des fleuves d'Italie, notamment le Tibre et l'Anio : fleuves, sources et lacs apparaissent comme les bénédictions rassurantes du naturalisme italique. Les fleuves d'Orient, comme les montagnes lointaines, suggèrent une sorte de gigantisme barbare. Certes, Virgile ne conteste pas à l'Orient une prodigieuse fertilité : le chant I évoque les terroirs lointains et leurs productions, le Tmolos, l'Inde, le pays des Sabéens ; le chant II exaltera, dans l'agriculture mondiale, l'Arabie, l'Inde, la Chine (les Sères), dont les productions jouissent de tout le prestige de l'exotisme, parce qu'elles sont liées aux modes et aux besoins nouveaux, gastronomiques ou pharmacologiques.

Mais l'Italie, paradis naturel, à l'échelle humaine, apparaît comme la vivante antithèse des richesses fabuleuses, voire chiméri-

---

1. *Géorgiques*, I, 55 sq. et 331 ; II, 114 sq. et 437 sq. ; IV, 287 sq. et 366 sq.

ques de l'Orient : celles des Bactres et de l'Inde reconstitueront le diptyque après le célèbre « Éloge de l'Italie ».

Le « mythe » de l'Orient lointain

L'Orient virgilien représente plus la terre des miracles, du merveilleux antinaturel, que le monde de la luxuriance heureuse. Il figure un Eldorado artificiel, embelli par le sortilège, dans une perspective géopolitique qui privilégie les régions tempérées. Ce point de vue, qui est celui de Vitruve, se retrouve dans le chant III des *Géorgiques*, à travers une double mégalographie, celle des Hyperboréens et celle de la Libye désertique. Orientée par le rêve impérialiste, la poésie virgilienne, comme toute poésie augustéenne, réalise une espèce de dépaysement incantatoire. Net également chez Horace, ce dépaysement exclut la tentation du beau voyage. Sorte d'Icare, moitié homme et moitié cygne, le poète s'envole sur les ailes de la gloire du Bosphore aux Syrtes des Gétules et aux « champs hyperboréens », des régions sauvages du Danube et du Pont (Cholcus, Dacus, Geloni) aux provinces romanisées d'Occident, la Gaule et l'Espagne[1].

Le lyrisme d'Horace, nourri d'aventures militaires contemporaines, et orné d'un vernis géographique, prend volontiers son essor vers les mondes lointains : le monde « habitable » jalonné par le soleil ; les Alpes et le Tyrol conquis sur les Genaunes, les Breunes et les Rètes ; le pays Cantabre[2]. L'évasion orientale se pare d'un certain pittoresque : la Parthie des « Mèdes », l'Inde et la Scythie, soumises à Rome, introduisent les mystères du globe : le secret des sources du Nil et du Danube (Ister), le Tigre « au cours rapide », l'Océan et sa faune monstrueuse. Pour l'essentiel, l'imagination orientale du très péninsulaire poète est dominée par l'Arabie et l'Inde bien qu'il évoque aussi vaguement les Sères[3]. L'Arabie Heureuse représente le pays des trésors fabuleux, des palais « pleins de richesses ». Cette symbolique de la richesse, qui intègre les images des trésors hellénistiques, associe constamment

---

1. *Odes*, II, 13 et 30.
2. *Ibid.*, IV, 14.
3. *Ibid.*, I, 12.

l'Arabie et l'Inde : « les trésors des Arabes et de l'Inde fortunée » ou « les présents de la mer qui enrichit les lointains Arabes et les Indiens[1] ».

Malgré tout, le véritable éden du Romain reste l'Italie, avec ses paysages et ses horizons familiers, ses réalités bucoliques stylisées par l'art, ses sites à la fois inspirés et rassurants. Si les sortilèges de la Colchide et du Gange enchantent la poésie, ils n'attirent pas le cœur des poètes, pour qui les voyages et les expéditions lointaines restent des exils. Le lyrisme d'Ovide dans la note poignante, le lyrisme d'Horace ou de Properce, marqueront les limites d'un exotisme poétique qui n'a pas enfanté, comme à l'époque romantique, la tentation du « beau voyage ».

LA SURVIE DU CHAUVINISME ITALIEN : LES BEAUTÉS DE LA PATRIE

Si la paix d'Auguste redonne son unité à l'Empire et rend les déplacements banals et sûrs, la victoire sur l'Orient revigore aux dépens du cosmopolitisme le patriotisme italien. L'esprit casanier aidant, on aura souvent tendance à exagérer les dangers du voyage lointain, à plaindre les « grands voyageurs »... et leur entourage, les « spécialistes » des îles grecques et de la côte d'Asie Mineure, tel Bullatius : Chios, Lesbos, Samos, Sardes, Smyrne et Colophon... L'idée qu'on pourrait préférer « le Champ de Mars et le Tibre » relève de l'ironie. Si même les périls et les fatigues du voyage rebutaient, on préférerait sans doute par snobisme Lébédos. La sagesse épicurienne, hostile aux aventures maritimes, se conjugue avec le chauvinisme pour dévaloriser Rhodes et Mytilène, les « belles îles », au profit de Rome. L'évasion touristique doit rester un voyage imaginaire pour le Romain sensé : « Tant que nous en avons licence, et que Fortune conserve son visage bienveillant, restons à Rome [...] pour louer, de loin, et Samos et Chios et Rhodes[2]. »

---

1. *Odes*, II, 12, 22 et III, 24. *Épîtres*, I, 6.
2. *Épîtres*, I, 11.

Properce contre les mirages lointains

Le cas de Properce est tout aussi net. On sait la force des liens qui l'attachent à son Ombrie natale, malgré son enracinement dans la capitale. Chez lui, le patriotisme italien, autant que le dégoût des aventures militaires lointaines et des entreprises du lucre mercantile, ont développé l'esprit casanier. Il pourra à l'occasion rêver au voyage d'études à Athènes, mais plus tard, comme à un « divertissement » susceptible de pacifier un cœur meurtri. Le fait que Properce exploite le lieu commun de la navigation impie et celui du bonheur vertueux de la campagne italienne n'ôte rien à la valeur du témoignage. Les *Élégies* contiennent une longue déploration sur le sort de Galla, la « Pénélope » de Postumus : il apparaît que ce soldat volontaire, attiré par la gloire d'Arménie, est un « autre Ulysse ». Occasion pour le poète de reprendre les navigations et les tribulations du roi d'Ithaque, des gouffres de Charybde et Scylla aux « noires demeures des ombres silencieuses » : le voyage et l'aventure, dans le symbolisme propertien, sont liés au monde des ombres [1].

Plus caractéristique encore est l'invective à Tullus, qui suit paradoxalement le voyage imaginaire du poète à Athènes. Tullus s'y voit censuré pour son goût de l'Asie barbare : Cyzique et la Propontide, la Colchide et le Phase (la mer Noire). Ici, la répulsion climatique se mêle au souvenir d'une mythologie cruelle et à ses symboles de violence (la tête de Méduse ; Hercule et Antée) ; même Éphèse, le Caystre et Ortygie ne trouvent pas grâce aux yeux du poète ! Il récuse même le mythe des Argonautes, un des mythes fondateurs de la navigation. La grande idée est que « toutes les merveilles du monde s'inclinent devant la terre italienne ; la nature y a disposé les beautés de partout ». Properce va expliciter ce patriotisme uni au naturalisme italien, dans le sillage des *Géorgiques* ; il va opposer l'Italie des beautés naturelles aux sortilèges et aux mirages de l'Orient, de nouveau confondus avec ses légendes [2] :

> C'est ici que tu coules, Anio, fleuve de Tibur, ainsi que le Clitumne qui descend du sentier ombrien et l'eau de Marcius,

---

1. *Élégies*, III, 12, 1 sq.
2. *Ibid.*, III, 22, 17 sq.

ouvrage immortel, et les lacs d'Albe et de Némi, compagnons d'une même source, et l'onde salutaire bue par le coursier de Pollux. Point de vipères glissant sur leur ventre squameux ; l'eau d'Italie coule sans monstres extraordinaires ; chez nous point d'Andromède faisant sonner ses chaînes, expiant pour sa mère, et tu ne trembles pas, Phébus, devant des festins d'Ausonie [Italie] qui te feraient fuir d'horreur [...]. Voilà, Tullus, ta mère patrie, voilà le séjour le plus beau.

Les variations mythologiques constituent une stratégie poétique au service de convictions et de répulsions majeures, qui sont celles de la génération augustéenne. Properce récrit l'épître éplorée de la femme de l'aventurier : Aréthuse pleure l'absence de son cher Lycotas, tenté par les armes, qui court de la Bactriane aux confins de la Chine, de l'Orient à la Dacie et à la Bretagne... La Pénélope de l'aventurier pleure son hymen gâché, maudit la navigation et l'armée, mais elle apprend la géographie des pays lointains, leurs climats, glacés ou torrides, et déchiffre « les mondes peints sur une carte colorée ». Properce confesse la curiosité mondiale de l'époque, mais révèle, avec ce voyage imaginaire d'une dame romaine, la puissance des préventions ancestrales contre le déracinement et l'aventure lointaine [1].

Apologie pour la Péninsule : nationalisme poétique et agronomie

L'éloge systématique de l'Italie remonte toujours à la poésie augustéenne, au célèbre morceau de Virgile, qui a pour mérite d'associer la beauté, la fertilité et l'historicité. La fin de l'éloge est significative : « Salut, mère auguste des moissons, terre de Saturne, grande nourricière de héros [2]. »

L'Italie réalise une sorte de miracle climatique, « le printemps perpétuel et l'été en d'autres saisons ». Les animaux de l'élevage s'opposent à la faune orientale, « tigres féroces et race cruelle des lions ». Mais Virgile associe à son éloge les conquêtes de la civilisation, « tant de villes remarquables, tant de places fortes

---

1. *Élégies*, IV, 3.
2. *Géorgiques*, II, 136-160.

bâties sur des rochers abrupts, et les fleuves arrosant le pied des antiques murailles ». Les places fortes illustrent à la fois le génie technique de la race et l'utilisation du paysage. La perfection, dans les éloges antiques, notamment chez les poètes latins, résulte souvent de l'union de la nature et de l'activité humaine. La Campanie de Stace est un bel exemple de cette conception. Mais le goût du bonheur l'emporte de beaucoup chez Virgile, inséparable du naturalisme :

> Faut-il mentionner les mers qui nous baignent, l'Adriatique et la Tyrrhénienne ? Et ses lacs imposants, toi, Larius, le plus grand [lac de Côme], et toi, le Bénaque [lac de Garde], soulevé par les flots et le grondement d'une mer ?

La théorie de la suprématie agricole de l'Italie, qui renforce l'idéologie impérialiste, vient indéniablement des agronomes. Dans un dialogue de Varron, il est demandé à ceux qui « ont parcouru tant de pays », si un seul surpasse l'Italie. La « partie septentrionale » — l'Europe —, répondent-ils, est la plus saine et, partant, la plus fertile[1] :

> Il faut donc reconnaître cette partie, et l'Italie notamment, plus propre à la culture que l'Asie. La première raison est que l'Italie est en Europe ; en second lieu, on y trouve une température plus douce qu'à l'intérieur du continent.

Fundanius enchaîne :

> En Italie en revanche, quelle est la production utile qui ne naisse et n'atteigne la perfection ? Quel froment comparable au froment de Campanie ? quel blé, au blé d'Apulie ? quel vin, au vin de Falerne ? quelle huile, à l'huile de Vénafre ? À cette multitude d'arbres, ne dirait-on pas une vaste fruiterie ? Est-elle plus couverte de vignes cette Phrygie « vinicole », comme l'appelle Homère ? ou cette Argos que le même poète appelle « frugifère » ?

Columelle illustre, sous Néron, la même tradition nationaliste et terrienne, lorsqu'il refait le parallèle des dons naturels de la terre en comparant l'Orient et l'Occident romain. L'agronome conclut que la fertilité est bien partagée. Il dénie à la faune de l'Inde toute supériorité sur le bétail italien, et oppose aux terroirs fabuleux de

---

1. Varron, *Res. rust.*, I, prologue.

Mysie et de Libye les champs d'Apulie et de Campanie. Il affirme bien haut la primauté de la viticulture italienne, avec ses crus prestigieux[1].

Le problème est de déterminer la part de la tradition nationale et celle de l'éloquence grecque d'apparat dans un éloge qui neutralise chez les contemporains, et dans les générations suivantes, le désir d'évasion lointaine, qui se confond avec les éloges de la campagne heureuse, et qui conforte la villégiature régionale. Toute une tradition nationale, celle des *carmina conuiualia*, devait associer avant Cicéron l'éloge des héros et l'éloge de leur milieu naturel.

Ce lyrisme populaire converge à l'époque augustéenne avec le lyrisme grec, éloge des lieux et des héros, et Horace en recueille l'inspiration dans le *Chant séculaire* :

> Fertile en récoltes et en bétail, la terre daigne donner à Cérès une couronne d'épis ; puissent les jeunes existences trouver leur nourriture dans les eaux salutaires et dans les brises du Ciel... Déjà Bonne Foi, Paix, Honneur et Conscience des anciens et la Vertu négligée osent revenir et l'Abondance apparaît, comblée, sa corne pleine...

À la richesse chimérique des paradis lointains, qu'on a vu démythifiés, le poète oppose l'Abondance rustique, celle qui fait la plénitude heureuse : plus loin, Horace évoquera le « Latium comblé », bonheur lié aux riantes moissons, faveur des dieux. Les paradis exotiques font converger vers la « mère féconde des récoltes et du bétail », et vers son chef, leur obéissance et leur vénération[2].

LES ANTIQUAIRES ET LE PASSÉ LATIN

Depuis Caton, on note un vif intérêt pour les origines de Rome, déjà traitées par les annalistes, et pour le passé du Latium et de la Péninsule. La préhistoire italique mêle les récits de migration et les mythes de fondation. Les uns et les autres sont moins près de l'ethnographie positive que de la tradition, des voyages héroïques qui suivent l'épopée homérique. Les antiquaires de la fin de la

---

1. *Res rust.*, III, 8, 3 sq.
2. *Odes*, IV, 14 et 15.

République, en éclairant le passé de Rome, contribuent à rendre aux Romains leur identité nationale et la conscience de leur passé.

On connaît l'éloge fameux de Varron, dans les *Académiques* de Cicéron : les Romains, privés de mémoire, étaient dans leur ville comme des étrangers, comme des voyageurs. L'encyclopédiste, à la fois archéologue, sociologue et linguiste, leur a rendu leur passé. Si la sociologie de Varron n'intéresse que les connaisseurs, d'autres ouvrages sont plus utiles à une visite de la capitale, vers laquelle convergeront de plus en plus les paysans italiens et les délégués des nations étrangères. Varron explique le site ancien des Sept Collines à travers l'étymologie des toponymes : le Germal de Romulus, le Caelius et l'habitat étrusque primitif, le Capitole et la mystérieuse « tête d'Ollus », les Esquilies[1]... Les 41 livres des *Antiquités divines et humaines* étudiaient l'origine du peuple romain, les familles troyennes, les institutions primitives, les sarcerdoces et lieux cultuels. S'il y a un secteur privilégié du nationalisme romain, et voué à un tourisme édifiant, c'est bien celui des temples et sanctuaires : leur visite guidée par les sacristains et les interprètes[2] répond aux visites organisées à Delphes et à Olympie. La visite de la Ville comme centre de la puissance et séjour des dieux ne fera que se développer, avec les progrès d'un tourisme centripète.

Le mouvement antiquisant lancé par Varron ne se ralentit pas durant tout le principat d'Auguste, et il converge avec la « politique culturelle » du régime issu d'Actium.

Les éloges de l'Italie, chez les poètes, d'Horace à Stace, prendront très souvent la forme du catalogue de sites, et du parallèle avec les sites de la Grèce.

L'exploitation oratoire systématique interviendra sans doute à l'ère flavienne, et les éloges versifiés en porteront la marque, surtout chez Stace. Pline en fera son profit pour justifier l'excursion italienne[3].

---

1. *Ling. lat.*, V, 53 sq.
2. *CIL*, V et VI, *passim* ; Sénèque, *Lettres*, XLI, 1 ; Plaute, *Curc.*, 204.
3. *Lettres*, VIII, 20.

Une géopolitique occidentale

Or, dès l'époque augustéenne, apparaît une géopolitique qui légitime l'impérialisme de Rome par le géocentrisme et par la primauté géographique de la zone tempérée. Cette géopolitique contrecarre à certains égards l'ouverture œcuménique de la géographie spécialisée, celle de Strabon et de Pomponius Mela.

Strabon a, comme la médecine hippocratique[1], défendu l'idée d'une supériorité des pays tempérés, de l'Europe sur l'Asie. Dans ce cadre, Vitruve justifie l'hégémonie romaine par des facteurs d'excellence géographique : « Ainsi la providence divine a localisé l'État romain dans une région parfaite et tempérée, pour lui permettre de dominer le monde[2]. » Sénèque insiste sur le « climat plus doux » de Rome. Chez Pline, qui récuse les mirages orientaux, l'éloge de l'Italie est récurrent et il comporte des critères touristiques[3] :

> L'Italie gouvernante et seconde mère du monde, par ses hommes et ses femmes, ses chefs et ses soldats, sa main-d'œuvre servile, sa prééminence technique, l'éclat de ses talents, sans oublier la situation et la salubrité du climat tempéré, d'un accès facile pour toutes les nations, avec ses rivages faits pour les ports et le souffle bienfaisant de ses vents.

Patriotisme et enracinement religieux

La compilation systématique des annalistes, par Tite-Live et Denys d'Halicarnasse, fait émerger de la nuit les sites liés aux légendes. On doit insister sur le rôle des antiquaires de la seconde génération. Verrius Flaccus, toujours par le biais de la « sémantique », restitue l'antiquité du quartier populaire de Subure, entre Viminal et Esquilin. Ce savant, qui a dégagé la fonction spécifique des *annales*, le retour aux origines, a exhumé les vieux cultes et les vieilles chapelles, écrit un *Saturnus*, ainsi qu'un traité d'étruscolo-

---

1. Traité *Airs, eaux, lieux*, I-XII.
2. *Arch.*, VI, 1, 11.
3. *HN*, XIV, 2 sq. et XXXVII, 201.

gie et un recueil de *Faits mémorables*[1]. Autre antiquaire, le bibliothécaire du temple d'Apollon Palatin, Julius Hyginus : il a rédigé une compilation sur *Les Familles troyennes* qui fait souvent figure de visite archéologique guidée. Hyginus présentait aussi l'origine et le site des cités d'Italie, sans doute intéressants pour les « pèlerinages » hors les murs ; on lui doit également une exégèse des Pénates, liés à la venue d'Énée, dont la représentation se confond avec celle du Palladium de Troie.

La politique religieuse et culturelle d'Auguste suit la même direction. Le prince se targue d'avoir restauré les hauts lieux du passé romain[2]. Il a entrepris en 28 la restauration de 82 temples, dont le rituel obsolète et mystérieux revient à la lumière : ainsi celui de Jupiter Férétrien sur le Capitole. On a entretenu avec vénération la légendaire *Casa Romuli*, la chaumière sacralisée du fondateur, et restauré la grotte du Lupercal, sur le flanc sud-ouest du Palatin, où la louve était censée avoir allaité les Jumeaux. Ainsi les récits des poètes, notamment les célébrations des *Fastes* d'Ovide, se trouvent-ils « visualisés ». D'une manière générale, le récit légendaire fait appel à la mémoire des vestiges : on se rappelle, chez Tite-Live, l'évocation de la « poutre de la sœur », qui aurait vu le meurtre de Camille par le jeune Horace victorieux. Tite-Live et Denys, compilateurs des annalistes, s'appuient constamment sur la mémoire des sites et des lieux conservés. Ils appliquent ainsi une théorie de la localisation des souvenirs qui vient de la rhétorique : la mémoire des lieux vivifie les grandes figures du passé, tout comme ces grandes figures ennoblissent les sites (cette théorie est liée au voyage intellectuel, chez Cicéron[3]). La mémoire écrite, la poésie des origines, les monuments préservés, avec leurs inscriptions conservées ou restaurées, contribuent à maintenir le passé présent dans le site. La construction des bibliothèques et des musées, sous Auguste, sera le volet complémentaire d'une politique qui met en valeur, sous toutes leurs formes, les Merveilles de la Ville, associant le présent grandiose et le passé vénérable dans une contemplation de la continuité. Rome a une vocation de ville-musée, mais il faut faire remonter à

---

1. Aulu-Gelle, IV, 5.6.
2. *Res Gestae*, XIX.
3. *De Fin.*, V, 1-2.

Auguste cette mise en valeur touristique (« théorétique ») de la capitale[1].

LES « MERVEILLES DE LA VILLE » ET L'ÉLOGE DES VILLES

La rhétorique apporte à la poésie ou à la grande historiographie la théorie de la mémoire des lieux, les lieux communs et ornements du genre « démonstratif » ; cette éloquence comporte l'éloge des lieux et l'éloge des villes.

Tourisme urbain et éloquence « démonstrative »

C'est ainsi que le grand discours de Camille, chez Tite-Live, a partiellement valeur de visite guidée des sanctuaires[2] :

> Nous possédons une ville fondée d'après les auspices et les augures ; pas un coin en elle qui ne soit plein de notre culte et de nos dieux ; nos sacrifices solennels y ont leur emplacement non moins fixe que leur date [...]. Sans énumérer en détail toutes nos cérémonies et tous nos dieux, dans le banquet sacré de Jupiter, le lit sacré peut-il être logé ailleurs qu'au Capitole ? Que dire du foyer éternel de Vesta, de ce symbole conservé comme gage de notre puissance sous la sauvegarde de son temple ? et vos anciles, ô Mars Gradivus et toi, ô Quirinus, notre père ? On décide d'abandonner en un lieu profane ce patrimoine sacré, aussi vieux que la Ville, et dans certains cas antérieur à l'origine de la Ville ? [...] Si dans toute la ville aucun abri meilleur ou plus vaste ne pouvait se construire que l'illustre cabane de notre fondateur, n'est-il pas préférable d'habiter des cabanes à la manière des pasteurs et des paysans, au milieu de nos sites sacrés et de nos pénates, plutôt que de choisir l'exil collectif ?

La découverte du site de Rome par les Troyens d'Énée, reconstruite par l'*Énéide* dans un climat de prophétisme et de fatalisme historique, apparaîtrait comme la première des visites guidées. Quand le Tibre, le dieu-fleuve du Latium, a engagé Énée

---

1. Pline, XXXIII, 3 ; XXXIV, 37 ; XXXVI, 27.
2. Tite-Live, V.

à visiter le site élu, Évandre joue le rôle de guide. Il découvre sous les sites préservés de la Rome augustéenne la protohistoire légendaire, le Latium des faunes et des nymphes, l'âge d'or italien et la royauté de Saturne ; la science étymologique — celle des antiquaires — éclaire la topographie (le Latium est présenté comme la « cachette » de Saturne détrôné par Jupiter). La reconstruction est dominée par l'oscillation diachronique, par l'interférence du passé légendaire et d'un futur fatidique devenu présent[1] :

> Il montre l'autel et la porte que les Romains, en souvenir, ont nommée Carmentale, antique honneur rendu à la nymphe Carmentis [...] puis il montre le vaste bois sacré que l'impétueux Romulus appela Asyle, et, sous la roche glacée, le Lupercal ainsi nommé de Pan du Lycée, selon la mode arcadienne. Il leur montre encore le bois sacré d'Argilète, prend le lieu à témoin et raconte la mort de son hôte, Argus. Puis il les conduit à la roche Tarpéienne et au Capitole, aujourd'hui étincelant d'or, jadis hérissé de ronces et de broussailles.

Les guides grecs ne manient pas mieux topographie, histoire et mythologie.

Dernier itinéraire poétique qui peut attirer vers la Ville quasi éternelle le visiteur de l'Empire, le tableau tracé à Horus par Properce[2] :

> Le panorama que tu vois, Étranger, toute cette Rome immense, n'étaient que collines herbeuses avant la venue du Phrygien Énée, et à l'emplacement du Palatin, consacré à Phoebus Marin, se couchaient les génisses d'Évandre l'exilé. À partir de dieux d'argile ont grandi nos temples d'or : la divinité n'était pas déshonorée par une cabane primitive. Jupiter Tarpéien tonnait depuis sa roche dénudée, et le Tibre était pour nos bœufs un étranger. Sur les escarpements où s'est élevée la triste maison de Rémus, un seul foyer formait tout le royaume des deux frères. La Curie altière, où brillent actuellement les toges du Sénat, avait pour Pères Conscrits des hommes en peaux de bêtes, au cœur rustique.

L'image des « merveilles de la Ville » que fixe la littérature augustéenne, en réaction contre les Sept Merveilles du monde de la

---

1. *Énéide*, VIII, 306-368.
2. *Élégies*, IV, Prologue.

tradition hellénistique, se révèle nettement tributaire de l'archéologie et des antiquaires. Les catalogues du Haut-Empire consacreront la victoire de la Rome moderne sur la Rome archaïque.

Il existe, certes, dans l'éloquence démonstrative, un lieu commun relatif à l'éloge des lieux et des villes. Quintilien l'explicite quand il traite de l'agrément du paysage, établissant une sorte de canon qui encadre l'idéal de villégiature[1]; il évoque aussi les qualités des villes. La tradition vient des rhéteurs grecs et elle crée une sorte de genre littéraire. Pour les cités mondiales, on dépasse les stéréotypes habituels : site providentiel et prédestiné, ancienneté des cités et de leurs cultes, etc. Pline, élève de Quintilien, n'oublie pas leur dimension culturelle, leur « humanité ».

Athènes est, par définition, la « docte » Athènes : elle représente le *domicilium studiorum* de Cicéron au Bas-Empire[2].

Les éloges de villes, balançant le thème satirique des « misères de la ville », s'insèrent évidemment dans le grand débat philosophique, à la fois académique et actuel, sur les « genres de vie » : témoin le dilemme sur la supériorité de la vie citadine ou de la vie campagnarde, chez Quintilien et chez les déclamateurs. Chacun sait que chez Virgile l'éloge de la campagne a une inspiration éthique, et explicite la censure de la vie citadine. Le débat concerne surtout l'éthique aristocratique et la villégiature. Du point de vue de l'idéologie politique, les Merveilles de la Ville, célébrées par les antiquaires et les poètes, ne sont pas mises en question.

La propagande du principat exalte les « merveilles de la Ville[3] ». Strabon a lancé le « genre », et il a, le premier, mis en balance les avantages « naturels » — communs à Rome et aux villes grecques — avec les apports techniques du génie romain, aqueducs et égouts.

---

1. Quintilien, *Inst. Or.*, III, 7. Voir Pline, *Lettres*, VIII, 24.
2. Cicéron, *De or.*, III, 43.
3. Strabon, V, 3, 7-8.

Le catalogue des « merveilles de la Ville » : des Flaviens au Bas-Empire

Les « merveilles de la Ville » sont un article de propagande du principat. On se rappelle qu'Auguste se vantait d'avoir laissé « une Rome de marbre », et dressait, pour la plèbe de Rome et pour l'Empire, le catalogue de ses munificences édilitaires. Parmi les catalogues ultérieurs, celui de Tacite constitue un éloge différé d'une tradition vénérable qui va de la République à l'ère augustéenne.

Les éloges latins de la Ville, chez les historiens, sont introduits par l'histoire événementielle : par la chronique des incendies, ou par l'entrée solennelle de l'empereur dans sa capitale. Font exception les écrivains techniques : Pline, qui célèbre la splendeur de la Rome reconstruite par Vespasien ; Frontin, qui voit dans les aqueducs de la Ville le signe tangible de la « majesté de l'Empire[1] ».

Tacite, en évoquant l'incendie général de 64, sous Néron, et la destruction du Capitole, dans la guerre civile de 69, a déploré la perte d'un vénérable patrimoine architectural, mémoire politique et religieuse de la Cité : la visite de l'ambassade frisonne obéit à un rite, le tourisme fait patienter avant l'audience impériale : « ils partirent pour Rome, et en attendant Néron absorbé par d'autres soins, on étala devant eux toutes les beautés qu'on fait valoir aux barbares, et ils entrèrent au théâtre de Pompée, pour contempler la grandeur immense du peuple[2] » ; l'historique du Capitole, doit son étendue au fait que le temple capitolin, reproduit sur le forum de toutes les colonies, symbolise les splendeurs et la puissance mondiale de la Ville : ses constructeurs républicains ont survécu dans la mémoire « parmi de si grands ouvrages des Césars[3] ». Enfin, le bilan de l'incendie de 64 met en relief « les plus anciens monuments de la religion », temple à la Lune de Servius Tullius, *Ara Maxima* et temple à Hercule Secourable de l'Arcadien Évandre, temple romuléen de Jupiter Stator, palais de Numa,

---

1. Pline, XXXVI et Frontin, *Aqu.*, 119, 1.
2. *Ann.*, XIII, 54, 3 sq.
3. *Hist.*, III, 72.

sanctuaire de Vesta, avec les Pénates du peuple romain. Les temples détruits font partie de la mémoire des provinciaux et des ambassadeurs, au même titre que les édifices de la ville-musée, « les richesses conquises par tant de victoires et les beautés de l'art grec ». À ce catalogue partiel, on peut superposer celui, ultérieur, de Pline l'Ancien[1] :

> Mais il conviendrait aussi de passer à l'énumération des merveilles de notre ville et de scruter les richesses édifiantes de huit cents années et de montrer aussi de cette manière la victoire sur l'univers. Ces défaites apparaîtront presque aussi nombreuses que les merveilles cataloguées. Car le caractère universel des beautés accumulées et rassemblées en une sorte de summum fera surgir une grandeur telle qu'on croirait voir un autre univers décrit dans un seul lieu. Ne faut-il pas mentionner parmi les chefs-d'œuvre le Circus Maximus porté par les travaux du dictateur César à la longueur de trois stades et à la largeur d'un seul, et avec des constructions sur quatre arpents, à 250 000 places? et parmi les splendeurs, la basilique de Paul Émile admirable de par ses colonnes de Phrygie, et le forum du Divin Auguste, et le temple de la Paix de l'empereur Vespasien Auguste, les plus belles des œuvres que le monde ait jamais vues? et le toit du Centre des élections construit par Agrippa, précédé par la couverture du théâtre réalisée par l'architecte Valerius d'Ostie pour les jeux de Libon? Nous admirons les pyramides des rois, alors que le dictateur César a fait acheter le sol nécessaire à la construction de son forum pour cent millions de sesterces [...] autrefois on admirait la vaste zone du remblai [des Murs], les substructions du Capitole, et en outre les égouts, le travail de tous le plus important à mentionner : les collines ont été creusées en sous-œuvre, et comme nous l'avons rapporté un peu auparavant, c'est une ville suspendue sur un réseau de navigation souterrain depuis l'édilité d'Agrippa — après son consulat; on voit circuler sept rivières confluentes, et leur cours impétueux, à la manière des torrents, les force à tout entraîner et emporter...

Abrégeons la description des merveilles techniques des cloaques, qui peuvent écouler des pluies massives, accueillir le Tibre en étiage, subir des pressions hydrauliques impressionnantes, absorber des masses de déblais et les gravats des incendies, sans

---

1. *Ann.*, XV, 41, 1 sq. et *HN*, XXXVI, 101 sq.

jamais fléchir : ils perdurent depuis Tarquin le Superbe ! L'originalité de Pline est d'opposer les merveilles de la Ville à la mégalomanie des rois d'Orient et au luxe scandaleux de l'habitat privé, et d'intégrer les miracles de la technique à l'architecture.

Si l'on passe sur les « merveilles » du *Livre des spectacles* de Martial, l'amphithéâtre colossal et les réalisations éditaires de la Rome flavienne, reconquise sur la Maison Dorée, le plus beau catalogue de « merveilles » se trouvera chez Ammien Marcellin ; il s'agit de l'entrée à Rome, en 357, de l'empereur Constance. Il donne une sorte de consécration au voyage « centripète » auquel se livraient jadis les ambassadeurs étrangers[1] :

> Derechef entré à Rome, sanctuaire domestique de l'Empire et de toutes les vertus, il arriva aux rostres, au forum éminent de la puissance ancienne, et fut ébahi ; dans toutes les directions où ses regards s'étaient portés, il fut abasourdi par l'accumulation des merveilles, et il harangua la noblesse à la Curie, le peuple du haut de la tribune ; accueilli au Palais avec toutes les manifestations de popularité, il jouissait de l'allégresse escomptée. Souvent, donnant des jeux hippiques, il prenait plaisir au franc-parler de la plèbe [...]. Car il ne laissait pas (comme dans d'autres cités) terminer les compétitions selon son bon plaisir, mais — selon la coutume — il faisait jouer tous les imprévus. Ensuite, à l'intérieur des sommets des Sept Collines, il passa en revue les secteurs de la Ville situés sur les pentes et dans la plaine et les faubourgs ; il espérait que ce qu'il avait vu en premier représentait le point culminant de l'ensemble : les sanctuaires de Jupiter Tarpéien, qui figurent la supériorité du divin sur l'humanité ; les bains élevés à l'échelle de provinces ; la masse de l'amphithéâtre (le Colisée), consolidée par un appareil de pierre de Tibur, au faîte sublime duquel la vue humaine a peine à monter ; le Panthéon, comme un secteur arrondi, dont la voûte souligne l'imposante hauteur ; et les hauteurs aériennes des terrasses munies d'escaliers, portant les effigies ressemblantes des princes précédents, et le temple de la Ville (temple de Vénus et de Rome, œuvre d'Hadrien), et le forum de la Paix, et le théâtre de Pompée, et l'Odéon et le Stade (monuments de Domitien), et autres beautés de la Ville éternelle. Mais, arrivé au forum de Trajan, architecture unique sous la voûte céleste, à notre avis, et admirable même pour l'unanimité des dieux, il s'arrêtait bouche bée, promenant son attention à travers les

---

1. *Histoire*, XVI, 10.

structures gigantesques, échappant à toute description et irréalisables une autre fois pour l'homme.

Ce vaste tour d'horizon permet de stabiliser la Rome constantinienne, celle de la *Forma Urbis* et des *Regionarii,* et surtout il photographie le panorama offert à la visite du touriste « profane ». Le regard porté un peu plus tard par Rutilius Namatianus différera peu. Mais le spectacle retenu par le chrétien Prudence, au début du ve siècle, celui du pèlerinage *ad sanctos*, ne recoupera guère le catalogue des « merveilles » découvert par Constance. La vision qu'aura de Rome l'évêque gaulois Sidoine Apollinaire, à la fin 467, sera une synthèse entre la Rome des fêtes païennes et la Rome des Apôtres [1].

La Ville et les métropoles

Une étude du voyage d'agrément illustrera la perte du monopole de l'*Urbs,* « laraire de l'Empire » et symbole de la « magnificence publique », et l'ouverture de la curiosité à d'autres métropoles, d'Occident comme d'Orient. Un catalogue versifié fort important a été laissé par le rhéteur bordelais et poète Ausone. Son *Classement des villes célèbres,* à la fin du ive siècle, omet l'éloge de Rome, « la première entre les villes, demeure des dieux, Rome d'or ». Il cite parallèlement Alexandrie et Antioche, « rivales dans les vices, agitées l'une et l'autre par leur populace » — allusion à la frénésie des compétitions hippiques et théâtrales. Trèves, au bord du Rhin, « repose tranquille dans le giron de la paix romaine » ; Milan, la nouvelle capitale, a pour elle « un double rempart qui amplifie son apparence, un cirque, plaisir du peuple, la masse des gradins d'un théâtre fermé, des temples, un palais impérial, une riche Monnaie [...] des péristyles tous ornés de marbres, et une ceinture de murailles ». Capoue est évoquée dans sa splendeur passée, sa richesse et sa mollesse. La colonie d'Aquilée, « célèbre par ses remparts et son port », prend place dans la liste, avec Arles et Séville : ces deux villes ont pour privilège un site coupé en deux par un fleuve, par « le cours impétueux du Rhône » ou par « un fleuve large comme une mer ». Athènes est considérée comme une

---

1. *Lettres,* I, 5.

sorte de relique du passé (l'olivier et l'éloquence attique). Si l'on passe sur Catane et Syracuse, le recueil du préfet des Gaules accorde la palme aux métropoles romanisées de sa province : Narbonne, qui a donné son nom à la Narbonnaise entière, des Pyrénées enneigées au Léman, et qui reste le carrefour du commerce maritime ; Toulouse, « baignée par le beau fleuve de la Garonne, habitée par une population innombrable, voisine des neigeuses Pyrénées et des pinèdes cévenoles » ; enfin et surtout, Bordeaux. Ce bel éloge de la ville natale culmine en hymne à sa fontaine illustre.

Pour vanter Bordeaux, Ausone fait ressortir à la fois les privilèges de la nature (« fleuves [...] ciel doux et clément, sol bon et fertile grâce aux pluies, printemps long, hiver attiédi [...] fleuves au courant bouillonnant qui, le long des collines viticoles, imite le remous de la mer ») et les conquêtes du génie humain : « les remparts quadrangulaires, avec la hauteur vertigineuse de leurs tours dont le faîte perce les nuées de l'éther [...] des voies bien tracées, des maisons bien alignées, des larges places qui méritent leur nom ». Cet éloge de Bordeaux et de la Gironde éclaire et justifie toutes les invitations à la villégiature en Aquitaine de la littérature gallo-romaine.

NAISSANCE D'UNE CRITIQUE ROMAINE DU VOYAGE

Il est clair que la philosophie hellénistique a développé la réflexion sur les « genres de vie », dans laquelle s'insère une réflexion sur le voyage ; que certains types de voyage ressortissent à la « vie philosophique », et d'autres à la quête du plaisir. Rome a recueilli cette éthique, qui permet de styliser les choix. Le problème est de savoir dans quelle mesure la doctrine philosophique alimente une méditation multiple, voire contradictoire, sur le voyage. Il est certain qu'à Rome, si la philosophie est globalement favorable au voyage et à l'ouverture, tel ou tel courant de pensées peut avoir renforcé l'idéologie romaine dans le sens d'une remise en cause, en liaison avec les fins idéales de l'anthropologie, et avec l'image de la condition humaine. Les poètes marqués par l'épicurisme, dès la fin de la République, les prosateurs stoïciens, plus déchirés, ont élaboré des méditations originales sur la « vanité » du voyage, voire de la villégiature.

Les diatribes d'un poète philosophe

Nourrie par toute sorte de considérations, parfois peu philosophiques, la méditation sur le voyage se développe dès l'époque augustéenne. Le cas d'Horace est typique.

Le goût du confort, la répulsion pour la mer et ses « hasards » renforcent chez le poète les préventions terriennes et le chauvinisme italien. Le « sage de la Sabine » a apporté sa contribution aux diatribes contemporaines contre le militarisme et le mercantilisme, justification des aventures lointaines. Il stigmatise le « commerçant ennemi du loisir », qui, « indocile à supporter la pauvreté », refait sans cesse « sa flotte fracassée [1] ». Il dénonce le marchand errant, aventurier des mers, moins comme le symbole de l' « errance » humaine, du mouvement mal contrôlé, que comme un type d'humanité tyrannisé par la cupidité. Cet homme du voyage perpétuel rejoint dans la typologie satirique ces autres « gens du voyage » que sont le soldat (mercenaire) et l' « hôtelier déloyal » — son comparse et son exploiteur [2]. Repoussoir de la sagesse, la manie du commerce international a pour finalité illusoire celle des affairés aliénés, de ceux qui « courent témérairement à travers toutes les mers, avec pour prétexte de supporter l'effort, le désir de trouver, sur leurs vieux jours, la sûreté de la retraite ». Or, s'il évolue sans dogmatisme parmi les diverses écoles, Horace révélera toujours une constante : le goût d'une tranquillité casanière circonscrite à la péninsule italienne [3]. L'aventure du voyage est exclue, même si elle a pour aliment la curiosité. Le temps des voyages d'études en Grèce est révolu. La sagesse prend la forme d'un bon usage de l'Italie, de ses terroirs, de ses climats et de ses ressources gastronomiques : voyage et villégiature se bornent au plaisir et à la santé. Hostile par patriotisme local au « snobisme de l'étranger », Horace laisse transparaître un rêve de sérénité qui rappelle l'égoïste détachement de Lucrèce : « voir de loin, de la terre ferme, les fureurs de Neptune ». Si les périls de la navigation constituent l'allégorie de la condition humaine et de

---

1. *Odes*, I, 1.
2. *Sat.*, I, 1, 7-31
3. *Épîtres*, I, 1, 13-15 et I, 12.

ses passions aliénantes, le poème doit aussi être lu comme une interprétation anthropologique du voyage : au premier degré, en quelque sorte. L'appel de l'exotisme trahit l'instabilité et l'insatisfaction : l'homme extraverti oublie les bonheurs simples et son « imagination agile voyage sans son corps[1] » ; est-il conscient de son inconstance malheureuse, il cherche le bonheur dans un cadre géographique, en vertu d'un déterminisme naïf qui lui épargnera l'effort de volonté et de sagesse. Le voyage déplace nos problèmes sans les résoudre, parce que leur solution n'est pas géographique : « Tâche de dire que tu as trouvé le bonheur en n'importe quel endroit [...] car si raison et sagesse ôtent les soucis, tel n'est pas le pouvoir d'un site au panorama maritime : c'est changer de ciel, non de mentalité, que de courir outre-mer... » La réflexion d'Horace semble s'appuyer sur l'indifférentisme cynique, qui minimise l'exil et le déracinement, mais il s'agit d'une « confirmation », sans plus. Horace prélude à la critique de Sénèque, qui vise à la fois les modes du voyage et son illusoire thérapeutique morale, étayée sur une anthropologie pessimiste qui souligne l'instabilité humaine[2]. Sans renier les aspirations touristiques, et à la même époque, le moraliste vérifie, avec le voyage, la priorité de Socrate : faire passer la connaissance de soi avant celle de l'univers.

Mobilité et instabilité humaines

Éclairé par le « mal du siècle » néronien, Sénèque explique le paradoxe d'un « voyage si long et de tant de changements de lieux » qui n'ont pu guérir l'âme — une des thérapeutiques de Cicéron[3]. La leçon de cet échec du voyage est qu'il substitue l'extraversion, le divertissement à l'ascèse personnelle, à la maîtrise de soi. On demande au cadre géographique une action mécanique, alors que la sagesse exige une action responsable. On doit changer de mentalité, non de climat. Le socratisme corrobore la leçon : « Pourquoi t'étonnes-tu que les voyages ne t'apportent aucun profit, quand tu promènes ta personne ? » Ou encore : « On

---

1. *Ép.*, I, 12.
2. *Lettres*, VI, 1 ; XXVIII, 9 ; LIII, 9, etc.
3. *De Tranquil.*, II ; *Tusc*, IV, 74.

raconte que Socrate répondit à un interlocuteur déplorant que les voyages ne lui eussent apporté aucun profit : " Tu ne l'as pas volé : tu voyageais en ta propre compagnie[1]. " » L'autarcie socratique rejoint une certaine autarcie cynique : mieux vaut sortir de soi-même — de sa nature vicieuse — que dévorer l'espace extérieur.

En approfondissant ce diagnostic, on trouvera dans le voyage pour le voyage la preuve de l'instabilité humaine et le signe de l'asservissement aux modes :

> De là vient qu'on entreprend des voyages anarchiques, qu'on parcourt les rivages dans ses courses errantes, et que notre instabilité toujours malcontente du présent s'essaie tantôt sur mer, tantôt sur terre. « Maintenant, gagnons la Campanie. » Bientôt le raffinement nous écœure : « Allons visiter les solitudes, parcourons le Bruttium et les taillis de Lucanie. » Pourtant, au milieu des déserts on cherche en vain quelque lieu charmeur, qui délasse les yeux blasés du morne spectacle des lieux sauvages : « Qu'on gagne Tarente, son port si vanté; le séjour hivernal d'un climat plus clément, et cette région même assez fertile pour sa foule d'autrefois... Et puis rebroussons chemin vers la Ville : nos oreilles ont trop longtemps été privées du fracas des applaudissements, désormais notre plaisir est de voir couler le sang humain. » Un itinéraire en entraîne un autre, et on ne fait que changer de spectacle[2].

Les plages mondaines, les villégiatures d'hiver, ne relèvent pas plus de la mode que le snobisme des « déserts ». Ce qui était goût nouveau chez Horace, la « sainte horreur des montagnes », est devenu mode touristique. La page complète admirablement l'analyse antérieure de la « mobilité humaine » : cette tendance naturelle de l'esprit, ressort de la connaissance et de l'action, est devenue complice de l'inertie blasée.

Le plaisir du voyage : illusions et antinomies

Sénèque admet une action mécanique du lieu sur le corps et sur l'âme[3]. Baïes, station de luxe, n'implique pas automatiquement

---

1. *Lettres*, 28, 1-5 et 104, 7.
2. *De Tranquil.*, II.
3. *Lettres*, LI.

pour le sage la luxure, mais le charme de la région, par ses tentations, par ses leçons naturelles de volupté, peut « efféminer les âmes » et « contribuer à altérer la vigueur morale » ; au début de l'ascèse, il faut fuir les « stimulations du vice », surtout leurs sollicitations visuelles. Il y aurait donc une bonne et une mauvaise villégiature : une sélection morale du cadre et du site. Cela nuance la thèse de l'autarcie morale. La villégiature peut s'accorder à un projet épicurien d'égoïsme voluptueux : telle âme, telle qualité de loisir ; le cadre idéal pour le plaisir n'est pas celui de la sérénité[1] :

> Il y a cet avantage souverain dans la villa, qu'elle aperçoit Baïes à travers le mur ; elle est exempte des inconvénients de la station, elle jouit de ses plaisirs [...]. Vatia n'a pas fait preuve de sottise en choisissant ce lieu, pour y loger le loisir désormais paresseux et sénile de son existence. Mais l'endroit ne contribue pas beaucoup à la sérénité : c'est l'âme qui peut donner de la valeur à tout. J'ai vu pour ma part des gens affligés dans l'allégresse et le charme d'une villa, j'ai vu en pleine solitude des gens quasi absorbés.

Le choix de la villa ne garantit pas les effets spirituels, la « tranquillité de l'âme ». Le voyage, comme changement de lieu, est une fuite, un « divertissement » inopérant[2] :

> Je me suis déjà repris : ce marasme d'un corps hésitant et mal armé pour la pensée n'a pas persisté ; je commence à étudier de tout mon cœur. Le lieu n'y contribue pas beaucoup si l'âme ne tient pas ses propres promesses : elle aura son asile secret, si elle le veut, au milieu des occupations ; mais celui qui choisit des régions et y chasse le loisir trouvera partout de quoi l'écarteler [...]. Quel profit le voyage en lui-même peut-il apporter à quelqu'un ? Ce n'est pas lui qui a jamais contrôlé les plaisirs, refréné les passions, contenu les colères, brisé les élans indomptables de l'amour, enfin expulsé de l'âme aucun mal. Il n'a pas donné le discernement, n'a pas fait tomber l'erreur, mais comme on fixe un enfant admirant l'inconnu, il a pour un laps de temps retenu [l'esprit] par quelque nouveauté. Du reste, l'esprit désormais inconstant se trouve harcelé par ce qui fait sa plus grande maladie : le ballottement lui-même le rend plus mobile et plus flottant. Aussi les gens abandonnent-ils plus passionnément les lieux qu'ils avaient cherchés avec

---

1. *Lettres*, LV.
2. *Ibid.*, CIV et XXVIII.

tant de passion, à la manière des oiseaux, ils partent, à tire-d'aile, et s'en vont plus vite qu'ils n'étaient venus.

Dans ce constat désabusé se détachent les images de l'inconséquence et de l'instabilité humaines — ballottement des flots, vol des oiseaux ; or la méditation se situe dans le cadre rural du *Nomentanum,* non dans la Campanie balnéaire. Sénèque admet ici la noble curiosité du voyage et sa finalité touristique, tout en contestant l'utilité du voyage d'études[1]. Voilà bien des contradictions ! C'est au nom de l'urgence morale et de l'ascèse que l'idéal de connaissance est déprécié. Si Baïes peut favoriser la corruption, mais non la créer dans une âme forte, la villégiature campagnarde ne fait pas de miracle géographique. Le voyage est du côté de l'extraversion, des « occupations », de l'agitation désordonnée. Il constitue l'alibi de la misère intérieure : on change de lieu parce qu'on n'a pas le courage lucide de se changer. Voyage et villégiature peuvent enrichir et fortifier l'âme... à condition d'emporter dans ses bagages le besoin de « sagesse ».

La philosophie et le « snobisme du voyage »

Une tradition constante, dans un stoïcisme impérial personnalisé, de Sénèque à Marc Aurèle, censure les modes du voyage et de la villégiature. Liée à la vie antinaturelle, elles illustrent la « légèreté » humaine et le mimétisme social. Même des modes paradoxales, comme le culte des déserts et des solitudes — favorisé par le cynisme —, relèvent de cette critique[2]. Le préjugé du voyage lointain, qui n'est pas toujours touristique, attire autant la réprobation que le culte de certains sites privilégiés.

À l'apogée de l'ère antonine, Marc Aurèle condamnera les retraites « habituelles », le snobisme de la villégiature, la tendance de certains à styliser leur loisir et à l'enraciner dans un cadre privilégié : un Fabius Catullinus dans sa campagne, un Lusius Lupus dans ses jardins, Stertinius à Baïes, Tibère à Capri[3]...

L'Empire romain a donc créé un système politique de commu-

---

1. *Lettres,* CIV, 15-19.
2. *Cons. Helv.,* 6, 4. *De Tranquil.,* II, 13.
3. *Pensées,* XII, 27.

nications et d'échanges à l'échelle mondiale. La doctrine stoïcienne de l'unité du « genre humain », projetant sur terre l'idéal de la *cosmopolis,* l'y a puissamment aidé. Pour Sénèque, cette *cosmopolis* est avant tout communauté du savoir, de la connaissance, laquelle implique une synthèse de découverte active et de perception « contemplative ». Cet héritage du tourisme (*théôria*) grec et hellénistique a eu des effets ambivalents. Il peut porter en lui le désaveu du voyage de lucre, de l'agitation désordonnée du « coureur de mer » ; il peut inciter à dépasser la géographie, science de l'exiguïté terrestre et humaine, vers la cosmologie, science des vérités divines. Pourtant, l'élan cosmique qui marque le *Songe de Scipion* cicéronien, le traité *Sur le loisir* de Sénèque et les *Pensées* de Marc Aurèle a stimulé une curiosité qui valorise le voyage. La réaction critique de Rome devant les merveilles lointaines ou devant l'aventure cosmopolite procède certes de certaines tendances latentes de l'hellénisme. Mais elle représente, pour l'essentiel, un phénomène idéologique étroitement lié aux mentalités, plus sociologique que philosophique. Une telle « méditation » sur le voyage a favorisé le compromis entre la mobilité humaine et la sédentarité que constitue le phénomène original de la villégiature romaine.

CHAPITRE V

Les voyages officiels

La tradition des voyages officiels n'est ni grecque ni romaine ; la pratique est apparue dans les empires orientaux, appelée bien évidemment par leurs dimensions mêmes et aussi par leur genèse complexe puisqu'il s'agissait à chaque fois, et à l'époque perse en particulier, d'un agrégat d'États regroupés à des dates différentes en une union personnelle autour du souverain. Le roi perse avait donc hérité plusieurs capitales et menait une cour itinérante, selon les saisons, entre Ecbatane, Persépolis, Suse et Babylone[1]. Les guerres fournissaient l'occasion de déplacements encore plus amples, car le roi et les princes y participaient en grand arroi, emmenant leurs tentes et leur mobilier, leurs femmes, leur famille et leurs serviteurs, leurs trésors[2]... Enfin, l'immensité et la disparité de l'Empire nécessitaient des tournées d'inspection qu'effectuaient les « Yeux » et les « Oreilles du Roi[3] », sorte de *missi dominici* avant la lettre.

Au IVe siècle avant notre ère, lors de la conquête d'Alexandre, une tradition du voyage officiel et même une infrastructure existaient donc en Orient avec des relais de poste, des appartements réservés aux émissaires officiels dans les résidences des

---

1. Athénée, XII, 513 f.
2. Hérodote, VII, 100 et IX, 80 ; Théopompe dans Ps.-Longin, *Du sublime*, XLIII, 2. Diodore, XVII, 31, 2 ; Quinte-Curce, *Hist. Alex.*, III, 3, 8-25.
3. Hérodote, I, 114 ; Xénophon, *Cyropédie*, VII, 2, 10 ; Plutarque, *Artaxerxès*, 11.

satrapes[1] et un système de bons de voyage qui leur garantissait des distributions de rations le long du parcours[2]. Cependant, accueillir le souverain en déplacement représentait une lourde charge pour les populations locales[3] :

> Voici comment les choses se passaient, en général, comme les cités étaient prévenues longtemps à l'avance et donnaient beaucoup d'importance à l'affaire. D'abord, sitôt prévenus par les hérauts envoyés à la ronde, les citoyens se partageaient les céréales engrangées dans leur ville et passaient des mois à préparer la farine d'orge et de blé ; en outre, ils se procuraient à n'importe quel prix le plus beau bétail pour l'engraisser, et ils élevaient de la volaille et des oiseaux aquatiques, en basse-cour et dans des mares, pour régaler l'armée ; puis ils faisaient faire de la vaisselle d'or et d'argent, coupes, cratères, et tout ce dont on se sert à table — ceci pour le roi seulement et ses compagnons de table car au reste de l'armée ils ne devaient que la nourriture.

En 480, les gens de Thasos chiffrèrent la dépense du seul souper royal à 400 talents. Ils étaient ruinés.

LE VOYAGE ROYAL À L'ÉPOQUE HELLÉNISTIQUE

Alexandre et ses successeurs imitèrent en cela, comme en beaucoup d'autres choses, le modèle perse. Dans l'immense État des Séleucides et même en Égypte, où l'administration royale tendait à contrôler de plus en plus la vie économique, les agents de l'État étaient sans cesse sur les routes. Les déplacements des rois eux-mêmes prirent une place grandissante dans la vie des États et dans la vie internationale.

Ils furent d'abord motivés par les obsèques et les mariages. La dynastie macédonienne disposait d'une nécropole familiale, Aigai, dans la plaine de Macédoine (c'est sans doute le site maintenant célèbre de Vergina). Y ramener le corps d'Alexandre, décédé à Babylone, constituait donc un devoir pour ses héritiers. Et ce fut

---

1. Hérodote, V, 52 ; Chariton, VIII, 1, 13.
2. *Documents araméens d'Éléphantine*, (éd. P. Grelot), n° 67.
3. Hérodote, VII, 118-119.

l'occasion d'un immense et somptueux convoi qui acquit une grande renommée[1] :

> Célèbre partout à la ronde, il attirait de nombreux spectateurs et, dans les villes qu'il atteignait successivement, toute la population se portait à sa rencontre, puis revenait en lui faisant cortège, sans se rassasier de l'agrément qu'elle trouvait au spectacle.

Ainsi se diffusait et se popularisait l'image de la royauté : le catafalque revêtait le manteau de pourpre et le diadème, insignes du pouvoir ; le fourgon était décoré de tableaux représentant le roi en majesté, ses éléphants, sa cavalerie, sa flotte en action ; tout cela étincelait d'or. Quand la dynastie des Antigonides s'installa en Macédoine au IIIe siècle, elle reprit la tradition ; les funérailles de Démétrios Poliorcète, en 283, connurent elles aussi une « pompe tragique et théâtrale[2] » :

> Son fils Antigone, dès qu'il apprit qu'on lui apportait ses restes, alla à leur rencontre dans les îles en emmenant tous ses vaisseaux. Il reçut l'urne d'or et la plaça sur le plus grand de ses navires de commandement. Les villes où l'on accostait ou bien déposaient des couronnes sur l'urne, ou bien envoyaient des hommes en habit de deuil pour prendre part aux obsèques et escorter le convoi. Quand la flotte aborda à Corinthe, on aperçut distinctement à la poupe l'urne parée de la pourpre et du diadème royaux, et, debout à côté d'elle, de jeunes gardes du corps en armes.
>
> Xénophantos, le plus célèbre des joueurs de flûte de ce temps, assis près de l'urne, exécutait les airs les plus religieux, dont les cadences accompagnaient le battement rythmique des rames, comparable au bruit des coups dont on se frappe la poitrine. Mais ce qui éveilla surtout la compassion et les gémissements parmi la foule assemblée au bord de la mer, ce fut la vue d'Antigone lui-même, abattu et fondant en larmes.

En jouant sur le goût du spectacle qui caractérisait l'époque, on suscitait l'émotion collective et on stimulait le sentiment monarchique.

Les mariages royaux, qui obligeaient les princesses à de longs voyages puisqu'on prit l'habitude d'échanges matrimoniaux entre les différentes dynasties, favorisaient également l'ostentation du

---

1. Diodore, XVIII, 26-28.
2. Plutarque, *Démétrios*, 53, 1-7.

souverain devant des foules variées. Lorsque la fille de Ptolémée II partit épouser le roi séleucide, son père l'accompagna jusqu'à la frontière orientale de l'Égypte et la suite royale parcourut le Nil sur des palais flottants dénommés *taurokerkouroi*. S'ensuivit un grand branle-bas dans l'administration [1].

Au-delà même des limites de leur royaume, les rois faisaient connaître leur richesse et leur puissance. Quand Démétrios Poliorcète conduisit sa fille à Séleukos Ier, il fit du voyage une véritable démonstration navale, emmenant toute sa flotte et surtout son extraordinaire navire à treize rangs de rameurs, à bord duquel il reçut son futur gendre [2]. Un siècle plus tard, quand une princesse séleucide vint de Syrie pour épouser Persée de Macédoine, elle était accompagnée des principaux ministres et tous se signalèrent, partout où ils firent escale, par des offrandes somptueuses, entre autres de la vaisselle précieuse ; lors de son passage, on demandait aux notables locaux de faire escorte à la fille du roi [3], ce qui était un moyen pour la dynastie d'apprécier sa popularité.

Le voyage d'apparat est en effet une occasion d'exalter le Bienfaiteur, l'Évergète — l'un des fondements essentiels de l'idéologie royale. Quand Jérusalem accueille splendidement Antiochos III avec son armée et ses éléphants, le roi, en considération du bon traitement dont il a été l'objet, récompense la population par de l'argent, des donations de vin, d'huile et d'encens, des privilèges [4]...

Ce processus d'ostentation va loin : c'est un des éléments de la divinisation du souverain dans le cadre d'une royauté qui s'affirme de plus en plus comme une monarchie-spectacle et qui recherche la communion du roi et de son peuple dans une expérience mystique de type dionysiaque. L'image du souverain se lie toujours davantage à celle de Dionysos, le dieu de l'abondance, le dieu de la fête et de la joie, le dieu du voyage. Le voyage royal est donc représenté et vécu comme une manifestation du divin (une épiphanie), comme un miracle au quotidien, les cas les plus remarquables étant, à la fin de la période, les Joyeuses Entrées de

---

1. *Papyrus Cairo Zenon*, 59 242.
2. Plutarque, *Démétrios*, 31, 5-32, 3.
3. *Inscriptions de Délos*, 443, Bb, 72-74 et *IG*, XI/4, 1074. Polybe, XXV, 4, 8-10 (Tite-Live, XLII, 12).
4. Flavius Josèphe, *Ant. Jud.*, XII, 133-146.

Cléopâtre et de Marc-Antoine. Témoin la première visite de Cléopâtre au Romain[1] :

> Elle remonta le fleuve, le Cydnos, sur un navire à la poupe d'or, avec des voiles de pourpre déployées et des rames d'argent manœuvrées au son de la flûte, marié à celui des syrinx et des cithares. Elle était étendue sous un dais brodé d'or, et parée comme les peintres représentent Aphrodite. Des enfants, pareils aux Amours qu'on voit sur les tableaux, la rafraîchissaient avec des éventails, debout à ses côtés. Les plus belles de ses servantes étaient au gouvernail et aux cordages, habillées en Grâces et en Néréides. L'odeur merveilleuse de parfums variés embaumait les deux rives.

Les gens se massaient sur les berges pour la voir passer. Ils participèrent à leur façon au spectacle, en faisant escorte au navire royal tout au long du fleuve.

Antoine entra lui aussi dans le jeu et choisit de s'incarner en Dionysos, le dieu voyageur venu de l'Orient, quand il visita Éphèse. Il était précédé du cortège dionysiaque, avec des femmes habillées en Bacchantes et des hommes déguisés en Satyres et en Pans. Tous les édifices de la ville étaient décorés de lierre et de bâtons fleuris, les thyrses, avec les harpes, les syrinx et les flûtes qu'utilisait l'escorte du dieu. En cette occasion, Antoine se fit acclamer comme « Dionysos Porteur de Joie » et « Source de Paix[2] ».

Cette tendance de l'époque hellénistique s'accentua encore au cours de l'Empire : les gens s'attendaient à l'irruption du divin dans leur vie de tous les jours et ils n'étaient pas déconcertés par une éventuelle épiphanie. De même que le vieil Homère cherchait toujours le dieu sous le vêtement de l'errant, les sociétés hellénistiques se prosternaient devant le voyageur s'il était jeune, beau et riche, pour tout dire impressionnant : les romans antiques en font foi. Saint-Paul lui-même vécut cette expérience dans une région reculée de l'Asie Mineure où on le prit avec son compagnon de voyage pour Hermès et Zeus, les dieux qui « descendaient du ciel[3] ».

---

1. Plutarque, *Antoine*, 26, 1-5.
2. *Ibid.*, 24, 4.
3. Xénophon d'Éphèse, I, 12, 1 ; Chariton, II, 2, 6 ; Actes des Apôtres, 14, 11-12.

Et c'est bien ainsi qu'on avait également ressenti à Athènes, en 307, l'entrée de Démétrios Poliorcète, l'un des successeurs d'Alexandre. Les Athéniens lui décernèrent l'épithète divinisante de *Kataibatès*, c'est-à-dire « Celui qui descend du ciel » ; le voyageur royal était donc assimilé à Zeus et à Hermès. L'endroit où il débarqua et descendit de son char devint un lieu sacré ; on y éleva un autel, voué justement aux *Kataibatès* ; on lui députa désormais non des ambassadeurs mais des « théores », et on appela « oracles » ses réponses. Il est vrai que son arrivée avait suscité d'extraordinaires bienfaits : il avait expulsé la garnison ennemie, rétabli la constitution des ancêtres, promis des convois de blé[1]...

Le voyage royal était devenu, dans l'Orient grec, promesse de prospérité, voire de miracle. Les autorités locales l'enregistrèrent souvent dans leurs annales, et en firent le départ d'une nouvelle ère. Ainsi, Délos proclama « l'année de Démétrios » quand la flotte royale mouilla longuement dans le chenal entre l'île et Rhénée[2]. Les empereurs romains, Vespasien à Alexandrie, Hadrien à Athènes, hériteront du charisme des souverains hellénistiques.

LE VOYAGE IMPÉRIAL

Voyage impérial et mutations du système politique

La nécessité du voyage princier, comme autrefois celle des légats sénatoriaux ou des promagistrats, est inscrite dans la logique de l'*imperium* : la gestion directe implique l'inspection. Les relations des gouverneurs et les « rescrits » ne peuvent tout résoudre. L'idéologie officielle exalte, dès le Haut-Empire, la « providence du prince », la « tutelle du genre humain » — témoin la correspondance administrative de Trajan et Pline. Ces concepts essentiels exigent de temps à autre la présence réelle du souverain

---

1. Plutarque, *Démétrios*, 10, 5.
2. *Inscriptions de Délos*, 146, A, 76.

(*aduentus*). On célèbre, en Orient, les *Épibatèria*, fêtes de l'arrivée impériale.

Les provinces d'Orient, formées à l'ostentation du monarque, aspirent — souvent sans espoir — à voir César, le dieu vivant qu'on vient contempler dans sa loge de l'amphithéâtre [1]. Mais elles sont fréquemment réduites à le contempler à travers ses mandataires : le préfet d'Égypte, dont Tacite nous dit qu'il « tient la place des rois », les proconsuls d'Asie. L'*Aduentus Augustus*, l'auguste venue du prince, entourée d'un cérémonial, sera de plus en plus consacrée par l'émission de monnaies portant cette légende. Celles-ci seront particulièrement nombreuses pour les tournées d'Hadrien.

Le voyage impérial entraîne un déplacement partiel du Palatin : des collaborateurs du souverain, de sa cour, de sa garde. En cours de route, on adjoindra à la suite impériale les gouverneurs du secteur : Vespasien, commandant de Judée, sera en 67 du voyage de Néron en Grèce. Indépendamment des problèmes de « logistique », résolus partiellement par l'organisation du *Cursus publicus* (la poste), le voyage impérial impose un décorum, qui doit entretenir l'imaginaire du pouvoir et garantir la sécurité du voyageur. On peut y déroger en se déplaçant « à la militaire », mais en général il faut au prince une escorte, appelée *comitatus*. L'escorte est évidemment fournie par les cohortes prétoriennes.

Pour la villégiature dans les résidences impériales de Campanie et des îles, les effectifs sont prévus, et les palais comportent — comme la Villa Jovis de Capri, la Villa Hadriana de Tibur ou le palais d'été de Centumcellae — des casernements. Il semble que le prince puisse emmener jusqu'à quatre cohortes, alors que chaque membre de la famille a droit à deux.

Les petits déplacements des Julio-Claudiens en Campanie sont célèbres : Caligula, qui n'a pas fait de grands voyages, aime la circumnavigation dans le golfe de Naples ; Claude et Néron, à part l' « expédition » de Bretagne en 43 ap. J.-C. et la « tournée » en Grèce de 66-67 ap. J.-C., évoluent entre Rome et les résidences impériales de Campanie.

Il est indéniable que ces voyages officiels développent dans l'armée des habitudes de « tourisme ». Cela se voit dans la crise de

---

1. Calpurnius Siculus, *Bucoliques*, VII, 73-84.

68-69. Tacite a cru déceler une dégradation de la discipline : les légions, accoutumées à visiter des pays agréables, et de surcroît à se faire transporter par mer « vers les lacs de Campanie et les villes d'Achaïe », vont retrouver, dans la guerre civile, les « dures fatigues de la marche », et la traversée du massif pyrénéen et des Alpes[1] !

Le voyage lointain peut être une menace pour la vie du prince et pour la stabilité politique : Caracalla fut assassiné en Syrie. Il entraîne, à tout le moins, un phénomène de frustration dans la capitale. Les flatteries de la poésie de circonstance (chez Horace), les artifices du cabotinage politique (chez Néron), peuvent aggraver l' « absence ». Le sentiment de vacuité n'en existe pas moins, avec la crainte des aléas du voyage. On pouvait spéculer sur la disparition du prince en déplacement[2].

On s'explique ainsi mieux les hymnes poétiques au retour du prince. La fin du grand voyage d'Auguste, en 13 av. J.-C., inspire à Horace des accents de ferveur[3] : « Tu chanteras les jours de liesse et les jeux publics de la Ville à l'occasion du retour obtenu du vaillant Auguste... » Il déplore « une trop longue absence » : « Toi qui as promis un prompt retour au vénérable conseil des Pères, reviens. Rends la lumière, bon chef, à ta patrie. À l'égal du printemps, quand ton visage a brillé aux yeux du peuple, la lumière chemine plus agréable et les soleils ont un plus vif éclat... » Après les invocations à Castor et à Hercule, protecteurs du voyage associés au *numen Augusti* (son Génie présent dans l'absence), le poète évoque les réjouissances du retour, les « longues fêtes de l'Hespérie ». La liturgie officielle prévoit des prières « pour le trajet et le retour » du prince[4].

César, ou la vie à marches forcées

Les voyages de Jules César sont étroitement liés à sa carrière politique et à ses campagnes. Avant la guerre des Gaules et la guerre civile, il a fait son initiation militaire en Bithynie et en

---

1. *Histoires*, I, 23.
2. Sénèque, *De ben.*, III, 27, 1.
3. *Odes*, IV, 2 et 5.
4. Suétone, *Tibère*, 38.

Cilicie, il a exercé la questure en Espagne Ultérieure et il a montré son extraordinaire mobilité en parcourant les « assises » régionales par délégation du préteur. Avant même ses campagnes, César a illustré cette *celeritas Caesariana* qui deviendra proverbiale, et que la guerre civile a encore développée : du Rubicon à Brindes, de l'Italie du Sud à l'Espagne et à Marseille, avant de passer en Grèce (Pharsale), en Orient et en Égypte. On le voit aller en vingt-trois jours de Rome en Espagne Ultérieure, en décembre 46, avant Munda[1]. Dans l'intervalle, il avait conquis la Grèce, l'Orient, l'Égypte, et débarqué en Afrique (victoire de Thapsus). L'un des voyages « mixtes » les plus célèbres de César est la campagne d'Égypte, en 47. Il s'empare d'Alexandrie et, séduit par Cléopâtre, fait une croisière de deux mois au-delà de la première cataracte, jusqu'à la frontière de l'Éthiopie : le « thalamège » somptueux était escorté de 400 embarcations[2]. En général, le conquérant se déplace à bride abattue, méprisant les dangers, les fatigues et les intempéries. Suétone le montre parcourant jusqu'à 100 milles (150 km) par jour, à cheval ou dans une berline de louage, traversant l'Hellespont sur un petit navire au milieu des flottes ennemies, empruntant un jour un itinéraire direct « en pleine forêt » et se passant de cabane pour dormir. Il a composé un poème intitulé *Le Voyage*... dans la chevauchée frénétique qui le menait en Espagne Ultérieure[3]. La *celeritas Caesariana* ne sera jamais égalée, même par les empereurs voyageurs[4].

Auguste et le voyage

Auguste lui-même a sacralisé son retour, en vouant, dès 19 av. J.-C., l'autel de la *Fortuna Redux* qu'il inaugurera à son retour de Gaule. Auguste aurait même, à date plus ancienne (26 av. J.-C.),

---

1. Suétone, *César*, 56, 6.
2. *Ibid.*, 52, 3 ; Dion Cassius, XLIII, 27 ; Plutarque, *César*, 49 ; Appien, *B.C.*, II, 376 sq.
3. Suétone, *César*, 56, 57 et 72.
4. César, *Bell. Gall.*, I, 18, 1 et 37, 5 ; II, 35, 2 ; III, 9, 1-2 et 29, 2 ; VI, 1 ; VIII, 38, 1 ; 46, 5 et 52, 1.

fait un vœu à la Fortune d'Antium pour l'expédition de Bretagne, qui échoua[1].

Le prince a officialisé les initiatives individuelles. Q. Rustius a élevé un autel, représenté par une émission de pièces d'or, pour le retour d'Orient du prince, absent de 22 à 19 av. J.-C..

On a pu conjecturer avec une quasi-certitude que la roue de la Fortune, qui n'est point un attribut original, est liée au culte de la *Fortuna Redux* et à la navigation.

Au fil des règnes, on voit se développer la dévotion pour la *Fortuna Redux*, ou *Fortuna Augusta*. Les célébrations capitolines du collège des Arvales comportent habituellement des sacrifices officiels pour le retour des princes, avec souvent pour victime « une vache aux cornes dorées », jusque sous les Antonins.

Indépendamment de la conjoncture politique, l'humeur plus ou moins voyageuse du prince, les contingences économiques (ostentation ou parcimonie), seront à prendre en compte. Le désir d'inspecter les provinces et les armées se conjuguera avec des motivations et des curiosités plus personnelles. Tout voyage impérial sera peu ou prou un voyage à finalité mixte, ou multiple. Suétone n'a pas manqué d'intercaler dans ses *Vies des Douze Césars* une chronique des déplacements princiers, mais elle est généralement sèche. Tacite est plus précis, quand il relate le projet de voyage oriental de Néron ou le périple de Titus, parti de Judée pour rendre hommage à Galba[2]. Pour le grand voyage de Germanicus en Orient, la comparaison aboutit au même résultat. Suétone, plus allusif en la matière, donnera de la « tournée » grecque de Néron une relation plus détaillée. Il est vrai que le voyage impérial intéresse surtout les chroniqueurs par ses implications politiques et psychologiques (le chef et la foule).

Suétone croit significatif qu'Auguste l'*imperator* n'ait dirigé que deux guerres, dans sa jeunesse : la guerre des Cantabres en Espagne (de 26 à 24) et la guerre de Dalmatie, comprise dans le triple triomphe de 29 av. J.-C. Son passage en Égypte ne semble pas avoir dépassé la promenade militaire du conquérant — comme celle d'Alexandre, son modèle. Quand, à la fin de sa vie, il s'octroie un voyage librement choisi, c'est sur les côtes de

---

1. *Res gestae*, XI et Horace, *Odes*, I, 35.
2. *Ann.*, XV, 33-36 et *Hist.*, II, 2-4.

Campanie : à Naples, Pouzzoles, Capri, aux jeux grecs de Campanie, observant les navires d'Alexandrie ou les vestiges paléontologiques de l'île[1].

Auguste inaugure une pratique du voyage officiel qui correspond en fait à une tradition. Casanier de nature, et de surcroît valétudinaire, sujet au mal de mer, il a — par devoir — visité toutes les provinces, sauf l'Afrique et la Sardaigne[2]. Or il l'a fait avant tout comme *imperator,* ou comme *princeps* consacré, et surtout jusqu'à la guerre d'Actium. Le fait qu'il n'ait pas visité l'Afrique et la Sardaigne est fortuit : il s'agissait au départ de la sphère d'influence de Lépide (éliminé en 36 av. J.-C.). Les grands voyages en Orient et en Gaule, après Actium, se situent dans le prolongement de la conquête ou de la reconquête.

Sédentarité et humeur voyageuse des princes julio-claudiens

Tibère, avant son accession au principat, a fait de nombreuses expéditions, par devoir. Sa retraite ombrageuse de Rhodes, durant huit années (de 6 av. J.-C à l'an 2 de notre ère), vouée en partie à l'étude, a développé en lui une humeur casanière et une certaine misanthropie. Ses souvenirs de voyage sont inséparables, au dire de Suétone, d'angoisses enfantines : fils d'un proscrit des guerres civiles, promené à travers la Sicile et la Grèce, il faillit périr dans un incendie de forêt, lors d'un voyage nocturne à partir de Lacédémone... Rebelle aux longs déplacements librement choisis, il remit plusieurs fois et annula une inspection des provinces et des armées, ce qui lui attira le sobriquet de *Callipide* (le « coureur immobile »). De son avènement à sa mort, Tibère ne quitte pas l'Italie. Retranché dans son île de Capri en 26, il n'en sort plus : une seule incursion jusqu'aux quais du Tibre et jusqu'au septième milliaire, de 26 à 37. Tacite explique la retraite définitive de Capri par le dégoût d'une ultime mission officielle en Campanie[3].

Auguste, Tibère et, d'une manière générale, les Julio-Claudiens ont surtout voyagé avant leur accession à l'empire : casaniers de tempérament, ils entendaient contrôler le centre du pouvoir.

---

1. *Aug.* 18, 1 sq. ; 20, 1 sq. ; 98, 1 sq.
2. *Ibid.*, 47.
3. Suétone, *Tibère,* 6 ; 38 ; 72, 1-2 ; 40-41 et Tacite, *Ann.*, IV, 67.

Néron, renonçant en 64 à son premier projet de voyage oriental, semble avoir cédé — partiellement — à la peur de la « révolution » ; il déguise sa crainte dans une proclamation paternaliste. Avant les grandes inspections d'Hadrien, le voyage princier est rare, exception faite pour la tournée d'Auguste en Gaule. Il revêt toujours un caractère mixte : la guerre ou la mission politique permettent des intermèdes touristiques ou religieux. Ainsi Germanicus s'initiant aux mystères de Samothrace ; ainsi Titus faisant un détour vers l'oracle de la Vénus de Paphos[1]. Il s'agit là, comme pour les visites fugitives d'Auguste et de Tibère dans les centres oraculaires d'Italie, d'une curiosité fatidique et politique. Le « beau voyage » de Néron, peu politique dans son dessein, se voudra un « pèlerinage aux sources ».

Lié à l'*imperium* et aux expéditions militaires, le grand voyage de l'empereur peut être une parade, visant à usurper la gloire des armes. Ainsi l'expédition et le triomphe de Bretagne, sous Claude : en 43, accompagné d'une escorte nombreuse — que raille Sénèque ! —, l'empereur, pour justifier après coup les honneurs du triomphe, part d'Ostie, risque le naufrage à cause du *Circius* (le mistral), poursuit par voie de terre de Marseille à Boulogne-sur-Mer, passe de là en Bretagne, remporte une facile victoire sans effusion de sang, obtient le triomphe et rentre à Rome six mois après[2]. On ne saurait ramener exclusivement à une mascarade militaire l' « expédition de Bretagne », même si Claude, peu satisfait des « ornements du triomphe », a voulu un vrai triomphe, en usurpant quelque peu la gloire de ses généraux[3]. Le voyage impérial a déclenché la romanisation, que Tacite jugera rapide. Claude avait emmené dans sa suite des savants, notamment le médecin militaire Scribonius Largus, auteur d'une *Profession médicale,* qui se plaint de la modicité de sa bibliothèque de campagne. Sur le retour, il semble avoir emprunté le réseau routier gaulois, puisqu'il aboutit au port de Ravenne, où il embarque sur un « navire gigantesque » — sans doute une des « liburniennes » de Caligula ; il a vraisemblablement utilisé la voie navigable du Pô, entre Plaisance et la mer, qui demande deux jours et deux nuits[4].

---

1. Tacite, *Hist.*, II, 2.
2. Suétone, *Claude,* 17 ; Sénèque, *Apocol.*, III, 4.
3. Dion Cassius, LX, 19-23.
4. Pline, III, 119.

Tout de même, Caligula, son neveu et prédécesseur, paraissait hanté par la gloire de Tibère, de Drusus et de Germanicus. Il désirait un triomphe sur le monde germain. À la suite d'une lubie, il improvise une campagne qui prend l'allure d'une promenade anarchique, tantôt effrénée (il exténue les prétoriens), tantôt d'une lenteur « orientale » : il se déplace en litière à huit porteurs, faisant arroser les routes... à cause de la poussière. Malgré les fanfaronnades, l'équipée se termine dans l'épouvante et dans une indescriptible confusion. Pour Suétone, les voyages de Caligula relèvent de l'errance et de l'agitation pathologique. Tel le voyage de Sicile, qu'il accomplit comme un fou après la mort de sa sœur Drusilla : il quitte la Campanie de nuit, gagne Syracuse... et s'enfuit de Messine, terrorisé par les grondements de l'Etna[1].

Ces voyages ont été précédés par la grande mission de Germanicus en Orient, en 18-19. Le prince, chargé de régler le problème arménien, entre en charge à Nicopolis, près d'Actium. Il prend son temps. Il effectue un grand tour en Grèce et en Asie romaine avant la mission en Arménie : le souci du « pèlerinage » le dispute aux dévotions oraculaires intéressées. Après la mission officielle, Germanicus entreprend en Égypte un voyage archéologique qui fait figure de « première[2] ».

Si les étapes grecque et asiatique s'insèrent dans la mission, Germanicus se croit obligé de maquiller en voyage administratif une excursion archéologique ; il invoque l'administration de la province et le contrôle des réserves céréalières. La relation révèle l'utilisation d'un modèle autrefois fort contesté, celui des déambulations libres du philhellène Scipion l'Africain en Sicile. Le philhellénisme n'étant plus une nouveauté, il faut justifier par un précédent valable la curiosité égyptisante. On se souvient que les fantaisies de Scipion en Sicile, avant l'invasion de l'Afrique, avaient suscité une controverse destinée à faire date, entre les tenants de la gravité romaine et les amateurs de « loisir grec[3] ». Dans tout son voyage, Germanicus imite Scipion par le rejet systématique du décorum de la puissance : il entre à Athènes avec un seul licteur, simplicité jugée contraire « à l'honneur du nom

---

1. *Cal.*, 43, 1 sq. ; 24, 4 sq. ; 51, 3 sq.
2. Tacite, *Ann.*, II, 53-54 et 59.
3. Tite-Live, XXIX, 19.

romain » ; en Égypte, on le voit « sans garde, les pieds découverts, en tenue quasi grecque » ; il rappelle Scipion déambulant à Syracuse, « en pallium et en sandales ». L'*imperator* en mission — l'iconographie officielle l'atteste — doit porter tunique, cuirasse, *paludamentum*, « brodequins » militaires. Le vieux débat sur la dignité et le décorum vestimentaire conserve toute son actualité avant Néron et Hadrien[1]. Le prince est toujours en représentation de la Cité et de l'Empire.

Le « grand tour » de Néron en Grèce

Néron a différé en 64 un voyage en Grèce qu'il devait entreprendre en 66-67, après la venue du roi d'Arménie Tiridate. Le voyage, médité de longue date, s'inscrit dans le sillage des succès théâtraux remportés à Naples, en milieu grec. L'impérial cabotin professait que seuls les Grecs constituaient un public digne de ses talents. Dès 64, il songeait à quêter en Grèce « les couronnes illustres vénérées de toute antiquité », et à « attirer sur lui avec une gloire accrue les passions des citoyens[2] ». Or le vocabulaire, celui du charisme politique, voire du fanatisme spectaculaire, nous révèle que Néron aspirait à renforcer la légitimité de son pouvoir par une nouvelle investiture, celle de l'Art. Il y a là une révolution dans la politologie romaine. Dès les années antérieures, sachant sa vocation en conflit avec la gravité romaine, le prince invoquait les victoires olympiques des « rois et généraux de l'antiquité [...] matière à célébrations poétiques[3] ». Néron rêvait aux tyrans de Sicile chantés dans les *Olympiques* ou *Pythiques* de Pindare, aux victoires hippiques des Attalides de Pergame ; il se rappelait aussi probablement la participation victorieuse d'Agrippa aux courses des jeux Séculaires de 17.

En 64, après l'exhibition théâtrale de Naples, Néron songeait à traverser l'Adriatique. Il s'avance jusqu'à Bénévent, à la croisée des deux itinéraires menant à Brindes, et là, il renonce au voyage et retourne à Rome. Le projet de « tournée » se mue en grand rêve

---

1. Valère Maxime, III, 6 ; Pline, VII, 211.
2. Suétone, *Néron*, 22 et Tacite, *Ann.*, XV, 33, 2.
3. Tacite, *Ann.*, XIV, 14

oriental. Suétone parle des deux projets, et du voyage d'Alexandrie, abandonné le jour même. Dans une exégèse plus profonde, Tacite écrit que Néron « roulait dans les profondeurs mystérieuses de son imagination les provinces d'Orient, surtout l'Égypte[1] ». L'Orient des secrets magiques et des traditions ésotériques, celui du roi mage Tiridate et de la théocratie égyptienne, semblait devoir apaiser ses hantises religieuses, sa quête de l'absolu divin : le prince le cherchait dans le culte de la déesse syrienne, dans les révélations des mages ; il voulait percer le secret de la destinée et de la mort. L'Égypte, qui avait célébré le couronnement de Néron comme l'épiphanie du « Nouvel Apollon », lui promettait un absolutisme théocratique étranger à la tradition du principat[2]. Néron voulait être « périodonique », champion itinérant, dans le monde grec, ou dieu épiphane dans la vallée du Nil... L'idée d'investiture religieuse en Orient dépasse les habituelles consultations oraculaires des princes, ou les voyages initiatiques.

Le renoncement au voyage en Orient aura diverses causes, les unes humaines, les autres surnaturelles, les unes visibles, les autres cachées. Suétone évoque « la crainte religieuse et le sentiment du péril », liés à des présages : après la visite au Capitole, Néron recueille dans le temple de Vesta un présage menaçant — frange de la toge accrochée fortuitement, brouillard —, dont le prince tire une symbolique de l'échec. Il est d'usage, en Grèce, de consulter les dieux et les signes sur l'opportunité et l'issue des voyages. La visite au Capitole et à Vesta est significative : le voyage est rupture provisoire avec la présence tutélaire de la Triade Capitoline et avec le foyer collectif de Rome. Il est une manière d'exil, une rupture des liens. Cette représentation influe sur l'inconscient du voyage, pour un Romain. Tacite oscille, comme souvent, entre l'explication surnaturelle et la causalité psychologique : Néron tremble de tous ses membres, soit terrifié par la puissance divine, soit au souvenir de ses forfaits, qui ne le laissait jamais tranquille[3]. Même cette crainte vague du danger comporte l'idée d'une punition divine facilitée par les péripéties du voyage. Le cabotin couronné,

---

1. *Ann.*, XV, 36.
2. Dion Cassius, LXII, 20, 5 et LXIII, 20, 5.
3. Suétone, *Néron*, 19. Tacite, *Ann.*, XIV, 10-11 et XV, 36. Pline, XXX, 14 sq.

comme dans l'accident du théâtre de Naples, put se ressaisir et faire d'une terreur métaphysique une opération de propagande[1] :

> Il renonça à son entreprise, ressassant que tous les soucis étaient moins importants que l'amour de la patrie : il avait vu les visages affligés de ses concitoyens, il entendait leurs plaintes secrètes, à la pensée qu'il allait affronter un trajet aussi considérable, lui dont ils ne supportaient même pas les légers déplacements.

Néron retourne la situation, en faisant passer son échec pour un renoncement patriotique et paternel : il exploite la mystique de la « présence » et de la « tutelle » du prince, et les préventions du Romain contre le voyage lointain. En réalité, les présages sinistres évoquent pour lui soit la mort lointaine, soit le complot et l'usurpation profitant de son absence. Ce n'est que bien plus tard qu'il imaginera de récupérer, détrôné, la préfecture d'Égypte. Mais dans son esprit malade, l'Égypte et l'Orient symbolisent la vérité absolue, la monarchie absolue.

La foule voit dans le départ du prince une perte de la Tutelle et de la Providence princières, notions essentielles dans l'idéologie du principat. De même, les sujets lointains attachent à la venue du prince l'idée d'une protection surnaturelle, d'une bénédiction.

Néron a choisi, par une irrésistible impulsion, la stabilité, l'enracinement politique. Il convoitera par le voyage du mage Tiridate, par ses « initiations » magiques et mithriaques, ce qu'il attendait du « beau voyage ». L'échec même du projet égyptien se révèle riche d'enseignements sur la tentation et sur l'imaginaire du voyage princier.

Le « grand tour » de Grèce en 66-67 associera les motivations artistiques et les initiatives politiques.

La chronologie peut être rétablie, avec quelques zones d'ombre[2]. Néron a dû quitter Rome en août 66, s'embarquer à Brindes pour Corcyre — et non Patras —, assister à Nicopolis, début septembre, aux fêtes d'Actium, avant de faire la tournée des grands sites de fêtes : Olympie en octobre-novembre, le sanctuaire de l'Isthme en novembre. Il a vraisemblablement passé l'hiver 66-67 à Corinthe, capitale de l'Achaïe : la province a été,

---

1. Tacite, *Ann.*, XV, 34-36.
2. Plutarque, *Flamininus*, 12-13 ; Pausanias, II ; Dion Cassius, LXIII, 8 ; Philostrate, *V. Apoll.*, V.

pour la durée du voyage, transférée du Sénat à l'administration impériale en échange de la Sardaigne; le prince a séjourné en Argolide, à Lerne et à Némée, fréquentant les fêtes de Némée et d'Argos. C'est en 66 ou 67 que se situent les deux passages à Delphes, la première fois sans doute pour les fêtes Pythiques de 66. Le retour se fait à l'automne 67 par Naples (l'itinéraire maritime est difficile à préciser), Antium et Albe.

S'il est normal pour un prince d'hiverner dans la capitale provinciale, on est frappé par le fait que l'itinéraire a omis purement et simplement Sparte et Athènes : le « matricide » doublé d'un cabotin craignait la ville de l'Aréopage, où la fiction tragique pouvait devenir réalité. Néron était fasciné par le destin d'Oreste, meurtrier de Clytemnestre incarné sur la scène, et se voyait déjà traqué par les Érinyes vengeresses; le prince de la volupté a tenu à éviter Sparte, la cité de Lycurgue restant le symbole du puritanisme[1].

Extérieurement, le voyage demeure un voyage officiel. Néron se fait accompagner de cohortes prétoriennes, sans doute deux — tel était l'effectif qui escortait les membres de la famille impériale. Les prétoriens seront spectaculairement employés à entamer le percement de l'isthme de Corinthe. Ce grand projet avait été conçu par César et par Caligula. Il s'agit de raccourcir et simplifier la traversée vers la Grèce, en échappant au long détour du Péloponnèse et au sinistre cap Malée. Les prétoriens ont été mis à la tâche, et ont creusé 4 stades à Léchaion, sur le golfe (700 m)... On avait pourtant tardé à employer les grands moyens : ce n'est qu'en septembre 67 que Vespasien envoya 6 000 prisonniers[2].

Décidé à donner au voyage une dimension politique, Néron a saisi l'occasion du rassemblement des fêtes Isthmiques pour annoncer au stade la liberté de toute la province; mais une équivoque subsiste, car Suétone dit que la mesure générale a été prise « sur le départ », donc en 67[3]. Cette proclamation de la liberté accompagnait l'octroi de la citoyenneté aux Helladoniques qui avaient proclamé vainqueur le prince. Néron entendait renouveler spectaculairement le geste de Flamininus aux fêtes

---

1. Dion Cassius, LXII, 14, 3.
2. Pline, IV, 9-11; Suétone, *Néron*, 19, 3; Dion Cassius, LXIII, 16; Philostrate, *V. Apoll.*, IV, 24; Flavius Josèphe, *Bell. Jud.*, III, 10.
3. *Néron*, 24, 5.

Isthmiques de 196 av. J.-C. Les monnaies émises à Corinthe commémorent l'*aduentus* princier (sa venue) et son allocution. Le décret d'Akraiphia, en novembre-décembre 66, rapporte l'octroi de la « liberté et immunité fiscale » à « tous les habitants de l'Achaïe et du Péloponnèse » : Néron souligne avec emphase dans sa proclamation l'étendue de sa « grandeur d'âme » ! Les Grecs pardonnent beaucoup à Néron en raison de son philhellénisme[1]. Rêveur éveillé, Néron veut revivre la Grèce des « temps heureux ». On le voit même marcher en imagination sur les traces d'Alexandre (et de Corbulon qu'il jalousait) en organisant une expédition aux Portes Caspiennes, avec une légion de Géants rappelant la Phalange d'Alexandre[2].

La cour du Palatin était mobilisée pour le voyage. Vespasien, commandant de Judée, était du « tour de Grèce ». Poppée, morte en 66, n'était pas là, mais Néron n'avait pas besoin d'elle pour cultiver un train de voyage fastueux : elle chaussait ses attelages de luxe de sandales d'or ; Néron avait « mille carrosses et des mules ferrées d'argent ». Ce train des équipages peut concerner le voyage de Grèce, Néron emportant ses costumes et accessoires de scène ; l'empereur possédait des lits de voyage constellés de perles[3].

Néron se révèle incapable de distinguer l'escorte princière d'une cabale théâtrale ou d'une faction du cirque. Outre l'entourage, le cortège de Grèce comprenait une partie de la cour transformée en « claque » : les *Augustiani*, institués dès 59, et choisis parmi les jeunes chevaliers. Ils acclament Néron comme le « nouvel Apollon », le « bel Apollon ». Malgré ses implications politiques, le voyage a été conçu comme une tournée de champion grec. Dès l'arrivée en Grèce, et même avant son départ, des ambassades ont apporté les couronnes du citharède victorieux[4].

Même la liturgie sacrée n'est pas omise : elle prend la forme d'un pèlerinage propitiatoire, qui rappelle les prières d'Olympie. Le prince débarque dans l'île de Corcyre[5] — itinéraire souvent choisi — et il sacralise son chant devant l'autel de Zeus Kasios,

---

1. *IG*, VII, 2713. Plutarque, *Moralia*, 567-568. Philostrate, *V. Apoll.*, V, 41.
2. Suétone, *Néron*, 19, 4.
3. Pline, XXXVII, 17.
4. Suétone, *Néron*, 30, 8 et 22, 6-7 ; 20, 6 et 25, 1 ; Tacite, *Ann.*, XIV, 15 ; Dion Cassius, LXI, 20, 3.
5. *ILS*, 4043.

dieu-aérolithe de marins, vénéré à Antioche et à Péluse d'Égypte : même l'ésotérisme oriental déçu trouve une compensation ! Ensuite, « il aborda tous les concours », à tout le moins les Olympiques, Pythiques, Néméennes et Isthmiques, par lesquelles il a dû terminer. Néron affronte à la fois les disciplines musicales et les disciplines hippiques. Les relations le montrent tantôt attaché superstitieusement au règlement et anxieux du résultat, tantôt transgressant toutes les règles à son profit. Il remodèle les concours... en ajoutant une compétition de musique à ceux d'Olympie ; il remanie le calendrier olympique et delphique pour concentrer en une seule année des concours aux dates éloignées[1].

Le retour de Néron sera parfaitement conforme au modèle de la *periodos*. Après avoir collectionné les palmes et les couronnes, il tentera même d'abolir le souvenir des vainqueurs passés : il fera détruire leurs stèles et abattre leurs statues[2]. Le voyage de retour s'effectue de Grèce à Naples, la ville grecque. À Naples, à Antium, à Albe, à Rome même, il reproduit le rite d'entrée triomphale des vainqueurs[3] : char attelé de chevaux blancs (à Rome, il utilise le char du triomphe d'Actium), tenue pourpre du triomphateur... Il porte sur la tête la couronne olympique, à la main droite la couronne pythique ; le défilé exhibe, en guise d'inscriptions militaires, son double palmarès, hippique et lyrique : ces « trophées » tiennent la place du butin. La brigade des acclamations, les *Augustiani*, remplacent le cortège des soldats dans le rite de l'ovation.

Ainsi le voyage de Grèce, tournée « périodique », révèle-t-il une transposition totale du voyage officiel, et du retour triomphal du chef. Invention d'un nouveau rituel, ce voyage princier illustre une transformation mythique du pouvoir impérial : la mutation des bienfaits de l'évergétisme en collation de loisir, la mutation de la popularité en célébrité. L'action culturelle marquera désormais tout voyage impérial en Grèce et en Orient.

---

1. Suétone, *Néron*, 23,1 ; Philostrate, *V. Apoll.*, V, 7-8.
2. *Ibid.*, 25,1 sq.
3. Pline, *Lettres*, X, 118-119.

Hadrien, l'empereur du voyage

Dans le portrait d'Hadrien que Fronton dédie à son élève Marc Aurèle, le précepteur le présente comme « un prince savant et énergique, aussi fait pour administrer le globe que pour le parcourir en voyageur[1] ». L'historiographie impériale[2] a retenu cette image d'Hadrien, que Tertullien[3] appellera « l'explorateur de toutes les curiosités ». La passion du voyage est liée à l'éclectisme culturel du prince, qui recherche en Grèce les joutes d'idées avec les philosophes et les sophistes, et en Égypte, sinon le dieu unique, du moins les leçons éternelles de la sagesse, inséparables, depuis les traités de Plutarque, de la tradition religieuse de la vallée du Nil. Les biographes insistent sur le fait que les grands voyages se situent dans le prolongement des lectures, comme un assouvissement de la curiosité :

> Après cette révolte [en Maurétanie], il navigua en direction de l'Achaïe par l'Asie et les îles, et il assuma la célébration du culte d'Éleusis à l'instar d'Hercule et de Philippe, il fit à Athènes de nombreuses réalisations et s'y installa comme agonothète [président des fêtes] [...]. Ensuite il prit la mer pour la Sicile [...] de là vint à Rome et de là il passa en Afrique. Enfin, revenu à Rome après le voyage en Afrique, il partit immédiatement pour l'Orient en faisant étape à Athènes et dédia les édifices qu'il avait commencés chez les Athéniens, comme le temple de Jupiter Olympien et l'autel à lui consacré, et de la même manière lors de son itinéraire en Asie il consacra des temples portant son nom.

Or les voyages d'Hadrien, de type mixte comme tous les voyages princiers, sont aussi des actes de gouvernement, de nature à remettre en cause le cliché du petit Grec, l'esthète couronné. Ils permettent de rendre à ce « prince énergique » ses mérites militaires et administratifs, son sens lucide du pouvoir et de l'Empire.

On est frappé à la fois par le resserrement de la chronologie, et par les distances parcourues. Entre 124/125 et 131/132, Hadrien

---

1. Fronton, *Sur les vacances d'Alsium*.
2. *Hist. Aug.*, *Hadrianus*, 10-14.
3. Tertullien, *Apologie*, V, 7.

s'est promené entre Rome et la Grèce, entre Athènes et l'Égypte, entre Rome et l'Afrique, pérégrinations d'autant plus spectaculaires qu'on connaît sa manière de voyager, militaire et spartiate : de longues étapes à pied ou à cheval, sans souci des rigueurs saisonnières ou des écarts de température.

Les trois voyages à Athènes, attestés par un riche florilège d'inscriptions, sont parmi les plus révélateurs. Il les a accomplis en 124/125, en 129 et en 131/132, revenant peut-être d'Égypte pour hiverner à Athènes. Hadrien a vu Delphes en 124, et il annonce, de la Villa Hadriana de Tibur, un prochain voyage en 125. Le troisième voyage, qui lui a permis d'obtenir l'initiation aux mystères d'Éleusis, semble en relation avec la crise spirituelle provoquée, en 130, par la disparition de son ami Antinoos dans les flots du Nil.

Chaque venue du prince en Hellade est considérée comme une épiphanie divine : elle ouvre une ère nouvelle, celle de la « Visite », l'*epidèmia*, qui est la transcription grecque de l'*aduentus Augustus*. À Éleusis, en 128, à Éphèse, en 129, à Palmyre, en 131, à Épidaure, l'arrivée du prince est évoquée par des inscriptions ou des lettres. On décerne à Hadrien les « épiclèses » sacrées d'*Olympios, Panhellenios, Pythios*, qui font référence à son activité bienfaisante, inséparable de la Providence *(pronoia)* : elles rappellent la consécration du temple de Zeus Olympios à Athènes et la fondation du Panhellénion. Les listes officielles d'Athènes mentionnent la visite de 125 dans les fastes de la cité. La chronique d'Eusèbe et de Jérôme indique, d'année en année, les séjours à Athènes et les bienfaits divers : les dons au sanctuaire d'Éleusis pour la première et pour la seconde initiation (en 131) ; la réfection du pont sur le Céphise ; la construction de la bibliothèque proche de l'Agora romaine... Hadrien a également exercé la fonction d' « agonothète », « président des concours », et, à ce titre, célébré des Dionysies ; il a institué des Panhellénies, en 131-132[1]. Il est difficile de relier ces réalisations exactement à tel ou tel voyage. Hadrien a certes fait « dans presque toutes les villes des constructions et des jeux[2] », mais il a montré une sollicitude particulière pour Athènes. On sait qu'il a tenu à revêtir les magistratures

---

1. Dion Cassius, LXIX, 16.
2. *Hist. Aug., Hadr.*, 19, 1.

anciennes, comme l'archontat, et à actualiser les institutions de la métropole : la capitale administrative, Corinthe, n'a pas été aussi choyée. Les voyages d'Hadrien dans le monde grec ont eu une fonction politico-religieuse : renforcer le culte impérial (autel d'Hadrien à l'Olympeion ; célébration des *Hadrianeia ;* consécration des temples d'Asie, dont celui de Cyzique).

Le premier voyage dans les provinces d'Orient, du printemps 123 à octobre 124 (retour à Athènes par Éphèse et Rhodes), révèle une très grande densité et une très grande diversité. La « providence » politique, la quête du sacré, la communion avec le passé, se mêlent aux préoccupations profanes, comme la chasse.

La limite méridionale du voyage a été Éphèse, avant le voyage ultérieur en Carie et en Phrygie, qui préludera à l'inspection de l'Arabie. Érythrées, en Ionie, célèbre les Grandes *Hadrianeia Epibatèria*[1], les fêtes de l' « auguste venue ». L'empereur a presque tout vu en Asie romaine, jusqu'aux confins du Pont et de la Bithynie : il a mérité le titre de *Restitutor* à Nicomédie pour avoir apporté sa contribution généreuse à la reconstruction des cités détruites par le tremblement de terre. Le prince écrit des lettres officielles aux communautés : il suit de près l'exercice des autonomies locales. Dans une vie municipale en partie absorbée par les festivals et les réalisations édilitaires, Hadrien observe les compétitions : il prend parti pour Smyrne — son champion, le sophiste Antonius Polémon, figure dans l'entourage. La protection d'Hadrien se traduit par des largesses édilitaires[2].

Le passage à Rhodes, en septembre-octobre 124, coïncide avec une tentative pour « remonter » le Colosse.

Le cycle des pèlerinages historiques, commencé avec la tombe d'Agamemnon en Hellade, continue à Troie, sur la tombe présumée d'Ajax ; de même, en 129, pénétrant dans l'Asie Mineure profonde, il se recueillera sur le tertre d'Alcibiade dans la région de Tyane-Apamée.

A ces voyages correspondent aussi de grandes chasses de type colonial : en leur souvenir, Hadrien a fondé en Mysie la ville d'Hadrianouthérai (« Chasses d'Hadrien[3] »).

---

1. *IGR*, IV, 1542.
2. Philostrate, *V. Soph.*, I, 25.
3. *Hist. Aug.*, *Hadr.*, 20, 13.

Parmi les tournées d'inspection militaires, sans but touristique annexe, figure l'inspection de la IIIe Légion Auguste, cantonnée en 128 autour de Lambèse. Cette légion d'élite, fer de lance de la présence romaine en Afrique, avait été concentrée autour du quartier général à partir de ses « postes » dispersés. La « venue auguste » a été célébrée par des émissions monétaires en Afrique, en Maurétanie : les monnaies impriment dans la mémoire des troupes et des populations ces manœuvres qui ont prouvé la valeur guerrière et la « concorde » des diverses armées, thème fréquent des légendes. Le procès-verbal inscrit sur la pierre révèle que, plusieurs jours durant, le prince a supervisé les exercices militaires ; il a fait procéder à des travaux de fortification, réalisés en « dur » pour l'hiver. Les évolutions de la cavalerie ont retenu son attention. Les émissions monétaires commémorent les revues équestres [1]. Son biographe le peint inspectant la Gaule et la Germanie, « menant la vie de la troupe au milieu des manipules », partageant l'ordinaire de lard, de fromage et d' « oxycrate » (mélange d'eau et de vinaigre, le « pinard » de l'Antiquité). Hadrien faisait à pied et nu-tête des étapes de 20 milles (30 km), dont on dit qu'elles ont altéré sa santé [2].

L'empereur a aussi inspecté la Bretagne pour restaurer la discipline en corrigeant les abus des camps, et il a fait construire, aux confins de la Calédonie (Écosse), le mur défensif qui porte son nom.

L'historiographie officielle néglige les inspections du bassin danubien, en Mésie et en Norique, attestées par les monnaies. À la différence de l'inspection de Lambèse, elles semblent avoir revêtu un caractère mixte. Elles ont laissé le temps d'organiser de grandioses parties de chasse, comme celle qu'évoque l'épitaphe du palefroi Borysthène, la « poursuite des sangliers de Pannonie [3] ».

---

1. *Hist. Aug., Hadr.*, 13, 4 ; *CIL*, VIII, 2532 et 18 042.
2. *Ibid.*, 10.
3. *CIL*, XII, 1122.

Les missions impériales aux IIe et IIIe siècles

Les grandes tournées d'Hadrien ne feront pas école. Antonin le Pieux a illustré une conception sédentaire du principat. Il a conduit les guerres par l'entremise de ses légats et exercé depuis le centre du pouvoir le contrôle financier des provinces en bornant ses « expéditions » à ses villégiatures campagnardes et à des séjours en Campanie[1]. Il « disait que le train de voyage d'un prince, même économe à l'extrême, grevait les habitants des provinces ; et pourtant il a eu un prestige international immense, tout en restant résident dans la capitale, pour pouvoir recevoir plus vite, dans une position centrale, les ambassades de partout ». Conséquent avec lui-même, Antonin a tenté d' « alléger les frais de la poste », sans doute liés aux multiples abus des serviteurs de l'Empire[2].

Marc Aurèle et ses successeurs ont repris la tradition des voyages impériaux.

Le séjour de Marc Aurèle à Athènes et son initiation à Éleusis suivent une étape athénienne de son frère, Lucius Verus ; son biographe y voit une partie de plaisir préludant aux délices de l'Orient[3] :

> Il naviguait au large de Corinthe et d'Athènes parmi les symphonies et les chants ; on le voyait séjourner successivement dans toutes les cités maritimes d'Asie, de Pamphilie et de Cilicie tant soit peu illustres, au sein des plaisirs...

Verus reçut, comme Marc Aurèle et Commode, l'initiation éleusinienne, du prêtre L. Memmius (en 162) : les monnaies considèrent ce voyage culturel (« théorétique ») comme un acte politique ; à preuve les légendes de *Fortuna Redux (La Fortune qui ramène)* et de *Profectio Augusti (Départ d'Auguste)*. Pour l'initiation de Marc Aurèle, les implications politiques ne sont pas douteuses, de la part d'un prince retenu sur le Danube par la guerre : l'empereur devait pacifier la Grèce et le milieu athénien, déchirés par les conflits de personnes ; l'insurrection d'Avidius

---
1. Outre *Hist. Aug.*, voir Marc Aurèle, *Pensées*, I, 16, 8.
2. *Hist. Aug., Antonin*, 12, 3.
3. *Ibid., Verus*, 6-7.

Cassius venait de montrer l'importance du loyalisme athénien. L'initiation de Marc Aurèle et de Commode eut lieu à l'automne 176.

Outre les calculs politiques, le séjour à Athènes, depuis Hadrien, représente une sorte d'investiture culturelle (archontat, citoyenneté, admission à l'Aréopage). Au IIIe siècle, l'empereur Gallien, vers 264-265, accomplit ce pèlerinage politique, suivi d'initiations multiples : il révélait un net souci de compétition posthume avec Hadrien et Marc Aurèle.

Les voyages en Égypte de Septime Sévère et de Caracalla, renouant avec le précédent d'Hadrien, auront le caractère mixte de presque tous les déplacements impériaux.

Septime Sévère, après ses victoires d'Orient, passe de Syrie en Égypte : sur la route d'Alexandrie, il règle en Judée d'importants problèmes juridiques concernant juifs et chrétiens. Il donne aux Alexandrins le « droit des bouleutes », attentif qu'il est au maintien des structures municipales de l'Égypte romaine. Mais le voyage est aussi un « voyage d'agrément » archéologique, marqué par « les dévotions à Sarapis, la connaissance des antiquités, la nouveauté de la faune et des paysages ». Sévère a toujours considéré ce voyage comme une joie : il a visité Memphis, le colosse de Memnon, les pyramides et le Labyrinthe — la région de Sakkara et de Louksor [1].

Caracalla, associé aux campagnes lointaines de son père, a été un grand voyageur. Il a inspecté la Gaule et la Germanie ; projetant un déplacement « en Orient », il s'est arrêté en Dacie. Il a parcouru la Thrace avec le préfet du prétoire, et effectué en Asie une traversée mouvementée et dangereuse. Après la campagne d'Arménie et de Parthie, il a gagné Alexandrie. À ce séjour, peu culturel, est lié l'épisode du « gymnase » (le stade) : le prince y réunit le peuple sous prétexte de procéder à la conscription mais ordonne dans la capitale de l'Égypte un véritable massacre [2].

Ce rapide catalogue des « tournées impériales » a montré que l'inspection de l'Empire comporte en général, avec des remises en ordre, des curiosités culturelles annexes. Elles sont certes souvent

---

1. Dion Cassius, LXXV, 19. *Hist. Aug., Sev.*, 16, 8 à 17, 4.
2. *Ibid., Carac.*, 1-4 et 5-6. Aurelius Victor, *Caes.*, 21.

solidaires d'opérations de prestige ou de charisme, notamment en Grèce, mais elles affirment aussi, avec l' « épiphanie » du dieu visible, l'unité politique de l'Empire.

LES DÉPLACEMENTS DES GRANDS SERVITEURS DE L'EMPIRE

La tradition républicaine imposait aux promagistrats la tournée d'inspection, le « circuit provincial ». César n'y manquait jamais en Espagne et plus tard en Gaule, visitant les « assemblées » d'Italiens. Cicéron rappelle cette obligation des préteurs de Sicile : « au plus fort de l'été, époque que toujours tous les préteurs de Sicile ont coutume de passer en déplacements » ; c'est alors qu'on peut évaluer la richesse de la province, les blés sur les aires, les « familles » d'esclaves rassemblées... La tournée a une fonction fiscale [1].

Sous l'Empire, cette obligation demeure. Au IIe siècle, le proconsul d'Afrique réside souvent à Carthage, mais « fait le tour de sa province ». Les gouverneurs romains contemporains de Dion Chrysostome font le tour des métropoles d'Asie, admirent leurs constructions, révisent leurs comptes publics : c'est pour eux qu'on étale les somptueuses réalisations architecturales [2].

Parmi les tournées du Haut-Empire, celle d'Arrien, légat impérial de Cappadoce, entreprise en 136 sur ordre d'Hadrien, a fait date : il en reste un rapport officiel, le *Périple du Pont-Euxin*. Le légat est allé de Trapézonte, sur la côte Nord de l'Anatolie, à Sébastopolis, ville frontière du monde scythe, et à Byzance, par le littoral septentrional de la mer Noire.

Arrien a pris soin de noter les routes maritimes, les rades et leurs qualités, les fleuves situés entre Trapézonte et le Phase ; il a observé la faune des îles côtières. La sécurité des régions et la persistance du brigandage ont retenu son attention. S'adressant à un prince épris de culture, Arrien ne manque jamais d'établir un lien entre le site inspecté, l'archéologie religieuse et l'*Anabase* de Xénophon.

---

1. *Verrines*, II, 5, 12.
2. Lucilius, *Lettres*, 79. Pline le Jeune, *Lettres*, X, 33, 37 et 81. Apulée, *Florides*, IX, 36. Dion, XXXIX sq.

Dès le début du principat, les « grands serviteurs », comme Mécène et Agrippa, les princes impériaux, comme Germanicus, impriment leur marque personnelle au voyage officiel.

Le centralisme autoritaire crée, pour les grands serviteurs liés à la cour du Palatin et les « hauts fonctionnaires » nouveaux tels que les préfets, des obligations contradictoires : la sédentarité et l'astreinte vigilante sont imposées au préfet des vigiles[1] et au préfet du prétoire, bien que ce dernier accompagne souvent le prince dans ses voyages ; mais la mobilité est inséparable des charges d'État, qui exigent une intervention rapide[2].

L'entourage d'Auguste révèle une plus ou moins grande fréquence de déplacement, selon la personnalité et le caractère. À la mobilité toujours disponible du militaire Agrippa s'oppose une certaine sédentarité, peut-être épicurienne, de Mécène.

Mécène diplomate et voyageur

Certes, Mécène a suivi toute l'aventure d'Octave, depuis le séjour d'études à Apollonie d'Épire, où le trouvent les ides de mars, jusqu'aux péripéties de la guerre civile. Il a beaucoup « bougé » avant Actium, mais sa nonchalance, son épicurisme le poussaient plutôt à chercher dans la Ville le centre de l'activité et du loisir. Témoin la moquerie d'Horace sur son « gratte-ciel » de l'Esquilin. Retiré du service actif, après 23, Mécène choisira, selon la mode épicurienne, le « loisir en ville » et les grands jardins citadins. Un trait de sédentarité apparaîtra négativement : à la différence des épicuriens romains, Mécène n'éprouvera aucune dilection pour la Campanie maritime et balnéaire.

Des ides de mars à Actium, Mécène a beaucoup « circulé », et surtout navigué, entre l'Italie et la Grèce. Il n'est pas sûr qu'au lendemain de la soumission de l'Égypte, le chevalier, soucieux d'étudier les investissements dans la nouvelle province, ait fait un voyage en Égypte, entre septembre 29 et janvier-février 28 : rien ne prouve qu'il a visité la vallée du Nil avec son ami Virgile. En revanche, ses missions diplomatiques sont bien établies, ainsi

---

1. *Digeste*, I, 11, 12 et 15.
2. Épictète, *Entretiens*, III, 24, 36.

semble-t-il que sa présence à la bataille d'Actium, en septembre 31.

Mécène a été à la fois le policier et le diplomate du principat naissant. Policier, il veille sur Rome, sans accepter le titre de préfet de la Ville. Affectant de mépriser le décorum romain, il choisit de se déplacer en cortège burlesque, avec deux eunuques pour licteurs[1] : il paraît défier la simplicité de certaines escortes princières, celui d'un Germanicus, d'un Hadrien. Dans la période d'illégalité révolutionnaire, qui nécessite l'initiative et la célérité — la célèbre *celeritas Caesariana* —, on voit Mécène faire des apparitions éclairs à Rome pour réprimer les complots : en 36, pendant la guerre de Sicile, où il écrase deux conjurations avant de regagner l'armée[2]. De même, en 31, il quitte d'urgence Actium pour mater la révolte de Lépide. Ces interventions éclairs du chef ou de ses mandataires ne sont pas exceptionnelles : Auguste, au témoignage de Dion Cassius comme de Suétone, a bondi à Brindes, après la victoire, pour étouffer une mutinerie.

Le diplomate n'aime pas les longs voyages. Le négociateur du pacte de Brindes, en 40, et du traité de Misène, en 39, s'est rendu à Brindes, au printemps 38, où il devait participer à la négociation avec Antoine, venu de Grèce ; mais un contretemps fait échouer la rencontre, et Antoine repart pour l'Orient. Il ne semble pas que l'échec tienne à la lenteur du voyage qu'impliquent les exigences épicuriennes de confort et de détente. Quoi qu'il en soit, on voit que Mécène et ses familiers aiment voyager douillettement, à loisir. Pourquoi passer par Brindes, pourquoi emprunter un itinéraire ingrat, si l'on va à Tarente ? Il est établi historiquement que Mécène est allé renouer en Grèce les fils de la négociation, laquelle a eu lieu, et avec succès, à Tarente au printemps 37. Mécène concilie fort bien, comme diplomate, les charmes du voyage et les conférences sérieuses. Aussi bien toutes les négociations évoquées ont-elles eu pour cadre le Sud ensoleillé.

---

1. Sénèque, *Lettres*, 114.
2. Appien, II, 112.

Les tournées de Marcus Agrippa

On ne peut considérer Marcus Agrippa, ami de toujours d'Auguste, gendre de César et corégent de l'Empire entre 22 et 12, comme un « grand serviteur » du principat. Cet homme de devoir l'est, mais il est aussi un auxiliaire privilégié de l'Empire. Comme tel, il ne semble pas avoir été astreint à une réglementation des missions. Il a contribué à la reconstruction de l'Empire fracturé, à son organisation politique. Il a arpenté toutes les provinces d'Occident, de 37 à 12 avant notre ère, à un rythme qui nous étonne. Il a administré la Narbonnaise et ici comme ailleurs, comme à Mérida *(Augusta Emerita)*, en Espagne, en 25, il a laissé son empreinte : le pont du Gard, le théâtre de Mérida contribuent à sa gloire. Comme plus tard Vauban, cet ingénieur militaire ordonne des travaux qui seront exécutés après son passage.

Agrippa s'est beaucoup préoccupé de l'unité géographique et administrative de l'Empire en centralisant autour du Forum romain les bornes militaires : il voulait renforcer le dirigisme centralisateur en réduisant les délais de transmission administrative[1]. On regrette de n'avoir pas plus de détails sur ses itinéraires et la durée de ses voyages.

Agrippa a visité l'Occident romain de 39 à 31 — date d'Actium. Après 19, il a séjourné dans la péninsule Ibérique, qu'il a parcourue de la Lusitanie à la Bétique : Pline l'Ancien rapporte qu'Agrippa a participé à la mensuration de la province. Au théâtre de Mérida, qu'il a dédié, une statue le représente en soldat, chaussé des brodequins. Les cités d'Ulia, Gadès et Carthagène ont profité de son passage pour lui conférer le patronat.

Dans le monde grec, le « prince de l'Orient » a aussi laissé la trace de ses étapes et de ses séjours. Agrippa y a effectué une grande tournée en 23-22, avant d'y résider de façon quasi permanente entre 17 et 13 av. J.-C. On cherche, dans cette période, les séjours romains d'Agrippa, bien qu'il ait participé aux jeux Séculaires de 17[2].

---

1. Pline, III, 17.
2. *ILS*, 5050.

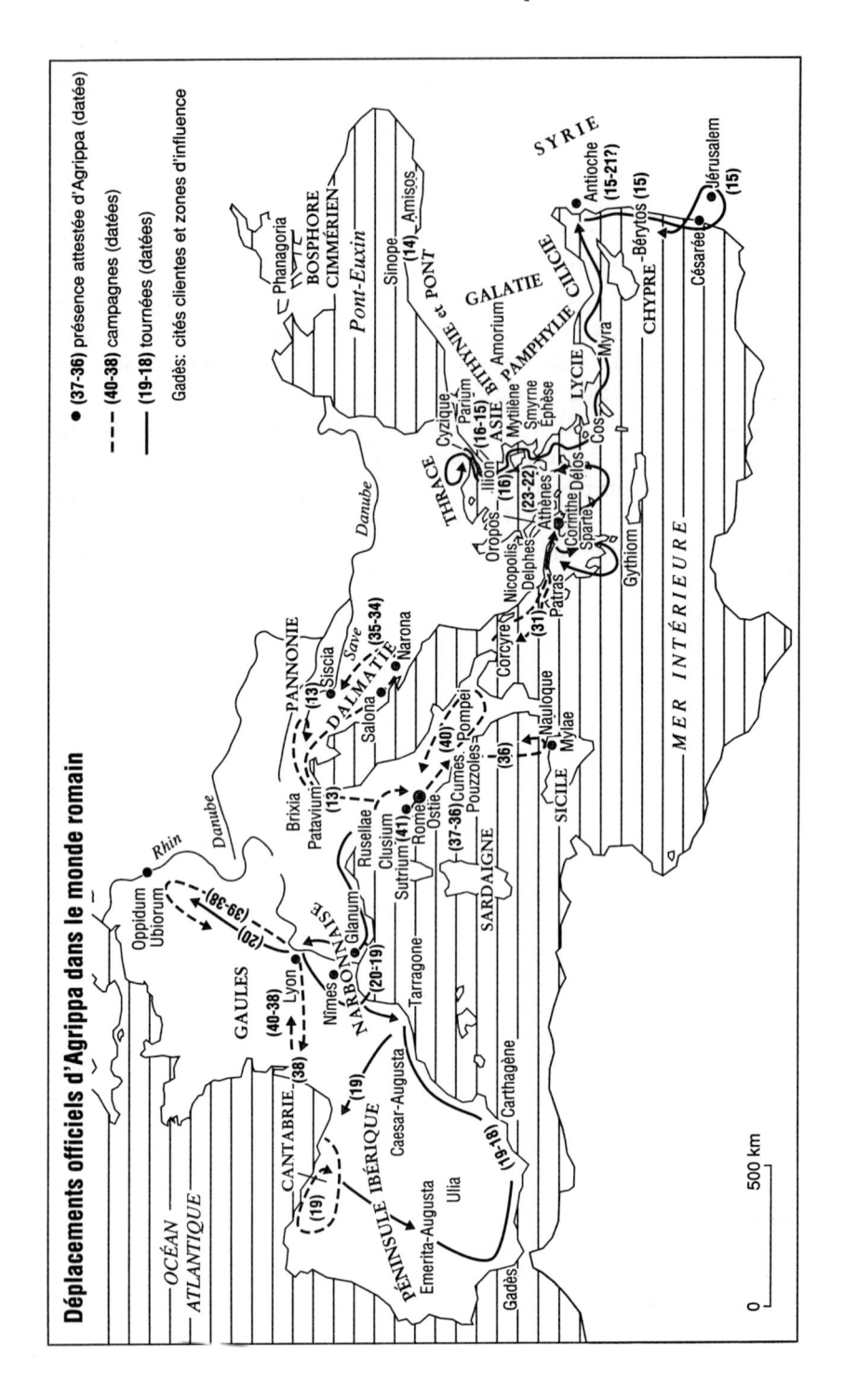

Déplacements officiels d'Agrippa dans le monde romain

De 17 à 13, Agrippa voyage avec Julie, son épouse, quelques-uns de ses enfants et une suite imposante. L'épigraphie officielle enregistre, sinon son passage à Corcyre, du moins un circuit dans le Péloponnèse : Ténare, Gythion, Sparte, Épidaure... et retour à Corinthe. Il a dû inspecter, à partir de 16, ses domaines de Chersonèse de Thrace[1]. Agrippa a pu séjourner en Attique, à Oropos, hiverner probablement à Athènes, en 16-15, avant de gagner l'Asie par les îles. Le modèle d'Agrippa s'imposera peut-être aux voyages ultérieurs de Germanicus et d'Hadrien.

Dans les îles, Agrippa et Julie ont aimé Délos, Samos et Lesbos, conformément au catalogue des îles de charme que révèle la poésie contemporaine. L'Héraion de Samos atteste leur passage par une célèbre inscription honorifique. Rejoint en Asie par Julie, Agrippa a apprécié Lesbos et sa capitale, Mytilène, naguère lieu d'exil doré : le couple y passe les hivers 15-14 et 14-13. Agrippa ne semble pas avoir partagé le préjugé de Vitruve contre le climat de Mytilène ! Entre-temps, le corégent a inspecté la Syrie et la Judée, avec le plus prestigieux des guides, Hérode le Grand[2].

Agrippa s'est montré, en Orient, curieux d'urbanisme autant que d'art. Il a construit à Athènes l'Odéon de l'Agora ; il a rapporté de Lampsaque à Rome, par la Troade, le Lion gisant de Lysippe. C'est en vain qu'on a prétendu faire dire à Pline qu'il était fermé à l'art[3]. Il est vrai que dans ses tournées, qui « relancent les activités d'urbanisme, mais constituent aussi un encouragement à la reprise de la vie économique », l'administration prime le dilettantisme. S'il visite le temple de Jérusalem, s'il témoigne de sa bienveillance au judaïsme en offrant une hécatombe à Yahvé, c'est à des fins purement politiques. La communauté juive a été sensible à la tolérance d'Auguste. Quand Agrippa inspecte, avec Hérode, les cités nouvelles de Sébastè et de Césarée, les forteresses de l'Alexandreion, de l'Hérodion ou d'Hyrcania, c'est le glacis stratégique de l'Empire qui l'intéresse surtout. La fête de Jérusalem et l'hécatombe à Yahvé préludent

---

1. Dion Cassius, LIV, 29, 5.
2. *Ibid.*, LIII, 32, 1 ; Flavius Josèphe, *Ant. Jud.*, XV, 350.
3. *HN*, XXXV, 26.

au départ par mer. Agrippa, homme de piété simple, était-il prudent avec les divinités étrangères[1] ?

Les missions d'Agrippa en Orient suivent un itinéraire qui, l'Égypte exceptée, sera celui de Germanicus. Comme ce dernier qu'accompagnera Agrippine, il a à ses côtés Julie, une cour et un cortège : les règles d'économie ne s'appliquent pas encore. La mission d'Agrippa souligne, avant celle de Germanicus, que les îles sont le point de relâche hivernal du voyage en Orient. Mais à la différence de Germanicus, Agrippa, surtout géographe, n'a pas eu grande curiosité archéologique : le passage à Ilion est une étape comme une autre[2].

Une diplomatie mondiale

Le centralisme impérial entraîne un incessant va-et-vient entre Rome et les provinces, mais pas forcément centrifuge. Les ambassades étrangères, voire barbares, venant solliciter l'arbitrage de Rome alternent dans la capitale avec les « légations » de provinces romanisées venant proclamer leur loyalisme. Dans cette catégorie se situent les nombreuses ambassades gauloises, souvent dirigées par des rhéteurs éminents.

Les ambassades des provinces viennent aussi fréquemment porter leurs doléances et accuser de concussions et d'exactions leurs gouverneurs. La tradition remonte à la plainte des Siciliens contre Verrès. Sous Trajan, des délégations de Bithynie, nombreuses et tapageuses, viennent à Rome accuser deux proconsuls successifs[3].

L'affluence des ambassades étrangères, même lointaines, apparaît comme la conséquence du rôle d'arbitrage international joué par les Césars : ces ambassades sont souvent reçues au Sénat, qui conserve, du moins en théorie, ses attributions diplomatiques. Il ne s'agit pas toujours d'audiences accordées à Rome : ainsi les « ambassades des rois de l'Inde », réputées « fréquentes », ont été parfois reçues en Espagne, lors de la guerre des Cantabres, en 26-

---

1. *Ant. Jud.*, XV, 351 et XVI, 13-15.
2. Nicolas de Damas, *FgrH*, 90, 134.
3. Pline le Jeune, *Lettres*, IV, 9 ; V, 20 ; VI, 13 ; VII, 6, etc.

25 av. J.-C., ou à Samos, en 20. Auguste mentionne aussi dans son testament politique les ambassades des Scythes, des Bastarnes, des rois des Sarmates habitant au-delà du Don. Il conclut son bilan en évoquant « les nombreuses autres nations [...] qui auparavant n'avaient eu avec le peuple romain aucune relation d'ambassades et d'amitié[1] ».

Les ambassades permettent au prince de tout savoir : c'est par une ambassade spéciale de Lisbonne que Tibère est informé qu'on avait « vu et entendu »... un Triton jouant de la conque dans une grotte[2].

PROBLÈMES D'INTENDANCE

La « logistique » des voyages républicains

Les missions et voyages officiels donnent lieu à l'attribution de moyens, montures, tentes et autre « matériel » fourni par l'intendance. C'est une tradition ancienne[3], destinée à ménager les alliés : le droit coutumier de la guerre faisant du terrain conquis, en Italie et à l'extérieur, le domaine de l'État, il était loisible d'exiger des populations et des cités des réquisitions ; or il convenait de distinguer entre les sujets et les alliés, cités « fédérées » ou villes « libres et franches », qui avaient droit à un traitement différent. Ces franchises, dès le IIe siècle, avaient sans doute tendance à être négligées. On le voit par l'épisode d'Albinus à Préneste, en 173 av. J.-C. : dans la grande banlieue de Rome, il se permet de confondre un pèlerinage privé avec une mission — premier abus — et d'imposer par lettre aux magistrats locaux un accueil officiel, un gîte officiel, des attelages pour le départ ; il s'agit d'une étape sur le trajet de Campanie.

Dès le IIe siècle avant notre ère, qui voit se généraliser les missions sénatoriales, le législateur s'est préoccupé d'édicter des

---
1. *Res gestae*, 31-32.
2. Pline l'Ancien, IX, 9.
3. Tite-Live, XLII, 1, 6, sq.

limitations, qui procèdent de la double intention de maintenir la frugalité du pouvoir et de protéger les alliés et provinciaux. Caton, qui voyageait dans une simplicité toute militaire, avec un « bidet » et un portemanteau, même en mission[1], passe pour avoir fait adopter une loi sur le « luxe provincial ». Mais cette mesure reste obscure. Elle devait limiter les prestations légales et interdire les exactions. On la rapproche de l'initiative prise par Caton, en 158 av. J.-C., pour supprimer, en Sardaigne, les frais de réception des préteurs, qui serait consécutive aux abus d'Albinus.

La législation postérieure, notamment la célèbre *lex Antonia de Thermensibus*[2] de Pisidie, en 72 av. J.-C., fait référence à Caton pour préserver les franchises et « autonomies » des alliés d'Asie contre les abus des « magistrats, promagistrats et légats ». Dans le cadre d'une lutte générale contre la « concussion », ces lois spécialisées proscrivent aussi bien les dons, prébendes et pots-de-vin que les réquisitions. Les abus étaient récurrents : les exactions de Verrès en témoignent. César a fait voter une *lex Julia* « sur la concussion », durant son consulat, en 59 av. J.-C. La correspondance de Cicéron prouve qu'elle était un glaive suspendu sur la tête des gouverneurs, mais les prestations de services n'étaient pas seules visées : il s'agissait aussi de l'escorte du promagistrat[3]. Partant pour la Cilicie, en 51 av. J.-C., Cicéron vante à son ami Atticus son désintéressement, la simplicité de son « train », la modicité des charges imposées ; il se glorifie d'avoir renoncé au foin des attelages et au bois de chauffage[4] !

Or la *lex Julia* semble antérieure à une autre mesure, prise par le dictateur en 46, et relative à un autre abus, les missions de complaisance, artifice qui accorde des moyens publics à des voyages privés. Cicéron signale ce scandale et il rappelle une loi de son consulat, qui a été bloquée par les tribuns[5] :

> Il est très clair que le scandale majeur est d'attribuer à quelqu'un une mission non justifiée par l'intérêt public. Je passe sous silence la conduite présente ou passée des individus qui, sous couvert de

---

1. Sénèque, *Lettres*, LXXXVII, 9.
2. *FIRA*, I, 11, p. 137, lignes 7-18.
3. Cicéron, *Fam.*, II, 17 et V, 20. *Digeste*, XLVIII, 11 (qui n'est pas très explicite).
4. *Ad Att.*, XV, 11, 4.
5. *De legibus*, III, 8.

mission, partent recouvrer héritages et créances. Sans doute est-ce un vice inhérent à la nature humaine. Mais je pose la question : qu'y a-t-il réellement de plus scandaleux que de voir un sénateur doté d'une mission sans tâche précise, sans instructions, sans fonction d'intérêt public ?

Cet abus aura la vie dure. Le « diplome », ordre de mission réel ou factice, qui autorise les réquisitions, subsistera sous le principat. Il permettra, sinon les réquisitions, du moins l'accès à la Poste impériale, au *Cursus publicus,* des familles de fonctionnaires et promagistrats.

Gestion du voyage officiel sous l'Empire

Le déplacement du prince et de sa famille, qui disposent de la puissance publique, des flottes et des armées, ne pose pas de problèmes. On se rappelle qu'Hadrien voyageait assez simplement, tout comme Trajan, qu'Antonin avait scrupule à « grever les habitants des provinces ». C'est avec les gouverneurs, les grands serviteurs, leurs familles et leur entourage que commencent les difficultés. On se préoccupe des caprices dispendieux des épouses. Le Sénat a débattu sur la question, avant que ne se fixe la législation sévérienne[1]. Le « devoir du proconsul et du légat » est d'éviter de grever la province de dépenses d'accueil et d'hébergement. Les femmes peuvent accompagner leur mari, bien que leur absence soit préférable : dans le grand débat de 20 ap. J.-C., on affirme que la femme du gouverneur peut susciter un train ruineux, et nourrir des intrigues ; mais Drusus objecte alors la nécessité des voyages lointains imposés aux « princes » et les exigences de la fidélité conjugale.

Pline le Jeune a été accompagné en province par sa seconde épouse, Calpurnia. Ennemi des abus, il a dû toutefois à l'indulgence de Trajan un sauf-conduit lui permettant de retourner en Italie par la Poste impériale, à l'occasion d'un deuil[2]. La première Agrippine, femme de Germanicus, avait constamment suivi son mari, en Germanie, en Orient, et partagé la vie des camps. Mais

---

1. Tacite, *Ann.,* III, 33. *Digeste,* I, 16 (Ulpien).
2. *Lettres,* X, 120-121.

cette vie était plus rude que l'existence d'une épouse de gouverneur en Orient.

Le problème le plus classique est posé par le proconsulat d'Asie et les autres gouvernements de la région. L'entrée solennelle se fait à Éphèse, et l'on distingue l'arrivée terrestre (*epidèmia*) de l'arrivée maritime (*kataplous*). Le gouverneur d'Asie aborde à Éphèse[1], venant du Pirée et de Samos. Outre les limitations somptuaires, le législateur exige qu'une proclamation précise le jour de l'arrivée, afin de ne pas perturber la vie de la province. Proconsul ou légat doivent respecter l'itinéraire traditionnel.

Le Code va dans le sens de la simplicité et de l'économie, après bien des excès liés au bon plaisir monarchique et à l'omnipotence des « grands serviteurs ». Si les déplacements du premier préfet d'Égypte dans la vallée du Nil[2] avaient pour but d'étaler la puissance romaine et de marquer fortement la prise de possession, il était plus difficile de justifier la pompe ostentatoire de l'affranchi Polyclite, en 61 ap. J.-C. : le favori de Claude, préposé à une enquête sur la Bretagne, traverse l'Italie et la Gaule avec une énorme escorte ; cette pompe a coûté fort cher aux provinces et s'oppose à la simplicité avec laquelle Agricola prend ses fonctions en Bretagne[3].

Le proconsulat de Pline le Jeune en Bithynie, relaté dans ses lettres à Trajan, constitue un exemple remarquable, aussi bien pour l'installation[4] que pour l'inspection de la province.

Nommé gouverneur de Pont-Bithynie en 111, Pline le Jeune n'arrive dans sa province que le 17 septembre de la même année. La règle claudienne imposant aux gouverneurs le départ avant avril n'est plus guère suivie. Les vents étésiens, qui soufflent estouest jusqu'à la mi-septembre, ne sont pas en cause : Pline, respectant le protocole, est passé par Éphèse ; il a doublé le sinistre cap Malée, jusqu'au Pirée, et pris la ligne le Pirée-Éphèse. S'il a été gêné par les étésiens[5], c'est pour rallier par cabotage le nord de l'Asie Mineure : à cette saison, leur sens s'est inversé. Le gouverneur devra associer le cabotage, aléatoire à cause des vents,

---

1. *Digeste*, I, 16.
2. *ILS*, 8995.
3. Tacite, *Ann.*, XIV, 39 et *Agricola*, 18, 6.
4. *Lettres*, I, 15 sq.
5. *Ibid.*, X, 15 à 17.

et le trajet terrestre en voiture, avec la Poste impériale, dans une « étouffante chaleur » qui l'a fait arrêter à Pergame à cause d'un accès de fièvre. Arrivé dans sa province, où il réside deux ans, et où il meurt sans doute, Pline y effectue trois voyages d'inspection, retournant à chaque fois dans sa capitale, Nicomédie. Ces inspections eurent lieu en 111-112 : Claudiopolis, en décembre 111 ; Byzance, Apamée et Pruse, en janvier 112 ; déplacement à Juliopolis. En 112-113, le gouverneur parcourt les villes du Pont, avant de rejoindre sa capitale[1]. La correspondance montre avec quelle minutie il étudie sur le terrain les problèmes locaux, notamment les travaux publics et leurs incidences budgétaires. La capitale provinciale est l'objet privilégié de sa sollicitude. Pline a noté que les « légations » obèrent les budgets municipaux : ainsi l'ambassade de Byzance apportant chaque année une adresse de loyalisme... à Rome, avec un budget de 12 000 sesterces. On découvre dans sa correspondance officielle la lourdeur et le coût des escortes ; témoin la lettre sur le préfet de la côte pontique, qui ne se contente pas de dix hommes, deux cavaliers et un centurion[2].

Le *Digeste* insiste sur la nécessité de ne pas « grever la province par les prestations d'hospitalité » et montre, à propos des dispenses, le poids des « charges personnelles » supportées par les notables, mais tout le monde est concerné : collectivités, notables, particuliers[3]. Les prestations de transport restent lourdes. Certaines professions, dans les pays grecs, ont des « immunités » qui sont très jalousées, les rhéteurs et les médecins notamment. Le problème est à la fois crucial et récurrent. Pline le Jeune en souligne l'acuité, corroborant la jurisprudence : opposant les cortèges de Domitien et de Trajan, il note que les déplacements du tyran entraînaient des réquisitions vexatoires, une hospitalité pesante ; il lance l'idée d'une publication du budget des voyages impériaux[4]. Comment ne pas alourdir les charges des administrés moyens, dans des provinces où cohabitent les cités « stipendiaires » et les « cités libres et franches », les particuliers assujettis et les corporations exemptées ?

---
1. *Lettres*, 43-44.
2. *Ibid.*, 21.
3. *Digeste*, I, 16, 4 et L, 4, 3 et 18.
4. *Panégyrique de Trajan*, 20.

Toute la modération des princes n'empêche pas les gouverneurs de faire du zèle, de sorte que l'intendance du voyage impérial est assumée autant par les réquisitions que par les achats normaux. Lors de sa grande tournée en Orient, Germanicus déplore dans un édit qu' « on ait procédé à des réquisitions de bateaux et d'animaux, occupé par la force des habitations destinées au logement, molesté des particuliers ». Le prince fait « taxer » et payer bateaux et bêtes de somme. De même, selon un papyrus d'Égypte qui rend compte des fournitures exigées dans le nome de Panopolis, en automne 298, par le grand voyage de Dioclétien, on a réparti la charge entre les « toparchies », sous forme de « liturgies » : il fallut désigner de 100 à 200 personnes pour le ravitaillement — viande, pain, céréales — à chaque étape, et pour la réparation des bateaux. Déjà lors du voyage d'Hadrien, en décembre 129, un papyrus d'Oxyrhynchos détaille les cochons de lait, les porcs et les moutons fournis, ainsi que les dattes et le foin.

Le Cursus publicus *ou la Poste impériale*

Le service institué par Auguste[1] avait au départ pour mission de centraliser les nouvelles. Le *Cursus* utilisait les voies stratégiques, et tout un réseau de relais. Le service assurait aussi le transport des personnes, dès l'époque antonine au moins : l'existence du « diplôme », ordre de mission doublé d'un titre de transport, le prouve clairement. Le *Cursus* s'insère, du Haut-Empire au Bas-Empire, dans une réglementation de plus en plus précise, sinon efficace.

L'importance de la Poste impériale est attestée par certaines carrières, notamment celle de Volusius Maecianus[2], chez qui la « préfecture des véhicules » précède la préfecture de l'annone et la préfecture d'Égypte, sous Antonin. Fonction d'apparence moyenne, la préfecture est capitale pour la bonne marche de la mécanique impériale : le titulaire vit dans l'entourage immédiat du prince. Son traitement devait être de 100 000 sesterces.

Le bureau des « diplômes » était tenu par un préposé *a*

---
1. Suétone, *Aug.*, 49, 5.
2. *CIL*, XIV, 5347.

diplomatibus[1]. Tout diplôme, pour être valable, devait porter le nom de l'empereur régnant : dans les périodes de crise, on ajoutait celui du prédécesseur. Ainsi, Othon adjoignait à son nom celui de Néron[2]. Le bureau des « diplômes » a été combiné avec le bureau *a memoria*, afin de rappeler à l'empereur les faveurs et les facilités accordées.

Mais le *Cursus publicus* est de plus en plus sollicité. Outre les fonctionnaires, il sera, sous l'Empire chrétien, accessible aux évêques se rendant à Rome ou aux synodes. Sidoine Apollinaire l'utilise[3]. Ammien Marcellin, compagnon d'armes de Julien, déplore que les évêques qui volent de synode en synode abusent du privilège accordé par Constance et « énervent le service public des transports[4] ». Dès le IIIe siècle, on note une certaine désorganisation des relais, et le manque de montures. Les abus et passe-droits dégradent le système.

Le futur empereur Pertinax, alors préfet de cohorte en Syrie, avait « resquillé » un diplôme, et le gouverneur de province le força à faire à pied le trajet d'Antioche à son corps[5]. Ces défaillances du service public expliquent les dons de montures et de véhicules — non seulement ceux de l'empereur dément, Élagabal, mais ceux d'Alexandre Sévère — aux gouverneurs de provinces, mules par six, mulets et chevaux par deux.

Il reste qu'un empire aussi vaste et aussi centralisé connaît un mouvement administratif incessant, centripète ou centrifuge, avec les problèmes d'intendance qui en découlent. Les frictions avec le monde grec pour le logement des soldats « en mission » apparaissent dans les romans comme dans le *Digeste*. Les soldats en mission ont à Rome leurs gîtes réservés, mais ailleurs prédomine l'empirisme, sinon l'arbitraire.

Naturellement, les innombrables « légations » des provinces ou des pays barbares sont prises en charge par leurs pays. Pline déplore que certaines ambassades de « loyalisme » grèvent lourdement leurs collectivités : on l'a vu pour l'ambassade de Byzance à Rome.

---

1. *CIL*, VI, 8622.
2. Plutarque, *Othon*, 3. Tacite, *Hist.*, II, 54.
3. *Lettres*, I, 5.
4. Ammien Marcellin, *Hist.*, XXI, 16, 18.
5. *Hist. Aug.*, *Pertinax*, I, 6.

La loi municipale d'Irni, retrouvée récemment en Bétique, comporte une section consacrée aux légations[1] qui en établit la nécessité périodique et le mode d'indemnisation. Fronton plaide la cause d'un décurion de Vénétie, Volumnius Serenus, et souligne qu'il a toujours accompli les missions en touchant les « frais de voyage public[2] ».

---

1. *Lex Irnitana*, V, B, chap. G (éd. J. Gonzales, JRS, 1986, p. 160).
2. *Epist. ad. amicos*, II, 7, 2 sq.

CHAPITRE VI

Mobilité des professions spécialisées

Les souverains et leurs émissaires n'étaient pas les seuls à voyager par nécessité de fonction. Dès son origine, la cité antique ne parvint jamais à assurer complètement ses besoins et elle n'eut jamais un caractère totalement autarcique, malgré son idéal d'indépendance. Elle recourait plus ou moins occasionnellement à des spécialistes professionnels, qui étaient de ce fait des itinérants.

D'autre part, l'extension continue des limites du monde connu amena progressivement les plus dynamiques des Orientaux, des Grecs et des Italiens, quel qu'ait été leur état, à élargir leur horizon et leur secteur d'activité.

Ces voyages traditionnels sont vécus à des rythmes très différents : oscillations quotidiennes entre la ville et la campagne, circonscrites au territoire restreint de la cité ; déplacements saisonniers pour exploiter tous les terroirs agricoles et approvisionner les marchés locaux ; mais aussi traversées « au long cours » des trafiquants, des explorateurs, des mercenaires et même des artistes ou des intellectuels, qui partent en quête d'aventure et de profit au mépris du danger. La part du risque explique que la plupart de ces voyages aient combiné plusieurs objectifs, privés et professionnels, lucratifs et désintéressés.

DÉPLACEMENTS SAISONNIERS ET RÉGIONAUX

Les oscillations ville-campagne

Les Grecs ont pratiqué très tôt des mouvements pendulaires entre ville et campagne. À partir du Ve siècle, les notables athéniens demeuraient habituellement en ville alors que leur richesse restait presque exclusivement foncière : Périclès et les politiciens du IVe siècle possédaient des domaines en différents points de l'Attique ; ils n'y résidaient pas et y étaient simplement dits « possessionnés ». L'exploitation de ces terres était confiée à des intendants[1], mais beaucoup de propriétaires venaient y jeter le coup d'œil du maître, en particulier à l'époque des moissons : dans la campagne autour de Milet, on avait construit, dès le VIe siècle, des habitations des champs qui servaient de « bases » pour les travaux saisonniers[2].

Ces séjours se firent plus nombreux et plus fréquents au fur et à mesure que se développa l'intérêt pour les expériences agronomiques. Xénophon en fut l'initiateur à Athènes au milieu du IVe siècle et son traité de *L'Économique* (ou « L'art de gérer une maison ») fit école jusqu'à l'époque de Cicéron. Il y évoquait la vie d'un *gentleman farmer*, chef d'exploitation avisé, bon cavalier et grand amateur de chasse, mais qui spéculait sur la terre comme n'importe quel trafiquant sur des denrées rares. Certes, il vivait entre la ville et la campagne, mais son manoir représentait sa résidence principale d'où il se rendait chaque jour à la capitale pour participer aux affaires publiques. Ce retour à la terre semble avoir caractérisé toute une génération athénienne : Thucydide signale les installations luxueuses que de riches Athéniens possédaient à la campagne vers 430. Un peu plus tard, dans les années 360, le fils d'un banquier, Apollodoros, est venu vivre sur ses terres après la mort de son père ; il ne s'en absente que lorsqu'il gère une magistrature ou exerce un commandement naval,

---

1. Plutarque, *Périclès*, 16, 3-6.
2. Hérodote, I, 17.

et il confie alors son exploitation à son voisin de campagne[1].

À l'époque hellénistique, beaucoup de notables gardaient ce rythme de vie, mais ils séjournaient principalement à la ville. Des Alexandrins de la haute société, suivant en cela l'exemple du roi lagide et de ses ministres, acquirent des domaines dans la région du Fayoum que l'on commençait à mettre en valeur au début du IIIe siècle ; ils s'intéressaient aux expériences agricoles qu'on y tentait et certains s'y firent construire de vastes résidences « secondaires ». Mais d'autres, et en premier lieu le roi lui-même, se contentèrent toujours de pavillons temporaires ou même de tentes d'apparat, quand ils venaient inspecter leurs terres.

Dans un milieu beaucoup plus traditionnel, au IIe siècle, un des principaux chefs politiques du Péloponnèse, Philopoemen, trouvait le temps de visiter quotidiennement son domaine, à moins de 4 kilomètres de la ville. L'objectif avoué était d'entretenir sa condition physique (comme tout bon citoyen-soldat) en chassant et en participant aux travaux des champs. Chaque jour, il y partait après le déjeuner, quand il était de loisir et pouvait chasser l'après-midi, ou au moins après le dîner ; il dormait là-bas, sur un lit de feuillages, comme ses ouvriers, et, le matin suivant, levé à l'aurore, il travaillait avec ses laboureurs et ses vignerons, avant de retourner en ville pour gérer les affaires publiques[2].

Le souci d'une exploitation saine a créé la tradition des tournées d'inspection sur les domaines ruraux et valorisé la maison de campagne comme cadre de vie. Mais l'idée de la « résidence secondaire », avec son style propre, n'apparaît pas encore. D'autre part, dans l'ancien monde grec éclaté en cités, ces oscillations entre la ville et la campagne peuvent à peine être qualifiées de « voyages », tant leur amplitude est faible. Dans le cadre étroit de la cité, les distances qui séparaient l'agglomération urbaine des limites du territoire agricole n'excédaient jamais quelques dizaines de kilomètres : l'aller et le retour pouvaient toujours se faire dans la même journée. Et il n'était pas question d'acquérir un domaine dans une autre région, à l'extérieur de sa cité, sinon très exceptionnellement, en utilisant un privilège qu'on octroyait parcimonieusement.

---

1. Thucydide, II, 65. Démosthène, *Contre Nicostratos*, 4.
2. Plutarque, *Philopoemen*, 4, 3-4.

Les migrations saisonnières

Le statut de travailleur saisonnier, qui « se louait » (*misthotès*) pour les travaux des champs, était assez répandu dans le monde grec dès l'époque classique[1], mais on ne se déplaçait alors que dans un faible rayon d'action. C'étaient des hommes et des femmes qui voulaient se constituer un pécule le plus vite possible : dans la campagne ligure, on racontait l'histoire d'une jeune accouchée qui revint immédiatement reprendre sa tâche pour ne pas perdre son argent[2].

La tradition des moissonneurs itinérants se poursuivit durant toute l'Antiquité en Afrique, région de grande culture céréalière : les pauvres paysans des environs de Carthage moissonnaient très tôt pour aller se louer autour de Cirta en Numidie, ce qu'un laboureur de Mactar fit pendant vingt-trois ans[3]. Au IVe siècle, on appela « circoncellions » ceux qui allaient ainsi « de ferme en ferme », c'est-à-dire de *cella* en *cella*, au sens agricole du terme.

Les déplacements saisonniers des bergers qui pratiquaient la transhumance sont également bien attestés, tant en Italie, où Varron les décrivit dans les Apennins[4], qu'en Grèce balkanique. Au-delà de Delphes, dans les régions du nord et du nord-ouest de la Grèce, qui étaient couvertes de forêts et de prairies, pasteurs et troupeaux circulaient au rythme des saisons entre des zones complémentaires : de la mi-mars à la mi-septembre, ils progressaient vers de vastes pâturages d'altitude en suivant la fonte des neiges et la pousse de l'herbe ; puis, quand l'automne ramenait le mauvais temps, ils se réfugiaient dans les plaines côtières. Cependant, à l'inverse de la transhumance alpine, l'habitat principal était celui de la montagne, celui d'été, tandis qu'il n'y avait jamais dans la plaine que des abris provisoires. Dans les îles aussi, les habitants se déplaçaient régulièrement entre lieux d'en bas et lieux d'en haut où l'eau était abondante, la brise rafraîchissante et l'herbe copieuse ; mais il y avait encore une transhumance « horizon-

---

1. Xénophon, *Helléniques*, II, 1 et *Mémorables*, II, 8 ; Démosthène, *Contre Euboulidès*, 45 ; Ménandre, *Misanthrope*, 328-331.
2. Poseidonios dans Strabon, III, 2, 4, 17 (Diodore, IV, 20, 2).
3. *ILS*, 7457, v. 10-5. Cf. *CIL*, VIII, Suppl. 11824.
4. Varron, *Res rust.*, II, 2, 9.

tale », vers des « îlots à chèvres » (*aigialia*), îlots inhabités où les troupeaux passaient l'hiver, une fois la moisson faite[1].

Le grec ancien n'avait pas de terme spécifique pour désigner ces migrations pastorales : on parlait d' « hivernage » ou de « pâturage d'été ». Pourtant, elles élargirent l'horizon des Grecs en intégrant des zones de confins, les *eschatiai*; elles contribuèrent à abolir les frontières et à favoriser l'unification de vastes territoires, ce que les Romains institutionnalisèrent en Italie à l'époque de Varron.

Colporteurs et forains

Le paysan avait d'autres occasions de voyage, dans la mesure où les communautés ne parvinrent jamais totalement à se suffire à elles-mêmes. Les terroirs de cités voisines apparurent rapidement complémentaires et le maraîcher prit l'habitude d'aller vendre l'excédent de sa production au plus offrant.

À la fin du Ve siècle, d'après Aristophane, le marché d'Athènes attirait les paysans de Thèbes et de Mégare, villes respectivement distantes de 70 et de 45 kilomètres. Ils venaient à pied, portant légumes, gibier et poissons sur leurs épaules.

Le colportage du poisson de mer semble avoir été fréquent. Au IVe siècle, un athlète vainqueur à Olympie s'était formé en acheminant du poisson d'Argos à Tégée, sur une distance de 40 kilomètres; il franchissait la montagne « en ayant sur les épaules le rude joug où pendaient les poissons ». À la même époque, l'ex-voto consacré par Amphimnastos dans le sanctuaire d'Épidaure perpétue le souvenir d'un marchand qui transportait du poisson en provenance des côtes d'Argolide vers les localités de l'intérieur[2].

On rencontrait aussi, courant les routes, tout un petit peuple de mimes, prestidigitateurs, montreurs d'animaux ou de marionnettes, acrobates, illusionnistes, diseurs de bonne aventure... que les Grecs appelaient « errant » (*planoi*). Certains d'entre eux acquirent une grande réputation et firent encore parler d'eux, bien

---

1. Dion, *Euboïque* (VII), 13.
2. Aristote, *Rhétorique*, 1365a 26. Inscription d'Épidaure *IG*, IV/1^2, 123.

des siècles plus tard : le ventriloque Eurycleidès au Vᵉ siècle ; le marionnettiste Potheinos au IVᵉ ; les prestidigitateurs qui suivaient l'armée d'Alexandre ; un cracheur de feu comme Eurycleidès de Phlyonte. Parmi ces forains figuraient des femmes, signalées par les autorités de Délos.

Rome eut également sa faune de colporteurs et de saltimbanques, qui venait dans la capitale se produire aux carrefours ou lors des jeux « scéniques », dès l'époque de Plaute et de Térence au IIIᵉ-IIᵉ siècle : la « première » d'une comédie de Térence fut concurrencée par un funambule ! Tous les métiers plus ou moins avouables, mais lucratifs, trouvaient à Rome un cadre exceptionnel[1]. Et l'on ne saurait récuser le témoignage des satiriques, tout teinté de xénophobie qu'il est.

Martial, hostile aux boniments des camelots, évoque dans la faune du Transtévère, quartier très mélangé, le colporteur d'allumettes, le charmeur de vipères, sans doute aussi étrangers que le « maître à danser de Gadès » qui a amené sa troupe. Est-ce la survie de l'antique préjugé sédentaire ? Le colporteur et le charlatan n'ont pas bonne presse à Rome : un questeur républicain fit jeter aux bêtes un des leurs. Les romans latins les dénigrent, et les mettent au niveau des « muletiers[2] ».

Le catalogue xénophobe de Juvénal insiste sur le déferlement des Orientaux, la pègre de l'Oronte de Syrie et la « lie du Nil » ; les gens des îles grecques ne sont pas mieux traités. Le satirique évoque pêle-mêle les musiciens de bas étage, joueurs de flûte et de tambourin — déjà signalés par Horace — et les professionnels des « arts d'agrément » ou des « arts libéraux » : la Grèce déverse à Rome grammairiens, rhéteurs, géomètres, peintres, masseurs, augures, funambules, médecins, magiciens... Parmi les émigrants qui s'incrustent, les Juifs, communauté nombreuse dès la fin de la République, ne sont pas ménagés : ces intrus, qui n'ont pour mobilier que « leur corbeille garnie de foin », font de la Porte Capène une forêt de mendiants. Leur femme mendie à voix basse, et vend des prophéties, « tous les mirages du monde ». On ne peut dissocier ces activités marginales de l'activité des « sectes[3] ».

---

1. *Hécyre*, Prol., I, 4 et Sénèque, *Cons. Helv.*, VI, 2-3.
2. Martial, I, 41. Apulée, *Métamorphoses*, I, 4. Pétrone, *Satiricon*, 68, 7. Cicéron, *Ad Fam.*, X, 32, 3.
3. Juvénal, *Sat.*, III, 13 sq. et 61 sq. ; VI, 543 sq.

L'APPEL AUX SPÉCIALISTES

Toutes les cultures antiques, y compris les plus anciennes, eurent recours, pour des services qui n'étaient pas courants, à des artisans spécialisés et à des artistes venus d'ailleurs, car les membres de la communauté étaient incapables de les assumer.

Dès l'époque mycénienne et le haut archaïsme, des professionnels itinérants qu'Homère appelait « démiurges » (« ceux qui travaillent pour le peuple ») apportaient le complément nécessaire à une économie agricole, fondée sur l'exploitation familiale. Les tissus et les vêtements étaient confectionnés à la maison, mais des forgerons passaient dans les villages pour fabriquer les outils indispensables. Parmi les métiers artisanaux, les ivoiriers constituaient alors un groupe particulièrement mobile. Les professionnels de la médecine et de l'écriture changeaient eux aussi souvent de résidence : ils étaient rares durant cette période et les cités devaient faire venir des gens formés à l'extérieur qu'elles recrutaient comme contractuels.

Le « coureur des mers » (*thalassoporos*) est apparu dès le second millénaire. D'Homère à Hérodote, toute la littérature archaïque trace le portrait de ce colporteur au long cours, libre de toute attache, qui sillonnait les îles du printemps à l'automne en faisant des prisonniers au hasard de ses pérégrinations pour aller les revendre ailleurs comme esclaves ; quand il ne s'agissait pas de main-d'œuvre servile, le trafic portait sur des denrées rares, de l'orfèvrerie, de la vaisselle précieuse. Le métier de « trafiquant » (*emporos*) naquit de ces besoins obsessionnels qui assuraient le luxe quotidien : les métaux, les esclaves, le vin et l'huile, les tissus fins, les parfums... Il fut le propre d'une aristocratie conquérante, animée de cet esprit d'aventure qu'exprima si bien Homère.

La mobilité méditerranéenne a très tôt développé une civilisation de l'échange dans toutes les sociétés riveraines, depuis l'Arabie qui fournissait l'encens ou la Phénicie qui apportait la pourpre, les ivoires et les bronzes, jusqu'au centre de la Gaule celtique dont les princes entassaient des trésors importés et où parvint au VIe siècle cet immense cratère de bronze, fabriqué en Italie du Sud, comme un échantillon de l'habileté des métallurgistes grecs : pour arriver à Vix, près de Châtillon-sur-Seine, il dut passer soit par Marseille et l'axe rhodanien, soit par l'Étrurie et les routes alpines.

L'habitude de faire appel à des spécialistes étrangers s'accrût encore à partir du Ve siècle et durant toute la période hellénistique et romaine en fonction de trois données. D'abord, quand les villes se développèrent, les ressources de l'agriculture locale se révélèrent insuffisantes pour nourrir la population. Dès 430, l'essentiel du ravitaillement d'Athènes arrivait par mer, comme Périclès le souligne[1]. Une foule de convoyeurs et de marchands étrangers affluait donc au Pirée, le port d'Athènes, où ils séjournaient plus ou moins longuement; venus d'Égypte, de Phénicie ou de Marseille, ils attestaient la régularité de circuits commerciaux à longue distance[2]. À une autre échelle, Rome connaît une évolution semblable, les marchands étrangers s'installant d'abord dans le Trastévère, puis près de la mer, à Ostie, dont le port se développa sous Claude et sous Trajan. À Rome et à Ostie comme à Athènes, les trafiquants se groupaient par nationalités qui possédaient chacune son siège.

Par ailleurs, la hausse du niveau de vie entraînait une exigence toujours plus grande de qualité. Des métiers très techniques et difficilement transmissibles conserveront durant toute l'Antiquité un caractère itinérant. Ainsi les médecins, qui représentaient une caste restreinte, car les écoles de médecine étaient peu nombreuses, et qui n'exerçaient pas leur activité dans un cadre libéral, étaient appelés et salariés par les cités, et se déplaçaient en jouant sur la surenchère. Les banquiers, dont la formation était très particulière, constituaient eux aussi un milieu professionnel étroit et très mobile : à Délos, au IIe siècle, ils venaient de Sicile, d'Italie, de Phénicie, de Rome, de Byzance aussi bien que des Cyclades voisines.

Dans un tout autre domaine, la politique de grands travaux publics alimente les voyages : comme matériaux rares et main-d'œuvre compétente sont de plus en plus recherchés, entrepreneurs, artisans et artistes ne cessent de circuler. À Athènes, pour les travaux de l'Acropole, les étrangers embauchés sont le plus

---

1. Thucydide, II, 62.
2. Xénophon, *Poroi*, III, 3 et 4. Ps. Scylax dans *GGM*, I, p. 94. Démosthène, *Contre Zénothémis*. Hypéride, *Contre Athénogénès*.

souvent domiciliés dans la ville ; mais pour les grands temples d'Épidaure et de Delphes, au IVe siècle, à côté des entrepreneurs locaux travaillent des gens venus de régions proches ou lointaines, tandis que les citoyens doivent aller acheter au loin la pierre, le bois et l'ivoire. À Délos, au IIIe siècle, le milieu est tout à fait cosmopolite : les maîtres d'œuvre viennent des Cyclades, mais certains transporteurs sont phéniciens ; un autre Phénicien vient jusque-là vendre son ivoire ; la poix et le bois sont convoyés par des Thraces, des Italiens, des Grecs d'Asie ; les gens de l'île d'Astypalée en Égée semblent être des marchands d'étoffes spécialisés. En général, les grands chantiers du monde hellénistique recrutaient dans l'espace de la Méditerranée orientale, mais il y a des exceptions dès le milieu du IIIe siècle, exceptions significatives du goût de l'aventure qui animait certains individus : ainsi trouve-t-on à Délos, parmi les Grecs, une équipe d'ouvriers iraniens avec son propre contremaître, un marqueur de bétail qui est un Romain du nom de Novius, et des marchands de parfums arabes. Jusqu'à la fin de l'Empire, la possibilité de mener à bien un programme de constructions monumentales dépendait du recrutement d'une main-d'œuvre de qualité : les ateliers de sculpteurs qui ont travaillé, à Rome, au mausolée d'Auguste et à l'autel de la Paix, ont circulé en Gaule. La capitale attira des architectes grecs puis syriens, des artistes d'Athènes et d'Asie Mineure. Les cités d'Anatolie, qui ouvrirent de grands chantiers sous l'Empire, embauchaient des professionnels dans une vaste aire régionale.

LES PROFESSIONNELS DU SPECTACLE

Les tournées de solistes

Qu'il s'agisse d'amateurs plus ou moins professionnels, comme les athlètes, ou de salariés, comme les acteurs et les musiciens, la vie de ceux qui se produisaient dans les concours sportifs et artistiques institués à l'occasion des grandes fêtes religieuses n'était qu'un déplacement perpétuel.

Au IIe siècle avant notre ère, une harpiste très renommée parcourait la Grèce centrale et vint séjourner à Delphes pour y accompagner le chœur lors des grandes fêtes qui n'avaient lieu que tous les quatre ans. Comme la guerre obligea d'ajourner cette manifestation internationale, elle se produisit gracieusement le jour de son arrivée pour soigner sa publicité : les magistrats de la cité l'invitèrent officiellement à jouer et elle put alors donner des auditions pendant trois jours, ce qui était le délai normal d'hospitalité. Les artistes se heurtaient donc à de nombreuses difficultés, circonstancielles ou statutaires[1].

Cette femme voyageait sans cesse, mais elle ne voyageait pas seule. Son cousin l'escortait, lui servait de chaperon et gérait sans doute sa carrière : il était associé à tous les privilèges dont bénéficiait la vedette. La cité de Delphes leur décerna, comme à bien d'autres, un éloge officiel : en effet, ces prestations marquaient assez la vie locale pour être régulièrement récompensées par des décrets honorifiques. Ce sont eux qui nous permettent de suivre, dans une certaine mesure, les déplacements des artistes ou des athlètes et de reconstituer des circuits de grande ampleur. Sous l'Empire, on repère les voyages d'artistes (comme ceux, d'ailleurs, des conférenciers) aux titres de « citoyen d'honneur » dont ils ont été gratifiés lors d'une étape, en récompense de leur talent, et que les plus célèbres finissent par cumuler.

Athlétisme et mobilité sportive

Dès avant la conquête d'Alexandre, les athlètes se déplaçaient au loin. Et ils étaient même alors les seuls à le faire, parmi les gens du spectacle, puisque les poètes, les musiciens et les acteurs, qui concouraient également à la fête, se recrutaient sur place ou dans une aire limitée. En principe amateurs, suivant les exigences de la tradition agonistique grecque, et en pratique issus des familles aristocratiques, les champions sportifs n'en avaient pas moins acquis, dès l'époque archaïque, un caractère semi-professionnel. De ce fait, dès qu'on possède des listes de vainqueurs ou des monuments commémoratifs de victoires, on observe la présence des mêmes athlètes sur tous les stades de la *periodos* et on constate dès le VIe siècle des déplacements à longue distance avec la

---

1. *Syll.*³, 738, A et B.

participation, à Delphes ou à Olympie, de compétiteurs venus d'Italie du Sud, comme le célèbre Milon de Crotone, ou des îles de la mer de Thrace, comme le non moins illustre Théogénès de Thasos.

À l'époque hellénistique, la multiplication dans toutes les capitales royales (et même dans des villes de moindre importance comme Milet ou Magnésie du Méandre en Asie) de concours déclarés « isolympiques » ou « isopythiques » oblige les athlètes à considérer désormais toute la Méditerranée comme leur espace professionnel. Même l'Italie, autrefois rebelle à l'athlétisme grec, leur offre un cadre favorable depuis Auguste[1]. Le prince se vante d'avoir « deux fois donné au peuple le spectacle d'athlètes venus de tous les pays ». Les factions du cirque, qu'on connaît très bien par les épitaphes, recrutent un grand nombre de cochers étrangers — grecs, orientaux, voire espagnols. Les athlètes et les cochers seront les premiers professionnels à éviter l'infamie qui s'attache au monde du spectacle[2].

Les centres de formation les plus célèbres se situent à Rhodes et à Alexandrie, au Gymnase. Ils « font » tous les concours du monde gréco-oriental et cherchent à collectionner les couronnes et les palmes.

Au début de l'époque antonine, Dion Chrysostome contribue à maintenir l'esprit olympique de compétition en exaltant la couronne d'olivier difficile à conquérir, et parfois préférable à la vie[3].

On est mal renseigné sur la mobilité dans les factions du cirque : les transferts, nombreux, se font dans la capitale. Les épitaphes de cochers fait apparaître souvent un recrutement provincial : un Maure, un Hispano-Lusitanien, des Gréco-Orientaux[4].

La compétition multiple permet de collectionner les victoires, mais peut aussi fatiguer les champions.

Les inscriptions agonistiques font autant état de la participation assidue aux concours que des victoires : on se vante « d'avoir été sélectionné et d'avoir concouru brillamment », non seulement à

---

1. *Res gestae,* XXII.
2. *Digeste,* III, 2, 4 : Ulpien.
3. *Discours aux Rhodiens* (XXXI), 110.
4. *ILS,* 5277-5313, *passim.*

VOYAGER DANS L'ANTIQUITÉ

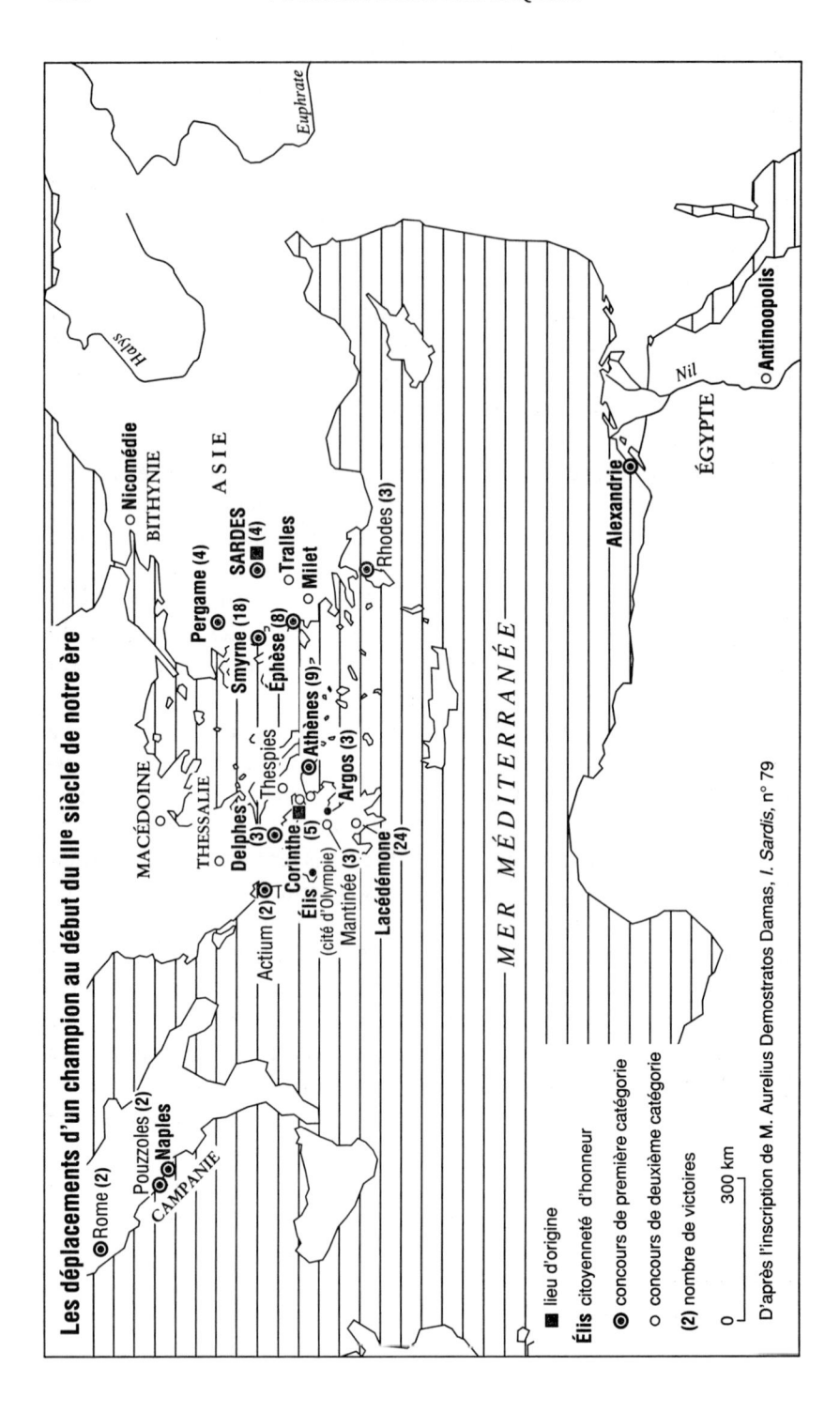

Les déplacements d'un champion au début du IIIe siècle de notre ère

- ■ lieu d'origine
- Élis citoyenneté d'honneur
- ◉ concours de première catégorie
- ○ concours de deuxième catégorie
- (2) nombre de victoires

D'après l'inscription de M. Aurelius Demostratos Damas, *I. Sardis*, n° 79

Olympie et à Delphes, mais aussi à Naples et aux fêtes d'Actium. Spécialiste du pentathlon, Démétrios de Salamine de Chypre énumère les 47 concours auxquels il a pris part, pour « un talent ou un demi-talent ». Un pugiliste de Magnésie du Méandre a été « invaincu » sur tous les stades. Le boxeur Androléos, personnage de fiction poétique, mais combien conforme au type réel, a été un concurrent tenace, mais malheureux, dans tous les concours de la Grèce. Le pugiliste bien réel Marcus Aurelius Asclépiadès a combattu dans trois régions, « Italie, Hellade, Asie ». Sans doute s'agit-il de plusieurs participations successives. Le pancratiaste Damas de Sardes ajoute à sa liste Alexandrie, et affiche... 68 concours sacrés. La gloire se veut panhellénique : P. Cornelius Ariston est un pugiliste éphésien qui se vante de sa victoire olympique et déclare avoir été proclamé « pour l'Asie entière ». Clycon « n'a été battu ni en Italie, ni en Grèce, ni en Asie ». Inscriptions et poèmes soulignent la spécialisation des athlètes, mais il arrive qu'on cherche la gloire dans plusieurs disciplines : en 156 av. J.-C., le Rhodien Aristoménès a été couronné à la fois pour la lutte et pour le pugilat, tout comme son compatriote Léonidas. La hiérarchie des concours est mouvante : l'Italie, pour des raisons politiques, finira par surclasser la Grèce et l'Asie dans toutes les énumérations. Ainsi les *Sebasta* de Naples, en l'honneur d'Auguste, sont plus cotés que les *Sebasta* de Pergame.

Alexandrie attire évidemment moins les champions, sous l'Empire, qu'au temps des Ptolémées, à l'apogée du Gymnase. Ptolémée IV Épiphane suivait ses champions comme *supporter* : aux concours Olympiques, il soutenait Aristonikos contre l'illustre Clitomaque. Or la foule d'Élide vocifère et hue le boxeur gréco-égyptien[1].

Malgré la « montée » de l'Italie, les déplacements des athlètes resteront centrifuges sous l'Empire, en direction de toutes les grandes métropoles et de tous les centres consacrés.

La trépidante mobilité des champions, orgueilleusement soulignée par leur généalogie (famille, ville d'origine), a ses inconvénients : le boxeur gréco-égyptien Apollonios, en 93 av. J.-C., rate la victoire olympique parce qu'il a fait le tour des concours d'Asie

---

1. Polybe, XXVII, 9 ; *Anth. Pal.*, IX, 588.

Mineure. Le champion meurt souvent en déplacement. Ainsi le pugiliste Rufus d'Éphèse trouve-t-il la mort à Olympie, comme son confrère Arrichion. Un jeune athlète venu des rives du Danube décède à Smyrne, sans doute à l'escale, alors qu'il allait concourir aux *Pythia* de Delphes.

La mobilité et la passion de concourir coûtent cher aux cités, en frais de voyage, en primes, en « pensions » : ces dernières peuvent être aliénables ou héréditaires. Les dépenses sportives grèvent les budgets municipaux, car certains champions sont gourmands. On peut citer au hasard tel vainqueur olympique qui exige 30 000 drachmes pour se présenter dans un concours local d'Asie Mineure ; tel boxeur du IIIe siècle av. J.-C. qui réclame deux pensions de 180 drachmes. Hermopolis d'Égypte, en une seule année, a dépensé 50 000 drachmes sous cette rubrique. On s'est posé le problème de l'organisation corporative des athlètes. Ils devaient avoir des structures analogues à celles des artistes. Il existait en Orient une association sacrée du Gymnase et, à Sardes, une association d'Héraklès : ce dernier, transféré à Rome et protégé par les Antonins, se déclare itinérant[1]. De l'époque hellénistique à l'Empire, le vainqueur multiple, le « périodonique », prépare comme un triomphe son retour solennel : c'est l'entrée « isélastique », encore pratiquée dans la Bithynie de Pline le Jeune.

Les compagnies théâtrales

Aux concours dramatiques, à l'époque classique, on recrutait sur place auteurs, acteurs et musiciens. Alexandre a contribué à les entraîner en Asie, loin de leurs cités d'origine ; ensuite, les cours et métropoles hellénistiques formèrent, avec leurs fêtes, de nouveaux pôles d'attraction. Les gens du spectacle devinrent des déracinés, voire des déclassés. Aristote, dans ses *Problèmes*, les montre travaillés par l'ivrognerie, le vice, la paresse. Or, pour se défendre, ils constituèrent des « guildes », comme le célèbre collège des « Artistes de Dionysos », qui avait son siège à Lébédos, dès le IVe siècle avant notre ère. Ces associations de caractère religieux

---

1. *IG*, XIV, 1102-1110.

protègent les intérêts matériels sur une base contractuelle : on a conservé un décret du IIIᵉ siècle établissant entre les cités d'Eubée une convention régionale pour les *Dionysia* de Carystos, les *Erétria* de Chalcis et Oréos, les *Démétrieia* d'Oréos[1]. Les contrats regroupent des professionnels complémentaires : rhapsodes, citharistes des deux sexes, choristes, flutistes, etc. Telle est la troupe des *Sôteria* de Delphes, fondée par le décret de 248 av. J.-C.[2]. On a également conservé des documents d'Égypte qui montrent la parfaite obédience aux souverains lagides des « Artistes dionysiaques ». La guilde garantit, outre les contrats, une immunité internationale, négocie les conditions de voyage et « régule » le marché de l'emploi, les artistes obéissant aux lois de l'offre et de la demande. Il faut admettre que l'association favorise à la fois l'implantation territoriale et la mobilité. Cette mobilité est le lot, depuis Alexandre, des acteurs et des musiciens.

Poésie et inscriptions, aux premiers siècles de l'Empire, semblent converger vers la même conclusion, celle de la mobilité des citharèdes et des musiciens, au moins dans l'espace panhellénique : ainsi ce musicien de Lydie « couronné dans tous les concours sacrés œcuméniques depuis les *Capitolia* [de Rome] jusqu'à Antioche de Syrie[3] ».

Sur le chemin des grandes fêtes du monde grec, les amuseurs côtoyaient les artistes célèbres et donnaient des intermèdes. Au IIIᵉ siècle av. J.-C., l'un d'entre eux, à Délos, vient d'Italie ; on l'appelle *rômaistès*, le « Romain » ; il a dû produire un spectacle de mime[4].

Quand Rome conquiert le monde hellénistique, elle hérite de cette situation. À Rome, il existait des collèges de musiciens et de poètes, qui assuraient aux professionnels du spectacle, plus ou moins frappés d' « infamie », une tutelle religieuse et un patronage : celui des « scribes et histrions » était logé dans le temple de Minerve sur l'Aventin[5]. Mais sa compétence paraît locale. Dans le monde grec conquis, Rome doit arbitrer des conflits territoriaux liés à l'exercice de la profession théâtrale. Ainsi, dès 111 av. J.-C.,

---

1. *IG*, XII/9, 207 et suppl. (294-288 av. J.-C.).
2. *SEG*, I, 187 A et B.
3. *IGR*, IV, 1432 et 1636.
4. *IG*, XI/2, 1331, 81.
5. *GL* (éd. Keil), p. 333 ; Tite-Live, XXVII, 37.

un sénatus-consulte tranche entre les prétentions respectives de la guilde d'Athènes et de la guilde de l'Isthme[1]. La pétition athénienne rappelle une procédure instruite devant le préteur de Macédoine : la scission d'un groupe a intégré des éléments thébains ; Rome est priée de garantir aux ayants droit « honneurs, bienfaits, allocations pécuniaires, dons et couronnes ». Le sénatus-consulte conclut au *statu quo,* donc au partage géographique.

L'histoire du spectacle romain s'éclaire par la mobilité des professionnels : les baladins étrusques ont introduit à Rome, en 364 av. J.-C., leur danse et leur chorégraphie ; le théâtre est venu d'Étrurie et l'hippisme de Grande Grèce (Thourioi)[2]. La conquête a favorisé, à partir du terroir italiote et sicilien, l'assimilation des genres comiques inférieurs, issus des traditions dorienne ou ionienne : « mimodies » versifiées et chantées, « magodie » triviale, « hilarodie » qui parodie les mythes, « cinaedologie » licencieuse d'Ionie. Tous ces genres ont dû être diffusés par des troupes ambulantes plus ou moins protégées par un statut « dionysiaque ». Les grotesques du « phlyax », bouffonnerie tragi-comique, et les acteurs des autres « mimodies » ont promené leurs tréteaux de Grande Grèce en Sicile, et jusqu'au Latium. La Via Appia, construite en 312 av. J.-C., a facilité les échanges, pour les genres grecs comme pour l' « atellane » campanienne.

Il est certain que la « montée » vers le Latium des histrions grecs se fond dans une migration plus vaste : celle de tous les bateleurs et de tous les amuseurs, y compris les boxeurs et lutteurs. Quand les choristes grecs se produisent à Rome en « première », la foule, peu ouverte à l'art, les prend pour des boxeurs et les convie à la lutte[3].

Les ambulants du spectacle sont représentés sur les documents figurés. Le plus célèbre est la mosaïque de Pompéi provenant de la villa dite de Cicéron : un homme jouant des castagnettes, une flûtiste, une joueuse de tambourin et un enfant ; leur physionomie ne respire pas la gaieté.

---

1. FIRA, I, p. 248-255 (*Syll.³*, 705).
2. Tite-Live, VII, 2 ; Tacite, *Ann.*, XIV, 20-21.
3. Polybe, XXX, 22.

Les gladiateurs

Rome a aussi créé ses professionnnels : les gladiateurs. Formés dans les écoles de Campanie, très prospères à la fin de la République, ils « montent » souvent à Rome, et ils parcourent les cités italiennes, encadrés par le « laniste ». Leur déplacement est plus un transfert militaire qu'une migration volontaire. Esclave, le gladiateur est la chose du laniste ; homme libre engagé, il a accepté la discipline militaire. À l'époque impériale, les princes, notamment les Julio-Claudiens, forment les gladiateurs de leurs spectacles dans des écoles, *ludi*. Si l'on excepte le grand *Ludus* et les autres écoles de la capitale, on note une certaine décentralisation : il existe des *ludi* impériaux à Nîmes, à Alexandrie[1], voire à Gadès et à Cordoue, en dehors des écoles d'Italie. La dissémination géographique entraîne des déplacements fréquents, parfois lointains. La mobilité est à la fois le lot des *familiae* privées qui cherchent des engagements, selon le calendrier des fêtes de l'Empire, et des gladiateurs impériaux. La troupe de Sergiolus fut transférée jusqu'à Pharos (Alexandrie) et c'est ainsi qu'Eppia, femme de sénateur, suivit le voyage pour l'amour de son gladiateur[2].

Un tel transfert constitue l'exception, car l'Égypte est plutôt exportatrice de gladiateurs. L'épigraphie funéraire et les conclusions onomastiques qu'elles autorisent permettent d'établir qu'en général les gladiateurs grecs ou orientaux — Grecs de Phrygie, de Syrie, d'Alexandrie, voire Arabes — sont transférés d'Orient en Occident. Le phénomène inverse est plus rare : il s'explique, sous Auguste, par l'introduction de la gladiature romaine en Orient[3] ; ensuite, les listes d'Orient ne semblent révéler qu'une origine régionale. Du reste, l'Orient grec pratique volontiers l'autarcie : les grands-prêtres de Pergame, chargés du culte impérial, avaient leur école de gladiateurs ; en pleine Grèce romanisée, sous les Antonins, les notables font des voyages vers la Thessalie pour se procurer gladiateurs et bêtes féroces[4].

---

1. *CIL*, XII, 3327-3334.
2. Juvénal, *Sat.*, VI, 82 sq.
3. *IG*, XII/8, 549.
4. Apulée, *Mét.*, IV, 13 : Démocharès à Thèbes ; X, 18 : Thiasus en Thessalie.

DES INTELLECTUELS ITINÉRANTS

Panhellénisme et cosmopolitisme intellectuels

Les panégyries grecques ont fourni aux hommes de lettres comme aux athlètes leur principale occasion de voyages, dès l'époque classique au moins. En effet, comme le rappelle Isocrate dans le *Panégyrique*, c'était un lieu où les intellectuels pouvaient montrer leur intelligence, dans leurs discours, autant que les sportifs leur adresse et les artistes leur savoir-faire.

Pythagore le premier aurait souligné l'importance et l'intérêt de la panégyrie, « cette foire où se déploie toute la magnificence des concours et où afflue toute la Grèce » ; si certains « demandent aux exercices physiques les couronnes qui donnent gloire et célébrité », si les « vendeurs et acheteurs » sont nombreux, le public le plus distingué vient en observateur des mœurs et de la société[1].

Dans la deuxième moitié du Ve siècle, Hérodote donnait des lectures publiques à Olympie, inaugurant une pratique à laquelle resteront fidèles les historiens hellénistiques. Ces derniers utilisent ces tournées pour se faire connaître, mais aussi pour rassembler des monographies locales, matériaux nécessaires aux ouvrages qu'ils préparent : c'est ce que rappelle un décret honorifique voté par la cité d'Amphipolis pour un historien qui avait séjourné un certain temps dans la ville[2]. Ainsi le voyage fait-il partie du genre de vie de l'historien, puisque sa démarche est celle de l' « enquête » — sens premier du mot « histoire » — et cela devient un lieu commun dans la description de sa façon de vivre.

Les tournées de poètes sont tout aussi habituelles. On les exhibe parfois dès leur plus jeune âge, comme des enfants prodiges[3]. Le poète Archias était né en Orient ; avant l'âge de dix-sept ans, il avait été produit en Asie Mineure, en Grèce et en Italie du Sud. Ensuite, il accompagna Lucullus en Asie et en Sicile, avant de faire une tournée en Grande Grèce. Il arriva enfin à Rome, où il fut le

---
1. Cicéron, *Tusculanes*, V, 3, 8.
2. *SEG*, XXVIII, 534. *FD*, III/3, 124, *Études thasiennes* v, n° 166.
3. *Inscriptions de Délos*, 1506.

protégé des grandes familles — les Metelli, les Luculli — et de Crassus[1].

Mais ce sont surtout ceux qui dispensaient l'enseignement supérieur (rhétorique et philosophie), ces professeurs que l'on appelait les sophistes, qui ont contribué à mettre en place, dès le Ve siècle, la tournée de conférences et qui ont tiré le meilleur parti des panégyries.

Les dialogues de Platon peignent les sophistes du Ve siècle comme de grands voyageurs et comme des itinérants du savoir : Hippias venait à Olympie pour montrer son savoir-faire universel, avec des vêtements et des sandales qu'il avait confectionnés de ses mains et tout un répertoire de « poèmes, épopées, tragédies, dithyrambes ». La réunion dans une maison d'Athènes d'intellectuels issus de tous les horizons contredit l'image du philosophe physiquement sédentaire, dont seule la pensée voyagerait : il y a là Hippias d'Élis, toujours lui, avec un groupe de compatriotes, Prodicos de Kéos, Antimoiros de Mendè, qui voyage auprès de Protagoras pour apprendre le métier, et tous ces « étrangers que [le sophiste] entraîne à sa suite, hors de toutes les villes qu'il traverse, en les tenant sous le charme de sa voix comme un nouvel Orphée[2] ». Protagoras repassait périodiquement à Athènes, comme le faisaient aussi le mathématicien Euclide, un familier de Socrate, ou encore Théétète, autre héros d'un dialogue platonicien, qui était venu d'Héraclée du Pont, en mer Noire, pour professer les mathématiques à l'Académie après avoir été étudiant à Cyrène en Libye.

Ce sont ces sophistes, enfin, qui surent utiliser ces grands rassemblements populaires qu'étaient les panégyries en développant un type d'éloquence spécialement adapté, le « panégyrique », discours prononcé — réellement ou fictivement — lors d'une de ces fêtes pour en appeler à une conscience panhellénique, par-delà les clivages politiques et régionaux... Gorgias composa le premier, pour les Olympiques et les Pythiques, et nous avons conservé celui d'Isocrate. Ce cosmopolitisme des sophistes, et le relativisme qu'il engendrait, ont souvent paru subversifs aux cités et ont entraîné procès et interdictions, de séjour ou d'enseignement.

---

1. *Pro Archia*, 3,5.
2. *Protagoras*, 314e-315a-e.

Les déplacements des intellectuels à travers l'Orient grec se poursuivent durant toute l'époque hellénistique. Les philosophes populaires, comme le cynique Antisthène au IVe siècle [1], fréquentèrent à leur tour les panégyries pour y prêcher. Comme pour les athlètes et les artistes, nous saisissons une partie au moins de leurs voyages par le biais des décrets honorifiques que leur décernaient les cités où ils passaient, en récompense de leurs prestations et de leurs talents. Ces honneurs comprenaient bien souvent le droit de cité local : à l'époque hellénistique et sous l'Empire, l'intellectuel était donc un parfait cosmopolite, qui collectionnait les citoyennetés et se trouvait partout chez lui. Le poète Archias, déjà cité, reçut en Italie du Sud, « citoyenneté et gratifications » d'Héraclée, Tarente, Locres, Rhégium et Naples ; Cicéron plaida pour lui la cause du cosmopolitisme intellectuel, de la « république des lettres ». Pourtant, l'entrée des intellectuels grecs dans la péninsule italienne avait été décalée dans le temps : elle commence véritablement au milieu du IIe siècle av. J.-C., après la victoire sur la Macédoine.

Si Rome est allée très tôt chercher en Grèce la révélation de la culture, elle a eu longtemps à l'égard des intellectuels grecs, immigrants ou itinérants, des réactions autarciques de rejet. Ainsi, pour lutter contre la « corruption étrangère » que dénonçait Caton en 195 av. J.-C., Rome a expulsé en 173 deux épicuriens, Alceus et Philiskos, et tenté d'interdire de séjour les rhéteurs et philosophes grecs. Mais il s'agissait là d'un combat d'arrière-garde. Dès 155, Athènes envoie en ambassade les représentants des écoles philosophiques dominantes, l'académicien Carnéade, le stoïcien Diogène de Babylone, le péripatéticien Critolaos. Reçus au Sénat à titre officiel, les ambassadeurs se font conférenciers ; ils parcourent les *auditoria* et les écoles [2].

Carnéade a surtout frappé les Romains par sa virtuosité dialectique : il affirmait et niait, défendant tour à tour la thèse et l'antithèse ; il exaltait la justice pour la saper ensuite, opposant à cette loi des cités le réalisme politique, plus ou moins cynique, et l'utilité, loi des espèces ; il relativisait la justice en distinguant les droits sociologiques et le droit naturel. La bonne conscience

---

1. Diogène Laërce, VI, 2.
2. Polybe dans Aulu-Gelle, VI, 14 ; Pline VII, 112 ; Cicéron, *Rep.*, III, 30.

politique de Rome et l'impérialisme civilisateur sortaient fort diminués du débat. Les « vieux Romains », et à leur tête Caton, ont, d'après Plutarque et Pline l'Ancien, tenté de renvoyer les philosophes à « leurs écoles », loin de la jeunesse romaine. Ces premières conférences, sauf les exposés « vertuistes » de Critolaos et Diogène, ont joué un rôle de provocation intellectuelle, et la « doctrine transmarine », apportée par le voyage, est venue trouver les Romains après la découverte de la Grèce par les *imperatores* et avant les premiers voyages d'études en Grèce. Une formule intermédiaire, au Ier siècle av. J.-C., consiste dans le « mécénat » intellectuel : les philosophes, comme les poètes, peuvent figurer dans l'entourage des chefs ; ainsi Antiochos d'Ascalon suivant la carrière asiatique de Lucullus [1], à Alexandrie, sinon à Cyrène, en Crète, en Syrie, à Rhodes.

La seconde sophistique ou la culture voyageuse

Les héritiers des Gorgias et des Hippias, au IIe siècle de l'Empire, les représentants de la « seconde sophistique », ont repris et amplifié la tradition de la conférence itinérante. Avec eux, la culture s'est faite voyageuse.

La paix romaine donne alors sa pleine extension au panhellénisme culturel et les panégyries grecques sont toujours aussi fréquentées. À l'époque flavienne, le sophiste Dion préconise des « théories » dans la plus pure tradition grecque ; durant son exil, il a profité de son passage dans les Balkans pour assister aux concours de l'Isthme, et il a médité sur la signification philosophique de la panégyrie ; sa réflexion sur l'athlétisme, marquée par le stoïcisme, se révèle parfois assez critique à l'encontre de la « théâtromanie » qui déplace les foules de l'Orient grec. On vit donc à Olympie le cynique Démétrios, Apollonios de Tyane, le stoïcien Épictète, Lucien, tous les grands noms de la seconde sophistique. L'imprévu et le sensationnel ne sont pas exclus puisque, en 165 de notre ère, le cynique Pérégrinus s'immola par le feu lors des fêtes d'Olympie [2].

---

1. Plutarque, *Lucullus*, 11, 28 et 42.
2. Lucien, *Sur la mort de Pérégrinus*, 1, 3, 32-36, 39.

Les déplacements des sophistes sont jalonnés par les « citoyennetés d'honneur » qu'ils continuent à recevoir dans l'Orient grec, mais aussi par les en-têtes de leurs discours. À la fin du Iᵉʳ siècle, Dion, originaire de Pruse en Bithynie, au nord-ouest de l'Asie Mineure, a prononcé des discours d'apparat à Ilion, Rhodes, Alexandrie, Athènes, Olympie, Naples et Rome... ainsi que d'autres discours politiques dans des cités voisines d'Asie. En récusant pour lui-même cette manière d'agir, il nous a donné sur un mode parodique la description d'une de ces tournées d'orateur à succès [1] :

> Si réellement je me plais à voyager, je devrais faire la tournée des plus grandes cités, escorté avec force enthousiasme et marques d'honneur. Ceux chez qui j'arriverais me remercieraient et me prieraient de leur parler et de les conseiller, et ils s'attrouperaient à ma porte dès l'aurore, cela sans aucune dépense ni contribution de ma part, si bien que tous m'admireraient.

Au IIᵉ siècle, Aelius Aristide, né lui aussi en Asie, dans la région de Pergame, s'est adressé à Pergame, Éphèse, Smyrne, Rhodes, Sparte, et il a écrit des discours d'apparat prononcés à Cyzique (sur les Détroits), à Athènes et à Rome où il se rendit en 143. Ainsi l'orateur de talent allait-il de ville en ville jusqu'à Rome, pour obtenir la sanction officielle de sa renommée, en y lisant des discours tout préparés et passe-partout qui faisaient l'éloge de la cité et de son dieu ou qui traitaient de quelque lieu commun, littéraire ou moral.

La recherche de la gloire était la principale motivation de Lucien. Il a défini l'activité du sophiste comme « un métier qui permettait de visiter le monde, selon la promesse d'éducation (*Paideia*), et de revenir, couvert de gloire, au pays natal ». Lui-même a utilisé dans ses œuvres des impressions et des expériences tirées des voyages qu'il avait effectués dans le Pont, à Olympie, en Gaule, en Égypte et en Syrie d'où il était originaire [2].

Les sophistes illustres, fidèles à une pratique que l'on observe déjà à l'époque hellénistique pour des historiens de cour [3], ont souvent assumé des missions officielles pour le compte des cités

---

1. Dion de Pruse, XLVII, 22.
2. *Le Songe*, 18 ; *Héraclès, Apologie, De dea Syria*.
3. *Choix d'inscriptions de Délos* (éd. Dürrbach), n° 54.

ou du pouvoir impérial. Goût du voyage ou du service public ? Curiosité et attachement au commerce des idées ? Toutes ces motivations sont associées. Si on laisse de côté les missions officielles d'Hérode Atticus, le célèbre sophiste athénien de l'époque de Marc Aurèle, on évoquera Alexandre de Séleucie : il accomplit une ambassade à Rome auprès d'Antonin et, plus tard, se rendit en Pannonie sur convocation de Marc Aurèle. Sous Alexandre Sévère, Aspasios de Ravenne visita, dans la suite impériale, de nombreuses régions du monde.

Grands voyageurs qui cherchent la gloire dans l'éloquence d'apparat et que protège le pouvoir, les sophistes de renom soignent leur publicité : ils se font désirer, et leur « arrivée » rappelle l'*aduentus* princier. Leur popularité dépend un peu du faste de leur train de voyage, qu'ils cultivent donc — comme les avocats célèbres de Juvénal. Aussi se font-ils souvent offrir des chevaux et des bêtes de somme. Tel était le cas d'Alexandre de Séleucie, contemporain d'Hérode Atticus.

Polémon, dans ce domaine, s'est mis en vedette[1]. Lui qui a hébergé à Smyrne Antonin le Pieux, proconsul d'Asie, était célèbre pour son train de voyage : bêtes de somme et chevaux, nombreuse domesticité, espèces canines variées pour la chasse ; lui-même se déplaçait sur un « char celtique ou phrygien à brides d'argent ». Très sensible aux privilèges, il avait obtenu de Trajan le droit de « circuler gratuitement sur terre et sur mer » — sans doute l'accès à la Poste impériale et aux navires militaires. C'est l'époque où Pline le Jeune critique l'abus des « diplômes ».

Voyages de médecins

Ainsi qu'on l'a déjà relevé, les médecins sont tout naturellement appelés à voyager pour faire carrière. Comme il s'agit à l'époque classique et hellénistique d'un métier extrêmement spécialisé et en général d'un office public, recruté et rétribué par la cité, ils se déplacent en fonction de l'offre et des conditions qui leur sont faites : à la fin du VIᵉ siècle, le médecin Démocédès, originaire

---

1. Philostrate, *V. Soph.*, II, 1 (551-552, 564), 5 (571), 25 (532-533), 33 (627).

d'une cité d'Italie, fut engagé par Égine, une île de l'Égée, pour 6 000 drachmes annuelles, puis par Athènes pour 10 000 drachmes, et enfin par Samos pour 12 000 drachmes[1].

L'exercice de la profession est aussi important que le souci d'une formation continue. Cet apprentissage « sur le terrain » est souvent tributaire de l'implantation géographique des écoles de médecine. On cherche l'école favorite et l'éclectisme, érigé en méthode philosophique, impose d'en fréquenter successivement plusieurs.

LE NOMADISME DES SOLDATS

Paradoxalement, on dispose de moins de précisions sur les déplacements plus lointains, ceux des soldats et des marchands. C'est que leur activité, moins illustre et moins entourée de publicité, les faisait rarement connaître en tant qu'hommes.

On peut toutefois imaginer la précarité de leur existence et les dangers des professions itinérantes, par exemple à partir des prières pour le bateau et l'équipage qu'on trouve assez fréquemment dans les lieux saints. Mais leurs silhouettes apparaissent parfois en filigrane dans une relation de voyage ; ainsi quand Strabon décrit Comana, lieu de pèlerinage d'Asie Mineure, sur la route d'Arménie, où marchands et soldats allaient notoirement dépenser leur argent[2].

Les conquêtes orientales d'Alexandre, l'organisation des royaumes hellénistiques, leurs affrontements, qui ont permis à Rome d'unifier sous son égide le bassin méditerranéen, entraînèrent, à partir du IIIe siècle, le déplacement des théâtres d'opérations. La comédie grecque et latine montre les campagnes lointaines du Matamore, éternel errant, fier de ses exploits mythiques et attaché aux profits de la guerre. Le Pyrgopolynice de Plaute (« grand preneur de citadelles »), tout comme le parasite Charançon, incarnent ce type[3] :

---

1. Hérodote, III, 131.
2. Strabon, XII, 3, 36.
3. *Curculio*, 438-448 ; *Miles gloriosus*, 42-53.

CHARANÇON. — Il y a trois jours que nous sommes arrivés en Carie, retour de l'Inde. Le soldat veut s'y faire faire une statue d'or massif, en pur métal de « philippes », de sept pieds de haut, pour commémorer ses exploits.

LYCON. — Pourquoi ce monument ?

CHARANÇON. — Tu vas le savoir. Parce que les Perses, les Paphlagoniens, les Sinopéens, les Arabes, les Cariens, les Crétois, les Syriens, la Rhodie et la Lycie, les pays de Boustifaille et de Boissonnaille, la Centauromachie et l'armée Unomamellienne, toute la côte libyque et toute la Contérébromnie, bref la moitié de tous les peuples de l'univers, il les a, à lui seul, subjugués en moins de vingt jours.

LYCON. — Bigre !

CHARANÇON. — Cela t'étonne ?

LYCON. — Oui, car même si tous ces peuples avaient été enfermés en cage comme des poulets, on n'aurait pu en faire seulement le tour en une année.

Cette tirade illustre la mégalomanie de l'aventurier militaire, avec son mélange de topographie réelle, de géographie mythique (les Centaures) et de fantaisie truculente. Le « soldat » de comédie est un apatride qui se vend au potentat le plus offrant ; il recrute à l'occasion des « mercenaires ». À son retour de campagne, il rêve d'inonder les filles de cadeaux — esclaves syriennes, étoffes phrygiennes, pourpre phénicienne, fourrures du Pont[1]... Mais le soldat de comédie reflète un type historique : celui des soldats hellénistiques vivant en nomades, surtout au IIIe siècle. Les « gens du bagage » tiennent une très grande place dans les armées d'Alexandre et des Diadoques ; le soldat voyage avec sa famille et ses biens.

À l'heure où Rome se heurte à l'Orient hellénistique, les soldats caricaturaux de la comédie ont valeur d'avertissement : ils sont le repoussoir de la « discipline militaire ». Or le nomadisme militaire, dès le IIe siècle avant notre ère, a quelque peu contaminé les légions transportées outre-mer. Bientôt se développe, dans l'armée romaine, une suite nombreuse de « boutiquiers », de « valets d'armée ». Scipion Émilien en expulsera beaucoup du camp de Numance vers 135, avec 2 000 prostituées[2]. En attendant

---

1. Plaute, *Truculentus*, 516 sq.
2. Valère Maxime, *Fact. dict. memor.*, II, 7 ; *Disc. milit.*, I.

de former des bandes de brigands sous l'Empire, soldats trafiquants et soldats déserteurs apparaissent dans les légions d'Orient.

Ce nomadisme militaire s'accordait particulièrement avec la pratique du mercenariat qui caractérisa plusieurs périodes de l'Antiquité. À la fin du IIe millénaire et au début du Ier, des Crétois et des Grecs, auxquels leur armure de bronze conférait une supériorité incontestable, entrèrent au service des empires orientaux, égyptien ou assyrien : les graffiti que les mercenaires grecs d'un pharaon laissèrent à Abu Simbel, alors qu'ils accompagnaient le roi aussi loin que la seconde cataracte du Nil, constituent le premier témoignage de tourisme militaire que nous ayons conservé[1]. À partir du IVe siècle, ce sont les États grecs eux-mêmes qui recoururent aux soldats de métier ; on les fit venir d'abord de Crète et des régions montagneuses des Balkans, qui avaient gardé une forte tradition militaire, puis de la périphérie du monde grec quand Thraces, Scythes, Gaulois, Iraniens, Italiens s'embauchèrent dans les armées hellénistiques.

Le mercenariat est le plus grand facteur de déplacement de population à l'époque hellénistique : les listes de garnisaires ou les nécropoles des grandes capitales comme Alexandrie, donnent une idée assez juste de la bigarrure de ces armées. Cependant, le soldat de métier n'était pas toujours un voyageur ; beaucoup tendirent à se sédentariser, soit en tenant garnison, soit en s'installant, en Égypte notamment, comme paysan-soldat. L'expérience du voyage était surtout recherchée par de jeunes notables qui s'engageaient pour une courte période, à l'occasion d'un exil ou d'un temps de vacance dans leur carrière politique. Philopoemen, qui commanda les Achéens au début du IIe siècle, partit ainsi servir à deux reprises en Crète, la première fois pour un temps d'apprentissage, la seconde dans un dessein d'ambition personnelle[2] : il était ennemi de l'oisiveté et voulait entretenir ses talents militaires, qui constituaient tout son capital.

---

1. *Greek Historical Inscriptions*, I (éd. M.N.Tod), n° 4.
2. Plutarque, *Philopoemen*, 7, 1 et 13, 1-5.

TRAFICS ET TRAFIQUANTS

Les pionniers du grand négoce international

Comme le soldat, le marchand au long cours (*emporos* en grec) et le patron de navire, le « nauclère », ont fourni à la littérature grecque un type pittoresque de nomade, que les cités ressentaient comme un « oiseau de passage ».

Nous ne pouvons apprécier les réalités de cette situation qu'au IVe siècle, grâce aux plaidoyers conservés dans la collection démosthénienne. L'*emporos*, en général, n'est pas propriétaire de son navire, mais seulement de sa cargaison, et il paie son passage à un nauclère. C'est un spéculateur. Profitant des conditions d'une navigation segmentée, il fait du cabotage, décharge et recharge très fréquemment : des marchands de Phasélis, au sud de l'Asie Mineure, partent du Pirée pour acheter du vin de Thrace et le transporter jusqu'en Crimée, où ils devraient charger du blé et le rapporter à Athènes ; mais ils ramènent des laines, des salaisons et du vin de Cos[1].

Le milieu est très différencié. À partir du IVe siècle, une partie de ce trafic est confiée à des esclaves, qui acquièrent ainsi une certaine indépendance. Mais la plupart des *emporoi* paraissent être des fils de famille, comme le *mercator* de Plaute, et avoir reçu une certaine éducation : Lacritos, le marchand de Phasélis, a fréquenté à Athènes la célèbre école d'Isocrate. Il semble qu'à l'origine de la civilisation grecque le grand commerce ait été la prérogative des nobles, à cause des risques qu'il impliquait. Plus tard, répétons-le, la documentation ne nous permet pas de distinguer le marchand qui fait du tourisme à l'escale et le notable ou l'intellectuel qui fait des affaires pour payer son voyage. Solon ou Platon relèvent incontestablement de la seconde catégorie, mais que dire d'un jeune noble scythe ou d'un rajah indien qui voyageaient à la fois « pour faire du commerce et du tourisme[2] » ? Que dire des marchands qui furent des découvreurs, comme Colaios sur la

---

1. Démosthène, *Contre Lacritos*, 10 et 16. *Contre Phormion*, 8.
2. Isocrate, *Sur une affaire de banque*, 4. Xénophon d'Éphèse, III, 11, 2.

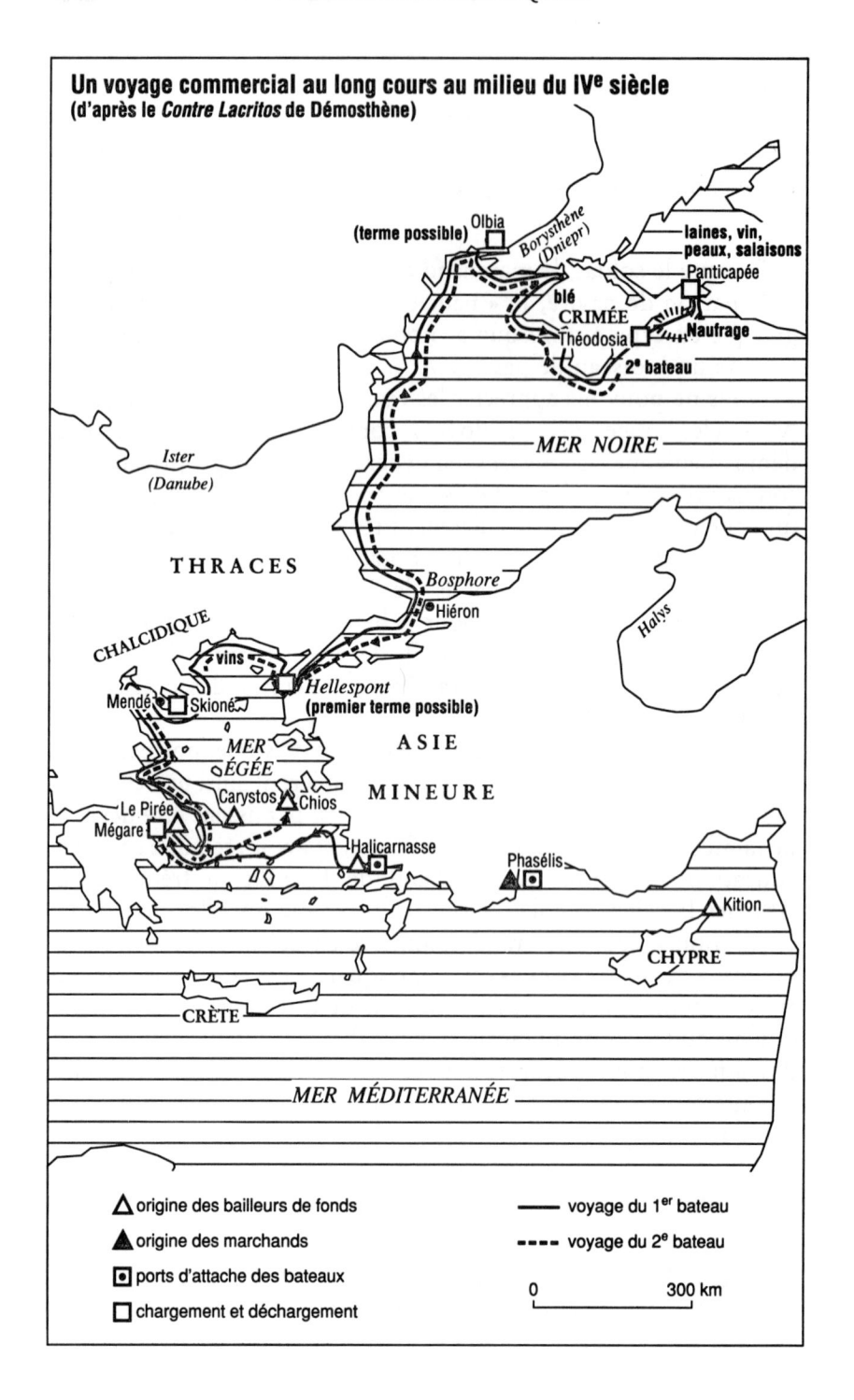

Un voyage commercial au long cours au milieu du IVe siècle
(d'après le *Contre Lacritos* de Démosthène)

- △ origine des bailleurs de fonds
- ▲ origine des marchands
- ▣ ports d'attache des bateaux
- ☐ chargement et déchargement
- ——— voyage du 1er bateau
- ---- voyage du 2e bateau

0   300 km

route de l'étain, Iamboulos sur celle des épices ou Maes Titianus sur celle de la soie [1] ? Cependant, à l'époque impériale, le rôle des affranchis romains s'accroît et nous avons au moins le témoignage direct d'un marchand d'esclaves itinérant qui est d'origine servile et qui mène son troupeau vers Rome sur les routes de Macédoine. L'image est parlante.

C'est au VIIe siècle — époque où *emporos* prit son sens technique de « marchand navigant » — que le commerce maritime devint une fin en soi dans le monde grec ; les circuits se développèrent à la faveur de la colonisation, de la thalassocratie athénienne et, enfin, de la guerre à l'époque hellénistique et romaine. Il y avait des marchands orientaux dans l'armée d'Alexandre, avides de découvrir de nouvelles routes [2] ; il y avait des trafiquants italiens dans l'armée des Scipions, en 190, qui comprirent immédiatement l'intérêt des mines de Thrace pour Rome. Comme les passagers, même s'ils sont de marque, embarquent toujours sur des cargos, le voyage est une occasion pour nouer des relations et faire de la politique. Les marchands de Délos ont de brillantes amitiés : le roi Massinissa ou le roi Mithridate, les princes hellénistiques ou les magistrats romains, et c'est encore un négociant qui se fait l'émissaire d'Hannibal auprès de Carthage [3].

Ni les Grecs ni les Romains n'eurent jamais le monopole du commerce maritime, qui resta une spécialité des Orientaux. À l'époque homérique, ce sont les « Phéniciens » qui exportent et importent des objets précieux, de la pacotille et des esclaves ; leur rôle demeure important jusqu'à la fin de l'Empire, quand les « Syriens » seront les seuls en Occident à maintenir une tradition de commerce international malgré les grandes invasions. D'Homère aux romanciers de l'époque impériale, le marchand levantin itinérant a donc toujours constitué un type littéraire.

On trouvait d'ailleurs le trafiquant oriental non seulement sur les mers, mais aussi sur les pistes qui s'enfoncent dans le continent

---

1. Hérodote, IV, 152 (voyageur du VIe siècle) ; Diodore, II, 55.
2. Lucien, *Le Professeur de rhétorique*, 5.
3. Appien, *Syriaca*, 8.

asiatique, vers l'Arabie ou vers l'Afrique profonde. Mais autant le milieu du commerce maritime apparaît complexe et fluctuant, autant la caravane forme un monde clos et bien structuré. C'est particulièrement vrai à la belle époque de Palmyre, la grande oasis du désert de Syrie ; au IIe siècle de l'Empire, elle s'arroge le monopole du transport des marchandises qui arrivent par le golfe Persique et que ses marchands vont chercher à l'embouchure du Tigre. Sur la route romaine circulent des convois de charrettes, des caravanes de chameaux et d'ânes qui sont dirigés par un *archemporos* et protégés par les redoutables archers ; partout des caravansérails (si l'on nous passe cet anachronisme), tenus par des Palmyréniens, assurent l'accueil. Vers l'ouest, les caravanes palmyréniennes n'atteignent pas la Méditerranée ; elles déchargent à Damas ou à Émèse, où d'autres convois effectuent le transit vers les ports phéniciens. En effet, parce qu'elle représente une énorme mise de fonds, la caravane ne dure pas très longtemps ; elle éclate au premier accident de relief important, fleuve ou chaîne de montagne, afin de diminuer les risques et de rentabiliser au plus vite le capital investi : la route de l'encens se segmentait ainsi en 65 étapes depuis le sud de l'Arabie jusqu'aux ports méditerranéens. Il y a cependant quelques témoignages de très longs voyages : des marchands d'encens arabes atteignirent l'île de Délos, au cœur de l'Égée ; des chefs de caravanes vinrent de Pétra à Cos, toujours en Égée, n'hésitant pas à abandonner leurs chameaux pour monter sur des navires... Toutes ces aventures datent des IIe et Ier siècles avant notre ère[1].

Le marchand oriental, qui parlait d'ailleurs grec dans la très grande majorité des cas, resta donc une figure familière des grands ports méditerranéens, puis des grandes capitales provinciales comme Tarse ou Lyon, où étaient installés des fabricants de « damas » broché et où prospéra au IIe siècle, dans le négoce des vins de bordeaux, un certain Thaim Julianus, « négociant » venu d'un petit village de la Syrie intérieure[2]. Cette omniprésence du marchand oriental caractérisa toute l'Antiquité, depuis l'époque d'Homère jusqu'à la conquête arabe. Toutefois, dans la suite

---

1. *Inscriptions de Délos*, 2319-2321. G. Levi della Vida, *Clara Rhodos*, 9, 139-148.
2. *CIL*, XIII, 2448.

immédiate des victoires romaines et jusqu'à la fin de l'époque augustéenne, le trafiquant italien représenta partout un concurrent sérieux.

Le grand négoce italien sous la République

La conquête élargit l'horizon des Romains, leur donna le goût de l'aventure maritime et leur fit découvrir, en somme, les possibilités d'un trafic à l'échelle méditerranéenne. À vrai dire, il faut parler d' « Italiens » plutôt que de « Romains », bien que ces gens se définissent eux-mêmes comme des « Romains établis à l'étranger » *(Romaioi katoikountes)*. En grec tout au moins, car en latin ils se qualifient de « trafiquants italiens » *(Italicei qui negotiantur)*. À Délos, où ils constituèrent entre 130 et 80 le groupe le plus nombreux et le plus stable, les familles venaient pour la plupart de Campanie, de Naples et de Pouzzoles — qui était sous la République la plaque tournante du trafic oriental. Ancône, le port de l'Adriatique, fut également un centre d'émigration. Pourtant, il existait à Rome des préventions ancestrales contre le trafic et la navigation. Au IIe siècle, la *lex Claudia* interdisait encore aux sénateurs, par le biais du tonnage, le commerce maritime. Le stoïcisme a réhabilité le « grand commerce », lien de solidarité entre les nations, et Cicéron défend les intérêts économiques et fiscaux de l'ordre équestre[1].

Les trafiquants italiens ont généralement suivi la marche des légions. Après la première et la seconde guerre de Macédoine, et à la suite des combats livrés en Grèce de l'Ouest et du Nord, ils s'installèrent, au début du IIe siècle, en Illyrie, en Épire, en Thrace, en Grèce centrale. Après la défaite de la Macédoine, en 166 av. J.-C., ils exploitèrent les mines de Thrace et contrôlèrent le port franc de Délos. La destruction de Corinthe, en 146 av. J.-C., marqua l'apogée du trafic italien à Délos, dans les îles grecques et dans le Péloponnèse. La création de la province d'Asie, en 133, devait du reste ouvrir de nouveaux marchés. À l'époque de

---

1. *Off.*, I, 42, 150.

Cicéron[1], on trouve encore des négociants italiens en Sicile, liée à Délos par le commerce des esclaves, et en Narbonnaise, où les citoyens romains détiennent, au Ier siècle, un véritable monopole commercial. On en trouve également en Afrique, en Maurétanie, en Gaule indépendante, et même aux confins du monde connu : les familles italiennes enrichies à Délos établirent en Norique un comptoir du type « caravansérail », avec une cour centrale entourée de magasins et d'entrepôts ; c'était la première « factorerie » en terre germanique.

Ces précurseurs, ces aventuriers, menaient une vie précaire[2] : en Gaule, ils installaient leurs tentes au pied des villes fortes[3], comme les mercantis qui suivaient les camps romains. Mais les trafiquants italiens ne sont pas vraiment des itinérants : ils ont le désir de se fixer, et de réinvestir leurs profits en biens-fonds. On le constate à Délos dès la fin du IIe siècle, et plus tard dans le Péloponnèse, à l'époque d'Auguste. Pourtant, les aléas de la guerre et la piraterie pouvaient les forcer à déplacer le centre de leurs affaires : après les pillages successifs de Délos par les généraux de Mithridate et les pirates, après les massacres des *negotiatores* romains en Orient, beaucoup de marchands italiens s'établirent dans d'autres îles, où ils possédaient parfois des succursales. Ainsi la banque des Aufidii passa de Délos à Ténos.

Car l'organisation professionnelle des Italiens, comme celle des Orientaux, reposait sur des sociétés familiales à succursales multiples. Telle était l'entreprise de P. Granius, qui avait son siège social à Pouzzoles et des antennes en Sicile, à Délos et à Alexandrie[4]. Le témoignage de Cicéron est important pour l'extension internationale des affaires. Ce trafic suppose la collaboration des dépositaires ou banquiers sédentaires et des convoyeurs, qui inaugurent les voyages professionnels réguliers. À Délos, on connaît, dès 140 av. J.-C., des associations de marchands vouées à Mercure, dieu du Commerce, et des associations de transporteurs maritimes patronnées par Poséidon[5]. Un

---

1. *Verr.*, II, 5, 146 ; *Pro Fonteio*, V, 2 ; Plutarque, *Sylla*, 56 ; César, *Bell. Gall.*, III, 4.
2. Tite-Live, X, 17, 6.
3. César, *Bell. Gall.*, VI, 37, 2-20.
4. *Verr.*, II, 5, 146.
5. *Inscript. Délos*, 1731-1750 ; 1751-1752.

relief funéraire de Macédoine perpétue la mémoire d'un convoyeur d'esclaves, lui-même affranchi, qui traversait les Balkans par la Via Egnatia, conduisant d'Asie en Italie de longues files d'hommes enchaînés.

À la fin de la République, les provinces d'Asie Mineure sont quadrillées par les « sociétés fiscales » de publicains : agents, mandataires et affairistes, tel Védius, sillonnent la région et écument l'Asie en cabriolet, avec tout un cortège de voitures [1].

Les brasseurs d'affaires du Haut-Empire

La plupart des structures financières de la République se maintiennent sous le principat, à cette différence près que la perception des impôts subit des transformations, et que l'ordre équestre cesse d'avoir pour fonction privilégiée la gestion des marchés publics. Les chevaliers et les sociétés de publicains traditionnelles, périodiquement accusés de rapacité et d'improbité par l'opinion, conservent jusqu'en 23 de notre ère leur « volume d'affaires » : importation de blé, recouvrement des taxes (*uectigal*), affermage des travaux [2]. Il existe certes des régimes spéciaux : dans la fiscalité égyptienne, taxes intérieures et droits de douanes sont levés par des « alabarques » issus de la communauté juive d'Alexandrie (le Romain Annius Plocamus constitue une exception). L'Égypte attire autant de trafiquants que de curieux [3]. Mais si Caligula confie aux prétoriens le recouvrement en Italie [4], les fermiers privés gardent en Asie leur importance économique d'antan. À Éphèse, en 43-44, un groupe de « publicains » d'Asie et de Bithynie a élevé une statue à l'empereur Claude, qui a stimulé le commerce international en équipant le port d'Ostie et en accordant des privilèges juridiques aux importateurs de céréales [5]. En Afrique, on a relevé des « associés des revenus publics » florissants à l'époque antonine, les Carfanius Barbarus et Claudius Tomianus. Mais c'est encore en Asie, sous Trajan, que les sociétés

---

1. Cicéron, *Ad Att.*, VI, 1.
2. Tacite, *Ann.*, IV, 6, 3.
3. Lucain, *Pharsale*, VIII, 851 sq.
4. Suétone, *Cal.*, 40, 1-2.
5. Suétone, *Claude*, 18 et Gaius, *Institutes*, I, 32c.

fiscales sont les plus prospères, en Asie, Bithynie-Pont, Cappadoce, Pisidie, Pamphylie et Lycie — l'Asie telle que la concevait Cicéron. La fiscalité favorise le mouvement des fonds et une relative mobilité des personnes, même si les percepteurs ont tendance à se sédentariser dans leur secteur. Pour l'ordre équestre, qui fournit les officiers, les procurateurs, les préfets, en même temps que les « fermiers » des impôts, la mobilité géographique prend une autre forme : celle de la carrière.

Les négociants romains traditionnels restent omniprésents, au moins jusqu'au principat de Claude, et structurés en noyaux stables : ainsi la « communauté de citoyens romains » d'Éphèse, où figurent des marchands d'esclaves fortunés, ou bien encore les *negotiatores* de Pannonie, qui subissent un véritable massacre en l'an 6 de notre ère[1]. La classe des brasseurs d'affaires est une classe dynamique et ouverte.

Ils participent à l'exploration du monde en prospectant des marchés : un affranchi de Plocamus, sous Claude, poussait jusqu'à Taprobane (Ceylan) pour fonder de nouvelles routes commerciales, tandis que certains négociants menaient des voyages exploratoires au-delà de l'Égypte[2]. Mais la mobilité se concilie, dans la profession, avec le centralisme politique. Un affairiste qui scrute les mers pour étendre son activité lucrative est aussi un capitaliste « moderne » qui gère de Rome un immense empire commercial[3].

Comme on le voit dans la satire et dans le roman, les « Orientaux », Égyptiens ou « petits Grecs », se taillent une place de plus en plus considérable dans les grandes affaires. La montée de Trimalcion, le héros du roman de Pétrone, est significative : venu d'Asie, il a hérité de son patron, armé cinq vaisseaux et subi des désastres maritimes, qui font penser à ceux qu'on déplore sous Claude et Néron : il a perdu en un jour 30 millions de sesterces, mais s'est « refait », gagnant « en une seule course 10 bons millions ». Arrivé et stabilisé en Campanie, il place ses profits commerciaux en latifundia[4]. Trimalcion n'est pas sans suggérer la comparaison avec deux riches négociants orientaux d'Ostie,

---

1. Velleius Paterculus, II, 110, 6.
2. Pline, VI, 81. Vitruve, IX, 5.
3. Sénèque, *Lettres*, CXIX, 5 et CI, 1-4.
4. *Satiricon*, 75-76.

Épaphroditos et Épagathos, dont on a découvert les entrepôts dans le quartier antonin du grand port.

MISSIONNAIRES ET PROPAGATEURS DE SECTES

À partir du IIIe siècle av. J.-C., les dieux orientaux voyagèrent en même temps que les armées et les marchands, souvent dans leurs bagages, car partout la diffusion des cultes orientaux rencontrait des difficultés particulières liées à la précision rigoureuse de la liturgie qu'assumait dans les sanctuaires d'origine un clergé très spécialisé. Pour continuer à célébrer leurs cultes dans l'émigration, les marchands durent faire appel à des prêtres venus de leur patrie : le fait est attesté pour les Phéniciens et les Syriens du Pirée, dès la fin du IVe siècle[1]. Quelques générations plus tard, des prêtres prirent l'initiative de la prédication ; ainsi Sarapis, le dieu d'Égypte, fut-il introduit à Délos par un Égyptien venu de Memphis[2] :

> Le prêtre, Apollonios a fait graver ceci sur l'ordre du dieu : Notre grand-père Apollonios, Égyptien de la classe sacerdotale, apporta avec lui son dieu, lorsqu'il vint d'Égypte ; et il continua à célébrer le culte selon le rite traditionnel, et il vécut, croit-on, quatre-vingt-dix-sept ans. Il eut pour successeur mon père Démétrios qui servit les dieux avec le même zèle et, pour sa piété, mérita du dieu l'honneur d'une statue en bronze qui est placée dans le temple du dieu [...]. Il vécut soixante et un ans... J'héritai des objets sacrés et je m'acquittai avec assiduité du service divin.

Il s'agit bien ici d'un voyage de prédication, indépendant de toute activité commerciale et de toute considération politique : quoique dominant alors l'Égée, les Ptolémées ne jouèrent aucun rôle dans la diffusion du culte. Or le prêtre a fait un unique voyage : il a trouvé un endroit favorable, s'y est installé, et a fait souche, transmettant son sacerdoce à ses descendants. C'est un propagateur de secte, plutôt qu'un « missionnaire ».

En Italie, le culte d'Isis se présente comme un prosélytisme

---

1. *Syll.*, 3, 280 ; *KAI*, 59 et 60.
2. *IG*, XI/4, 1299 (trad. P. Roussel).

itinérant. Les sanctuaires, comme celui de Pompéi, sont des étapes, avec des appartements d'hôtes pour les coreligionnaires. Aux tonsurés vêtus de lin, très hiérarchisés, organisateurs de processions [1], se mêle toute une faune de charlatans, d'imposteurs, de marchands de surnaturel. On les voit tyranniser les familles. Juvénal montre les méfaits du fanatisme isiaque [2] : il exploite la superstition féminine, peut prescrire un pèlerinage à Méroé afin de quérir l'eau sacrée du Nil ; il régente les relations conjugales, impose en expiation... une oie grasse à Anubis. L'exotisme déambulatoire du peuple « porteur de lin », au crâne chauve, avec son coryphée grimé en Anubis, a frappé le poète. À l'isiacisme populaire, on reproche l'immoralité : la satire évoque l' « entremetteuse isiaque [3] » ; on se rappelle l'escroquerie des prêtres d'Isis, soudoyés par une affranchie, proposant à une dame, Pauline..., un rendez-vous avec Anubis [4].

Itinérants également les Chaldéens, astronomes issus de la tradition babylonienne, que Pline a vulgarisée. Les Grecs les confondaient volontiers avec les mages venus de l'Iran. Apparus avec l'armée perse en 480 av. J.-C., ils ont sillonné pendant des siècles le monde gréco-romain. « Astronomes » et « mathématiciens », ils pratiquaient une divination de haut niveau, diffusant le mysticisme astral du Proche-Orient. En dépit des quolibets de certains conservateurs et des sceptiques, ils eurent l'audience de plusieurs écoles philosophiques, de l'Académie de Platon au stoïcisme. La route des voyageurs venus d'Orient passait en général par la Syrie du Nord et les îles de l'Égée méridionale. Bérose s'installa à Cos au IIIe siècle av. J.-C., avant de rejoindre Athènes ; Andronikos, né à Cyrrhos de Syrie, parcourut les Cyclades et gagna Athènes, où il fit construire la Tour des Vents ; son compatriote Antipatros, de Hiérapolis de Syrie, vint exercer en Grèce centrale [5]. À Rome, ils se fondent dans la faune des marginaux, qui est composée de migrants, mais pas toujours d'allogènes.

À côté du mage-prêtre, réhabilité par le platonisme, la divina-

---

1. Apulée, *Mét.*, XI, 7 sq.
2. *Sat.*, VI, 526-541.
3. *Ibid.*, 488-489.
4. Flavius Josèphe, *Ant. Jud.*, XVIII, 3, 65 sq.
5. Hérodote, VII, 191 ; Vitruve, IX, 6, 2 ; Pline, VII, 123.

tion du Cirque a ses colporteurs de mystères : « les augures marses, les haruspices de quartier — eux sont italiens —, les astrologues du Cirque, les devins isiaques, les interprètes de songes » ; les deux dernières catégories se recouvrent plus ou moins. À un niveau social à peine plus élevé se recrutent les affranchis orientaux, contaminés par les « superstitions », que Tibère a fait déporter en Sardaigne. Tous les astrologues ne sont pas chaldéens d'origine, mais tous les Chaldéens se distinguent assez mal des thaumaturges orientaux venus chercher fortune[1]. Juvénal atteste l'amalgame.

Parmi les cultes orientaux qui déferlent sur le monde romain à partir des grands ports, comme Ostie ou Pouzzoles, se détachent les prédications de Mithra, de la Déesse Syrienne, de Cybèle.

Le culte initiatique de Mithra, porté par le commerce maritime, s'installe en force à Ostie à la fin de la République : on y a dégagé au moins sept *Mithraea* majeurs, parmi lesquels celui de la *planta pedis* montre sur le seuil la trace du pied des visiteurs ; le dévôt pénètre ainsi symboliquement dans l'itinéraire de la sagesse divine. Le mithriacisme et le mazdéisme, propagés par les mages, ont d'abord conquis, dans une première diaspora, toute l'Asie Mineure, le Pont, la Lydie. Les soldats ayant servi en Orient ont diffusé le culte dans toutes les légions, sur le Rhin et le Danube, en Bretagne, dans les Asturies et jusqu'aux confins du Sahara. Souvent confondu avec les colporteurs de magie, les « mages », le clergé de Mithra défraie peu la chronique scandaleuse.

Il n'en va pas de même des desservants de la Déesse Syrienne, plus ou moins identique à l'Aphrodite-Astarté de Paphos. Objet de la ferveur momentanée de Néron, la Syrienne a conquis son statut romain sous ce prince. Mais à la fin de l'ère antonine, ses itinérants n'ont pas bonne presse. Déjà Sénèque englobait dans la même réprobation, sous le vocable de « fanatiques », les dévots de la Déesse Syrienne et les prêtres de Cybèle : il les montrait se tailladant les bras en public[2] dans leur délire sacré. D'autres dénoncent ces colporteurs du culte syrien, et soulignent leurs méfaits dans les campagnes de Grèce romaine. Un vieil eunuque et des jeunes gens maquillés se trémoussent convulsivement, la tête

---

1. Cicéron, *Div.*, I, 132 ; Tacite, *Ann.*, II, 85, 5 ; Juvénal, *Sat.*, VI, 511 sq.
2. *Superst.*, 34 (Haase, IV, p. 425).

renversée, au son de la flûte syrienne : « Sortis de la lie des carrefours populaires, par les rues, de ville en ville, jouant de la cymbale et des castagnettes, ils vont portant la Déesse Syrienne et la forçent à mendier[1]. » Or, pour abuser les rustres avant de les rançonner en raflant cruches de vin et de lait, fromages et sacs de farine, ils exploitent indistinctement leur déesse, Sabazios, Bellone, « la Mère de l'Ida avec son Attis »... et même Vénus et Adonis : le charlatanisme est très syncrétique ! L'âne qui porte la statue vénérée, et le fruit des pillages, sert de « grenier et temple itinérant ». Les pièces de bronze et d'argent disparaissent prestement dans les plis des vastes vêtements.

Les prêtres de Cybèle, malgré la création d'un « Archigalle » par Claude, qui hiérarchise le culte, restent des barbares, avec une tenue d'un exotisme agressif : robes aux couleurs criardes, tresses tirebouchonnées, boucles d'oreilles et colliers, visages glabres et fardés... Leur tambourin est aussi bruyant que leurs hurlements mystiques, notamment dans le deuil d'Attis. Sénèque ne fait guère le détail[2] : il traite avec le même mépris tambourin, flûte syrienne, sistre isiaque, instruments de cultes tapageurs et barbares. Si l'on ne reproche pas à l'isiacisme son mysticisme sanglant, les manifestations de Mâ-Bellone et de Cybèle ne sont plus aussi « pittoresques » qu'elles l'étaient pour les contemporains de Catulle[3]. On accuse également les Galles de Cybèle de « mendicité ».

La valeur du grief est toute relative : les Galles ne pouvaient subsister que du fruit de leur prédication, leur seul métier. Pour échapper à ce type de réprobation, les émissaires juifs assurant la liaison entre les diverses communautés de la Diaspora apprirent un métier, sous l'impulsion des pharisiens ; ils l'exerçaient éventuellement à l'escale. Mais ils ne pouvaient pas toujours éviter d'accepter la générosité publique, et d'occasionner des frais à ceux qu'ils enseignaient : on le voit à plusieurs reprises dans les Épîtres de l'apôtre Paul[4]. On discute la réalité du prosélytisme juif, mais quand les disciples de Jésus commencèrent à « enseigner toutes les nations[5] », il existait déjà, dans le judaïsme hellénistique, une

---

1. *Lettres*, XXXV et Apulée, *Mét.*, VIII, 24.
2. *Vit. beat.*, XIII ; *Lettres*, CVIII, 7 ; *Const. sap.*, XIX, 1.
3. *Carm.*, LXIII, 19 sq.
4. I Co 9, 6.
5. Mt 28, 19. Actes des Apôtres 1, 8.

certaine tradition apostolique. Le Livre des Chroniques mentionne pour la première fois, au IVe ou au IIIe siècle, la mission confiée à des laïcs, lévites et prêtres, d'aller visiter le peuple dans toutes les villes avec le Livre de la Loi[1]. Dans leur foulée, saint Paul vécut sa mission comme un voyage de proche en proche jusqu'au plus lointain : la prédication est organisée au niveau régional, à partir d'une ville qui est une capitale provinciale et un nœud de communication ; c'est là que réside Paul (ou son mandataire), duquel tout part et auquel tout remonte par un jeu de messagers bénévoles. Une fois mise sur pied l'évangélisation des environs, Paul s'en va plus loin, quitte à revenir sur ses pas si la première fondation se révèle fragile ; dépassant le cadre de la prédication itinérante, qui était celui des autres prêtres ou philosophes, il a fait du voyage le fondement d'une structure religieuse unitaire, étendue aux limites du monde[2].

Tous ces gens qui voyageaient par devoir et par nécessité avaient la même mentalité : conscients des risques encourus, ils étaient également fiers de leurs entreprises, quelles qu'elles soient. Car leurs motivations étaient complexes et fort diverses, si bien que l'on peut parler de voyages à finalité mixte. Les marchands implantaient leurs dieux comme des missionnaires, ou couraient l'aventure comme des explorateurs. Les ministres de cultes étrangers devaient travailler pour subsister. Les intellectuels se déplaçaient autant pour faire carrière que pour connaître le monde et expérimenter leur science. Aussi est-il difficile d'établir la fonction précise d'un coureur des mers, comme cet Oriental mort et enterré à Lyon[3] :

> Si tu désires savoir le mortel qui repose ici, rien de caché, mais ses œuvres, l'inscription que voici en dira tout. Euteknios est son surnom, Julianus son nom ; Laodicée, sa patrie, parure admirable de la Syrie ; notable, du côté de son père, et sa mère avait un beau rang analogue ; de bon service et juste pour tous, avec en retour l'affection de tous. Quand il parlait aux Celtes, la persuasion coulait de sa bouche. Il a circulé en des nations diverses ; il a connu des peuples nombreux et exercé chez eux la valeur de l'âme ; aux flots et à la mer il s'est exposé sans relâche, apportant en présent aux Celtes

---

1. II Ch 17, 7-9.
2. Rm 15, 22-24.
3. *J. Savants* (1975), pp. 47-75.

et à la terre d'Occident tout ce que Dieu a fixé de porter à la terre d'Orient, féconde en tous produits, parce qu'il l'aimait, homme qu'il était.

Il était perpétuellement en voyage : chose courante chez les marins, les marchands, les artistes... Les « dons de l'Orient » suggèrent un marchand aux matérialistes, et un intellectuel aux autres ! Comme il était monothéiste et affirmait sa foi en la création divine, on pense tout naturellement à un chrétien. Commerçant avec des aspirations à la culture ? Converti à la foi nouvelle ? Propagateur de secte ? Son épitaphe reste énigmatique. Sans doute son voyage mêlait-il plusieurs finalités : c'était le cas de bien des sophistes brasseurs d'affaires, comme Proclus, et de bien des marchands cultivés, comme Iamboulos, sous l'Empire[1].

---

1. Diodore, II, 55 et Philostrate, *V. Sophistes*, II, 21 (603).

CHAPITRE VII

La quête de salut et de la santé

PÈLERINAGE PAÏEN

Dans l'Europe chrétienne comme dans le monde islamique, le pèlerinage est apparu comme la forme privilégiée du voyage, puisqu'il conduit à des lieux où la terre est porteur de divin et que le déplacement a pour but l'obtention d'un bien — matériel ou spirituel. Cependant, cette pratique ne tire pas ses origines de la tradition gréco-romaine ; ce fut d'abord un fait de nomadisme, quand les tribus juives ou arabes éprouvèrent le besoin de rythmer leur existence par des rassemblements périodiques et de se trouver des pôles de convergence. Après la construction du Temple, Jérusalem attira les Juifs de tout le pays puis de toute la Diaspora lors des trois grandes fêtes qui sont définies comme des « danses et processions » (*hag*). Le pèlerinage juif est à la fois une fête agraire, une occasion de reconnaître l'unicité du culte et de manifester l'attachement au pays ; à partir du IVe siècle de notre ère, cette tradition inspirera les pèlerinages chrétiens qui visiteront, eux aussi, la Palestine comme une Terre sainte où l'on recherche les lieux associés à la vie de Jésus et aux débuts de l'Église.

Mais dans la plupart des sociétés antiques, la conception d'une religion civique, qui est une des expressions immédiates de la communauté du lieu, et la structure cité-État-temple qui en est le fondement, n'impliquent pas théoriquement ces déplacements rituels. En Égypte, les seuls pèlerins semblent bien être les morts, souvent représentés naviguant sur le Nil, en voyage vers les villes saintes du Delta. Mais il s'agit plus de pèlerinages fictifs, mystiques ou magiques que de la prolongation de pratiques effectives ayant cours chez les vivants, car les déplacements réels ne sont attestés que tardivement, pas avant le ve siècle av. J.-C.

Pour le monde gréco-romain, c'est l'approche sociologique de certaines réalités religieuses, comportements et pratiques, qui incite à envisager le phénomène du pèlerinage, bien que nous ne possédions pas de témoignages directs sur ce sujet complexe, c'est-à-dire de récits révélant l'expérience du pèlerin ; il faut se contenter de réfléchir sur la fonction des lieux saints et d'analyser les documents qu'on y trouve.

Pèlerinages et panégyries

Dans l'Antiquité grecque, les rassemblements religieux qui paraissent les plus proches des pèlerinages modernes sont les panégyries, dont nous avons relevé le rôle de plus en plus important à l'époque hellénistique. Elles résultent de la multiplicité des lieux sacrés en Grèce (en dehors même du cadre des cités), multiplicité que l'on peut considérer comme un facteur favorable au pèlerinage ; dans un lieu à la fois sacré et international, elles suscitent de vastes déplacements de foules, pour une célébration collective, à des dates déterminées. Ces fêtes, enfin, offrent le paysage du phénomène pèlerin : banquets, campements, foires...

On hésite, cependant, à assimiler complètement la panégyrie grecque au pèlerinage, et ce pour deux raisons. D'une part, le caractère d'itinéraire religieux marqué par des rites et des stations, bref le déplacement à longue distance, semble n'avoir été le fait que des « pèlerins de service », ces théores que les États et les souverains envoyaient pour les représenter à la fête. Les gens ordinaires, dont nous avons pu garder trace grâce à leurs dédicaces, relèvent, eux, de deux catégories : ou bien ce sont les gens du lieu et du voisinage, et pour eux le « pèlerinage » n'est rien de plus qu'une procession, ou bien il s'agit de gens de passage, envoyés officiels, soldats ou marchands, reconnaissables à leurs offrandes significatives. À Délos, un mercenaire iduméen, venu du sud de la Palestine, a laissé en ex-voto son casque caractéristique[1]

---

1. *IG*, XI/2, 161, B, 76.

et nombreux sont les gens de métiers — entrepreneurs et marchands, venus des îles, de l'Asie Mineure, des Détroits et même de Phénicie et d'Illyrie — qui y ont consacré la dîme « de leur profit ». La panégyrie ne fournit donc le plus souvent que l'occasion d'un pèlerinage-promenade ou d'un pèlerinage de passage ; la difficulté des communications et les risques du voyage agissent comme un frein considérable.

D'autre part, la motivation des participants n'est pas strictement religieuse. Dès l'origine, la fonction politique de la panégyrie est prépondérante, puisqu'il s'agit d'exprimer une communauté régionale, voire internationale, et que les lieux sacrés peuvent être le siège d'institutions fédérales comme l'Amphictionie de Delphes. Dans le monde grec classique, ces rassemblements sont des hauts lieux de la parole politique et une forme de discours public y est née, le « panégyrique ». Durant toute la période hellénistique et sous l'Empire, leur rôle économique, qui ne fut jamais négligeable, s'accrut sans cesse grâce aux privilèges, immunités et exemptions, octroyés par les rois et par les Romains : la foire devint un moment important de la fête et, à Délos, cet aspect des choses l'emporta définitivement à partir de 166, quand toutes les transactions bénéficièrent de l' « exemption de la panégyrie », ce qui fit plus ou moins de l'île un port franc[1]. Enfin, la fête à proprement parler, la fête profane, avec ses concours, ses banquets, ses divertissements, ses exhibitions, devint primordiale. Et les occasions se multiplièrent à l'envi avec la transformation en panégyries internationales de fêtes civiques telles que les Panathénées d'Athènes au Ve siècle, les fêtes de Cos (en Égée), de Magnésie et de Téos (en Asie) au IIIe siècle.

La panégyrie était l'expression par excellence d'une dimension internationale du sacré, caractéristique de l'hellénisme. Elle créait une forme de pèlerinage « par délégation », puisque cités et peuples y dépêchaient des représentants officiels pour une durée qui fut d'abord très longue : un an pour les émissaires athéniens à Délos au début du VIe siècle, qui séjournaient dans l'île sacrée comme « parasites[2] ». Mais elle n'impliquait pas cette rupture avec le quotidien, avec l'espace profane, qui résulte du départ et de

---

1. Polybe, XXX, 31, 10 et Strabon, X, 5, 4.
2. Athénée, VI, 234, e-f.

l'ascèse dans le pèlerinage chrétien ou islamique. Des processions à longue distance, comme les Pythaïdes qu'Athènes envoyait à Delphes, matérialisaient bien un itinéraire et des liens sacrés entre la cité et le sanctuaire, mais elles se déroulaient dans un lieu politique puisque leur configuration était calquée sur celle de la cité : elles étaient conduites par les magistrats et par les prêtres, encadrées par la cavalerie, et les différentes catégories sociales y figuraient séparément comme lors des Panathénées.

Sur le plan individuel, l'existence de démarches personnelles analogues à des pèlerinages, en Égypte, en Grèce et à Rome, est déduite de marques de piété trouvées dans certains sanctuaires. Mais il s'agit là d'un matériel déconcertant et d'interprétation douteuse, voire contradictoire.

Il y avait des rites populaires qui semblaient bien motiver un type de pèlerinage individuel. Ainsi, quand un marin jetait l'ancre à Délos, il se précipitait pour faire le tour de l'autel à cornes[1] :

> Astéria riche en autels et en prières, quel marin, commerçant de l'Égée, est jamais passé au large de tes rives dans son vaisseau rapide ? Jamais les vents ne le poussent si fort, jamais le besoin ne presse tant sa navigation : en hâte ils replient les voiles et ne remontent pas à bord avant d'avoir fait le tour de ton grand autel frappé de coups [?] et d'avoir mordu le tronc sacré de l'olivier, les mains derrière le dos : c'est ce qu'inventa la nymphe délienne pour amuser et faire rire Apollon enfant.

Ce genre de pratiques ne laisse guère de traces, et échappe presque complètement à l'enquête ; même quand il existe un document archéologique ou une inscription, les conclusions sont limitées puisque rien ne permet de distinguer le geste de piété occasionnel du pèlerinage délibéré.

Le qualificatif d'ex-voto ne doit pas être utilisé à tort et à travers, car la plupart des monuments votifs découverts dans un sanctuaire ne le sont pas au sens strict du terme : sont dédiés au dieu des monuments honorifiques, qui exaltent une personnalité, ou des monuments commémoratifs, des « souvenirs » officiels ou privés qui ont, comme les premiers, un caractère quasi institutionnel. Pour que l'on puisse parler d'ex-voto, témoignant d'une relation privilégiée avec le divin, il faut trouver ces formules qui

---

1. Callimaque, *Hymne à Délos*, 316-324.

rappellent de très près le pèlerinage : « action de grâces », « sur l'ordre du dieu », « après une vision », « par piété », « en exécution d'un vœu »... La prière est alors l'acte essentiel de la démarche[1] :

> Celui qui a adoré l'Isis de Philae a un sort heureux, non pas seulement parce qu'il devient riche, mais parce qu'en même temps il obtient une longue vie. Moi, qui ai été élevé près de l'Isis de Pharos, je suis venu ici — je suis Serenus, adjoint du très illustre Ptolémaios —, en compagnie de Félix et d'Apollônios le peintre ; incités par les oracles d'Apollon, prince invincible, c'est pour des libations et des sacrifices, que nous sommes venus ici, désireux d'y participer. Car cela était bienséant. On ne trouvera là rien à blâmer.
>
> Proscynème de Félix de la part de Licinius et de Sarapiôn et de Pous et de leur maison et de Pompeianus, ami pour toujours. L'an XXXI [d'Auguste], le 29 Phaménôth. Pour le bien.
>
> Proscynème d'Harkinis appelé aussi Apollônios, de la part de sa femme et de ses enfants et de toute sa maison, auprès d'Isis aux dix mille noms, aujourd'hui, pour le bien, l'an XXXI, le 29 Phaménôth.

Si ces formules révèlent une motivation religieuse, elles n'attestent pas pour autant un voyage particulier. Ainsi est-on amené à minorer, en matière de pèlerinage antique, l'importance des « actes d'adoration » (proscynèmes) laissés par des voyageurs dans des lieux saints d'Égypte ; l'étude des personnalités démontre qu'il s'agit le plus souvent d'inscriptions de passage, et non de pèlerinages motivés.

La trace du pèlerin, c'est parfois son empreinte laissée sur le sol même. Nus ou chaussés de sandales, par paire ou isolés, ces pieds de pèlerins émouvaient Flaubert quand il visitait l'Égypte. Attestée dans ce pays depuis l'époque des Ramsès, cette pratique se diffusa ensuite en Grèce, puis dans les autres provinces de l'Empire romain. En tant que pieds de dévots, de tels monuments éclairent particulièrement bien la psychologie religieuse des visiteurs de sanctuaires ; il s'agit moins de commémorer son passage que d'affirmer sa volonté de rester à tout jamais sous la protection de la divinité, d'éterniser son pèlerinage en demeurant pour toujours, par ce procédé mystique, dans la sphère du sacré. Cependant, toutes ces marques de pieds n'appartiennent pas à des

---

1. *Inscriptions grecques et latines de Philae*, II, n° 168 (trad. E. Bernand).

dévots ; certaines évoquent au contraire des apparitions de la divinité, gages de bienfaits — le plus célèbre de ces témoignages se trouve à Rome, sur la Via Appia, dans la chapelle du Quo Vadis. En dépit de leur apparence « parlante », les pieds votifs ne constituent donc pas une preuve indiscutable de pèlerinage.

Plus significative est la consécration — en Égypte d'abord, puis dans le monde gréco-romain — d'oreilles votives. C'est une incontestable démarche de prière : le fidèle sollicite l'oreille du dieu par la forme magique du dessin ou de la sculpture, et fait tous ses efforts pour retirer de sa visite au sanctuaire un bien matériel ou spirituel. Quand ce dévot est d'origine étrangère, on peut conclure à un pèlerinage[1].

La tournée des oracles

Ces manifestations se constatent dans beaucoup de lieux sacrés où, répétons-le, elles émanent très souvent de membres du « clergé » ou de gens du cru. Cependant, certains sanctuaires, plus que d'autres, ont un rayonnement à très longue distance, suscitent des déplacements lointains et peuvent donc être considérés, dans une certaine mesure, comme des lieux privilégiés de pèlerinage.

Ce sont surtout les sanctuaires oraculaires et les sanctuaires guérisseurs. Et encore, les premiers plus que les seconds, puisque les filiales d'Épidaure s'étaient répandues en Grèce et en Italie, qu'une tradition de cure miraculeuse existait dans toutes les cultures antiques et qu'on pouvait toujours être soigné près de chez soi. Au contraire, il fallait toujours se déplacer pour consulter un oracle célèbre.

La consultation oraculaire était doublement liée au voyage, dans la mesure où l'inquiétude inhérente au déplacement comme à tout changement de vie (déménagement, mariage) motivait souvent la démarche. À Dodone, le seul sanctuaire oraculaire dont nous ayons conservé les réponses, gravées sur lamelles de plomb, les questions les plus fréquemment posées concernaient les déplacements[2] :

---

1. *Inscriptions de Délos*, 2173.
2. Voir *Syll.*, 3, 1160-1166.

> À la Bonne Fortune ! Que trouverai-je meilleur ? de garder cette maison ou de déménager ?

Le Grec avait l'habitude de peser devant le dieu les risques et les avantages qu'il pouvait y avoir à entreprendre un long voyage et à changer de vie, soit en investissant dans le commerce maritime, soit en s'engageant comme mercenaire pour voir du pays. Quand le jeune Xénophon fut sollicité par un de ses amis pour rejoindre l'armée que levait un prince perse, il demanda à Socrate ce qu'il devait faire ; le philosophe lui conseilla d'aller à Delphes consulter l'oracle sur ce voyage. Xénophon s'y rendit et demanda à Apollon[1] :

> À quel dieu il devait offrir des sacrifices et des prières, pour parcourir dans les meilleures conditions la route à laquelle il songeait et pour revenir sain et sauf après un plein succès.

Les inquiétudes et les espoirs du voyageur étaient au cœur de l'interrogation. Xénophon fut satisfait de la réponse d'Apollon, qui lui indiquait à quels dieux sacrifier. Mais Socrate le fut moins, qui reprocha à son élève d'avoir forcé la volonté divine en ne posant pas réellement la question du voyage, mais seulement celle des meilleurs moyens de l'accomplir.

À l'époque archaïque et classique, l'oracle était la conscience du Grec et celui de Delphes, tout particulièrement, patronnait les notions morales et juridiques fondamentales dans l'hellénisme[2]. En conséquence, on se pressait à Delphes, où il fallait prévoir une longue attente et un séjour d'une certaine durée. L'oracle était rendu par une femme à la parole inspirée, la Pythie. Elle ne prophétisa d'abord qu'une fois l'an, puis à intervalles assez longs et, enfin, une fois par mois, à partir du Ve siècle ; de toute façon, elle ne parlait pas pendant les trois mois d'hiver, qui étaient consacrés à Dionysos, ni pendant certains jours néfastes. D'autres formalités allongeaient encore le séjour à Delphes, telles que l'obligation pour un consultant étranger de prendre un Delphien comme « proxène », qui était seul habilité à offrir le sacrifice préliminaire interdit aux non-citoyens. Mais lorsque l'émissaire

---

1. *Anabase*, III, 1, 5-8.
2. Platon, *Rép.*, 427 a-d.

venait de loin ou qu'il était pressé, il pouvait y avoir des dérogations[1] :

> Il a été décidé [...] que la cité de Delphes serait proxène des gens de Sardes et, puisque Matrophanès demande qu'on désigne quelqu'un, en l'absence d'un proxène de Sardes, pour offrir le sacrifice préalable, étant donné que les envoyés de Sardes ne peuvent pas demeurer plus longtemps au siège de l'oracle pour les raisons qu'a exposées Matrophanès, que la cité offrirait pour lui le sacrifice préalable.

On comprend que le privilège de « consultation prioritaire » (« promantie ») ait été si recherché à Delphes où, par ailleurs, les infrastructures d'accueil étaient précaires et insuffisantes. La consultation d'un oracle tissait donc entre le sanctuaire et les personnalités étrangères des relations réciproques de demandes, de dons et de reconnaissance. Quand Crésus, le roi de Lydie, envoya interroger les oracles grecs sur l'opportunité de faire la guerre aux Perses, il fit immoler 3 000 victimes, lors des sacrifices préliminaires. Il fit aussi brûler de la pourpre et de l'or en grandes quantités ; puis il offrit encore plus de cent lingots d'or, ainsi qu'une statue monumentale de lion en or fin[2] :

> Arrivés à destination, les Lydiens présentèrent les offrandes et consultèrent les oracles en ces termes : « Crésus, roi des Lydiens et d'autres nations, persuadé qu'il n'est d'oracles au monde que les vôtres, vous a fait des présents dignes de vos réponses véridiques. Maintenant il vous demande s'il doit faire la guerre aux Perses, et s'il doit s'adjoindre des troupes alliées. »

Crésus crut obtenir une réponse favorable (en réalité, l'oracle était ambigu). Reconnaissant, il envoya d'autres messagers distribuer des pièces d'or à tous les Delphiens. En remerciement, ceux-ci accordèrent aux Lydiens, à perpétuité, le droit de toujours consulter l'oracle en priorité et d'assister au premier rang, sur des sièges d'honneur, aux concours et aux spectacles. Dans la renommée d'un sanctuaire international, oracle et concours sont liés.

À l'époque hellénistique, les donations des grandes dynasties orientales, Lagides, Séleucides et Attalides, ainsi que les

---

1. *Syll.*, 3, 548.
2. Hérodote, I, 13-14 ; autres démarches des rois lydiens : I, 19-20 et 46-49 ; VI, 125.

démarches de cités aussi lointaines que Cyzique, sur les Détroits, ou que Tyr, en Phénicie, attestent le rayonnement de l'oracle dans toute l'Asie antérieure et suggèrent de nombreux voyages, tant officiels que privés.

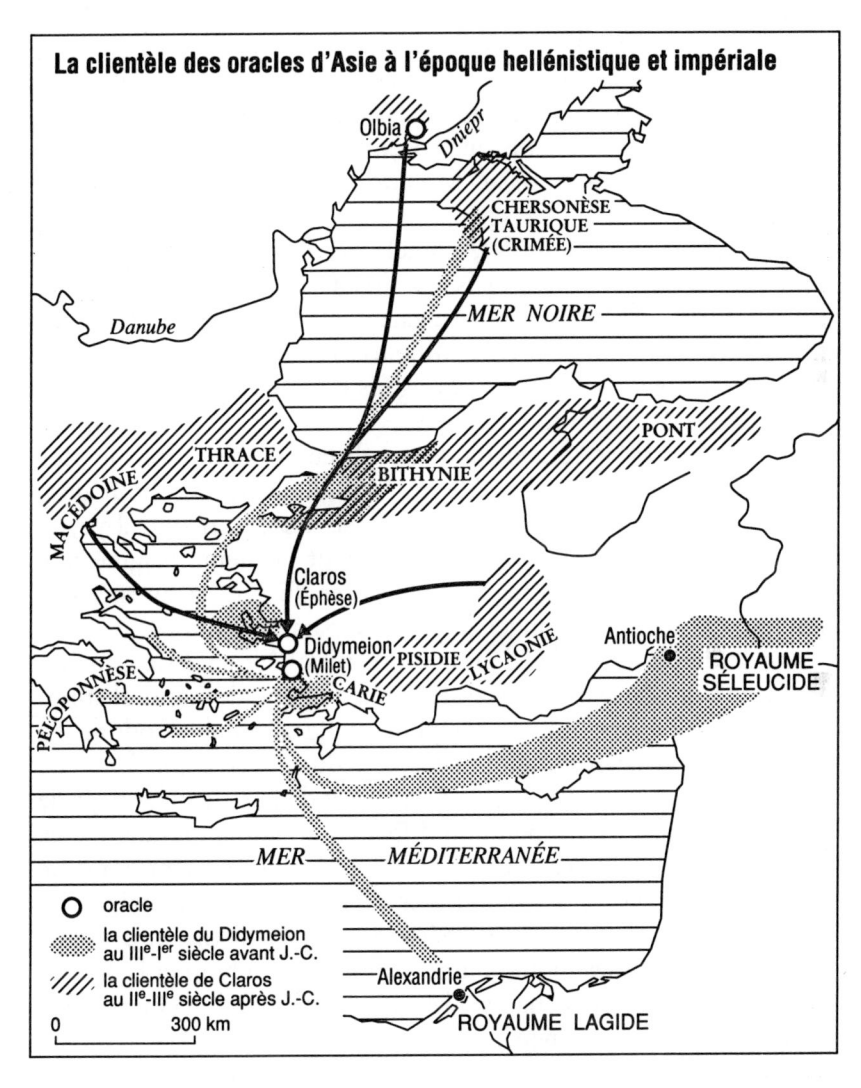

La clientèle des oracles d'Asie à l'époque hellénistique et impériale

○ oracle
▒ la clientèle du Didymeion au IIIe-Ier siècle avant J.-C.
/// la clientèle de Claros au IIe-IIIe siècle après J.-C.
0   300 km

En 479, le généralissime des armées perses, qui occupaient alors le nord de la Grèce, envoya un Carien originaire du sud de l'Asie Mineure pour « consulter les oracles, avec ordre d'aller interroger les dieux partout où la chose était possible pour les Perses ».

L'homme chargé de cette « tournée des oracles » était un interprète professionnel, car la consultation d'oracles étrangers posait des problèmes de langue[1]. Il limita son enquête à la Grèce centrale, où il ne visita pas moins de trois oracles voisins les uns des autres : d'abord Abai en Phocide, puis l'antre de Lébadée, et enfin l'enclos d'Apollon Ptoion au-dessus du lac Copaïs.

Mais le voyage oraculaire provoqua aussi des déplacements de la Grèce vers l'Orient : dès le ve siècle, Hérodote décrivit le phénomène oraculaire dans un espace mondial, non seulement en Grèce propre, mais en Asie Mineure, en Égypte, en Libye et même en Éthiopie[2].

À Didymes, près de Milet, l'oracle des Branchides eut surtout un rayonnement régional, mais certains de ses « clients » venaient des côtes de la mer Noire où avaient été fondées des colonies milésiennes. Toujours en Asie Mineure, l'oracle de Claros attira à partir du IIe siècle de notre ère des gens du nord des Balkans aussi bien que de l'*hinterland* anatolien.

En Égypte, Hérodote visita de nombreux oracles, dont le plus illustre était celui d'Ouadjet, à Bouto dans le Delta. Il connut aussi l'oracle de Zeus Amon à Siwa, une oasis du désert de Libye, et recueillit la légende locale qui lui donnait la même origine que celui de Dodone en Grèce. Dans la vallée du Nil, la tournée des oracles pouvait se prolonger jusqu'à Napata en Éthiopie.

Alexandre inscrivit les débuts de sa conquête en Asie dans un parcours oraculaire qui le conforta à chaque grande étape. Il aurait pu aller vers l'Apollon de Delphes ou le Zeus de Dodone en Grèce, mais il préféra tenter l'épreuve du « nœud gordien » en Phrygie, au cœur de l'Asie Mineure, avant de faire le pèlerinage de Siwa à l'occasion de l'expédition d'Égypte. Il voulait rivaliser avec ses ancêtres mythiques, Persée et Héraclès, qui avaient consulté l'oracle au cours de leurs périples africains, et cela malgré les difficultés de l'itinéraire : son mémorialiste, Callisthène, présente la traversée du désert comme une lutte contre la faim et la soif au milieu des éléments déchaînés. Mais le royal pèlerin était guidé et protégé par la providence[3].

---

1. Hérodote, VIII, 133-135.
2. *Ibid.*, II, 29, 54-57, 83, 139 et 155.
3. Plutarque, *Alexandre*, 18, 2-3. Quinte-Curce, III, 1, 14-18.

Plus tard, la fondation de la capitale séleucide sur les bords de l'Oronte, à Antioche, fit la fortune d'un nouvel oracle d'Apollon, installé à Daphnée, un faubourg de la ville ; il était toujours fréquenté par les Grecs et les Romains au IVe siècle de notre ère. À cette époque, des antres de nécromantie à Tyr et en Chaldée attiraient encore les superstitieux en Syrie du Nord[1].

À mi-chemin de l'Orient et de l'Occident, Delphes vit aussi affluer, dès le VIe siècle, des dévots venus des cités de Grande Grèce et de Sicile, ainsi que des Étrusques[2]. Les Romains suivirent.

Consultations divinatoires sous l'Empire

La République romaine avait, dans les circonstances critiques (siège de Véies ; désastre de Cannes), dépêché des ambassades pour consulter l'oracle de Delphes. Les premiers philhellènes respectèrent les « trésors », jusqu'au moment où Sylla envoya son mandataire Kaphis faire des prélèvements[3]. Les visiteurs de la génération de Strabon ont trouvé le temple d'Apollon appauvri, mais encore riche de chefs-d'œuvre artistiques. Sous l'Empire, l'oracle n'est, en général, consulté que par les grands et les princes. Le principat met en liberté surveillée les grands centres oraculaires. Ainsi Hadrien, venu consulter, a certes, après Trajan, tenté de réparer les méfaits de Néron, mais il a entendu limiter les consultations politiques, souvent liées à des ambitions subversives : on le voit interroger le dieu... sur la patrie d'Homère.

Delphes a attiré, sous le Haut-Empire, quelques visiteurs illustres. L'oracle a guidé des intellectuels vers les confins du monde[4]. Plutarque, prêtre d'Apollon Pythien, a fait beaucoup pour la promotion culturelle de Delphes : le centre voit dès lors affluer une société internationale de grammairiens, de philosophes, de médecins. Témoin du sanctuaire, l'historien a montré l'extension architecturale du site, la construction du faubourg de Pyles. Son essai *Sur les oracles de la Pythie* constitue une

---

1. Théodoret de Cyr, *Histoire eccl.*, III, 6.
2. Hérodote, I, 46-49 et 50-52. Strabon, V, 1, 7 et 2, 3. Tite-Live, I, 56, 4-6.
3. Plutarque, *Sylla*, 12.
4. Dion de Pruse, XIII.

chronique de la vie quotidienne à Delphes. Les guides guettent le touriste au grand musée, et font assaut d'érudition ; on voit la Pythie faire une crise d'hystérie devant les consultants étrangers et succomber peu après. Les consultations privées sont encore très fréquentes : on demande aux oracles si l'on doit se marier, entreprendre un voyage maritime, prêter de l'argent. Les cités envoient des délégations consulter sur les récoltes, la fécondité du bétail, la santé des individus[1].

Cependant, à Rome et en Italie, on pouvait se dispenser d'aller voir les oracles grecs, et donc éviter les voyages lointains. Des recueils de prophéties circulaient, qu'on interprétait par la méthode du tirage au sort (cléromantique). Pour l'essentiel, la Rome impériale, à l'exception des princes philhellènes, a préféré la divination italienne, liée à certains sites privilégiés : Préneste et Antium pour la Fortune, Padoue où l'oracle se conjuguait avec le thermalisme, le Clitumne. Même pour la majorité des princes, la mentalité casanière s'ajoutait au nationalisme divinatoire pour déconseiller les consultations lointaines.

A Rome, la multiplication des devins, astrologues et prophètes ambulants a quelque peu étouffé la voix de la Pythie. Delphes se tait, dit Juvénal. Et Plutarque, lui aussi, a déploré le déclin d'un oracle qui ne prophétise plus qu'en prose et sur des sujets mineurs[2] Ce point de vue, très relatif, demande à être nuancé : les oracles d'Apollon gravés à Claros, près d'Éphèse, suffisent à attester la foi dans les oracles jusqu'à la fin du paganisme, car c'est à partir du IIIe siècle que ce sanctuaire oraculaire connut sa plus grande prospérité.

Pèlerinage aux sources et culte des reliques

La démarche de Plutarque, qui réduit le pèlerinage delphique à une excursion d'érudit, ne saurait étonner. Le pèlerinage aux sources est en effet une tradition des Grecs, qui considèrent comme un lieu saint celui qui les enracine dans le passé le plus lointain grâce aux mythes *(hiéroi logoi)* qu'on s'y transmettait et

---

1. *Or. Pyth.*, 28 et 29 (*Mor.*, 408c et 409).
2. *Defect. or.*, 21, 42 et 46 (*Mor.*, 421c, 433c, 535c).

aux reliques qu'on y exhibait. C'était le cas d'un autre grand sanctuaire apollinien, celui de Délos :

> Dans cette île de Délos, les gens du pays disent qu'ils montrent un temple, simple peut-être en ses aménagements, mais saint par la légende et par les histoires qu'on raconte sur lui. La légende rapporte que, quand Létô enfanta les dieux, elle y fut délivrée des douleurs de l'enfantement.

Il n'y a pas d'oracle à Délos ; on vénère des lieux sacralisés par la naissance divine ; le palmier au pied duquel naquirent Apollon et Artémis ; l'autel de cornes construit par Apollon à l'âge de quatre ans[1]. Les rites de pèlerinage se réfèrent à ce passé mythique, que la poésie étiologique de l'époque alexandrine maintient vivant. Le sanctuaire contient d'autres reliques, des tombeaux d'époque héroïque, devenus lieux de culte et gratifiés d'offrandes même par les peuples lointains. En Égypte, c'est l'architecture funéraire du plateau de Gizeh ou de la Vallée des Rois qui attire à la fois la visite et l'adoration. Les Grecs admirent la prouesse technique, mais aiment aussi à jouer avec les réminiscences historiques et littéraires. Pour ces sites de haute antiquité, on pourrait parler de « pèlerinage touristique », ou de tourisme empreint de religiosité.

Or le touriste moyen, le curieux, se voit proposer tout un catalogue plus ou moins crédible de souvenirs vénérables, de vestiges réputés authentiques. Ainsi, à côté des collections de peintures, de statues, de camées, ou des spécimens d' « histoire naturelle » de valeur plus ou moins historique — crocodile de Juba, antennes de fourmis indiennes, merveilles minéralogiques —, les temples d'Asclépios, d'Aphrodite, de Zeus Olympien même conservent tout un vénérable bric-à-brac qui excite la faconde des guides. Si les épées et les cuirasses de chefs, des pharaons à Alexandre et à Jules César, font recette, que dire de certaines reliques ? On exhibait, selon Pausanias, l'œuf de Léda dans un temple de Sparte ; le moulage exact du sein d'Hélène à Lindos ; les restes de l'argile de Prométhée à Panopée, en Phocide[2] ! Les flottes héroïques, navires d'Agamemnon ou d'Énée, sont produites sans pudeur.

---

1. Callimaque, *Hymne à Apollon*, 58-63 ; *Hymne à Délos*, 210.
2. Pausanias, III, 16, 2 ; Pline, XXXIII, 84.

Il est facile de dauber, comme le font les Romains, sur l' « ostentation des antiquités » en Grèce et en Orient. Aristote a dit, dans la *Politique,* qu'il existe une contemplation à divers étages. C'est le cas de Plutarque et de ses amis à Delphes, des scribes, des philosophes et des jeunes gens « bien élevés » qui visitèrent successivement la Vallée des Rois. Et il n'est pas indifférent de constater qu'à Délos, au IIe siècle avant notre ère, les voyageurs étrangers importants viennent bien souvent d'Athènes, où ils séjournent longuement : l'excursion-pèlerinage à l'île sainte, sanctuaire de renom immémorial, est donc un élément de la formation reçue dans la capitale de l'hellénisme, au même titre que la participation aux concours ou à l'éphébie.

Le voyage vers un lieu saint n'est que très rarement vécu comme une quête spirituelle dans le monde antique. Pourtant, en Égypte, les pèlerinages aux villes saintes d'Osiris et, en Grèce, l'initiation à Éleusis relèvent d'un souci de l'au-delà. Le parcours initiatique d'Éleusis est assez bref (cinq jours) et se développe sur une courte distance, mais il a quelque chose d'exceptionnel : pour une fois, tous les clivages politiques sont transgressés ; là-bas se mêlent citoyens, femmes, enfants, étrangers, courtisanes et esclaves. D'autre part, le pèlerinage se meut comme un univers clos, détaché de l'environnement mondain par des moments d'ascèse, de jeûne, de retraite, de purification, et structuré par des chants et des costumes particuliers ; c'est sans doute la seule pratique de la religion grecque qui institue une rupture avec les préoccupations quotidiennes et l'ordre social, ce qui sera une des fonctions essentielles du pèlerinage chrétien.

NAISSANCE ET ESSOR DU PÈLERINAGE CHRÉTIEN

Les voyages d'intellectuels chrétiens

Dès le IIe siècle de notre ère, les intellectuels chrétiens jugent utile le voyage en Terre sainte pour « acquérir la connaissance des traces » de Jésus, de ses disciples et des prophètes qui l'avaient précédé, selon les propres termes d'Origène, le grand théologien d'Alexandrie[1]. À l'époque des controverses entre chrétiens, juifs et païens, surtout quand on affrontait des lettrés comme le philosophe Celse, il s'agissait d'abord de pouvoir apporter des preuves de la véracité des Évangiles[2] :

> Or, que Jésus soit né à Bethléem, si, d'après la prophétie de Michée et après le récit consigné dans les Évangiles par les disciples de Jésus, on désire être convaincu par d'autres preuves, on montre, sachons-le, conformément à l'histoire évangélique de sa naissance, à Bethléem la grotte où il est né, et dans la grotte la crèche où il fut enveloppé de langes. Et ce que l'on montre est célèbre dans la contrée, même parmi les étrangers à la foi, puisqu'en effet dans cette grotte est né ce Jésus que les chrétiens adorent et admirent.

Méliton, évêque de Sardes à la fin du IIe siècle, effectua en Palestine un voyage d'information, de bibliothèque en bibliothèque, quand il entreprit le catalogue des livres canoniques de l'Ancien Testament ; il désirait « apprendre avec exactitude » leur nombre et l'ordre de leur composition, et il lui paraissait nécessaire de le faire « là où avait été prêchée et accomplie l'Écriture[3] ».

Le voyage, l'observation, l'information directe restaient des modes d'information privilégiés pour les exégètes chrétiens comme pour les « historiens » ou les philosophes grecs du VIe siècle.

Jusqu'au IVe siècle, ces pèlerinages chrétiens vers les Lieux saints bibliques sont rares. Les circonstances ne s'y prêtent guère : non seulement le IIIe siècle est une époque d'insécurité, mais encore les Églises primitives, suivant les Évangiles, se méfient d'une sacralisation de l'espace et du temps. La situation change du tout au tout avec la Paix de l'Église, au début du IVe siècle : alors commence un tourisme chrétien dont la Bible est l'inspiratrice.

---

1. *Commentaire à Jean*, 6, 40.
2. Origène, *Contre Celse*, 51 ; Justin, *Dialogues*, 78.
3. Eusèbe, *Hist. Eccl.*, IV, 26, 13-14.

La visite des Lieux saints

La première relation que nous possédons date de 333 : c'est l'*Itinéraire* d'un pèlerin anonyme parti de Bordeaux. Sans doute s'agit-il d'un fonctionnaire impérial qui a emprunté le *Cursus publicus*, car la première partie de son récit, très sèche, n'est qu'une énumération des étapes officielles. Mais la relation s'anime quand on arrive en Palestine, et les souvenirs de l'histoire biblique affluent : Sarepta est la ville où le prophète Élie est venu habiter chez une veuve ; le Carmel, la montagne du sacrifice du même Élie. Césarée, la métropole de Palestine, ne retient pas le voyageur par ses monuments pourtant remarquables ; celui-ci ne s'intéresse qu'au bain du centurion Corneille, baptisé par saint Pierre.

L'itinéraire du pèlerinage chrétien, jalonné d'étapes dans les monastères, où les moines jouent le rôle des périégètes, a pour but de retrouver les hauts lieux de la Bible, de Moïse à Jésus. Ainsi, la Gauloise de la fin du IVe siècle dont la relation nous est parvenue mutilée, sainte Silvia, a parcouru sur les traces de Moïse le Sinaï ; à travers l'Arabie Pétrée, elle rejoint la Palestine, va jusqu'à Constantinople par Cappadoce, Galatie et Bithynie, revient à Éphèse pour se rendre à la Sainte Croix et au Golgotha, où l'on voit converger des cortèges de différentes provinces — Mésopotamie, Syrie, Égypte. La noble dame Égérie, qu'on rencontre souvent sous le nom d'Éthérie, a visité l'Égypte, le Sinaï, la Palestine et l'Asie Mineure après 380. Même souci de la culture biblique chez Paula, qui voyagea à travers la Palestine en 385. Égérie avait préparé son voyage Bible en main, avec un inventaire complet de tous les sites à voir ; sur place, elle lisait le passage concerné. Émerveillement tout particulier devant le panorama de la Terre promise à partir du mont Nébo[1] :

> Nous nous tenions devant la porte de l'église. Une très grande partie de la Palestine, qui est la terre de la promesse, se voyait de là, ainsi que tout le pays du Jourdain, aussi loin du moins que le regard pouvait porter.

---

1. Égérie, *Itinéraire*, XII, 4-5.

Quant à Paula, elle avait le guide le plus érudit qui soit, saint Jérôme lui-même, qui précise leur objectif restreint : « Je ne vais nommer que les localités qui sont mentionnées dans les Saints Livres[1]. » Pour chacune, il accumule citations et allusions bibliques en utilisant *La Liste des noms de villes* (l'*Onomasticon*) que l'évêque Eusèbe de Césarée avait composé à la mode grecque.

Le pèlerinage chrétien est temps de prière. Reprenant une expression typiquement biblique, Égérie dit qu'on monte à Jérusalem pour prier *(gratia orationis ascenderat)*. Sa démarche consiste à « voir et prier », par exemple dans la plaine de Moab où mourut Moïse[2] :

> Telle était en effet notre constante habitude : chaque fois que nous arrivions aux endroits que nous avions désiré voir, on y faisait d'abord une prière, puis on lisait cette lecture tirée de la Bible, on disait un psaume approprié à la circonstance et on y faisait à nouveau une prière.

L'évêque grec Grégoire de Nysse, qui s'est rendu à Jérusalem au IVe siècle en empruntant, comme l'Anonyme de Bordeaux, un véhicule de la Poste impériale, considère lui aussi le pèlerinage comme un temps de prière, qui est rupture avec le monde :

> La voiture était pour nous comme une église ou un monastère où, tous ensemble, nous psalmodions et jeûnions pour le Seigneur.

Le voyage aux Lieux saints est aussi recherche et vénération des reliques. Égérie a vu et copié les lettres échangées entre le Christ et le roi d'Édesse[3]. Le pèlerin de Bordeaux s'arrête près du puits de Jacob, aux platanes qu'il croit plantés par le patriarche lui-même, et cherche à Jérusalem les traces du sang du prophète Zacharie et la colonne de la flagellation ; peu à peu apparaissent d'autres reliques de la Passion (la lance, la couronne d'épines, le calice de la Cène), et leur culte reçoit une impulsion remarquable en 340 quand Constantin fait exhumer la Vraie Croix. En la voyant, Paula[4] revit l'événement qui a fait du Golgotha un lieu saint ; elle fait acte d'adoration « comme si elle y contemplait le Seigneur suspendu ». De même, dans la crèche de Bethléem, elle « contemple des yeux

---

1. *Lettres*, CVIII, 8.
2. *Itinéraire*, XXIII, 3.
3. *Ibid.*, XIX, 9.
4. Saint Jérôme, *Lettres*, CVIII, 9 et 10.

de la foi » toutes les scènes de la Nativité. Le désir profond du pèlerin est de réactualiser l'événement sacré là même où il s'est déroulé.

La recherche de la guérison n'a pas disparu pour autant. Égérie a vu à Ramessès, en Égypte (la résidence pharaonique du Delta), un sycomore censé avoir été planté par les Patriarches : « Quiconque a une maladie y vient prendre des rameaux et cela lui fait du bien[1] » ; il est vrai que la pharmacopée romaine attribuait au sycomore ou « mûrier d'Égypte » diverses vertus thérapeutiques.

Le pèlerinage chrétien rétrécit les perspectives du voyage antique, dans la mesure où il ne retient que les sites bibliques. Le *Journal d'Égérie* livre quelques remarques sur les ruines, le paysage, les cultures, la sécurité ou l'insécurité des contrées, la protection des routes. L'accueil et l'hospitalité relèvent des évêques et des monastères. Ni l'agrément ni la commodité du voyage ne sont pris en considération et, si l'on emprunte évidemment les grands axes routiers de l'Empire, on n'hésite pas à s'en écarter pour des excursions difficiles, et exclusivement bibliques, telles que l'ascension du Sinaï, qu'il faut effectuer à pied, ou la visite du sanctuaire de sainte Thècle, sur le plateau anatolien. Égérie assiste à la Liturgie de Jérusalem et fait la tournée des monastères, des églises et des *martyria* à la gloire des martyrs de la foi. Les pèlerinages aux tombeaux se développent simultanément ; l'un des premiers « découverts » est celui de Job, dans la vallée du Jourdain visitée justement par Égérie.

Pèlerinages dans la Ville éternelle

Si les Lieux saints d'Orient ont sollicité les premiers pèlerins, Rome, la ville des saints et des martyrs, attire petit à petit, les fidèles d'Occident, après les persécutions de la fin du IIIe siècle. Le saint pape Damase (366-384) fait entretenir avec soin les Catacombes, car grande est la ferveur du peuple romain pour les tombeaux des martyrs et les cimetières souterrains. Les foules qui s'y pressent font penser au « monde entier[2] ».

---

1. *Itinéraire*, VIII, 3. Voir Pline, XXIII, 134-140.
2. Ambroise, *Hymnes*, XIII, 21-23.

Saint Augustin découvre surtout ce caractère à travers le sac de 410, qui ébranle la foi dans la providence. C'est le calme du milieu étudiant romain, opposé à la licence de Carthage, qui l'attire surtout dans l'*Urbs*; et quand il prend en grippe les étudiants romains il se laisse tenter par Milan, avec une recommandation de Symmaque. Peu voyageur, Augustin se contente d'évoquer par ouï-dire la ferveur du monarchisme égyptien, et « la multitude des monastères », avec « leurs vertus » et les « solitudes fécondes du désert ».

L'idée du pèlerinage à Rome est lente à s'imposer. Encore au VIe siècle, le célèbre voyage de Sidoine Apollinaire fera moins de place au « siège de Pierre » qu'à l'*Urbs*[1]. Peu à peu se constitue, grâce à saint Ambroise, à Prudence et à Paulin de Nole, une tradition hymnique qui substitue à l'image du « laraire de l'Empire » celle du « siège de Pierre ». En 403, pour l'anniversaire des martyrs, Prudence mentionne les pèlerins romains et italiens, « l'habitant des Abruzzes, le paysan d'Étrurie, le farouche Samnite, le citoyen de la superbe Capoue, le peuple de Nole[2] ».

Dans les catalogues des « merveilles de Rome », jusqu'au VIIe siècle, les collines et les aqueducs sont graduellement éclipsés par les tombeaux des évêques et des martyrs, les églises et les monastères.

Les pèlerinages du IVe siècle ont sans doute déjà marqué les chrétiens d'Occident. Le cas de l'Espagnol Prudence est net : son voyage de 404 trouve une Rome convertie au Christ[3]. La ville de l'apôtre reste le « palais du souverain Empire », mais l'Espagnol découvre une ferveur intra-urbaine qui pousse la multitude des quartiers vers le tombeau de Pierre et le chrême du Latran. Les hymnes du *Péristephanon*, élévation lyrique inspirée par les saints et les martyrs, font une place importante à l'hagiographie romaine : à Pierre et Paul ; à saint Laurent et à sainte Agnès. En effet les Espagnols « savent à peine par la renommée combien Rome est pleine des tombeaux des saints, combien le sol de la Ville est riche, fleuri de sépulcres sacrés » ; la « Rome céleste » de saint Laurent éclipse l'*Urbs*, dont l'habitant peut « honorer de près

---

1. *Lettres*, I, 5.
2. *Péristéphanon*, XI, 199 sq.
3. *Contre Symmaque*, I, 409 sq., 523, 587 ; II, 440-441.

Laurent et le séjour de ses os[1] ». L'hymne à la passion d'Agnès se présente comme un pèlerinage, et comme une invitation à la visite purificatrice[2] :

> C'est dans la patrie de Romulus que se trouve le tombeau d'Agnès, fillette héroïque et martyre illustre ; enterrée en vue même des hautes maisons de la ville, la vierge protège le salut des Quirites ; elle protège aussi les étrangers eux-mêmes, qui viennent la supplier d'un cœur pur et fidèle...

Même invitation latente au pèlerinage dans l'hymne à Pierre et Paul, qui correspond sans doute à la liturgie de leurs basiliques :

> Les ossements des deux martyrs sont séparés par le Tibre ; en coulant parmi ces sépultures saintes, le fleuve acquiert, sur ses deux rives, un caractère sacré...

Le poète a décrit le tombeau de Pierre comme « un splendide édifice », avec ses marbres précieux et sa « source intarissable » ; les images d'onde pure, l'eau lustrale de la communion des fidèles, dominent l'évocation. Le tombeau de Paul sur la Via Ostiensis donne lieu à une description plus précise et émerveillée de l'édifice royal, ses colonnes de Paros et ses poutres recouvertes de feuilles d'or.

La célébration des deux apôtres[3] a lieu au Vatican et sur la rive gauche. Le pontife officie d'abord « au-delà du Tibre » avant de se rendre à Saint-Paul-hors-les-Murs ; le « peuple de Romulus » se répand sur les avenues pour la célébration. Le voyage à Rome a essentiellement apporté à l'Espagnol la révélation de ce double jour de fête.

Un chrétien d'Occident, avant de voir la Ville, s'afflige souvent d'en être séparé par les obstacles géographiques, « les flots de l'Èbre, deux chaînes de montagnes, les Alpes Cottiennes et les brumeuses Pyrénées ». Saint Jean Chrysostome, qui se réjouit de voir « empereurs, généraux, consuls venir de préférence pour vénérer les tombeaux d'un pêcheur et d'un fabricant de tentes », exprime à distance une vénération religieuse qui implique le reniement de l'histoire profane — « l'antiquité de la ville de Rome,

---

1. *Périst.*, II, 529 sq.
2. *Ibid.*, XIV.
3. *Ibid.*, XII, 45 sq. et 57-66.

la beauté des édifices et le nombre des habitants, sa puissance, ses richesses, ses vertus guerrières ». Il proclame heureuse la ville à qui Paul a écrit son épître, et qui abrite son corps. Il regrette que le poids des « sollicitudes ecclésiastiques » lui interdise le long voyage [1].

Outre la vénération des reliques, très puissante dès le IVe siècle, la politique religieuse, les problèmes d'orthodoxie et de foi, attirent de nombreux évêques : les « homéousiens » qui veulent se réconcilier avec le pape Libère ; les mandataires de saint Basile et de ses collègues orientaux, dépêchés au pape Damase. Il semble que les voyages des empereurs Constance, Théodose et Honorius aient inclu le pèlerinage aux tombeaux des Apôtres, mais les sources ecclésiastiques ne sont pas toujours explicites.

LE VOYAGE MÉDICAL

Cures miraculeuses dans les sanctuaires grecs

En Grèce, on l'a vu, le voyage s'est inscrit de façon primordiale dans le désir de recouvrer la santé : dès la fin de l'époque classique, on visitait à cette fin les sanctuaires guérisseurs, et en particulier ceux d'Asclépios.

C'était une démarche de foi, et non pas un voyage d'agrément dans une station thermale : la guérison résultait d'une action combinée de thérapeutiques sommaires et de la suggestion. Dans sa comédie du *Ploutos* (« Richesse »), Aristophane a évoqué très précisément la cure telle qu'elle était pratiquée dans les sanctuaires d'Asclépios au début du IVe siècle [2]. Pour guérir une ophtalmie, Ploutos cherche un contact avec la divinité, qui ne peut se produire que lors d'une vision, dans le sommeil : c'est l'incubation. En arrivant au sanctuaire, au terme d'un voyage plus ou moins long, il faut s'y préparer : le malade prend un bain de

---

1. *Contra Jud. et Gent.*, IX ; *Hom.* VIII, 2 et XXXII, 2-3 (lettres aux Éphésiens et aux Romains).
2. *Ploutos*, 653-745 (jouée en 388).

purification — dans une source d'eau salée qui est bien froide ! —,
puis il offre des sacrifices préliminaires — gâteaux, volailles —
dont les exigences modestes conviennent à tous. Alors seulement
il s'installe pour la nuit dans le « portique secret », l'*abaton*, qui
constitue le cœur même de tout sanctuaire guérisseur. Dans
certains lieux, comme à Oropos, des banquettes de marbre
courent le long des murs ; ailleurs, il faut s'arranger un lit de
feuillages. Le serviteur du dieu vient éteindre les lampes en
ordonnant de dormir et de rester silencieux, quoi qu'il puisse
arriver. Parents et amis sont refoulés au-dehors où, à l'époque
d'Aristophane, rien ne semblait avoir été prévu pour eux. Et
malheur aux indiscrets[1] :

> À l'heure où les suppliants étaient déjà couchés dans l'*abaton*,
> Eschine grimpa sur un arbre et se pencha au-dessus du mur pour
> regarder dans l'*abaton*. Là-dessus, il tombe de l'arbre sur des pieux
> qui se trouvaient là et se crève les yeux. Comme il se trouvait en fort
> piteux état et qu'il était devenu aveugle, il supplia le dieu de lui
> pardonner, fit l'incubation et se releva guéri.

Voici maintenant comment le malade vivait sa cure miraculeuse. Une fois tout le monde endormi, le dieu faisait sa ronde en examinant soigneusement tous les patients ; il était suivi d'un auxiliaire qui portait les ingrédients nécessaires à la confection des emplâtres, des onguents ou des collyres. Ou bien le malade était immédiatement soigné, ou bien il recevait une ordonnance. La guérison était attribuée à l'apparition du dieu, à ses paroles, à son toucher miraculeux. Il existait toute une mise en condition : certains dévots parlent de voiles de pourpre dont on leur aurait couvert la tête, ou de serpents appelés par Asclépios ; les ex-voto et les récits miraculeux qui couvraient les murs entretenaient une atmosphère de crainte mystérieuse et exaltaient l'espoir du salut. Les honoraires faisaient partie de la cure : un miraculé entendit le prêtre les lui réclamer dans son sommeil ; à Oropos, il fallait jeter une pièce d'or ou d'argent dans la source sacrée d'Amphiaraos ; à Épidaure, le dieu exigea d'une riche sceptique un cochon d'argent[2].

À l'époque hellénistique et sous l'Empire, la foi restait vivace,

---

1. *IG*, IV, 1, 2ᵉ éd., 121, 90-94.
2. *Ibid.*, 121, 33-41 et 126, 17-20.

mais la cure devint de plus en plus sérieuse. Non seulement dans les Asclépieia de Cos et de Pergame, où étaient installées les plus célèbres écoles de médecine du temps, mais même à Épidaure : les « ordonnances du dieu », telles que les y reçut et les y fit graver un certain Apellas de Mylasa[1], sont conformes à celles d'un Celse, d'un Pline ou d'un Galien, qui s'efforçaient d'intégrer le voyage à une réflexion systématique sur l'hygiène et la santé. Outre quelques remèdes simples — cataplasmes, tisanes, gargarismes —, on insistait désormais sur l'hygiène de vie, le régime alimentaire, le sport et la promenade, et enfin la cure thermale elle-même, avec ses bains variés (bains chauds, bains froids, bains de boue), suivis d'onctions et de frictions. Le thermalisme à proprement parler avait acquis ses lettres de noblesse.

On réaménagea, en fonction de ces exigences nouvelles, les sanctuaires d'Asclépios les plus anciens. Dès le milieu du IVe siècle, celui de Gortys fut dédoublé : dans la verdoyante Arcadie, on construisit un complexe en pleine campagne, près des eaux fraîches et vivifiantes du torrent Gortynios dont le courant était capté en amont et dirigé vers l'édifice de bains. Les malades y trouvaient des étuves, des cuves plates pour le bain de propreté, des cuves profondes pour le bain par immersion et même une piscine. L'eau servait toujours à assurer la propreté corporelle et la pureté rituelle avant l'incubation qu'on continuait à pratiquer, mais elle se révélait désormais aussi un élément de bien-être.

Épidaure devint un lieu de cure et de distraction. Dès l'époque de Platon, au IVe siècle, on y célébrait tous les quatre ans de grands concours sportifs et musicaux, qui prolongeaient de trois jours, au printemps, les illustres et très anciens concours de l'Isthme. Le sanctuaire fut remanié à l'époque hellénistique. L'édification de nouvelles chapelles dans l'enceinte sacrée atteste que prières et sacrifices tenaient toujours une grande place dans la cure, mais on développa aussi les bains, les établissements de soins et les hôtelleries ; des galeries couvertes furent aménagées en terrasses, où l'on pouvait se promener et faire de la gymnastique. Les spectacles et les auditions devinrent plus fréquents, quand un nouvel odéon s'ajouta au théâtre ; enfin, on donna sa place au sport en construisant la première palestre.

---

1. *IG*, IV, n° 955.

Dans les stations-sanctuaires plus récentes, à Cos et à Pergame, les installations les plus variées répondaient à toutes les exigences de confort et de loisir, et tout était fait pour le plaisir des yeux : l'établissement avait une allure monumentale et de nombeuses œuvres d'art y suscitaient l'admiration naïve des pèlerins.

La cure prit un caractère mondain. De ce point de vue, une des stations thermales les plus renommées était celle d'Aidepsos en Eubée, où les lettrés aimaient à se rencontrer autour de banquets somptueux et d'agréables causeries : on venait « en foule », « depuis de longues distances », pour boire à la source d'Héraclès une eau sulfureuse chaude. Visite aux sources thermales, bains, sport et spectacles rythmaient la vie du curiste[1].

Les types de cure se diversifièrent aussi, puisque à côté des stations de thermalisme à proprement parler, c'est-à-dire des sanctuaires qui captaient une source curative, apparurent des stations de thalassothérapie. Elles se situaient surtout sur la côte d'Ionie, à Téos, au cap Macria, à Érythrées, dont les bains passaient pour les meilleurs de la région[2]. On avait progressivement pris conscience des vertus de l'air marin et des bains d'eau de mer pour les fractures, les affections de la peau, les parasites, les piqûres venimeuses, les migraines, les ballonnements[3]...

Miracles et thermalisme en Asie à l'époque impériale : l'expérience d'Aelius Aristide

Plus que l'Asclépieion d'Épidaure, qui perdit une partie de sa clientèle romaine après le transfert à Rome d'Apollon Medicus et les pillages de Néron, plus même que l'Asclépieion de Cos, dont la décadence est incontestable sous l'Empire, le sanctuaire guérisseur de Pergame, dont les débuts avaient été particulièrement modestes au IVe siècle, bénéficia de la faveur romaine et connut un essor considérable à l'époque antonine : Lucien peut alors dire qu'Asclépios tient son « hôpital » à Pergame[4]. Caracalla lui-même s'y transporta pour profiter des soins du dieu et « s'y repaître de

---

1. Plutarque, *Propos de table*, 4,4.
2. Pausanias, VII, 5, 10-12.
3. Pline, XXI, 34 et 67.
4. *Icaroménippe*, 24.

songes à satiété ». Car il s'agissait d'une cure mystique autant que thérapeutique[1].

Les empereurs du IIe siècle ont largement contribué à l'aménagement des stations thermales d'Asie : on leur doit en particulier les Thermes royaux, édifiés par Hadrien près de Pruse, et les fameux Bains d'Agamemnon aux environs de Smyrne. C'est encore sous le règne d'Hadrien que l'Asclépieion de Pergame devint le siège de la principale école de médecine de l'Empire et le principal lieu de vie sociale en Asie : Trajan fit construire une avenue à colonnade, Hadrien des portiques, un théâtre et des salles de réunion pour la détente et les distractions, ainsi qu'un nouveau réseau de canalisations et davantage d'installations balnéaires. Le centre culturel subsistait autour de la source sacrée dans un cadre monumental traité à la romaine avec une grande rotonde à coupole, imitée du Panthéon de Rome. Les ex-voto, qui s'adressent tous à Asclépios, avec des allusions aux apparitions oniriques, témoignent du caractère religieux et traditionnel de la cure, centrée sur l'incubation.

Aelius Aristide l'atteste, lui aussi, dans le journal qu'il tint de ses expériences mystiques et médicales pour recouvrer la santé et d'où sont issus ses *Discours sacrés*. Cet intellectuel renommé du IIe siècle, grand malade et peut-être hypocondriaque, trouva un soulagement à ses maux après une première visite au sanctuaire de Pergame. Il se voua dès lors au dieu, dont il enregistra avec émotion toutes les apparitions et dont il suivit scrupuleusement toutes les prescriptions, même les plus étonnantes et les plus pénibles. La cure procède toujours d'une incubation et d'une révélation miraculeuse. La source sacrée y joue un grand rôle, car l'eau est omniprésente dans le rituel : elle sert à la purification et à l'incubation (elle circulait en effet sous le portique où s'endormaient les consultants). Elle est miraculeuse : c'est la plus belle, la meilleure, la plus pure, au point que le malade se sent rempli d'exaltation dès qu'il l'entend couler.

Le traitement relevait essentiellement de l'hydrothérapie : on buvait l'eau de la source ; on prenait des bains, froids ou glacés, à Pergame ou dans les environs, de mer, de rivière ou de boue... Aristide ne décrit pas moins de dix-sept bains, tous particulière-

---

1. Hérodien, *Hist.*, IV, 8, 3.

ment éprouvants et spectaculaires : en hiver, la nuit, sous la pluie ou par un vent violent, et même dans la neige ! L'exagération est manifeste, surtout si l'on compare avec les ordonnances de Galien, son contemporain, lui aussi miraculé à vingt-sept ans, mais qui s'efforça ensuite d'établir l'harmonie entre la médecine ordinaire et celle du temple, en donnant une place aux rêves thérapeutiques et à la foi en Asclépios, tout en refusant les pratiques magiques, irrationnelles et paradoxales. Il prescrivait donc lui aussi l'hydrothérapie, mais sans aucune de ces épreuves spectaculaires auxquelles se complaisait l'exaltation mystique d'Aelius Aristide.

Sédentarité et autarcie de la médecine romaine archaïque

Les temps anciens de la République, où les Romains vécurent sans médecins, sinon sans médecine, excluaient *a fortiori* le pèlerinage aux sanctuaires des dieux guérisseurs grecs. La médecine était autarcique et familiale, pratiquée à l'intérieur de la *familia,* et la pharmacopée se limitait à la science « d'un petit nombre d'herbes ».

Pour les vieux Romains empiristes, chez qui l'hygiène collective et la salubrité se confondent avec les indications divinatoires, l'enracinement au cadre de vie, l'ambiance, sont essentiels. Un certain naturalisme italique, qui gravite comme en Grèce autour des forêts et des sources, associe le culte des « dieux agrestes » (Pan, Silvain, les Nymphes) et la conservation de la santé. Tout au plus pourra-t-on évoquer, à une époque ancienne, les pèlerinages sur les lieux de certaines sources sacrées du Latium, embryon de thermalisme latin. La distinction des sites salubres et des sites malsains, pour la cité, sinon pour la villa, procède en grande partie des auspices. Les sites malsains et les sites maléfiques se confondent dans l'Italie primitive : ainsi *Grauiscae,* au toponyme révélateur, suggérant une *grauitas caeli,* une pesanteur malsaine de l'atmosphère, liée peut-être à des exhalaisons paludéennes[1]. On évite ces lieux comme on évite les « avernes », lacs méphitiques et inquiétants. On cherche les collines ventées et salubres, ce qui

---

1. Vitruve, *Arch.*, I, 4 ; Caton, *Origines,* II, 17 (Servius, *Ad Aen.,* X, 184) ; Tite-Live, V, 51 et XXV, 26, 12 ; Lucrèce, VI, 738 sq.

expliquera le changement d'air en Sabine ; on fuit les dépressions marécageuses, que l'urbanisme se fixe pour tâche de drainer. À Rome, il y a symbiose des habitants et du site. Pour confirmer ce point de vue, on explique nombre d'épidémies militaires par le déplacement physique, le déracinement, la nocivité de l'ambiance (air, ciel) : l'expédition militaire, sinon le voyage, constitue une agression pour l'organisme humain. L'habitation rurale et le logement urbain étant localisés en milieu « salubre », le voyage hygiénique n'a pas de sens. Il restera toujours de ces préjugés résiduels dans la problématique du voyage et de la santé, après l'adoption de la médecine grecque, après la découverte d'une « diététique ».

L'implantation des dieux guérisseurs à Rome — l'Apollon Medicus après l'invasion gauloise, Esculape pendant la seconde guerre punique — sera suivie de la pénétration de la médecine grecque, en deux phases : lors du IIe siècle, après les deux guerres en Grèce. Les esclaves-médecins grecs précèdent à Rome les médecins libres, tel Archagathos, de Sparte ; ils font partie, dans le mécanisme de la concentration urbaine, des compétences grecques en quête d'un public, comme les acteurs ou les artistes[1]. Le fait que les dieux guérisseurs et les médecins grecs convergent vers Rome rend inutiles les cures lointaines ; et pourtant, Rome avait très tôt envoyé des ambassades à Delphes pour recueillir le prophétisme divinatoire. C'est en termes caricaturaux que Plaute, notamment dans le *Curculio*, nous présente l'incubation dans le temple d'Esculape et l'attente de songes thérapeutiques à Épidaure.

Le rationalisme latin, avec Vitruve, a tenté de dégager une doctrine positive de la santé : elle est fondée sur la théorie des climats, qui justifie la supériorité de la zone tempérée et de l'Italie en son centre et qui freine les voyages de cure lointains. Conformément au traité hippocratique *Airs, eaux, lieux,* connu schématiquement à la fin de la République, Vitruve[2] évoque « les propriétés des lieux, vertus des eaux et qualités des sites » et fonde toute une climatologie susceptible de jouer un rôle. Les sanctuaires des dieux guérisseurs, en général, sont salutaires en raison

---

1. Sénèque, *Cons. Helv.*, VI, 2-3. Pline, XXIX, 12-13.
2. Vitruve, I, 2, 7 ; 4 et 6, 1-3 ; VIII, 3, 26.

de leur sites salubres, de la bonne eau et du bon air : Vitruve a en vue les Asclepieia du monde grec. De même, la science des vents, qui enrichit la théorie des climats, porte en elle une géographie du voyage liée à la géographie de la santé : les bords de mer sont salubres ; il est des vents sains et des vents « pestilents », ce qui détermine la salubrité de telle ou telle région selon la saison et ses vents dominants (l'*auster* est nocif, ce qui dévalorise sans doute les séjours méridionaux d'été). Ainsi, Mytilène de Lesbos serait mal « orientée » aux vents, donc insalubre. Mais il n'apparaît guère que cet inconvénient ait diminué l'attrait touristique de l'île sous le Haut-Empire.

Vitruve écrit à une époque où, depuis deux siècles environ, s'est développé un thermalisme italien vanté par Strabon. Ce dernier a toujours marqué clairement le lien entre le thermalisme et les liaisons routières : il a conscience que la Campanie thermale et balnéaire reste quelque peu « enclavée ». Avant Sénèque et Pline, le géographe augustéen enracine le thermalisme romain dans le développement touristique[1].

La Campanie thermale : une alternative aux cures miraculeuses

Le phénomène du thermalisme campanien remonte sans doute au IIe siècle avant notre ère, quand il entre dans la littérature : les joies de la villégiature et le libertinage féminin occultent passablement la thérapeutique[2]. Ainsi naît le stéréotype de Baïes et de la Campanie thermale.

Une politique de promotion médicale et touristique de la Campanie se fonde sur les eaux « sulfureuses, ferrugineuses, alumineuses » ; on explique les sources chaudes par les feux souterrains et on ramène dans le giron d'une physique rassurante la Campanie « de soufre et de feu », le monde des ombres et des mythes. Les eaux chaudes sont un « miracle » qui permet aux gens de Baïes « de chauffer leurs bains sans

---
1. Strabon, V, 4, 10.
2. *Sc. Rom. Poes. Frag.* (Ribbeck), II, p. 160 et 280.

feu[1] ». Mais on assimile le thermalisme et le laxisme maritime — un stéréotype du puritanisme romain.

Sous Vespasien qui croit aux bienfaits du thermalisme, on met l'accent sur la dimension purement thermale de la Campanie[2] :

> Nulle part toutefois les eaux ne coulent plus largement que dans le golfe de Baïes ni avec plus de propriétés curatives : certaines utilisent l'efficacité du soufre, d'autres celles de l'alun, d'autres du sel, d'autres du nitre, d'autres du bitume ; quelques-unes même servent par leur mélange d'acide et de salé, et certaines par la simple vapeur, et telle est leur efficience, qu'elles chauffent les bains et qu'elles rendent chaude la circulation d'eau froide même sous les pavements. Celles du secteur de Baïes qu'on appelle « eaux Posidiennes », qui ont reçu leur nom d'un affranchi de Claude, réalisent aussi la cuisson complète des aliments ; on voit émettre de la vapeur en pleine mer les sources ayant appartenu à Licinius Crassus, et au milieu des flots même apparaît un principe hygiénique et salutaire.

Le « promoteur » Orata invente des « baignoires suspendues » et autres raffinements. Licinius Crassus, le triumvir, investit dans le thermalisme[3]

Les inscriptions de Baïes permettent de cerner les enjeux commerciaux du thermalisme, notamment la spéculation foncière ; la publicité y joue un rôle très net. Les propriétaires terriens se reconvertissent : « Ici où se dresse le charme voluptueux de Baïes, où subsiste une architecture étincelante aux môles grossiers, existait auparavant une campagne ne rapportant à son maître aucun profit, et la terre privée de récoltes n'a plus supporté de demeures » (les fermes ont été désaffectées et on installe de « beaux bains dans les chambres ») ; on a transformé les « dons de la nature, puisque le rivage salé déborde d'eau salutaire ». Une nouvelle entreprise promet « aux vieillards essoufflés une vigueur nouvelle », ainsi qu'une « vitalité nouvelle aux articulations fatiguées ». La même publicité versifiée conjuge ablutions froides et images du thermalisme brûlant — « incendie, feu, flamme, chaleur » ; seul le mourant ne fait pas la cure !

---

1. Sénèque, *QN*, III, 2 et 24 ; *Ben.*, IV, 5.
2. Pline, XXXI, 2 sq.
3. Pline, IX, 158.

La publicité vante fréquemment l'association du volcanisme aux « bassins brûlants » et de l'onde froide : l'hôte, « toujours ravi, est brûlé sans atteinte » ; « la vapeur soignante réchauffe et renforce les poitrines[1] ». Cette mention thérapeutique rejoint les indications de Vitruve : une action sur l'arthritisme et les déficiences respiratoires[2].

À la thérapeutique, la poésie publicitaire[3] unit étroitement toutes les joies de la vie : le site « fournit d'un côté la nourriture, de l'autre la santé ». La Campanie reste un terroir fertile. La splendeur des constructions marmoréennes, qui a frappé Strabon, n'est pas omise. L'architecture n'est d'ailleurs qu'une forme des merveilles de l'art : la peinture aussi comble le curiste qui « sait jouir de la vie qui passe ». Force est de constater un dilettantisme qui s'inscrit dans l'épicurisme ambiant. La région offre des galeries de peintures mais l'esthétisme ne supplante pas les joies primaires de l'existence. On exalte l'alliance « des bains, des vins et de Vénus ». On inscrit sur sa tombe : « J'ai souvent visité les murs de Baïes, pour les eaux chaudes et les délices de la mer », en résumant l'hédonisme balnéaire, qui a marqué une vie ; les « délices de la mer » incluent évidemment les poissons et les fruits de mer. La publicité pour l'inauguration d'un « nouveau bain », invite les voyageurs fatigués à s'y rendre... et, célébrant les « délices locales », renvoie aux cavernes du rivage de Cumes les « coureurs de mer ».

Sanctuaires guérisseurs et thermalisme en Gaule

Le thermalisme gaulois, qui a surtout laissé des vestiges datant de la romanisation, est particulièrement dense dans la région du Centre, chez les Arvernes et chez les Bituriges : on peut énumérer Vichy — *Aquis Calidis* sur la Table de Peutinger —, la source froide de Royat, qui possédait un puits carré, comme le Mont-Dore, avec le patronage de la *Dea Sannia* ; en pays biturige, d'un répertoire de quinze sites se détachent *Aquae Nerii* (Néris-les-Bains), les sources sacrées d'*Argentomagus* (Saint-Marcel de

---

1. *Anth. Lat.*, I, 110 et surtout 179-213.
2. *Ibid.*, I, 210, 212 et 213.
3. *CIL*, XIV, 480 et 914 ; Bücheler, *CE*, 1255 et 1318.

l'Indre), riches en graffiti à la gloire d'une Minerve celtisée, et les fouilles ont dégagé des installations mi-thermales, mi-sacrées (les deux fonctions sont indissolubles) dans l'ensemble de la vallée de l'Allier. À Avord (Cher), des monnaies échelonnées d'Auguste à Constantin prouvent la dévotion ininterrompue à la divinité protectrice de la fontaine. À Flavigny (Cher), comme en d'assez nombreux sites, Apollon et Sirona patronnent les vertus thérapeutiques des eaux. En Gaule, une quantité impressionnante d'ex-voto anatomiques permet de préciser les affections soignées et guéries : affections osseuses ou rhumatismales, d'origine génétique ou traumatologique, affections du thorax et des voies respiratoires, névralgies crâniennes et goitres, ophtalmies purulentes et cécités, pathologie abdominale et génito-urinaire, troubles gynécologiques et obstétriques. En bref, les ex-voto correspondent à tout l'espace thérapeutique du thermalisme, sauf peut-être la pathologie nerveuse ; les indications sont les mêmes que chez Vitruve, Pline l'Ancien, Soranos d'Éphèse, et les « maladies les plus graves » se retrouvent dans les centres thermaux de Gaule[1].

Certains sites, comme celui de Néris-les-Bains, ont généré des complexes thermaux importants : les thermes Nord et Sud occupent des surfaces étendues. À partir d'une ville préexistante, les thermes ont entraîné l'extension urbaine, avec des « équipements » tels que l'amphithéâtre ; au IIe siècle de notre ère, une reconstruction suffirait à prouver une grande fréquentation[2].

Outre les thermalistes de Narbonnaise, très romanisés et hellénisés[3], la Gaule a enfanté beaucoup de spécialistes, nombre d'oculistes, dont on a retrouvé les cachets, et quelques « maîtres » : ainsi Marcellus de Bordeaux, contemporain d'Ausone et auteur d'un *De re medica*. La médecine gauloise a aussi stimulé le commerce, très prospère, des plantes médicinales. Mais les abondantes dédicaces à Esculape, disséminées sur le territoire, ne doivent pas faire illusion, car elles émanent de fonctionnaires et de militaires astreints à la mobilité.

---

1. Pline, XXV, 7.
2. *CIL*, XIII, 1376-1378.
3. Pline, XXIX, 10.

Le voyage et la problématique complexe de la santé

Tandis que le thermalisme poursuivait sa carrière florissante, Rome découvrait graduellement la médecine hippocratique grecque, et l'on y développait une réflexion systématique sur la thérapeutique individuelle, qui débordait largement les problèmes de santé publique et d'épidémiologie, ainsi que sur la diététique.

Chez Celse, pour la première fois, on voit apparaître le voyage dans une problématique de la santé[1]. L'encyclopédiste lie, dès le début, le voyage à l'économie de l'effort et du repos :

> Il faut que notre sujet ait un genre de vie varié, tantôt séjour à la campagne, tantôt séjour urbain, et le plus souvent aux champs ; il faut naviguer, chasser, se reposer de temps à autre, mais s'exercer plus fréquemment ; si tant est que l'inaction abrutit l'organisme, l'effort le fortifie.

Il prône un art de vivre qui fera de plus en plus d'adeptes avec l'augmentation de la pollution et de la concentration urbaines.

Sénèque attend de la prescription médicale le même dosage de l'activité et du déplacement dans un but thérapeutique. La doctrine du loisir contrôlé et de la maîtrise de l'activité vient de certaines écoles philosophiques qui préconisent le « relâchement » de la tension physique et nerveuse (le stoïcisme, la philosophie populaire) ; le voyage est intégré à cette hygiène mentale[2] :

> Il faut accorder à l'âme des joies et lui donner de temps à autre la détente, susceptible de tenir lieu d'alimentation et de forces. Il faut à la fois marcher librement dans des promenades ouvertes [par opposition à la *gestatio* en litière], pour que l'âme se développe et s'exalte grâce au ciel libre et au grand air ; parfois le voyage en voiture, la route et le changement de région donneront la force, ainsi qu'une pratique plus généreuse de l'alimentation et de la boisson.

---

1. *De medicina*, I à III.
2. *De Tranquil.*, XVII, 8.

Cicéron a mis l'accent sur le changement d'air lié à la villégiature : à propos d'Arpinum et des vertus de l'air natal, il a justifié son absence, vu la saison, par la quête « de la joie de vivre et de la santé[1] ».

Un des cas les plus typiques de voyage thérapeutique en Égypte est sans doute le séjour qu'y fit Sénèque dans sa jeunesse[2]. Il était de constitution pulmonaire délicate : sa « phtisie » devait être de même nature que le « catarrhe » chronique dont il se plaint, excrétions accompagnées d'un état fébrile et toux continuelle ; on peut conjecturer des symptômes pleuraux. Le philosophe a fait une cure d'air dans la vallée du Nil, en profitant de l'hospitalité de son oncle, préfet d'Égypte. Le problème est de savoir ce qu'apportait ce changement d'air en Égypte : on attend parfois les mêmes effets de cures dans des pays secs et chauds — comme la Gaule Narbonnaise ou la baie de Naples.

Pline l'Ancien, qui croit aux bienfaits du « changement d'air » en Égypte, a quelque peu varié sur les effets bénéfiques de ce voyage. Tantôt il considère que l'atmosphère joue un rôle essentiel, tantôt il insiste sur la fonction salutaire des mouvements du bateau, qui modifient le rythme vital. Le médecin Celse soulignait le même phénomène[3]. Or ce ballottement des navires ou des véhicules a des effets contradictoires : il entre dans une pathologie du voyage. Sénèque, lui, croit à l'utilité de « secouer » l'organisme pour éliminer la bile[4].

Le changement d'air pose le problème de fond lié au voyage : le rôle du climat dans la santé. Le classement touristique des sites révélera l'importance d'une climatologie réelle ou imaginaire. Elle apparaît particulièrement pour les îles, dont elle permet le classement, mais elle juge aussi de la « qualité de la vie » de régions entières.

Parmi les « infirmités » de la condition humaine, Sénèque note « l'incapacité à supporter n'importe quel climat, les atteintes morbides des eaux nouvelles, d'une brise non familière et des agressions physiques les plus insignifiantes[5] ». Dans une page où il exalte la vocation « voyageuse » de l'homme et de l'âme

---

1. Cicéron, *Leg.*, II, 1.
2. *Cons. Helv.*, XIX, 2 sq. ; *Lettres*, LXXV, 12 ; LXXVIII, 1 sq.
3. *Med.*, IV, 10.
4. *Lettres*, LV, 1-2 et LXXXIII, 3 sq.
5. *Cons. Marc.*, XI, 4.

humaine, où il soutient que « le changement de lieu en lui-même est fort peu pénible », il opère néanmoins un classement climatique des villes et des îles :

> Parcours en pensée toutes les villes : pas une qui ne comporte une grande masse de population étrangère. Écarte celles dont le site attrayant et la convenance [géographique] séduit nombre de gens. Passe en revue les déserts et les îles les plus sauvages, Sciathos et Seriphos, Gyaros et Cossura : tu ne trouveras aucun lieu d'exil où quelqu'un ne séjourne pas par agrément. Que peut-on trouver d'aussi nu, quoi d'aussi accidenté de toutes parts que mon rocher ? Quoi de plus démuni du point de vue économique ? Quoi de plus dur quant à la population ? Quoi de plus affreux quant au site géographique lui-même ? Quel climat plus dépourvu d'équilibre ?

Malgré le paradoxe d'école, le passage fait ressortir, outre les critères négatifs et positifs du tourisme (répulsion pour le désert et la montagne), l'importance des facteurs climatiques. Ainsi la notion d'équilibre climatique, dont le rôle se fait jour négativement[1]. Il s'agit des écarts moyens de température selon les saisons. La notion positive apparaît dans les raisons qui ont motivé le choix de Capri par Tibère : si, pour le prince agoraphobe et soupçonneux, le relief escarpé de toutes parts et le site inaccessible ne sont pas dissuasifs, en revanche, le « climat tempéré » — par l'insularité et les vents dominants d'ouest —, a compté dans la décision. Le Romain considère le déséquilibre climatique comme dangereux pour l'équilibre physique. Il a une prédilection pour le climat maritime chaud. Ainsi Marc Aurèle goûtait le *caelum Neapolitanum*, à la chaleur plus voilée, par opposition à la canicule du Sud[2]. Parmi les résidences appréciées : Rhodes au ciel clair, Mytilène, Éphèse[3]... Dans cette climatologie à l'usage des voyageurs, c'est du point de vue de la santé qu'on a tendance à dissocier la villégiature estivale et la villégiature hivernale, par aversion pour les climats extrêmes.

Les poètes, sans doute parce qu'ils ont été marqués par l'épicurisme, établissent une relation étroite entre la salubrité d'un climat et le charme d'une villégiature. Horace révèle un éclectisme

---

1. *Cons. Helv.*, V, 13.
2. Fronton, *Lettres*, II, 6.
3. Horace, *Odes*, I, 7.

total, partageant ses goûts entre les « escarpements de la Sabine », les « déserts », la fraîcheur de Préneste, les « pentes allongées de Tibur », la « limpidité » de Baïes[1]... Les indications médicales se trouvent ailleurs. Villégiature d'été et villégiature d'hiver sont choisies sur des critères médicaux. Au solstice d'hiver, quand « la brume enduit de neige les monts Albains, le poète descendra vers la mer, il se ménagera, et se lovera pour lire » ; la suite explicitera l'option en opposant la « tranquille Tibur » et la « douce Tarente » — la villégiature d'été et celle d'hiver. La Sabine offre des « hivers tièdes » et « une brise qui tempère la canicule et les fureurs du Lion recevant le Soleil aigu », alors que les effets bénéfiques des voyages lointains et du climat de Rhodes ou de Mytilène sont contestés : le « changement d'air » ne fait pas l'unanimité et Horace réaffirme sa prédilection pour l'Italie du Sud ensoleillée en hiver, avec le vif souci de la température, du climat et de la qualité des aliments (blé, eau, vin, poissons, venaison).

Stace milite aussi pour la villégiature italienne — Préneste, Aricie, Tusculum, Tibur et l'Anio — à la période estivale ; il met l'accent sur la fraîcheur de l'air, mais le Sud — la petite patrie de Naples, Pompéi ou Sorrente — a pour lui une douceur salutaire, qui tient surtout au rythme de vie : le « repos », le « sommeil », la « paix[2] ».

---

1. *Odes*, II, 18 et III, 4, 23-24. *Épîtres*, I, 7, 10, 11, 15.
2. *Silves*, I, 3 ; III, 5 ; IV, 4.

CHAPITRE VIII

Voyage et culture

LA PHILOSOPHIE GRECQUE ET LE VOYAGE

La biographie des sages et le voyage initiatique

Il serait important d'établir si la pensée antique, en influant sur les mentalités, en apportant une doctrine du voyage ou en instaurant une réflexion sur le voyage, a joué un rôle déterminant. En milieu grec, la « philosophie du voyage » se révèle diffuse : elle est liée, pour les écoles les plus anciennes — le pythagorisme, le platonisme, le cynisme —, aux biographies des maîtres, qui se distinguent bien mal de l'hagiographie. Le voyage à caractère initiatique est un stéréotype.

Les biographes de Pythagore, philosophe ionien du VIe siècle, lui prêtent de vastes pérégrinations scientifiques : Porphyre voit dans le séjour d'Égypte la révélation des mathématiques ; Jamblique, qui l'étend à vingt-deux ans, le considère comme une initiation à l'ésotérisme sacerdotal[1]. Apulée, contemporain d'une « seconde sophistique », qui a multiplié les voyages d'études et les tournées de conférences, élargit encore les périples de Pythagore[2] :

> Certains prétendent que, dans cette circonstance, Pythagore abordant en Égypte fut parmi les captifs du roi Cambyse et qu'il eut

---

1. Diogène Laërce, *Platon*, III, 6 sq. ; *Pythagore*, VIII, 3.
2. Apulée, *Florides*, XV, 11 sq.

pour maîtres les mages perses, principalement Zoroastre, interprète de tous les divins mystères […]. La tradition dominante est qu'il alla de plein gré chercher les leçons de l'Égypte et qu'il y apprit des prêtres l'incroyable pouvoir des rites, les merveilleuses combinaisons des nombres et les très ingénieuses formules de la géométrie. L'âme mal satisfaite de ces spécialités, il se rendit bientôt chez les Chaldéens, et de là chez les Brahmanes — des hommes sages, habitants de l'Inde — et grâce à ces Brahmanes connut les Gymnosophistes (les « Sages nus »).

C'était une initiation à la « science des astres », aux règles d'ascèse physique et aux principes de l'eschatologie. Philostrate amplifia cette initiation magique par des visites au Thrace Zalmoxis, au Perse Zaratas et aux druides de Gaule.

D'après tous les auteurs antiques, le voyage en Égypte aurait constitué une pratique bien établie parmi les « sages » de l'époque archaïque. Il est présenté par Hérodote, puis par Platon, comme un parcours initiatique, un pèlerinage aux sources de l'écriture, de la religion et de l'astronomie, car les Grecs, au regard de l'antiquité de la science égyptienne, n'étaient que des « enfants[1] » !

Solon, le sage athénien qui réforma sa cité au début du VIe siècle, dit lui-même dans ses vers qu'il vint « près des bouches du Nil, des rives de Canope ». Or il eut pour interlocuteurs privilégiés des prêtres parmi les plus savants, avec qui il passa quelque temps à « philosopher ». Il les interrogeait sur les « antiquités » et, selon Platon, il aurait appris d'eux l'histoire de l'Atlantide, qu'il aurait commencé à mettre en vers à son retour, à l'intention des Athéniens. Il retourna dans sa patrie en visitant Chypre et même peut-être la Lydie, en Asie Mineure, selon certaines sources[2].

C'est aussi en Égypte que se formèrent, parmi les sages, les premiers devins et les premiers historiens. Venus d'Asie Mineure, Hécatée de Milet, au VIe siècle, et Hérodote d'Halicarnasse, au Ve siècle, cherchèrent tous deux en Égypte une réponse à leurs interrogations « métaphysiques » sur l'origine du monde et les débuts de l'histoire. Les prêtres égyptiens les familiarisèrent avec des généalogies « fondées sur le dénombrement des colosses de

---

1. Hérodote, II, 49-50 ; Platon, *Timée*, 22b.
2. Plutarque, *Solon*, 26-31 ; *Timée*, 22a-25d.

bois érigés par chaque grand-prêtre de son vivant », ce qui permettait de remonter le temps : Hérodote ne limita pas son enquête initiatique aux sanctuaires du Delta, comme l'avaient fait les sages ioniens du VIe siècle. Après avoir interrogé les prêtres de Ptah à Memphis, il poursuivit son voyage jusqu'à Héliopolis et à Thèbes, en Haute-Égypte, dont les prêtres passaient pour les plus savants[1].

Platon mit ses pas dans ceux de ses prédécesseurs et se donna les mêmes « instructeurs » que Pythagore, Solon et Hérodote. Il atteignit lui aussi Thèbes d'Égypte et Héliopolis[2]. Ce sanctuaire mettait alors de vastes demeures à la disposition de ceux qui venaient étudier la philosophie et l'astronomie. Le philosophe athénien y séjourna en même temps qu'Eudoxe de Cnide, lequel s'illustra surtout dans la connaissance des astres et de la géométrie : en retournant dans sa patrie, il consacra à l'escale de Délos une tablette votive qui représentait la synthèse des connaissances acquises lors de son voyage[3]. D'après certaines sources, le séjour de Platon et d'Eudoxe à Héliopolis aurait duré treize ans. Tous deux s'enquirent auprès des prêtres de leurs doctrines ainsi que des traditions mésopotamiennes diffusées par les Chaldéens. Eudoxe prolongea son voyage jusqu'en Éthiopie, dans son désir de rencontrer les « gymnosophistes », des ascètes : on assimilait en effet couramment, à l'époque, Éthiopiens et Indiens.

Autant que les disciples de Socrate et les membres de l'Académie, les sophistes en exercice dans l'Athènes classique contredisent l'image du philosophe sédentaire, qui ne vagabonderait qu'intellectuellement[4]. Protagoras est un conférencier voyageur, qui revient périodiquement à Athènes, dans des maisons amies, tout comme le mathématicien Euclide, qui fut un proche de Socrate[5]. Les gymnases athéniens accueillent donc les habitués du voyage intellectuel. Lorsqu'on va visiter Protagoras, le rival de Socrate, chez son hôte, un noble athénien, on le voit évoluer au sein d'une société très cosmopolite : il est escorté dans sa promenade par toute la jeunesse dorée d'Athènes, dont les fils de

---

1. Hérodote, II, 4-13 ; 49 ; 143.
2. Strabon, XVII, 1, 29.
3. *Inscriptions de Délos*, 1442, B, 41-42.
4. *Théétète*, 173e.
5. *Euthydème*, 282e.

Périclès, auxquels s'est joint le disciple favori, venu de Thrace. « D'autres suivent en arrière, des étrangers pour la plupart, que Protagoras entraîne à sa suite hors de toutes les villes qu'il traverse, en les tenant sous le charme de sa voix comme un nouvel Orphée, mais aussi, dans le chœur, quelques gens du cru[1]. » On reconnaît Hippias, originaire d'Élis dans le Péloponnèse, Prodicos venu de l'île de Kéos ; il s'agit véritablement d'un congrès international des sophistes. Parmi les autres interlocuteurs de Socrate, Protagoras arrive de Clazomènes en Grèce d'Asie, et Théétète d'Héraclée en mer Noire, pour professer les mathématiques à Athènes, après avoir été étudiant à Cyrène, en Libye[2].

De Pythagore au cynisme itinérant

Outre le voyage en Égypte, les traditions biographiques sur Platon prêtent au fondateur de l'Académie plusieurs voyages en Grande Grèce et en Sicile. On en possède un témoignage épistolaire, que l'on s'accorde à considérer comme authentique : il voulait expérimenter à Syracuse le « gouvernement des philosophes ». Le voyage se solda par un bilan négatif, « l'errance infortunée de Sicile », après bien des péripéties à Égine et l'étape d'Olympie[3].

Les voyages initiatiques des précurseurs de la philosophie servent évidemment, sous le Haut-Empire et à l'époque sévérienne, à valoriser le « voyage d'études ». Mais, une fois leur formation parachevée, Pythagore et Platon ont enraciné leur sagesse sur un site précis : la « république » de Crotone pour le premier ou le parc d'Académos à Athènes — sur la route d'Éleusis. Les écoles constituées développent, dans un cadre élu et symbolique — Académie, Lycée, Jardin, Portique —, la sédentarité et la familiarité intellectuelle. Sous la République et sous l'Empire, ces pôles de la sagesse grecque continueront à attirer les disciples ; le voyage à Athènes, pour Cicéron, pour Atticus, pour Pison, est une sorte de pèlerinage intellectuel, et on attend

---
1. *Protagoras*, 315a-d.
2. *Parménide*, 126b et *Théétète*, 143a.
3. *Lettres*, VII.

beaucoup de ces lieux de mémoire : une promenade de « dix stades » à l'Académie, dans « les petits jardins », rend « présente la mémoire » de Platon et de tous ses disciples, Speusippe, Xénocrate, Polémon... L'épicurien Atticus fait souvent son pèlerinage « dans les jardins d'Épicure[1] ». Un autre voyage de Cicéron à Métaponte, en Grande Grèce, avec Pison, lui a permis de visiter, comme un musée, le dernier domicile de Pythagore.

Cette idée de l'enracinement des sagesses, même constituées par le voyage initiatique, représente un phénomène significatif. Même les cyniques, malgré leur dogme du cosmopolitisme, peuvent éprouver la nostalgie d'Athènes, du « beau Pirée » et de l'Acropole ; Antisthène, le fondateur du cynisme, avait choisi comme école un gymnase athénien[2]. Mais les cyniques du IIIe siècle av. J.-C., Bion de Borysthène, Ménippe, Télès, parcourent les cités — de Grèce continentale surtout —, avec le manteau court, le bâton et la besace, pour porter la bonne parole sur les places[3] :

> Je porte déjà un manteau grossier, alors aussi j'en porterai un. Je couche déjà sur la dure, alors aussi j'y coucherai. Je prendrai, en outre, une misérable besace et un bâton, et dans mes allées et venues, j'entreprendrai de mendier, de provoquer les passants. Et si je vois quelqu'un s'épiler, je le réprimanderai, tout comme celui qui a trop arrangé sa chevelure ou celui qui déambule en costume écarlate.

Le cynisme, très divisé, admet le voyage de prédication ; cosmopolite, il se rit de l'exil. On condamne seulement la « passion du voyage » et on loue également adeptes et ennemis de la navigation. La même contradiction apparaît pour les fêtes : on les méprise, mais on va à Olympie.

Le voyage garde une fonction éthique et culturelle. Il relève d'une lecture philosophique, et à deux degrés : comme fonction liée à la quête de la sagesse ; comme miroir de l'anthropologie, voire comme allégorie des fins idéales de l'humanité, ou de ses faiblesses naturelles, de la curiosité épistémologique autant que de l'inquiétude transterrestre, ou de l'instabilité et de l'insatisfaction.

Peu constitué en « école », mais irradiant largement des cou-

---

1. Cicéron, *De finibus*, V, Prol.
2. Épictète, *Entretiens*, III, 24, 64 sq.
3. *Id.*, *Diatribe*, III, 22.

rants populaires et marginaux, le cynisme du Ier siècle bénéficiera d'une certaine complaisance chez Sénèque et Épictète, tiraillés entre la « contemplation » sédentaire et l'activité « touristique » du voyage.

La philosophie hellénistique et le voyage

Les grandes écoles rivales stoïcienne et épicurienne naissent à l'époque hellénistique, et elles professent tantôt des doctrines analogues (mais avec des hypothèses méthodologiques différentes), tantôt des systèmes moraux et sociaux radicalement opposés. Cette divergence sera importante pour définir le statut des activités et des métiers, en relation avec la sédentarité et le déplacement.

Le stoïcisme de Zénon, Chrysippe et Cléanthe attribue une place éminente à la physique, mais il la situe au niveau de la totalité cosmique, et les disciplines géographiques, y compris la météorologie — développée par Aristote et ses élèves à la même époque —, ne retiennent pas particulièrement l'attention de l'École. L'idéal social de l'éthique, qui fait de l'homme un « animal communautaire », n'encourage pas particulièrement les vocations actives [1]. L'idéal de dévouement actif, assorti de réserves et d' « empêchements », peut se concilier avec une activité purement pédagogique, la « catéchèse des masses [2] ». Les pionniers du stoïcisme ont peu voyagé, sinon pour s'installer à Athènes, et Cicéron a quelque peu forcé la vérité en les incluant dans la liste des philosophes itinérants [3]. Le fait est d'autant plus caractéristique que le monde hellénistique a amplifié les voyages d'études entre les grandes métropoles, qui avaient toutes leurs écoles. Les stoïciens, à la différence des sophistes anciens [4], ne hantent pas non plus les grandes fêtes.

Attachés au dogme de l'unité du genre humain, les maîtres ont élaboré la doctrine des « deux patries », et Zénon, le promoteur de la *cosmopolis*, la cité commune des dieux et des hommes, a cru voir un temps son rêve réalisé par l'empire d'Alexandre [5].

---

1. Plutarque, *Contr. Stoic., passim* ; Sénèque, *De otio*, III, 3, VI, 4-5 ; VIII, 4.
2. Arnim, *St. Vet. Fr.*, II, 228-229.
3. *Tusc.*, V, 107.
4. Diels, *Vorsokratiker*, II, p. 271 sq. (Gorgias).
5. Plutarque, *Fort. Alex.*, 329a-b.

Aux stoïciens du IIe siècle av. J.-C., il reviendra d'expliciter la philosophie de l'activité et de déterminer sa place dans l'anthropologie. Poseidonios, promoteur des sciences humaines, de la curiosité historique et géographique, a également défini les diverses activités en fonction de critères éthiques, de finalité sociale et de dignité culturelle ; les métiers manuels fondés sur le profit, les métiers du spectacle fondés sur le divertissement et l'illusion, sont situés au plus bas degré de l'échelle des valeurs ; or le commerce et les métiers du spectacle sont des activités par essence mobiles[1]. Les activités pédagogiques et « libérales » sont, il est vrai, valorisées par Poseidonios, qui lie peu la mobilité et la solidarité humaine ; le constat est plutôt négatif pour le voyage professionnel et lucratif. Cette notion de profit et d'activité philanthropique dominera la pensée des disciples : la « cité du monde » ne se réalise pas seulement dans les tâches nobles de la politique mondiale, dans l'impérialisme juste, mais aussi dans le commerce, relevé partiellement de son indignité, en même temps que le profit commercial : sans être « libéral », ce profit peut « ne pas être totalement censuré ». La justification du grand commerce réside dans sa finalité philanthropique : créer l'unité économique du genre humain, fonder la solidarité sur l'interdépendance et la distribution des richesses ; les équipements collectifs (routes, ports) sont donc valorisés[2]. L'École ne condamne que l'escroquerie et la spéculation sur les denrées.

Puissante caution pour la politique mondiale et le commerce international, cette génération a centré l'anthropologie sur une double finalité, la connaissance et l'action, et le stoïcisme impérial assumera la totalité de l'héritage. La plupart des écrivains scientifiques de Rome fonderont leur encyclopédie sur les postulats stoïciens de la connaissance : l'agronomie de Columelle supposera la connaissance des différents terroirs du globe, comme la géographie de Pline ; les productions et les échanges retiendront l'attention de l'auteur de l'*Histoire naturelle,* au même titre que les acquis de la science mondiale (et même de la magie orientale hellénisée).

L'école rivale, l'épicurisme, née en même temps, ne diffère du

---

1. Sénèque, *Lettres,* LXXXVIII, 21 sq.
2. Cicéron, *De off.,* I, 150 ; II, 1 sq. ; III, 60.

scientisme stoïcien que par le discours de la méthode : si la valeur libératrice de la connaissance est nettement affirmée, il est vrai que les *Lettres* majeures du maître mettent plus l'accent sur la physique céleste que sur la géographie du globe. C'est surtout dans le domaine de l'éthique que se creusent les différences. L'épicurisme, qui passe dans les polémiques sommaires pour une doctrine individualiste, apolitique et asociale, se présente incontestablement comme une doctrine de la quiétude qui inspire la méfiance pour l'activité frénétique et le goût de la sécurité douillette, qui appelle la sédentarité. Épicure a certes évolué entre Samos, Athènes, Lampsaque et Mytilène, avant de se fixer dans un village attique[1]. Il a connu les misères de la navigation, et il se plaint dans une lettre d'avoir frôlé le naufrage en naviguant vers Lampsaque[2].

Il rassemble ensuite ses disciples au Jardin à Athènes. Sa pensée n'embrasse pas le monde ; elle reflète le cloisonnement des cités fermées, la dislocation de l'unité politique provisoire ; respectueux des traditions de la cité, peu intéressé par la diversité sociologique, il rompt moins que le stoïcisme avec l'enracinement local, encourage moins le cosmopolitisme. La pensée du maître, « dieu parmi les hommes », épouse l'univers, non le monde. Installé à Athènes, Épicure ne voyage plus : sa pensée rayonne, sous forme de *Lettres* adressées aux communautés épicuriennes, aux « amis » d'Égypte, d'Asie, de Lampsaque, ainsi qu'aux « philosophes » de Mytilène[3]. Elle seule voyage à travers l'espace grec[4].

Hostile à la quête acharnée du profit, pourvoyeur des « faux besoins », où il voit un imaginaire malsain, l'épicurisme n'apporte pas à l'économie antique, fondée en grande partie sur le commerce maritime, le même dynamisme que le stoïcisme. Le labeur épuisant, autant que les misères de la navigation, cristallisent en images violentes la répulsion de l'école. Mais il conviendrait de cerner, sur ce point, l'originalité de l'épicurisme romain.

Inséré dès la fin de la République dans la société aristocratique ou dans les classes moyennes, l'épicurisme romain cohabite souvent avec la richesse. Beaucoup de chevaliers sont de la

---

1. Diogène Laërce, X, 1.
2. Usener, *Epicurea*, 189 ; *Contr. Épic. beat.* 1090e.
3. *Ibid.*, 106-114.
4. Lucrèce, I, 74.

« secte », mais peu de trafiquants ; les juristes et les « politiques » épicuriens abondent ; les épicuriens « césariens », Pison, Hirtius, Varus, ont accepté la mobilité de la carrière politique, mais aspiré à la « retraite ». Mais Mécène, qui est immensément riche, tout comme Atticus, garde une prédilection pour la sédentarité. Pour les épicuriens romains, la symbolique de l'École reste puissante : la mer représente la fluctuation dangereuse, les passions funestes, les « naufrages » de l'existence ; le voyage maritime, avec ses tribulations, renvoie l'image de nos faiblesses et de nos misères ; la terre ferme symbolise, au rebours, la sécurité quotidienne et la sérénité d'un esprit étranger aux orages de la politique et aux tempêtes de l'âme. Ce système de prudence terrienne, poussé jusqu'à la routine sécurisante, valorise plus la villégiature que la pérégrination.

Ainsi l'épicurisme romain, dès la fin de la République, assume un certain nombre de valeurs esthétiques et mondaines, comme le raffinement et l'agrément, qui ne sont pas particulièrement sauvegardées par le voyage. À l'image de leur fondateur, ils préfèrent au voyage les joies de la nature en ville, ils « possèdent en pleine ville délices, campagnes et villas[1] ». Mécène illustre cette mode dans son parc de l'Esquilin. La villégiature, seule, justifie le petit voyage : ils affectionnent la Campanie, les Champs Phlégréens, Naples, Herculanum (la villa de Pison l'atteste), Pompéi... Virgile et Horace jeunes ont séjourné sur le golfe de Naples à l'école de Siron, et les poèmes de jeunesse de Virgile ont une tonalité épicurienne, qu'ils peignent un cabaret de verdure ou vantent la sédentarité de la sagesse, avec les images de l'école : « Nous, nous larguons les voiles vers les ports bienheureux [...] en quête des doctes révélations du grand Siron[2]. » Voyage et navigation purement symboliques ! Les épicuriens romains ont assimilé ce système d'images, un complexe résolument terrien de la sagesse. Sénèque en usera avec des épicuriens convertis : quand il évoque le calme et la sérénité de la sagesse, il recourt tout naturellement aux images-repoussoirs des misères de la navigation — vents déchaînés, tempêtes subites, tangage et roulis, etc. — et compare à la bonace l'existence pacifiée. L'épicurisme véhicule

---

1. Pline, XIX, 50.
2. Voir *Copa, Catalepton.*

tout un subconscient du voyage et quand un « inspecteur des cités » épicurien est interrogé par un philosophe, il souligne que le voyage hivernal vers le Pont contredit la doctrine du plaisir[1].

L'originalité de la famille platonicienne

Il est donc difficile de fixer une position commune des grandes écoles de l'ère hellénistique.

Platonisme et pythagorisme justifient le voyage par la curiosité intellectuelle et l'activité d'observation, en apportant comme caution la biographie exemplaire de leurs fondateurs.

Il faut tenir compte de la personnalité individuelle. Aristote, sédentaire, voyage par l'intermédiaire de ses disciples ; il travaille sur les rapports qu'ils lui remettent[2]. Un de ses élèves, Cléarque de Soloi, né en Cilicie, vint séjourner à Delphes, où il recopia les principales inscriptions monumentales ; il laissa ensuite la trace de son passage en Afghanistan, à quelque 5 000 kilomètres[3] : « Ces sages paroles des hommes d'autrefois, dits des hommes célèbres, sont consacrées dans la sainte Pythô [à Delphes], là où Cléarque les a prises, en les copiant soigneusement, pour les installer, étincelantes, au loin. » Il était sur la route de l'Inde, où il voulait, comme tant d'autres, consulter les gymnosophistes. Son voyage d'études l'avait promené d'Antioche en Mésopotamie, puis au-delà du Tigre, à travers le plateau iranien.

Le cas de Cléarque n'est pas isolé : l'expédition d'Alexandre avait emmené plus d'un philosophe. Ainsi l'académicien Pyrrhon, originaire d'Élis, élève d'Anaxarque, qui suit le roi en Asie, avec son maître[4].

Les philosophes itinérants n'ont pas tous une philosophie du voyage. Autre chose est de quitter sa patrie pour s'installer dans une plus grande cité, comme le chypriote Zénon de Kition, ou Épicure de Samos, et de définir la quête de la sagesse comme une mobilité intellectuelle. Mais au IIe siècle, l'Académie rassemble à Athènes des voyageurs venus de tous les horizons : Carnéade (de

---

1. Épictète, *Entretiens*, III, 7.
2. Diogène Laërce, V, 4-5.
3. *Nouveau choix d'inscriptions grecques* (Courby), Paris, 1971, n° 37.
4. Diogène Laërce, IX, 58 et 61.

Lybie), Clitomaque (de Carthage), Philon de Larissa (en Thessalie), Antiochos d'Ascalon (en Phénicie)[1].

*Le cynisme dans le monde romain :
sagesse itinérante et cosmopolitisme*

La philosophie populaire rencontre souvent les problèmes du voyage dans ce genre littéraire qu'est la consolation. Parmi les épreuves de la condition humaine, on cite de façon constante l'exil et le naufrage[2]. Le lieu commun de la consolation, tantôt platonicien, tantôt cynicostoïcien, lie l'exil et le voyage, l'expatriation : si l'exil est douloureux en raison de l'hostilité populaire, il relève du mépris ; « si c'est l'éloignement de la patrie qui fait le malheur, il y a des malheureux plein les provinces, et rares sont ceux d'entre eux qui revoient leur patrie». La philosophie populaire exploite un véritable sophisme[3] :

> Au surplus, à considérer la réalité, et non le déshonneur verbal, en quoi l'exil diffère-t-il d'un voyage ininterrompu ? C'est en voyage que passèrent leur vie les philosophes les plus illustres, Xénocrate, Crantor, Arcésilas, Lacyde, Aristote, Théophraste, Zénon, Cléanthe, Chrysippe, Antipater, Carnéade, Clitomaque, Philon, Antiochus, Panétius, Posidonius, une foule d'autres, qui, une fois sortis du pays, n'ont jamais regagné le foyer.

Il y a même des exemples « nationaux », notamment Titus Albucius : cet « exilé faisait de la philosophie à Athènes dans une parfaite sérénité » ; l'idée de voyage a donc triomphé des tabous de l'enracinement et de l'exclusion. L'expatriation n'est plus un malheur. Mais les exemples ne sauraient concerner qu'une élite. Un maître des cyniques, souvent mis à contribution pour son indépendance, répond à l'interrogation sur sa cité d'origine qu'il est *mundanus*, « citoyen du monde[4] ». Le cosmopolitisme justifiera, sous l'Empire, toutes les pérégrinations des cyniques : il suppose que le déplacement est indifférent, sinon formateur.

---

1. Cicéron, *Tusc.*, V, 108.
2. Sénèque, *Remedia fortuitorum* (Haase, IV, p. 448 sq.).
3. Cicéron, *Tusc.*, V, 37, 106 sq.
4. *Ibid.*

Le problème de l'exil devient encore plus aigu sous le principat, régime d'ordre international, mais aussi d'arbitraire. On ne peut plus désormais assurer sa sécurité totale par le passage d'une cité ou d'une région à une autre : l' « ordre de César » constitue aussi un espace international de sanction et de répression[1]. Le relégué de l'Empire connaît « une mer pleine d'exilés, des rochers souillés de meurtres ». Le banni, stoïcien ou non, a autant besoin de consolations contre la mort que de consolations contre l'exil[2].

Reste que depuis le IIIe siècle av. J.-C., les écoles dominantes, par conviction cosmopolite ou par pis-aller, contribuent à justifier la mobilité humaine en banalisant l'exil. Caligula peut prétendre, avec un humour noir qui parodie les consolations philosophiques, que ses bannis « sont en voyage[3] ». Les thèses stoïciennes sont plus sérieuses, plus positives. Ainsi Sénèque, exilé en Corse par Claude, reprend toute la dialectique de la migration et de l'exil[4]. L'expatriation douloureuse, frustration intolérable de la patrie, se trouve « réduite » : le sage y voit seulement une translation géographique insérée dans la perspective générale des migrations humaines, le périple d'Énée et des errants de la guerre de Troie, la colonisation grecque. Sénèque ne peut convaincre entièrement : son « rocher dénudé et abrupt », sa population « peu humaine », les « excès climatiques » restent des épreuves. Il est paradoxal de dire que les îles sinistres de l'Égée ont leurs résidents volontaires.

Mais la « consolation » explique aussi les motivations sociologiques du voyage et de la migration humaine (l'ambition politique, le désir du profit ou de la réussite sociale, l'attrait des spectacles et l'appétit de savoir), la réflexion du philosophe, déjà converti aux charmes de l'excursion limitée, l'oriente de plus en plus vers la lecture symbolique du voyage, inséparable d'une « critique ».

La théorie du voyage de l'esprit, indissociable de la « contemplation », nourrira à la fin de l'ère antonine les voyages imaginaires, transpositions romanesques du rêve de connaissance totale. Le « rhéteur » Apulée se présente dans la tradition platonicienne comme un curieux et un ami du voyage, qui va de l'Afrique Proconsulaire à Alexandrie d'Égypte par le désert et qui exalte la

---

1. Épictète, *Entretiens*, III, 22 et IV, 1.
2. Tacite, *Ann.*, XIV, 56.
3. Philon, *In Flaccum*, 184.
4. *Cons. Helv.*, VII et XVII.

connaissance cosmique comme un voyage intellectuel de substitution[1] :

> Les hommes, incapables de visiter physiquement le monde et ses domaines secrets, et de quitter le terrestre séjour pour aller observer ces régions lointaines, ont trouvé la philosophie pour guide, et, pénétrés de ses découvertes, ont eu l'audace de voyager intellectuellement à travers les espaces célestes, en suivant les chemins que l'acuité de leur investigation, par la simple pensée, leur avait montrés accessibles au seul savoir. Aussi, si la nature, de par la loi même de la distance, a tenu à nous maintenir écartés du voisinage de l'univers, l'agilité de nos pensées nous a introduits dans son immensité et dans son cours rapide.

Comme la littérature antique illustre une symbolique et un imaginaire du voyage, on peut à bon droit se demander si l'imaginaire ne conforte pas la sédentarité romaine en suscitant l'évasion artificielle. Le lyrisme d'évasion franchit volontiers l'espace jusqu'aux confins de l'Empire ; il s'envole vers les paradis mythiques, monde hyperboréen ou îles Fortunées... L'esprit « voyage avec agilité séparé de son corps[2] ». La littérature épistolaire donne l'illusion de pérégriner avec le correspondant[3]. Sidoine Apollinaire visite, « dans un fauteuil », l'Inde des gymnosophistes avec pour guide la *Vie d'Apollonios de Tyane*.

Le cosmopolitisme philosophique est plus facile à prôner qu'à vivre. Les cyniques de l'Empire feraient exception. Démétrios, expatrié de Grèce et banni de Rome sous Néron, fait de nombreuses allées et venues entre Rome, Corinthe et Athènes dans les années 60 à 68 ; ce « dépenaillé », que Sénèque admire sans l'imiter, prêche au Gymnase de Néron, se fait expulser, assiste Thraséa mourant en 66, à Rome, et se trouve à Corinthe en 67, lors du voyage de Néron[4]. Plus net est le cas de Dion de Pruse. Voyageur, comme tous les sophistes, il connaîtra Athènes et Corinthe en exilé, puis gagnera Rome après son amnistie[5]. Car, pendant quatorze ans, de 82 à 96, Dion a été banni de Bithynie par Domitien. Cela le renforce dans l'idée que le philosophe est, par

---
1. Apulée, *Flor.*, XXI ; *Apol.*, LXXII-LXXIII. *De mundo, Praef*, § 287.
2. Horace, *Épîtres*, I, 12.
3. Symmaque, *Lettres*, II, 86.
4. Sénèque, *Lettres*, LXII, 3.
5. *Discours*, VIII, 16 et XLVII, 3, 5-8.

nature, un « errant ». Dans sa période cynique, où il tente de masquer l'exil imposé en libre pérégrination, le rhéteur se réfère fréquemment au modèle d'Héraklès. Il est difficile de ne pas lier les errances de Dion avec la persécution des philosophes, et de voir seulement dans ce long voyage une entreprise inspirée par Apollon, qui l'envoie « aux extrémités de la terre ». À cette époque, les philosophes traqués par Néron ont dû gagner les déserts de Libye et de Scythie[1]. Durant cette expérience cynique, Dion a vécu, outre le cosmopolitisme, la vie naturelle et supérieure des prétendus barbares, il a retrouvé la pureté des primitifs — une des thèses de la « philosophie populaire ». Le discours *Borysthénique* reconstruit après coup un projet de voyage d'observation à base de curiosité ethnographique et sociologique, qui contredit l'idéal de connaissance, mais qui permet de vivre l'indifférence cosmopolite.

Contemporain des itinérants de la sagesse — les Démétrios, les Apollonios de Tyane —, teinté de « philosophie populaire », le stoïcisme d'Épictète affiche une certaine complaisance pour Diogène, son bâton et sa besace[2] : il l'associe à l'Héraklès errant, héros de la fatigue et de l'effort, plus orthodoxe. Mais cette admiration demeure purement intellectuelle. Il peut bien exalter le voyage d'Olympie, comme les sophistes, et la curiosité, comme Zénon : enclin à considérer les tribulations du voyage comme des épreuves imposées à la « constance », fier de la « paix romaine » et de l' « ordre de César », il n'a pas quitté son école, la quiétude du pensoir ; il a même censuré la vanité du voyage d'études, dont l'idéal d'observation assure la promotion.

Les « tabous » de l'enracinement, les rêves de société fermée, ont donc été dépassés. La cohérence et la permanence des systèmes métaphoriques et allégoriques inspirés par le voyage, sa « symbolique », en sont la preuve :

— les symboles épistémologiques sont utilisés par Aristote et Cicéron qui interprètent dans ce sens le voyage d'Olympie et la panégyrie ; le mythe des Sirènes, lié aux navigations d'Ulysse, qui revêt la même signification[3] ;

---

1. Philostrate, V. *Apollonios*.
2. *Entretiens*, II, 22 ; III, 7 et 23.
3. Aristote, *Protreptique* ; Cicéron, *Tusc.*, V, 3.

— les symboles éthiques et philanthropiques, comme les pérégrinations d'Héraklès et d'Ulysse, sont exploités par Épictète[1] ;

— les symboles eschatologiques qui s'attachent à la descente d'Ulysse dans l'Hadès, au mythe d'Er de la *République* platonicienne et qui intègrent les itinéraires d'outre-tombe de l'âme dans le pythagorisme — tradition recueillie dans l'*Énéide*[2].

Très souvent, la valorisation philosophique du voyage, victoire sur les préjugés et les tabous, se traduira au second degré dans l'image et dans le mythe. Les « allégories » initiales de la Grèce iront s'enrichissant avec les nouvelles écoles (même avec le Stoïcisme, peu littéraire à ses débuts). L'épicurisme apportera une contribution essentielle à la symbolique morale du voyage : là où le platonisme circonscrit l'univers maritime à la navigation et à son symbolisme politique (l'art du pilote ; l'équipage en révolte, etc.), il renouvellera les images terriennes de la route, comme « méthode » et comme « chemin de la vie », spécifiques de l'Académie, en introduisant le triptyque de la « tourmente », de la « bonace » et du « rivage serein ». Le voyage, dans le stoïcisme classique, deviendra l'allégorie de l'ascèse, école de dévouement philanthropique et de souffrance formatrice. L'École récupère le sens gnostique du périple d'Ulysse et fait des errances d'Hercule l'image de l'héroïsme itinérant (« observateur du monde, exterminateur des bêtes féroces, dompteur des nations »)[3].

LE VOYAGE D'ÉTUDES DANS LE MONDE GRÉCO-ROMAIN

Le voyage d'étudiant à l'époque hellénistique

Privilège du philosophe âgé selon Platon, le voyage d'études devint, dès la fin de l'époque hellénistique, une étape dans la formation du jeune notable. Papyrus et inscriptions en témoignent

---

1. *Entretiens*, III, 16 et 24.
2. *Chant VI.*
3. Apulée, *Apologie*, XII.

dans deux milieux aussi différents qu'Athènes, ce conservatoire du classicisme, et l'Égypte, célèbre pour ses monuments prodigieux.

L'Égypte a vu défiler des gens qui se targuaient de « philosophie » et qui visitaient la Vallée des Rois « en souvenir de Platon[1] ». Ils étaient désireux de voir le site des Syringes, qui avait pu inspirer au maître de l'Académie le fameux mythe de la Caverne. C'était une excursion sportive, qui se pratiquait à la demi-saison, par un itinéraire très difficile. D'autres pèlerinages platoniciens avaient pour but le sanctuaire d'Héliopolis, où le maître s'était initié à l'astronomie : au début de notre ère, Strabon, un historien et géographe, visita encore sa demeure et son observatoire, mais il fut déçu de ne plus y voir dispenser l'enseignement de haute qualité qu'on lui avait tellement vanté[2].

Le séjour à Athènes devint de son côté une étape de l'éducation des princes et de leurs amis, en particulier dans les dynasties récentes, comme les Attalides, ou de fraîche hellénisation, comme celles de Cappadoce, du Pont, de Bithynie, de Numidie : tous venaient en Grèce pour visiter Athènes et les grands sanctuaires, et participer aux concours internationaux[3]. C'était un moyen d'obtenir un brevet d'hellénisme.

Significative est l'ouverture de l' « éphébie » aux jeunes étrangers, à Délos, puis à Athènes, dès la seconde moitié du IIe siècle. Ce service national qui concluait, depuis le IVe siècle, le temps d'apprentissage du jeune Athénien en l'agrégeant, à terme, au corps civique, avait progressivement perdu toute connotation militaire et l'institution offrait désormais un complément de formation sportive et intellectuelle à un haut niveau. Les jeunes gens y recevaient des leçons de philosophie et de littérature ; ils disposaient d'une belle bibliothèque et constituaient des clubs assez fermés. Aller faire son éphébie à Athènes équivalait à passer une année dans une université étrangère réputée.

Le prince bithynien Nicomède fut le plus célèbre des éphèbes de Délos ; les princes Ariarathe de Cappadoce et Attale de Pergame, au IIe siècle avant notre ère, les plus illustres membres de

---

1. A. Bataille, *Les Memnonia*, pp. 171-173.
2. Strabon, XVII, 29.
3. *IG*, II^2, 2316, 41-46 ; *Syll.*^{3}, 166 ; *Inscr. Délos*, 1577 et *OGI*, 345 ; Appien, *Mithridate*, 112.

l'éphébie athénienne[1]. Dès la fin de ce IIe siècle, Athènes passait pour « le séjour des études », selon l'expression de Cicéron. La ville possédait cinq gymnases dont l'Académie, le Lycée, le Cynosarges. Tous étaient plantés d'arbres et de gazon, et dans ces jardins variés fleurissaient des écoles philosophiques diverses. Il y régnait une mode du dilettantisme et du plaisir. Les loisirs et les plaisirs, les spectacles d'un théâtre « en tout point digne d'éloge, immense et admirable », constituaient un attrait de plus[2].

Si Athènes conserve un rôle éminent, la décentralisation culturelle n'est pas moins évidente dans le monde hellénistique. L'Alexandrie des Ptolémées avait son Musée — fondation qui accueillait aux frais du roi lettrés, grammairiens et savants — et une bibliothèque : le fonds, en partie détruit par l'incendie de 47 av. J.-C., lors de la campagne césarienne, a été suffisamment reconstitué sous l'Empire avec les livres de Pergame. Les écoles de médecine, avec Érasistrate, Hérophile et leurs successeurs, étaient aussi cotées que les écoles de philosophie[3]. Pour concurrencer Alexandrie, les Attalides avaient créé dans leur capitale une bibliothèque, un centre d'édition et de reproduction d'œuvres d'art, ainsi qu'une école de médecine. À l'époque de la formation de Galien, avant même l'institution des quatre chaires d'Athènes, le même enseignement philosophique était dispensé à Pergame. Smyrne, Éphèse et Antioche avaient également leurs écoles de médecine, ainsi que leurs écoles de rhétorique, où triompha une éloquence très ornée et très musicale, l'asianisme. Enfin Rhodes, plaque tournante de lignes maritimes, devint au milieu du IIe siècle avant notre ère un centre de philosophie, dominé par le stoïcisme de Panaitios et de Poseidonios, un centre de culture oratoire et grammaticale (Tibère les fréquentera durant sa « retraite ») ; l'île était aussi un vaste musée de sculpture et de peinture, et les ateliers d'artistes y étaient nombreux[4].

La Grèce hellénistique séduit par ses panégyries anciennes, par ses concours d'athlétisme et de musique, par les nouvelles célébrations à la gloire de Rome et des Césars, autant que par le

---

1. *Inscr. Délos*, 1580 ; *Syll.³*, 666.
2. Héracleidès le Crétois, *GGM*, I, p. 98, § 1.
3. Strabon, XVII, 1, 29 et 40.
4. Vitruve, II, 8, § 51 ; VI, 1, § 131 ; VII, 12-13 ; Pline, XXXIV-XXXV, *passim*.

prestige de ses écoles. Toute métropole politique et universitaire est appelée à développer ses spectacles : ainsi la gladiature à Pergame.

L'apparition du voyage d'études à Rome

Les fils des grandes familles sénatoriales sont allés d'abord en Toscane étudier les « lettres étrusques » et s'initier aux mystères de la divination[1]. Mais, dès la fin du IIe siècle av. J.-C., le voyage d'études est orienté vers la Grèce et l'Asie hellénisée, dans le sillage des consultations oraculaires, des pèlerinages et voyages officiels. La victoire romaine a inauguré un double mouvement : les livres grecs, la philosophie grecque, l'art religieux grec, les statues des temples, viennent « conquérir le farouche vainqueur[2] ». La « philosophie » est venue séduire et provoquer les Romains chez eux, dès 155 avant notre ère, sous les traits de trois ambassadeurs d'Athènes : l'académicien Carnéade, le péripatéticien Critolaos, le stoïcien Diogène de Babylone. Les généraux, comme Paul Émile, ramènent dans leurs bagages des « pédagogues » grecs : ils formeront le futur Scipion Émilien. Voilà qui devait retarder et freiner le voyage culturel en Grèce, chez un peuple encore casanier.

L'implantation des négociants italiens en Orient a eu des incidences scolaires. Si la communauté de Délos avait son propre « club », elle faisait éduquer ses fils dans le cadre de l'éphébie grecque, au gymnase de l'île : à cette date y enseignaient des professeurs de lettres ou d'escrime venus, pour la plupart, de l'Orient syrien. L'éphébie délienne n'avait rien d'une formation « classique ». Aussi l'élite romaine, ou romanisée, envoyait-elle parfois ses rejetons à Athènes. Tel fut le cas de deux Orientaux ayant acquis la « nationalité » italienne, le banquier Philostratos et le riche marchand Simalos, familiers des princes et des magistrats romains[3].

---

1. Cicéron, *De Div.*, I, 92 ; Tite-Live, IX, 36, 3-4.
2. Horace, *Épîtres*, II, 156 ; Tite-Live, XXXIV, 4.
3. *IG*, II^2, 1008.

À *l'époque cicéronienne* [1]

Malgré l'autarcie culturelle affirmée, le besoin de « doctrine d'outre-mer » triomphe vers 150 avant notre ère. Les philosophes de 155 ont suscité une curiosité pour la « doctrine », pour la « philosophie » qui dominera le débat des philhellènes et des traditionalistes. Il s'agit simplement de savoir si l'on peut se contenter de la culture livresque des bibliothèques, dans le loisir de la villégiature. On présente Athènes comme une ville « où depuis longtemps la culture athénienne même a disparu »; or, « dans cette ville prestigieuse, il ne subsiste que le domicile des études : les citoyens s'y consacrent, les étrangers en jouissent, séduits en quelque sorte par le renom et le prestige de la ville ».

En 82-81, Varron effectue un séjour d'études en Attique et conseille plus tard aux amateurs de philosophie le voyage aux sources : « Mes amis qui ont cette passion, je les envoie en Grèce, je veux dire que je les envoie aux Grecs pour puiser à la source, plutôt que de suivre les ruisselets. » Lucullus, son contemporain, l'un des généraux de la guerre contre Mithridate, avait été questeur en Orient ; il a connu Antiochos d'Ascalon dans sa jeunesse et l'a emmené, sinon dans ses missions en Crète, à Cyrène, en Syrie et à Rhodes, tout au moins à Alexandrie dans sa proquesture. Lucullus a donc profité des occasions de sa carrière pour faire de la « formation permanente [2] ». Il en sera de même de Cicéron.

Après ses débuts au barreau, Cicéron ressentit le besoin d'un recyclage culturel, en rhétorique et en philosophie. Les soubresauts politiques de la période post-syllanienne l'incitèrent à faire le « grand tour ». Il suivit à Athènes, en 79-78 av. J.-C., pendant six mois environ, des cours de philosophie. Selon un cursus intellectuel qui deviendra classique, Cicéron a parcouru après Athènes toute l'Asie, en quête des maîtres de rhétorique les plus prestigieux. Une mention particulière est accordée à Molon et à l'école de Rhodes : il avait déjà entendu Molon à Rome — ce qui souligne la mobilité des intellectuels grecs de cette époque. Plus explicite,

---

1. Voir surtout Cicéron, *De oratore*, *Académiques* et *Brutus*. Tacite, *Dialogue des orateurs*.
2. Plutarque, *Lucullus*, 42.

Messalla déclare, chez Tacite, que « sans se contenter des professeurs qu'il avait eu la chance de trouver abondamment dans la Ville, il parcourut aussi l'Achaïe [nom de la province romaine de Grèce continentale] et l'Asie, pour embrasser toute la variété des arts ».

Cette formation universelle est celle des « arts libéraux » : la Grèce en a encore le monopole. Les rhéteurs latins, avec leur pionnier, Plotius Gallus, viennent à peine de se manifester, en 93 : depuis 161, rhéteurs et philosophes sont, par décret du préteur Pomponius, indésirables à Rome[1]. On va donc chercher leurs leçons en Grèce. Mais, à peine apparue, la rhétorique de langue latine se voit frappée d'interdit dès 92 av. J.-C., au nom de la tradition nationale : on veut éviter la contagion morale d'écoles romaines de niveau inférieur, ce qui renforce le monopole pédagogique du monde grec[2].

Cicéron, en 79, a trouvé l'occasion de « renouveler — sur le terrain — une étude de la philosophie poursuivie sans interruption » — dans les livres, il va sans dire. Trente ans après, il revit encore le merveilleux voyage d'études et la studieuse compagnie : Pison, les frères Cicéron, leur cousin germain Lucius, et Atticus[3] !

De même César, dont tous les contemporains, et Cicéron le premier, soulignent la parfaite culture libérale, a fait à Rhodes, sous Sylla, un séjour d'études : il voulait parfaire sa rhétorique... et échapper au dictateur[4]. Il prit lui aussi des leçons de Molon et conserva toute sa vie l'empreinte de ce voyage d'études effectué en 81-80 ou en 76.

Comme ceux de tous les « politiques » romains, les voyages d'études de Caton le Jeune s'insèrent dans une « formation permanente ». Il se présente surtout comme un lecteur insatiable, comme un philosophe de cabinet et on lui reproche souvent de puiser sa « doctrine » dans les livres[5] ! Après une entrée précoce dans la vie publique, servant en Macédoine, il sollicite le congé « légal » de deux mois et se rend en Asie, sensible au rayonnement

---

1. Suétone, *De rhetor.*, I, 1 ; Aulu-Gelle, XV, 11.
2. *De Or.*, III, 93.
3. *De Fin.*, V. Voir aussi Plutarque, *Cicéron* et Cornélius Nepos, *Atticus*.
4. Suétone, *César*, 1-4 ; Velleius Paterculus, II, 41 ; Dion Cassius, XLIII, 43, 4.
5. Cicéron, *De Fin.*, V, *Pro Mur.*, XXIX sq. ; Plutarque, *Caton le Jeune*, 4-10.

d'Athénodore Cordylion, le stoïcien de Pergame. Il réussit à ramener le sage dans son camp : on est à l'époque des campagnes de Pompée et de Lucullus. Seule la démobilisation permettra à Caton « de parcourir l'Asie, afin d'observer les mœurs, les coutumes et les forces de chaque province ». Ainsi, à l'époque du commandement extraordinaire de Pompée, il visite la Syrie, la province d'Asie, le royaume du Galate Deiotarus, hôte de sa famille. Rien, dans ce voyage d'apprentissage politique qui a fait de Caton, avant ses missions ultérieures — comme celle de Chypre —, un des grands spécialistes de l'Orient contemporain, ne permet la comparaison avec le « grand tour » de Cicéron, recyclage oratoire et philosophique.

Ces voyages correspondent à un plan bien arrêté. Ils n'ont rien à voir avec les contacts ponctuels que les promagistrats en mission prennent à l'occasion avec les écoles grecques puisque le voyage « officiel » romain revêt toujours des aspects mixtes. Ainsi Gellius Poplicola, quelques décennies auparavant, avait réuni les « scolarques » d'Athènes pour les prier de mettre fin à leurs « controverses [1] ». Ainsi Memmius, le protecteur des poètes, exilé à Athènes dans les années 55 avant notre ère, se consolait dans la philosophie [2]. Le voyage forcé de l'exil est souvent mis à profit pour la formation intellectuelle. Titus Albucius, relégué à Athènes pour concussion, avait précédé Memmius dans cette voie un demi-siècle plus tôt [3].

Les étudiants romains en Grèce à l'aube du principat

Dans le sillage de celle de 79, une seconde génération, en 45-44, fait ses humanités en Grèce, à Athènes. Il s'agit de Cicéron fils, d'Horace, fils d'un affranchi de Venouse, de Bibulus, d'Acidinus, de Messalla. Horace a surtout suivi des leçons de philosophie. Ce complément de formation dispensé par la « bonne Athènes » « ajouta un peu plus d'expérience intellectuelle, naturellement pour m'inspirer l'intention de discerner la droiture des sentiers

---

1. Cicéron, *De Leg.*, I, 53.
2. Cicéron, *Ad Att.*, IV, 17, 2 et V, 11, 6 ; *Ad Quint. fr.*, III, 2, 3 ; *Ad Fam.*, XIII, 1.
3. *Tusc.*, V, 109.

obliques, et de chercher le vrai dans les bosquets d'Académos ». Les enseignements de l'Académie ont apporté au poète un complément doctrinal, voire dogmatique, de la morale sociologique ; raison de plus pour supposer que le scolarque était Antiochos d'Ascalon[1].

Il semble que le petit noyau d'étudiants romains présents à Athènes au moment de l'assassinat de César aux ides de mars 44 ait été plus ou moins sympathisant des « libérateurs », Brutus et Cassius. À la même époque, les « césariens », le jeune Octave, avec Agrippa et Salvidienus Rufus, les militaires, et sans doute Mécène, le « politique », s'initiaient en Épire, à Apollonie, à la rhétorique, à une rhétorique platonisante, sous la férule d'Apollodore de Pergame[2]. Les étudiants d'Apollonie allaient devenir les bâtisseurs du principat ; ceux d'Athènes, des ralliés plus ou moins illustres du régime augustéen, après leur équipée républicaine. Horace ne retournera plus en Grèce, que Virgile jeune n'a pas visitée, mais qu'il voudra voir avant de mourir.

Cette promiscuité athénienne du fils de l'affranchi de Venouse, de Cicéron fils, du descendant des Valerii Messallae, est un phénomène intéressant de brassage social. Une amitié naîtra entre Horace et Messalla, condisciples plus avides d'apprendre que le jeune Cicéron. Ce dernier semble avoir surtout apprécié à Athènes les joyeusetés de la vie estudiantine. Bien logé grâce aux circuits d'hospitalité amicale, après avoir reçu un bon « viatique », Cicéron fils pouvait puiser assez librement à la caisse des « correspondants », affidés d'Atticus : on parle d'une pension de 80 000 sesterces, qui paraît énorme si on la compare au « viatique » annuel de certains légats orientaux[3]. Le jeune Cicéron semble réaliser avant la lettre le type de l'étudiant « nourri par ses livres » : il vient de les vendre pour faire la fête.

Ovide également fera ses « humanités » à Athènes[4]. Le séjour d'études à Athènes apparaît alors comme un type de voyage bien organisé. C'est d'abord une solution de pis-aller aux tourments

---

1. *Épîtres*, II, 2.
2. Nicolas de Damas, *Caes.*, 21, 133.
3. Cicéron, *Ad Att.*, XII, 32.
4. *Trist.*, I, 2, 77 ; *Pont.*, II, 10, 21 sq.

d'amour. Mais le projet de départ pour la « savante Athènes » paraît répondre à un schéma bien établi[1] :

> Tours de Rome, et vous mes amis, adieu, et toi aussi, malgré ton attitude, adieu, ma maîtresse ! Je vais donc maintenant être emporté, passager novice, sur les flots de l'Adriatique, et je serai contraint d'implorer de mes prières les bruyantes divinités de l'onde. Ensuite, transporté à travers l'Ionienne, je verrai l'esquif reposer à Léchaion, dans l'eau tranquille, ses voiles fatiguées ; le chemin restant, c'est à vous, mes pieds, de l'accomplir laborieusement, là où l'Isthme, de ses terres, sépare les deux mers. Ensuite, quand m'accueillera le rivage du Pirée et son port, je gravirai les Longs Bras du chemin de Thésée [les Longs Murs]. Là peut-être je chercherai à corriger mon âme à l'école de Platon, ou bien, docte Épicure, en tes Jardins ; ou bien je me vouerai avec zèle à l'étude de la langue, l'arme de Démosthène, et pratiquerai, docte Ménandre, le sel attique de tes ouvrages. Ou du moins des tableaux de peintres séduiront mes regards, ou de jolies mains sculptées dans l'ivoire ou l'airain.

Les motivations artistiques sont devenues importantes dans le voyage en Grèce, ce qui semble nouveau. À la génération de Cicéron, on vantait certes déjà les sites artistiques d'Asie et de Grèce, illustrés par leurs chefs-d'œuvre — Thespies, Cnide, Cos, Éphèse, Cyzique, Rhodes, Athènes —, mais on considérait que l'art grec était en grande partie « enfermé dans un petit nombre de villas ». Bien des gens prirent la mer pour aller voir à Cnide la Vénus de Praxitèle[2].

Le voyage d'études n'exclut aucun âge. Il peut prendre et prend souvent l'aspect d'une formation permanente. Ce qui était valable pour Cicéron et sa génération le sera pour les poètes. Virgile voudra visiter en Grèce, sur le tard, les sites chargés d'évocations légendaires et retoucher les paysages de l'*Énéide* ; il retrouva Auguste et sa suite à Athènes et mourut à Brindes, dès son retour[3]. Le voyage avait été projeté avant 24[4]. Tibulle, dans la suite de Messalla, gouverneur de Syrie, rêva de voir la Grèce mais s'arrêta malade à Corcyre.

---

1. Properce, *Élégies*, III, 21 ; voir *Tusc.*, IV, 74.
2. Pline, XXVI, 20.
3. Donat, *Vitae Vergilianae Antiquae*, 35 ; Phocas, 112 sq.
4. Horace, *Odes*, I, 3.

L'université d'Athènes sous l'Empire

Si les échanges interrégionaux et l'essor des métropoles orientales ont quelque peu limité le monopole de l'Attique, si Rome le dispute à Athènes comme ville-musée, le voyage en Grèce conserve ses motivations artistiques. Les pillages de Néron dans les sanctuaires ont laissé subsister un patrimoine artistique considérable. La politique universitaire de Vespasien, « pensionnant » à Rome la rhétorique grecque et la rhétorique latine, n'a pas éliminé l'habitude de « faire ses humanités » en Grèce [1].

Athènes, politiquement évincée par Corinthe, gardera jusqu'au VIe siècle son prestige universitaire, jusqu'à ce qu'en 529 Justinien interdise d'y enseigner la philosophie et d'y interpréter les lois. Chaque principat embellit Athènes, et la politique culturelle romaine y atteint un apogée d'Hadrien à Marc Aurèle. L'architecture publique d'Athènes, de l'Athènes de Périclès, reste le modèle pour les cités d'Asie au début de l'ère antonine. Le centralisme intellectuel tient à la fois à la concentration des écoles et à la diaspora de l'élite intellectuelle itinérante.

Marc Aurèle reprit au profit d'Athènes une politique de centralisation. Il créa cinq chaires, entretenues sur les fonds impériaux : une de rhétorique et quatre de philosophie. Dans les chaires instituées en 176 étaient représentés le platonisme, l'aristotélisme, le stoïcisme, et même l'épicurisme, intégré. Et il y avait peut-être une deuxième chaire de philosophie péripatéticienne [2]. Les premiers titulaires furent proposés à la nomination impériale par un sophiste local, de renommée mondiale, Hérode Atticus. Il faudra attendre le Bas-Empire pour que Carthage, dotée par Justinien de deux chaires de grammaire et de deux chaires de rhétorique, rivalise d'éclat universitaire avec Athènes [3]. Le témoignage des *Confessions* d'Augustin est probant.

L'université d'Athènes est si cotée dès l'époque sévérienne que d'illustres professeurs, tel Prohairesios, se font « muter » de Rome à Athènes ; mais le phénomène, qui témoignerait d'un certain

---

1. Suétone, *Vesp.*, 18, 1.
2. Dion Cassius, LXXXII, 31, 3 ; Lucien, *Eunuque*, 3 ; Philostrate, *V. Soph.*, II, 2, 566.
3. *Code justinien*, I, 27, 1.

recul du grec en Occident, n'est pas si clair : Philagros, auparavant, avait quitté Athènes pour Rome. Les mutations s'expliquent autant par le montant des traitements que par le rayonnement comparé[1].

Il est certain que la création de Marc Aurèle répond au gonflement numérique des étudiants, recensés annuellement dans le cadre de l'éphébie. Le premier siècle de l'Empire ne fut pas une période faste, et l'on n'enregistra pas les promotions d'une centaine d'éphèbes attestées à l'époque hellénistique. Il y eut des années creuses, et même des années critiques. Au début de l'époque antonine, les effectifs se stabilisèrent autour de la centaine, avec un nombre à peu près égal de citoyens et d'étrangers. La réforme de Marc Aurèle doubla le recrutement, et l'université d'Athènes atteignit son apogée en 255, avec une promotion de 475 éphèbes.

La vie étudiante en Grèce, surtout à Athènes, occupe une place assez importante dans le *Philogelôs*, recueil d'anecdotes « drôles » qui reflète la situation de l'époque antonine finissante et du Bas-Empire[2]. Le *skolastikos*, étudiant plus ou moins prolongé, ou professeur, est la cible de la raillerie. Il semble que l'étudiant d'Athènes soit le *Graeculus*, le « petit Grec », oisif et discuteur, vu de Rome...

Le *Philogelôs* laisse apparaître la concentration estudiantine à Athènes : c'est de là qu'un apprenti juriste écrit à son père qu'il lui souhaite un procès capital... pour le défendre. Les *skolastikoi* sont grammairiens, médecins, sophistes ; s'agit-il de « maîtres », les grammairiens pullulent ; des étudiants retournent en « province » pour présenter leurs condoléances aux parents de camarades morts. Les livres tiennent une grande place dans la thématique de la plaisanterie, qu'on les vende pour s'amuser ou qu'ils soient dévorés par les rats. L'étudiant athénien est décrit comme très mobile, sans doute en raison de son origine géographique : il possède souvent son cheval ou son âne, mais voyage surtout par mer, et la péripétie du naufrage n'est pas absente.

L'accroissement des effectifs explique l'importance des constructions « universitaires » dans l'embellissement continu

---

1. Eunape, *Soph.*, 492 sq. ; Philostrate, *V. Soph.*, II, 580.
2. Ed. Thierfelder.

d'Athènes. Pour accueillir tous les étudiants, on transforma progressivement en un immense gymnase le côté nord de l'Agora : cette extension partait d'un établissement bâti vers 140 av. J.-C., au début de la domination romaine. En 15 av. J.-C., cet espace fut une première fois agrandi par la construction de l'odéon d'Agrippa, une salle de conférences de 25 mètres de côté, qui pouvait contenir un millier d'auditeurs ; au IIe siècle, il était utilisé par des sophistes dispensant un enseignement de rhétorique. En 100 de notre ère, et avant les réalisations d'Hadrien, on édifia dans la même zone, en liaison avec l'Agora romaine, la bibliothèque de Pantainos.

Athènes reste le centre d'un vaste courant d'échange d'étudiants et de professeurs. Même la rapide extension des écoles gauloises, comme celles d'Autun sous Auguste et Tibère[1], même la création d'un enseignement public de rhétorique par Vespasien, à Rome, n'ont pas créé d'autarcie occidentale. Les mesures de décentralisation, telle l'initiative de Pline le Jeune à Côme, affectent d'abord l'Occident romain[2]. Embellie par les empereurs, Athènes a été dotée par Hadrien d'une splendide bibliothèque grecque et latine. Les voyages d'Hadrien montrent la vitalité des écoles de philosophie. Lors des deux voyages à Rome d'Apollonios de Tyane, en 66, sous Néron, et en 93, sous Domitien, à l'occasion des étapes d'Athènes, la jeunesse studieuse a escorté le « maître » du Pirée à Athènes[3].

Certains témoignages pourraient suggérer qu'il y avait plusieurs milliers d'étudiants, même si les 2 000 élèves de Théophraste, au IIIe siècle avant notre ère, laissent sceptique[4]. La concentration des étudiants attire les conférenciers d'une métropole à l'autre. Sénèque évoque l'activité de conférencier ambulant du grammairien d'Alexandrie, Apion, le *circulator*. Ce mode de vie est un obstacle au mariage du philosophe, éternel étudiant, car « si un professeur très savant se trouve dans une ville quelconque, nous ne pouvons ni abandonner notre épouse, ni partir avec notre bagage[5] ». Les allées et venues de Démétrius le Cynique entre

---

1. Tacite, *Ann.*, III, 43.
2. *Lettres*, IV, 13.
3. *V. Apoll.*, IV, 17 et VIII, 15.
4. Diogène Laërce, V, 2, 37.
5. Sénèque, *Lettres*, LXXXVIII et *De matrimonio* (éd. Haase), IV, § 49.

Athènes, Corinthe et Rome, de 60 à 67, qui se révèlent très conformes à la doctrine des cyniques, vont dans le même sens.

À l'époque antonine Athènes rayonne au milieu de métropoles culturelles brillantes. L'Africain Apulée, qui a noté la vitalité intellectuelle du centre de Carthage au IIe siècle, a également fréquenté Athènes ; son goût du voyage est inséparable de sa vocation intellectuelle et il avait refusé « par désir du voyage les embarras du mariage ». Il avait noué à Athènes des réseaux d'amitié : c'est ainsi qu'il retrouve à l'escale d'Oea en Libye (au cours d'un voyage à Alexandrie) son ancien condisciple Pontianus[1].

Dans le cursus littéraire des sophistes des deux premiers siècles, comme dans les déplacements des médecins gréco-romains, la formation permanente par le commerce des diverses « écoles » se confond partiellement avec l'exercice de la profession.

La seconde sophistique : pratique et théorie du voyage

La sophistique de l'époque antonine a étroitement lié le voyage, la culture et la diffusion des idées. À la charnière de deux siècles, Dion de Pruse préfigure le type du sophiste itinérant.

Les voyages de Dion ne se confondent pas totalement avec les « errances » de sa période cynique, qui lui ont permis de pénétrer la sociologie et l'ethnographie du monde des steppes. Dion connaît aussi bien l'Attique, dont il vante l' « air léger », que l'Asie[2]. Il n'est pas sûr qu'il ait visité les résidences de Perse et de Médie qu'il célèbre, mais il a parcouru les cités de l'Asie maritime : Antioche, Smyrne, Suse, Rhodes, Pergame[3]. Il apporte du reste une théorie du voyage.

Dion préconise les « théories » (ambassades sacrées) de ville à ville, selon la plus pure tradition du panhellénisme. Dans ses pérégrinations de banni, il a profité de son passage à Athènes pour assister aux Concours Isthmiques, comme les anciens sophistes, comme Diogène qui a été un temps son modèle : il a médité sur la

---
1. *Métam.*, I, 3 et *Apologie*, LXXII-LXXIII.
2. *Discours*, VI.
3. *Ibid.*, XXXVIII à XLVII. Voir Athénée, XII, 513 et Diodore, XVII, 17.

signification philosophique de la panégyrie mais il se révèle assez critique de l'athlétisme et de la « théâtromanie », qui déplacent les foules de l'Orient grec à l'époque impériale[1].

Lié à la vocation itinérante de la philosophie et de la culture, le voyage est pour Dion nourri de curiosités multiples. Ainsi un voyage en Eubée décrit certes l'itinéraire, la traversée de la grande île d'une côte à l'autre par les montagnes, et note la sûreté des rades pour le navigateur, mais l'observation la plus originale concerne l'état économique de l'île, les difficultés agraires sous Trajan. Il montre un vif intérêt pour les problèmes d'architecture publique et d'urbanisme et s'intéresse aussi bien dans les souvenirs du voyage en Égypte, aux inscriptions des temples du Nil qu'à la concentration de l'activité mercantile à Naucratis[2].

Les grands sophistes du IIe siècle illustrent le commerce intellectuel qui unit les grandes métropoles de la culture. L'association de la culture et de l'idéal d'observation marque le mouvement dans le sens du cosmopolitisme intellectuel.

Athènes, dont on a vu la prééminence universitaire, reste pour ces sophistes le point de convergence des échanges intellectuels. Hérode Atticus attire à Képhisia et à Marathon la jeunesse du monde entier ; il préconise, pour accélérer et faciliter les voyages maritimes d'Italie à Athènes, le percement souvent envisagé de l'isthme de Corinthe[3]. Il sera chargé un temps de choisir les titulaires des grandes chaires de philosophie d'Athènes. À la fin du IIe siècle, Aelius Aristide exalte le rayonnement d'Athènes et de l'Attique[4], en associant dans sa ferveur Athènes à sa patrie, Smyrne. Sous le nom de *Nigrinus* Lucien met en scène Gaius, professeur des platoniciens de toute une génération. Mais la primauté d'Athènes n'entrave nullement l'essor des relations culturelles régionales ou internationales.

Le cercle des *Nuits attiques*, vers 175 ap. J.-C., proche d'Apulée et des platoniciens, voue une véritable vénération à l'Attique ; pour Taurus, Caecilius et leurs amis, la villa de Képhisia joue un rôle intellectuel de stimulation qui rappelle celui des villas cicéroniennes. Mais le cercle est cosmopolite et itinérant. Il évolue

---

1. *Discours*, III ; VIII, 5-6 et IX, 1-2.
2. *Ibid.*, VII ; VIII, 5-6 ; IX, 1-2 ; XI, 37 ; XXX, 17.
3. Philostrate, *V. Soph.*, II, 551 et 561.
4. *Discours*, XIII, 97-100 et XVII, 6-13.

entre Athènes, Ostie et Rome. Le grand débat sur le bonheur se déroule sur le rivage d'Ostie[1].

Grand voyageur s'il en fut, comme conférencier ou comme inspecteur des cités d'Asie, Hérode Atticus illustre, par sa formation même, la mobilité et le cosmopolitisme du milieu universitaire contemporain.

Tous les grands sophistes de l'ère antonine nous sont connus par Philostrate, qui décrit en détail leur origine, leur formation itinérante, leur carrière « professorale » et leurs missions officielles[2].

Favorinus d'Arles et Taurus de Tyr sont venus professer à Athènes, où ils ont formé Hérode Atticus.

Smyrne, avant la gloire d'Aelius Aristide, l'a toujours quelque peu disputé à Athènes. Ainsi Scopelianus, grand-prêtre de la province d'Asie, attire à Smyrne la jeunesse cosmopolite : or il a été formé à Athènes, et hébergé chez le père d'Hérode Atticus ! Scopelianus voit venir à lui l'Asie et l'Égypte, parce que sa ville est « le portail terrestre et maritime de toutes contrées » — en fait grâce au port d'Éphèse, accès privilégié de l'Asie romaine. On mesure par là l'importance des facteurs géographiques et des communications dans la « carte universitaire » du monde gréco-romain : une certaine polarisation se combine avec la décentralisation. Un sophiste évolue entre sa chaire et les conférences itinérantes, comme Hérode Atticus. On comprend mieux dès lors le cas que les grands sophistes font des privilèges de voyage.

Nombre de sophistes du IIe siècle ont accompli leurs études à Athènes, et leur carrière révèle une indéniable mobilité. Alexandre de Séleucie est une exception dans la mesure où il n'est pas un ancien d'Athènes ; il a étudié à Antioche, Tarse, Rome, et parcouru toute l'Égypte. Mais, installé au Céramique, dans l'odéon d'Agrippa, il veut ramener à Athènes les étudiants de Marathon. Chrestos de Byzance a obtenu la chaire de rhétorique d'Athènes après la promotion à Rome d'Adrien de Tyr, un ancien condisciple athénien d'Hérode. Athénodore, Thrace venu étudier à Athènes, comme Onomarchos d'Andros, s'y établit.

Pour la rhétorique, moins bien représentée dans le Delta que la

---

1. Aulu-Gelle, *Praef.*, 4-10 ; I, 2 ; XII, 7 ; XVII, 8 ; XVIII, 1, 2 et 13.
2. *V. Soph.*, II, 518-628.

philosophie ou la médecine, on passe volontiers de l'Égypte à Athènes : ainsi les rhéteurs de Naucratis apprécient le calme de l'Attique, et voient même venir de la lointaine Ionie un jeune admirateur. Les « mutations » ne sont pas toujours volontaires : Héraclide de Lycie, descendant de prêtres et de notables d'Asie, perd sa chaire d'Athènes à la suite d'une conspiration scolaire : il revient dans sa province, à Smyrne, « ville dévouée aux Muses de la sophistique ». Philiscos de Thessalie, protégé de Caracalla et du cercle de Julia Domna, professeur à Athènes, se voit priver de ses « immunités », et fait le voyage de Rome pour les recouvrer : or Caracalla refuse à des hommes compétents des exemptions acquises par « quelques misérables discours ».

Aelius Aristide, qui a fait ses études à Athènes et à Pergame, a visité l'Italie, la Grèce entière, le Delta. Son exemple éclaire la finalité mixte du voyage « d'études » : parfaire sa formation, satisfaire des curiosités variées, exercer un art « libéral » dont l'activité se confond partiellement avec un usage noble du loisir. Ici, la distinction s'estompe entre le voyage d'observation (« théorétique ») et le voyage professionnel. L'enseignement supérieur est en Grèce une activité éminente...

En rivalité avec Athènes, il existe une sorte de complexe culturel Smyrne-Éphèse, voué à la médecine autant qu'à la rhétorique. Les débats entre Polémon et Favorinus, sous Hadrien, prouvent l'âpreté de compétitions qui ont pour but d'attirer la population étudiante. On voit Lollianus, venu d'Éphèse, occuper la chaire « municipale » de rhétorique de Smyrne. Toute une politique de décentralisation conjugue le patriotisme local, poussé jusqu'au chauvinisme, et le souci de minimiser les déplacements. Mais elle ne joue en Asie que pour les grands centres. Polémon, né à Laodicée de Carie, jouit d'un tel rayonnement intellectuel qu'il fait venir une foule d'étudiants du continent et des îles.

Les médecins du Haut Empire : la tradition du voyage

Les médecins forment eux aussi une corporation voyageuse, pour laquelle il est assez difficile de distinguer l'exercice de la profession et la formation permanente ; ils voyagèrent beaucoup autour de la Méditerranée.

Le cas des médecins itinérants de Rome, qui s'opposent aux

médecins sédentaires des thermes et lieux publics, illustre uniquement la mobilité professionnelle : les *circumforani* vont de forum en forum sur les grandes voies romaines. Mais comment apprécier le déplacement de Scribonius Largus, auteur d'une *Professio medici*, qui a suivi Claude dans sa campagne de Bretagne, en 43 ? Le devoir de fonction devait s'allier à la curiosité géographique et ethnographique. Les décrets honorifiques en l'honneur des médecins soulignent surtout la mobilité d'une activité secourable[1]. Mais il y a toujours chez le médecin antique une curiosité d'explorateur qui sommeille, et les souverains en profitent.

Démocédès, médecin du Grand Roi Darius, a été chargé par son souverain d'établir le relevé des côtes de Grèce et de Grande Grèce, avec une flottille phénicienne[2]. Il sort de son rôle médical, comme Ctésias de Cnide, médecin d'Artaxerxès, qui dit avoir vu de ses yeux tous les détails consignés dans ses livres sur l'Assyrie et l'Inde[3].

L'école hippocratique a la vocation chercheuse. Le maître de Cos envoyait ses élèves au loin pour étudier une épidémie qu'il avait prévue[4]. D'une manière générale, on verra les médecins « empiriques » curieux d'étudier les maladies sur leur « terrain », ce que faisait Hippocrate pour ses *Épidémies*, qui sont des bilans saisonniers, dans un lieu précis. La peste d'Athènes, au Ve siècle av. J.-C., a attiré des médecins, tout comme la peste d'Éphèse sous Néron[5].

Une tradition biographique cohérente fait d'Hippocrate un voyageur, « distribuant ses soins à toute la Grèce ». Ainsi serait-il parti pour la Macédoine, afin d'en soigner le roi, qu'on croyait atteint de phtisie.

L'exemple d'Hippocrate reste pourtant ambigu : le maître de Cos a refusé d'appliquer ses talents à la peste « nordique », en Illyrie et Péonie, afin de réserver ses soins à l'Attique, menacée de contagion par les vents dominants. Sa doctrine *Des airs, des eaux, des lieux* l'y incitait, ainsi que le refus de soigner les

---

1. *IG*, XIV, 1759 ; *IGR*, III, 733.
2. Hérodote, III, 125-133.
3. *Fgr H*, III, 688.
4. Pline, VII, 123.
5. Philostrate, *V. Apoll.*, IV, 4.

« barbares », ennemis de la Grèce. Il est sûr qu'il a refusé de se rendre au chevet du Grand Roi[1].

Cette « autarcie » intellectuelle a toujours été équilibrée par la curiosité et l'esprit d'ouverture des Grecs. Dès l'époque d'Hérodote, on procède à des enquêtes médicales chez les peuples lointains. L'historien fit l'inventaire des ressources curatives de la Scythie, au sud de l'actuelle Russie : il y recueillit les remèdes locaux, notamment ceux qu'on tirait des testicules de castor ou de loutre, animaux ignorés des Grecs ; il admira la médecine empirique des Babyloniens, qui se communiquaient leurs observations et pratiquaient la thérapeutique mutuelle[2].

L'expédition d'Alexandre a élargi le champ de la médecine grecque : ses médecins entrèrent en contact avec des confrères indiens, qui leur apprirent l'art de guérir les morsures de serpent, et d'autres thérapeutiques particulières[3].

Une des justifications du voyage de formation médicale est, avec le besoin de culture encyclopédique, la relative spécialisation régionale des écoles.

La tradition des « écoles » reste solidement implantée dans leur berceau. On va à Alexandrie pour étudier les nerfs et la « circulation » sanguine avec les héritiers d'Hérophile et d'Érasistrate[4]. On suit à Cnide des cours de physiologie et de pathologie articulaire. La tradition de l'épidémiologie hippocratique reste solide à Cos. Galien, médecin de l'école des gladiateurs de Pergame au début de sa carrière, a développé une école de traumatologie.

L'ouverture pluridisciplinaire de la profession constitue une autre motivation du voyage de formation médicale. Qu'elle soit conçue comme un « art rationnel », ou même comme un « art conjectural[5] », la médecine suppose des connaissances étendues. La médecine « rationnelle » implique de connaître, outre la physiologie, la cosmologie, liée aux systèmes philosophiques. Les médecins, ayant leur école préférée, leur secte, se sentent en général proches d'un système philosophique. Approfondir tel ou

---

1. Ps. Soranos, § 5-9 et Stobée, *Florilège*, III, 13, 51.
2. I, 197 ; IV, 109.
3. Arrien, *Anabase*, VIII, 15, 11-12.
4. Pline, XXVI, 11 sq. ; XX, 85 et XXIX, 5.
5. Celse, *De medicina*, Praef., 13 sq.

tel système exige le déplacement. Si Galien a pu trouver dans sa Pergame natale les « quatre écoles » que Marc Aurèle a instituées à Athènes, cette diffusion ne se réalise que sous l'Empire. À la fin de la République, Asclépiade de Bithynie a dû accomplir de nombreux voyages [1] ; ce polyglotte, fondateur du « méthodisme », a étudié à fond l'atomisme épicurien : or, à son époque, il n'était bien enseigné qu'à Athènes. Plus on veut dépasser la formation « locale » et comprendre la variété des « sectes », comme Galien dans son essai *Aux étudiants sur les sectes,* et plus on doit être mobile. Galien a dû aller écouter à Athènes le platonicien Albinus, élève de Gaius : il aurait pu être le condisciple d'Apulée l'Africain !

S'ils déplorent, dans leurs épitaphes, de mourir en terre étrangère, les médecins se font en général gloire de leurs voyages, qui enrichissent leur art autant que leur connaissance du monde. Archélaos de Nicomédie se targue de ses nombreux « déplacements » (*apodèmiai*). Un Bithynien de Nicée, enterré en Perrhébie (Thessalie), est fier d'avoir « beaucoup voyagé sur terre et sur mer [2] ». Les épitaphes les plus poignantes semblent concerner les médecins qui se sont expatriés pour trouver une clientèle, comme ces deux confrères inhumés respectivement à Milan et à Tithorée dans le Parnasse, qui, formés en Égypte, regrettent la vallée du Nil. Différente est la mentalité du médecin-étudiant, qui a une âme d'explorateur : tel Hédys, à Nicée, qui se vante d'avoir visité bien des pays, le cours de l'Océan, les limites de l'Europe, de l'Afrique et de la grande Asie.

---

1. Pline, XXIII à XXVI, 7-8 ; XXV, 6-7.
2. *IG*, XIV, 2019 ; IX, 1276 (Kaibel, *Épigr.*, 509).

CHAPITRE IX

Enquêtes sur le monde

La connaissance de la Terre, qui va du monde habité aux pays inconnus, solitudes glacées du Nord et déserts torrides d'Afrique ou d'Asie, est une entreprise de longue haleine, commencée à l'aurore de la civilisation grecque, poursuivie systématiquement à l'époque hellénistique et reprise par Rome, héritière de l'hellénisme. Qu'il s'agisse des « merveilles » de la nature — géographiques, ethnographiques, zoologiques — ou des vestiges de la civilisation, l'exploration des voyageurs et les progrès de la littérature scientifique vont de pair, l'exploration nourrissant la vulgarisation scientifique, la littérature scientifique orientant les curiosités et les explorations.

La Grèce classique et le monde hellénistique ont apporté aux hommes de l'Antiquité l'appétit de savoir archéologique. À Rome, cette curiosité semble avoir précédé la curiosité naturaliste.

CURIOSITÉS ARCHÉOLOGIQUES

Le touriste grec : une curiosité tournée vers le passé

Que cherchaient donc les Grecs, quand ils voyageaient ? Le dépaysement, peut-être, mais aussi leurs racines. Ceux qui ont, les premiers, recensé les merveilles du monde se préoccupaient moins des curiosités naturelles que de faire l'inventaire historique des pays qu'ils visitaient. Ils remontaient les siècles à partir du paysage ou du monument observé en recueillant les traditions locales ou en lisant les inscriptions. Les faits singuliers développaient en eux le goût pour la généalogie des peuples et pour les récits de fondation de villes, qui permettaient à un individu ou à une communauté de se situer dans la tradition grecque la plus ancienne possible [1].

Aux origines de la cité grecque, Homère et ses contemporains découvrirent au VIIIe siècle l'archéologie. Les énormes murailles du IIe millénaire, les forteresses démantelées, les tombes de chefs avec leurs trésors d'armes et de bijoux retenaient leur attention et stimulaient leur imagination, car la précision apportée par le poète à la description des armes, des chars, des enceintes et des palais s'appuie nécessairement sur une observation des ruines significative de l'intérêt de la population pour les vestiges spectaculaires de la région.

Ainsi, dès cette époque, certains tombeaux devinrent des lieux de culte et le cadre de réunions régulières. Les Grecs élaborèrent alors cette catégorie de divinités qui leur fut propre et qu'ils appelaient des « héros », c'est-à-dire des personnalités mythiques ou historiques parvenues à l'immortalité en raison de leurs exploits et du souvenir qu'elles avaient laissé dans la mémoire collective. Marqueurs du paysage, ces sépultures monumentales devinrent le but de déplacements exceptionnels, puis périodiques : c'est afin de participer à des jeux funèbres, près d'une tombe princière comme l'archéologie récente en a exhumé en Eubée, que le poète Hésiode passa la mer pour la première fois [2]. Les poètes recréaient alors, pour ceux qui les fréquentaient, l'histoire de ces tombeaux. À Délos, on attribua des tombes mycéniennes à des Vierges hyperboréennes, venues de l'Extrême-Nord, qui auraient aidé la mère d'Apollon lors de son accouchement [3].

L'époque classique montra le même intérêt pour les vestiges du passé et le même souci d'en reconstituer l'histoire. Il arrive à l'historien Thucydide de raisonner en archéologue quand, à propos de tombes très anciennes mises à jour à Délos en 426, il observe soigneusement l'attirail militaire et le mode de sépulture pour conclure qu'il devait s'agir de Cariens [4].

Les *Périégèses* ou guides de voyage de l'époque hellénistique et

---

1. Polybe, IX, 1, 4.
2. *Travaux et Jours*, 654-660.
3. Hérodote, IV, 33-35.
4. Thucydide, I, 8, 1.

romaine se présentent également comme des voyages à remonter le temps. La base en est bien sûr un carnet de route rempli d'observations et d'impressions (celui d'Héracleidès le Crétois en est un bon exemple), mais ces notations servent de support à de longues digressions au cours desquelles les auteurs font part des traditions qu'ils ont recueillies sur place et les confrontent à leur savoir antérieur.

Les sanctuaires répondaient à l'attente des pèlerins. Au temps de Pausanias, au IIe siècle de l'Empire, comme à l'époque d'Hérodote, les guides locaux savaient utiliser tout un stock d'histoires, parfois très récentes, pour rendre la visite vivante : Aristarchos, qui conduisit Pausanias sur le site d'Olympie, intégra à ses explications le dernier événement mémorable, la découverte d'un cadavre, très vieux mais encore intact, dans la charpente du toit, alors qu'on en entreprenait la réfection[1].

Les guides commentaient aussi les inscriptions qu'on lisait sur les monuments. On rédigea d'ailleurs parfois le catalogue des ex-voto les plus célèbres afin de témoigner de leur antiquité et de leur renom ; celui du sanctuaire de Lindos, dans l'île de Rhodes, qui a été conservé, juxtapose de façon tout à fait significative deux parties différentes : la description des offrandes, et une chronique des miracles dont le sanctuaire a été le cadre et qui ont motivé ces dons[2]. Bien entendu, supercheries et pieuses mystifications étaient fréquentes : à Délos, on n'hésita pas à attribuer à un amiral perse des guerres médiques le collier consacré par une dévote au IVe siècle[3]. Les touristes érudits se faisaient donc épigraphistes autant qu'archéologues : ils lisaient les pierres dont les inscriptions leur paraissaient fournir la trame la plus sûre de l'histoire locale, au point qu'un périégète mérita le surnom de « grignoteur de stèles[4] ». Même dans les romans, on voit les voyageurs s'intéresser systématiquement aux ex-voto et à leurs dédicaces[5].

Les deux périégètes athéniens les plus anciens, Diodore et Héliodore, sont en réalité des érudits locaux. Le mieux connu et le plus prolixe de l'époque hellénistique, Polémon d'Ilion, est un

---

1. Pausanias, *Périégèse*, V, 20, 4.
2. *Inscriptions de Lindos*, n° 2 (éd. Ch. Blinkenberg).
3. *Inscriptions de Délos*, 103, 65-67 et 104, 123-124 ; *IG*, XI/2, 161, B, 95-96.
4. Athénée, V, 243d.
5. Xénophon d'Éphèse, V, 10, 6-7 ; Achille Tatius, I, 2.

antiquaire, qui composa le catalogue des trésors de Delphes en accumulant des histoires sur les donateurs. Tous ces auteurs de « guides » procédaient comme l'avait fait Hérodote : ils observaient, enquêtaient... Sur les chefs-d'œuvre de la nature et de l'art, ils collectaient récits, mythes et anecdotes. Le modèle hérodotéen est encore vivant, et même sans rival, au IIe siècle de l'Empire : Lucien le pastiche en décrivant le sanctuaire syrien de Hiérapolis et Pausanias s'y réfère souvent, parfois presque textuellement.

La *Périégèse* de Pausanias, la seule qui nous ait été conservée, n'a vraiment pas l'allure d'un de nos guides modernes, auxquels on l'assimile souvent. Elle se présente comme une sélection de curiosités et comme une collection de traditions rares ; l'investigation historique et l'érudition de cabinet l'emportent décidément sur la relation de voyage, si bien qu'on est allé jusqu'à mettre en doute la réalité des déplacements évoqués. Cependant, l'auteur est bien venu d'Asie Mineure en Grèce ; il a également visité la façade maritime de l'Orient méditerranéen (la Syrie, la Palestine, la Libye et l'Égypte jusqu'à Thèbes), ainsi que l'Italie méridionale jusqu'à Rome. Mais son but était de voir « tout ce qui était grec », c'est-à-dire de faire l'inventaire de l'hellénisme afin d'enraciner dans la tradition la plus pure ces Grecs d'Empire qui se sentaient un peu « entre deux mondes[1] ».

Pausanias fut donc plus attentif à l'histoire qu'au paysage. Il ne peint pas du tout la Grèce de son époque, les ports grouillant de monde, les grands domaines avec leurs installations à la romaine, les campagnes riantes avec leurs sanctuaires champêtres... Les romans, eux, fournissent des tableaux de ce genre, car ils ne s'adressent pas au même public[2] ; mais la Grèce des intellectuels est celle des tombeaux, des temples, des villes-musées, voire des lieux désertés, qu'on visite avec nostalgie, en évoquant leur grandeur passée[3]. Au fil de la route, les monuments succèdent donc aux monuments. Ils sont certes décrits et inventoriés, mais l'auteur cède surtout au jeu des réminiscences. Quatre longues digressions sur les dynasties hellénistiques apparaissent ainsi dans la description de l'Attique à propos de statues et de portraits :

---

1. *Périégèse*, I, 26, 4.
2. Chariton, I, 13 ; II, 2, 7 ; III, 2, 15-17 ; IV, 2, 1-7.
3. *Périégèse*, VIII, 16, 3-5.

c'est que l'œuvre d'art en elle-même n'appelle pas de commentaire ; seule la personnalité ou la divinité représentée retient l'attention de l'érudit. Aussi Pausanias réduit-il la description extérieure du Parthénon aux deux frontons, c'est-à-dire aux mythes représentés[1].

La quête du passé, la recherche des racines conditionnent même les jugements esthétiques : Pausanias ne veut pas connaître l'art « moderne » de son temps et laisse dans l'anonymat architectes et sculpteurs hellénistiques ; il marque une nette préférence pour l'art classique et même pour le haut archaïsme, en vertu du principe que l'ancienneté est en elle-même une garantie de valeur. Il s'attache par-dessus tout à la personnalité mythique de Dédale, en qui les Grecs voyaient l'initiateur de l'élan artistique et technique de leur civilisation, et à qui ils attribuaient les statues les plus archaïques ; Pausanias énumère avec un plaisir évident toutes celles dont il peut avoir connaissance[2].

Un autre principe dirige encore la démarche du périégète : l'intérêt est fonction de la rareté et du caractère extraordinaire. Comme tous ses prédécesseurs de l'époque hellénistique, Pausanias recherche « ce qui n'est pas connu de tout le monde », et donc ce qui est « le plus remarquable[3] » : rituels obscurs, vieilles idoles, traditions tout à fait locales dans des contrées peu visitées... Les mythes campagnards le captivent et il consacre moins de temps au Parthénon qu'aux « petits dèmes » de l'Attique ou à quelque ville de Haute-Lydie « pas bien grande » mais qui possède des os de géant[4]. Ainsi la curiosité croît-elle en proportion inverse de l'importance réelle de la localité. Et quand Pausanias confronte les traditions qu'il a recueillies pour élaborer sa théorie personnelle, il révèle son goût pour les solutions rares, dont la valeur lui paraît d'autant plus grande que la notoriété est plus réduite. C'est un réflexe d'intellectuel caractéristique de son époque, quand l'élite cultivée se distingue par son savoir et prétend détenir la vérité de l'hellénisme.

On comprend dès lors pourquoi et comment Pausanias décernait ses mentions « Vaut une visite » ou « Mérite d'être vu » à des

---

1. *Périégèse*, I, 6-13 et 24, 5.
2. *Ibid.*, II, 4, 5 ; VII, 4, 5 ; IX, 11, 3.
3. *Ibid.*, I, 27, 3.
4. *Ibid.*, I, 31, 1 et 35, 7-8.

sites ou à des monuments étonnants, qui stimulaient l'imagination populaire. De même que pour la statuaire dédalique, le caractère unique des ruines mycéniennes ne lui a pas échappé et il apprécie comme des « prodiges » les prouesses architecturales que constituent les enceintes ou les voûtes en encorbellement.

Le guide de Pausanias est d'abord un recueil de récits mythiques ou d'histoires merveilleuses, telle cette invention d'ossements gigantesques dans une petite ville d'Asie : au cours d'un orage, une crevasse s'est ouverte dans une colline, mettant à jour des restes humains mais de taille extraordinaire. On les a identifiés comme ceux du mythique Géryon, l'adversaire d'Héraklès, et, du coup, on a réinterprété le paysage en fonction du mythe : une saillie dans la roche est devenue le siège de Géryon et on a rebaptisé le torrent local du nom du fleuve Océan, qui marquait les limites du monde ; pour faire bonne mesure, on prétendait enfin avoir exhumé — reliques supplémentaires — des cornes provenant des troupeaux de Géryon[1].

Histoires de géants, histoires de sorciers (livres VI et X), histoires d'amour mythico-légendaires (livre VII), histoires d'apparitions et de disparitions merveilleuses (livre VI) se succèdent dans une progression à la fois topographique et mystérieuse, au fur et à mesure que le voyageur s'enfonce dans le continent balkanique. L'histoire, omniprésente à Athènes, la ville-musée (livre I), ou à Olympie, mémoire vivante de l'hellénisme (livre V), se dilue ensuite dans le merveilleux, pour animer les régions reculées de Béotie et d'Arcadie.

L'objet extraordinaire a la même efficacité opératoire. La statue de l'Hydre de Lerne n'intéresse Pausanias que parce qu'elle est en fer, métal très difficile à travailler, et qu'il n'en connaît que deux de ce type. Quant à la lampe d'or de l'Érechtéion, elle le frappe parce qu'elle restait allumée un an sans avoir besoin d'être rechargée ; il n'évoque d'ailleurs même pas la taille du réservoir, qui devait être énorme, et mentionne à peine la mèche d'amiante, mais il s'attache à l'artisan, qu'il inscrit au livre des records comme « le meilleur de tous[2] ».

Le touriste grec tentait de satisfaire autant son besoin naïf de

---

1. *Périégèse*, IX, 36, 5 et 38, 2 ; I, 35, 7-8.
2. *Ibid.*, X, 18, 6 et I, 26, 6-7.

prodiges que sa quête des origines en accomplissant un voyage dans le passé où l'histoire ne se distinguait pas du mythe et devenait merveilleuse.

Les étapes de la curiosité archéologique à Rome

Depuis l'époque cicéronienne, l'*antiquitas*, ancienneté vénérable des cités et des civilisations, constitue une valeur sûre. Sa connaissance est inséparable de la culture, de l' « humanisme », mais on peut y accéder par le savoir livresque. Tantôt on entend par là le passé romain[1], tantôt on élargit sa vision à l'héritage gréco-romain. Cicéron a laissé peu de confidences sur ses visites archéologiques, bien qu'il connaisse les sanctuaires de Sicile et les sites d'Asie ; comme gouverneur, il adopte la même attitude que Pline le Jeune : respecter les sanctuaires et les coutumes vénérables, mesurer la grandeur et la difficulté de régir Athènes et Sparte[2]...

Certes, l'*antiquitas* reste pour l'essentiel, à la génération cicéronienne, le culte du site vénérable et des traditions anciennes de la Ville, et les « antiquaires », comme Varron, ont favorisé ce conservatisme ; certes, le legs se limite souvent au catalogue des actes héroïques de la Grèce et de Rome. Mais de plus en plus, après les voyages archéologiques des « pionniers », comme Paul Émile, la mémoire culturelle implique la réintégration du savoir dans le cadre géographique. Au IIe siècle av. J.-C. si nombre de « légats » ont vu la Grèce et l'Asie[3], si plus d'un légionnaire a jeté un coup d'œil profane sur les temples et les théâtres de Sicile, en règle générale, c'est la Grèce qui vient à Rome, avec ses pédagogues et ses philosophes, mais aussi avec ses vestiges, ses statues et les ornements de ses sanctuaires. Caton l'Ancien, dès 195 av. J.-C., voyait dans le phénomène une invasion et une contamination. Or la doctrine de la « magnificence publique », avant d'imposer à Rome un urbanisme à la mesure de sa grandeur politique, implique de transformer la Ville en musée de la

---

1. Cicéron, *De or.*, I, 18 et 159 ; *De leg.*, III, 41.
2. *Lettres*, VIII, 24.
3. Tite-Live, XXXVII, 54, 18-19.

conquête et de la culture : la promenade dans Rome deviendra sous l'Empire une sorte de visite de musée mondiale[1].

À cette date, des intellectuels comme Pline entretiennent le culte des sites de Grèce : Corinthe et sa splendeur, avec le vœu de voir percer l'Isthme ; en Attique, Athènes et son « rayonnement perdurable ». Son neveu présente l'Attique comme « faubourg de Rome » qui associe merveilles naturelles et merveilles architecturales[2]. Des *Verrines* de Cicéron à l'*Histoire naturelle* de Pline le voyageur romain pouvait trouver tout un catalogue des sculptures et peintures demeurées *in situ* en Asie romaine et dans les îles. Le poème *De l'Etna*, composé sous Néron, associe Troie et Athènes dans le programme des visites archéologiques[3]. Il fournit toute une liste de ces chefs-d'œuvre à aller voir sur place (la Vénus de Cnide peinte par Apelle, la Médée de Timomaque...) bien que certaines aient été transférées à Rome ! On peut dès lors s'interroger sur la formule selon laquelle la curiosité artistique brave « les incertitudes du voyage terrestre et de la mer ». En réalité les Romains font peu de tourisme archéologique en Asie. César, Auguste, Germanicus, séduits par l'Égypte, ont privilégié la Troade, parce qu'elle est le berceau mythique de la famille julienne. Le rapide passage de César, après Pharsale, est révélateur : négligeant les centres oraculaires, il s'attarde dans la région de Troie et de Pergame, sanctifiée par la « descendance d'Assaracus ». César, comme Germanicus, ne dissocie pas la méditation sur les sites historiques des préoccupations dynastiques[4]. Il ralentit alors sa légendaire « célérité » dès qu'il aborde l'Asie grecque[5] :

> Il gagne la côte de Sigée, plein d'admiration pour les grands souvenirs, et les rives du Simoïs, et le promontoire de Rhétée, ennobli par la tombe grecque [Ajax], et ces ombres qui doivent tant aux poètes. Il va voir les ruines mémorables de Troie brûlée, il cherche les nobles vestiges des murs de Phébus. Pergame tout entière est ensevelie sous des ronces, ses ruines même ont péri. Il aperçoit le rocher d'Hésione, la forêt qui voila la couche d'Anchise

---

1. Pline, XXXV et XXXVI (surtout 27 sq.).
2. Pline, *HN*, IV ; Pline le Jeune, *Lettres*, VIII, 20.
3. *Etna*, 567 sq.
4. Lucain, *Pharsale*, IX, 950 sq.
5. Suétone, *César*, 79, 4 ; Horace, *Odes*, III, 3, 18 sq.

[père d'Énée], l'antre où siégea l'arbitre [Pâris], la place où l'enfant fut ravi dans le ciel [Ganymède] [...]. Il n'y a pas une pierre qui n'ait un nom.

Peu sentimental, mais plein du mythe julien et soucieux de sa « fortune », César précède Germanicus sur cette voie. Auguste, après Actium et lors de la grande tournée de 22-19 av. J.-C., paraît avoir négligé l'archéologie. C'est Germanicus qui conjuguera le mieux voyage politique et curiosité archéologique, dans son grand voyage de 18-19 : son ambition dynastique lui fait visiter l'oracle d'Apollon à Claros ; les étapes antérieures lui ont permis de s'arrêter à Nicopolis d'Épire. Descendant par une ironie de l'histoire d'Auguste et de Marc-Antoine, il visite la colonie commémorative d'Actium, « abordant, avec le souvenir de ses ancêtres, le golfe immortalisé par la victoire d'Actium et les triomphes sacrés d'Auguste ainsi que le camp d'Antoine ». Poursuivant son périple, Germanicus passe en Asie, visitant les « extrémités de l'Asie », et Périnthe et Byzance, et les villes de Thrace, et les Détroits et la bouche du Pont, « désireux de connaître ces lieux antiques et partout vantés ». Il pense aussi bien aux navigations légendaires qu'aux expéditions de Darius et d'Alexandre. On le voit ensuite, comme César, aborder Ilion pour y chercher « tout ce qui mérite la vénération en raison des vicissitudes de la fortune et de nos origines ». La méditation historique s'associe au culte de la légende troyenne[1].

Sans être un haut lieu de l'archéologie, l'Asie représente, pour les princes romains, le miroir de l'histoire. Même les contrées sauvages, comme la forêt de Teutoburg en Germanie, peuvent insuffler le sentiment du mystère et de l'omnipotence de la Fortune[2]. La visite aux sites inspirés est méditation sur l'histoire... Mais les princes ne sont pas les seuls à évoquer la mémoire des lieux ; Sénèque dit de la Sicile[3] :

> Tu verras la fontaine Aréthuse, si vantée par la poésie [...]. Tu verras le lieu où la puissance athénienne a été brisée et où tant de milliers de captifs ont trouvé une prison naturelle dans la prison de rochers creusée à une profondeur infinie [...] il y aura là l'image de Denys le tyran, fléau de la liberté, de la justice, des lois, passionné

---

1. Tacite, *Ann.*, II, 53-54.
2. *Ibid.*, I, 61-62.
3. Sénèque, *Cons. Marc.*, XVII.

d'absolutisme, même après la venue de Platon, attaché à la vie même après son exil.

Les lieux inspirés portent en eux des leçons de finitude et de fatalisme. La visite au rivage de Péluse, cadre de l'assassinat du grand Pompée, nourrit la même méditation vivante[1].

Polarisé par la mémoire historique, inséparable de l'intérêt politique et dynastique, le voyage archéologique ne va pas toujours de pair avec la culture, ou avec le philhellénisme. Néron refuse de visiter Sparte à cause du puritanisme de Lycurgue, et Athènes pour éviter la justice de l'Aréopage, dure aux « matricides ». La « rusticité » naguère reprochée à Mummius Achaïcus devant les chefs-d'œuvre grecs n'est pas morte. Le « réalisme » romain dicte souvent les réactions : ainsi C. Licinius Mucianus, devant le colosse de Rhodes, n'est sensible qu'à la prouesse technique — même si ce général de Vespasien révèle des curiosités scientifiques indéniables et une bonne connaissance de l'art grec[2].

La curiosité pour l'Égypte pharaonique sera plus lente à venir. Tacite a bien cerné les préjugés contemporains à l'égard d'un monde fermé, « d'accès difficile, imbu de superstition et irréductible à la légalité romaine ». Il est vrai que l'historien se montre très sensible aux différences insurmontables, dans le domaine ethnique comme dans le domaine socio-culturel[3]. Au désir d'exploration des conquérants romains s'opposent bien des manques de curiosité historique : visitant le tombeau d'Alexandre, comme César, Octave refuse de voir les tombes des Ptolémées ; « il avait voulu voir un roi, et non des morts[4] ». Or les politiques et les militaires romains vont bientôt conjuguer la curiosité géographique et l'intérêt pour les antiquités.

Sous Auguste, le premier préfet d'Égypte, Cornelius Gallus, a découvert l'Égypte profonde. Plus que César faisant avec Cléopâtre, en 47 av. J.-C., le « tour du propriétaire » sur un « thalamège » de rêve, et escorté de 400 embarcations[5], Gallus a donné à l'exploration le caractère d'une inspection administrative. Jaloux

---

1. Lucain, *Pharsale*, VIII, 853-873.
2. Pline, XXXIV, 41 et 63 ; XVI, 214.
3. *Hist.*, I, 11. Voir aussi *Hist.*, V, 1 sq. et *Germanie, passim*.
4. Suétone, *Aug.*, 18.
5. Appien, *Bell. Civ.*, II, 89 sq. ; Suétone, *Cés.*, 52, 2.

de la gloire des pharaons et des Ptolémées, il a, lui aussi, dépassé la première cataracte et atteint les lisières de l'Éthiopie. Les marches forcées de Gallus ne ressemblaient guère à la croisière de deux mois du dictateur ; selon ses propres termes : « Il avait conduit son armée au-delà de la cataracte du Nil, jusqu'où ni le peuple romain, ni les rois d'Égypte n'avaient poussé leurs armes[1]. » Que Gallus, poète devenu général et préfet de la vallée du Nil, ait cédé au vertige de la grandeur n'est pas douteux. Mais une partie de sa génération rêve aux pays lointains et aux rites orientaux, au Nil et à ses barques de papyrus, à la fertilité du royaume d'Osiris[2].

C'est sous l'empereur Claude que paraît la *Chorographie* du géographe Pomponius Mela. Or, à la même génération, un ouvrage moins rébarbatif touche le grand public lettré : l'*Histoire d'Alexandre* de Quinte-Curce, pleine de digressions sur l'Inde et sur l'Égypte, décrit le circuit du conquérant et sa curiosité archéologique, son « voyage de loisir », d'où les préoccupations « fatidiques » et divinatoires ne sont pas exclues[3].

L'ouverture de l'Égypte : Germanicus

Le grand voyage de Germanicus en Orient se termine par l'excursion archéologique en Égypte. Tacite et Suétone ont souligné que Germanicus a maquillé en tournée d'inspection une curiosité archéologique ; à l'occasion d'une de ces pénuries céréalières qui deviennent périodiques, le prince transgresse ainsi un interdit d'État qui ferme l'Égypte aux sénateurs et « chevaliers illustres[4] » :

> Germanicus, sans savoir que son déplacement était critiqué, descendait en bateau le cours du Nil, avec la place de Canope comme point de départ. Ce sont les Spartiates qui la fondèrent, du nom du pilote Canope là-bas enseveli, à l'époque où Ménélas regagnant la Grèce fut rejeté sur la mer opposée et la terre de Libye. Ensuite la bouche du fleuve la plus proche fut consacrée à Hercule, que les indigènes prétendent né chez eux et sous sa figure la plus ancienne : ils disent que les héros, qui par la suite l'ont égalé par la

---

1. ILS, 8995.
2. Virgile, *Géorg.*, IV, 287 sq. ; Tibulle, *Élégies*, I, 7.
3. *Hist. Alex.*, IV, 8.
4. *Ann.*, II, 59-61 ; Suétone, *Tib.*, 52, 5.

valeur, lui ont été associés par surnom. Bientôt Germanicus visita les vestiges grandioses de l'antique Thèbes. Et il subsistait sur des constructions massives des inscriptions égyptiennes, embrassant la période de la précédente splendeur : un des prêtres les plus âgés reçut l'ordre de traduire la langue nationale ; il rapportait qu'il y avait eu jadis comme habitants sept cent mille hommes en âge de porter les armes et qu'avec cette armée le roi Ramsès s'était emparé de la Libye, de l'Éthiopie, des Mèdes, des Perses, de la Bactriane ainsi que de la Scythie, et des terres habitées par les Syriens, les Arméniens et leurs voisins de Cappadoce : il avait tenu sous son empire, d'un côté les côtes de Bithynie, de l'autre celles de Lycie. On lisait aussi les tributs imposés aux nations, le poids d'argent et d'or, le nombre des armes et des chevaux et les dons aux temples, ivoire et parfums, ainsi que la quantité de blé et de subsistances payée par chaque nation : contributions non moins magnifiques que celles levées par la puissance parthe ou le pouvoir romain. Par ailleurs Germanicus prêta aussi attention aux autres merveilles, parmi lesquelles la plus remarquable est la statue de pierre de Memnon, qui, frappée des rayons du soleil, rend le son de la voix humaine, ainsi que les pyramides, dressées à l'instar de montagnes, au milieu des sables éparpillés et à peine praticables, dans une sorte de compétition de richesse engagée par les rois, et des bassins dans la terre creusée, déversoirs pour les débordements du Nil ; ailleurs, des défilés et leur abîme de profondeur, impénétrables aux pas de tout explorateur. De là on arriva à Éléphantine et Syène, jadis verrous de l'Empire romain, qui actuellement s'étend jusqu'à la mer Rouge.

L'attention de Germanicus s'est d'abord portée sur les témoignages épigraphiques de la puissance pharaonique : un des ressorts du voyage archéologique romain sera toujours la méditation sur la destinée des empires. Les « merveilles » classiques, célèbres depuis Hérodote, ne viennent qu'en second lieu, notamment dans la Vallée des Rois ; les pyramides ne peuvent désigner, dans cette région, que des constructions ensevelies — à moins que cet aperçu synthétique n'intègre les pyramides de Gizeh-Memphis. La poésie augustéenne, avant Pline l'Ancien, a censuré la mégalomanie des pyramides et autres édifices, l' « ostentation improductive et sotte » des souverains du Nil[1].

---

1. Horace, *Odes*, III, 30, 1 sq. ; Properce, *Élégies*, III, 2, 19 sq. ; *HN*, XXXVI, 75 sq.

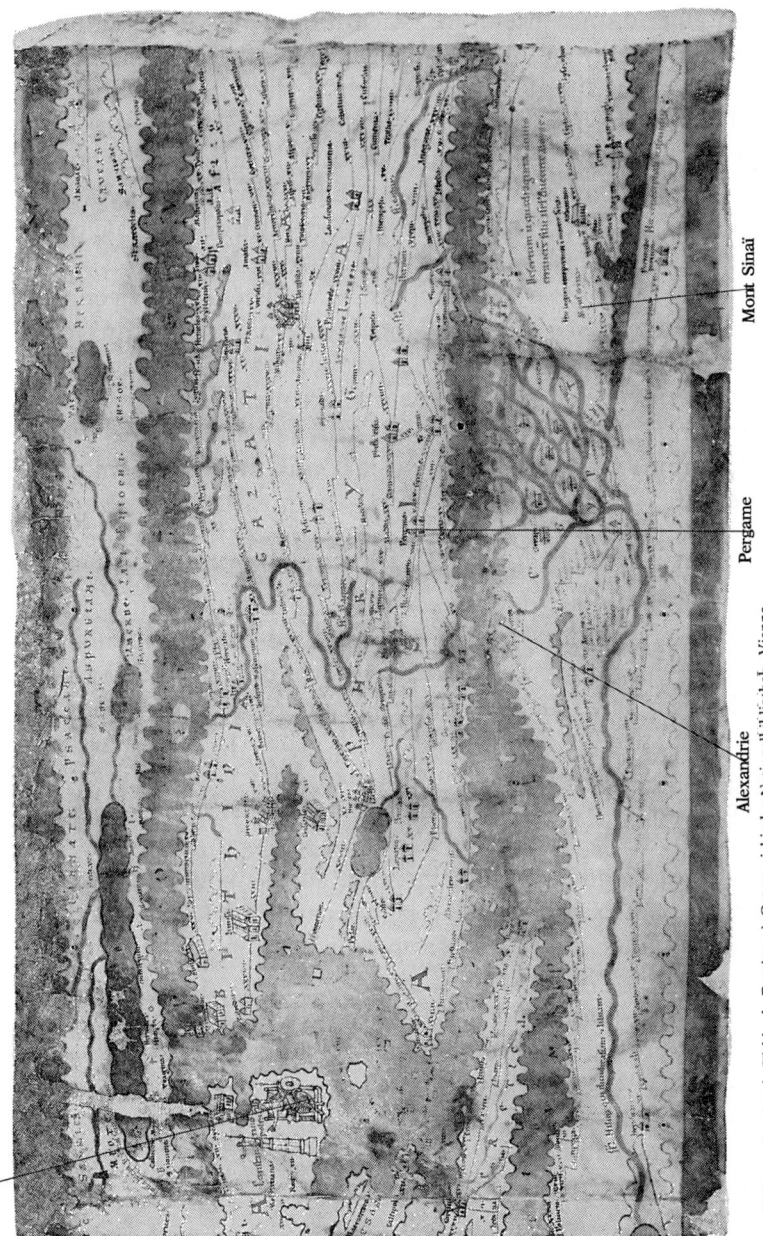

La Méditerranée orientale (Table de Peutinger) Oesterreichische Nationalbibliothek, Vienne.

À gauche, Constantinople, représenté comme toutes les capitales par une statue de Rome personnifiée. Au centre, l'Asie Mineure. En bas, l'Égypte : delta et vallée du Nil.

Les bras du Nil sont représentés dans le plus grand détail et la région est signalée comme celle d'un tourisme sacré par la multitude de temples stylisés qui indiquent des pèlerinages pharaoniques. Le Nil coule ouest-est et semble venir de l'Atlas (ce qui était la conception des plus anciens géographes). L'allongement démesuré des contours, sans doute explicable par la hauteur du papyrus, entraîne des déformations considérables dans le tracé des pays et dans leur position réciproque : Pergame se trouve ainsi en face d'Alexandrie.

La découverte de l'Égypte ancienne par Germanicus est contemporaine d'une littérature scientifique de vulgarisation. Tout le monde ne lit pas Strabon dans le texte, mais Germanicus fait partie de cette élite bilingue. En latin, le livre de Pomponius Mela reflète, plutôt qu'il ne la crée, une curiosité égyptisante qui s'amplifie graduellement : elle s'attache aussi bien aux obélisques qu'aux mosaïques nilotiques ; elle va bientôt marquer le style « orientalisant » de la peinture. L'abréviateur latin de Strabon, qui lui-même s'inscrit dans la tradition d'Hérodote, juge les vestiges religieux très parlants : à Memphis, il insiste sur l'élection surnaturelle du bœuf-prêtre, « conçu par voie divine du feu céleste » ; la foi panthéiste dans le feu cosmique suscitera une certaine convergence entre le mysticisme oriental et les croyances pythagoriciennes et stoïciennes. Mela fait de l'archéologie religieuse et, comme Hérodote, souligne la continuité de la mémoire collective, ses « chroniques sûres [...] sur plus de treize mille ans[1] » : en Égypte, l'histoire antique découvre l'abîme de la diachronie. Il dégage une tradition ésotérique d'origine sacerdotale, liée aux cycles astronomiques et à la « grande année », et relève la spécificité des rites funéraires. Peut-être est-il moins sensible que Strabon à l'aspect touristique des cultes et plus curieux de sociologie religieuse. Mais il inaugure aussi une critique de la « superstition » égyptienne et censure la zoolâtrie et l'occultisme sacerdotal. Pays mystérieux, l'ancienne Égypte a dressé en face du monde la barrière de son écriture sacrée, « perversion » de l'alphabet.

Germanicus, comme les Romains, bute sur l'énigme des hiéroglyphes ; elle sera partiellement éclaircie par le traité *Des hiéroglyphes* de Chérémon, sous Néron, qui expose en effet une méthode pour décrypter les idéogrammes : la femme signifie la joie ; le faucon, l'âme ; l'aigle a de multiples significations[2]... Comme la littérature scientifique, comme les traités sur l'ésotérisme isiaque, cette méthode a pu, à une certaine époque d'explorations, fixer sur la vallée du Nil la curiosité des princes, de la haute société, du public cultivé. L'égyptomanie reflète la convergence de facteurs multiples.

---

1. *Chorographie*, IX, 56.
2. Jacoby, *FgrH*, IIIc, 618, p. 147.

Peu importe que l'Égypte ne soit pas le berceau de l'humanité, que les Égyptiens n'aient pas inventé l'écriture. Tacite conteste la primauté de l'écriture, mais reconnaît celle des idéogrammes, « utilisant des figures d'animaux pour représenter les idées[1] ». Peu importe, pour le tourisme archéologique, que les Égyptiens vénèrent le bœuf Apis, les dieux botaniques, le scarabée ; qu'ils sacralisent le chat, le crocodile, le poireau, l'oignon[2]. Une archéologie profane cherche uniquement les « merveilles », « les merveilles qui attirent les visiteurs en Égypte[3] » : on va contempler des formes architecturales imposantes, et écouter à Thèbes la voix du Colosse brisé, musique d'un instrument à cordes ou parole humaine.

EXPLORATIONS SCIENTIFIQUES ET CURIOSITÉS NATURELLES

Les Grecs et les merveilles naturelles

Les curiosités naturelles semblent avoir moins retenu l'intérêt des voyageurs grecs que les vestiges historiques, bien qu'il ait existé depuis le IVe siècle des recueils de merveilles qui présentaient selon un classement régional ou typologique les merveilles des fleuves, celles du feu et des éclairages artificiels, les prodiges minéraux, botaniques ou zoologiques. Mais, à y regarder de près, l'attention des historiens, géographes ou périégètes grecs était très sélective. Ils s'intéressèrent aux animaux soit en fonction des impératifs militaires, soit pour leur caractère étrange ou fabuleux. Ils ne parlèrent des fleurs et des plantes que quand un mythe s'y associait — comme celui d'Hyacinthe ou celui de Narcisse —, ou

---

1. *Ann.*, XI, 14, 1. Au contraire, Pline, VII, 192.
2. Pline, VIII, 184 ; XIX, 101 ; XXX, 99. Juvénal, *Sat.*, XV, 1-13.
3. Aulu-Gelle, V, 14.

s'il s'agissait d'arbres sacrés tels que les chênes de Dodone (à travers lesquels s'exprimait l'oracle de Zeus) ou l'olivier d'Athéna sur l'Acropole, relique de la fondation de la cité.

On s'attachait à l'évocation des fleuves et des rivières pour des raisons diverses. Souvent, ils étaient célébrés et représentés comme des dieux, ce qui donnait l'occasion de faire étalage d'érudition mythologique. Leurs résurgences, réelles ou supposées, passaient pour autant de disparitions et de réapparitions mystérieuses : celles de l'Alphée — la rivière d'Olympie, qui était supposée ressortir à Syracuse, dans la source Aréthuse —, du Nil et du Jourdain sont les plus fréquemment citées [1] ; elles inspirent d'ailleurs une géographie sacrée particulière puisque l'Inopos, le torrent de l'île sacrée de Délos, est considéré comme une résurgence du Nil [2]. Les fleuves attirent enfin à cause du prodige des poissons chantants, poissons-perroquets ou poissons-chardonnerets [3].

Les pierres aussi chantaient. Le tourisme égyptien exploita sous l'Empire le prodige des deux colosses dits de Memnon, dans la Vallée des Rois, en fait des statues d'Aménophis III que les Grecs rapportèrent à leur héros gréco-africain. Fissurées après le tremblement de terre de 27/6, ces statues vibraient au lever du soleil, du fait de la forte différence entre températures diurne et nocturne en milieu désertique. Jusqu'à la restauration de Septime Sévère, elles attirèrent quantité de voyageurs qui laissèrent leur hommage (« proscynème ») sur leur base. Croyant à un miracle de la nature, les Grecs cherchèrent ailleurs des pierres parlantes et Pausanias en vit une à Mégare, qu'il compara au Memnon égyptien [4].

Cependant, l'inventaire des prodiges de la nature ne se répétait pas sans modifications et le catalogue grec a tout de même progressivement bénéficié des rapports d'expéditions lointaines. Hérodote avait déjà entendu parler du pétrole et d'un puits célèbre en Iran ; l'armée d'Alexandre le redécouvrit en Mésopotamie et fit l'expérience dangereuse du pétrole enflammé [5]. Un des savants de

---

1. Pausanias, Périégèse, V, 7, 3-5.
2. Callimaque, *Hymnes,* III, 171 et IV, 208-209.
3. Athénée, VIII, 331d (Théophraste et Callimaque).
4. Tacite, *Ann.,* II, 61 ; Pline, V, 60 ; Pausanias, I, 42, 2-3.
5. Hérodote, VI, 119 ; Strabon, XVI, 1, 15 ; Plutarque, *Alexandre,* 35.

cette expédition, Aristoboulos, se révéla un bon observateur de l'hydrographie et de la botanique, bien que la poussée des Grecs jusqu'à l'Indus ait surtout développé les connaissances ethnographiques et zoologiques. Au cours du III siècle, les explorations commanditées par les Ptolémées en mer Rouge et dans l'océan Indien firent découvrir les mécanismes de la mousson et la végétation tropicale. Ces données s'ajoutèrent aux témoignages des navigateurs carthaginois compilés dans le *Périple d'Hannon* pour intégrer des réalités africaines aux *Histoires incroyables* et autres *Recueils d'on-dit merveilleux*.

Miracula *et* mirabilia *à Rome*

À partir du III siècle avant notre ère, le musée d'Alexandrie a favorisé l'essor d'un encyclopédisme scientifique. Le stoïcisme du II siècle, avec Panaitios et surtout Poseidonios, lui apporte son renfort idéologique, en élargissant l'idéal encyclopédique à la géographie et aux sciences humaines. L'unité des connaissances s'est à ce point imposée que toutes les écoles ont leur encyclopédie de la nature [1]. Si la crue du Nil et les éruptions volcaniques (on évoque l'Etna, mais rarement le Vésuve !) meublent les entretiens savants à la fin de la République et sous le Haut-Empire, c'est que les controverses philosophiques impliquent la vérité sur les phénomènes naturels. Le débat stimule l'exploration du monde dans les sphères les plus officielles et suscite tout un tourisme de curiosité scientifique dans les sites connus.

Au plan théorique, c'est l'épistémologie stoïcienne — dont se réclament volontiers les « techniciens », Vitruve, Columelle, Pline — qui joue le rôle moteur. Le satirique stoïcien Perse évoquera la vitalité des curiosités scientifiques, comme l'auteur du poème *De l'Etna*[2], sans doute écrit par un correspondant de Sénèque, et qui peut illustrer aussi bien le scientisme épicurien que l'encyclopédisme stoïcien d'un converti[3] ; l'auteur exalte les *miracula* de la

---

1. Lucrèce, VI. Cicéron, *De nat. deor.*, II, 98-100 ; *ibid.*, 130 sq.
2. 246 sq.
3. Perse, *Satires*, III, 66.

nature et fait un vibrant éloge de la curiosité scientifique — la même qui inspire Sénèque[1] :

> Le voyage donnera la connaissance des peuples, te révélera de nouvelles formes de montagnes, des espaces de plaines non visités et des vallées arrosées d'eaux permanentes, la nature d'un fleuve soumis à l'observation : ainsi le gonflement du Nil lors de sa crue estivale, ou la disparition du Tigre qu'on perd de vue, qui chemine dans un cours secret pour recouvrer intégralement sa grandeur, ou le spectacle du Méandre, thème d'exercices et de variations pour tous les poètes, qui déroule ses entrelacs en gorges fréquentes et approchant souvent son lit d'un de ses bras, décrit une courbe avant de se jeter dans son propre cours ; or le voyage ne rendra ni meilleur ni plus raisonnable.

Cette profession de foi se distingue de l'éloge stéréotypé de la connaissance, dans la mesure où Sénèque lie le voyage et l'observation des merveilles naturelles, surtout celles de l'hydrographie terrestre. Il s'agit d'excursion scientifique plus que d'exploration novatrice. Or les choses vont de pair. La curiosité scientifique suscite à la fois les débats, les explorations et les excursions dans l'Empire des Julio-Claudiens.

Les merveilles de la nature, surtout celles du monde grec, ont été révélées à Rome par les récits d'explorations transcrits chez les géographes et par la littérature scientifique en général. Elles s'insèrent dans la description finaliste de l'univers, cosmique ou géographique, notamment chez les scientifiques d'inspiration stoïcienne. Encore faudra-t-il distinguer entre les inventions géniales de la nature « artiste » ou « artisane », et les « miracles » apparemment contraires à la physique.

Les merveilles naturelles concernent essentiellement l'hydrographie et les reliefs montagneux, surtout les volcans : Sénèque a consacré un ouvrage perdu au volcanisme ; *L'Etna* pique la curiosité contemporaine par « les merveilles de l'illustre montagne » que le « guide » va dévoiler[2].

L'hydrographie sicilienne et l'Etna ont été présentés comme des curiosités depuis longtemps. Strabon connaît bien l'île, se montre curieux des itinéraires et des distances, note les beautés de la

---

1. Sénèque, *De otio*, V ; *Lettres*, CIV, 13.
2. Pline, III, 26 ; Sénèque, *Quest. Nat.*, VI, 4 ; *Etna*, 178 sq.

source Aréthuse et de l'île d'Ortygie et qualifie de classique l'ascension de l'Etna, à partir de Centoripe, « ville de l'Etna[1] ». Or les Romains, peu familiers avec les hautes montagnes, avec les monts rocheux des Alpes, et enclins à redouter les « déserts » et les « escarpements solitaires et inhospitaliers », même en Sabine, ne sont pas des champions de l'escalade. Ce genre de promenade est donc peu attesté : Lucilius, procurateur de Sicile, curieux des secrets du volcan, profite de sa « tournée » pour faire l'ascension — Sénèque lui attribue le poème *De l'Etna*[2]. Il ne dissocie pas le volcan des autres merveilles, tels les écueils de Charybde et Scylla, qu'il souhaite arracher à leur légende sinistre. L'Etna est un mystère :

> Il se consume et s'affaisse graduellement, selon certains géologues, qui tirent cette déduction du fait qu'autrefois il se montrait à plus grande distance aux navigateurs. Le phénomène peut s'expliquer, non d'un affaissement d'altitude de la montagne, mais du fait que ses feux se perdent et se projettent avec moins de violence sur une moindre étendue, la fumée, pour la même raison, étant plus faible le jour.

Hadrien étonnera quelque peu ses historiographes en gravissant et l'Etna, pour voir le lever du soleil — diapré, dit-on, comme un arc-en-ciel —, et le mont Kasios de Syrie, « afin de voir le lever du soleil ». C'est de l'époque antonine que date l'intérêt pour le Liban et ses neiges éternelles[3].

Le voyage d'exploration dans le monde gréco-romain a pour motivation la curiosité — zoologique, ethnographique et sociologique, Rome reprenant la tradition des voyageurs grecs les plus anciens.

La curiosité zoologique

L'intérêt pour la zoologie s'est développé à partir du VIe siècle avant notre ère, au rythme des voyages grecs en Afrique et en Asie profonde. Hérodote n'a pas reculé devant une excursion difficile

---

1. Strabon, VI, 270-274.
2. Sénèque, *Lettres*.
3. *Hist. Aug., Hadr.*, 13-14 ; Tacite, *Hist.*, V, 6 ; Pline, V, 17 et VI, 32.

en Arabie, pour se documenter sur les serpents volants[1]. Alexandre le Grand voulait connaître l'histoire naturelle des animaux : lors de l'expédition en Inde, ses compagnons ramenaient chaque soir au camp les dépouilles d'animaux inconnus[2].

Hérodote a consacré de longs développements aux animaux sacrés d'Égypte — chat momifié, crocodile, hippopotame, phénix, serpent, ibis ; il s'intéressait aussi à la faune des marais du Delta, ou du désert de Libye, et se targue de ses « recherches étendues ». Il s'est efforcé de dénombrer les animaux domestiqués par les différents peuples : ânes, bœufs, chèvres, chiens, moutons, porcs ; les animaux sacrés enterrés dans les nécropoles sont inséparables à ses yeux du paysage égyptien. L'hippopotame est présenté avec une crinière de cheval, détail surprenant qui s'explique seulement par l'iconographie de la déesse-hippopotame. Le légendaire phénix a pour modèle réel le héron cendré : l'historien ne prétend pas en avoir vu, « sinon en peinture[3] ». Le phénix qui renaît de ses cendres pique la curiosité jusque sous l'Empire : les romans l'évoquent à un moment où l'égyptomane Hadrien frappe une monnaie à son effigie[4].

Hérodote révèle des lacunes sur la faune indienne ; il commet des bévues, comme d'appeler « fourmi » un mammifère fouineur inconnu[5]. Une génération plus tard, le bestiaire indien de Ctésias, un médecin grec de la cour perse, dérive complètement vers le fantastique : l'auteur passe vite sur les éléphants, les chiens dressés à la chasse au lion, les perroquets... pour s'attarder sur le « mastichore » anthropophage ou sur l' « oiseau juste », le *dikairon*. À l'époque hellénistique, la connaissance de la faune indienne s'enrichit encore des observations de Néarque, durant l'expédition d'Alexandre, puis de Mégasthène, ambassadeur du premier Séleucide auprès d'un roi de l'Indus : on doit à ce dernier la première description du tigre. Ces données se transmirent jusqu'à l'époque antonine, où Arrien les compléta de ses propres informations et rectifia le point de vue de ses prédécesseurs sur les tigres, les

---

1. Hérodote, II, 75.
2. Pline, VIII, 16-17 et Athénée, IX, 398e.
3. Hérodote, II, 66-76 et 93-95 ; IV, 192.
4. Achille Tatius, III, 25 et Tacite, *Ann.*, VI, 28.
5. Hérodote, III, 102.

perroquets et les prétendues « fourmis[1] ». La chasse aux éléphants, aux Indes, paraît toujours aussi attractive que celle des hippopotames en Égypte[2].

Le goût du grand public pour les animaux exotiques est apparu en Grèce dès le IVe siècle. Aristote écrivit alors une *Histoire des animaux*, en utilisant moins les observations des compagnons d'Alexandre qu'une enquête menée auprès des bergers, des chasseurs et des pêcheurs de Troade et de Lesbos ; il avait en outre confectionné un recueil de textes consacrés aux animaux fabuleux pendant les vingt ans qu'il avait passés à Athènes. À ce moment, les gens aisés cherchaient à acquérir des singes et des oiseaux rares, qui faisaient l'objet de tout un trafic. On ramenait aussi des animaux rares comme souvenirs de voyage, vivants ou... en effigie ! C'est ainsi qu'un « chien d'Hyrcanie » (ou lévrier afghan) fut consacré dans le sanctuaire de Délos au retour d'une expédition[3]. On collectionnait les défenses d'éléphant ou de rhinocéros comme autant de dents de « géants ». Les chiens de grand prix — et même les tortues — faisaient partie des cadeaux qu'échangeaient les souverains.

Dans les capitales hellénistiques, de spectaculaires processions, organisées par les princes, aiguillonnent la curiosité. À Alexandrie, en 270, Ptolémée II fit défiler des attelages de chameaux et d'éléphants, ainsi que des chars en miniature, montés par des enfants et tirés par des gazelles, des antilopes, des autruches ; 150 hommes portaient des cages avec des perroquets, des paons, des faisans — oiseaux qui tiraient leur nom du Phase, au pied des monts du Caucase — et beaucoup d'autres oiseaux d'Éthiopie. Plus loin, on dénombrait 130 moutons d'Éthiopie et 300 d'Arabie, 26 buffles blancs des Indes et 8 d'Éthiopie, 14 léopards, 16 panthères adultes et 3 petites, 4 lynx... Clou du spectacle : une girafe, un rhinocéros et une ourse blanche ! À une moindre échelle, Antiochos IV flattera cependant le même goût populaire lors des fêtes de Daphné, en 166 : y défilèrent éléphants et défenses, tandis que le spectacle se clôturait sur des chasses[4].

La curiosité zoologique, chez les Romains, n'avait pas pour

---

1. Strabon, XV, 1, 37 et 44 ; Arrien, *Indica*, XV, 1-12.
2. Strabon, XIV, 1, 42 ; Arrien, XIII, 1-13 ; Achille Tatius, IV, 3-5.
3. Théophraste, *Caractères*, XXI, 9 et *Ins. Délos*, 1428, I, 20.
4. Callixène, cité par Athénée, V, 197c-203c ; Polybe, XXX, 25.

support une tradition scientifique jusqu'à l'œuvre pionnière de Pline l'Ancien[1].

L'histoire de la curiosité zoologique à Rome coïncide avec l'histoire des spectacles, notamment de la *uenatio*, ou chasse d'amphithéâtre. Curius Dentatus, vainqueur des Samnites, au IIIe siècle avant notre ère, a introduit les éléphants dans le triomphe ; Sylla a le premier lâché des lions dans le cirque, et le roi Bocchus de Maurétanie a fourni des archers pour les tuer ; Pompée a pour la première fois opposé des éléphants à des condamnés ; un siècle et demi auparavant, Métellus avait célébré son triomphe sur les Carthaginois en Sicile avec 120 éléphants[2].

À partir des années 100[3], des animaux exotiques sont importés pour les combats d'éléphants et de taureaux ; cent ours viennent de Numidie « chassés » par des Éthiopiens, en 61. En 58, Aemilius Scaurus crée la sensation, durant son édilité, en exhibant un hippopotame et cinq crocodiles dans un lac temporaire. Il faut dire que jusqu'alors les *Africanae*, nom générique des bêtes sauvages, se limitaient aux lions, panthères et éléphants. On avait tenté d'en réglementer l'importation par une loi de 103 « sur les bêtes d'Afrique » ; l'édit des édiles curules, codifié sous Hadrien, évoquait depuis longtemps les méfaits des fauves en liberté à Rome[4].

Dans un contexte historique très cohérent, la mosaïque dite de Palestrina, apportée d'Égypte sous Sylla, montrait dans un cadre nilotique — le grand fleuve étant dominé à l'arrière-plan par les montagnes désertiques d'Éthiopie, leurs rochers et leurs arbrisseaux — toute la faune de la région, chameau, girafe, lion, cervidés ; dans un décor aquatique qui rappelle le Nil, un bras de mer préfigurant tous les « Nils » de la villa, nageait un crocodile. Ainsi la curiosité zoologique, portée par l'exotisme littéraire et artistique, gagne peu à peu la foule romaine, et oriente la politique des spectacles. La *uenatio* constitue la version romaine des grandes chasses de l'ère hellénistique.

En Égypte, la chasse aux grands fauves, d'abord pratiquée dans le désert par les habitants des villes proches (Coptos, Edfou),

---

1. *HN*, VIII à XI.
2. Sénèque, *Brev. vit.*, XIII.
3. Pline, VIII, 20 sq.
4. *Digeste*, IX, 1, 1,10 ; *Edict. aed. cur.*, 6.

prend la forme de véritables « safaris » en terre lointaine, organisés pour les Romains, les Alexandrins et autres Grecs : on vient de l'étranger pour chasser la grosse bête ou les oiseaux[1]. Dans les graffiti d'Abou-Simbel, au nord de la deuxième cataracte, on trouve la trace d'un « chasseur d'oiseaux » cilicien et de trois chasseurs d'éléphants, dont un Chypriote. Tourisme occasionnel de soldats ou de membres de formations paramilitaires ? Marchands aventuriers tentés par le trafic de l'ivoire ? On ne sait trop.

À défaut de tradition scientifique, le Haut-Empire encourage l'introduction des ménageries exotiques par le besoin incessant de nouveauté dans le spectacle. La curiosité pure comme la recherche des animaux sont, chez Auguste, tournées vers l'Afrique et l'Asie Mineure[2] :

> Il aimait, même en dehors du calendrier des spectacles, présenter au peuple en exclusivité, en n'importe quel endroit, les animaux inconnus et curieux qu'on pouvait avoir apportés à Rome : un rhinocéros dans l'enceinte des élections, un tigre sur une scène, un reptile de cinquante coudées devant les comices.

Un roi de l'Inde connaissant le faible du prince lui envoya, avec des chiens, des serpents, des vipères, des perdrix.

Toutes les bêtes de la mosaïque de Palestrina ne sont pas encore connues du public romain : le premier tigre ne fut présenté à Rome qu'en 11 avant notre ère, pour la dédicace du théâtre de Marcellus. Il existe, de la République au Bas-Empire, un florissant circuit commercial spécialisé dans l'importation des bêtes de la *uenatio :* les « naviculaires » de Sabratha, dans leur comptoir de la place des Corporations, à Ostie, avaient représenté sur la mosaïque un éléphant ; la mosaïque dite de *La Grande Chasse*, dans le palais sicilien de Maximien Hercule, collègue de Dioclétien, au début du IVe siècle de notre ère, montre la capture « professionnelle » des animaux — lion, bison, rhinocéros, cervidés —, leur installation dans des cages et leur embarquement.

À partir de Tibère, la politique officielle d'exploration converge avec la politique des spectacles.

C'est à l'époque julio-claudienne que furent découverts les « monstres » de l'océan Atlantique et de la mer du Nord. Pline

---
1. Pline, VI, 183.
2. Suétone, *Aug.*, 43 ; Nicolas de Damas dans Strabon, XVI, 1, 73.

l'Ancien aiguillonne la curiosité publique avec des histoires de phoques et de baleines égarés dans les eaux méditerranéennes [1] ; il relate la sensation créée par une orque aperçue dans les eaux d'Ostie. Sénèque semble connaître le « souffleur », cétacé appelé *physeter* et décrit par Pline comme « une colonne énorme qui se dresse plus haute que les voilures des navires et vomit un déluge ». La curiosité ne se fixe plus de limites : la *Phèdre* de Sénèque rêve aux monstres cachés « dans les flots les plus lointains de l'Océan [2] ».

La faune marine constitue pour les Romains, peut-être parce que leur découverte de la mer est tardive et lente, un réservoir de « merveilles ». À côté de l'Océan et de ses cétacés, la mer des Indes exerce une séduction certaine : « baleines de 4 arpents, scies de 200 coudées, langoustes de 4 coudées, anguilles de 30 pieds dans le Gange ». Pline énumère d'autres curiosités, notamment le rémora, minuscule poisson qui bloque les navires, et les poissons qui les perforent (espadon, exocet) [3].

Pour les Romains du Haut-Empire, le merveilleux marin, les histoires de baleines et de dauphins, rejoignent la mythologie : l'histoire d'Arion sauvé par un dauphin ; les fables sur les Tritons et les Néréides semblent « authentifiées » par les découvertes de l'Océan, sous Auguste et Tibère [4].

Le spectacle romain montre une faune sans cesse renouvelée. Sur l'étang d'Agrippa, au Champ de Mars, Néron produit dans un divertissement aquatique « les bêtes les plus lointaines de l'Océan » : il s'agit sans doute de cétacés, la scie ou le souffleur. Dans l'amphithéâtre de bois du Champ de Mars, en 57, on exhibe des phoques, avec les hippopotames, connus par la mosaïque et on présente comme une nouveauté la faune des forêts du Nord — aurochs, élans et babiroussas —, que Pline le naturaliste a dû observer à la même époque dans ses garnisons de Germanie [5].

---

1. Pline, VIII, 65.
2. Pline, IX, 8 et 12 ; Sénèque, *Phèdre*, 1048-1049 et 1160-1163.
3. *Ibid.*, 4-8 et 28 ; XXXII *passim*.
4. *Ibid.*, IX, 9-11.
5. Tacite, *Ann.*, XV, 37 ; Calpurnius Siculus, *Buc.*, VII, 57 sq. ; Pline, VIII, 16 et 179.

La curiosité ethnographique

Citant Pindare, Hérodote disait que « la coutume est la reine du monde », et il ajoutait que « les coutumes sont enracinées dans chaque peuple[1] ». Au départ, les Grecs donnent au mot *nomos* le sens de « coutume », et non de « loi », et les Romains traduisent par *mores* la notion de « coutumes » et de « mentalités ». Conscient de la relativité des coutumes, le voyageur grec se montre tolérant autant qu'avide de savoir et de comprendre. Ce relativisme et cette tolérance seront les bases de l'ethnographie et de l'ethnologie, qui intègrent ce que les modernes appellent « sociologie ».

Père de l'histoire, Hérodote a aussi engendré toute une lignée de géographes-ethnographes. Xénophon, dans l'*Anabase*[2], se révèle le découvreur des pays arméniens et thraces. Néarque et Mégasthène ont exploré l'Inde au IVe siècle avant notre ère et leurs points de vue restent prédominants jusqu'à l'époque de Strabon. Agatharchidès de Cnide et Artémidore d'Éphèse, à l'époque hellénistique, témoignent, dans leurs *Éthiopiques*, d'une curiosité analogue pour les Africains. De ces œuvres malheureusement perdues, Strabon et, à un moindre degré, Diodore de Sicile ont tiré des informations qu'ils ont diffusées à l'époque impériale. Les géographes-ethnographes ont noté les traits physiques, les costumes et les habitudes alimentaires, l'habitat et les techniques, les rites et les croyances des différents peuples. Les hommes ont fasciné les voyageurs grecs, plus encore que les merveilles de la nature et les anomalies du relief. Dans son *Tour du Monde* (perdu), Eudoxe de Cnide relevait la diversité des « coutumes » : lois, usages matrimoniaux, mythes religieux, rites funéraires[3].

Strabon décrit dans la tradition d'Hérodote une quarantaine de costumes et de coiffures, notamment la « sisyrne » de castor des Caspiens et la tunique de pourpre des Phéniciens, les tuniques « talaires » des habitants des Cassitérides, les tuniques et les saies « ligustines » des Celtes, les tuniques longues et épaisses des

---

1. Hérodote, III, 38.
2. *Anabase*, IV, 25-27 ; VII, 23 et III, 21-33.
3. Diogène Laërce, IX, 83.

Mèdes ; il considère ces costumes et coiffures comme adéquats à leur milieu géographique[1].

Tous les usages alimentaires sont consignés : la viande crue de certains Indiens, la bouillie des Éthiopiens, la farine de lotus et l'huile de ricin des Égyptiens. Pour Hérodote, l'alimentation humaine se partage entre le « cru », le « bouilli » et le « rôti » (à la grecque) ; la cuisine apparaît comme un des meilleurs critères du degré de civilisation[2].

Les techniques retiennent l'attention : celles de la guerre, mais aussi celles de la chasse, de l'agriculture, de l'irrigation. L'habitat est observé de très près, depuis les pyramides d'Égypte jusqu'aux villes de bois des Gélons, en Russie méridionale, et aux tentes de feutre montées sur chariots des nomades de la steppe. C'est encore Hérodote qui sut décrire le « commerce à la muette » pratiqué depuis des siècles avec les tribus africaines[3].

Les étrangetés « culturelles », notamment les diversités linguistiques, ont frappé Hérodote. Les géographes citent, en précisant leur sens, les termes égyptiens (crocodile, huile de ricin), les termes iraniens traduits, les termes scythes. On distingue les langues structurées des langues « barbares », caractérisées par leur phonétique, leur prononciation rauque et embarrassée.

La curiosité religieuse a été poussée très loin. Hérodote a noté le « chamanisme » des steppes : les séances de possession suivies d'une perte de connaissance, d'une mort apparente qui passait pour un voyage dans l'au-delà. Rien ne lui a échappé des rites funéraires, ni la momification des Égyptiens, ni les funérailles compliquées des Scythes de Russie, ensevelis sous de grands *tumuli* avec leurs femmes, leurs esclaves et leurs biens les plus précieux, ni enfin les « tours de silence » de l'Iran ancien, où l'on exposait les morts aux rapaces.

On ne perçoit aucun dégoût, aucune répulsion devant certaines formes de « barbarie » comme le culte de la violence et de la mort chez les Scythes, ou le cannibalisme rituel de certaines

---

1. Hérodote, II, 81 et VII, 67. Strabon, III, 5, 1 ; IV, 6, 2 ; XI, 13, 9.
2. Hérodote, II, 92. Strabon, XVII, 2, 5.
3. Hérodote, IV, 196.

tribus. On chercherait en vain, chez les voyageurs grecs, la moindre allusion désobligeante, le moindre jugement péjoratif. Ils décrivent, et tentent parfois d'expliquer.

Pourtant, leurs critères de jugement ne sont pas neutres : d'Hérodote à Strabon, le point de vue est plus ethnocentrique qu'ethnologique. Les Grecs se situent au centre du monde, conçu comme un disque plat, ou comme une sphère chez les stoïciens ; ils appartiennent aux régions tempérées, et leur climat contribue à leur donner un mode de vie « raisonnable ». Cette géopolitique issue de la climatologie hippocratique (*Airs, eaux, lieux*) sera reprise à Rome. Pour les Grecs, les divers groupes ethniques se répartissent symétriquement autour de la Méditerranée. Au contact des Grecs, on trouve encore des peuples très civilisés : Égyptiens, Babyloniens, Perses. Au-delà, des peuplades moins évoluées offrent plus ou moins l'image de l'anti-Grec, de la Libye à la Scythie et à la Gaule. Enfin, aux extrémités de la terre règne l' « excentricité » : la durée de vie s'allonge ; les Arimaspes n'ont qu'un œil ; on rencontre des hommes-loups ; là, loin du règne humain, des humanoïdes habitent un univers fabuleux, un Eldorado où jaillit la Fontaine de jouvence et que peuplent griffons et cynocéphales. Pour ces horizons lointains, l'ethnographie reste tributaire de la mythographie.

Le voyageur grec n'était pas « raciste ». Il ne distinguait pas toujours les différents types raciaux : ainsi confondait-il sous la même dénomination d' « Éthiopien » (l'homme « à la peau brûlée », en grec comme en latin) les Africains négroïdes et les Indiens dravidiens, très basanés mais de race blanche. Le climat et le « genre de vie » fixaient les critères. Dicéarque, élève d'Aristote, a écrit une *Vie de la Grèce*, qui distingue entre les primitifs au stade de la « cueillette », les pasteurs et les agriculteurs[1]. Les Grecs différenciaient le nomade, « sauvage », et le sédentaire, « civilisé », et opposaient du point de vue sociologique l'humanité « rustique » et l'humanité « citadine », la ville représentant, avec la « cité », une forme supérieure d'organisation politique. Rome assumera, avec beaucoup de nuances, ce postulat.

---

1. Varron, *Res. rust.*, II, 1, 3 sq. ; Porphyre, *De abst.*, IV, 2.

Géographie et ethnographie romaines

Les principes de l'ethnologie passent tout naturellement de la géographie grecque à la science romaine. Il est remarquable que Rome possède une géographie politique avant même qu'apparaissent les premiers géographes : en fonction de critères géopolitiques, la planète est divisée en régions tempérées et habitées, déserts glacés et déserts torrides. L'exposé stoïcien de Cicéron explique un ordre universel finaliste qui concerne aussi bien la vallée du Nil que le monde « tempéré » ; il oppose sociologiquement la « barbarie », proche de l'animalité, et l' « humanité ». La connaissance de la diversité humaine, à Rome, sera d'abord livresque : l'image de la diversité de la planète est une vision cosmique, non le fruit de l'exploration[1]. La géographie romaine sera tributaire, pour les pays du Nord, des grandes explorations julio-claudiennes, et pour les mondes lointains et orientaux, des récits des voyageurs et géographes grecs.

Mela exploite les récits de voyageurs intégrés à la géographie grecque. Si la curiosité du chorographe se porte ici et là sur les peuples lointains, si l'Égypte pharaonique inspire une riche digression, l'intérêt pour les merveilles de la nature et les curiosités anthropologiques se révèle intermittent. Les peuples de l'Asie profonde sont laconiquement catalogués dans une liste qui mélange Massagètes, Hyperboréens, Amazones, Cimmériens ; on évoque sans curiosité culturelle, uniquement pour leur situation géographique, Chaldéens, Babyloniens, Hyrcaniens. Voilà qui donne la mesure d'un recul de la curiosité anthropologique ! Même les Perses ne sont guère mentionnés que par référence à la campagne d'Alexandre. L'Hyrcanie intéresse plus pour ses tigres que pour sa race. Davantage que la Babylonie et la Chaldée, l'Inde donne lieu à un bilan qui fait la part de la géographie, de la zoologie et de la « sociologie » : variété du costume, du type physique ; différences morales incommensurables entre les végétariens et ceux qui mangent par piété leurs parents âgés (Mela démarque l'allusion d'Hérodote aux Padéens mangeurs de chair crue). L'alimentation distingue parfois les ethnies : ainsi pour les

---

1. *Rep.*, VI, 5, 19 sq. ; *De nat. deor.*, II.

Chélonophages et les Carmaniens du golfe Persique. La *Chorographie* note le cannibalisme des Gélons, à l'occasion d'une revue des peuples militaires et cruels[1].

Cette ethnographie de seconde main se retrouve chez Pline l'Ancien, mais avec une curiosité plus universelle. Attentif aux merveilles de la nature « artiste » et « artisane » en général, le naturaliste s'extasie devant « les variétés de l'espèce humaine que la nature a produites pour son divertissement et pour notre émerveillement » en déployant toute une anthologie de curiosités « prodigieuses » et « incroyables ». Pline, dont le scientisme ébloui estompe le sens critique, s'abrite derrière ses sources grecques, qui ne sont pas toutes des « témoins oculaires » mais qui font une place aux récits d'explorateurs grecs vulgarisés. À côté des Scythes anthropophages, Pline admet la réalité anthropologique des Cyclopes et des Lestrygons de la fable ! Il mentionne Baeton, géomètre de l'expédition d'Alexandre, pour les Scythes d'Abarimon, incapables de respirer hors de leur atmosphère natale[2].

Dans le catalogue des merveilles anthropologiques, Pline énumère les Ophigènes de l'Hellespont, « habitués à guérir par le toucher les morsures des serpents », les Psylles des Grandes Syrtes, en Afrique, dont « le corps contient un poison naturel fatal aux serpents, à l'odeur capable de les endormir[3] ». À côté de fables puériles ou de contes merveilleux, l'encyclopédie sélectionne des éléments ethnographiques positifs : la sorcellerie d'Afrique et d'Illyrie ; le nomadisme des Éthiopiens qui vivent du lait des cynocéphales, à vingt journées de la mer ; les mirages des déserts d'Afrique, « qui se forment et s'évanouissent en un clin d'œil[4] ».

Mais la curiosité de Pline va de préférence aux contrées qui « fourmillent de merveilles », comme l'Inde et l'Éthiopie[5] : indigènes « dépassant la taille de cinq coudées », ethnie à tête de chien, unijambistes voisins des Troglodytes africains, satyres des montagnes de l'Inde, « Choromandes » des bois, privés de voix,

---

1. *Chorographie*, I, 13-14 ; II, 12 ; III, 39, 41, 61, 75 et 90. Hérodote, III, 99.
2. Pline, II, 142 ; III, 132 ; VII, 7 à 32, 21 à 30.
3. Pline, VII, 14 ; voir Lucain, IX, 893.
4. *Ibid.*, 16 et 32.
5. *Ibid.*, 21 à 30.

dotés d'un corps velu et de dents de chien, « Astomes » du Gange, sans bouche, vivant de l'air respiré et de l'inhalation des parfums... L'ethnographie rejoint la mythologie, quand le naturaliste authentifie l'existence des Pygmées « de trois empans », ennemis héréditaires des grues dont ils détruisent les œufs. L'exotisme scientifique, fruit des explorations grecques, prend appui sur la peinture et la mosaïque nilotiques montrant les Pygmées chasseurs. Il en développe le goût, comme il aspire à se matérialiser dans le spectacle romain : la ménagerie de l'amphithéâtre n'est pas seule en cause... Néron, en 66, a exhibé à Tiridate, à Pouzzoles, des gladiatrices éthiopiennes, et les Pygmées gladiateurs de la parodie prennent parfois la forme de gladiateurs nains [1].

L'ethnographie romaine a hérité de ses prédécesseurs grecs la curiosité pour les « genres de vie » — au sens sociologique du terme, non au sens philosophique. En effet, Varron assimile la distinction de Dicéarque, dans la *Vie de la Grèce*, entre stade de la « cueillette », vie pastorale et vie agricole ; il a perçu dans la réalité romaine l'antithèse entre « vie rustique » et « vie citadine [2] ». Ces cadres éclairent la découverte des civilisations lointaines, ou « primitives », à Rome. On a dit que le Grec constatait les différences sans « racisme ». Mais ses enquêtes étaient toujours sous-tendues par la distinction du « barbare » et du « civilisé ». L'antinomie a tendance à s'accentuer à Rome, parce qu'elle est l'héritière de la Grèce, et parce qu'elle assimile son ordre mondial à la culture. Cela apparaît nettement dans la peinture de la « barbarie » nordique, et surtout germanique.

La *Germanie* de Tacite, comme la digression ethnographique de l'*Agricola* sur les îles Britanniques, présentent des traits qui procèdent du déterminisme géographique : situation extrême, mer nouvelle avec ses marées violentes (l'Océan), îles mystérieuses qui fascinent les flottes romaines... La Bretagne révèle la diversité de ses types physiques, l'opposition entre les Calédoniens « germaniques », aux cheveux roux, et les Silures basanés et crépus, proches des Ibères. Les Germains, dans un monde peu accessible en raison d'une « mer tourmentée et inconnue », sont réputés « indigènes », c'est-à-dire autochtones. La variété ethnique de la Bretagne et la

---

1. Dion Cassius, LXII, 3, 1-2 ; Stace, *Silves*, I, 6, 51-64.
2. *Res rust.*, II, 1, 3.

grande diversité des tribus germaniques — Bataves, Chattes, Bructères — n'excluent pas une unité ethnographique et sociologique : langues, rites religieux, coutumes unifiées. Ces civilisations agricoles et guerrières ont un habitat fruste, non urbanisé. Les Bretons ont vite emprunté à Rome son urbanisme, mais les Germains sont restés le peuple des huttes et des cavernes : Pline insistait aussi sur la Germanie maritime, « ethnie misérable », avec ses huttes sur pilotis menacées par la marée. La dispersion de l'habitat germain (fontaines, plaines, forêts) laisse place à une sorte d'unité de la nation : une structure sociale stable, avec ses rois et ses chefs ; une religion éclectique (Mercure, Hercule, Mars et même Isis) ; une divination multiple (baguette fraîche, vol des oiseaux, présages équins) ; un code matrimonial original, avec monogamie majoritaire et dot payée par le mari — une sorte de matriarcat qui hérisse les Romains ; des rites sociaux structurés (assemblées militaires démocratiques, alternance entre le rythme forcené de la guerre et la torpeur de la paix)[1]. Tacite croit les Germains peu chasseurs et peu cultivateurs, Pline notait la vocation des tribus maritimes pour la pêche.

La Bretagne apparaît comme un milieu ouvert à la romanisation, et la Germanie comme un monde enclavé, irréductible : les paradoxes stoïcocyniques mettent l'accent sur la vertu primitive, repoussoir d'une civilisation dégénérée. L'ethnographie romaine oscille entre les paradigmes culturels et les repoussoirs édifiants[2]. La guerre de 70 ravive à Rome la germanophobie[3].

Les mondes lointains et « barbares » se révèlent graduellement à l'élite politique par la carrière des armes, et au public cultivé par la voie livresque. Quant aux masses rivées à leur capitale par la vie quotidienne, elles découvrent la diversité zoologique et ethnographique du monde, confondu avec l'Empire, à travers le spectacle romain. Le *Livre des spectacles* de Martial montre la « tour de Babel » de l'Empire et la richesse du bestiaire mondial.

---

1. *Agricola*, 10-12 et 21 ; *Germanie*, 1, 2, 7, 14-16, 18, 21.
2. Sénèque, *Lettres*, LXX, 20 et CXXIV, 23 ; *Prov.*, I, 4, 14-15.
3. Tacite, *Hist.*, IV, 73-74.

LES RÉGIONS TOURISTIQUES DE L'EMPIRE ROMAIN

Le tourisme local italien

L'habitude de l'inspection suburbaine et la pratique de la villégiature thermale ont renforcé chez le Romain le goût naturel pour le petit déplacement. Cette prédilection reflète certes des réticences et des appréhensions primaires, mais elle se nourrit aussi de la critique des modes et « snobismes » divers, qu'on répute « grecs », et surtout des valeurs du nationalisme géographique, du patriotisme italien.

Pline le Jeune, qui a pu observer de près l'un de ces cataclysmes qu'on croit anciens ou lointains, l'éruption de 79[1], a dénoncé, chez les Grecs, l'exploitation touristique des « merveilles mensongères » : le propos vise aussi bien les prouesses architecturales que les curiosités naturelles. On sait ce qu'il pense, par ailleurs, de la mégalomanie pharaonique, mais il ne renie pas la Grèce « classique[1] ».

Sénèque n'a guère condamné que les snobismes italiens, la mode de la Campanie balnéaire et le goût mondain des « solitudes désertiques » mais il apprécie la curiosité qui se dilate aux dimensions de la planète et de l'univers. C'est chez Pline le Jeune qu'on découvre la critique la plus acérée[2] :

> Les merveilles dont la connaissance nous invite d'ordinaire à prendre la route, à traverser la mer, se trouvent sous nos yeux, et nous les négligeons, soit qu'une loi naturelle, ôtant tout intérêt aux objets proches, nous incite à poursuivre des objets lointains, soit que le désir de tout s'émousse avec la facilité de l'occasion, soit qu'on diffère de voir, sous prétexte qu'on est destiné à le voir souvent, ce qu'il nous est donné de voir toutes les fois qu'on veut le contempler. Quelle qu'en soit la raison, il est nombre de beautés dans notre ville et à proximité de la ville qu'ignorent non seulement nos regards, mais même nos oreilles : si elles avaient été produites par l'Achaïe, l'Égypte, l'Asie ou n'importe quelle contrée habile à produire et à faire valoir des

---

1. Pline le Jeune, *Lettres*, VI, 16 et 20.
2. *Ibid.*, VIII, 20.

merveilles, nous les connaîtrions par le récit oral, la lecture appliquée, la visite.

La tradition poétique des merveilles de l'Italie reste bien vivante à l'époque de Claude, où le monde connu s'élargit démesurément pour le Romain. La Cisalpine des lacs, l'Italie centrale des fleuves et des sources, exercent la même séduction.

Pline l'Ancien répertoriait les merveilles de l'hydrographie. Son neveu a recueilli la leçon, qui est en harmonie profonde avec le sens de l'enracinement. Ses excursions italiennes lui font vraiment découvrir la source intermittente du Larius, susceptible d'alimenter les hypothèses scientifiques, mais aussi la source et le cours supérieur du Clitumne, site à la fois « sacré » et « profane », et enfin le lac Vadimon et ses îles flottantes.

La littérature agronomique a esquissé des critères qui régiront à la fois l'urbanisme et le tourisme : la conjonction de la « salubrité » (climatique) et du « charme » (géographique)[1]

L'*amoenitas* (agrément), historiquement attachée à certains sites privilégiés, implique le charme naturel d'un paysage, généralement littoral, non montagneux ou peu accidenté, méridional et non septentrional, éventuellement oriental, et animé par la présence humaine. Les paysages escarpés et trop silvestres de Germanie apparaissent sinistres : la sauvagerie des forêts immenses et impénétrables, véritable « miracle », répond à la sauvagerie de l'Océan. La nature est dure, et l'humanité y est dure. La redoutable forêt hercynienne, désert immense et insondable, définit un relief ingrat, « une terre hérissée de forêts ou hideuse de marécages[2] ». Les Alpes, « verrou de l'Italie », barrière hivernale, résument la haute montagne aux yeux des Romains : les pentes vertigineuses, le désert de neige et de glace, battu des vents, constituent un univers où l'inaccessibilité se conjugue avec l'hostilité à l'homme[3]. Les *Puniques* de Silius Italicus, sous Domitien, contribuent à ancrer chez les Romains l'horreur de la haute montagne, qui « jusqu'au ciel dresse une paroi raide et froide ». Les images des Balkans dans les *Tristes* d'Ovide, ou des montagnes de Perse, ont la même valeur répulsive.

---

1. Columelle, *Res rust.*, I, 3 à 8.
2. Pline, XVI, 2-6 et XXVI, 1-2 ; Tacite, *Germanie*, V.
3. Tite-Live, XXI, 32, 7 ; Pline, III, 117, 132 et 162.

À l'opposé, le Romain élabore graduellement, dès la fin de la République, son catalogue de paysages séduisants : les côtes de Grèce, « sites de charme et de plaisir » ; les rivages de Campanie et « le plus beau des golfes » ; les îles de charme, comme Rhodes et la Sicile ; les villes de « délices » d'Asie...

Avant le développement du tourisme balnéaire et du voyage en Grèce, il existait un vieux fonds de naturalisme rustique. Ses valeurs fondamentales, la verdure et l'eau vive, définissaient de riantes campagnes en évoquant la verdure des « saussaies », les rives du fleuve et les « lieux nouveaux », « les ruisseaux, les rochers enduits de mousse et la forêt » ; le site idéal est fourni par la Sabine, boisée, verdoyante, arrosée[1]. L'*Art poétique* d'Horace explicite le canon du naturalisme italique : « les méandres de l'eau qui se hâte à travers de riantes campagnes » introduisent l'élément de variété sans lequel il n'est pas de « charme géographique » ; ils correspondent aux dentelures du paysage maritime. Horace remet en honneur la moyenne montagne. Il force le naturalisme rural jusqu'à la provocation, en vantant les « déserts et escarpements inhospitaliers ». L'« agrément » définit des lieux à la fois « charmants » et « charmeurs ».

Le naturalisme méditerranéen pourra bien exalter les campagnes, les forêts ombreuses, la fraîcheur de l'eau vive, la colline pastorale : la campagne reculée, avec les progrès de la mondanité, fait figure de « désert ». Le géographe Pomponius Mela, peu sensible en général aux valeurs touristiques, concilie encore les deux critères : il adopte le cliché des « rivages charmeurs de Campanie », tout en appréciant les « ombrages charmeurs et les profondeurs de la forêt ». L'époque flavienne consacre le canon : « Nous louons la brillante apparence des lieux maritimes, plats, charmeurs[2]. »

Le voyage d'agrément, de plaisir, voire de caprice, exige que l'« agrément » géographique soit enrichi par les charmes de la civilisation.

Il a ses lieux à la mode : en Occident, les plages de Campanie et la Sicile ; en Orient, les « villes de délices », comme Canope ou

---

1. Ennius, *Annales*, 39 (Vahlen) ; Horace, *Épîtres*, I, 10, 6-7 et 14.
2. *Chorographie*, II, 70 ; voir Quintilien, *Inst. Orat.*, III, 7, 27. *Chor.*, I, 72-73.

Antioche. L'« agrément » (*amoenitas*) implique, pour l'humanité moyenne, la mondanité et la concentration humaine ; Pline le dira des côtes de Campanie lors de l'éruption de 79 : « Le charme du rivage avait attiré beaucoup de monde [1]. »

Sénèque associe charme mondain et décadence [2] :

> Aussi, qui songe à faire retraite ne choisira jamais Canope, quoique Canope n'interdise l'honnêteté à personne, ni Baïes non plus : elles sont devenues l'auberge du vice [...]. Voir des ivrognes qui vont à l'aventure sur les rivages, les beuveries des gens en croisière, les lacs retentissant de la musique des symphonies, et autres excès, que l'immoralité, quasi affranchie des lois, ne se contente pas de commettre, mais qu'elle affiche, quel intérêt ? [...] Crois-tu que ce séjour aurait accueilli Caton, pour lui permettre de dénombrer tant de dévergondées passant en bateau, tant de types de barques aux couleurs bigarrées, les flots de roses sur tout le lac, pour lui permettre d'écouter le tapage nocturne des chanteurs ?

Les aménagements, qui marient nature et civilisation, dans la station balnéaire très construite comme dans la villa, détournent quelque peu la technologie de sa fonction première : villas et auberges sont des conquêtes de la volupté [3]. Sénèque évoque le complexe navigable de Campanie sous le terme de « lacs mondains » : Averne, Lucrin, *Acherusia Palus* (Fusaro).

Le ressort du voyage d'agrément, souvent conjugué avec les bienfaits de la cure thermale, est le « plaisir », au sens général, associé au caprice et à la quête de la nouveauté, mais d'une nouveauté encadrée par des normes. La belle aventurière du *Satiricon* « fait des voyages de-ci de-là pour son plaisir ». Le besoin de nouveauté peut parfois même briser les cadres classiques de l'« agrément » [4] :

> Passe les villes dont le site charmeur et les commodités régionales attirent bien des gens ; considère des lieux déserts et des îles très rudes, Sciathos, Sériphos, Gyaros et Cossyra : tu ne trouveras aucune terre d'exil où quelqu'un ne séjourne pas pour le caprice.

L'idée qui s'impose, c'est que le voyage d'agrément révèle une

---

1. *Lettres*, VI, 16, 10.
2. *Ibid.*, LI, 1-9.
3. Cicéron, *Off.*
4. Sénèque, *Cons. Helvia*, VI.

antinomie profonde entre des valeurs « touristiques », renforcées par le mimétisme mondain, et la quête de la nouveauté, « fruit de la morne incuriosité ». Le grand dilemme reste identique : tourisme italien ou « beau voyage ».

Mais l'apologie pour le tourisme italien s'impose comme une tendance essentielle, parce qu'il apporte non seulement des paysages à l'échelle humaine, mais aussi des merveilles naturelles [1].

La source du Clitumne, en Ombrie, correspond à une étape entre Rome et la Cisalpine. Pline le Jeune décrit le jaillissement, les filets inégaux, le « tourbillon » qui se stabilise dans un vaste bassin. On voit la source croître en fleuve avec des bateaux. La pure curiosité se double de dévotion : le Clitumne divinisé a un temple « ancien et vénéré » ; il est statufié. Ce centre de pèlerinage rend des oracles, et l'on note à l'entour des chapelles d'autres divinités : sans doute des divinités primitives des fontaines. Les passants jettent des pièces dans le bassin. On fait également de la rame, et l'amusement consiste tantôt à ramer contre le courant, tantôt à se laisser glisser. Pline a constaté la survivance du vieux naturalisme italique : il y a une zone sacrée, et une zone profane — navigable. Les habitants d'Hispella, propriétaires de la source par don d'Auguste, ont le sens du tourisme : « Ils offrent des bains publics gratuits et l'hospitalité ; il ne manque pas de villas qui, attirées par l'agrément de la rivière (*amoenitas*), sont installées sur le bord. » On observe sur les colonnes et sur les murs une foule de graffiti... à la gloire du dieu, laissés par les passants. Pline a visité le lac Vadimon en Étrurie à l'occasion d'une inspection rurale :

> Tandis que je les visitais [les domaines], on me montre en contrebas un lac nommé Vadimon, et l'on me fait des récits incroyables. Je fis l'excursion. Le lac est une circonférence semblable à une roue posée, absolument régulière ; pas de concavité, pas de coupure oblique, tout est mesuré, égal, comme creusé et taillé par une main d'artiste. Sa couleur est plus pâle que le bleu marin [...] on y sent l'odeur du soufre ; elle a une saveur médicinale, et la propriété de guérir les fractures. C'est une étendue modeste, mais

---

1. *Lettres*, VIII, 8 et 20. Voir Pline l'Ancien, II, 96 et Sénèque, *QN*, III, 25, 8.

capable de subir des vents et de se gonfler en vagues. Il n'y a là aucun navire (car le site est sacré), mais on voit nager des îles, toutes couvertes d'une végétation de roseaux, de joncs et autres plantes produites par un marais assez fécond, limite du lac.

Les îles elles-mêmes sont une merveille : de formes différentes, aux rives à pic, elles se heurtent et se polissent mutuellement ; elles peuvent soit s'accoler, et constituer une sorte de terre ferme, soit flotter séparées. On voit des spectacles curieux : les petites îles attachées aux grandes comme les allèges aux cargos, ou les îles se livrant à une compétition ; dans une sorte de ballet, elles modifient la géographie du lac, formant un cap artificiel, dégageant ou couvrant le lac. Les troupeaux qui s'aventurent sur les îlots se trouvent embarqués. Enfin, dernière merveille, le lac se déverse dans un cours d'eau qui se perd et resurgit.

Pline ne cherche pas à présenter une explication scientifique. Il n'en va pas de même de la source intermittente du Larius, le lac de Côme. Le phénomène est décrit sobrement mais l'épistolier épilogue longuement sur les hypothèses scientifiques plausibles : le courant d'air caché, ou un mécanisme cosmique comparable aux marées de l'Océan, avec reflux et crues, ou la régulation programmée, dans des « canaux secrets ».

La visite occasionnelle aux merveilles hydrographiques de la Péninsule tient en fait au goût de Pline pour l'hydrologie, qui lui vient de son oncle, Pline l'Ancien, et qui correspond également au vieux naturalisme italique : le tourisme sacré qui se développe autour du Clitumne suffit à le démontrer [1].

Force est de reconnaître que la petite excursion italienne ne suffit pas à donner à l'Ombrie ou à la Toscane, où l'on va par enracinement et attachement à la « petite patrie », une vocation touristique.

La Sicile de plaisance

La tradition du tourisme sicilien, qui doit peut-être son premier élan à l'expédition athénienne de 415, semble bien établie à la fin de la République. Canius, « chevalier romain non dépourvu

---

[1]. Suétone, *Caligula*, 43, 1.

d'esprit et de culture », s'était rendu à Syracuse « pour le loisir, non pour les affaires » ; désireux d'acheter des jardins, il tombe dans le panneau du banquier Pythios, qui invite l'acquéreur et organise une partie de pêche truquée dans sa villa littorale de Syracuse, en prétendant que la région est très poissonneuse. Il vend la villa avec sa « pièce d'eau douce », et l'acheteur doit déchanter[1]. Cicéron fera un éloge de la Sicile propre à attirer les touristes ; il l'a parcourue en cinquante jours pour le procès Verrès : il vante « la ville si belle de Syracuse, bien circonscrite de remparts par les œuvres de l'homme et enfermée par la nature entre terre et mer » ; on voit Verrès choisir pour résidence l'Île (Ortygie) et mettre sur pied en été un camp de plaisance sur la côte, quand les pirates attaquent ; ces derniers ont ouï-dire qu'« il n'y a rien de plus beau que les murailles et les ports de Syracuse ». Les banquets au bord de mer, avec tentes et avant-toits faits de voiles, sont célèbres, et les « agapes de Sicile » resteront proverbiales jusqu'au Bas-Empire. Verrès le déprédateur de Sicile renvoie l'image monstrueuse du Cyclope de l'Etna, de Charybde et de Scylla : la légende est plus vraie que l'histoire. Les peintures des *Verrines* étaient de nature à mettre en vedette la douceur de vivre de Syracuse, d'Ortygie et de la fontaine Aréthuse[2].

Les géographes de la génération suivante ont renforcé cette image touristique de la grande île. Strabon étudie les distances, en comparant le périple à l'itinéraire terrestre de la Via Valeria. Il a donné un catalogue de villes marquantes, Messine, Tauromenion (Taormine), Catane et Syracuse ; pour cette dernière, il a noté à la fois la fertilité et l'excellence des ports, et mis l'accent sur Aréthuse et Ortygie. Le tableau de Strabon sacrifie peu aux merveilles : il réfute le mythe de la communication entre l'Alphée (le fleuve d'Olympie) et Aréthuse ! Il peint sans fard la Sicile intérieure, riche de son patrimoine architectural, de ses temples, mais vouée à la vie pastorale et au brigandage. L'intérieur incite peu au tourisme. L'Etna, dont on verra la cote touristique monter à l'époque claudienne, attire déjà les amoureux de l'ascension : la

---

1. Cicéron, *De off.*, III, 58.
2. *Verrines*, II, 4, 117 sq. et 5, 146 sq.

ville de Centoripa, la « ville de l'Etna », accueille les candidats à l'escalade et fournit des guides [1].

Pomponius Mela a consacré une notice relativement copieuse à la Sicile, dont la forme évoque la lettre delta des Grecs. Mela ne dédaigne pas les légendes ou les rappels historiques (Pélorias, en face de Scylla, fait songer à la fuite d'Hannibal d'Afrique en Syrie). Les écueils qui rendent le secteur dangereux, Scylla et Charybde, ne dévalorisent pas les villes remarquables de la façade orientale, Messine, Tauromenion, Catane, Mégare, Syracuse (avec Aréthuse). La *Chorographie* déploie un catalogue complet des villes, et insiste sur les hauts lieux de la religion : le temple de Cérès à Enna, le sanctuaire de Vénus Érycine, construit par Énée. L'Etna est évoqué brièvement, avec ses légendes et ses « flammes permanentes [2] ».

L' « agrément » de la Sicile s'impose à l'époque claudienne : le voyage de Syracuse apparaît, dans l'imagination courante, comme le beau voyage. En cela, l'île privilégiée s'oppose à la Corse et à la Sardaigne, rudes de climat et peu dotées de ports naturels [3].

Les empereurs et leur cour ont contribué à maintenir cette image de la Sicile riante et touristique. Caligula, dans une course folle, a fait une apparition à Syracuse, mais, terrorisé par la fumée et les grondements de l'Etna, s'est enfui de Messine. Il sacrifiait à une mode. La Sicile, outre la douceur de vivre, symbolisait la solitude et le repos : Auguste avait appelé son « Syracuse » un cabinet élevé, à l'image des chambres hautes choisies à cet effet par les Syracusains [4]. Il est remarquable que le péristyle de la Maison d'Auguste, avec son labyrinthe aquatique, se nommait « Sicile », en raison des images de fraîcheur qui se confondent avec la tradition bucolique.

Au IVe siècle, le catalogue des « merveilles » de l'île reste aussi vivant [5].

---

1. Strabon, VI, 2-8.
2. *Chorogr.*, II, 115 sq.
3. Sénèque, *Cons. Marcia*, XVII.
4. Suétone, *Aug.*, 72 et *Calig.*, 20 et 50.
5. Firmicus Maternus, *Préface*.

356 VOYAGER DANS L'ANTIQUITÉ

Cap Sorrente

Bénévent

Pompéi

Pouzzoles

Tunnel de Naples

Capoue

Cap Misène

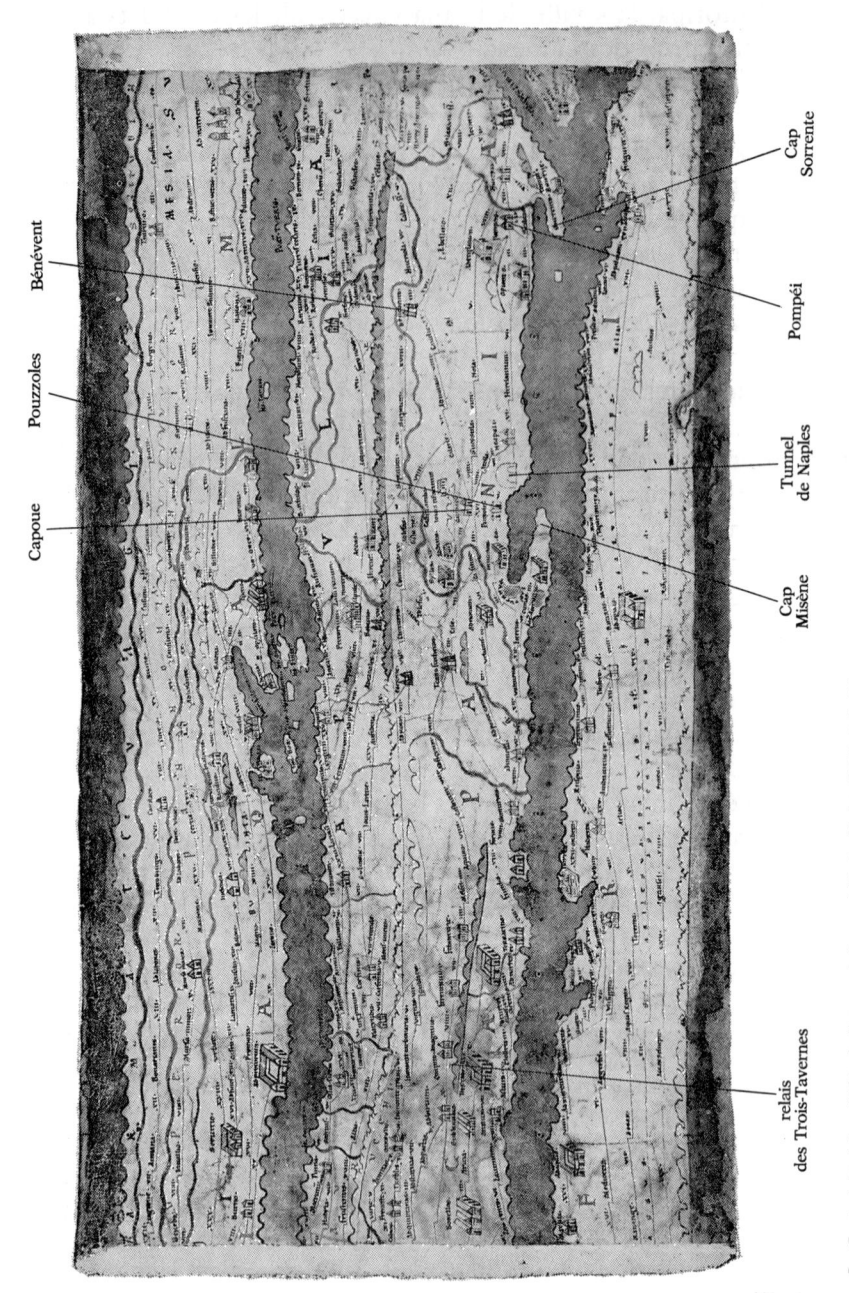

relais des Trois-Tavernes

La Campanie touristique (Table de Peutinger) Oesterreichische Nationalbibliothek, Vienne. L'Italie s'étire entre la Dalmatie et l'Afrique romaine. Le golfe de Naples, distendu, est délimité par le cap Misène et le cap de Sorrente. Sont signalés les nœuds routiers (Capoue et Bénévent), les villes importantes par une façade à deux tours, les stations thermales par un bâtiment à cour centrale, le tunnel de Naples par un édifice voûté à deux voies. Le modèle de cette carte date au plus tard du Ier siècle.

La Campanie, ou le rêve romain

La Campanie maritime — le golfe de Naples et les îles — obtient la palme du tourisme, dès la fin de la République, pour le thermalisme comme pour la mondanité. Si Varron, dans une satire féroce, dénonce la corruption du site, Ovide déclare la côte propice aux entreprises du « don-juanisme »[1].

La Campanie se retrouve dans toute chronique du loisir, du voyage et de la villégiature à Rome, du IIe siècle avant notre ère jusqu'au Bas-Empire. Elle attire les princes dans les résidences des Champs Phlégréens et des îles, la noblesse traditionnelle et les « hommes nouveaux » de la République, qui y ont leurs villas, les curistes en quête de thermalisme, les poètes qui apprécient le soleil et le climat maritime. Ce qui mérite d'être souligné ici, c'est essentiellement la constitution d'un paradigme touristique de la Campanie.

Le maître mot est celui d' « agrément », qui recouvre à la fois le charme géographique et climatique, et les plaisirs de la société : « Aucun golfe au monde n'éclipse le charme de Baïes. » Ce charme est tel que « baïes », comme nom commun, finit par désigner une plage ou un bain mondains. La Campanie attire les jouisseurs, avec sa volupté proverbiale, et Capoue n'est pas loin avec ses « délices ». Les anathèmes des historiens et des puritains contre la volupté campanienne n'ont jamais compromis la saison à Baïes et les croisières sur les lacs « mondains »[2].

Ce qui frappe pour la Campanie, c'est un grand dessein d'aménagement touristique, qui engage à la fois l'initiative privée et le dirigisme impérial. A la fin de la République, Sergius Orata joue le rôle d'un véritable « promoteur » : il lance les bains payants de Baïes ; il achète et rénove des villas qu'il revend ; il étend, pour les délices des gastronomes, les parcs à huîtres du Lucrin ; la région qui va de Naples à Baïes devient une sorte de mégalopole du loisir en englobant le « grand golfe ». Saisie par la

---

1. *Art d'aimer*, I, 253 sq.
2. Horace, *Épîtres* ; Sénèque, *Lettres*, XLIX à LVII.

spéculation et la fièvre de construction, la côte privilégiée jette dans la mer des môles, des embarcadères, et même des stations de thalassothérapie[1]. La région suscite même des projets chimériques. Néron a médité une gigantesque piscine, alimentée par toutes les eaux chaudes de Baïes, et s'étendant du cap Misène à l'Averne... Il a aussi rêvé d'un canal navigable depuis l'Averne jusqu'aux bouches du Tibre, « le long d'un littoral aride ou à travers les montagnes » : le problème de la « desserte » est posé dès cette époque[2]. C'est Domitien qui, par la construction de la Via Domitiana, résoudra pour longtemps la question. Il y a déjà une politique routière du tourisme.

Le tourisme en Campanie a évidemment subi les contrecoups des catastrophes naturelles. Le secteur de Baïes n'a certes pas été touché. Mais le tremblement de terre de 63 a entraîné un mouvement de reflux temporaire de la villégiature. Sénèque parle à ce propos de « ceux qui ont pris congé de la Campanie et qui ont émigré après la catastrophe[3] ». Un déplacement a dû se produire, de Pompéi-Herculanum vers le cap de Sorrente, voire vers Stabies. Stace l'atteste en célébrant la villa sorrentine de Pollius[4] ; des hauteurs de Sorrente, le poète découvre le charme intact de Cumes, des ports de Pouzzoles et des rivages de Baïes : « Le sommet du Vésuve et la tourmente enflammée du mont sinistre n'ont pas à ce point vidé de citoyens les villes épouvantées. » Au-delà des « incendies du Vésuve », plusieurs fois évoqués, la Campanie et ses sites restent une région « hospitalière », avec les vapeurs de Baïes et ses rivages « charmeurs », la demeure de la Sibylle, l'escarpement « fameux par la rame d'Ilion » (Misène), les vignobles du Gaurus et de Sorrente, et Stabies « ressuscitée ».

La Grèce éternelle

Au IIe siècle de l'Empire, Pausanias voulait « voir la Grèce », « toute la Grèce », c'est-à-dire le Péloponnèse, la Grèce centrale et surtout Athènes, qui représentaient pour lui la quintessence de

---

1. Strabon, V, 4, 3 ; Horace, *Odes*, II, 18 et Sénèque, *Lettres*, CXXII.
2. Suétone, *Néron*, 31 ; Tacite, *Ann.*, XV, 42.
3. *QN*, VI, 1, 10.
4. *Silves*, II, 2 ; V, 3 ; III, 5.

l'hellénisme[1]. Venu de sa patrie asiatique, il débarqua directement à Athènes, ville en laquelle il voit le centre historique et la clef de voûte du pays tout entier. Il séjourna à plusieurs reprises à Olympie et y consacre deux sections détaillées de son livre. Il parcourut le Péloponnèse en s'attachant aux ruines mycéniennes et aux villes historiques, et fit de même en Béotie. Mais il traversa Delphes avec une hâte étonnante et n'y revint jamais. Il ne s'aventura pas en Grèce du Nord, ni en Macédoine, imitant en cela ses contemporains qui donnaient à « la Grèce » une définition historique et qui la limitaient au monde des cités classiques.

Ce tourisme de lettré est donc vécu comme un pèlerinage aux sources. Pausanias l'effectue d'ailleurs avec une incontestable nostalgie, car la Grèce qui l'attire, c'est celle des tombeaux, des musées, des monuments, bien souvent dans un paysage de ruines et de solitude. Mais ces ruines mêmes ont acquis une intemporalité qui conforte le Grec ou l'Oriental hellénisé dans son système de valeurs et qui lui donne des raisons de croire à la supériorité culturelle de la Grèce sur son vainqueur romain.

Toutes les routes menaient à Athènes, que l'on vienne d'Asie à travers l'Archipel, comme Pausanias qui découvrit le vieux continent depuis la mer, ou que l'on vienne de Macédoine, comme l'apôtre Paul, pour qui l'étape d'Athènes représentait une nécessité absolue et qui souhaitait, à l'instar d'un Pausanias ou d'un Apollonios de Tyane, confronter un savoir livresque à la réalité[2]. Si l'on arrivait d'Italie, on débarquait sur la côte épirote ; on pouvait, comme Germanicus, s'arrêter brièvement à Nicopolis pour visiter le mémorial d'Actium, mais on gagnait en général au plus vite Corinthe, par le golfe du même nom, puis Athènes[3].

Athènes, la ville-musée, était visitée comme un modèle, dans ses monuments, son histoire, ses mythes, et sous l'Empire, elle jouait pleinement ce rôle d' « école de la Grèce » que lui avait dévolu Périclès[4]. Hommes de lettres et étudiants constituaient d'ailleurs une bonne part de ce tourisme cultivé : depuis le IIe siècle avant

---

1. Pausanias, I, 26, 4.
2. *Ibid.*, 1 ; Actes des Apôtres, 17, 17.
3. Guide de la Grèce de Dionysos, *GGM*, I, pp. 238-244 (Ambracie, Thessalie, Grèce centrale, Delphes, Béotie, Euripe, isthme de Corinthe, Crète et Cyclades).
4. Thucydide, II, 41.

notre ère jusqu'à la fin du paganisme, les longues listes d'étrangers inscrits dans les gymnases et dans les écoles philosophiques confirment les témoignages individuels d'Agrippa, de saint Paul, d'Apollonios de Tyane, de Philopappos de Commagène, d'Hadrien, de Lucien, de Pausanias, tous fascinés par Athènes qui agit comme un mirage sur ces Orientaux ou ces Romains. Les romans nous donnent, eux aussi, un écho de cet enthousiasme dans la sensibilité populaire : l'image touristique d'Athènes, c'est son aménagement architectural, qui sert de référence au touriste quand il se promène ailleurs ; ce sont ses fêtes, et en particulier la grande procession des Panathénées, avec son char-navire et la parade des éphèbes ; ce sont enfin ses écoles philosophiques, que l'on allait visiter en mémoire de Platon et d'Épicure.

Le goût des fêtes est inséparable de la méditation sur l'histoire et motive tout autant la visite aux sites inspirés. Olympie, notamment, reste comme Athènes un pôle très attractif : Pausanias parcourut le site dans tous les sens ; Lucien y assista aux concours de 167, marqués par le suicide public de Pérégrinus qui s'immola par le feu. Delphes a ses fidèles et ses détracteurs : Pausanias n'accorda au sanctuaire qu'une attention très superficielle et n'en retint que les collections de peinture ; il a noté que les troncs étaient vides, de même que Plutarque a relevé une certaine désaffection pour l'oracle[1]. Point de vue d'intellectuels ? On connaît maintenant, grâce aux inscriptions, l'attrait que les grands centres de divination ne cessèrent d'exercer jusqu'à la fin du paganisme, et le roman d'Héliodore évoque des processions nombreuses et colorées qui se déroulaient encore à son époque[2]. Autant que les oracles, les sanctuaires initiatiques ont continué à alimenter un tourisme religieux, tant les Romains ont été nombreux à se faire initier à Samothrace et surtout à Éleusis.

Sous l'Empire, le voyageur en Grèce partageait son attention entre les villes historiques et leurs monuments, les sanctuaires et leurs fêtes, et enfin les stations thermales dont Épidaure était la plus renommée. Une société cosmopolite de lettrés se retrouvait dans ces hauts lieux du tourisme et y créait une atmosphère de mondanités feutrée que Plutarque a bien évoquée pour Delphes,

---

1. Pausanias, X, 5-24 ; Plutarque, *Dialogues pythiques*.
2. Héliodore, I, 10, 1-2 ; 16, 5 ; 15, 5.

où les sages faisaient retraite et se réunissaient entre eux, à l'ombre des colonnes, pour faire étalage d'érudition, ou bien encore, pour Aidepsos d'Eubée, où l'on pouvait ajouter à la cure les plaisirs de la gastronomie et l'agrément de la conversation savante[1].

Mais la Grèce en offrait pour tous les goûts. Le modèle athénien de la ville-musée n'enlevait pas toute séduction à Corinthe, la ville neuve, grouillante de vie et d'activité, et qui était une escale obligée du voyage entre l'Asie et Rome. Les lieux de plaisir y étaient aussi renommés que coûteux, car, comme chacun le sait, « il n'était pas permis à tous d'aller à Corinthe[2] » ! Directement ou indirectement, les Épîtres de Paul témoignent de l'attraction qu'exerçaient la ville, ses sanctuaires et ses fêtes ; celles de l'Isthme, célébrées tous les deux ans, étaient toujours aussi réputées et il fallait fabriquer des tentes pour loger les visiteurs[3].

Voué à l'érudition et à la fête, le tourisme grec est toujours sous l'Empire un tourisme urbain. L'agrément du paysage n'y joue plus aucun rôle et les voyageurs apparaissent beaucoup moins sensibles aux beautés de la nature qu'à l'époque de Socrate ou à celle d'Héracléidès le Crétois, au IIIe siècle. Les curiosités naturelles ne sont mentionnées dans les relations de voyage que par hasard, au détour d'une phrase.

L'Asie, « presque aussi belle que la Grèce[4] »

L'Asie Mineure fut la patrie de Strabon, de Pausanias, d'Aelius Aristide, tous grands voyageurs qui firent, consciemment ou inconsciemment, la publicité touristique de cette région.

Pausanias porte sur sa province la même appréciation d'antiquaire que sur la Grèce : il énumère villes, sanctuaires et trésors artistiques, en décernant une mention particulière à ceux de Pergame. Il n'évoque aucun paysage. Mais Strabon, qui est lui aussi un homme du cru, indique les panoramas exceptionnels, comme celui de Sardes depuis le mont Tmolos, ou encore l'intérêt que présente l'ascension du mont Argée, rarement effectuée par

---

1. *Dialogues pythiques* et *Quaest. conv.*, IV, 4, 1-8.
2. Horace, 1, 17, 37 ; Strabon, VIII, 6, 20 ; Apulée, *Métamorphoses*, X, 19-35.
3. *Actes des Apôtres*, 18, 1-4 ; Pausanias, II, 2, 2.
4. Pausanias, VIII, 5, 13.

les voyageurs mais qui permet de découvrir du sommet à la fois la mer Noire et le golfe d'Alexandrette[1]. Aux amateurs de curiosités naturelles et d'émotions fortes, il conseille les sources pétrifiantes de Hiérapolis de Phrygie (Pamukkale) et le Plutonion tout proche, aux exhalaisons méphitiques, où il a fait lui-même l'expérience de lancer de pauvres moineaux au-dessus de l'orifice pour les voir retomber sans vie ; les sites volcaniques de Mysie ou le Charonion de Carie, avec ses émanations de gaz, valent aussi le déplacement[2].

Strabon est également fier des bonnes routes, des bonnes auberges et, en général, de la bonne infrastructure touristique de son pays. Mais quand il aborde le chapitre des curiosités archéologiques, la nostalgie l'étreint. La Troade est « ruinée et abandonnée », malgré l'intérêt de reliques telles que le tombeau d'Achille ou le bois d'Hector. Troie a été refondée par Alexandre et Lysimaque, mais on se demande si la moderne Ilion est bien installée sur le site homérique[3].

Le tourisme archéologique attirait donc peu les Grecs en Troade, et Ilion était surtout fréquentée à l'époque des grandes fêtes instituées par Alexandre. Au vrai, le paysage de l'*Iliade* ne peut émouvoir que l'élite. Le pèlerinage à Troie relève surtout de la symbolique royale. Alexandre, en débarquant sur la terre d'Asie, est allé directement à Troie pour sacrifier à Athéna et à Priam, et pour couronner les tombeaux d'Achille et de Patrocle[4]. On verra plus tard la famille julio-claudienne s'arrêter à l'occasion sur le site qui constitue le berceau de la *gens* : César et Germanicus notamment. La Troade séduit toutefois moins les princes que l'Égypte : leur culture homérique est de l'ordre de la citation ponctuelle, même si Néron a composé des *Troica* et une *Prise de Troie* que marquent surtout la quête du pathos tragique et l'analogie entre l'incendie de Troie et la catastrophe de 64 à Rome[5]. Pour les princes romains, la mémoire de Troie est célébrée à Rome, dans le cadre du *lusus Troiae*, carrousel réservé aux jeunes nobles, dont l'*Énéide* a enraciné la continuité

---

1. Strabon, XII, 2, 7.
2. *Ibid.*, XIII, 4, 11 et 14 ; XIV, 1, 11.
3. *Ibid.*, XIII, 1, 24, 26.
4. Arrien, *Anabase*, I, 11, 7-8.
5. Dion Cassius, LXII, 19, 1 et 29, 1.

liturgique en retraçant les jeux funèbres d'Anchise, père d'Énée[1].

La politique de promotion des sanctuaires, inaugurée à la fin du IIIe siècle par les derniers Séleucides, a été relayée par l'œuvre de restauration de César, Antoine et Auguste : ils rétablirent les privilèges des temples et leur restituèrent les objets précieux pillés par les conquérants. Cette politique, ainsi que les voyages d'Hadrien et son programme de construction, rendirent leur éclat aux villes-musées de l'Asie, sans pourtant leur permettre de rivaliser avec Athènes.

Lieux de mémoire, les villes d'Asie ont développé leur fonction thermale. Toutes les installations de cette région datent de l'époque romaine, et au plus tôt de la basse époque hellénistique. On peut se demander si l'essor et le succès du thermalisme asiatique ne sont pas un apport de la domination romaine. Il est toutefois des sanctuaires guérisseurs d'implantation ancienne, certainement préhellénique, en des localités bien situées, comme celui de la Mère des Eaux Chaudes à Dorylées, le grand carrefour routier du plateau anatolien. Le Plutonion de Nysa, où se pressait une foule de malades à l'époque de Strabon, remontait à des temps reculés[2]. Un traitement fondé sur l' « incubation », dans des sanctuaires thérapeutiques, semble avoir précédé et annoncé, dans les milieux indigènes, bien avant la conquête d'Alexandre, l'éclat du thermalisme à l'époque impériale.

Au IIe siècle de notre ère, Athénée a fourni une liste et une typologie des sources thermales asiatiques, qui sont loin d'être exhaustives : il distingue les « eaux chaudes », salées ou douces, les « eaux grasses », les sources bouillonnantes, aux vertus décapantes, et les eaux sulfureuses[3]. Les eaux de Pruse prirent le nom de Thermes royaux après la visite et la cure d'Hadrien ; plus tard Caracalla se précipita à Pergame, dont l'Asclépieion était devenu un haut lieu de la médecine, pour profiter du traitement d'Asclépios et prendre le plus grand nombre de bains possible.

Les stations de Mysie, au nord-ouest de l'Asie Mineure, et celles

---

1. *Énéide*, V, 545 sq.
2. Diodore, V, 62 ; Strabon, XIV, 1, 44.
3. Athénées, II, 43a-b.

364 VOYAGER DANS L'ANTIQUITÉ

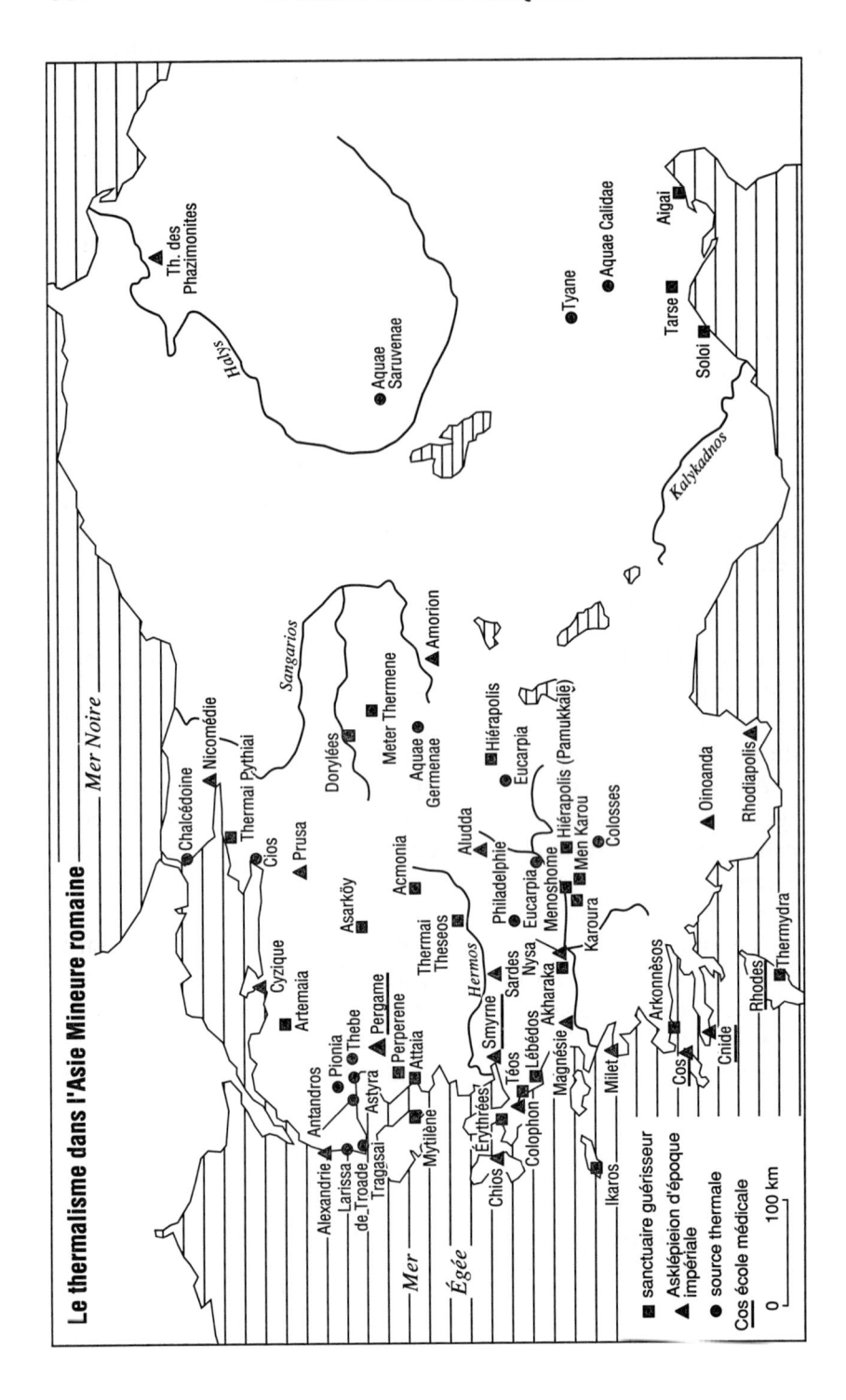

Le thermalisme dans l'Asie Mineure romaine

- ■ sanctuaire guérisseur
- ▲ Asklépieion d'époque impériale
- ● source thermale
- <u>Cos</u> école médicale

d'Ionie nous sont particulièrement bien connues grâce au journal de curiste d'Aelius Aristide, rédigé à la fin du IIe siècle. Il a d'abord essayé Allianoi, puis est allé prendre les eaux chaudes de Lébédos (toujours sans résultat), avant d'effectuer un séjour dans la station thermale de l'Aisépos, où sa santé se rétablit enfin [1]. Il s'agissait de petits déplacements : Allianoi est à 22 kilomètres de Pergame où résidait alors Aristide, et il pouvait faire l'aller et retour dans la journée. Il y séjourna au moins à trois reprises : la première fois, malade et saisi d'étouffement, il se limita à une cure de repos ; les autres fois, il ne vint que pour se baigner, boire l'eau de la source et s'asperger le cou de cannelle broyée.

Pour gagner Lébédos, au sud de Smyrne, il voyagea en voiture car il faisait figure de grand malade. Il ne prit donc les eaux que très modérément et eut besoin d'une assistance continuelle. Il passa d'un remède à l'autre, en faisant consulter l'oracle de la région puisque la cure restait sans effet. Il dut alors regagner Pergame.

Au bout de dix ans de maladie, il partit pour les sources chaudes de l'Aisépos, un fleuve de Troade, à deux jours de route de sa villa de Mysie. On y prenait des bains et lui-même y possédait une maison de campagne relativement éloignée de l'établissement thermal. Sa première cure, exténuante du fait du mauvais temps et des refroidissements après le bain, fut un échec. La seconde fois, toujours en hiver mais par temps clément, il s'abstint des bains et suivit seulement le régime ainsi que toutes les prescriptions, religieuses et médicales ; il trouva ainsi, avec la guérison, la paix de l'âme et de l'esprit.

En général, Aristide était accompagné de ses amis et de ses compagnons habituels. Il est vrai qu'il s'agissait de petites stations, au faible indice de fréquentation : à Allianoi, où il se rendit seul pour la première fois, il ne découvrit qu'un seul autre curiste.

Le Proche-Orient touristique : les villes de « délices »

Les monarchies hellénistiques ont voulu faire de leurs capitales des centres de culture et de fêtes, mais aussi des séjours d'agré-

---

1. *Discours sacrés*, III, 1-6 et 7-15 ; IV, 1-13.

ment. Baïes et la Campanie de charme ont leur équivalent dans l'Orient conquis par Rome. Au fur et à mesure que l'immensité de l'Empire impose des « corégences » (Antoine, Agrippa, Lucius Verus), ces capitales ont vocation à abriter le loisir militaire et administratif. Au nombre de ces capitales figure Tyr, pour son charme et sa densité humaine, et surtout Antioche de Syrie[1].

Antioche est « la perle de l'Orient ». Le faubourg de Daphné, son oracle et ses fêtes attirent la foule ; c'est un centre de fraîcheur, aux sources renommées. Daphné séduit les princes voluptueux, notamment Lucius Verus, co-empereur de Marc Aurèle, l' « usurpateur » Avidius Cassius, Sévère Alexandre[2]. La région fournit aussi aux légions des quartiers d'hiver qui passent pour amollissants. Un des attraits d'Antioche même étaient les portiques et promenades. La cote touristique de la ville ne fléchit pas aux IIIe et IVe siècles. La cité était réputée pour ses illuminations nocturnes et ses « tavernes » : les Syriens sont le peuple de la fête, et Antioche est en fête toute l'année, avec « cortèges et spectacles[3] ». Libanios, l'enfant du pays, au IVe siècle, a noté la vitalité du théâtre et la vogue des courses. Aussi convoitée que décriée, Antioche a inspiré à l'empereur Julien un âpre pamphlet, le *Misopogon* (« L'Antibarbe »).

L'Égypte mystérieuse

L'Égypte, visitée par les Grecs depuis le VIIe siècle, fut certainement la région touristique la plus ancienne du monde antique, sans jamais pour autant devenir l'objet d'un tourisme de masse. Elle n'attira jamais de foules, mais mercenaires et fonctionnaires profitèrent de leurs déplacements pour découvrir la vallée du Nil et les cataractes, comme ces soldats grecs des pharaons saïtes qui laissèrent leur « signature » sur les monuments d'Abu Simbel. Et la Basse-Égypte fut régulièrement visitée par des intellectuels en quête des origines de l'humanité.

La tradition grecque du voyage en Égypte perdure, de Solon à

---

1. Ammien Marcellin, XIV, 8.
2. Strabon, XVI, 4. *Hist. Aug.*, *M. Ant.*, VIII, 12 ; *Verus*, V ; *A. Cass.*, V-VI ; *Sev. Alex.*, LIII, 1.
3. Ammien Marcellin, XIV, 1 ; Hérodien, II, 7-8.

Apollonios de Tyane et à Aelius Aristide, d'Hérodote à Strabon et Pomponius Mela. Historiens et géographes, dont les curiosités s'interpénètrent, y sont saisis par la majesté impressionnante de la nature et par l'abîme du temps. Au-delà de la diversité des rites religieux ou funéraires[1], et peut-être en raison de la barrière dressée entre l'Égypte et les curieux par l'épigraphie sacrée et les hiéroglyphes, le voyageur grec traditionnel, rejoint par le Romain cultivé, cherche le mystère, la vérité cachée sous la beauté. On relève une continuité culturelle et spirituelle entre les voyages d'Hérodote au Vᵉ siècle et d'Aelius Aristide, le sophiste d'Asie qui vint en Égypte, à la fin du IIᵉ siècle de notre ère, en quête d'une sorte d'initiation religieuse : pendant deux ans, il parcourut quatre fois le pays « en touriste consciencieux », prenant des notes et des mesures. Les prêtres continuaient la tradition des visites guidées, expliquaient les monuments et racontaient des légendes diverses[2]. Jusqu'à la fin de l'Antiquité, ils jouèrent le rôle d'exégètes, brisant le mur du silence que les hiéroglyphes opposaient au touriste ordinaire : même dans les romans, on voit les visiteurs harceler les prêtres de questions sur les pyramides, sur les galeries souterraines de la Vallée des Rois, que les Grecs appelaient « tuyaux » *(Syringes)*, et sur les fables[3]. Les indigènes participaient aussi à l'exhibition du patrimoine culturel et Pline a vu les habitants de Busiris escalader une pyramide pour la plus grande joie des voyageurs[4].

Pendant longtemps, et mis à part les expéditions de mercenaires à la frontière nubienne, le tourisme grec se limita à la Basse-Égypte, où Memphis était devenue une ville cosmopolite avec son quartier phénicien et sa communauté d'« Hellénomemphites ». Outre le taureau Apis, on visitait dans le voisinage le plateau de Gizeh, ses pyramides — dont deux étaient des « merveilles » — et son Sphinx qu'un Préfet d'Égypte fit désensabler au Iᵉʳ siècle à l'occasion de son excursion[5]. La fondation d'Alexandrie et

---

1. Hérodote, II, 85-89 ; Mela, IX, 57.
2. *Ibid.*, 99-142 ; Aelius, XXXVI, 122 et XLVIII.
3. *Ibid.*, 217 ; IX, 22.
4. *HN*, XXXVI, 76.
5. Hérodote, II, 8 ; Strabon, XVII, 1, 34 ; *OGI*, n° 666.

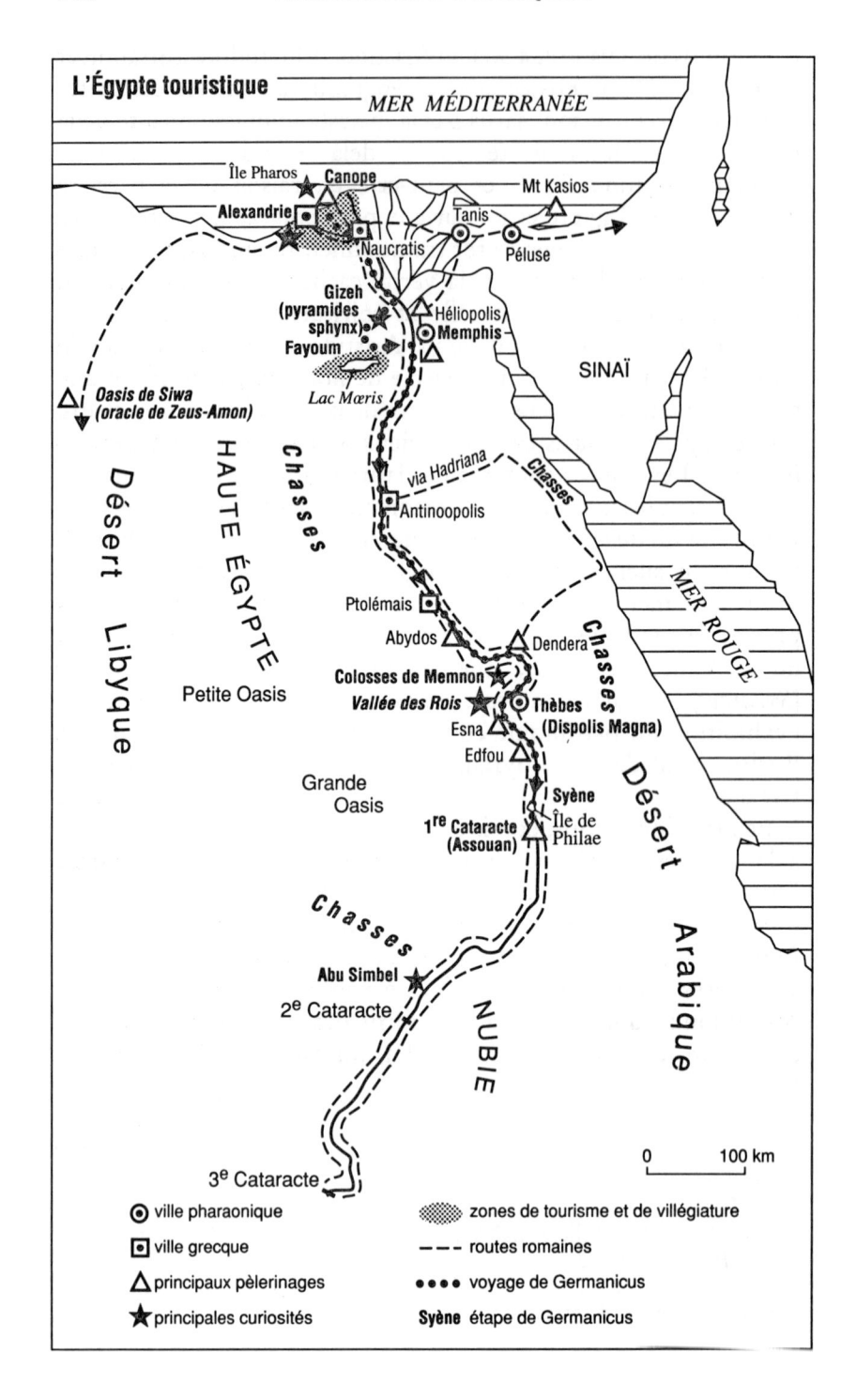

L'Égypte touristique

l'installation d'une dynastie grecque développèrent la vocation touristique du Delta, en particulier dans les villes saintes osiriennes, comme Saïs et surtout Canope, qui évoluèrent en stations balnéaires.

Les Ptolémées se livrèrent à une véritable propagande touristique et ébauchèrent un tourisme d'État. Toutes les ambassades étrangères étaient conviées à découvrir les nouvelles réalisations technologiques du Fayoum, les bassins d'irrigation, les sanctuaires et les voies processionnelles. Les ambassadeurs remontaient le Nil sur des embarcations de plaisance pour « voir du pays » ; ils étaient accueillis à Ptolémaïs et à Philadelphie par les fonctionnaires royaux, et on les emmenait aussi à Memphis. Les embellissements d'Alexandrie, ses fêtes somptueuses, au cours desquelles les rois faisaient défiler toutes les merveilles de l'Orient — pierres précieuses, animaux étranges, populations exotiques —, attiraient des foules énormes et les poètes de cour surent faire au IIIe siècle la réclame de l'Alexandrie hellénisée : « Ciel bleu, sports, spectacles, écoles, Musée, palais, vins généreux[1]. » Au IIe siècle de l'Empire encore, le roman d'Achille Tatius insiste sur les beautés de la ville et sur les fêtes dont elle est le cadre, au cours d'une visite dont l'excursion du Phare constitue le temps fort. Ce roman est un véritable guide du Delta, dont il décrit la faune — crocodile, hippopotame, éléphant, phénix —, le paysage particulier où la terre et l'eau se mêlent sans cesse, le Nil qui fournit le « spectacle étrange » d'être tout à la fois « fleuve, terre, mer et lac[2] ».

À cette époque, les Romains, sans rien renier de la curiosité archéologique de leurs prédécesseurs, ont découvert d'autres charmes à l'Égypte. Son climat, d'abord : Sénèque et Aelius Aristide ont noté qu'il ne tombait jamais de neige ; Diodore et Ammien Marcellin ont remarqué la douceur des brises de mer ; Martial soulignait que les roses fleurissaient, même en hiver[3]. On reconnaît les vertus thérapeutiques de l'eau du Nil, limpide, fraîche et « douce au goût ». D'autre part, l'Égypte est bien desservie depuis l'Italie par la ligne de Pouzzoles. La traversée dure en moyenne douze jours et le Haut-Empire voit partir des

---

1. Athénée, V, 197c-203b ; Théocrite, *Idylles*, XV ; Hérondas, *Mimes*, I, 21, 36.
2. Achille Tatius, III, 6-8, 12 ; IV, 2-3 et 19 ; V, 1, 2, 6.
3. *Épigrammes*, VI, 80, 1 sq.

malades en cure, des commerçants, des explorateurs et, au sommet de l'échelle sociale, les parents et les amis des préfets : c'est ainsi que Sénèque a bénéficié d'une hospitalité familiale. Marchands, soldats et fonctionnaires concilient avec leur mission le pèlerinage médical et leur goût pour les fêtes en séjournant à Canope. Ce sanctuaire miraculeux de Sarapis devient un vaste complexe balnéaire et nautique, qui inclut les deux Taposiris et Éleusis. Entre Canope et Alexandrie, les berges sont luxueusement équipées d'auberges, d'appartements d'hôtes et de mouillages pour les yachts. La mosaïque de Palestrina donne une vision colorée de ce « fleuve en liesse » qu'ont décrit géographes et romanciers[1]. Une lettre apocryphe d'Hadrien met l'accent sur la vitalité grouillante d'Alexandrie : on note la prolifération des poètes et des devins ; l'intense activité des fabriques de verre ou de lin ; l'effervescence des dévots de Sarapis, des juifs et des chrétiens.

Les merveilles archéologiques de la Haute-Égypte n'attiraient pas autant, malgré l'inventaire qu'en avait dressé Strabon et l'exemple de Germanicus. Pourtant, l'Égypte profonde n'était pas difficile d'accès, mais on hésitait à remonter le fleuve jusqu'aux cataractes et plus encore à parcourir les confins désertiques de la Vallée des Rois dont Strabon conseillait la visite[2]. Le géographe alla même en amont de la cataracte d'Éléphantine, où les bateliers se donnaient en spectacle au gouverneur en tournée en se laissant dériver vers la cataracte, d'où ils ressortaient indemnes. Il passa dans l'île de Philae, au moyen d'une de ces embarcations de papyrus qui paraissaient si précaires aux Grecs, et visita le temple d'Isis, lieu de pèlerinage depuis le milieu du IIIe siècle avant notre ère. Là, il bénéficia, comme dans les sites osiriens du Delta, de la curiosité générale pour la religion isiaque et le cycle mystique d'Osiris.

La visite de la Vallée des Rois s'inscrit dans un programme de « curiosités à voir », qui commence avec les miracles hydrauliques du lac Moeris (Fayoum) ; l'accent est mis sur l'Égypte secrète : la zone des pyramides, les « quarante stades » (8 km) qui séparent Memphis-Saqqara du plateau de Gizeh montrent les trois pyra-

---

1. Achille Tatius, V, 2, 1 ; Strabon, XVII, 1, 16-17.
2. Strabon, XVII, 1, 22, 31-34, 46, 49.

mides ; cette zone archéologique retient aussi l'attention par le labyrinthe, « ouvrage égal aux pyramides ». Point fort de tout voyage, la Vallée des Rois, le secteur de Thèbes-Louxor. Le géographe y recense quarante tombeaux, les « syringes » des Grecs. On relève quelques approximations : Strabon parle d'obélisques et d'inscriptions pharaoniques « dans les tombes ». Il ne cite guère les grands obélisques, dont certains font l'objet de transferts à Rome dès l'époque augustéenne. Son guide du voyage en Égypte, marqué par les souvenirs personnels et par l' « autopsie », paraît à son heure : les Romains peuvent déjà admirer la pyramide de Cestius ramenée d'Égypte, à la Porte d'Ostie ; ils doivent, depuis Sylla, pouvoir contempler, à Palestrina-Préneste, dans le temple de la Fortune, la célèbre mosaïque nilotique. Strabon va alimenter, dans les décennies suivantes, l'abrégé d'égyptologie de Pomponius Mela ; il va sans doute piquer la curiosité de Germanicus, amateur de littérature scientifique, et lui inspirer le désir de voir la vallée du Nil.

Il contribue aussi à faire connaître et à réhabiliter partiellement les cultes égyptiens. Son voyage est un pèlerinage, du culte d'Apis à Memphis au nome Nitriote, qui vénère Sarapis, ou au tombeau mythique d'Osiris à Saïs. Strabon a noté avec sympathie la singularité du culte rendu au bœuf-dieu Apis[1]. Les générations romaines suivantes seront ballottées entre la quête de la vérité mystérieuse et la condamnation d'un fanatisme barbare uni à la « superstition ». Mais Plutarque intègre au fonds spirituel gréco-romain, par le jeu des « interprétations » syncrétiques, les légendes isiaques et osiriennes. Il donne à l'investiture du pharaon (et du Ptolémée) à Memphis une valeur initiatique. La « philosophie » des prêtres, même dans ses tabous alimentaires, représente une sagesse de l'abstinence proche des préceptes du platonisme. L' « irrationnel », le « fabuleux » ne relèvent pas de la « superstition », mais d'un symbolisme cosmique : la poursuite du porc par Typhon, dans la quête d'Osiris, traduit en « mythe » l'exigence d'hygiène alimentaire. Les errances et les souffrances des dieux, comme celles d'Osiris, recèlent une symbolique cosmique, un « ordre » : Cronos rejoint Osiris, et le cycle d'Osiris et Arueris,

---

1. Strabon, XVII, 22, 23 et 31.

dans la théorie du calendrier, intègre le prophétisme d'Apollon. Zeus-Amon illustre le triomphe du Dieu-Univers[1].

La religion égyptienne, après les voyages d'Hadrien, se lave des griefs du paganisme romain orthodoxe. La religion isiaque n'est plus seulement un charlatanisme itinérant, une imposture desservie par des mystificateurs cupides. Seuls les satiristes caricaturent encore, à l'époque antonine, une Égypte sauvage et fanatique, adonnée à l'avilissante zoolâtrie[2]. Qui considère alors le massacre d'Ombos et de Tentyra comme un document révélateur sur l'Égypte éternelle ? Le voyage archéologique a rejoint le pèlerinage aux sources. L'Égypte des « merveilles » est devenue l'Égypte des « mystères », pour les Romains, grâce à la médiation de l'hellénisme.

---

1. *De Iside,* IX, 352f-353a ; 354, a, c et d.
2. Juvénal, *Sat.,* XV.

CHAPITRE X

Sur la route : voies de communication et moyens de transport

LE RÉSEAU ROUTIER

C'est en matière de routes que les disparités sont les plus grandes et les contrastes les plus évidents entre l'époque grecque et celle de l'Empire romain. Les Grecs eurent la vocation du voyage, mais non les moyens de se donner l'infrastructure suffisante. Handicapés, déjà, par les conditions naturelles, par le morcellement du relief et par l'émiettement des îles, ils l'étaient aussi par leur organisation en petits États indépendants, peu étendus et dotés de ressources financières très limitées. La construction d'un réseau routier continu et cohérent, lui-même engendrant spontanément des étapes confortables, n'était possible que dans le cadre de vastes États centralisés. Les monarchies orientales l'ébauchèrent au milieu du Ier millénaire, mais, même dans l'Orient grec, seul l'Empire romain put mener l'entreprise à bonne fin.

L'archaïsme du réseau routier grec

En matière d'infrastructure routière, l'action des États grecs fut toujours insuffisante, pour ne pas dire inexistante : Platon le déplorait déjà en son temps. Dans ces régions au relief montagneux et aux passes souvent étroites, la plupart des voies étaient des routes naturelles, qui résultaient d'une adaptation spontanée et séculaire aux mouvements du terrain. Entre Épire, Thessalie et Macédoine, elles trouvaient leur origine dans les « drailles » de transhumance. L'utilisation de certains de ces axes semblait immémoriale : Strabon rapporte à l'époque mythique la route d'Athènes à Delphes, par le Parnasse, que suivaient encore de son temps les grandes processions dites Pythaïdes[1]. Ces chemins présentaient forcément un profil très accidenté, ce qui explique que le sol ait été le plus souvent laissé à l'état naturel ; on n'a d'abord empierré, pour des raisons évidentes, que les tronçons en très forte déclivité. Très fréquemment, le tracé de la route empruntait une gorge ou le lit d'une rivière, qui était toujours accessible à pied ou à mulet dans les régions balkaniques, sauf à l'époque des crues : la route de Sparte en Arcadie suivait la vallée, très encaissée, de l'Eurotas ; en Attique, la route qui allait de la côte aux mines du Laurion utilisait la dépression d'un ravin. Les deux routes qui menaient de Corinthe à Argos, *via* Cléonai, sont décrites par Pausanias, l'une comme un raccourci accessible seulement à des marcheurs agiles, l'autre comme une passe étroite, appelée « trouée », difficilement praticable pour les attelages[2].

Les obstacles naturels paraissaient insurmontables. Il était tout à fait exceptionnel de frayer un passage dans le roc avant l'époque impériale et il a fallu attendre l'empereur Hadrien pour que la vieille route de Mégare à Corinthe, simple piste dans les falaises, soit élargie et transformée en route carrossable[3] ; c'était pourtant un axe très fréquenté. On peut citer les travaux effectués à l'époque hellénistique dans la petite cité de Hyettos de Béotie, où une paroi rocheuse avait été taillée à la verticale pour tracer le chemin qui menait de l'entrée de l'Acropole aux bâtiments qui se trouvaient à l'intérieur.

Les quelques aménagements que l'on peut rapporter à la période grecque étaient subordonnés à des objectifs militaires ou résultaient du développement urbain ; ils eurent toujours un caractère ponctuel et intermittent.

Le modèle de l'admirable réseau routier achéménide, mis sur pied et entretenu dans l'Orient perse aux VIe et Ve siècles, ne fut guère imité dans les Balkans, sinon par les souverains thraces et macédoniens. Dans ces contrées du Nord, l'initiative en revint au

---

1. Strabon, IX, 3, 12.
2. Pausanias, II, 15, 2.
3. *Ibid.*, I, 44, 6.

souverain perse Xerxès, qui construisit une route côtière en Thrace lors de l'invasion de la Grèce en 480[1]. Ce fut l'embryon de la future Via Egnatia. Philippe II et Alexandre prolongèrent ce tronçon des Détroits vers l'Adriatique et développèrent aussi tout un système de routes militaires dans les régions montagneuses et mal pacifiées de Haute-Macédoine : leur tracé rectiligne coupait court à travers les forêts ; étroites et pavées, elles permettaient le déploiement rapide de la cavalerie ainsi que les transports lourds de vivres et d'artillerie. Mais à l'époque de la conquête romaine, elles n'existaient qu'entre l'Épire, la Thessalie et la Macédoine ; c'est uniquement dans ces régions que se déplacèrent les troupes et qu'eurent lieu toutes les batailles.

Jusqu'à la conquête romaine, les seules routes transcontinentales avaient donc été l'œuvre des souverains perses, aux VIe et Ve siècles. Outre la « route royale », décrite en détail par Hérodote, qui menait de Sardes à Babylone par le plateau anatolien, une autre route desservait les capitales perses en traversant le plateau iranien de Babylone aux Portes de la Caspienne. Entre Pasargadès et Persépolis, elle était taillée dans le roc ; large d'environ 6 mètres, elle était très solide avec sa bordure de pierres et son revêtement de gravier compressé. Entre Persépolis et Suse, puis entre Suse et Sardes, elle était jalonnée de relais, avec des gîtes d'étapes « royaux », destinés au roi et aux personnalités en déplacement officiel, et de « très belles hôtelleries » — expérimentées par Hérodote — pour les autres voyageurs. La distance entre ces relais variait de 16 à 26 kilomètres environ[2].

Depuis l'époque hellénistique, la transcontinentale — cette « grande route » d'Ératosthène et de Strabon — relia l'Ionie (à partir d'Éphèse) à l'Inde[3].

Cependant, la terminologie très variée qu'utilisent les auteurs grecs pourrait donner à penser qu'il existait, dès l'époque classique, un réseau routier relativement hiérarchisé dans les Balkans. Les Grecs distinguaient en effet la route « carrossable » (*amaxitos*), la route à deux voies (*dikrotos amaxitos, diamaxos*), la « grande route » (*leophoros*), les routes directes « inter-cités » —

---

1. Thucydide, II, 98, 1 ; 100, 2 ; Hérodote, VII, 115 et 131.
2. Hérodote, V, 52-54.
3. Strabon, XIV, 29.

pour employer une terminologie moderne —, appelées parfois *xenis* (de *xenos*, « étranger »). Mais, à considérer la réalité sur le terrain, on est bien ogligé d'admettre le caractère très rudimentaire de ce que l'on désignait alors comme une « grande route » : celle de Sparte à Mégalopolis, dans le Péloponnèse, empruntait, on l'a dit, une gorge fort étroite. Quant à celle des Portes de Cilicie, qui menait d'Asie Mineure en Syrie du Nord, Xénophon remarque qu'elle est « assez large pour les chariots », mais « fortement escarpée[1] » : elle circulait, en effet, à 1 200 mètres d'altitude, avec un fort gradiant. Et la route « carrossable » de Mélitée à Xynias, en Grèce centrale, empruntait un ravin.

En Grèce, une route carrossable n'était donc pas forcément une route aisée. Pour améliorer ces chemins de montagne, quand la roche affleurait le sol, on se contentait le plus souvent de faciliter le passage des véhicules en y creusant des ornières artificielles, dont l'écartement correspondait à la norme des roues d'attelage, soit 1 m 40. La technique semble très ancienne et pratiquée dès l'époque mycénienne. Sur l'isthme de Corinthe, ces rainures apparurent à la fin du VIIe siècle ou au début du VIe, pour permettre le transport des navires entre la mer Égée et la mer Ionienne en évitant de contourner le Péloponnèse et d'affronter les dangers du cap Malée ; on a actuellement exhumé environ deux kilomètres de cette voie dallée en tuf, à peu près droite. Il est difficile d'apprécier la diffusion de ce procédé dans le monde grec, car il n'est pas toujours possible au voyageur ou à l'archéologue de distinguer entre ornières artificielles et rainures résultant du passage des véhicules et de l'usure de la route, surtout en l'absence de tout texte antique décrivant cette route ; parfois, au contraire, le témoignage d'un voyageur ou d'un géographe permet d'interpréter certaines ornières comme la preuve d'un aménagement antique ; ainsi sur le tronçon de route Thèbes-Anthédon, en Béotie, qu'Héracleidès le Crétois déclara « carrossable ». Mais les rainures artificielles ne sont pas caractéristiques d'une époque, puisqu'on continua à employer cette technique au Moyen Âge. Dans l'Antiquité, à en croire les textes, il semble qu'elles aient été utilisées localement dans les passes rocheuses et assez systématiquement aux abords des villes, sur les tronçons très fréquentés : la

---

1. *Anabase*, I, 2, 21.

route d'Éleusis et celle du Pirée autour d'Athènes ; celle de Sparte au sanctuaire d'Amyclées ; celle d'Olympie au sanctuaire d'Élis ; celle d'Athènes à Delphes. Ce sont des routes qui, bien souvent, sont aussi à deux voies.

Ces routes « carrossables », c'est-à-dire en fait des voies charretières, sont attestées depuis l'époque homérique ; Pindare usa de cette appellation technique (dans un sens métaphorique) au tout début du ve siècle[1]. On rangeait dans cette catégorie la route menant d'Athènes au Pirée, celle qui allait à Éleusis, ou encore l'axe qui suivait le littoral égéen depuis la passe des Thermopyles jusqu'à Épidaure ; il s'agit toujours de routes très fréquentées, par les marchands et les pèlerins, ou de voies stratégiques. Dans la région de Cyrène, en Libye, c'est encore en fonction d'intérêts stratégiques qu'on aménagea une route carrossable. Mais dès qu'on quittait le bord de mer et les alentours des cités commerçantes, les voies charretières devenaient, semble-t-il, beaucoup plus rares : c'était le cas dans le Péloponnèse puisque, au IVe siècle encore, une armée spartiate qui manœuvrait en Arcadie devait faire un détour pour pouvoir emprunter une bonne route[2]. Quand Strabon visita et décrivit le Péloponnèse, au début de l'Empire romain, c'est à peine si un réseau routier cohérent commençait à s'esquisser en rayonnant autour de Corinthe, vers Argos, Tégée et Sparte (à l'est et au sud) ainsi que vers Élis et Olympie (au nord-ouest) ; à l'ouest, la région de Patras restait mal desservie. Le géographe ne rencontra que très peu de voies carrossables et emprunta plutôt de petits chemins qui sillonnaient la campagne ; ils étaient bordés d'oratoires rustiques, dédiés à Artémis, à Aphrodite, aux Nymphes et à Hermès « de la route », qui veillait à la sécurité des routes et des carrefours ; les voyageurs, en passant, consacraient une pierre au dieu[3].

Les routes grecques étaient très étroites. Même à l'époque hellénistique, les travaux d'aménagement demeuraient limités aux abords des grandes villes. Dans les campagnes, les voies ordinaires ne dépassaient pas 4 mètres de large ; elles devenaient des « avenues » (*leophoroi*) aux approches des localités importantes

---

1. *Néméennes*, VI, 56.
2. Xénophon, *Helléniques*, VII, 1, 29.
3. Strabon, VIII, 3. *Anth. pal.*, VI, 253.

pour permettre la circulation et le croisement des attelages aux jours d'affluence. Seuls ces tronçons étaient pris en charge par les pouvoirs publics ; sur le reste du parcours, les travaux d'entretien et de propreté étaient à la charge des riverains « le long de leur bien et sur une distance fixée par l'État[1] ». L'étroitesse générale des routes était un élément d'insécurité. Qu'on se souvienne de l'histoire d'Œdipe ! Le voyageur (à pied) rencontra son père (en chariot) sur la route de Delphes à Thèbes, là où la route se resserrait tellement que l'un des deux devait absolument céder le passage à l'autre ; le parricide inconscient fut la conséquence du conflit de préséance[2] :

> En poursuivant ma route, quand j'approchais de ce triple chemin, là, un héraut et, monté sur un char que traînaient des chevaux, un homme, comme tu me l'as dépeint, viennent vers moi en sens contraire. Le conducteur, le vieillard aussi me poussent hors du chemin, violemment. Moi, de colère, je frappe l'homme qui m'écartait, le cocher. Le vieillard à cette vue guette le moment où je passe à côté du véhicule et, de haut en bas, en pleine tête, il m'atteint avec son double aiguillon. Certes, il le paya cher. À l'instant même de son bâton je le frappe avec cette main-ci, et, à la renverse, du milieu du char il s'effondre sous le coup, en roulant. Et je tue tous les autres.

L'élargissement des routes au voisinage des villes relevait, comme la plupart des travaux publics, de l'évergétisme, c'est-à-dire d'initiatives personnelles de notables, destinées à pallier les insuffisances budgétaires et administratives de la cité grecque. À ce prix, le réseau routier se développa localement à l'époque hellénistique : une épigramme funéraire du IIIe siècle, plusieurs fois imitée par la suite, évoque une tombe profanée par le percement d'une route au milieu d'un cimetière, donc dans une zone suburbaine[3] :

> À quoi bon nous revêtir de terre ? Car là où jamais auparavant on ne passait, les hommes ont frayé une route ; ils vont et viennent sur ma tête.

Sur les routes grecques, les distances ne furent que très rarement indiquées avant l'époque romaine. Les incertitudes ou les erreurs

---

1. Inscription de Pergame, *OGI*, 483.
2. Sophocle, *Œdipe-Roi*, 805-812.
3. *Anth. Pal.*, VII, 478-480.

d'appréciation du voyageur étaient donc fréquentes. Pausanias l'avoue au IIe siècle de notre ère : de l'avis du périégète, il y a 180 stades (32 kilomètres) de Delphes à Tithorée par la route qui traverse le Parnasse, mais celle-ci est réputée « un peu plus longue [1] ». Quant à Hérodote, son estimation de la route de Cappadoce est tout simplement aberrante : à l'entendre, la distance depuis la côte qui fait face à l'île de Chypre jusqu'à celle de la mer Noire, au nord, correspond à cinq jours de marche, au rythme d'un « bon marcheur [2] » ; or la longueur réelle de la route est de 500 kilomètres et aucun marcheur, si bon soit-il, ne fait 100 kilomètres par jour, surtout quand il faut franchir les monts du Taurus ! Pour l'Asie Mineure, les distances furent mesurées plus tard de façon assez précise, quand Ératosthène décrivit au IIIe siècle les deux routes majeures qui partaient d'Éphèse : vers l'est, à travers la Phrygie, la Lycaonie et la Cappadoce, la route qui menait à Samosate, le point de passage sur l'Euphrate, était longue de 1 660 stades ; vers le sud, la route de la Pérée rhodienne se décomposait comme suit : 120 stades d'Éphèse à Magnésie, 140 de Magnésie à Tralles, 160 de Tralles à Alabanda, 250 d'Alabanda à Lagina, et 850 de Lagina à Physcos, le terminus [3].

Depuis le Ve siècle, il existait néanmoins quelques repères, comme cette stèle indicatrice de l'île de Thasos, qui donnait des étapes et la longueur d'un itinéraire circulaire autour de l'île, du port au port [4] :

> De la ville jusqu'ici, en passant par Ainyra : 13 650 brasses [environ 25 kilomètres].
>
> D'ici au Diasion de Démétrion : 10 950 [environ 20 kilomètres].
>
> Du Diasion à la ville, en brasses, par le bord de mer : 19 500 [environ 36 kilomètres].

À Athènes, l'autel des Douze Dieux, sur l'Agora, servait de point de départ pour calculer les distances [5] : c'est à partir de ce repère qu'Hérodote mesure la route d'Athènes au temple

---

1. Pausanias, X, 33, 8.
2. Hérodote, I, 72.
3. Strabon, XIV, 29.
4. *BCH,* 98, 1964, pp. 267-269.
5. Hérodote, II, 7.

d'Olympie, soit 1 500 stades (266 kilomètres) « à 15 stades près ». La distance pouvait être signalée le long des routes, comme en témoigne cette borne athénienne du IVᵉ siècle[1] :

> La cité m'a érigée comme monument, pour indiquer à tous les mortels la longueur exacte du voyage. L'intervalle entre le port et l'autel des Douze Dieux dépasse 45 stades.

Une autre borne, également retrouvée à Athènes, donne la longueur d'un « circuit de promenade » : 5 stades et 18 pieds, soit environ 900 mètres. En Attique, dès le IVᵉ siècle, on signalait aussi les directions, comme sur cette « borne de la route d'Éleusis ». Les hermès tricéphales, statues-piliers que l'on érigeait aux carrefours, pouvaient servir à indiquer les routes qui partaient dans chaque direction et portaient donc des inscriptions[2]. D'une façon plus générale, une route grecque était toujours désignée par son point de départ et son point d'arrivée : tous les témoignages de géographes et de voyageurs en font foi. Les descriptions de routes sont significatives : on ne mentionne qu'exceptionnellement leur état ; on remarque davantage si elles sont carrossables ou non, et surtout on les décrit comme des axes de circulation, de ville en ville : sur la route d'Éphèse qui suit la vallée du Méandre, la « première localité qu'on rencontre » est Antioche, puis viennent Tralles, Acharaca, Nysa, etc.[3].

On se perdait facilement. Quand Dion de Pruse exilé parcourut le Péloponnèse en 83 de notre ère, en évitant les grandes villes pour des raisons de sécurité, il prit la route d'Héraia à Pisa, qui suivait l'Alphée. C'était tout de même aux environs d'Olympie, dans une région très fréquentée ! Pendant un certain temps, il progressa sans difficulté ; mais quand il fut entré dans une contrée sauvage et boisée, il ne distingua plus la route des nombreux sentiers de parcours utilisés par les bergers et leurs troupeaux. Il s'égara complètement, bien qu'on fût en plein midi, sans rencontrer personne à qui demander sa route. Il grimpa alors sur une éminence pour repérer une route ou une maison, et trouva là une vieille prêtresse qui desservait un sanctuaire de bergers. Elle lui

---

1. *IG*, II², 2640, 2639, 2624.
2. Philochore, dans Jacoby, *FGrH*, III/B, 328, 22.
3. Strabon, XIV, 38-44.

révéla les mythes locaux, mais l'histoire ne dit pas si elle le remit sur le droit chemin[1] !

Dans cette aventure de voyageur perdu, l'état de la route — qui se confond avec les drailles de transhumance — entre autant en ligne de compte que l'absence de panneau indicateur.

La maintenance des routes et les problèmes de voirie n'intéressèrent à peu près pas les cités grecques. On ne possède en tout et pour tout que deux lois relatives à des aménagements routiers : l'une, votée par Athènes au Ve siècle, qui décide la construction d'un pont ; l'autre, de Pergame, qui réglemente l'entretien des routes. Encore discute-t-on de la date de cette dernière : certains la font remonter à l'époque hellénistique, tandis que d'autres n'hésitent pas à la rapporter au IIe siècle de l'Empire en vertu du fait que certaines prescriptions — notamment celle de confier l'entretien de la route à des particuliers par portions — se retrouvent dans le *Digeste*[2]. À Sparte, les rois, en tant que chefs d'armée, semblent avoir été responsables du réseau routier ; ils étaient seuls à connaître de « toute affaire concernant les chemins publics » et à les juger[3].

Il n'y avait pas, dans la cité grecque, de magistrats spécialisés dans l'aménagement des routes, et la voirie n'y constituait pas davantage un service public assigné à quelques citoyens sous forme de « liturgie ». Athènes a peut-être innové dans ce domaine, au IVe siècle, puisque Aristote y mentionne des agents voyers, chargés de « faire les routes » ; ils recevaient des fonds publics, prélevés sur la caisse des spectacles, et utilisaient des esclaves. Mais, selon un contemporain, ils n'auraient été responsables que de la propreté des rues de la ville — ce qui relevait, à d'autres époques, des « astynomes[4] ».

C'est surtout pour assurer le bon déroulement des grandes processions que les pouvoirs publics se préoccupaient de l'état des routes. À Delphes, l'amphictionie, comprenant les délégués des différents États gestionnaires du sanctuaire, veillait sur les voies et sur les ponts, dans les sections les plus proches de ce qu'Hérodote et Strabon appellent la « voie sacrée[5] ». En 320, les magistrats

---

1. Dion de Pruse, I, 52-54.
2. *OGI*, 483, 29-35 ; *Digeste*, 43, 10 ; *IG*, I², 81.
3. Hérodote, VI, 57.
4. *Constitution d'Athènes*, 54, 1 ; scholie à Eschine, *Contre Ctésiphon*, 25.
5. *IG*, II², 1126, 40-43 ; Hérodote, VI, 34 ; Strabon, IX, 3, 12.

d'Athènes firent aplanir des routes non pavées, pour faciliter le passage des processions en l'honneur de Zeus Sauveur (au Pirée) et de Dionysos : ces « grandes routes » devaient être « aplanies et aménagées le mieux possible » ; mais les « agoranomes » avaient des moyens limités et devaient contraindre « ceux qui jetaient des déblais sur ces routes » à les enlever eux-mêmes comme ils pouvaient[1]. En revanche, la cité de Délos employait au IIIe siècle des salariés pour nettoyer la route qui menait à un sanctuaire d'Artémis excentré ; l'équipe fut payée deux drachmes, ce qui correspond à de maigres salaires. L'opération fut répétée au moins une fois dans la première moitié du IIIe siècle[2].

Sinon, on n'obéissait guère qu'à des nécessités stratégiques pressantes. On construisit en un temps record une chaussée entre l'île d'Eubée et le continent, à travers le détroit de l'Euripe, qui était large à cet endroit de 60 mètres, grâce au concours des quatre cités de l'île, de tous leurs citoyens, et même de tous les étrangers domiciliés. Mais c'était en 410 et il s'agissait de réunir l'île au territoire béotien alors qu'elle venait de sortir de l'empire d'Athènes ; les historiens antiques insistent sur le caractère tout à fait exceptionnel de cet effort « commun[3] ».

*Le passage des fleuves :
une épreuve pour les Grecs*

À l'époque classique et hellénistique, le franchissement des rivières et des fleuves compliquait encore les itinéraires routiers, dans l'Orient perse comme en Grèce. Un Athénien du IVe siècle n'envisageait spontanément que le passage à gué — difficile à trouver dans le cas des grands fleuves et toujours dangereux[4] :

> Les fleuves forment un obstacle infranchissable [...]. Tous les cours d'eau, en effet, loin de leur source, ne peuvent être traversés, mais si l'on remonte vers leur source, on peut alors les franchir sans même avoir de l'eau jusqu'au genou.

---

1. *IG*, II², 380, 19-23.
2. *IG*, XI/2, 159, A, 42-43 (en 281) et 203, A, 37 (en 269).
3. Diodore, XIII, 47, 3-5.
4. Xénophon, *Anabase*, III, 2, 22 et 5, 7.

Et les soldats sondaient les fleuves avec leur lance... Ce réflexe explique l'itinéraire suivi par les armées dans le Proche-Orient : depuis l'Anabase des Dix Mille, à la fin du Ve siècle, jusqu'aux guerres de Mithridate, au début du Ier, elles remontaient l'Euphrate ou le Tigre pour les traverser à pied, près des sources. Dans le cours moyen de l'Euphrate, en Syrie du Nord, au point le plus proche de la côte, le passage à gué, tel que le réalisèrent Cyrus en 401 et Lucullus en 69, paraissait relever du prodige divin ; c'était en soi un bon présage pour la suite de l'expédition[1].

L'alternative, pour une armée en campagne, était, il est vrai, bien périlleuse. Il s'agissait en effet du pont de bateaux, qu'on assemblait selon une technique mise au point par les Perses et décrite par Hérodote à propos du franchissement de l'Hellespont par l'armée de Xerxès en 481[2] :

> Voici comment ils s'y prirent. Ils rassemblèrent pour supporter le pont situé du côté du Pont-Euxin 360 pentécontères et trières, et, pour supporter l'autre pont, 314, disposées obliquement par rapport au Pont-Euxin et dans le sens du courant de l'Hellespont, afin que ce courant maintînt les câbles tendus. Ces vaisseaux rassemblés, ils mouillèrent de très fortes ancres, les unes pour l'un des ponts, du côté du Pont-Euxin, contre les vents soufflant de l'intérieur, et, pour l'autre pont, du côté du couchant et de l'Égée, contre le zéphir et le notos. De la terre ferme, ils tendirent les câbles en les tordant avec des cabestans de bois ; et on n'utilisa plus séparément les câbles de chacune des deux sortes, mais on attribua à chaque pont deux câbles de lin et quatre de byblos ; l'épaisseur et le bel aspect de ces câbles étaient les mêmes de part et d'autre ; mais les câbles de lin étaient proportionnellement plus lourds, pesant un talent par coudée. Quand les deux rives du détroit furent reliées, on scia les madriers à la mesure de la largeur du ponton, on les rangea en bon ordre sur les câbles tendus ; et, placés là côte à côte, on les assujettit encore au moyen de traverses ; puis on apporta dessus des planches, et, sur ces planches, bien jointes elles aussi, on apporta de la terre ; cette terre à son tour fut bien foulée.

Il avait fallu plus de 300 navires pour ce pont long de 1,2 kilomètre. On choisissait donc, pour l'établissement de ponts

---

1. *Anabase*, I, 4, 18 ; Plutarque, *Lucullus*, 24, 3.
2. Hérodote, VII, 34-36.

permanents, des sites où le lit était resserré, dans le cours supérieur ou moyen des fleuves. En Mésopotamie, il n'y avait plus de pont en aval de Babylone. En amont, le pont d'Opis ne faisait que 30 mètres, mais 37 bateaux étaient nécessaires pour traverser le Tigre dans son cours supérieur[1]. Pendant longtemps, il n'y eut qu'un pont permanent sur l'Euphrate : à Thapsaque, dans le coude du fleuve, là où il se rapprochait le plus de la Méditerranée mais où la distance entre les deux rives n'excédait pas 700 mètres. L'Halys, en Asie Mineure, avait pu recevoir un pont de pierre, ce qui paraissait un avantage considérable : Hérodote classe les fleuves d'Asie selon qu'ils peuvent être équipés de ponts de bateaux ou de ponts de pierre[2].

À partir de la fin du VIe siècle, au contact des Perses, tous les Grecs connurent la technique du pont de bateaux, mais Alexandre fut le premier à l'utiliser pour passer l'Euphrate en 331 : pour ses contemporains, et même pour la postérité, ce fut là un événement extraordinaire qui le mettait au rang des dieux et des héros, si bien que, sous l'Empire encore, on vénérait comme des reliques les câbles qui lui avaient servi[3]. Et quand un second pont permanent fut construit en Commagène, les Grecs qui le voyaient l'attribuaient aussi au roi légendaire, ou même à Dionysos[4].

On connaît une version grecque, « artisanale » et ancienne, du pont de bateaux perse : celle que proposa un Rhodien à l'armée des Dix Mille[5]. On gonflait des outres d'air, suivant l'usage assyrien ; on les assemblait deux par deux en travers du courant, puis on les lestait avec des sacs de pierres pour qu'elles reposent sur le fond ; on fixait alors l'ensemble d'une rive à l'autre et on le recouvrait d'un tablier de branchages et de terre. Le Rhodien demandait 2 000 outres pour supporter le poids de 4 000 hommes.

La traversée par pont de bateaux était toujours une épreuve. Il fallait plusieurs jours pour faire passer une armée, même si l'on doublait le pont comme le fit Alexandre sur l'Euphrate[6]. On était à la merci des conditions climatiques, puisqu'un orage suffisait à

---

1. Xénophon, *Anabase*, II, 4, 23, 25.
2. Hérodote, I, 75 et 179 ; V, 52.
3. Pline, XXXIV, 150.
4. Pausanias, X, 29, 4 ; Dion Cassius, XL, 17.
5. *Anabase*, III, 5, 8-11.
6. Quinte-Curce, III, 7, 1.

rompre le pont ; dans le cas de l'Euphrate, on redoutait particulièrement son débit irrégulier et ses étonnantes crues estivales, qui résultaient de la fonte des neiges dans les montagnes d'Arménie[1]. Aussi le franchissement du fleuve eut-il toujours valeur de symbole : facile, il présageait la victoire ; difficile, il annonçait l'échec — tel le passage de Crassus, en 53, qui précéda l'écrasement et le massacre par les Parthes[2].

Dans les Balkans où, même en Macédoine, les fleuves n'avaient ni cette largeur ni ce débit, les Grecs parvinrent à construire des ponts de pierre et de bois, sans jamais cependant pousser très loin la technique : ils ne surent pas utiliser la voûte sur piles, ni le cintrage. Les quelques ponts de pierre dont on peut encore observer les restes dans la région de Mycènes ou près d'Athènes sont bâtis en étages superposés, chacun débordant légèrement sur le précédent jusqu'à ce que les deux côtés se rejoignent au sommet ; c'était un procédé très archaïque, qui appliquait le principe des voûtes mycéniennes.

En Macédoine, on a découvert des vestiges de ponts hellénistiques qui combinaient la pierre et le bois : les piles supportaient une plate-forme mobile, en bois, qu'on pouvait enlever à la saison des crues ou en période de guerre. On choisissait un endroit où le lit de la rivière était large et rocheux, et où l'on pouvait dériver le courant à la saison sèche pour établir les piles directement sur la roche. Ainsi chaque grand fleuve de Macédoine eut-il son pont situé en un lieu stratégique : on franchissait l'Axios à l'est de Pella, la capitale, et l'Haliacmon à Aigai, l'ancienne ville royale. Avec cette technique, les ingénieurs des rois hellénistiques parvinrent à construire des ponts de 300 mètres de long.

Dans ces mêmes régions septentrionales, les Épirotes se montrèrent également experts à édifier des ponts pour maintenir les voies de communication ouvertes malgré des fleuves puissants : le plus ancien, près d'Ambracie, au carrefour de la route du Nord qui menait au sanctuaire de Dodone et de la route de l'Ouest vers la mer, remonte à l'époque classique ; le plus célèbre était le double pont sur l'Achéron, long de 300 mètres, que les Grecs

---

1. Hérodote, VII, 34 ; Plutarque, *Crassus*, 19, 4.
2. Plutarque, *Crassus*, 19, 4 ; Florus, I, 46, 4 ; Sénèque, *De beneficiis*, 5, 8-10 ; Dion Cassius, XL, 18, 2.

consideraient encore avec admiration sous l'Empire... et les Romains avec un peu de commisération[1].

Dans les cités, on fit surtout des ponts sur les voies sacrées qui menaient aux grands sanctuaires internationaux. Les amphictions étaient chargés de ceux qui existaient sur la route de Delphes[2]. En Attique, des ponts furent bâtis sur la route d'Éleusis. Le plus ancien fut décidé par la cité en 421 ; il s'agissait de franchir le Rheitos « au voisinage de la ville », afin que les objets sacrés que l'on transportait processionnellement à Éleusis puissent voyager « en toute sécurité » ; le matériau consiste en pierres de réemploi qui proviennent d'un ancien temple détruit par les Perses. Le pont sera très étroit : sa largeur ne devra pas dépasser 5 pieds (1,6 mètre), « afin qu'il ne soit pas accessible aux chariots, mais seulement à ceux qui marchent à pied à la suite des objets sacrés[3] ». Une telle prescription laisse d'autant plus rêveur que la largeur imposée était suffisante pour des véhicules dont l'écartement des roues n'excédait pas, on l'a vu, 1,4 mètre. Peut-être faut-il envisager un interdit d'ordre religieux, le voyage en voiture étant fréquemment réglementé dans les lois somptuaires et critiqué par l'opinion commune. Le texte du décret montre clairement, en tout cas, la motivation exclusivement religieuse qui anime les pouvoirs publics.

Pour la même procession, un autre pont fut édifié au voisinage d'Éleusis, sur le Céphise. Ce pont, en marbre, fut offert en 321 par un notable d'Athènes chargé cette année-là de l'organisation des Grands Mystères[4]. Il fut reconstruit au IIe siècle de l'Empire par Hadrien et il en subsiste encore des vestiges. Le motif invoqué en 321 est la sécurité de tous ceux qui vont et viennent entre Éleusis et le centre d'Athènes : pèlerins, certes, mais aussi soldats athéniens de la garnisons et cultivateurs ; c'est dire si l'on craignait de franchir une rivière dès qu'un orage était venu gonfler ses eaux. La générosité du notable athénien a paru assez remarquable pour mériter une épigramme commémorative[5] :

> Oh ! allez au temple de Déméter, oh ! allez-y, initiés, et ne redoutez pas les eaux que fait déborder l'orage : c'est un pont bien

---

1. Pline, IV, 1, 4.
2. *IG*, II[2], 1126, 40-43.
3. *IG*, I[2],81.
4. *IG*, II[2], 1191.
5. *Anth. Pal.*, IX, 147.

solide que Xénoclès, fils de Xeinis, a jeté pour vous sur ce large fleuve.

En l'absence de pont et de gué, on recourait à la batellerie : le moyen le plus couramment utilisé pour passer un cours d'eau assez large était le bac ou le radeau. Lors de leurs pérégrinations en Orient, les armées grecques ont emprunté des radeaux de peau, bourrés de foin sec et cousus, ou bien gonflés d'air selon la pratique assyrienne[1]. En Grèce, les bacs sont bien attestés dans les endroits de grand passage, surtout pour traverser un bras de mer ; on en connaît aussi sur les canaux du Nil dans l'Égypte hellénistique. Le bac apportait à la cité un revenu appréciable et Aristote signale que les bateliers constituaient dans certaines cités des groupements professionnels puissants[2].

En bref, l'insuffisance des routes grecques est flagrante. Tous les auteurs grecs qui ont connu et utilisé les voies romaines soulignent la différence. C'est Polybe, au IIe siècle avant notre ère, qui, empruntant la Via Domitia entre Rhône et Pyrénées, admire sans réserve son arpentage et sa « signalisation ». Et pourtant, elle était inondable à certaines saisons, avec le risque de bourbiers, dans la région de Nîmes ; les Romains ont prévu soit des bacs, soit des ponts de pierre ou de bois, préoccupés « de ce que les Grecs ont négligé, notamment de la construction des chaussées [...] construisant des routes à travers la campagne, pratiquant des tranchées dans les collines et comblant les dépressions », pour faciliter les charrois[3]. La route est une des gloires de Rome[4].

Le retard des Grecs doit moins être imputé à des raisons techniques qu'aux limites obligées de l'État-cité : un bon réseau routier nécessite le cadre d'un État territorial — et non un pays morcelé en cités — pour que les voies soient entretenues sur une très longue distance. D'autre part, la voirie exige une main-d'œuvre abondante et des ingénieurs, que fut plus tard capable de fournir l'armée romaine en temps de paix.

Dans ce cadre particulier où l'action de l'État s'arrêtait aux

---

1. Xénophon, *Anabase*, I, 5, 10 ; III, 5, 9.
2. *Politique*, IV, 4, 21.
3. Polybe, III, 39 ; Strabon, IV, 1, 12 et V, 3, 8.
4. Denys d'Halicarnasse, III, 37.

limites d'un canton moderne, les premières tentatives d'aménagement routier ne pouvaient venir que des sanctuaires, tenus à prendre en compte des voyages nombreux et réguliers, souvent à longue distance. Ou des rois : les Romains héritèrent de ces « routes royales »[1].

La primauté de la route romaine

Dans l'empire romain, si les voies navigables naturelles sont conçues comme un trait d'union, tel le Tibre, et font l'objet de rectifications et d'aménagements, les canaux de communication sont longtemps négligés : ils n'ont guère d'intérêt que local, comme les sections fluviales de la Via Appia, ou les canaux de plaisance des Champs Phlégréens. Il arrive certes que l'Empire élabore des projets fluviaux révolutionnaires indépendamment même du projet récurrent du percement de l'isthme de Corinthe. Parmi les plus grandioses, on se remémore le grand canal que Néron avait projeté entre les Champs Phlégréens et le Tibre, de l'Averne à Ostie ; des généraux de Néron ont imaginé un canal Moselle-Saône qui devait réaliser la grande liaison, par le Rhin et le Rhône, entre les pays du Nord et la Méditerranée[2].

Mais pour les Romains, et jusqu'au Bas-Empire, l'axe de communication continental privilégié est la route. L'originalité de Rome est d'avoir eu une politique routière, d'avoir tissé un réseau routier à l'échelle d'un immense empire, dont il permet à la fois l'extension et la gestion. Les contraintes de la géographie pèsent davantage sur la route romaine que sur le chemin grec : celui-ci suit les plaines côtières ou les vallées, ne franchit pas les montagnes, rencontre des lits de « fleuves » souvent asséchés ou peu profonds ; la route romaine doit affronter, en Italie, en Gaule, en Espagne, des fleuves puissants et profonds, voire irréguliers. Les inondations du Tibre en amont de la Ville constituent un problème récurrent. Le seul passage d'une rive à l'autre du Tibre exige tout un système de ponts !

Axe stratégique, axe administratif qui achemine les ordres du

---

1. *Digeste*, XLIII, 8, 22.
2. Suétone, *Néron*, 31, 5 et Tacite, *Ann.*, XV, 42, 2 ; XIII, 53, 2.

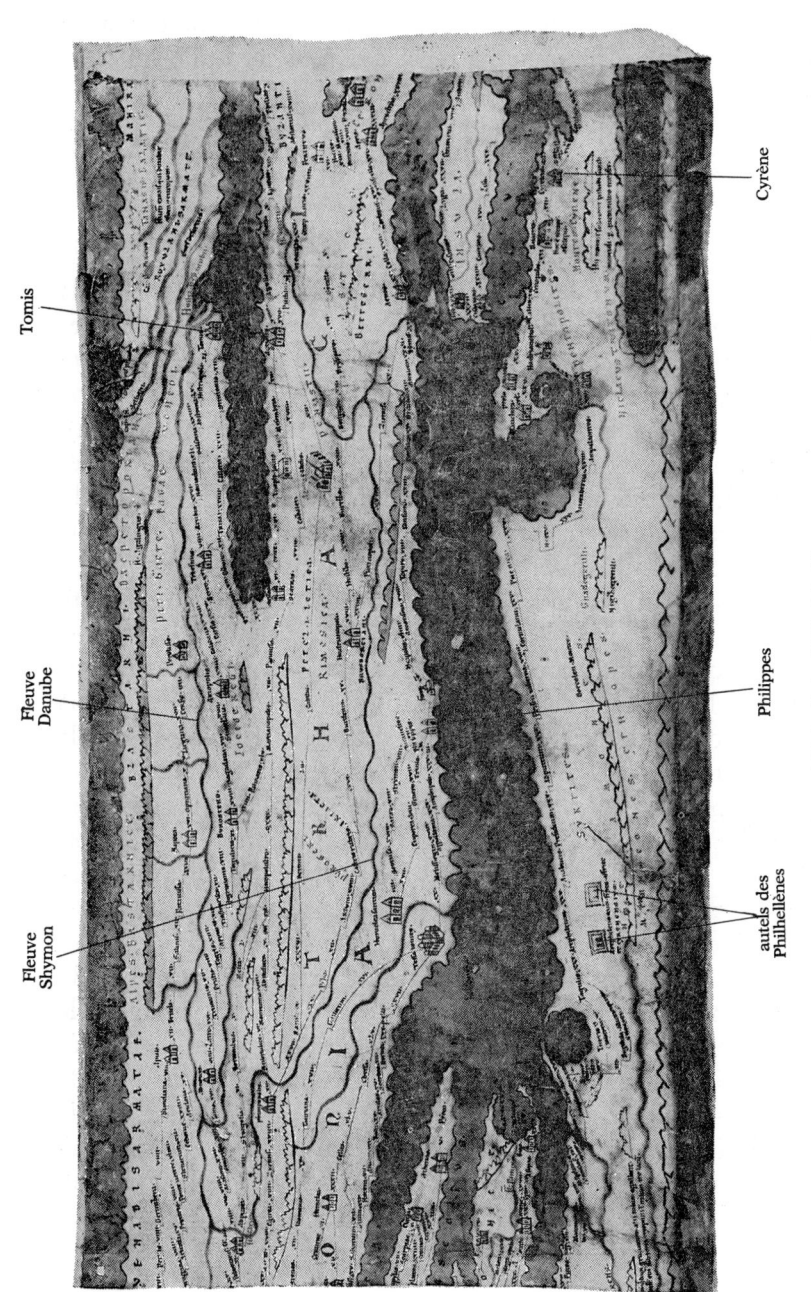

Les routes romaines en Thrace et en Macédoine (Table de Peutinger) Oesterreichische Nationalbibliothek, Vienne. Au nord, le Danube qui se jette par un delta dans la mer Noire où trois tours signalent Tomis, le lieu d'exil d'Ovide. En bas, la Libye, où les deux autels marquent la limite occidentale de l'expansion grecque.
Le long des routes sont indiqués les éléments du relief (fleuves et montagnes), les villes étapes (façades à deux tours), les villes d'eau (bâtiment fermé) et les sanctuaires (stylisés).

pouvoir central, les magistrats républicains et les fonctionnaires impériaux, la route romaine ne revêt que plus tard une fonction commerciale et touristique.

Le réseau ancien d'Italie

Au départ, Rome est un carrefour de routes entre la mer et la haute vallée du Tibre : le choix du site est « providentiel[1] ». Les premières voies radiales du Latium menaient à la colonie militaire d'Ostie (les futures Ostiensis et Laurentina), ou vers la Sabine rurale (Gabina, Labicana, Nomentana), vers les salines (la Salaria). La vocation stratégique des routes romaines est primordiale : elles resteront des « voies militaires » ou « consulaires[2] ». Dès la fin du IVe siècle avant notre ère était aménagé le grand axe du Sud, la Via Appia : en 342, sa première section, jusqu'à Bovillae, était pavée. À cette époque, il existe déjà une centralisation autour du Forum romain. La poussée vers le Sud et la Sicile au IIIe siècle, vers le Nord au début du IIe, oriente la construction du réseau stratégique : en 211 av. J.-C., pendant la seconde guerre punique, Appia et Latina sont militairement coordonnées ; dès 187 av. J.-C., la jonction est faite, vers le Nord, entre Flaminia et Aemilia. À cette période apparaissent les normes techniques : en 174, les censeurs ont édicté que « les voies doivent être pavées de pierre en ville, et, au-dehors, revêtues d'une assise de graviers et munies de bordures ». Le *silex*, pierre dure, s'oppose à la *glarea*, gravier[3].

Le critère touristique est capital dans l'aménagement des voies du Latium, autour du nœud routier de la Porta Esquilina. Il existe un complexe qui associe Appia, Latina et Valeria, nom de la Tiburtina à partir de Tibur. Entre Appia et Latina, on trouve les trois villégiatures de Tibur, Préneste et Tusculum, « visibles de Rome » — depuis la terrasse de l'Esquilin. Tibur vaut par le temple d'Hercule, les célèbres chutes d'eau de l'Anio, et son cours partiellement navigable ; Préneste, par le temple de la Fortune. Tusculum vaut par sa fertilité, sa colline et ses « résidences

---

1. Cicéron, *De Rep.*, II, 10-11 ; Strabon, V, 3, 5-8 (site, aqueducs et routes).
2. *Digeste*, XLIII, 7, 3.
3. Tite-Live, VII, 39 ; IX, 29 ; XXXIX, 2 ; XLI, 27, 4 et 11.

princières somptueuses » — ancêtres des villas de la Renaissance. Les sites religieux constituent la parure du Latium, en associant le sacré au naturalisme vénérable : ainsi le temple de Diane à Aricie, sa forêt et son lac. Ces sites marquent la limite de la villégiature suburbaine, comme Antium, la plage située à l'écart des grandes voies, au sud d'Ostie, « actuellement concédée aux gouvernants pour leur loisir et leur détente politique [...] avec maintes résidences de luxe[1] ».

Le critère administratif et politique, issu de considérations stratégiques, explique l'importance accordée à l'Appia, axe de la conquête et axe politique Occident-Orient : elle mène en Grèce et en Asie, son itinéraire terrestre est coordonné avec la ligne maritime de Grèce, à Brindisi, au-delà des étapes campaniennes de Calatia, Caudium, Bénévent. Or l'Appia gagne Brindisi à partir de Tarente. Strabon s'interroge sur le cabotage possible de Tarente à Brindes, et le récuse. À la route carrossable Tarente-Brindes s'opposent, à partir de Bénévent, routes locales et chemins muletiers du littoral adriatique. Sur le tronçon méridional de l'Appia, la « reine des routes », s'articule la route du détroit de Sicile, la Popilia. L'Appia est l'axe majeur de l'Italie, la route de 360 milles (540 km), la route de Rome, malgré des obstacles géographiques qui compromettent l'efficacité de la grande artère[2] :

> Dans le secteur de Terracine, en direction de Rome, il y a un canal latéral, alimenté en de nombreux endroits par les eaux des marécages et rivières. On utilise la navigation surtout la nuit, de sorte qu'on embarque le soir et qu'on peut débarquer tôt le matin, pour accomplir par la route le reste du voyage, mais la navigation se fait aussi de jour. L'embarcation est tirée par une mule.

Le même point de vue politique domine l'aménagement du nœud routier de l'Emilia-Flaminia, partie intégrante du dispositif de Cispadane et de Cisalpine celte. Placentia est considérée comme une plaque tournante, dont la guerre civile de César a rappelé l'importance : on a dédoublé l'itinéraire intérieur de l'Aemilia et la voie littorale homonyme, l'Aemilia Scauri qui suit le golfe de Gênes (Pise, Luna, Genua). Dans la région subalpine

---
1. Strabon, V, 3, 9, 11-12.
2. *Ibid.*, V, 3, 6 ; VI, 3. Voir Horace, *Sat.*, I, 5.

comme ailleurs, il y a coordination entre routes et voies d'eau. Le Tibre et le Pô, et tous les fleuves d'Italie, sont perçus comme faisant partie, avec les grandes voies romaines, d'un complexe économique et touristique ; bien qu'on préfère la route pour les déplacements administratifs, dans l'optique du voyageur, le Rhône et ses affluents font providentiellement de la Gaule une zone de passage, pour les voyageurs comme pour les marchandises[1].

En Sicile, comme en Italie méridionale, la comparaison entre le cabotage, le périple et l'itinéraire routier est à l'avantage de la route. Messine-Lilybée représente cinq jours et cinq nuits de navigation. L'étape Tarente-Brindes, par l'Appia, exige une bonne journée de marche ; le cabotage, plusieurs étapes. La Via Egnatia, d'Apollonie d'Épire en Macédoine, constitue l'alternative à l'itinéraire maritime indirect du golfe d'Ambracie, par Corcyre et Cassiopé[2].

La politique routière du principat

Le lien entre l'idéologie de la paix Auguste, centralisatrice, et la politique routière des Césars n'est plus à démontrer.

Auguste s'est fait gloire de sa politique routière : il a réparé, en 27 av. J.-C., « la Via Flaminia de la capitale à Ariminum (Rimini) » et imposé aux triomphateurs d'entretenir, sur leur butin, les autres voies... en voulant « faciliter l'accès de Rome dans toutes les directions ». La célèbre inscription d'Ariminum mentionne l'aménagement, à ses frais, « de la Via Flaminia et des autres voies les plus fréquentées d'Italie, en fonction d'un plan[3] ». L'opinion est très sensible à l'entretien et à l'aménagement du réseau routier d'Italie : on dénonce au Sénat, sous Tibère, les « routes interrompues et impraticables par la malhonnêteté des entrepreneurs et l'incurie des magistrats ». On déplorait la mauvaise desserte routière de la Campanie[4].

L'aménagement de la Lyonnaise, de Lyon à Trèves, a pour finalité les liaisons militaires et commerciales avec la Rhénanie[5] :

---

1. Strabon, IV, 1, 14 ; 2 ; III, 1 ; V, 1, 11.
2. *Ibid.*, VI, 2, 1 ; VI, 3, 6 ; VII, 7, 4.
3. *Res gestae*, XX, 5 ; Suétone, *Aug.*, 30, 3.
4. Tacite, *Ann.*, III, 31 ; Denys d'Halicarnasse, XV, 4.
5. Strabon, IV, 6, 11.

Agrippa a fait de Lyon le point de départ des grandes routes, celle qui traverse les monts Cemmènes et aboutit chez les Santons et en Aquitaine, celle du Rhin, celle de l'Océan, qui est la troisième et qui mène chez les Bellovaques et les Ambiani, enfin celle qui conduit en Narbonnaise et au littoral massaliotique, la quatrième. Mais on peut aussi, en laissant à gauche Lugdunum et la contrée en amont, bifurquer dans le Poenin même, traverser le Rhône ou le lac Léman pour gagner les plaines des Helvètes et de là, par un col qui franchit le mont Jura, atteindre le pays des Séquanes et des Lingons, où la route se divise en deux itinéraires, l'un pour le Rhin, l'autre pour l'Océan.

Les grands axes routiers d'Agrippa s'intègrent dans le schéma hydrographique de la Gaule (Rhône, Saône, Moselle, Rhin) ; il manque à ce schéma en étoile l'itinéraire qui va vers les Alpes Pennines et la plaine d'Helvétie, au débouché de la route du Grand-Saint-Bernard et du Val d'Aoste. Le saillant alpin, la partie à l'origine non pacifiée de la Gaule chevelue, des Alpes Maritimes aux Alpes Cottiennes et au Valais, a fait l'objet d'un programme d'équipement routier, d'Auguste à Claude, qui a achevé la route du Grand-Saint-Bernard, et auquel on doit les deux principaux axes transalpins, celui de l'est, d'Altinum (en Vénétie) au Danube, et celui de l'ouest, aboutissant de Milan à Argentorate (Strasbourg) et à Mogontiacum (Mayence). Deux bornes milliaires de ce secteur évaluent les distances à *Forum Claudii Valensium* (Martigny). La ville d'Aoste *(Augusta Praetoria)* était « le pivot entre le monde méditerranéen et le monde du Nord et de l'Atlantique » — l'étape de repos après le passage des Alpes. Ainsi se parfait une œuvre qu'Auguste avait initiée en regroupant les Alpes Maritimes et le Valais[1]. L'itinéraire alpin, qui mène d'Italie en Narbonnaise, a surclassé administrativement l'itinéraire méridional par Fréjus.

La politique routière est inséparable de la « providence » et de la « libéralité » impériales. Vespasien, dans sa restauration du monde romain, « a fait reconstruire des villes avec une splendeur extraordinaire, ouvrir des routes au prix d'immenses travaux, creuser des montagnes sur le tracé de la Via Flaminia[2] ».

Trajan a beaucoup fait pour les voies stratégiques, et sa

---

1. *CIL*, V, 7231.
2. Aurelius Victor, *Cés.*, IX[9], 8 sq.

politique routière est liée à ses campagnes, même dans la Péninsule. Dans le cadre des guerres d'Orient, « il établit une route qui permet de se rendre facilement du Pont-Euxin en Gaule ». Ce dessein gigantesque reprend l'idée de la grande voie de la rive droite du Danube, datant des Flaviens ; il la prolonge à travers la Dacie conquise, posant une chaussée de pierre sur les « marais pontiques »[1]. La campagne en Arabie et en Arménie, la « réduction de l'Arabie en province » (110 ap. J.-C.), offre mainte occasion d'étendre le réseau stratégique. Ainsi Trajan peut-il « ouvrir et paver une voie nouvelle aux confins de la Syrie, jusqu'à la mer Rouge », c'est-à-dire au golfe Persique.

L'aménagement de la Via Traiana, entre 109 et 114 de notre ère, correspondait aux projets orientaux de Trajan, à l'ultime campagne prévue. L'empereur voulait relier Bénévent à Brindisi, tête de la ligne maritime, sur la côte d'Apulie. Cette rénovation-extension utilise les voies anciennes et les chemins muletiers empruntés par Horace et ses amis lors du « voyage de Brindes » ; on a construit des ouvrages d'art et des ponts, et jalonné cet itinéraire *bis* vers la Grèce et l'Orient de bornes milliaires qui rappellent que le prince a édifié la route et les ponts « à ses frais[2] ».

La politique routière était, selon les régions, plus stratégique ou plus politique, mais elle était également axée sur la diffusion mondiale de la prospérité. La route romaine a toujours diverses finalités et, à l'apogée de la « paix romaine », sous les Antonins, l'Empire étant stabilisé, la libre circulation des biens et des personnes est un bienfait permanent. Horace l'avait déjà noté dans ses *Odes*. De Strabon à Aelius Aristide, en passant par les premiers représentants de la « seconde sophistique », l'éloge de Rome met l'accent sur la sécurité et la liberté des déplacements ; celui d'Aelius Aristide est un hymne à la sécurité internationale ; il vante un ordre qui abolit « les montagnes infranchissables, les grandeurs infinies des fleuves », qui crée la continuité des ponts et les étapes dans les déserts. Les routes font partie du domaine public de l'Empire, et leur entretien relève pour l'essentiel du privilège et de la bienfaisance du prince : les cités grecques ne

---

1. *Cés.*, XIII, 3 ; *CIL*, III, 8064.
2. *CIL*, IX, 6003-6052.

s'occupent pas des routes. Dans les provinces, les empereurs recueillent la gloire des travaux réalisés par « légats » interposés[1].

Il advient que tel projet local, ou régional, ait des finalités purement touristiques. La Via Domitiana, terminée par Domitien en 95, pallie l' « enclavement » de la Campanie balnéaire : entre Capoue, nœud routier où l'Appia s'infléchit vers l'Apennin, et les plages, à travers les étendues arides et ingrates de la côte de Cumes, elle intègre les routes locales existantes. Sa raison d'être est touristique : le Napolitain Stace souligne qu'elle devait « rapprocher des Sept Collines la demeure de la Sibylle eubéenne » et, sur le tronçon Capoue-Cumes, ramener « à deux heures à peine le trajet d'un jour complet[2] ».

Bâtisseur de voies stratégiques, Trajan a aussi aménagé — par l'intermédiaire d'un « légat », mais de sa propre initiative — une route desservant le temple et l'oracle d'Apollon à Didymes, en fonction des « intérêts publics des Milésiens[3] ».

La voie romaine et le droit public

Le droit romain et la jurisprudence permettent de corroborer cette mission « publique » de la route[4].

Le *Digeste* distingue entre les chemins privés *(uiae uicinales)* et les voies de communication publiques *(itinera publica)* : le critère est d'avoir un débouché sur la mer, dans les villes, sur les fleuves publics ou les autres voies militaires. Des interdits protègent lieu public ou voie de communication : le préteur défend « de faire ou d'introduire sur une voie ou chemin public tout élément qui puisse les dégrader » ; les voies publiques ne confèrent que le droit « de marcher et de conduire un véhicule ». Toute cette jurisprudence marque d'ailleurs la tendance à « nationaliser » le réseau routier privé, qu'il s'agisse des *uicinales* ou des « routes qui après la voie dite consulaire intègrent des chemins menant à une villa ou à d'autres colonies ».

---

1. *Éloge de Rome*, 98-99. Voir Horace, *Odes*, IV, 5 ; Dion Chrysostome, XXXVIII à XLVII.
2. *Silves*, IV, 3.
3. Smallwood, p. 416 sq.
4. *Digeste*, XLIII, 7-8, §§ 30-40, 45. Voir aussi VIII, 3.

Il est interdit de faire déboucher sur la voie publique des cloaques, des fossés de drainage. Les jurisconsultes et les préteurs défendent les voies publiques contre les méfaits de la vaine pâture, les constructions parasites, la chute des arbres privés. On cerne avec netteté le délit de « dégradation » : « altérer son utilité pour les communications, c'est-à-dire pour marcher ou conduire un véhicule, avec pour effet de rendre pentue une voie plate, rugueux un chemin moelleux, plus étroit un chemin large, marécageux un chemin sec » ; le texte fait référence à des qualités essentielles pour la circulation : facilité, rapidité, confort. La même consultation, se référant à l'« utilité publique » de la route, rappelle l'interdit prétorien relatif aux entraves à la circulation des piétons et des véhicules. D'autres textes du *Digeste* édicteront dans le domaine « privé » des servitudes de circulation à divers étages : simple droit de passage de piétons, ou droit à la fois d'« aller » et de « conduire ».

Les caractères techniques de la voie romaine

La voie romaine se recommande par la stabilité de son assise, gage de viabilité, par le choix du tracé, qui garantit la rapidité, et par la « qualité » du revêtement. Tous ces paramètres sont du reste fonction du rendement des véhicules et des attelages.

Large de 6 à 8 mètres, selon les conditions topographiques, la route romaine constitue, avec ses quatre couches, une chaussée surélevée. Les quatre couches vont de l'assise (*statumen*) au « dos » de la chaussée (*dorsum summum*), en passant par le « rembourrage » (*rudus*) et le « noyau » (*nucleus*) — ce dernier est cylindré. La meilleure description d'un chantier de construction, qui se trouve paradoxalement chez le poète Stace, concerne l'aménagement de la Via Domitiana. Plus précis que les techniciens latins, Stace présente les travaux d'excavation : le tracé suit le « désert » sablonneux du rivage de Cumes ; on établit une solide assise de pierre qui éliminera les risques d'enlisement des voitures[1].

Outre les servitudes géographiques (montagnes, marécages,

---

1. *Silves*, IV, 3.

hydrographie), le tracé des routes doit prendre en compte la pluviométrie et ses effets secondaires : l'inondation possible de la chaussée et du pont.

Le cliché commun selon lequel la voie romaine escalade les montagnes en ligne droite est évidemment périmé. Il arrive que la route, au prix d'excavations considérables, attestées par les inscriptions, passe un éperon rocheux dans un tunnel. Ces tunnels ont leurs servitudes : la boue et la poussière [1] :

> Sur le point de quitter Baïes et de regagner Naples, je me laissai facilement convaincre que le mauvais temps menaçait, pour ne pas m'embarquer sur-le-champ ; or, d'un bout à l'autre de l'itinéraire, on trouva une telle masse de boue que je pourrais croire aussi bien avoir fait une traversée. Ce jour-là, j'ai dû subir sans broncher tout le destin des athlètes : après l'onction d'huile, la poussière nous a accueillis dans le tunnel de Naples. Rien de plus long que cette prison, rien de plus obscur que ces torchères dont l'effet est, non pas de nous faire voir dans les ténèbres, mais de les faire voir elles seules. Au reste, le lieu eût-il la lumière que la poussière la déroberait, phénomène accablant et pénible même en plein air. Qu'en dire là-bas, où elle fait des tourbillons sur elle-même, où, faute de circulation d'air, elle est enfermée et retombe sur ceux qui l'ont remuée ? Nous avons dû endurer bravement deux ennuis incompatibles, mais pour l'heure réunis, sur la même route et le même jour, l'épreuve et de la boue et de la poussière.

On dira que Sénèque est sujet à la claustrophobie dans les tunnels — affection courante — et que son « asthme » lui rend la poussière intolérable. Il n'en reste pas moins que les galeries, difficiles à forer au demeurant, ne sont pas sans inconvénient pour les itinéraires terrestres ; on a creusé de nombreuses ouvertures sur le flanc de la montagne pour donner de la lumière ; mais ce n'est qu'un palliatif, qui n'a pas convaincu Sénèque.

L'hydrographie impose aussi des tracés particuliers. Laissons les sections marécageuses, qui compromettent l'assise : les techniciens ont pratiquement déclaré forfait pour la section de l'Appia qui traverse les marais Pontins.

Les voies militaires de Gaule escaladaient quelquefois les montagnes [2] : on ne voit pas, dans l'Autunois, au Bas-Empire,

---

1. Sénèque, *Lettres*, LVII ; voir Strabon, V, 4, 6.
2. *Pan. Lat.*, VIII, 50.

« comme à travers le territoire d'autres villes, presque tout le pays cultivé, accessible, florissant, des routes carrossables, des fleuves navigables qui baignent les portes mêmes des places fortes [...] ; on découvre les routes militaires à ce point disloquées et abruptes et à pic d'une montagne à l'autre, qu'elles offrent à peine le passage à des chariots à demi pleins, et parfois à des chariots vides » (les véhicules de la Poste). Ce texte ne concerne que les voies militaires de l'Autunois. S'il y a en Italie des exceptions, même sur les tronçons méridionaux de l'Appia, la règle consisterait à implanter la voie à mi-pente des montagnes : ni dans la vallée, pour éviter éboulements et inondations, ni sur les crêtes, en raison des limites des bêtes de somme appelées à tirer et à porter[1].

Les voies escaladant les cols de l'Apennin ou des Alpes n'étaient pas assez raides pour interdire le passage des voitures courantes. Les charges autorisées et le nombre de bêtes d'attelage sont fonction des tracés et des pentes. C'est pourquoi les itinéraires les plus officiels n'évitent pas systématiquement les montagnes, mais prennent en compte les obstacles physiques liés au relief et à l'hydrographie. Le problème de la distance en milles n'est pas essentiel. Il ne faut donc pas prendre à la lettre les récriminations de certains voyageurs contre les pentes raides (*cliui*).

Itinéraires et distances

Le choix des itinéraires, compte tenu de la lenteur technique, est capital, pour le voyageur privé comme pour l' « officiel ». La recherche du « raccourci » prime tout, mais le plus court chemin n'est pas toujours le plus rapide. On le voit bien pour les grands itinéraires administratifs : celui de Cisalpine et de Gaule, celui de Grèce et d'Orient par l'Appia. La confrontation de la distance pure avec les servitudes géographiques a fait choisir, pour la Gaule, l'itinéraire alpin. Les tables de distances des *Itinéraires* et de la *Table de Peutinger*, par exemple pour Rome-Brindes, par Capoue et Bénévent, sont révélatrices.

Les distances « officielles » sont celles qui correspondent au réseau milliaire. Les bornes milliaires jalonnent les voies publi-

---

[1]. Strabon, IV, 187.

ques, à environ 1,5 kilomètre d'intervalle ; cylindriques, elles indiquent, sous l'Empire, le nom du prince et les distances, soit à la capitale provinciale, soit à Rome. Dans la Ville, pour symboliser la centralisation routière qui répond au centralisme administratif, on a normalisé tout le réseau routier de l'Empire à partir du « milliaire d'or » du Forum romain. Agrippa a réalisé, en connexion avec ce programme, une carte de l'*Oikoumenè* et des limites de l'Empire, installée dans le Portique *Vipsania* du Champ de Mars. La carte, ébauche sans doute de la *Table de Peutinger*, correspondait aux *Commentaires* d'Agrippa, œuvre géographique comportant une colossale entreprise de mensuration des distances[1]. Pline l'Ancien l'utilise fréquemment comme source dans son *Histoire naturelle*. L'*Orbis pictus* (« Carte peinte du monde »), accessible au public à partir de 7 av. J.-C., comportait-il des distances ? La question reste posée. La fonction de renseignement public était dévolue aux itinéraires gravés sur la pierre : la très ancienne pierre de Pola, au sud de l'Istrie ; l'itinéraire de Lyon en Germanie ; le pilastre de marbre d'Autun[2].

Le problème est de savoir s'il existait des cartes portatives pour le voyage terrestre. Properce évoque une amante qui étudie « la carte peinte des mondes » pour suivre l'itinéraire du soldat : il doit s'agir d'une carte « publique ». Les interlocuteurs de Varron voient sur la paroi du temple « une Italie peinte ». Quand Vitruve mentionne les sources des fleuves « peintes sur les chorographies du globe », il fait état des mêmes documents[3]. On combinait la connaissance livresque des distances, la cartographie publique et les repères des bornes milliaires.

Il existait toutefois des documents portatifs. Ainsi les célèbres « gobelets » de Vicarello, quatre bornes milliaires miniatures emportées par un habitant de Gadès se rendant à Rome. Le mémento énumère toutes les étapes, avec distances et « relais » (*mansiones*), sur l'Aurelia ; malgré quelques variantes de toponymie et d'itinéraire, les gobelets indiquent comme étapes Tarragone, Nîmes et Turin *(Augusta Taurinorum)* avant la Cisalpine. On suit donc l'itinéraire administratif alpin[4].

---

1. Pline, III, 17.
2. *CIL*, I/2, 638 ; XIII/1, 2681. *ILS*, 5838.
3. *Élégies*, IV, 3 ; *Res rust.* I, 2 ; *Arch.*, VIII, 2, 6.
4. *CIL*, XI, 3281-3284.

Le Cursus publicus *et les itinéraires*

Les voies publiques sont jalonnées d'étapes, qui ont été systématisées par le *Cursus publicus* à partir d'Auguste. Cette Poste impériale qui se substitue graduellement, comme service public, aux prestations d'étapes des magistrats locaux et des notables, est articulée sur des gîtes d'étape complets avec relais, restauration et gîte de nuit ; les étapes de nuit sont l'exception, avec le coche d'eau ou les voitures-couchettes. Les étapes sont distantes d'environ un jour de marche — itinéraire de base normalisé par le droit à 20 000 doubles pas journaliers[1].

Cette norme a été assouplie, et l'on conçoit que l'implantation des étapes tienne compte des conditions géographiques : la moyenne serait de 30 milles (45 km), les juristes estimant « peu pénible » le parcours de 20 milles (30 km). Les étapes correspondent à des agglomérations existantes, et non à des relais installés en rase campagne ; elles n'ont pas créé les agglomérations, qui leur préexistent comme haltes empiriques. C'est pourquoi les relais coïncident souvent avec les places fortes et points de rencontre (*forum*), organisées en agglomérations. Qu'il suffise de rappeler le toponyme fréquent de *Forum* suivi d'un nom propre : le *Forum Julii* de l'Aurelia, qui a donné naissance à Fréjus ; le *Forum Appi*, situé par les *Itinéraires* et par la *Table de Peutinger* à 10 milles au sud de l'étape hôtelière de *Tres Tabernae*. Entre les étapes s'intercalaient des relais simples, systématisés cette fois par le *Cursus publicus* tous les 6 à 8 milles (9-10 km), selon les difficultés géographiques.

Les *Itinéraires* mentionnent des distances qui sont le résultat d'un arpentage minutieux : la technique des *gromatici* et des *agrimensores* a servi à jalonner les routes de bornes milliaires. Un instrument ingénieux permet d'évaluer la distance parcourue par les véhicules : hérité des « ancêtres » alexandrins, l'hodomètre est un compteur de distance couplé au moyeu de la roue. Un tambour fixé au côté intérieur transmet, par un système de dents, le nombre de tours de roue à un tambour supérieur, très démultiplié (400 dents correspondant à 400 tours de roue, soit 5 000 pieds, ou un

---

1. *Digeste*, L, 16, 3 ; Gaius, *Inst.*, II, 11, 1.

mille romain) ; à chaque mille, un caillou tombera du tambour supérieur dans un récipient, et il ne restera plus qu'à dénombrer les cailloux milliaires, à condition que le tambour ait assez d'orifices pour un trajet journalier courant. Le même système est susceptible d'être modifié pour les navires : un essieu traversant les flancs est couplé avec des roues à aube de quatre pieds, et la rotation est transmise en données linéaires, comme dans le type terrestre, grâce à un système de tambours dentés identique ; les milles marins sont également comptabilisés avec des cailloux[1].

Le choix du tracé est aussi important que la qualité de la chaussée : la Via Domitiana raccourcit les trajets et évite au voyageur de s'enliser dans les plaines sablonneuses[2].

Le revêtement et le « confort »

Le revêtement, caractère spécifique de la voie publique, protégé par le droit, va de pair avec le tracé, qui tient compte des servitudes de la géographie. La *munitio* désigne toutes les phases de la construction. On considère que la promotion des « sentiers » du nœud routier romain en « voies » implique le pavage. Tite-Live mentionne une sente pavée en « roc équarri »[3]. Les chaussées latérales, sortes de « trottoirs », peuvent être de largeur très inégale, du simple au quadruple : chemins piétons ? pistes cavalières ? Sans doute.

On utilise systématiquement de la pierre pour le revêtement urbain, et du gravier pour le revêtement suburbain ; le gravier (*glarea*) était d'un calibre plus petit que le « blocage » (*ruderatio*)[4]. Le revêtement utilise abondamment les matériaux locaux. Ainsi, la Via Domitiana reçoit en finition « la chaux cuite au four et le tuf cendreux » et les sections conservées de la voie révèlent des plaques de tuf ; il s'agit ici du joint, du mortier constitué de chaux et de poudre de tuf, la « pouzzolane » de la région[5].

La solidité du revêtement se paie de l'inconfort : une des

---

1. Vitruve, *Arch.*, X, 9, §§ 263-265.
2. Stace, *Silves*, IV, 3.
3. Tite-Live, X, 23, 12.
4. *Ibid.*, XLI, 27, 5 ; Vitruve, VII, 1.
5. Stace, *Silves*, IV, 3, 52-53.

misères de la route est la dureté du pavé pour les roues cerclées de fer. Mais la convexité du dos permet une bonne évacuation des pluies méditerranéennes. Les itinéraires inondables sont dépréciés. Toutefois, la couche de gravier, au même titre que le terrain sablonneux, est exposée au ravinement et à la dégradation superficielle : les écrivains voyageurs maudissent les trous, les ornières, les fondrières et les flaques...

Les ponts et la faune du voyage

Considérés comme une victoire sur les éléments, sur l' « inviabilité » qui résulte de la violence imprévisible des fleuves ou de l'instabilité des marécages, les ponts sont un des plus beaux fleurons de la technique romaine. Catulle compare un vieux mari à un pont : « les jambes mal assurées de ce pauvre pont, que maintiennent debout des arches en matériaux de fortune », qui risque « de tomber à la renverse et d'aller se coucher au fond du marais ». Le pont de Vérone domine un « infect marécage » difficile à viabiliser[1].

Il existe dans la poésie tout un lyrisme du pont romain. Stace chante avec enthousiasme le pont du Vulturne : le fleuve dit sa joie d'être domestiqué pour les transports. Aelius Aristide, le sophiste de Smyrne, exalte le pouvoir providentiel qui a « enchaîné les fleuves de ponts de toute sorte ». Une grandiose inscription aux confins de la Lusitanie (Portugal) célèbre en distiques élégiaques le pont d'Alcantara : associé au temple de Trajan qui l'a bâti, dans son mélange d'art et de matière, il posera une énigme au voyageur, séduit par cette « gloire inédite[2] ».

Le pont est inséparable du système routier romain et de la politique routière. Certaines voies comportent un nombre élevé de ponts sur une faible distance : ainsi la Via Claudia Valeria, au-delà de Corfinium, en direction de l'Adriatique. L'aménagement de la Via Traiana a exigé la construction d'une grande quantité de ponts, à une époque où le pont de pierre tend à se

---

1. Catulle, XVII.
2. *Éloge de Rome*, 101 ; *ILS*, 287a et b.

généraliser. Les inscriptions officielles mentionnent, sous l'Empire, de fréquentes réfections de ponts endommagés ou effondrés[1].

Le toponyme de *Pons*, sur les *Itinéraires* et sur la *Table de Peutinger*, est significatif : qu'on se rappelle le Pons Campanus de l'Appia.

Il arrive encore que les ponts « classiques » soient remplacés par des ponts de bateaux. Les ingénieurs militaires romains en ont repris la technique, longtemps après Xerxès. Trajan a fait construire, ancré sur le Danube, lors de la guerre des Daces, un célèbre pont partout glorifié et représenté transversalement sur la colonne Trajane, avec les navires qui servent de piles et le tablier. Celui d'Arles, construit sous Constantin, est célébré par Ausone[2]. Les Romains ont choisi, dans certains cas, la solution du bac : ainsi à Nîmes et, sur la Durance, à Cabellio (Cavaillon).

Sur l'itinéraire de Lyon à Rome, au Ve siècle, on trouve en Italie du Nord tantôt des « gués commodes », tantôt « des ponts praticables de construction ancienne, avec [...] une chaussée revêtue d'une couche carrossable de cailloux[3] ».

Les ponts de Rome, à l'arrivée des grandes voies, sont le miroir de la mobilité humaine et de ses vicissitudes. Ils fixent, comme dans toutes les grandes villes, les errants, les déclassés, qui sont les épaves du voyage. La faune des ponts romains — les « clochards » de l'Antiquité — offre, chez les poètes satiriques, un tableau pittoresque : le parasite Tuccius arrive d'Espagne ; il apprend au pont Mulvius que la « sportule », la « distribution », est menacée... et repart incontinent. Martial souhaite à l'adversaire haï d' « errer à travers la Ville, chassé même des ponts et grimpées », refuges des clochards. Peignant un déménagement minable, le poète termine par ce lazzi : « Ce cortège de bagages convient à la faune du Pont[4]. » Ce Pont est plutôt le pont Sublicius, où s'est établi le quartier général des sans-logis. Les ponts, comme les quais du Tibre, symbolisent le monde des déclassés : l'aventurier Veiento, courtisan de Domitien, est décrit comme un individu

---

1. *CIL*, IX, 6003 sq.
2. Ausone, *Classement des villes illustres*, X.
3. Sidoine Apollinaire, I, 5.
4. Martial, *Épigrammes*, III, 14 ; X, 5 ; XII, 32.

digne « de mendier, satellite du pont, aux roues des voitures d'Aricie[1] ». Les poètes exagèrent à peine !

LE PIÉTON, LA MONTURE ET LE VÉHICULE

Le marcheur grec

Étant donné le relief de la Grèce et le caractère sommaire des routes antiques dans cette région, on ne s'étonnera pas que le voyage terrestre y soit resté, très largement, une circulation de piétons et de bêtes de somme.

La lecture des historiens et des géographes ne donne pas l'impression que la voiture faisait partie du paysage. Le grand voyageur que fut Hérodote ne fournit pratiquement pas de description d'attelages et réserve leur usage à une élite : au VIe siècle, Pisistrate possédait un chariot pour venir de la campagne à la ville, qui était tiré par des mules ; mais une génération plus tard, un noble athénien avait sa propre voiture à cheval. Hors de la Grèce, le voyageur n'a guère remarqué que les attelages de trois chameaux, tels qu'on les utilisait en Inde, « plus rapides que les chevaux et capables, aussi, de porter de plus lourds fardeaux ». Le cheval n'est pas mentionné pour les voyages privés, alors que la cavalerie est une arme importante ; Hérodote ne l'évoque que pour les courriers[2].

Mais les ânes sont omniprésents dans son récit. En Perse et en Grèce, ce sont eux qui portent le bagage des soldats, plus souvent que les mulets[3]. En Égypte comme en Arménie, ils portent marchands et marchandises[4]. Les caravanes qui remontaient la vallée de l'Euphrate (impossible à naviguer dans ce sens) étaient des convois d'ânes : les marchands arméniens descendaient le fleuve sur des bateaux de cuir démontables où ils avaient

---

1. Juvénal, *Sat.*, IV ; V, 8 et XIV, 134. Sénèque, *De vit. beat.*, XXV, 1. Tacite, *Ann.*, XIII, 47.
2. Hérodote, I, 59 ; III, 102 ; IV, 135 ; V, 14.
3. *Ibid.*, III, 111 et 153 ; IV, 129 et 135.
4. *Ibid.*, I, 94 et II, 121.

embarqué des ânes ; arrivés à Babylone, ils repliaient le bateau et en chargeaient l'âne, qui transportait aussi le fret de retour.

Hérodote, comme Strabon après lui, s'intéresse surtout aux qualités guerrières des chevaux : fasciné, comme tous les Grecs, par la cavalerie perse, notamment par les chevaux nisséens, il recense les régions qui fournissent les meilleures montures — Babylonie, Cilicie, Élide, Thessalie, Libye... Il apprécie le cheval pour sa rapidité et comme bête de somme, ainsi que pour sa résistance aux intempéries : il remarque l'endurance des petits chevaux de la steppe, cosaques ou alezans. Il regrette alors que la plaine égyptienne soit impraticable aux chariots et aux montures, à cause des canaux d'irrigation[1].

La voiture des Grecs ne fut jamais qu'un chariot rustique, une caisse en bois montée sur quatre roues (la roue a été inventée au Ve siècle). Ils n'ont jamais connu la voiture de voyage spacieuse, fermée et rapide, comme l'*harmamaxa* des Perses[2], qui allait jusqu'au front et qui pouvait transporter aussi bien les femmes que les guerriers : ce véhicule mixte, apte à la course comme au transport, reçut en grec le nom révélateur de « char-chariot » (*harma*/*hamaxa*).

En réalité, le véhicule couramment utilisé en Grèce, pour le transport ou le voyage, était le chariot ouvert, à deux ou quatre roues, traîné par des bœufs ou des mulets, plus rarement par des chevaux[3] : on l'appelait à l'époque homérique *apèné*, puis le nom d'*hamaxa*, désignant au départ seulement la caisse, tendit à se généraliser. Au VIe siècle, un décor de vase attique présente un de ces chariots tiré par deux mules et occupé par un cocher et trois voyageurs ; la caisse est à claire-voie et, surtout, la roue à rayons est encore inconnue. Rien n'abritait les passagers du soleil et des intempéries ; au IVe siècle, le chariot sera parfois couvert d'une capote en nattes ou en osier, signalée par Xénophon pour des voitures de dames et représentée sur un relief étrusque contemporain[4].

Voyager en voiture est surtout affaire de femmes, de vieillards ou de malades. Pour eux existent aussi des chaises à porteurs

---

1. Hérodote, II, 108 ; III, 102 : IV, 28.
2. *Ibid.*, VII, 41 et 83 ; *Cyropédie*, VI, 4, 11 ; Eschyle, *Perses*, 1000-1002.
3. *Anabase*, VI, 4, 22 et 25.
4. *Agésilas*, VIII, 7.

(*phoreion*) ; à partir du IVᵉ siècle au moins, elles sont attestées pour de courts déplacements. Mais pour un homme, dans l'Athènes classique, se faire transporter en litière témoigne d'un luxe et d'une morgue insupportables, et les adversaires de Démosthène le lui reprochèrent violemment[1]. Dans la littérature de l'époque, le voyage en voiture n'apparaît guère qu'à propos de fêtes religieuses et pour des femmes, puisque les panégyries étaient l'occasion entre toutes où elles pouvaient sortir de chez elles. Xénophon, traitant de Sparte et du pèlerinage au sanctuaire d'Amyclées, apporte une notation extrêmement intéressante quand il parle de « voitures publiques » (*politikoi*) destinées au transport des femmes ; mais le témoignage est unique et peut-être s'agit-il d'un service particulier à Sparte où l'État intervenait bien plus qu'ailleurs dans la vie sociale[2]. Les habitudes ne se sont guère modifiées sous l'Empire, bien que la construction des voies romaines en Orient ait facilité le passage des chariots : dans la province d'Arabie, la circulation des véhicules à roues est très peu attestée, sauf aux abords des villes ; on continuait à utiliser de petites caravanes de chameaux, même pour les trajets quotidiens[3].

Le Grec voyage donc ordinairement à pied, éventuellement à cheval s'il possède une monture, et appartient dans sa communauté à l'élite des cavaliers : ceux-ci constituaient la noblesse en Eubée (*Hippobotes*) et en Macédoine (*Hétairoi*), les deux premières classes du cens à Athènes. Une peinture sur vase des années 500 nous a conservé l'image d'un cavalier en promenade, vêtu d'un manteau de feutre et la tête protégée par le grand chapeau-béret du voyageur (la *kausia*).

Grands marcheurs par nécessité, les Grecs ont fait de la promenade à pied l'une de leurs thérapeutiques favorites. Phèdre, rencontrant Socrate à la sortie d'Athènes, l'entraîne sur les bords de l'Ilissos pour discuter rhétorique, car il fait une promenade hygiénique sur prescription médicale[4] :

SOCRATE. — Où vas-tu comme cela, mon cher Phèdre, et d'où viens-tu ?

---

1. Dinarque, *Contre Démosthène*, I, 36.
2. *Agélisas*, VIII, 6.
3. Pline, XII, 64.
4. Platon, *Phèdre*, 227a et d.

PHÈDRE. — De chez Lysias, le fils de Céphalos, Socrate ; et je vais de ce pas me promener hors des Murs : c'est que j'ai passé bien des heures de suite assis depuis le petit matin ! Or, sur les conseils d'Acoumènos, ton familier et le mien, c'est le long des grands chemins que je fais mes promenades : elles sont ainsi, dit-il, plus remontantes que celles qu'on fait sous les portiques.

Socrate renchérit sur cette mode nouvelle, diffusée par les médecins, dont certains conseillaient même des balades de quarante kilomètres :

Aussi, ma foi, me suis-je senti une telle envie de t'écouter que, devrais-tu en faisant ta promenade marcher jusqu'à Mégare et, selon la méthode d'Hérodicos, aller de là jusqu'aux Murs pour revenir ensuite sur tes pas, non, je ne me laisserais pas lâcher par toi d'une semelle !

Phèdre cherche encore un bienfait supplémentaire en marchant nu-pieds : on sait que son faible consiste à se conformer toujours à quelque ordonnance ! Il était parti marcher sur la route de Mégare, justement, puis Socrate lui proposa de se détourner de la grand-route pour suivre le cours de l'Ilissos qu'ils longèrent sur quelques centaines de mètres.

Dans ces conditions, la silhouette du voyageur, telle que l'évoquent naturellement les Grecs, est celle du bon marcheur, « bien troussé » (*euzonos*) pour être agile. Les distances sont « évaluées en pas » (*bèmatizein*) par des marcheurs professionnels ou « bématistes » ; elles sont appréciées en « journées de marche », même dans l'Empire perse où avait pourtant été mis en place un système officiel de courrier à cheval particulièrement rapide.

Le métier de courrier existait en Grèce dès l'époque classique, mais il s'agit toujours de coureurs à pied. On appelait les meilleurs d'entre eux, ceux qui étaient chargés d'acheminer le courrier rapide, « coureurs journaliers » (*hémérodromoi*), car ils accomplissaient une longue étape dans une journée au terme de laquelle ils confiaient le message à un autre coureur. Ce sont des coureurs de vitesse, que Platon distingue du « coureur de fond[1] ». L'un d'eux, Philippidès, en 490, couvrit la distance de Sparte à Athènes (1 140 stades, soit environ 202 kilomètres) en moins de vingt-

---

1. Tite-Live, XXXI, 24 ; *Protagoras*, 335e.

quatre heures, bien que la route soit fort escarpée et difficile ; il est vrai que la situation était particulièrement critique, puisqu'on l'envoyait demander du secours à Sparte alors que les Perses venaient de débarquer dans la baie de Marathon. Il battit certainement un record, car la légende s'empara de Philippidès pour faire de lui le « coureur de Marathon » venu porter à la cité la nouvelle de la victoire et aussitôt tombé mort d'épuisement ! Il n'en fut rien dans la réalité : Philippidès revint de Sparte dans sa patrie faire son rapport aux autorités. À l'époque d'Alexandre, un de ses courriers se vantait de courir 240 kilomètres (la distance de Sicyone à Élis) en neuf heures ; sur un des monuments érigés en son honneur figure une roue ailée, surmontée de la couronne du vainqueur[1].

Au début de l'époque classique, chaque cité recrutait ses courriers parmi les citoyens et elle leur reconnaissait un statut « diplomatique », celui de « héraut » ; à Argos, ils formaient un corps de métier[2]. Puis la profession semble être devenue une spécialité des Crétois : Sparte en utilise en 363 et Alexandre y recourt quand il reconstitue un corps officiel de courriers sur le modèle du service à cheval des souverains perses[3]. C'est ainsi que Strabon est amené, sous l'Empire, à considérer les courriers comme un équivalent de la Poste impériale, lorsqu'il décrit le service exceptionnel qui fut mis en place sur la route de Rhégion durant la seconde guerre punique[4].

Pourtant, l'efficacité du système reposait entièrement en pays grec sur la qualité personnelle du coureur, sans le soutien d'aucune infrastructure. Mais certains surent se tailler une réputation internationale à l'échelle de la Méditerranée, comme ce Crison d'Himère (en Sicile), connu à Athènes à l'époque de Platon[5].

Montures et véhicules dans le monde romain

Si l'on excepte les caisses rustiques primitives, familiales, comme l'*arcera*, le mode italique de déplacement par excellence est

---

1. Hérodote, VI, 105-106 ; *Syll.*³, 303 ; Pline, II, 181.
2. *Ibid.*, 105 et IX, 12.
3. Diodore, XV, 8 et monuments de Philonidès de Crète.
4. Strabon, V, 4, 13.
5. *Protagoras*, 336a.

la monture, désignée sous le terme générique de *iumentum*. Les règlements de la Poste, assez tardifs (*Code justinien*), codifient la liste des « animaux publics » : chevaux, mulets, ânes et bœufs, ces derniers réservés aux attelages. Les chevaux de poste (*ueredi*), montés par le courrier (*ueredarius*), comme les montures « nobles » des époques antérieures, sont de race espagnole. Le cheval de réquisition, le *paraueredarius*, est moins racé. Sous le Bas-Empire, les relais fournissent à la fois animaux de monte et animaux de trait.

À partir d'une tradition équestre militaire, les montures de voyage se différencient selon les modes, et selon la classe sociale. Il faut distinguer la monture et les animaux de bât, chargés des bagages.

Les agronomes attachent une grande importance à la mule, qui tire le *carpentum* noble (la voiture couverte) et les véhicules publics, sans confondre les mules d'élevage avec le cheptel équin vulgaire, les bêtes de trait. Ils distinguent, pour le processus de la reproduction, le croisement du cheval et de l'ânesse, et celui de la jument et de l'âne, à cause de la différence de taille entre le *mulus* (âne et jument), plus grand, et le *hinnus* (issu de l'autre croisement), plus petit de corps[1]. Pline l'Ancien se préoccupe de la résistance physique en fonction de l'utilisation : le mulet est « un animal remarquable pour les efforts » ; le mulet « issu de la jument et de l'onagre dressé » est « rapide à la course, d'une résistance des pattes remarquable, mais de corps malingre et de caractère indomptable[2] ».

C'est à l'âne, bête de somme et monture, que sont dédiés les éloges des marchands et des voyageurs : facile à nourrir même dans les campagnes peu herbeuses, se contentant d'une maigre pâture de buissons, « très dur aux coups et à la pénurie [...] résistant à la fatigue et à la faim, rarement malade[3] ».

Le *Digeste* reconnaît comme animaux de voyage la *mula* et l'*equus* — témoin certain incident d'auberge ; le *caballus* est une haridelle qui tourne les meules[4]. Le choix de la monture tient souvent à la situation sociale et à la mode. Le cheval hongre de la

---

1. Columelle, *Res rust.*, VI, 27-37 et Varron, II, 8.
2. *HN*, VIII, 171.
3. Varron, III, 17 ; Columelle, VII, 1.
4. *Digeste*, IX, 1, 5 et Horace, *Épîtres*, I, 15.

campagne sert parfois de monture comme le « mulet castré » (les animaux castrés sont réputés plus vils par les agronomes) qui portera à la fois le cavalier et le bissac. Dans le voyage de Brindes, les amis d'Horace utilisent partiellement des mulets, pour le cavalier comme pour le double panier, de Terracine à Capoue, avant de prendre des voitures (*raedae*)[1]. D'une manière générale, la monture fait moins riche que les voitures et les litières[2].

La célèbre parabole des deux voyageurs, dans les *Florides* d'Apulée, intéressante pour les misères de la route, prouve que si l'on veut « éviter toutes les causes de retard », on a intérêt « à choisir comme monture un cheval d'une longue résistance et d'une agilité vivace, c'est-à-dire solide porteur et rapide coureur, *glissant d'un seul trait à travers plaines et collines*, comme dit Lucilius ». Cette référence à l'un des pionniers du voyage romain n'est pas indifférente. Mais le mulet, moins rapide, a très bonne cote comme monture.

L'édit du maximum de Dioclétien, énumérant les accessoires de bourrellerie et de sellerie, distingue entre le « petit licol », appelé *capistellum*, celui du mulet de selle qui va avec la bride, et le « licol du mulet », appelé *capistrum mulare*, propre au mulet de bât. Le fait que l'édit ne mentionne que le « bât de bardeau » induirait à penser qu'à la fin du IIIe siècle il existait une spécialisation relative du mulet comme monture et du bardeau comme bête de somme.

Monture et véhicule : le décorum politique

Avec les progrès du luxe et l'exigence accrue de confort, la monture a tendance à reculer devant le véhicule attelé. Mais cette évolution ne concerne ni les courriers publics ou privés, ni les princes, qui veulent maintenir la dignité équestre de l'*imperium* dans la tradition des vieux Romains[3] :

> Caton le Censeur [...] montait un cheval hongre (*cantherius*), chargé en outre d'un bissac de selle (*hippopera*) lui permettant d'emporter avec lui le nécessaire. Ah ! s'il pouvait voir à présent l'un

---

1. Horace, *Satires*, I, 5, 47 et 86 ; I, 6.
2. Martial, *Épigrammes*, IX, 22.
3. Sénèque, *Lettres*, LXXXVII.

de nos dandys, les riches de la route, précédé de courriers et de Numides et soulevant force poussière [...]. Un Caton se contentait d'un seul bidet, et encore il le partageait avec les bagages qui pendaient des deux côtés. Alors tu ne préféreras pas à tous nos poneys bien gras, à nos haquenées d'Asturie et trotteurs, cet unique cheval pansé par Caton lui-même ?

La diatribe contre le luxe du voyage oppose la cavalerie attelée, les poneys, et les montures de luxe, qui conservent leurs adeptes, et le débat est loin d'être tranché sous l'Empire. Les princes hésitent entre la monture et le véhicule, et le décorum politique continue à régir les déplacements officiels : Aurélien, cavalier intrépide qui « fatigue ses montures et ses ennemis », au moment de faire son entrée à Antioche, renonce au cheval en raison d'une blessure et prend un « véhicule », même s'il « est impopulaire d'utiliser des véhicules en ville », compte tenu sans doute des interdictions légales, renouvelées de César à Hadrien. Très attentif à l'entretien des montures militaires, l'empereur, à Rome, chevauche chaque jour des jardins de Salluste ou de Domitia au Palatin. Il lui arrive de se forcer pour monter à cheval[1].

Alexandre Sévère oblige l'usurpateur Camillus, sénateur âgé, à marcher avec lui pendant cinq milles (plus de 7 km), puis l'autorise à faire à cheval deux étapes du *Cursus publicus*, et le fait enfin monter sur un chariot couvert[2].

Les problèmes de décorum n'embarrassent guère les fous couronnés. Ainsi, Élagabal a beau promulguer des règles d'étiquette et de hiérarchie ridicules pour les déplacements des matrones, fixant l'usage du *pilentum* (char ibérique), du chariot à mules, du char à bœufs, du cheval, de l'âne, de la bête de somme... et de la chaise à porteurs, on le voit pourtant distribuer indifféremment comme présents des eunuques, des quadriges, des chevaux « caparaçonnés », des mules, des « litières fermées », des berlines (*raedae*). Son train de voyage comprend 600 véhicules : le mégalomane se réfère à l'exemple du roi des Perses, à ses 10 000 chameaux, et aux 500 carrosses de Néron[3].

Le véhicule étant prohibé dans les villes, on note aussi, sous

---

1. *Hist. Aug., Aur.*, V, 2 ; VII, 7 ; XIV, 2 et XLIX, 2.
2. *Ibid., Sev. Alex.*, XLVIII, 4.
3. *Hist. Aug., Heliog.*, IV, 4 ; XXI, 6 ; XXXI, 6.

Hadrien et Marc Aurèle, des interdictions plus ou moins claires portant sur les « chevaux sans véhicules » : l'emploi de la litière est encouragé.

*Le matériel roulant des Romains :
éléments autochtones et emprunts*

Les juristes opposent le « service rapide » et le « roulage », en indiquant les véhicules spécifiques, dont la nomenclature est extrêmement variée [1].

Le parc de véhicules romain s'est considérablement enrichi, à partir de l'*arcera* de Varron, coffre monté sur roues, et des *plaustra*, lourds chariots du Latium primitif encore utilisés, à la fin de la République, par les vestales et les flamines. Bien des véhicules passent pour avoir été empruntés à la charronnerie celtique *(esseda, petorrita)* ou ibère *(pilenta)*.

La *raeda* a quatre roues ; le *carpentum* est appelé *pompaticum* (voiture de cortège officiel) sans doute parce que les prêtres, les vestales et les dames de la société en usaient depuis une époque assez haute (les monnaies impériales le confirment pour les princesses) ; le *plaustrum* est un chariot à deux roues, sorte de « fardier » ; le mystérieux *caracutium* est défini par « ses hautes roues » et comme un « char effilé » ; le *pilentum* et le *petorritum* sont assimilés comme véhicules bâchés et autrefois utilisés par les matrones, dans les grandes familles [2]. La *basterna* serait d'après son étymologie un « dévoreur de milles » : cela s'accorde avec le confort moelleux de ses coussins. À la rubrique des précisions intéressantes, notons que la *basterna* a deux animaux de trait, peut-être des mulets : les *pilenta*, autrefois peints en bleu, sont au Bas-Empire de couleur rouge. Parmi les emprunts au monde celtique : le *cisium* — cabriolet à deux ou quatre roues —, les chars bretons et belges que sont l'*essedum* et le *covinnus*, la *birota*, ancêtre de notre brouette. La *carruca*, véhicule élégant du parc impérial, a une variante « couverte de toutes parts ».

C'est avec les voitures publiques, ou les voitures de louage, que

---

1. *Code théodosien*, VIII ; Isidore de Séville, XX, 12.
2. Virgile, *Én.*, VIII, 665 ; Tite-Live, V, 25.

voyagent les Romains « moyens » qui n'ont ni équipages ni « diplômes ». On distinguera les voitures de louage des voitures publiques.

La berline est souvent louée, avec le *redarius*, comme pour le déménagement du poète Umbricius[1] : il arrive à la Porte Capène à pied et installe tout son mobilier et sa famille dans une berline, prise à la « station » ; le *Digeste* définit les contrats de location[2].

Une certaine organisation des transports publics peut être discernée dans la péninsule italienne comme dans les régions de passage des provinces.

Il y avait aux portes, à la sortie des villes, des stations de voitures fort connues : elles servaient de repère topographique, comme celle de Pompéi, entre le premier milliaire et la cité. À Rome, la station de l'Appia, la « reine des routes », se trouvait à la Porte Capène, avant la montée d'Aricie — premier relais. Tout donne à penser que des dépôts de foin destinés aux attelages et aux montures figuraient dans le secteur. Les stations de louage sont aussi attestées à Rome dans le secteur de la Porte de Tibur, avec un « collège » (syndicat professionnel) de *iumentarii* (marchands ou loueurs de bêtes, chevaux, mulets, bœufs, ânes). À Cales, à Préneste, vraisemblablement à Terracine, les loueurs sont également attestés. Mais une des stations les plus célèbres est celle de la Porte de Rome à Ostie, proche des thermes dits des « Loueurs », avec leur mosaïque représentant cabriolet et voituriers[3].

Les entreprises de transport de personnes et de marchandises sont souvent florissantes : Sabinus, palefrenier devenu voiturier, « couvre » en transport rapide la Cisalpine, de Mantoue à Brixia (Brescia). Ventidius, un des généraux de la guerre des Gaules, était grand entrepreneur de transports ; il s'est ensuite spécialisé dans les transports militaires[4]. Les régions de passage, par exemple dans l'Arc alpin, et surtout au Valais, ont révélé des entreprises de transport nombreuses et prospères.

Dans l'Orient romain, les voitures sont cataloguées en deux parties[5] : *okhèmata* (*uehicula*), les véhicules de luxe et de

---

1. Juvénal, *Satires*, III sq. Voir Suétone, *César*, 57.
2. *Digeste*, XIX, 2, 60 et XIII, 6, 17.
3. *CIL*, X, 1064 et XIV, 109 ; VI 9485.
4. Virgile, *Catalepton*, VIII et Aulu-Gelle, XV, 5.
5. *Édit de Dioclétien*, XV.

transport, et *karai* (*carri*), les véhicules ruraux. La première rubrique comprend la berline comme voiture de voyage, avec ses quatre roues « sans cercle de fer » ; la voiture-lit (*dormitôrion-dormitorium*), aux roues identiques ; une *saragara birôta*, avec un cercle de fer autour de la roue ; une *karoukha bigata*, une sorte de charette à deux roues (non cerclées de fer), qui correspond à la tolérance accordée naguère aux particuliers par Aurélien[1]. Ce texte est précieux en ce qu'il spécifie que les voitures de luxe et de voyage ont des roues non cerclées — élément essentiel pour le confort.

Problèmes techniques et discriminations sociologiques

Ces véhicules posent d'abord des problèmes techniques. Le nombre d'essieux et de roues évolue en fonction de l'extension et de l'augmentation de la charge, sensible surtout pour la berline, qui, malgré les limitations autoritaires, peut embarquer toute une « famille » et ses bagages ; elle passe en effet de deux à quatre roues, et peut être tirée par huit mulets (quatre de front) ; elle est d'ailleurs parfois définie comme un « quatre roues ». Le lourd véhicule d'excursion doit être une berline[2]. Si le *plaustrum* a toujours conservé ses deux roues, le *carpentum* oscille entre deux et quatre comme le cabriolet. Le nombre des animaux de trait varie selon la charge, la saison, l'itinéraire : pour la berline l'attelage oscille entre quatre et huit mulets, parfois dix ; le *carpentum* est tiré par une paire de mules ; la *birôta*, pour des raisons de rapidité, utilise deux chevaux ou trois mulets pour une charge maximale de 200 livres. Au centre des problèmes posés par la traction animale subsiste l'équivoque sur le mode d'attelage : collier d'épaule, ou bricole attachée au garrot ? Le collier souple comporte le risque de strangulation et limite à quelque 500 kilos l'effort de traction. Il est évident que l'Antiquité s'est interrogée sur le rendement des divers modes, qu'elle a connu le joug, le collier d'épaule et la bricole. On pratique plutôt l'attelage de front, d'un rendement inférieur, mais on n'a pas ignoré l'attelage de file :

---

1. *Hist. Aug., Aur.*, XLVI, 3.
2. Sénèque, *Lettres*, LXXXVII.

un document figuré montre deux paires de chevaux tirant en file un « quatre roues ». Le brancard n'est pas non plus inconnu. Il est certain que le mauvais rendement de la traction oblige à développer démesurément l'attelage pour les carrosses impériaux, les berlines de la Poste, les « convois exceptionnels » (obélisques, etc.).

Après l'étude des catalogues et des nomenclatures officielles, un classement juridique et sociologique des voitures s'impose, qui fixera leur place dans la vie quotidienne et leurs usages. Le *Code théodosien*, à la fin du IVe siècle, est un modèle de réglementation.

Parmi les transports publics, les véhicules de la Poste, qui ne sont pas spécifiques mais soumis à la réglementation, servent au transport des fonctionnaires et des soldats munis d'autorisations administratives, ainsi qu'au transport de leurs bagages ; dans ce cas, on utilisait la « petite vitesse » et les *clabulae*, wagons grossiers à quatre roues. La Poste rapide transporte également les fonds publics, or et argent (500 à 1 000 livres), dans le coffre de la berline. Il peut y avoir des berlines chargées uniquement de bagages « accompagnés ». La Poste est aussi appelée, en priorité théoriquement, à assurer ou à assister les déplacements du prince, en fournissant les chevaux de relais : or il arrive que les étapes ne puissent pas lui offrir tous les chevaux nécessaires[1]. La Poste ne prend pas de voyageurs privés et payants — délit sévèrement réprimé par le Code.

Le parc impérial, composé des véhicules « nobles » de la tradition, *carruca*, *pilentum*, *carpentum*, est évidemment important, comme celui des grandes familles. L'historiographie souligne un grand nombre de perfectionnements, qui contribuent soit au confort, soit à l'agrément des illustres voyageurs : ainsi Claude avait-il des voitures munies de tables de jeu, et, dans le parc de l'empereur Commode, les successeurs ont trouvé un carrosse à siège rotatif — précaution contre les coups de soleil — et d'autres accessoires, comme les compteurs[2].

Les grandes familles ont leurs parcs de véhicules particuliers, et une nombreuse domesticité affectée aux déplacements. Le *Digeste* insiste sur l'importance de la *lectica* ou de la *carruca* dans les

---

1. *Code théodosien*, VIII, 5.
2. Suétone, *Claude*, 33 ; *Hist. Aug., Pertin.*, VIII.

« atours féminins ». Aux nécessités techniques s'ajoutent des considérations de dignité, ou d'ostentation sociale. Sénèque, à une époque où il a renoncé aux grands voyages, critique les grands aux équipages voyants et bruyants, qui emportent leur mobilier et leur vaisselle, et qui se font précéder de coureurs[1]. L'intendant de Trimalcion exhibe les équipages de la maison ; même ostentation, à la fin du IIe siècle, chez le notable Thasus, qui va chercher des fauves en Thessalie pour ses chasses : il possède des équipages et des attelages somptueux de *carpenta*, de berlines et autres véhicules qui font impression[2].

Les restrictions apportées à la circulation urbaine, de la *lex Julia municipalis* à l'édit de Claude, expliquent le recours à la litière (*lectica*), ou à la « chaise » pour la traversée des villes ou les déplacements urbains. La litière est attestée depuis longtemps pour le transport des malades et des valétudinaires ; signe de luxe, elle est parfois frappée par les lois somptuaires (ainsi sous la dictature de César), mais l'édit de Claude qui l'impose aux voyageurs pour la traversée des *oppida* d'Italie, concurremment avec la « chaise » ou la marche à pied, lui a donné de l'importance ; comme mode de déplacement urbain, elle semble avoir été un privilège, mais Juvénal dénonce les litières encombrantes des parvenus[3]. Il existe, empruntées à l'Orient hellénistique, de grandes litières *octophores* (à huit porteurs). Caligula, d'après Suétone, en utilisait une. Déjà Sénèque reproche ce goût aux dandies de son temps comme un signe de mollesse ; il est vrai que la litière est plus confortable que la majorité des véhicules, avec ses traversins et ses coussins de plume[4].

Parmi les véhicules individuels, il faut accorder une mention spéciale aux « cabriolets » rapides : il y en avait parmi les *cisia* personnels, mais ils sont pour l'essentiel dérivés des chars de combat celtiques, tel l'*essedum*, que César appelle « belge » et Virgile « breton ». Mécène, avant les dandies du Haut-Empire, appréciait ces cabriolets « aux jougs ciselés ». Martial, évoquant le retour rapide dans sa Tarraconnaise natale, à Bilbilis, l'imagine en *essedum*. Le véhicule pouvait être attelé de deux poneys (*manni*),

---

1. *Lettres*, CXXIII, 7.
2. *Satiricon*, LXXIX, 6 et *Métamorphoses*, X, 18.
3. Tite-Live, II, 36 ; Suétone, *Claude*, 25 ; Juvénal, *Satires*, I, 32 et 121.
4. Sénèque, *Cons. Marc.*, XVI.

et l'on conduisait soi-même avec les « guides » (*lora*)[1]. Autre cabriolet, d'origine bretonne, le *couinnus*, qui permettait à deux amis de voyager sans subir la présence importune d'un cocher — de ces voituriers professionnels que sont *cisiarii* ou *carrucarii*[2]. À la fin de la République le dandy affairiste P. Vedius possède de riches équipages : « deux *esseda*, une *raeda* attelée de chevaux, une litière et une nombreuse domesticité » ; sur le cabriolet du maître, trône un cynocéphale ; la litière est plus reposante ; la lourde berline transporte la domesticité et le mobilier[3]. On peut donc disposer d'un véhicule personnel, comme le *couinnus* breton de Martial, et voyager simplement, avec deux « bidets ».

Les transports et leur prix, pour ceux qui ne bénéficiaient pas des privilèges de la Poste, semblent avoir créé des problèmes économiques au IIIe siècle : le « maximum » de Dioclétien, dans les parties conservées, fixe le prix des voitures et celui des courses ; on distingue, pour le prix des passages, animaux de selle et animaux de bât.

La route romaine, espace de réglementation

Si Rome s'est contentée d'assimiler le droit maritime grec, elle a créé le droit du voyage terrestre, et lui a imprimé la marque de son génie organisateur, qui conjugue liberté et réglementation. La route est à l'image de l'économie qu'elle sert, à la fois libre et encadrée par la puissance publique.

Les voies publiques de ville à ville et les chemins de jonction sont libres, aussi bien pour le piéton et le cavalier (*iter*) que pour l'attelage (*actus*), mais les chemins privés, notamment dans les domaines ruraux, sont insérés dans un système complexe de « servitudes[4] ». Un des obstacles réglementaires les plus stricts est certainement l'interdiction faite aux chars lourds (*plaustra*), depuis la *lex Julia municipalis*, de circuler « de jour après le lever du soleil et avant la dixième heure » dans la ville et les zones suburbaines

---

1. *Bell. Gall.*, IV, 33 ; *Géorgiques*, III, 204 ; Properce, *Élégies*, II, 1 ; Ovide, *Amours*, II, 16.
2. Martial, *Épigrammes*, XII, 24.
3. Cicéron, *Ad Att.*, VI, 1.
4. *Digeste*, VIII, 3, 1, 2 et 3.

habitées, afin de protéger les citadins du bruit. Cela a pu limiter le tourisme à Rome, et explique que les stations de louage soient installées à la périphérie. On ne dit rien des voitures plus légères. Claude a perfectionné cette législation en prenant un édit aux termes duquel « les voyageurs ne devaient pas traverser les villes d'Italie, sinon à pied, en chaise ou litière[1] ». Le *Digeste* enseigne en effet que la chaise et la litière ne sont pas considérées comme des véhicules tractés, et que leur déplacement est assimilé à une « marche ». L'interdiction pouvait gêner, pour la visite des *oppida* qu'elle côtoie, un certain nombre de voyageurs de l'Appia, la « reine des routes ».

---

1. Suétone, *Claude*, 25, 5.

CHAPITRE XI

En mer : navires et lignes maritimes

LE TRANSPORT MARITIME

Durant toute l'Antiquité, le transport maritime a prévalu car il était le plus direct, et aussi le plus rapide, au moins quand les vents étaient favorables.

En l'absence d'un réseau routier suffisant et cohérent, des traditions immémoriales et la régularité des échanges commerciaux firent apparaître, peu à peu, de véritables lignes régulières. Sous l'Empire, les convois qui approvisionnaient Rome suivaient des itinéraires immuables et les voyageurs expérimentés connaissaient bien leurs lieux d'escale ainsi que la périodicité de leur passage. Point n'était donc besoin pour le voyageur d'affréter un petit navire particulier : il pouvait assez facilement profiter d'un transport de blé, voire d'un transport de troupes...

Parmi les « transméditerranéennes », les lignes les plus fréquentées étaient celle de Tyr à Carthage (durant toute l'époque classique et hellénistique), puis celle d'Alexandrie à Pouzzoles ou à Ostie, que les navires frumentaires empruntaient à la fin de l'été. En Égée, la ligne d'Alexandrie de Troade à Néapolis de Thrace et celle du Pirée à Éphèse, *via* les Cyclades et Samos, assuraient la circulation entre l'Europe et l'Asie. À partir de ces directions majeures, il fallait envisager de multiples transbordements pour parvenir à destination et, à chaque étape, chercher son passage au hasard des conversations entendues dans le port, puis négocier les détails de l'itinéraire avec le pilote [1].

---

1. Philostrate, *V. Apoll.*, IV, 13 ; Héliodore, IV, 16.

Des cargos mixtes

Cependant, l'avantage n'était que relatif et le voyage en mer n'est jamais apparu comme un type bien différencié. Le vocabulaire même des Anciens était peu spécifique, voire polyvalent : ils n'avaient de mot ni pour le « passager », ni pour le « paquebot ».

Le grec *épibate* a désigné successivement le fantassin embarqué, puis tout navigant autre que les marins (tel le commerçant) et, dans la langue impériale, le passager. Le latin *vector* a eu, lui aussi, les diverses acceptions de « transporteur », « transporté », « cavalier », « passager », même si le droit romain a fait très tôt prévaloir le sens de « passager ».

Du « paquebot » n'existent ni le nom ni la réalité, car les navires de transport sont surtout des cargos et la nomenclature des bateaux, riche et variée, renvoie à leur forme ou à leur « propulsion » plutôt qu'à leur usage. Les Grecs ont avant tout été sensibles à la forme du navire : ils appelaient le bâtiment de commerce « bateau arrondi », par opposition au « bateau long », le navire de guerre, dont le profil effilé améliorait la vitesse ; ils gardèrent parfois le terme phénicien *gaulos* (*gaulus* en latin), qui signifie « arrondi », car les vaisseaux marchands continuaient à être construits sur le prototype créé par les Phéniciens au début du Ier millénaire.

Les Romains distinguaient eux aussi les *longae naues*, qu'utilisaient les chefs de guerre ou les légats, et les *naues onerariae* ou navires de charge. Dans cette dernière catégorie, le nom de *corbita*, la « corbeille », évoque directement une forme ventrue, tandis que le *ponto*, d'origine gauloise, était une sorte de navire à sabot. Dans le riche catalogue d'Aulu-Gelle[1], vingt-neuf termes sont répertoriés, latins ou grecs latinisés, qui se réfèrent soit à l'origine, soit à la vitesse ou à la propulsion : ainsi les navires « de course » (*celoces* ou *Kélètes*), les navires « à rames et à voile » (*histiokôpoi*), les barques légères (*épaktrides*)[2].

---

1. Aristophane, *Oiseaux*, 598 ; Hérodote, III, 136, etc. : Plaute, *Rudens*, 319.
2. *Nuits attiques*, X, 25, 5.

Le droit romain ne parvint pas à définir la catégorie du transport de passagers : la distinction entre *naves longae* et *naves onerariae* ne pouvait être totalement retenue, parce que les « cargos » étaient susceptibles d'une utilisation militaire et qu'on ne réussissait pas à interdire le transport des passagers sur des navires de guerre. Seul le navire « de plaisance » (*voluptatis causa*) fut défini par sa fonction.

Les souverains, les ambassadeurs et les autres voyageurs officiels circulaient à bord de ces bateaux de guerre, rapides, effilés... mais peu confortables : mieux valait prendre un bateau marchand, comme le conseillait Caligula à un prince juif[1] ! Les yachts royaux, qui étaient des bateaux de guerre, plus ou moins luxueusement décorés, portaient des noms qui évoquaient leur taille gigantesque — encore qu'on ne sache pas s'ils s'appliquaient au nombre de rangs de rameurs ou au nombre de rameurs par rame : la dynastie macédonienne disposait d'un Onze et les derniers Lagides d'un Quarante. C'étaient des unités exceptionnelles que l'on maintenait très longtemps en activité : le Onze royal macédonien, construit tout au début du IIIe siècle, fut confisqué par les Romains comme prise de guerre en 166, plus d'un siècle après ; elles restaient vouées au combat, comme le montre la présence du bateau de Cléopâtre à Actium[2].

Les cargos étaient aussi nommés d'après leur fonction de « transporteur » : *phortègikon ploion*, *phortis*, *phortax* en grec. Les gros porteurs s'appellent *holkades* en grec, *navis oneraria* en latin (pour les distinguer des « caboteurs », *naves orariae*), à moins que le nom fasse explicitement référence à un transport particulier. Les *holkades* — du verbe *helkein*, « tirer » — devaient être remorquées à l'entrée et à la sortie des ports ainsi que sur le Tibre ; sinon, ils naviguaient à la voile et n'utilisaient qu'exceptionnellement les rames. D'après Denys d'Halicarnasse, les transporteurs du Tibre jaugeaient 3 000 talents (78 tonneaux), ce qui semble avoir été le tonnage moyen dans la Grèce classique et sous l'Empire, celui des navires qui intéressent l'État[3]. Mais dès le Ve

---

1. Philon, *Contre Flaccus*, 5.
2. Plutarque, *Démétrios*, 20 ; *Paul Émile*, 30 ; *Antoine*, 26, 60 et 61.
3. Denys d'Halicarnasse, III, 44.

siècle avant notre ère, certains transporteurs pouvaient atteindre ou dépasser 300 tonneaux, ce qu'ont confirmé les épaves retrouvées. Dans ces conditions, on embarquait, outre la cargaison, plusieurs centaines de passagers[1]. Il existait toutes sortes de navires légers, plus ou moins spécialisés : des « allèges » (*caudicae* ou *caudicariae naves*), constituées d'un grossier assemblage de planches, remontaient le Tibre pour le ravitaillement de Rome ; les *scaphae* sont définies dans le *Digeste* comme des « barques de transbordement », qui pouvaient servir à l'occasion de canots de sauvetage[2]. D'autres navires légers, tels que les *Kélètes* ou *celoces*, les *cercuri* et les *phaseli* (qui tiraient leur nom des ports de Corcyre et de Phasélis), et surtout les *lemboi* ou *lembi*, étaient utilisés comme avisos dans les flottes de guerre, mais aussi comme navires de promenade et pour le petit transport. Sur mer, la plupart de ces bateaux de transport avaient une propulsion mixte, à la fois à la rame et à la voile : le latin créa le terme général d'*actuariae* (*naves*), qu'Aulu-Gelle, dans son catalogue des vaisseaux, donne pour équivalent du grec *histiokôpoi*.

Il y eut sans doute quelques cargos mixtes. Nous en connaissons au moins un, celui qui fut construit à Syracuse, en Sicile, avec l'aide d'Archimède, à la fin du IIIe siècle. Destiné au transport du blé (entreposé dans la soute), il comportait un pont de cabines — trente au total, de quatre couchettes chacune —, des quartiers pour l'équipage, une cuisine et, au-dessus, un pont pour l'escorte armée qui offrait également gymnase, promenades, bibliothèque et chapelle, le tout ombragé de massifs d'arbustes. Les pièces, elles, étaient décorées de mosaïques. Malheureusement, seul un port comme Alexandrie pouvait accueillir un navire de cette taille. Ce *Syracuse* devait être un paquebot de prestige[3].

Navires de plaisance

La navigation fluviale se prêtait mieux à l'aménagement de navires de luxe, qui pouvaient se permettre d'être lents et lourds.

---

1. Actes des Apôtres, 27, 37 ; Josèphe, *Autobiographie*, 3, 13.
2. *Digeste*, XXI, 2, 44.
3. Athénée, V, 204e-205d.

Ainsi, les « thalamèges[1] » qui naviguaient sur le Nil comprenaient de multiples cabines, avec un pavillon central en bois précieux, des salons, des salles à manger, des ponts-promenades, le tout somptueusement décoré. Il convient aussi d'évoquer, dans la très grande variété d'embarcations de plaisance représentées sur la mosaïque de Palestrina, la « gondole » comportant au centre un pavillon, ou plutôt une tente. Mais les thalamèges ne semblent pas avoir été adaptées à des croisières maritimes.

Les navires fluviaux latins sont essentiellement les barques, plus ou moins spacieuses : elles naviguent, en Campanie surtout, à la fois sur les lacs (Averne, Lucrin) et le long des côtes. Les *lembi* et les *lenunculi* peuvent servir à la pêche ; la *scapha* peut aussi tenir lieu de canot de sauvetage. Le *phaselus* est un « canot », employé surtout sur les lacs tranquilles de Cisalpine[2]. Le cas du *linter* est un peu spécial ; il peut être vaste, tel le « coche d'eau » d'Horace qui permet le transbordement des voyageurs entre Aricie et Terracine, sur l'Appia marécageuse[3]. C'est la *cumba*, qui correspondrait le mieux aux gondoles nilotiques de Palestrina ; elle est peinte de diverses couleurs, susceptible également d'accueillir banquets et beuveries[4].

La vie à bord

Quand il prenait la mer, le passager ordinaire ne trouvait pas à bord d'aménagements particuliers. L'arrière du navire, le pont, peut être surélevé en forme de dunette, et accueillir les cabines des passagers de marque et des « officiers » ; ce quartier, *diaeta*, peut être cédé par le patron à un passager[5]. Les passagers ordinaires s'abritaient sous une tente, qui pouvait recouvrir une partie du navire. Quand celui-ci était ponté, ils couchaient la nuit sur des nattes ; ils pouvaient aussi loger « au fond du tillac », secteur inconfortable car le plancher de fond de cale rassemble les eaux — la « sentine[6] ».

---

1. Strabon, XVII, 1, 15 et 16 ; Athénée, V, 204d-206b.
2. Aulu-Gelle, X, 25 et Catulle, IV.
3. *Satires*, I, 5, 11 sq.
4. Sénèque, *Lettres*, LI, 12 et 4.
5. *Satiricon*, CXVI, 50 ; Achille Tatius, V, 15 ; Philostrate, *V. Apoll.*, III, 35.
6. Aelius Aristide, XLVIII, 65 sq. ; *Satiricon*, C, 6. Achille Tatius, II, 32.

Le régime des subsistances, comme l'ensemble des prestations, semble avoir été défini par un contrat, le *naulum*. Le prix du passage comprend la fourniture de l'eau — entreposée à fond de cale — et la préparation des aliments. Il arrive qu'on cuise soi-même sa pitance sur de petits réchauds au charbon de bois ; l'équipage peut disposer d'une cuisine commune. Les passagers doivent embarquer des vivres à suffisance, qui constituent une valeur précieuse, sacrifiée à regret dans le « jet ». De toute façon, le passager semble devoir respecter un certain nombre de prescriptions, notamment celles qui interdisent la consommation de poisson, jugée néfaste pour la traversée ; il existait en effet un système complexe de tabous, qui incluaient l'interdiction de se raser et de se couper les cheveux, ou encore d'avoir des rapports sexuels à bord[1]. Outre les vivres, le passager apportait avec lui sa vaisselle. Celle qu'on a retrouvée sur les épaves est sommaire ; parfois, quelques pièces d'or et d'argent signalent un voyageur aisé. On embarquait aussi des couvertures, des coussins et des matelas, quelquefois en cuir, bien que ces *impedimenta* fussent assujettis à la réglementation douanière[2]. Des dés à jouer, des instruments de musique et même des lignes de pêche indiquent comment on se distrayait à bord[3].

La seule chose que fournissait l'équipage était l'eau potable. Mais on souffrait souvent du manque d'eau douce et certains passagers ont dû payer pour l'eau qu'ils consommaient.

Dans ces conditions, la traversée ne coûtait pas cher. Les prix ont toujours été modestes et ne semblent guère avoir varié entre le Ve siècle et l'époque impériale : de 2 à 4 ou 6 oboles pour une traversée en bac, de 2 à 4 oboles pour une mini-croisière du Pirée à Égine, 2 drachmes (soit 12 oboles) pour un voyage d'Athènes en Égypte ou en mer Noire ; or un ouvrier gagnait à peu près 9 oboles (soit 1,5 drachme) par jour. Si le passager ne disposait pas de ces sommes pourtant modiques, il pouvait toujours payer sa traversée en s'engageant comme marin[4].

---

1. *Sat.*, CIII-CIV ; Achille Tatius, V, 17.
2. *Pap. London*, 1979 et *Pap. Cairo Zenon*, 59 092.
3. Longus, II, 12.
4. *Athenian Tribute Lists*, III, 301-302 ; Platon, *Gorgias*, 511 d-e ; Lucien, *Le Navire ou les Souhaits*, 15 ; *Digeste*, IV, 9, 7.

Habituellement, donc, peu de confort à bord mais une grande solidarité. Durant la traversée, le navire fonctionne comme une micro-société de plusieurs centaines de personnes dont le chef est le « pilote » *(kubernètes/gubernator)* ; celui-ci fait office de capitaine, tout à la fois timonier et officier de navigation, prêtre du navire et seul maître à bord pour les décisions importantes. Le patron du bateau *(nauclèros/magister nauis)*, responsable et de la cargaison et des passagers, peut être ou ne pas être à bord. Les marins, des rameurs aux matelots de pont, forment un groupe uni et discipliné.

Passagers en difficulté

Quant aux passagers, nous connaissons leurs expériences et leurs points de vue par quelques récits de croisière qui datent tous de l'époque impériale.

Le plus ancien est aussi le plus dramatique, puisqu'il s'agit du célèbre passage des Actes des Apôtres écrit par un compagnon de voyage de l'apôtre Paul, qui vécut avec lui un naufrage au large de Malte, alors que tous se rendaient de Palestine à Rome à bord d'un cargo d'Alexandrie[1]. La narration est évidemment centrée sur Paul, qui représente le type même du voyageur expérimenté : plusieurs traversées, trois naufrages, une nuit entière « passée sur l'abîme » l'ont aguerri. Il est inquiet dès l'embarquement, car on est déjà à la mi-septembre, à la fin de la saison navigable ; les bateaux de guerre ne se hasardent plus en mer, mais les patrons de navires privés consentent à prendre des risques... rentables. L'avis de Paul a pesé, même s'il n'a finalement pas prévalu : ce voyageur, au savoir empirique mais réel, est associé aux conseils que tiennent le capitaine et son second. Ils rencontrent la tempête, qui dure treize jours. Paul est l'homme de sang-froid autour duquel se regroupent tout naturellement les autres passagers : il redonne espoir, en rappelant l'existence d'îles proches ; il exhorte au

---

1. Actes des Apôtres, 27, 1-44.

courage et à la discipline, conditions de survie. Les passagers sont obligés d'aider aux manœuvres : il fallut hisser à bord, au prix de mille difficultés, la chaloupe de sauvetage qui suivait normalement le navire ; il fallut ceinturer la coque avec des câbles pour augmenter sa résistance ; il fallut même accepter de jeter à l'eau, « de ses propres mains », cargaison et agrès pour alléger le bateau. Quand celui-ci s'échoue enfin, c'est Paul, un passager, qui organise le sauvetage alors que les matelots ne pensent qu'à quitter le navire ; c'est lui qui mobilise l'officier romain et les soldats qui sont à bord. Il gère également les vivres, dont on finit par se délester quand on est en vue de la terre.

Ce témoignage n'a rien d'exceptionnel. Lors de leur voyage à Rome, Flavius Josèphe, en 64, et Aelius Aristide, en 143, ont vécu la même épreuve, à la même période — celle de l'équinoxe — et dans les mêmes eaux (cette mer Ionienne, entre Grèce, Sicile et Italie, qu'ils appellent tous l'Adriatique). Ils la relatent dans les mêmes termes. Naufragé, Josèphe, comme Paul, a dû nager toute la nuit avant d'être repêché par un bateau africain, et l'on ne compta que 80 rescapés sur les 600 passagers [1]. Aelius Aristide a dérivé à plusieurs reprises au milieu de vagues énormes et d'un vent terrible : dans le détroit de Messine, en Adriatique, et pendant quatorze jours en mer Égée. Comme Paul, il évoque le brouillard opaque, la violence du vent, le choc des lames, la panique générale quand le commandant et l'équipage se couvrent la tête de cendres et qu'il n'y a plus rien à manger. Sa conclusion est celle que tirait Paul devant ses convertis : « Fatigues du corps de toutes sortes ; plus de forces. » Quand il débarque enfin, il est à peu près sourd et son « mal de poitrine » s'est aggravé. Mais parfois, contrairement à Paul, Aristide, voyageur expérimenté, a pu faire prévaloir sa prudence sur l'irresponsabilité des marins. Lors d'une traversée de Grèce en Asie, il parvint — en s'enfermant dans sa chambre d'auberge ! — à prolonger l'escale de Délos de deux jours, parce qu'il avait vu que le vent se levait. Il acquit la reconnaissance générale quand on vit le bateau à quai rouler au hasard et perdre ses mâts [2].

---

1. *Autobiographie*, 3, 13.
2. *Discours sacrés*, II, 65-68 et IV, 32-36.

À la fois réaliste et pittoresque, la croisière du *Satiricon*[1] de Pétrone évoque aussi bien le transport maritime que la vie quotidienne à bord.

Le navire, est un « cargo mixte », de ces *naues onerariae* que le *Digeste* considère comme un type très courant. Lichas est présenté à la fois comme le « propriétaire » (*dominus nauis*) et comme le capitaine. Qu'on le traite de flibustier et de « Cyclope » n'y change rien. Lichas est inséré dans un « groupe » commercial qui contrôle production, négoce et transport. Le navire répond au cas prévu par le *Digeste* : « Lorsque dans le même navire les commerçants avaient chargé des marchandises de diverses espèces, et qu'en outre faisaient la traversée beaucoup de passagers, esclaves et hommes libres[2]. »

Il apparaît que les passagers libres ont réservé leur « passage », et que les compères, héros du roman, sont des clandestins, ou des semi-clandestins, sur lesquels on a fermé les yeux. On a chargé marchandises et bagages. Durant la nuit, les passagers sont logés, sur ce navire qui semble ponté, « dans un recoin isolé du tillac ».

Le navire paraît avoir embarqué des esclaves. Ainsi s'explique le déguisement projeté par les « clandestins », en Éthiopiens ou en « fugitifs » récupérés à l'étranger : c'est un cas fréquent, envisagé par le *Digeste* qui prévoit le « jet » des esclaves, dont la disparition est assimilée à une mort fortuite par maladie[3].

La vie de bord est agitée. On voit les méfaits de la « concentration » d'un groupe composite : rixes et altercations alternent avec les scènes joyeuses. Après les affrontements, on fait la paix, et le navire retentit de chansons. Il faut dire que la navigation est longue et fastidieuse : pour tuer le temps, on raconte des « inepties » comme le récit licencieux de la *Matrone d'Éphèse*. On profite aussi de la bonace pour pêcher au harpon ou à l'hameçon.

Mais le romancier épicurien fait malgré tout une large place aux tracas et aux angoisses de la traversée, corroborant ainsi les craintes ancestrales. Pétrone peint au lecteur un équipage et des passagers qui souffrent du mal de mer, même le « loup de mer » Lichas. Le navire est trop lourdement chargé de marchandises, de

---

1. *Satiricon*, XCIX à CXIV.
2. *Digeste*, XIV, 2, 2, § 2.
3. *Ibid.*, IX, 4, 21, § 3.

bagages et de passagers : « embarquer le passager sur un navire bondé » est à Rome une expression proverbiale [1]. Les grandes dimensions du bateau l'empêchent donc de pénétrer dans certains bassins et il faut utiliser pour le transbordement la chaloupe de sauvetage : elle apparaît aux malheureux otages du « Cyclope » Lichas comme une chance d'évasion. Vain calcul !

Les moyens de sauvetage ne sont pas à la mesure du nombre. Lors de la tempête, la chaloupe sert à évacuer en priorité une passagère de marque, Tryphène, et ses esclaves fidèles. Lichas meurt noyé, dans son vaisseau fracassé.

Dès lors la piété est ravivée par les affres du naufrage : on « adore les astres », et en particulier les Gémeaux, protecteurs de la navigation. La foi isiaque, si puissante en Campanie, inspire en pleine tempête un rituel d'expiation. Avant le naufrage final, on sacrifie à la *Tutela navis,* plus ou moins apparentée à la Fortune.

Croisières de détente

Toute différente est l'ambiance des croisières de luxe sur yacht privé comme en vivent les héros de roman [2]. Le navire est vaste et jouit de tout le confort ; les cabines, aussi grandes que des chambres, permettent d'emporter une garde-robe fournie et diversifiée : toutes les variations climatiques, toutes les situations que peuvent rencontrer ces jeunes mondains sont prévues. On embarque des provisions « en prodigieuse abondance » et toute la domesticité nécessaire, serviteurs et servantes. Les passagers mangeront dans de la vaisselle précieuse et disposeront d'assez de numéraire pour vivre agréablement à l'escale. Car, en soi, la traversée n'est pas considérée comme un temps de loisir et d'agrément. Quand on est poussé par un bon vent, le voyage est « charmant », mais pendant les périodes d'accalmie, où il n'y a rien à faire, tout se dégrade à bord : les marins se relâchent, s'enivrent...

Les philosophes itinérants tirent un meilleur parti de leurs

---

1. Macrobe, *Saturnales,* II, 5, 9.
2. Xénophon d'Éphèse, I, 10, 4.

loisirs forcés[1]. Quand Apollonios de Tyane traversa l'Égée pour venir d'Asie en Grèce, il partit comme Paul en automne, alors que la mer n'était plus aussi sûre : il choisit donc avec soin le bateau, assez grand pour éviter la surcharge, car tout le monde était pressé de s'embarquer sur un des derniers convois de l'année. À bord, il décida des escales avec le pilote : c'étaient toujours des lieux de tourisme et de pèlerinage. La mer était belle, même dans les Creux de l'Eubée à la sinistre réputation ; les passagers devisaient agréablement en regardant la mer qui fournissait tous les thèmes de conversation : les îles, « car ils en rencontraient un grand nombre, fort célèbres », la façon de construire les bateaux ou l'art de les piloter, « tous sujets adaptés à un voyage en mer ». Après s'être fait prier, le philosophe finit par donner une conférence à bord.

Dans les romans encore, les Grecs découvraient ce que pouvait être la villégiature maritime en suivant la jeunesse dorée de Lesbos dans une croisière autour de l'île, qui combinait bains de mer, pêche et chasse[2] :

> Des jeunes gens riches de Méthymne voulant joyeusement passer hors de chez eux le temps des vendanges tirèrent à la mer un petit bateau, mirent leurs esclaves aux rames et s'en vinrent longer les champs côtiers de Mytilène. Le littoral, en effet, a des mouillages bien abrités, il est bordé de riches habitations, offre toute une suite de bonnes plages pour le bain, ainsi que des parcs et des bois qui sont, les uns, produits de la nature, et, les autres, ouvrage de l'homme ; tout cela fort propice aux ébats de la jeunesse. Longeant ainsi la côte, et mouillant tantôt ci tantôt là, sans faire aucun mal, ils s'amusaient à divers passe-temps : tantôt, avec des hameçons attachés à un fil léger au bout d'un roseau, ils pêchaient, du haut d'un écueil qui s'allongeait dans la mer, les poissons de roche ; tantôt, avec des chiens et des filets, ils prenaient des lièvres effarouchés par le grand bruit qu'on menait dans les vignes. Ils faisaient aussi la chasse aux oiseaux et prenaient dans des lacets des oies sauvages, des canards, des outardes, si bien que leur divertissement fournissait aussi leur repas ; s'il leur était encore besoin de quelque chose, ils l'achetaient aux paysans, en payant le prix et au-delà. Il ne leur fallait que le pain, le vin, et aussi le logis, car ils ne

---

1. Philostrate. *V. Apoll.*, IV, 13 et 15.
2. Longus, II, 12.

trouvaient pas sûr, l'automne étant commencé, de coucher en mer : aussi, tiraient-ils leur bateau à la côte, par crainte d'une nuit de houle ou d'orage.

À Alexandrie, les croisières sur le Nil, suivies d'une collation au bord de l'eau, devinrent l'un des divertissements préférés des Grecs. La mosaïque de Palestrina en offre un tableau idyllique et raffiné : on banquetait le plus souvent sous une tonnelle, mais il y avait aussi des installations somptueuses avec des kiosques « en dur », aux belles façades à colonnes, où un grand velum apportait l'ombre et la fraîcheur.

LES AMÉNAGEMENTS PORTUAIRES

Du mouillage à l'emporion : *le lent développement des ports grecs*

L' « agrément », disait Xénophon, consiste à trouver de bons abris pour les bateaux[1]. Cela ne signifie pas nécessairement faire relâche dans un port aménagé, car les rivages de l'Égée, avec leurs baies profondes et leurs promontoires escarpés, offrent de nombreux sites favorables au mouillage. La pratique primitive — tirer l'embarcation au sec sur une plage — est attestée depuis les temps homériques jusqu'au Bas-Empire, quand le *Stadiasme de la Grande Mer* recense encore soigneusement ces haltes où l'on ne trouve pourtant aucune installation portuaire. Le terme de « mouillage » (*hormos* ou *panormos*, c'est-à-dire « mouillage circulaire ») devint un toponyme fréquent, dont l'actuel nom de Palerme, en Sicile, est l'altération. Pour les navires de fort tonnage, on se contenta pendant longtemps aussi d' « ancrages » en eau profonde, d'où des embarcations plus légères convoyaient ensuite les passagers jusqu'au rivage : c'est encore le cas à Patras à l'époque d'Auguste, bien que la ville soit déjà une escale importante vers l'Italie.

Les premiers aménagements portuaires dans le monde grec remontent au moins au VIe siècle et s'expliquent par les projets

---

1. *Poroi*, III, 1.

maritimes et les ambitions des grands tyrans. Plus d'un siècle après les travaux de Polycrate à Samos, Hérodote y admirait encore les deux môles qui s'appuyaient sur des fonds de 35 mètres (en réalité 18 mètres) et qui s'étendaient sur plus de 300 mètres[1]. Le port de Délos, au cœur des Cyclades, connut un développement très progressif : les pèlerins de l'époque archaïque débarquaient dans des criques au nord-ouest et au nord-est, et c'est au début du VIe siècle qu'on commença à aménager une anse plus vaste, ouverte à l'ouest, avec un grand môle de 100 mètres pour la protéger du vent dominant et des quais dallés qui ne s'élevaient que très peu au-dessus du niveau de la mer ; au cours des quatre siècles suivants, on construisit un petit môle au sud, on déploya les quais sur une longueur de 1 700 à 1 800 mètres et on créa vers le sud quatre bassins secondaires dont trois étaient bordés de magasins.

La méthode grecque consiste à former un port artificiel ou à agrandir un port naturel à l'aide de jetées qui abritent des vents, facilitent les opérations de débarquement, et assurent aussi la protection des navires, puisqu'elles sont souvent incurvées de manière à fermer le port : pour un Grec de l'époque classique, la sécurité reste la principale qualité d'un port et, quand il dit cela, il songe davantage au mauvais temps qu'au danger ennemi. Parfois, on utilisait un îlot dans la rade comme base d'un grand môle unique : l'Heptastade d'Alexandrie, cette longue chaussée percée de deux arches pour le passage des bateaux, qui allait de la pointe occidentale de l'île du Phare au continent et qui protégeait le grand bassin des courants d'ouest, en fut la forme la plus achevée[2].

Les phares fonctionnent depuis l'époque hellénistique[3]. Ces tours élevées, d'où un feu guidait les navigateurs dans la nuit, doivent leur nom moderne à la plus célèbre d'entre elles, édifiée à l'entrée du port d'Alexandrie et visible à plus de 50 kilomètres en mer[4]. Il semble qu'aucun port antique n'en ait été démuni : l'île de Délos, par exemple, en possédait quatre, situés de telle sorte que l'un d'eux, au moins, pût guider les navires de toute provenance.

Ces aménagements suffisaient à justifier, pour un Grec, l'appellation de « port artificiel ». Mais il y eut aussi, à l'époque

---

1. Hérodote, III, 60.
2. Diodore, XVII, 52 (en 59 av. J.-C.) ; Strabon, XVII, 1, 6.
3. *Anth. Pal.*, IX, 671.
4. Strabon, XVII, 1, 6 ; Josèphe, *Bel. Jud.*, IV, 613 ; Achille Tatius, V, 6.

hellénistique tout au moins, des ports réellement creusés de main d'homme : c'était le cas, à Alexandrie, du port nommé de façon significative « le Coffre » (*kibôtos*). Sur une côte importuaire, Hérode le Grand créa de toutes pièces Césarée de Palestine[1]. Au sud de l'Asie Mineure, le port de Sidè fut ouvert dans une presqu'île, comme un triangle aux bords rectilignes, pour approfondir le bassin naturel et trouver les matériaux nécessaires à la construction des môles.

La plupart des opérations portuaires, dans le monde grec, eurent un caractère commercial. Le grand port grec évoluait naturellement en agglomération indépendante, qui menait sa vie propre, distincte de celle du centre politique, et qui constituait un second pôle urbain dans la cité, nommé par les Grecs *épineion* : ce fut le cas du Pirée, près d'Athènes, à partir du Ve siècle, mais aussi de Léchaion et de Cenchrées près de Corinthe, de Dikaiarchia près de Cumes... Leur raison d'être était leur fonction de place de commerce et d'échange, *emporion* en grec. À partir du milieu du Ve siècle, architectes et théoriciens s'intéressèrent aux problèmes posés par ces aménagements, vitaux pour les cités maritimes : Xénophon préconisa de vastes structures d'accueil ; Platon et Aristote conseillèrent le dédoublement des lieux de réunion et des fonctions administratives, afin de ne pas « contaminer » la vie politique par le développement des affaires et l'afflux d'une population cosmopolite. C'était déjà la solution retenue, au milieu du Ve siècle, par l'architecte Hippodamos de Milet, qui aménagea les ports de Milet et du Pirée comme des comptoirs totalement autosuffisants. Les installations du Pirée, édifié sur un plan orthogonal, demeurèrent un modèle du genre : le quadrillage et l'orientation des rues permettaient aux vents dominants de nettoyer l'air et répondaient à des préoccupations d'hygiène nouvelles ; les bassins et les quais furent construits en prévision de l'extension du trafic (au grand dam, d'ailleurs, des militaires !) ; près du port commercial, le Canthare, l'*emporion* comprenait 94 cales, de nombreux pontons et 5 vastes halles dont l'une servait de Bourse, une autre de hall d'exposition, une troisième de silo à blé. Le port fut désormais centré sur une agora qui marqua le paysage portuaire de ses portiques ioniques, et le modèle hippoda-

---

1. Josèphe, *Ant. Jud.*, XIII, 11, 2 ; *Bell. Jud.*, I, 21.

méen influença durablement les constructions de ports, jusqu'à l'époque romaine, comme en témoignent alors les monnaies commémoratives.

Près des bassins, les marchés se multipliaient en fonction du développement du trafic : les Déliens créèrent une nouvelle agora au milieu du IIIe siècle, à l'extrémité du môle, près du port commercial, et il fallut encore en construire une autre un siècle plus tard, incluse dans une nouvelle tranche d'aménagements portuaires[1].

À l'époque hellénistique, ces aménagements portuaires furent souvent assumés par des princes ou des riches particuliers à titre de « bienfait ». Ainsi le Phare d'Alexandrie, construit par l'architecte Sostratos de Cnide, aux frais du roi Ptolémée II, ou du maître d'œuvre. Les Lagides ont donné une forme parfaite au projet de « géographie volontaire » d'Alexandre, dont Vitruve a fait si grand cas[2] : le port « naturellement protégé » a contribué au choix du site. Dominée par le phare et le Sébasteion, la rade s'étend entre Péluse et la bouche Canopique, avec l'île de Pharos, oblongue et parallèle à la côte, délimitée par ses deux caps. Des rochers, servant de brise-lames, protègent le mouillage naturel. Le grand port, dans l'axe du Phare, est séparé des autres installations de l'Ouest, notamment du port artificiel d'Eunoste, par la célèbre chaussée appelée Heptastade, entre l'île et le rivage ; sur ce dernier s'élevait la position avancée de *Rhaikotis,* dominant les chantiers navals. Le plan d'ensemble de la « chlamyde » de 30 stades s'inscrit dans un site « baigné des deux côtés par une mer, mer d'Égypte et lac Maréotis » ; ce dernier, rempli par les eaux du Nil dérivées par de nombreux canaux, ignore l'insalubrité des eaux stagnantes et les exhalaisons de l'été, grâce à l'inondation du Nil. Les eaux du fleuve, avec le souffle des étésiens, font le charme de la saison estivale. Tel était le port antique qui servait de départ à la ligne Alexandrie-Pouzzoles[3].

Force est de constater que le port présente des avantages touristiques. En abordant à Alexandrie, le voyageur pouvait, par un réseau de canaux, gagner facilement la station de Canope,

---

1. *Inscriptions de Délos,* 1645.
2. *De architectura,* II, *Praef.,* 4.
3. Strabon, XVII, 1, 6.

centre de culte et lieu de délices, célèbre par ses auberges, ses cabarets littoraux, sa navigation de plaisance.

Les grands ports de l'Empire

Héritiers des grands ports hellénistiques et de leur technique, les Romains ont entretenu et développé l'équipement portuaire, les abris naturels comme les rades artificielles. La navigation internationale fait partie du programme politique de la paix d'Auguste ; l'évergétisme impérial et la « philanthropie » stoïcienne la considèrent comme un des ressorts de la « communauté humaine » et ne condamnent que la mégalomanie des ports privés. Vitruve a codifié la technique portuaire héritée des Grecs. Il distingue le port naturel, rade fermée par deux promontoires, qu'on surplombe de tours et qu'on barre de chaînes (contre la piraterie), et le port artificiel, site de mouillage (*statio*) choisi en fonction des vents : on l'abrite par une digue qui barre un repli de la côte, ou bien par deux digues perpendiculaires, selon la conformation de la côte[1].

Les ports d'Occident qui ont le plus bénéficié de la sollicitude impériale sont Ostie et Pouzzoles, mais leur prépondérance n'exclut pas d'autres aménagements.

La vieille colonie maritime d'Ostie avait, comme port, des inconvénients liés à l'alluvionnement du Tibre et à la barre de l'embouchure. D'où l'utilisation de Terracine-Circeii, et l'essor de Pouzzoles (Dicéarchie). César avait été tenté par deux projets : la construction d'un canal de liaison entre Terracine et le Tibre ; l'aménagement d'un port artificiel à Ostie. Claude a choisi le port artificiel[2] :

> Il créa le port d'Ostie en faisant construire deux jetées en arc de cercle à droite et à gauche, et, dans les eaux déjà profondes, un môle pour barrer l'entrée : pour asseoir plus solidement ce môle, on coula d'abord le navire qui avait amené d'Égypte le grand obélisque ; là-dessus, on construisit une foule de piliers supportant une tour très haute, destinée, comme celle du Phare d'Alexandrie, à guider de ses feux nocturnes la route des navires.

---

1. *De architectura*, V, 12.
2. Suétone, *Claude*, 20.

La jetée hémicyclique est figurée sur la *Table de Peutinger*; le phare, sur les mosaïques de la place des Corporations. Les monnaies de Néron montrent le complexe portuaire terminé. Or, mal protégé des tempêtes[1], sinon des incursions des pirates, ce port de Claude fut vite dépassé. Trajan fit aménager le bassin hexagonal appelé *Portus Traiani felicis*, relié au fleuve par un canal. Le complexe se situait entre la mer et le cours antique du Tibre. L'Ostie impériale et antonine était prospère : la place des Corporations l'atteste, avec les bureaux des « naviculaires » d'Alexandrie, de Sabratha et de Carthage (Afrique), de Cagliari et de Narbonne. Relié par cabotage à Pouzzoles, le port était en relations permanentes avec Gadès et l'Espagne Citérieure (Tarraconnaise), ainsi qu'avec la Narbonnaise et l'Afrique. Dès cette époque prolifèrent les auberges et débits de boissons, fréquentés par une faune interlope[2].

On arrive d'Orient à Rome soit par la Via Appia depuis Pouzzoles, soit par cabotage Pouzzoles-Ostie[3].

L'aménagement du « Port de Trajan » a provoqué un essor exceptionnel du quartier, où se sont multipliés les immeubles collectifs (*insulae*), les grands entrepôts sur les quais du Tibre et dans le triangle Decumanus-Via della Foce, tels les Greniers *pagathiana* et *Epaphroditana*, les locaux corporatifs (*scholae*).

Le port de Pouzzoles (Dicéarchie), en Campanie, comporte des bassins multiples, selon le schéma d'Alexandrie. Or la rade n'est pas « naturellement sûre », et il a fallu protéger la baie et ses quais d'une jetée orientée vers les vents du sud. La célèbre peinture de Stabies révèle un bassin quadrangulaire, avec ses appontements, une jetée annexe transversale, deux arrière-bassins et, au premier plan, un îlot, peut-être Nésis. Une rangée de colonnes surmontées de statues divines suggère la zone du *Macellum*, qui est la bourse de commerce. La grande terrasse supportait une statue de Sarapis, normale pour le « terminus » de la ligne d'Alexandrie. Sur le pourtour de la place, on a pu conjecturer des locaux commerciaux, avec une baie ouverte sur la façade maritime[4].

---

1. Tacite, *Ann.*, XV, 18.
2. Juvénal, *Sat.*, VIII, 171.
3. Philostrate, *V. Apoll.*, IV, 39-40 et VII, 11 sq.
4. Voir aussi Strabon, V, 4, 6.

Le port bouillonne d'une activité fébrile : la foule se presse sur les « môles », les *pili*, avide d'identifier les navires d'Alexandrie, reconnaissables à leur « bourset de hune » ; ce fut un équipage d'Alexandrie qui félicita Auguste, « longeant la baie de Pouzzoles », d'avoir rétabli la liberté de navigation et le trafic d'Orient [1]. La cité, « colonisée » à plusieurs reprises, d'Auguste à Vespasien, abritait une population sédentaire nombreuse et accueillait beaucoup d'itinérants : on s'explique ainsi mieux la présence de deux amphithéâtres successifs — le second de vaste capacité —, de citernes importantes, de deux aqueducs et d'une nécropole très cosmopolite.

Plus favorisé par la nature qu'Ostie, le port de Pouzzoles subit les effets du bradysisme, qui impose une réfection constante des môles. On en signale une sous Antonin le Pieux. Pouzzoles concurrence victorieusement Ostie ; ses liaisons routières avec Rome, grâce à la Via Domitiana, avec Bénévent, Brindes et Tarente, par l'Appia classique et, après 109 ap. J.-C., par la Via Traiana, représentaient également des atouts commerciaux et touristiques.

La politique impériale a aussi inspiré des créations portuaires : Centumcellae (Civitavecchia), comme un refuge pour le cabotage [2] et Ancône, qui comble un vide portuaire en Adriatique, entre Aquilée (Vénétie) et Brindes. En face de Salone et de Dyrrachium — départ de la Via Egnatia —, Ancône permet de diversifier les routes maritimes entre la Grèce et l'Italie [3].

Les empereurs tiennent à leur monopole : Néron considère comme une « offense » que Soranos ait pris à cœur, comme gouverneur, l'aménagement du port d'Éphèse [4].

L'évergétisme impérial ne négligea pas les ports de la Méditerranée orientale, qui commémorent ces grands travaux dans leurs monnayages. Ainsi Méthonè, dans le Péloponnèse, qui fut réaménagée en port semi-circulaire sous Trajan et Caracalla. C'est l'empereur Constance, au IVe siècle, qui développa Séleucie de Piérie, l'accès maritime d'Antioche, « en considération des nécessités de la ville et de l'armée » : il fit tailler une grande montagne et

---

1. Suétone, *Aug.*, 18 ; Sénèque, *Lettres*, LXXVII.
2. Rutilius Namatianus, *De reditu*, 237 sq ; Pline, *Lettres*, VI, 31, 16-17.
3. *CIL*, X, 1640.
4. Tacite, *Ann.*, XVI, 23.

y fit pénétrer la mer. Pline le Jeune eut pour Nicomédie de Bithynie des desseins ambitieux : il voulait reproduire le schéma alexandrin, qui unissait un port de mer à un port intérieur lacustre, relié à la ville par un canal ; mais le projet ne semble pas avoir abouti [1].

Quand le voyage maritime prit davantage en compte le confort et le plaisir des passagers, on vit naturellement apparaître les ports privés. L'exemple, là encore, vint des rois lagides, qui aménagèrent dans la rade d'Alexandrie un port « royal », inclus dans le palais. Sous l'Empire, cet usage royal fut imité par de riches particuliers : le sophiste Damianos disposait d'un port privé sur son domaine d'Éphèse [2].

UNE INSÉCURITÉ CHRONIQUE

Les jouets du vent

Comme tous les Méditerranéens, Grecs et Romains voyagèrent surtout par mer, bien qu'ils aient ressenti les risques saisonniers ou locaux de la navigation de manière encore plus cruciale que les difficultés des routes hivernales.

Depuis l'époque d'Hésiode (au VIIIe siècle) et jusqu'au Bas-Empire, on opposa sommairement la belle saison, l' « été », celle des « justes navigations », et la période de « mer fermée ». À Rome, les anciens calendriers en dix mois matérialisent les mois creux d'hiver, janvier et février. Mais la navigation reprend-elle toujours en mars, quand, selon le poète [3], « l'âpre hiver se relâche » et qu'on tire les bateaux à la mer ? Quoique le moment soit solennisé par des cérémonies telles que la fête de Vénus Marine (en avril) ou le *Navigium Isidis*, le 5 mars, au cours duquel on allait jeter processionnellement un navire votif à la mer [4], la reprise n'est pas systématique ; certains calendriers de navigation

---

1. *Expositio totius orbis*, XXVIII ; Pline, *Lettres*, X, 41-42.
2. *Bell. Civ.*, III, 112 ; Philostrate, *V. Soph.*, II, 23.
3. Horace, *Odes*, I, 4, 1.
4. Apulée, *Mét.*, XI, 5 et 16.

sont très restrictifs — de mai à septembre seulement. En règle générale, les armateurs privés, désireux de faire du profit, prennent plus de risques que la marine de guerre. Pour les militaires, la mer est sûre du 27 mai au 14 septembre, à cause de la « douceur de l'été » ; la période du 14 septembre au 11 novembre est déjà jugée dangereuse en raison des « jours courts, nuits longues, nuages, brouillards et vents violents » : elle annonce la « mer fermée » du 11 novembre au 10 mars[1].

L'observation des astres joue un rôle non négligeable. D'Hésiode à Ovide ou à Rutilius Namatianus, le lever de certaines constellations, comme les Pléiades à l'automne, est épié avec une curiosité inquiète.

Le régime des vents a une influence déterminante sur la navigation. Le *circius*, qui confond le mistral et le cers de Narbonnaise, pousse les navires vers le sud-est en toute saison, mais contrarie la navigation est-ouest. Les brises de terre et de mer sont tout aussi importantes pour la marine à voile. Enfin et surtout, les grandes lignes Italie-Orient sont, à la période estivale, tributaires des célèbres étésiens : bien connus depuis les *Météorologiques* d'Aristote, ces vents capricieux, qui « tombent » un peu la nuit, hypothèquent la navigation en Méditerranée orientale, dans l'Égée comme dans l'Ionienne, durant quarante jours. Vents du secteur nord en Égée, nord-ouest dans l'Ionienne, les étésiens se lèvent à la mi-juillet et gênent une marine peu armée pour remonter au vent. César, comme Vespasien, s'est dit bloqué à Alexandrie par les étésiens[2].

Les « performances » maritimes relatées par Pline[3] et corroborées par maints témoignages antiques ont pour repoussoir les déboires du stoïcien Posidonius, qui mit trois mois pour aller de Syrie à Rome, ou de l'apôtre Paul, qui fut transféré de Palestine à Rome en pleine saison d'équinoxe : dès le départ de Césarée, le caboteur qui l'emmenait en Asie Mineure ne put doubler Chypre par le sud, comme on le faisait d'habitude, à cause d'un fort vent d'ouest. Le gros bateau alexandrin, qui était remonté jusqu'à Myra, au sud de l'Asie Mineure, pour prendre les vents étésiens,

---

1. Végèce, *Epit. rei mil.*, V, 9.
2. *Bell. Civ.*, III, 107 ; Tacite, *Hist.*, II, 98.
3. *HN*, XIX, 3-4 ; Strabon, III, 2, 5 ; Actes des Apôtres, 27, 14.

voulut ensuite les utiliser pour longer la côte sud de la Crète. Mais la saison était déjà trop avancée : le bateau dut alors affronter un terrible vent de nord-est, l'aquilon d'hiver ; il fut ballotté pendant treize jours entre Crète, Afrique et Sicile, puis vira vers le nord sous l'effet d'un vent contraire, et dériva encore des jours et des jours en mer Ionienne.

Le voyageur antique était vraiment le jouet des vents et l'inquiétude l'étreignait dès que ceux-ci se levaient. Le navire, soulevé de la proue à la poupe, s'affaissait et risquait de couler. Les paquets d'eau giclaient et trempaient les passagers. Le bateau qui tentait de rentrer au port était sans cesse repoussé vers la haute mer, à la consternation des spectateurs massés sur le rivage. « Sueur, clameurs des matelots, cris des passagers[1]. » Les grands responsables sont bien sûr les marins, qui prennent trop de risques en naviguant par mauvais temps.

La météorologie aggravait encore les risques que créaient en permanence les courants des détroits : ceux de l'Euripe et de Messine perturbaient les routes maritimes. Et le sinistre cap Malée alimentait, comme Charybde et Scylla, le martyrologue maritime, au moins pour les Romains qui voulaient contourner le Péloponnèse, car il semble que les navires grecs l'aient doublé très habituellement et sans lui faire une telle réputation[2].

La fréquence des naufrages

« Trois fois j'ai fait naufrage », pouvait écrire saint Paul au cours de son troisième voyage, « et j'ai passé un jour et une nuit sur l'abîme » — sans doute accroché à une planche et ballotté par les flots. Le cas n'est pas isolé. À la même époque, en 64, le jeune Flavius Josèphe fait naufrage au milieu de l'Adriatique : le gros navire avait embarqué 600 passagers[3] ; si sur les navires antiques « l'homme est essentiellement compressible », la surcharge peut constituer une cause initiale ou aggravante du naufrage. Le navire

---

1. Aelius Aristide, *Discours sacrés*, II, 12.
2. Comparer Properce, *Élégies*, III, 19, 8 ; Stace, *Silves*, I, 3, 97 ; Virgile, *Énéide*, V, 193 ; Pline, IV, 22, à l'inscription de Zeuxis, *Syll.³*, 1229 et à Mela, *Chorogr.*, II, 49-50.
3. II Co 25 ; Josèphe, *Autobiographie*, 3.

de saint Paul, entre Myra et Malte, avait pris à son bord, outre la cargaison, 200 passagers et l'on incrimine souvent, dans les naufrages, l'« avarice » des négociants. Sous le Haut-Empire, à l'époque apostolique, l'image du naufrage hante encore l'esprit des Anciens, aussi vive que lorsque Hésiode, huit siècles auparavant, déconseillait de prendre la mer sans nécessité absolue et multipliait les conseils de prudence[1]. Développé par la comédie et la littérature romanesque, illustré par l'art funéraire, le thème correspond aux réalités quotidiennes. Au Ier siècle, Sénèque inclut toujours le naufrage, à côté de l'incendie et de l'éboulement, dans le catalogue des épreuves de la condition humaine. La représentation des « naufrages de théâtre », ou les peintures de naufrage, destinées à conjurer le mauvais sort, n'ont pas raison de l'angoisse ! Juvénal peint au noir les périls de la navigation : le vent et la mer déchaînés, la « prudence » inutile du pilote et il évoque les ex-voto des naufragés épargnés[2].

La philosophie comme l'art funéraire insistent sur une misère annexe : l'insépulture, la privation des honneurs funéraires traditionnels, qui garantissent la paix aux âmes. Le plus souvent, le disparu reçoit un cénotaphe, reconnaissable au mât qui surmonte le monument ; si son corps a été rejeté sur le rivage, il n'obtient au mieux que la sépulture en terre étrangère, de mains étrangères, au bord de cette mer où il a tant souffert. En Grèce comme à Rome, les inscriptions funéraires se montrent prolixes sur les drames du naufrage. Nombre de témoignages concernent des marchands et des voyageurs victimes de la mer. Le jeune Ursinus disparut en Dalmatie à onze ans ; les deux frères Lupus et Aper furent enlevés à Ravenne « par la mort du naufrage ». Une stèle romaine élevée pour un naufragé dit que « sa dernière épreuve fatale a été celle de l'onde », tout en soupirant timidement que « bien des gens survivent, arrachés aux ondes et aux écueils ». On peut encore évoquer une mère et sa fille « tuées par la violence de la mer » au large de la Tarraconnaise[3].

Les périls de la mer n'épargnent personne, pas même les princes

---

1. *Les Travaux et les Jours*, 665-670, 682-694.
2. *Cons. Marc.*, XXII, 3 ; *Cons. Pol.*, IX, 5 ; *Lettres*, CIII, 1 ; *Rem. fort.*, XIV, 1. Juvénal, *Sat.*, XII.
3. *Anth. Pal.*, VII, 265-269 ; Bücheler, *Carmina Epigraphica*, 826, 1171, 1210 et *CIL*, III, 1899.

ni les empereurs. En revenant de Grèce, Marc Aurèle a subi « une tempête très grave » avant d'aborder à Brindisi. Tel empereur du IIIe siècle découvrit que le voyage d'Afrique par l'Égypte et la Libye était aussi difficile par mer que par terre. Caracalla, en passant de Thrace en Asie, a risqué le naufrage à la suite d'une rupture d'antenne : il dut être recueilli par une barque avant de réembarquer sur une trirème de la flotte [1].

La nécropole d'un grand port hellénistique comme Délos laisse voir un nombre élevé de stèles de naufragés, assis sur leur navire ou sur un rocher, en train de fixer tristement l'horizon. Certains monuments funéraires évoquent très directement les circonstances de la mort. Passer par-dessus bord semble avoir été assez fréquent : ainsi a-t-on représenté un homme qui tombe à la mer et qui tente vainement de se retenir ; un autre, dont la tête émerge entre les vagues, essaie de saisir la rame-gouvernail et de s'y cramponner.

Mais le naufrage résultait le plus souvent de la tempête, quand le navire ballotté par de fortes vagues finissait par se renverser. En effet, jusqu'à la fin de l'Empire, les marins furent mal armés pour l'affronter : le pont des bateaux de commerce était surchargé de marchandises encombrantes, au-delà des coefficients de sécurité [2] ; les navigateurs connaissaient mal les vents, si bien que la brusque et violente apparition de vents locaux, si fréquents en Méditerranée, pouvait les surprendre avant qu'ils eussent eu le temps de modifier la direction de la voile.

Les moyens pour lutter contre la tempête étaient dérisoires. On ceinturait le bateau de cordages, à l'avant et à l'arrière, pour éviter qu'il ne se disloque. On laissait filer une ancre pour ralentir la marche. Surtout, on sacrifiait la cargaison, puis au besoin le gréement, et même enfin les vivres, pour alléger l'embarcation quand on ne pouvait plus maintenir sa flottabilité et sa direction. C'était un navire démâté, « tas de bois brut et informe », avec des passagers affamés, qui touchait le rivage [3].

---

1. *Hist. Aug., M. Aur.*, XXVII, 2 ; *Pesc. Nig.*, V, 5 ; *Carac.*, V, 8.
2. Pline, V, 25.
3. *Satiricon*, CXIV, 13.

Les naufrageurs

Même quand une terre était en vue, on n'était pas tiré d'affaire pour autant. D'abord, on risquait toujours de s'échouer sur un récif ou sur un banc de sable, d'autant que la tempête remaniait les bas-fonds : c'est ce qui arriva à saint Paul sur la côte de Malte[1]. Encore fut-il soulagé par l'accueil des Maltais, dont on aurait pu craindre, à première vue, les pratiques inhospitalières. Beaucoup d'insulaires vivaient du pillage des épaves, et la mentalité grecque concevait le droit d'épave dans une acception très large, comme une application de ce droit primitif et fondamental qu'était la saisie par représailles. Tout était bon, que l'on parvenait à saisir et à sauver de la destruction. Deux trafiquants du Pont, rescapés d'une tempête, moururent naufragés sur les côtes de Sériphos, une des Cyclades, voisine de Délos : ils furent égorgés par les paysans du lieu, qui tenaient évidemment à leur prise[2]. Un épisode du *Satiricon* fait apparaître des pêcheurs venus saisir l'épave d'un navire, sur leurs barques légères, avant de porter secours aux malheureux.

À l'occasion, on provoquait l'échouage du navire en allumant des feux, pour faire croire à l'existence d'un phare et d'un port[3]. Qu'il s'agisse du naufrage provoqué ou du pillage organisé des épaves, l'Empire a mis en place une juridiction et une jurisprudence répressives[4] : on avertit les pêcheurs « de ne pas abuser, la nuit, les navigateurs en exhibant des lumières pour leur donner l'illusion de les guider dans quelque rade, mettant ainsi en péril les navires et leurs passagers, pour s'assurer un butin abominable ». Le droit public confie la répression aux gouverneurs de province. Un sénatus-consulte punit la « fraude » et le « conseil » de ceux qui « accablent les naufragés pour les empêcher de porter secours au navire et aux passagers menacés » : leur faute, assimilée à un crime, tombe sous le coup des lois syllaniennes réprimant l'assassinat.

Les scènes de pillage étaient si courantes, avant et après

---

1. Actes des Apôtres, 27-28.
2. *Monuments funéraires de Rhénée*, n° 475.
3. Dion de Pruse, *Euboïque*, 32-33 ; Ovide, *Tristes*, I, 1, 83 sq.
4. *Digeste*, XLVII, 9, 10 et 3 § 8.

naufrage, que toute une jurisprudence leur fut consacrée, qui assimilait d'ailleurs le pillage et l'acte de piraterie [1]. Le Romain eut sur le Grec la consolation de voir ses effets naufragés et échoués définis comme sa propriété ; leur soustraction était punie comme vol ou recel. Le droit romain établit une distinction entre le pillage dans le naufrage et la « récupération » ultérieure des biens rejetés sur le rivage et « soustraits ».

Hadrien interdit aux propriétaires du littoral de « piller » les biens des naufragés, « si un navire était échoué ou fracassé sur le rivage voisin ». Ce texte vaut pour tout l'Empire, et la répression est confiée aux autorités romaines dans les provinces maritimes ; les naufragés ont vocation à récupérer leurs effets sur ces « voleurs » [2].

La pratique du jet

Il serait trop facile d'ajouter aux misères de la navigation les déboires de l'armateur en cas de « jet », quand on sacrifiait la cargaison pour sauver le navire en le délestant. Cette décision grave était prise en commun par le pilote, le patron du bateau et les plus notables ou les plus expérimentés des passagers. Mais à l'arrivée, une fois le péril passé, le dédommagement des uns et des autres posait de multiples problèmes. Rome a repris, en l'interprétant, une législation hellénistique que la tradition attribue à Rhodes, la *lex Rhodia de jactu* : le jet, dans un « vaisseau mis à mal » que l'on veut « alléger », crée des droits, car les propriétaires des marchandises perdues « ont l'action contre le propriétaire du navire, sur la base du contrat de location » ; l'armateur peut se retourner contre les autres marchands « locataires » qui n'ont rien perdu. Mais comment régler le cas des « passagers sans ballots » ? Toute une sophistique juridique traite de la contribution selon le poids et l'encombrement : les propriétaires de perles et de pierres précieuses doivent-ils participer à l'indemnisation ? les effets personnels et le ravitaillement de bord entrent-ils dans le décompte ? faut-il apprécier la valeur réelle des marchandises

---

1. *Digeste*, XLVII, 9, 1.
2. *Ibid.*, XLVII, 9, 4 et 5.

« jetées » ou leur valeur vénale potentielle ? comment prendre en compte les esclaves jetés à la mer ?

Tout cela relève du jet justifié par la tempête. La jurisprudence disjoint — mais traite par analogie — les pratiques de jet qui résultent de l'impossibilité d'entrer dans un estuaire ou dans un port, quand des marchandises ont été transbordées sur une chaloupe et perdues : les marchands embarqués sur le navire doivent-ils contribuer à l'indemnisation sur leur cargaison intacte ? qu'advient-il lorsque le navire « allégé » fait ensuite naufrage ? ou lorsque, pour compliquer le problème, les propriétaires ont utilisé des plongeurs pour récupérer les denrées immergées ? Il y a là toute une mine de tracasseries, à peine moins subtiles que les cas de figure, passés en revue dans les écoles de rhétorique, sur la propriété de l'épave. Du reste, la jurisprudence du jet se prolonge encore en débats sur l'indemnisation des marchandises sauvées mais « gâtées ». La notion de solidarité et de contribution reçut ainsi une définition particulière dans le cas des navires « perdus » ou « coulés »[1].

C'était une juridiction tatillonne, voire décourageante. Mais elle doit être considérée, en réalité, comme une garantie positive du droit de propriété. Au regard de la piraterie coutumière du monde grec, le droit romain apparaît moins comme un carcan de contraintes que comme un système de garanties.

Une piraterie endémique

À la merci de la mer, des pilleurs et des pirates, quiconque voyageait par mer risquait sa liberté, et même sa vie : la Méditerranée fut toujours sillonnée par des pirates qui cherchaient moins à faire du butin qu'à capturer des hommes pour les vendre. Dès l'origine, le pirate fut le pourvoyeur d'esclaves. Ce qui valait à l'époque d'Homère, et qu'attestent encore les comédies nouvelles de la période hellénistique, vaut jusqu'aux temps de César et de saint Paul, tous victimes des pirates à un moment ou à un autre de leur vie itinérante[2].

---

1. *Digeste*, XIV, 2, 2 et XLVII, 9.
2. Homère, *Odyssée*, XIV, 340-357 ; Plutarque, *César*, 1, 8 et 2, 1-7 ; Suétone, *Cés.*, 4 ; II Co 11, 24.

La piraterie constituait donc un mal endémique, mais elle ne fut que tardivement ressentie comme telle par les Grecs. Le terme le plus ancien qu'on appliqua aux détrousseurs de navires (*lèstai*) les désignait comme des « gens de butin », ni plus ni moins que les guerriers et les mercenaires ; guerre et piraterie étaient mises sur le même plan et considérées comme également normales. L'image de l'agresseur (ce qui est le sens même de « pirate » en grec) ne s'imposa qu'au IIIe siècle.

De telles pratiques sont en Méditerranée, et tout particulièrement dans l'Orient grec, un fait structurel. Le milieu géographique est favorable aux pirates, qui peuvent dissimuler leurs repaires au sommet des côtes rocheuses et découpées de Cilicie, de Dalmatie, de Ligurie, d'Afrique, à l'ouest de Cherchell... Une base de pirates, c'est une petite crique dominée par une hauteur permettant de guetter les navires et d'abriter le butin — configuration commune à bien des ports des Cyclades ou d'Afrique du Nord. Mais on ne saurait oublier que la piraterie antique se développa irrégulièrement, avec des phases d'expansion qui correspondent toutes à des moments de déséquilibre local ou régional au sein du monde grec. Il y eut une piraterie sociale qui opposa aux nantis des pauvres, des individus déclassés, des paysans sans terre, qui n'avaient d'autre alternative au VIIIe-VIIe siècle que d'émigrer comme colons ou mercenaires. À partir du IVe siècle, la recrudescence de la piraterie est révélatrice d'une croissance inégale et d'un déséquilibre régional entre les États enrichis dans le commerce maritime (Égypte, Syrie, Rhodes, Délos, Byzance...) et des contrées montagneuses où s'étaient conservées de fortes traditions militaires : rompus de tout temps à la guerre d'embuscade, Crétois, Étoliens, Illyriens devinrent de redoutables marins. Au IIIe siècle, ces marginaux du monde grec s'organisèrent en une sorte d' « internationale des pirates » pour assurer leurs débouchés commerciaux, la Crète constituant la plaque tournante de ce trafic[1] ; on peut dès lors définir la piraterie hellénistique comme une activité mercantile à long rayon d'action, liée aux circuits du commerce maritime.

---

1. Inscription d'Athènes, *Syll.³*, n° 535.

Cette piraterie sociale, traditionnelle en Méditerranée, ne saurait être confondue avec la grande piraterie des trois derniers siècles avant notre ère, qui fut une véritable guerre de course, dans des circonstances essentiellement politiques. Lors des luttes incessantes que menaient les rois hellénistiques les uns contre les autres, les pirates furent utilisés en raison de la rapidité de leurs navires légers qui complétaient heureusement les cuirassés royaux, mais aussi en raison de la gratuité de leurs services, puisqu'ils se payaient sur le butin ; ils servaient à des opérations de blocus, à des raids d'intimidation ou de représailles, à l'interception de convois. En Méditerranée occidentale également, la rivalité entre les Grecs de Marseille, les Carthaginois et les Étrusques suscita une guerre de corsaires quasi permanente. Au dernier siècle de la République, on trouve encore les pirates ciliciens aux côtés de Mithridate contre Rome. Puis, lors des guerres civiles, le fils de Pompée, maître de la flotte romaine, eut recours à eux pour pratiquer la guerre de course dans les mers italiennes, de 40 à 36 av. J.-C. ; pourtant, son père avait joué un grand rôle dans la pacification de la Méditerranée orientale.

Rome ne s'engagea que très lentement et très progressivement dans la lutte contre la piraterie, en fonction de la sécurité de la péninsule italienne. Ainsi naquirent les premières « colonies maritimes », antidatées plus tard par les historiens : ce fut le cas d'Ostie. Cette politique des colonies maritimes est systématisée au cours des IVe et IIIe siècles av. J.-C. : une loi de 253 visait à « protéger la bordure maritime » avec une escadre de 60 navires. Rome assure la protection des côtes italiennes en utilisant également des escadres « alliées ». Avec les progrès de sa marine, elle étendit son action à l'Adriatique, purgée de ses pirates illyriens dans le troisième quart du IIIe siècle. Intervint ensuite, au IIe siècle, la pacification de la côte ligure, puis de la zone des Baléares. Mais les Romains avaient besoin des pirates pour se procurer des esclaves : employés en nombre croissant, ceux-ci étaient en partie achetés au marché de Délos, approvisionné par les Ciliciens [1]. Les pouvoirs publics semblent avoir attendu, pour réagir énergiquement, l'afflux massif de prisonniers de guerre — autre source de l'esclavage [2].

---

1. Strabon, X, 5, 4.
2. Cicéron, *Rep.*, II, 18, 33 ; Tite-Live, I, 33, 9 ; Denys d'Halicarnasse, III, 44.

Lorsque Rome engage, vers 100 av. J.-C., la première action d'ensemble contre la piraterie, pour « garantir aux Latins un commerce sans péril à travers les cités d'Orient et les îles, ainsi qu'une navigation sûre en pleine mer », la loi dite « de la poursuite des pirates », retrouvée à Delphes, prend la forme d'une lettre circulaire envoyée par le consul à tous les « peuples amis » : on y lit que le proconsul Marcus Antonius a reçu la mission de réprimer les pirates de Cilicie ; les objurgations aux souverains de Chypre, d'Alexandrie et de Syrie montrent que Rome a perçu quelque faiblesse du monde hellénistique pour les pirates[1]. Le fait que Rhodes ait assumé une certaine police des mers, contre les pirates crétois, avec une flotte de petit tonnage, mobile et bien encadrée, n'avait pas modifié fondamentalement la situation en Égée[2].

---

1. *FIRA*, I, p. 121 sq *(Lex de piratis persequendis)*.
2. Diodore, XXVII, 2, 3.

CHAPITRE XII

L'intendance du voyage

HÉBERGEMENT ET HÔTELLERIE

L'hospitalité gratuite : une tradition grecque adoptée par Rome

Dans le monde grec, loger chez l'habitant resta l'usage le plus fréquent, depuis les temps homériques jusqu'en pleine époque impériale[1]. Les difficultés qu'engendraient les ruptures de la navigation — escale, hivernage, naufrage — étaient quelque peu compensées par la facilité avec laquelle on trouvait un hébergement près des ports. C'était une ressource d'appoint pour les pêcheurs et les gens de mer qui offraient de partager leur demeure sommaire : une chambre pour les hommes, une autre pour les femmes ; les voyageurs pourvoyaient à la nourriture ou aidaient à la pêche pour payer leur quote-part[2].

On se logeait aussi dans sa famille ou au « club », surtout les marchands qui cultivaient les relations de parenté, au sens large, et les solidarités professionnelles. Des Syriens de Iamneia construisirent un local dans le port de Délos en précisant leur intention d'y accueillir à leur table tous leurs « frères » et « parents » de passage[3]. Les établissements phéniciens du Pirée et de Délos

---

1. *Odyssée*, III, 50-53 ; IV, 1-16 (Télémaque) ; VI, 255-260 (Ulysse).
2. Xénophon d'Éphèse, V, 1, 12 ; Héliodore, V, 18.
3. *Inscriptions de Délos*, 2308.

comportaient des entrepôts où les marchands en transit pouvaient abriter leur cargaison, ainsi que des locaux communautaires ; les compatriotes de passage étaient associés aux banquets et aux fêtes, sans discrimination de culture ni de profession, mais on leur demandait une participation financière. Ce type d'hébergement fut aussi pratiqué dans la Diaspora : une synagogue se constituait quand une dizaine de familles juives étaient implantées au même endroit ; le bâtiment comprenait toujours une salle d'hôtes, des chambres et des installations sanitaires. On connaît la dédicace de la synagogue de Théodotos à Jérusalem, qui disposait d'une « hôtellerie » (*xenon*), de chambres et de sanitaires « pour les besoins de ceux qui venaient de l'étranger[1] ». Les Esséniens eux aussi demandaient à chaque communauté locale d'avoir un lieu d'accueil.

Dans les maisons privées, des appartements d'hôtes sont attestés depuis la seconde moitié du Ve siècle[2]. Leur apparition a correspondu, tout à la fois, à une amélioration de l'habitat urbain (que l'archéologie, toutefois, ne met guère en évidence avant le IVe siècle) et à l'utilisation systématique et politique des liens d'hospitalité par de grands diplomates, comme Cimon à Athènes ou Philippe II en Macédoine. Beaucoup de notables se montraient désireux de faire de leur résidence une maison de « rendez-vous » (dans le bon sens du terme !) qui soit un lieu de rencontre, un lieu d'information, voire un lieu de négociations. En Sicile, au Ve siècle, Tellias d'Agrigente avait aménagé un grand nombre de salles d'accueil, si bien qu'il put un jour abriter 500 cavaliers ; il tenait en permanence sa maison ouverte en postant des serviteurs devant les portes pour inviter les voyageurs[3]. Dans l'Athènes classique, les choses se présentaient plus modestement : de l'avis de tous les témoins, les maisons n'y étaient guère impressionnantes... Un jeune noble comme Critias n'avait qu'une chambre d'hôte, où il logea des camarades d'étude, élèves comme lui de Socrate[4]. En 438, Euripide supposait l'existence de plusieurs appartements d'hôtes dans une grande demeure, mais il les situait à l'écart, isolés, en précisant que les voyageurs y prenaient aussi leurs repas.

---

1. *Syria*, 1920, pp. 190-197.
2. Plutarque, *Cimon*, 10, 1 et 7 ; Démosthène, *Ambass.*, 139-140.
3. Diodore, XIII, 83.
4. Platon, *Timée*, 20c.

Ces réticences à accueillir l'étranger sont bien significatives de l'époque classique : Aristote, lui aussi, hébergeait ses amis dans un pavillon du jardin [1] !

C'est durant la période hellénistique que la fonction d'hospitalité atteignit son apogée. Les appartements qu'un marchand cypriote de Délos pouvait offrir aux envoyés des rois et aux magistrats romains furent célébrés pour leur luxe et comparés aux palais homériques [2]. Le roi Hérode le Grand fit édifier, près de chez lui, des chambres d'hôtes de 100 lits, que complétaient d'immenses « clubs d'hommes » (*andrôn*) pour banqueter [3]. Les grandes demeures bourgeoises du type de la maison à péristyle qu'on voit encore à Délos ou à Pompéi étaient ainsi équipées [4] :

> En outre, à droite et à gauche [des péristyles], on établit de petites habitations qui possèdent leurs propres portes, des salles à manger et des chambres confortables, pour permettre aux hôtes à l'arrivée d'être accueillis, non dans les péristyles, mais dans ces appartements d'hôtes. Car lorsque les Grecs devinrent plus raffinés et plus riches en biens matériels, ils installaient pour les hôtes qui arrivaient salles à manger, chambres à coucher, resserres à victuailles ; le premier jour, ils les conviaient à dîner, mais le second, ils leur envoyaient poulets, œufs, légumes, fruits et autres produits de la campagne. C'est pourquoi les peintres, imitant dans leurs œuvres les présents envoyés aux hôtes, les appelèrent « cadeaux d'hospitalité » (*xenia*). Ainsi les pères de famille, dans les appartements d'hôte (*xenos*), ne croyaient pas être à l'étranger, vu qu'ils avaient dans ces lieux d'hospitalité le bénéfice discret de la générosité.

On constate que l'hospitalité grecque reposait sur des usages strictement codifiés. On pourvoyait à l'entretien de l'invité pour une brève période, limitée en général à trois jours [5]. Les cadeaux d'hospitalité n'avaient pas seulement une valeur symbolique ; ils jouaient un rôle déterminant dans une relation fondée sur la réciprocité et qui s'inscrivait dans la longue durée. Puisque l'hospitalité engageait deux familles au fil des générations, mais que le lien avait nécessairement un caractère intermittent, étant

---

1. Diogène Laërce, V, 14.
2. *Inscriptions de Délos*, 1533.
3. Flavius Josèphe, *BJ*, V, 4.
4. Vitruve, VI, 7.
5. Actes des Apôtres, 28, 7.

donné les difficultés du voyage, les cadeaux servaient souvent de signes de reconnaissance. Homère, déjà, le met bien en évidence : quand deux hôtes enrôlés dans les camps adverses se reconnurent sous les murs de Troie aux armes qu'ils avaient autrefois échangées, ils refusèrent de combattre l'un contre l'autre[1]. Plus tard il y eut des signes de reconnaissance spécifiques, les « symboles » — de petits objets faciles à transporter, jetons ou tessères, qu'on partageait parfois en deux. L'hôte était rituellement accueilli à l'entrée de la demeure, comme on le faisait en d'autres circonstances pour les jeunes mariées et pour les esclaves, ce qui avait pour but d'intégrer tous ces étrangers à la maisonnée, l'*oikos*. Le bain, si nécessaire, faisait partie de ce rituel.

L'hospitalité est une institution grecque d'origine immémoriale et déjà bien vivante à l'époque des poèmes homériques. Le système est fondé sur des valeurs spécifiques des Grecs : le principe de réciprocité, qui était à la base de tous leurs comportements ; le genre de vie communautaire, dont le banquet constituait le moment essentiel.

L'hospitalité ne pouvait exister qu'entre des gens qui participaient de la même civilisation. Mais les Orientaux hellénisés, puis les Romains entrèrent facilement dans le système. Dans tous les ports très fréquentés, à Tyr, en Phénicie, aussi bien qu'à Délos, en mer Égée, ou à Brindes, en Italie, les habitants avaient, à l'époque hellénistique, une vocation naturelle à l'hospitalité[2].

Un voyageur de bonne famille ne partait donc pas sans adresses d' « hôtes et amis ». Ces réseaux personnels s'étendirent progressivement grâce à la pratique de la lettre de recommandation ou « lettre d'amitié » (*philanthôpon*), qui est attestée depuis la haute époque hellénistique[3] :

> Apollodote à Zénon, salut ! Lors de mon passage à Caunos, ton père et tes frères sont venus me voir : j'ai fait ce qu'ils me demandaient et je leur ai conseillé à l'avenir de s'adresser à moi quand ils auront besoin d'aide. Tu m'obligeras moi aussi en leur écrivant qu'ils ne doivent pas tarder à me dire ce dont ils ont besoin et en m'envoyant une lettre qui m'indiquerait ce que je puis faire

---

1. *Iliade,* VI, 119 sq.
2. *Inscr. Délos,* 1533.
3. *Papyrus Cairo Zenon,* 59 056 (Orrieux).

d'autre pour eux, car j'aimerais t'être agréable. Or en ce moment je n'ai rien reçu de toi depuis longtemps et je me demande avec étonnement quelle en est la cause. Porte-toi bien ! (An 28, Péritios 10 = 14 mars 257.)

Cicéron, qui a lu le traité *De l'hospitalité* de Théophraste, l'a glosé et il a noté qu'il est « beau que les demeures des hommes célèbres soient ouvertes aux hôtes illustres » ; il a mis l'accent sur un cosmopolitisme qui implique l'accueil des « étrangers »[1]. Il est clair que dès lors l'autarcie casanière de l'ancienne Rome est révolue. Sa correspondance est riche en recommandations d'hospitalité[2]. Amples ou réduites à de simples billets, elles concernent souvent le « traitement » des protégés : Cicéron le souhaite « généreux », ce qui semble impliquer l'hébergement. La lettre est fréquemment adressée à des promagistrats plus ou moins illustres. Les recommandations reposent sur le transfert de l'amitié et de la reconnaissance : le protégé doit comprendre que ce traitement « amical » est dû à la recommandation. Il arrive souvent que la *commendatio* protège les membres des *sociétés* de publicains, dont Cicéron désire faciliter les tractations. Mais il est aussi question de règlements d'héritages, ou d'épineux litiges de propriété. L'empire est un espace unifié de droit romain...

Dans tous les cas, le protégé, qui peut être un affranchi ou un esclave de confiance, accomplit un déplacement pour affaires, et souvent dans les provinces d'Asie. Fondée sur des « liens anciens d'hospitalité », la recommandation utilise les formules « aider et pourvoir », « traiter libéralement », « rendre service en toutes choses » (on emploie le verbe *commodare* dans un sens absolu, qui implique hospitalité et accueil). Ainsi Cicéron prie-t-il le proconsul d'Asie Servilius Isauricus de juger un certain Andron « digne de son hospitalité » ; au proconsul Acilius Glabrio, qu'il harcèle de « recommandations », il demande de garder l'homme d'affaires M' Curius « en bon état et bien couvert », comme on dit d'un bâtiment — formule consacrée pour désigner le confort et la sécurité[3].

Saint Paul, lui aussi, insérait souvent à la fin de ses Épîtres —

---

1. *De off.*, II, 64.
2. *Fam.* XIII, surtout 6 à 11 ; 17, 20, 25, 30, 34, 47, 50.
3. *Ibid.*, XIII, 50 et 67.

qui sont pourtant des lettres circulaires à contenu doctrinal — une recommandation que le porteur pouvait utiliser pour faciliter ses étapes ; l'Épître aux Romains inclut ainsi un mot en faveur de Phœbè, qui va voyager de Corinthe à Rome[1].

L'hôtellerie d'État : une autre tradition grecque

Malgré le développement tout à fait exceptionnel de l'hospitalité privée, l'État grec dut se préoccuper assez tôt de l'hébergement du voyageur, au moins en deux circonstances bien particulières : pour faire face à l'affluence des pèlerins et des spectateurs dans les sanctuaires internationaux, lors des grandes fêtes périodiques, et pour prendre en charge les spécialistes itinérants nécessaires à la cité, artistes ou diplomates, quand s'épanouirent les relations internationales.

Dans une cité moyenne, les possibilités d'accueil public étaient très réduites. Il n'y avait qu'un seul lieu convenable : le prytanée ou foyer de la cité, où s'installaient durant toute la durée de leur mandat certains magistrats, et où certains bienfaiteurs de la cité, en très petit nombre, pouvaient également prendre leurs repas à titre de reconnaissance. À partir du Ve siècle, les cités prirent l'habitude d'inviter au prytanée les ambassadeurs ainsi que quelques artistes ou athlètes étrangers ; elles n'offraient en général qu'un seul repas, de surcroît très frugal.

C'était réellement un privilège, qui ne s'adressait pas au tout venant. Le prytanée d'Olympie, édifié au Ve siècle, était le centre politique de tout le sanctuaire, puisqu'il contenait le foyer public, entretenu jour et nuit, mais sa vaste salle à manger n'accueillait que les hôtes publics et les athlètes vainqueurs ; il faudra attendre l'époque romaine pour que soit construite, en dehors de l'enceinte, une hôtellerie pourvue de thermes et d'une piscine.

Pendant longtemps, pour faire face aux foules qu'attiraient les grands concours, les sanctuaires se contentèrent de dresser d'amples tentes dans l'enceinte sacrée : à Delphes, c'était là qu'on attendait pour consulter l'oracle ; on y prenait les repas et on y dormait sur des jonchées de feuillages, dans une promiscuité que

---

1. Rm 16, 1-2.

Platon connut et déplora[1]. On recourait le plus souvent à la générosité de riches particuliers, qui faisaient aussi les frais de la nourriture : dans la première moitié du Ve siècle, les Athéniens Thémistocle et Cimon s'illustrèrent ainsi aux concours d'Olympie et à celui de l'Isthme[2]. En 418, Euripide évoque encore les « tentes sacrées » de Delphes, où ont lieu les repas et où seule une charpente légère abrite les consultants de l'oracle[3].

Platon, victime de l'inconfort habituel réservé aux pèlerins, préconisa la construction d'auberges d'État près des temples, qui seraient placées sous la responsabilité des prêtres et des administrateurs du sanctuaire[4]. Entre le Ve et le IIe siècle, beaucoup de sanctuaires se donnèrent une infrastructure hôtelière, dans toutes les régions du monde grec : à Platées, à Delphes, à Épidaure, au sanctuaire de l'Isthme, à celui de Magnésie du Méandre... Le plus ancien hôtel d'État dont nous ayons trace est celui du sanctuaire d'Héra à Platées, que Thucydide décrivit en 427 comme un bâtiment carré d'une soixantaine de mètres de côté, avec des chambres sur deux niveaux qui ouvraient sur une cour intérieure[5]. On peut encore voir un dispositif de ce type à Cassiopè, en Épire, sur la route du sanctuaire fédéral de Passaron : il date de la première moitié du IVe siècle ; chacune des pièces porte une base de table en pierres et certaines contiennent un foyer. Mais il n'y eut jamais de bâtiment spécialisé dans l'île de Délos, où les dévots d'Apollon dormaient tout simplement sous les portiques, qu'on multiplia au IIIe siècle.

Épidaure constitue, en fait, une exception. Dès le milieu du IVe siècle y fut élevé près du torrent, un peu à l'écart des temples, un vaste édifice au plan plus complexe que ceux de Platées ou de Cassopè : l'enceinte carrée de 150 mètres de côté est subdivisée en quatre secteurs, organisés chacun autour d'une cour à péristyle. Cet aménagement, d'une ampleur inhabituelle, répondait aux exigences d'un séjour de longue durée, nécessaire aux malades quand les sanctuaires miraculeux instituèrent de véritables cures thérapeutiques.

---

1. Elien, *Var. hist.*, IV, 9.
2. Plutarque, *Thémistocle*, 5, 4 et 21, 3.
3. *Ion*, 806-807.
4. *Lois*, XII, 953a.
5. Thucydide, III, 68.

Dans l'ensemble, l'hôtellerie d'État resta embryonnaire, bien qu'on connaisse encore des hôtels construits par les cités à l'usage des ambassadeurs, des administrateurs délégués, des juges étrangers ou des artistes. Même dans les grands sanctuaires, elle fut toujours insuffisante et il fallait souvent rajouter des tentes autour de l'hôtel[1]. Les restaurants publics semblent s'y être davantage développés à l'époque hellénistique et romaine. À preuve l'essor de l'*hestiatorion* (restaurant) du sanctuaire du Cynthe à Délos, ou de celui de Thasos : d'abord conçus pour une cinquantaine de personnes, ces établissements se sont considérablement agrandis dès le IIIe siècle[2].

Sur le modèle de ce qui s'était fait dans les grands sanctuaires, Xénophon préconisa un système d'hôtellerie d'État dans les villes dès le milieu du IVe siècle, en distinguant deux catégories d'hôtels : les uns, pour les professionnels du commerce maritime, qui devraient être situés près de leurs lieux d'activité, c'est-à-dire sur le port ou au voisinage des halles ; les autres, pour les voyageurs en général, dont la localisation serait indifférente (le système est beaucoup plus radical chez Platon, qui conseille de « cantonner » véritablement tous les visiteurs de passage dans le quartier du port pour les tenir sous haute surveillance[3]).

Ce programme reflétait bien la mobilité croissante des Grecs à la fin de l'époque classique, mais il ne connut jamais le moindre début de réalisation.

La misère des auberges grecques

Avec des traditions d'hospitalité aussi solidement ancrées, l'auberge apparut toujours aux Grecs comme le plus mauvais système, la solution de pis-aller quand on ne connaissait personne. Des aubergistes de métier sont peut-être attestés en Asie Mineure dès l'époque archaïque, s'il faut croire l'anecdote du cabaretier Thyessos, racontée par Nicolas de Damas[4]. Il en existe en tout cas

---

1. Démosthène, *Ambassade,* 158 ; *Syllogè,* III, 178, A, 11 ; *IG,* V/2, 357 ; IV, 203 ; XI/2, 161, A, 115.
2. *IG,* XI/2, 287, A, 115 : Strabon, X, 5, II.
3. Xénophon, *Poroi,* III, 12 ; *Lois,* XII, 952e.
4. Jacoby, *Fr. Gr. Hist.,* II, A, 90, F. 45, 9.

à Delphes et à Délos au milieu du IVe siècle : à Délos, des maisons sacrées louées à des aubergistes[1]. L'auberge offrit une alternative à l'hospitalité, sans toutefois la faire régresser : ce type d'établissement accueillait la clientèle vulgaire, notamment les marchands orientaux peu hellénisés.

La Grèce connaît plusieurs formes d'hôtellerie. La plus élémentaire, le *pandokeion*, rappelle la « pension de famille » : souvent tenu par une femme, il fournit la nourriture et un coucher sommaire — quelques nattes[2]. Les « haltes » (*kataluseis*) sont les plus répandues : elles évoquent les « caravansérails » des routes royales de l'Empire perse ou les auberges d'État préconisées par Platon[3]. Le *katagogeion*, lui, est un grand établissement privé[4].

Ces hôtels sont installés le long des routes — celles d'Athènes à Oropos, de Macédoine, de Smyrne à Pergame, de Jérusalem à Jéricho... et même la piste caravanière qui monte du golfe Persique à Damas.

L'hébergement était aussi sommaire que les prix étaient exorbitants. Platon s'en plaint amèrement[5] :

> De fait, celui qui s'en va ouvrir auberge jusqu'en des lieux déserts et fort éloignés de tout autre, quand il y plante des maisons pour offrir aux errants le lieu d'accueil souhaité, ou bien pour procurer, contre les vents ou les chaleurs suffocantes, le calme et la fraîcheur à ceux que pourchasse la violence de tempêtes sauvages, en arrive, après cela, à ne pas les recevoir en amis, et, au lieu de leur donner, outre l'abri, le repas de bienvenue, il les traite en ennemis, en captifs pris à la pointe de la lance, et les rançonne au taux des rançons les plus grosses, les plus iniques, les plus inexpiables. De tels méfaits apportent le décri à des métiers destinés à secourir notre détresse. À de tels vices le législateur doit trouver en chaque cas un remède.

À l'époque de Polybe, plus de deux siècles après, la situation n'avait pas changé. On évoquait la saleté, la nourriture avariée... et Caton le Jeune emmenait en Grèce son boulanger et son cuisinier.

---

1. *Inscriptions de Délos*, 104-111, 30-31 et *Syll.*, 3, 178, C, 31.
2. Aristophane, *Grenouilles*, 549-567 ; Démosthène, *Contre Nééra*, 36-37.
3. Hérodote, V, 52 ; Platon, *Lois*, XII, 953a ; *GGM*, I, p. 98, § 6.
4. Thucydide, III, 68 ; Xénophon, *Poroi*, III, 12 ; Platon, *Phèdre*, 259a.
5. *Lois*, XII, 919a-b.

Mieux valait d'ailleurs emporter ses propres couvertures[1]. Enfin, l'auberge avait mauvaise réputation et on la présentait souvent comme une maison de passe[2]. C'est que le métier d'aubergiste était mal différencié en Grèce, où l'exerçaient souvent de pauvres femmes se contentant de fournir un gîte sommaire et une cuisine frugale.

La situation ne s'améliora guère dans l'Égypte lagide. La documentation papyrologique mentionne, là comme ailleurs, des « auberges rouges » : ainsi celles de Crocodilopolis, dont les tenanciers sont accusés d'empoisonnement, en 118 av. J.-C., par une pétition au roi Ptolémée II Évergète[3].

Les progrès dans l'Empire : l'hébergement des officiels

Les magistrats romains, fonctionnaires ou militaires en mission, bénéficièrent d'une hospitalité publique dans les cités qu'ils traversaient : elles devaient souvent désigner des fournisseurs de vivres (au nom grec : *parochi*)[4]. Bien que Nerva ait enlevé aux collectivités italiennes la charge de la *uehiculatio* et que la création du *Cursus publicus*, avec ses gîtes d'étape et ses relais, ait systématisé l'hébergement, les obligations d'hospitalité officielle subsistèrent : le « logement » (*metatum*) était à la charge des curies municipales, au Bas-Empire, et il incluait la nourriture, souvent en conserves (*salgamentum*), ainsi que le bois, l'huile et le sel[5].

La « charge hospitalière » demeura toujours impopulaire et, quand un soldat se fait héberger par un élu municipal, un décurion, on l'invite à la modération[6]. Le gouverneur de province doit veiller à une juste répartition de la charge.

Le maintien de cette pratique s'explique par les insuffisances du *Cursus publicus*. Certes, l'organisation de la Poste a rétréci les

---

1. Aristophane, *Oiseaux*, 615 et *Grenouilles*, 114 ; Xénophon, *Mémorables*, III, 13, 6.
2. Démosthène, *Contre Nééra*, 36-37.
3. *Pap. Tebtunis*, 43.
4. *Digeste*, I, 4, 18 et XVII, 2, 52.
5. *Ibid.*, L, 4, 3.
6. Apulée, *Mét.*, X, 1.

étapes en implantant sur la voie publique des hôtelleries officielles dans les gîtes d'étape (*mansiones*) et, dans les relais (*mutationes*), des logements pour les voyageurs en mission, voire des casernes pour les soldats[1]. La station comporte également des greniers à foin et des magasins de provisions. Mais le réseau des gîtes et des relais ne couvrira jamais totalement les étapes des officiels : l'itinéraire littoral de Bénévent à Brindisi restera longtemps sous-équipé[2] et ne sera couvert par l'État que sous le règne de Trajan.

L'hospitalité amicale dans le monde romain

La structure de la société antique, avec ses réseaux d'amitié — au sens large —, développe l'hospitalité gratuite : elle entre dans les « bienfaits et services » (*beneficia/officia*) ; elle resserre les liens existants par le jeu de la reconnaissance. Après Cicéron, Sénèque et Pline le Jeune font de l'hospitalité une pierre angulaire de la morale sociale. Sénèque évoque la « fumée modeste » qui annonce la venue des hôtes. Opposant, comme Cicéron, hospitalité et hôtellerie, il déclare évaluer « l'hospitalité dans la solitude, un toit dans la pluie, un bain ou du feu dans la froidure »... au prix de l'hôtellerie professionnelle. Une des hospitalités les plus appréciées est celle qu'on offre aux naufragés[3]. Le cas de la mission officielle étant tranché, l'hospitalité conserve ses droits dans la mission semi-officielle, ou dans les pauses privées des déplacements officiels : Caton le Jeune, lors de sa légature dans les régions de la mer Noire, en 67 av. J.-C., visita l'Asie en recourant à l'hospitalité amicale[4].

La disposition des appartements d'hôtes, dans une villa, révèle l'importance du modèle grec et des valeurs morales et sociales qui le sous-tendent. Assimilation progressive, car les « vieux Romains » laissaient apparaître un égoïsme casanier. Dans une villa d'époque impériale, tout doit concourir au confort des hôtes — même les natures mortes sur les murs, destinées à ouvrir l'appétit, et surtout les « petits cadeaux[5] ».

---

1. *Code théodosien*, VII, 10 ; *Code justinien*, I, 40.
2. Horace, *Sat.*, I, 5, 77 sq.
3. *Lettres*, LXIV, 1 ; *Ben.*, IV, 37 et VI, 15, 7.
4. Plutarque, *Cat. Min.*, 12.
5. Vitruve, VI, 7, 4 ; Martial, *Épigr.*, XIII-XIV.

En évoquant son voyage à Brindes, au cours duquel ses amis et lui firent deux étapes amicales, Horace indique l'une des motivations de l'hospitalité privée : la crainte de la mauvaise nourriture, des perturbations alimentaires. Cicéron y fut sensible lors de son voyage vers la Cilicie en 51 : il se réjouit d'avoir été régalé, à l'escale de Corfou, par les intendants en Épire de son ami Atticus[1].

Le souci du confort et le désir de ne pas dépendre des gens de métier, stipendiés, n'expliquent pas tout. Il existe aussi un *decorum* qui interdit aux grands personnages en voyage privé de se commettre dans des lieux de réputation douteuse. Hadrien, pourtant non conformiste, moque cruellement un « pilier d'auberge »... On comprend alors mieux que Cicéron, outre son réseau de bonnes adresses, ait multiplié des relais intermédiaires, relais d'étape et de sieste (*deversoria*), sur le chemin de ses villas, pour se prémunir contre la longueur des itinéraires et les surprises de la route. Il y en eut sans doute sept, tous acquis après son consulat : un à Lanuvium, dans une ferme ; un autre à Anagnia, entre Rome et son lieu natal ; deux, Sinessa et Minturnes, aux frontières du Latium et de la Campanie ; un dernier, à Frusino, entre la côte campanienne et sa patrie d'Arpinum.

Le *decorum* est important pour un préteur en voyage[2] : il lui faut, pour aller en villégiature ou en voyage, un parc de chariots, des écuries avec palefreniers ; il emmène cinq esclaves et sa batterie de cuisine — trépied et marmite — sans oublier un récipient spécial, l'*œnophore*, pour emporter ce « vin de voyage aromatisé au miel », dont le gastronome Apicius a donné la recette[3]. Ce détail s'éclaire, si l'on songe que les aubergistes étaient couramment accusés de vendre de la piquette et de trafiquer leur vin. Tout n'était donc pas ostentation dans le mode de déplacement des grands. Sénèque, prompt à la critique, emmenait lui-même pour une excursion de deux jours en Campanie un grand chariot avec esclaves, matelas et provisions frugales — pain et bouillie[4] ;

---

1. Horace, *Sat.*, I, 5 ; Cicéron, *Ad Att.*, V, 9.
2. *Sat.*, I, 6, 100 sq.
3. *Art. cul.*, I, 2.
4. *Lettres*, LXXXVII.

souvent on emportait aussi des légumes en conserve et de l'eau potable[1]. Mais on a parfois la chance de faire un tour gastronomique, aux étapes campaniennes et jusqu'à Tarente, toutes villes réputées pour leurs vins et leurs fruits de mer[2].

À la fin de l'Empire, l'hospitalité demeure une valeur aristocratique, en particulier en Gaule, qui profite aux évêques mondains comme Sidoine Apollinaire[3] : lors d'une de ses tournées, « deux villas voisines rivalisent pour savoir laquelle des deux cuisines fumerait la première ». Les recettes d'Apicius, le gourmet légendaire, n'ont pas été perdues et ces « repas de sénateurs », très copieux, sont arrosés au Falerne italien, plus distingué que les vins gaulois.

Enfin, c'est le souci du bon service qui oblige aussi à choisir entre l'hospitalité aristocratique et un véritable déménagement, même pour une petite excursion comme celle de Sénèque en Campanie. Les plus prudents, qui voyagent dans une berline tout confort, avec sièges, et qui emmènent une domesticité soignée, se font même précéder et annoncer par des courriers. Ainsi le Cotta de Martial[4].

Buvettes, auberges... ou lupanars?

Le voyageur ordinaire, homme d'affaires, négociant, nautonier, devra se résoudre à l'hôtellerie payante, à moins qu'il ne se décide à camper, à la façon des soldats, en emportant un lit de voyage.

Le catalogue des hôtels romains, dans leurs formes variées, ne coïncide pas avec celui des Grecs. Parmi les établissements qui fournissent à la fois l'hébergement et la restauration, on distingue l'« auberge » (*caupona*), la « halte » (*deversorium*) et le « gîte » (*stabulum*)[5]. *Hospitum* désigne particulièrement une auberge « honnête », sans doute dans un contexte qui dévalorise moralement l'hôtellerie. On dispose encore pour se restaurer de « buvettes » (*popina* ou *taberna vinaria*) et de *thermopolia* qui,

---

1. Pline, VI, 142 et XXXI, 70.
2. Horace, *Sat.*, II, 4.
3. *Lettres*, II, 9 ; IV, 7 et 25.
4. Martial, *Epigr.*, X, 14.
5. Voir Paul, *Sentences*, II, 31, 16.

comme leur nom l'indique, servent des boissons chaudes, du vin dilué dans de l'eau chaude. Ce néologisme, tiré du grec *thermos* (chaud), signale bien que la corruption vient de Grèce.

À Ostie, ces estaminets sont assez luxueux, avec un comptoir en marbre polychrome dans lequel sont encastrées les jarres ; des étagères supportaient les victuailles : il s'agissait sans doute d'une restauration légère, fruits et légumes, comme l'indique une enseigne « parlante ». Ces lieux ont fort mauvaise presse : le local enfumé sent le graillon et il s'y passe des scènes d'ivresse scandaleuses [1]. C'est le lieu de rencontre des déclassés ou des tarés, et la prostitution accompagne la beuverie [2]. La buvette est devenue le lieu symbolique de la débauche.

Ce lieu vulgaire a un public d'habitués : marins, cochers, palefreniers, négociants, qui sont heureux d'y trouver une « table chaude » et les jeux d'argent : il inspire les satiristes [3]. Dans une buvette d'Ostie, les voyageurs coudoient les esclaves, les musiciennes prostituées ; les travailleurs côtoient le crime et la pègre cosmopolite :

> Fais chercher le légat, mais va le quérir dans un grand cabaret. Tu le trouveras étendu avec quelque assassin, mêlé à des marins, à des voleurs, à des fugitifs, au milieu de bourreaux et de fabricants de balles et des tambourins silencieux d'un Galle vautré.

Autant que la buvette, l'accusation de proxénétisme hôtelier vise l'auberge (la *caupona*), avec plus de force encore à Rome qu'en milieu grec [4].

À Pompéi, des peintures réalistes, voire des graffiti obscènes, courent le long du couloir qui dessert le premier étage, où sont les chambres, ouvertes sur la rue. Quand les débauchés de Pétrone descendent dans une « ville grecque » de Campanie (Pouzzoles, Pompéi ou Cumes) pour y faire la fête, ils déambulent le soir parmi les bouges et les auberges douteuses, avant d'échouer dans un établissement sale et peu confortable : la literie laisse à désirer et il y a des moustiques ; on va et vient de chambre en chambre

---

1. *Digeste*, IV, 8, 21 ; XXIII, 2, 43. Paul, *Sentences*, II, 26, 11.
2. Horace, *Épîtres*, I, 14, 21 ; Cicéron, *In Pisonem*, VI, 13.
3. Martial, *Épigr.*, V, 44, 70 et 84 ; VII, 61. Horace, *Épîtres*, I, 14. Juvénal, *Sat.*, VIII, 172 sq.
4. *Digeste*, IV, 8, 21 et XLVII, 10, 26.

pour chaparder ; rixes et tapage nocturne y sont fréquents, malgré la présence de concierges peu amènes. Les aubergistes sont réputés malhonnêtes (ils coupent le vin !), paresseux et querelleurs, et leurs établissements sont caricaturés comme des « puciers[1] », comme des lieux de soûlerie, de paresse, que les empereurs maintiennent sous haute surveillance[2].

La situation n'est pas meilleure dans la Grèce romaine. De vieilles rouées tiennent des auberges qui n'ont rien à voir avec l'*hospitium* ou le gîte rural. En dépit de quelques précautions et de portiers qui couchent par terre derrière la porte, c'est un lieu idéal pour la magie, le crime et la débauche[3].

Les hôtes sont en conflit perpétuel avec l'aubergiste, qu'ils détestent pour ses incursions bruyantes et sa curiosité inquisitoriale. C'est que la profession d' « hôtelier » (*caupo*) a un statut précis, distinct de celui de tenancier de buvette (*popina*).

L'encadrement juridique et la profession hôtelière

Le droit romain réglemente strictement la profession. D'abord, on ne peut aménager en auberge n'importe quel local, et surtout pas une villa rustique. Dans une maison urbaine, on ne peut utiliser que quelques pièces pour installer une buvette. Il faut donc posséder un local approprié et disposer du matériel nécessaire, en particulier les récipients pour le service des repas[4].

La législation admet que l'auberge serve du vin et ferme les yeux sur la prostitution, puisqu'on ne retient pas l'adultère avec les filles de cabaret. Cependant, l'hôtelière qui détient dans son établissement des « créatures vénales », « sous la couverture de personnel de service », risque de tomber « sous le coup de la qualification de maquerelle ». Les jeux d'argent sont théoriquement interdits par des lois souvent rappelées et toujours transgressées[5].

La jurisprudence définit l'activité hôtelière et les prestations, en

---

1. *HA, Hadr.*, 16, 4.
2. *Satiricon*, VII-VIII ; XI-XII ; XVI, 4. Martial, *Épigr.*, I, 26 et III, 58-59.
3. Apulée, *Mét.*, I, 14 à 17 ; VII, 7, 1 et VIII, 1.
4. *Digeste*, VII, 50, 13 et XXXIII, 7.
5. *Ibid.*, XXIII, 2, 43 et Paul, *Sentences*, II, 26.

dégageant à la fois la nature du « service » assuré et l'étendue des responsabilités civiles. On distingue en théorie le *caupo*, qui « laisse les voyageurs séjourner dans son auberge », du *stabularius*, qui a la charge des *iumenta* (bêtes de somme ou d'attelage) ; l'un et l'autre ont l'obligation de « surveillance » (*custodia*). Mais cette distinction est-elle si nette dans le langage courant ? Le même texte définit comme responsables de la profession celui qui exerce la *caupona* ou le *stabulum*, ainsi que ses préposés, *institores*, qui doivent être des gérants, à l'exclusion des tâcherons, portiers et « chauffeurs »[1].

La *caupona* est payante, chambre de location comme frais de relais, au même titre que les frais de transport des bêtes et des véhicules (partage des frais de voyage dans une *societas* commerciale). Il peut y avoir des hôtes gratuits, là comme sur les navires, sans que leurs droits éventuels à indemnisation soient abolis au regard de la procédure ; le *Digeste* indique que l'on peut emmener ses esclaves dans les auberges et fait apparaître diverses catégories d'occupants, y compris les locataires permanents (style « hôtel meublé »)[2]. On oppose le séjour de longue durée et le simple passage : l'aubergiste est responsable des habitants réguliers, non du « client de passage, tel le voyageur ». Une autre « consultation » le tient pour responsable de son personnel et des « habitants », non des « voyageurs » (*uiatores*). Car, disent les attendus, « ni l'aubergiste ni le chef de relais ne sont à même de choisir leur voyageur ou de repousser les personnes en déplacement[3] ». Enfin, pour certains délits comme la « projection » d'objets (ou de liquides), le voyageur de passage n'est pas « tenu responsable », à la différence de l' « habitant », et le jurisconsulte rappelle avec force la distinction entre « habitant » et « hôte de passage », celle qui oppose le domicile fixe et la pérégrination. À la lumière de ces textes, on comprend mieux les allusions des romans latins à la surveillance importune et soupçonneuse exercée par l'hôtelier sur les hôtes de passage, dont ces derniers se plaignent : il est légalement responsable de leurs faits et gestes[4].

---

1. *Digeste*, IV, 9.
2. *Ibid.*, XVII, 2, 52 et IV, 9, 6.
3. *Ibid.*, XLVII, 5, 6.
4. *Ibid.*, IV, 9, 6 ; IX, 3, 1 ; XLVII, 5, 6.

La carte des auberges romaines

L'implantation des gîtes et auberges privées est très variable selon les itinéraires et les régions. Si le sud de la Péninsule (au-delà de Bénévent, quand on quitte l'Appia normale) se révèle une sorte de désert hôtelier, le reste de l'Appia est particulièrement bien pourvu, dans la périphérie de Rome surtout [1] : le lieu-dit *Les Trois Tavernes*, notamment, est cité par bien des itinéraires et bien des voyageurs. Les autres grandes voies, comme la Latina et la Flaminia, ne semblent pas avoir été sous-équipées : même la Cisalpine, au IIe siècle avant notre ère, paraît avoir offert des auberges nombreuses et bon marché [2]. Il est certain que les pays grecs de l'Empire possédaient un réseau assez bien fourni, en particulier la province d'Asie, où l'on aime prolonger le séjour dans « toutes les jolies auberges [3] ».

L'aménagement des auberges fait partie, dès la fin de la République, des objectifs de l'économie rurale, une économie rurale qu'on verra soucieuse, quoi qu'on dise, de suivre l'évolution commerciale et le « progrès ». Témoins les fermes-hôtels [4] :

> Si le terrain se trouve le long d'une route et que le lieu soit bien choisi pour les voyageurs, il faut construire des commerces d'hôtellerie *(tabernae deuersoriae)*, lesquels, malgré leurs profils, constituent néanmoins des éléments de l'économie rurale.

Les auberges sont souvent signalées par un simple écriteau *(tabernae)*. Plus caractéristiques se révèlent les enseignes indiquant un nom (« à l'enseigne de »), nom de divinité, comme à Lyon l'auberge « à Mercure et à Apollon », mais plus fréquemment nom d'animal, domestique ou exotique : ainsi, à Narbonne, l'auberge d'un certain L. Afranius Cerealis, « Au coq de basse-cour », enseigne qu'on retrouve en Afrique romaine ; ainsi, au forum de Rome, l'enseigne du « Coq peint sur un bouclier cimbre », ou, à Pompéi, l'hôtel « À l'éléphant ». L'enseigne peut contenir en annexe une publicité alléchante : à Lyon, l'auberge

---

1. Cicéron, *Pro Milone* ; Properce, *Élégies*, IV, 8.
2. Polybe, II, 15.
3. Épictète, *Entretiens*, II, 23, 36. Voir aussi Strabon et Aelius Aristide.
4. Varron, *Traité d'agronomie*, I, 2, 23. Voir Horace, *Sat.*, I, 5.

« À Mercure et à Apollon » promet de la part des deux dieux le profit et la santé, et, de la part de l'aubergiste, Septumanus, « le gîte et le repas » ; « l'arrivant s'en portera mieux ; après, hôte, regarde bien où tu séjournes » (publicité comparative avant la lettre ?). Une inscription de Pompéi indique le chemin jusqu'à l'auberge de Sarinus, fils de Publius, « près de la deuxième tour » (de l'enceinte syllanienne). Un concurrent affiche une réclame insistant sur la qualité de ses jambons : « Quand mon jambon est cuit, si on le sert au convive, il ne goûte pas le jambon, mais avant lèche la marmite ou le pot. » Autre réclame, celle du cabaret d'Édon : « Édon dit : ici, pour un as, on boit ; si tu donnes un double as, tu boiras du meilleur. Combien donneras-tu pour boire du Falerne ? » Inscription ambiguë, peut-être publicité orientée par le cabaretier.

Pour finir, une scène de départ, prise sur le vif. Le voyageur, prêt à monter dans une voiture légère, fait ses comptes avec l'aubergiste : un as pour la mesure de vin, un as pour le pain, deux as pour la litière, deux as pour le foin du mulet... et huit as pour la nuit de la fille ! L'auberge avait tout fourni [1].

LES PROBLÈMES D'ARGENT

Transport et transfert de fonds : les difficultés du Grec

Le financement du voyage constitua toujours une grande difficulté pour les Grecs, puis pour les Romains : il n'existait alors ni papier-monnaie, ni chèque, ni lettre de change ; quant aux banques et aux changeurs, ils apparurent assez tardivement et ne s'organisèrent jamais en réseaux. Payer en espèces sonnantes et trébuchantes nécessitait le transport de pièces très nombreuses, et donc très lourdes, qui de surcroît, à l'exception des chouettes d'Athènes et des Alexandres, ne jouissaient pas d'un cours universel. L'or, dont la valeur était de dix à douze fois supérieure à celle de l'argent, représentait un plus fort pouvoir libératoire sous

---

[1]. Relief avec inscription d'Ésernie, *CIL*, IX, 2689.

un volume beaucoup plus faible, mais à l'époque classique aucun État grec ne frappait de monnaies d'or. Plutôt que de se charger de pièces, plus ou moins facilement négociables car la législation des cités intervenait souvent sur les opérations de change pour protéger la monnaie locale, les voyageurs préféraient emporter des pièces d'orfèvrerie, de la vaisselle précieuse, et pratiquer le troc là où ils passaient[1].

Dans le cas de voyages répétés dans les mêmes régions, une pratique couramment attestée consistait à placer des dépôts (de vivres, de contrats ou d'argent) à l'étranger, chez des gens de confiance[2]. C'est une des caractéristiques de l'hospitalité, système qui se développe en Grèce depuis l'époque homérique. Et les banques apparurent d'abord comme des lieux de dépôt, bien avant de devenir des institutions de crédit. Mais le droit grec ne donnait aucune garantie : tout dépendait de la bonne foi du dépositaire et de celle des témoins, et bien souvent le voyageur ou ses héritiers durent faire appel, pour recouvrer leur bien, à la sanction divine et à la protection d'un oracle. Même dans une banque, on n'était pas à l'abri de tels abus, car les rapports entre banquier et client restaient à l'époque classique strictement personnels et oraux[3]. En l'absence de pièces d'identité, les virements de fonds étaient complexes : au IVe siècle, quand un marchand laissait des fonds dans une banque athénienne, à transmettre plus tard à son associé lors de son arrivée en ville, il désignait d'avance deux témoins d'identité qui présenteraient l'associé au banquier[4].

Bien que ce soit le change qui ait engendré la banque grecque, les changeurs qualifiés ne sont attestés qu'assez tardivement, pas avant le milieu du Ve siècle[5]. Pratiques, techniques et vocabulaire du change manuel, c'est-à-dire du change de monnaies étrangères, se mirent en place à partir du IVe siècle dans les ports et dans les sanctuaires internationaux comme Delphes, Cos, Pergame. Les cours du change étaient libres, mais l'agio en général élevé (de 5 à 10 %, ou même 25 %), plus élevé qu'au Moyen Âge et de nos

---

1. Hérodote, III, 148 ; Plutarque, *Cimon*, 10, 9, au Ve siècle ; pour l'Empire, Achille Tatius, I, 10, 4.
2. II Tm 4, 13 ; Xénophon, *Anabase*, V, 3, 6.
3. Hérodote, VI, 86 ; Isocrate, *Sur une affaire de banque*, 8, 12.
4. Démosthène, *Contre Callipos*, 3, 4 et 7.
5. Eschyle, *Agamemnon*, 437.

jours : la cité comme le changeur faisaient de substantiels bénéfices sur le dos des marchands et des voyageurs. Le cours d'achat des monnaies étrangères était toujours très inférieur au cours de vente, puisque la monnaie locale, donnée en échange, faisait prime comme seule monnaie légale. Il fallait enfin fournir la preuve que l'espèce étrangère était de bon aloi. Heureusement, des pièces s'imposèrent à partir du IVe siècle comme monnaies internationales : les chouettes d'argent athéniennes et, systématiquement, les pièces d'or, toujours acceptées, toujours recherchées. Dans ce contexte, les Grecs se sont parfois ingéniés à éviter le transport de numéraire outre-mer par le biais de l'entente personnelle, en dehors du système bancaire : un noble de Crimée, en visite à Athènes, empruntait 30 pièces d'or à un marchand itinérant, à valoir pour ce dernier lors d'un voyage en mer Noire auprès du père du débiteur [1]. La paix romaine facilita l'usage de la délégation et de la lettre de crédit.

Travailler pour payer son voyage

Devant toutes ces difficultés, la pratique se maintint d'un bout à l'autre de l'Antiquité grecque de travailler pour payer son voyage, au rythme des escales, d'autant que l'hivernage était très long. Pour les plus aisés, le voyage touristique se confondait bien souvent avec un voyage d'affaires : au VIe siècle, le législateur Solon et le savant Thalès partirent pour visiter l'Égypte avec une cargaison à négocier sur place ; Platon fit de même deux siècles plus tard et, à l'époque impériale, on présente encore à Alexandrie un rajah indien venu avec ses cargos « pour faire du tourisme et du commerce [2] ». Le cas du jeune noble de Crimée visitant Athènes au début du IVe siècle est tout à fait significatif des problèmes financiers posés par les voyages lointains : désireux lui aussi de « faire du tourisme », il vint à Athènes avec deux navires de blé, qu'il vendit au Pirée, et il voulut protéger le capital ainsi obtenu en le convertissant en or et en le plaçant en dépôt chez un

---

1. Isocrate, *Sur une affaire de banque*, 35.
2. Plutarque, *Solon*, 2, 1-7 ; Xénophon d'Éphèse, III, 11, 2.

banquier[1]... Tourisme et affaires apparaissent si étroitement imbriqués que nous ne saurions déterminer les motivations ni même la profession de ce grand voyageur que fut Hérodote — pas plus, à vrai dire, que celles de Marco Polo!

Quand il était moins riche, le voyageur travaillait de ses mains. C'est le cas célèbre de saint Paul pratiquant partout le métier qu'il avait appris dans l'art du textile. À Malte, il se fit aussi l'infirmier du médecin Luc, son compagnon de voyage, lors des longs mois d'hiver que tous deux passèrent dans l'île; conformément aux règles grecques de l'hospitalité, les Maltais ne les avaient en effet logés et entretenus que pendant trois jours[2]. Il n'y avait d'autre alternative au travail que le parasitisme ou la mendicité, auxquels ne répugnaient pas tous les missionnaires et philosophes itinérants — sans parler des naufragés, isolés et démunis qui, à la porte des temples ou dans les salons, racontaient leur histoire en sollicitant des vêtements, de l'argent, le rapatriement. Le parasitisme révoltait saint Paul, comme tous ceux qui se souciaient de prouver le caractère désintéressé de leurs activités; toutefois, lui-même dut accepter, lors d'un séjour à Corinthe, des subsides envoyés de Thessalonique. Même dans les romans, on aide dans son travail le tailleur de pierre ou le pêcheur chez qui on loge, pour gagner sa subsistance; il s'agit pourtant d'un dur métier auquel le corps d'un jeune noble n'est pas habitué[3].

L'allocation de voyage en Grèce

En principe, les voyageurs officiels, ambassadeurs et fonctionnaires hellénistiques, ne connaissaient pas ces problèmes, puisqu'ils partaient avec un viatique. Athènes, à l'époque classique, donnait à ses envoyés une indemnité journalière d'une drachme et demie, très supérieure à celle des magistrats mais bien insuffisante pour mener la grande vie en Orient; là, ils étaient souvent hébergés à la cour du roi ou des satrapes, mais devaient bien prendre garde à éviter toute présomption de concussion ou de

---

1. Isocrate, *Sur une affaire de banque*.
2. Actes des Apôtres 18, 3 et 7-9; I Co 9, 13.
3. Xénophon d'Éphèse, V, 2, 1 et 8, 1; Phil., 4, 15-18.

trahison[1]. En Grèce ou en Macédoine, ils devaient fréquemment se payer l'hôtel[2]. À l'époque hellénistique, où pourtant les échanges diplomatiques s'intensifièrent, on demandait de plus en plus souvent aux notables chargés d'une ambassade d'en assumer les frais. De surcroît, les fonctionnaires en mission dépensaient de plus en plus, parfois à tort et à travers, et réclamaient des rallonges à leur ministre, tel ce scribe royal lagide en poste à Chypre[3] :

> Dèmètrios à Zénon, salut ! Ayant eu à faire des achats à Tyr, j'ai épuisé tout mon viatique. Serais-tu assez aimable de donner 150 drachmes à Nikadas, qui te porte ce mot. En effet, Charmos m'a devancé en partant avant que j'aie eu le temps de le lui confier. Veille donc à faire en sorte que Nikadas reparte pour Beyrouth en toute sécurité. Écris-moi aussi pour m'indiquer où je devrai t'envoyer cette somme. Porte-toi bien ! An 27, Apellaios 13 [30 décembre 259].

Ces récriminations étaient habituelles :

> À Apollonios, Dèmètrios, précédemment nommé par toi anti-graphe du nome Prosopite, m'a demandé de lui avancer un peu d'argent lorsqu'il a été arrêté sur ton ordre, pour qu'il puisse s'équiper du nécessaire — quand il avait quitté son domicile, il pensait que ce serait provisoire, et sur ces entrefaites le pirate Lysimaque lui a volé son viatique et son esclave. Comme nous n'avions pas d'argent à lui avancer, nous lui avons prêté les petites coupes que tu avais remises en dépôt hors du palais chez Tryphera, un petit rafraîchissoir solide sur pied, ayant une contenance un peu supérieure à un conge, dont le poids est d'après le bordereau figurant dans nos archives [...], un autre rafraîchissoir, [deux paires] d'Antipatridia [et une tasse]... Tu nous obligerais donc si tu voulais nous accorder ton pardon ; nous n'avions pas prévu qu'en un temps si court il tomberait si bas. Porte-toi bien !

---

1. Aristophane, *Acharniens*, 65-90 ; Plutarque, *Pélopidas*, 30, 8-11.
2. Démosthène, *Ambassade*, 158 ; Eschine, *Ambassade*, 97.
3. *Papyrus Cairo Zenon*, 59 016 et 59 044 (Orrieux).

Le voyage romain et l'argent : le « viatique »

Les frais de voyage, ou *uiaticum*, sont définis de façon stricte comme une allocation légale qui doit défrayer les ambassadeurs, les associés d'une société commerciale, les plaideurs convoqués (partie adverse), l'étudiant séparé de sa famille. Dans le cas d'une « légation », la jurisprudence envisage le cas d'un médecin accompagnant un « envoyé officiel », qui lui lègue son argent de voyage : cela suppose, ou bien que le viatique est en dépôt, ou bien qu'il constitue une créance[1].

Le *Digeste* permet aux associés en voyage d'affaires d'exposer les diverses rubriques de dépenses : frais de route purs (*uiatica*), gîtes locatifs (*meritoria*) et frais divers de transports (étables-relais, bêtes de somme, chariots) ; on distingue entre les frais occasionnés par les personnes et ceux des « bagages et marchandises ». Dans le cas de la citation lointaine, seule la citation abusive est évoquée. Pour le viatique universitaire, la jurisprudence étudie le cas de l'étudiant romain qui a aliéné son pécule scolaire pour le prêter à intérêt[2]. Pourquoi le « viatique » au sens étroit ? Cela supposerait qu'il se distingue radicalement des autres dépenses, telles que le logement et les achats hors de la famille (par opposition à la règle d'autosuffisance) ; on serait tenté de voir ainsi les choses sur la base des distinctions précises de Pline le Jeune[3]. Or ici, ou bien « viatique » a le sens général de « pécule scolaire », ou bien il faut supposer que l'étudiant économise sur cette allocation forfaitaire, dont il n'a pas un besoin immédiat — comme l'ambassadeur, voire le promagistrat.

Cet abus des frais de voyage a souvent été noté. Pline rappelle à Trajan que l'ambassadeur de Byzance chargé de saluer l'empereur touchait 12 000 sesterces ; pour la même mission auprès du gouverneur de Mésie, 3 000 sesterces étaient alloués « au titre du viatique[4] ». L'aspect d'indemnités plus ou moins justifiées étant dans certains cas établi, il reste à voir comment provisions ou indemnités pouvaient être perçues et converties.

---

1. *Digeste*, V, 1, 18 ; XVII, 2, 52, 15.
2. *Ibid.*, XII, 1, 17.
3. *Lettres*, IV, 13.
4. *Ibid.*, X, 43.

Banque romaine et unité monétaire

Le problème des fonds du voyage dépasse le « viatique » individuel. Il englobe les fonds de toute ambassade et de toute mission — du point de vue des techniques de mandatement et de paiement. Dans cette rubrique, on peut citer les deux promagistratures des frères Cicéron, la propréture d'Asie et le proconsulat de Cilicie : Marcus touche pour Quintus à Rome le « budget » de celui-ci, en tentant d'obtenir des deniers au lieu de « cistophores » asiatiques (les deux frères devaient procéder par reversement). Quittant son proconsulat de Cilicie, Cicéron laissait chez les publicains d'Éphèse 2 200 000 sesterces (en cistophores), qui lui servirent de fonds pour tirer des lettres de change, selon la technique de la *permutatio*, compensation scripturale. Cicéron utilisera encore cette technique pour faire payer à son fils sa pension d'étudiant à Athènes 80 000 sesterces. Toute une section de sa correspondance (avec Atticus, qui sert de banquier) éclaire ces mécanismes, opposant la *permutatio* (opération par lettre de change) au portage d'espèces, et soulignant le recours à la lettre de change, au *nomen*. Seul l'éloignement contribue à étendre ce mode de financement du voyage. Cicéron aime à avoir ses disponibilités en espèces : il avoue dans une lettre à Atticus détenir chez lui 600 000 sesterces [1].

Le transfert de fonds « sans opération de change et sans portage d'espèces » devient la règle dans la Rome cicéronienne. La banque professionnelle grecque, adoptée par les Romains sans modification, celle des *argentarii*, semble dépassée par ce type de transfert : elle pratique l'encaissement et le paiement sur place, opérations centrées sur le « dépôt ». Les transferts à l'échelle de l'Empire font intervenir le réseau des sociétés de publicains pour les personnages officiels, et les manieurs d'argent non professionnels, qui ont des affaires en Occident et en Orient. Le transport du « viatique » dans une valise bourrée d'or et d'argent est une habitude grecque, voire populaire [2]. Il est évident que les voleurs de grands chemins

---

1. *Ad Att.*, XI, 1 ; XII, 25, 27 et 32 ; XIII, 37 et 47 A ; XIV, 7., XVI, 1 (pension). *Fam.*, III, 4.
2. Plaute, *Rudens*, 906 sq.

attaquent les voyageurs communs pour prendre l'argent du voyage. Horace évoque le voyageur « pleurant la valise brisée et l'argent du voyage enlevé[1] ». Les grands et les riches, avec le système du « transfert » et grâce aux prestations gratuites de l'hospitalité, ont moins de soucis pour la dépense courante.

Il reste qu'avec les multiples « légations » qui sillonnent la Péninsule et l'Empire, il y a beaucoup de numéraire sur les routes et en mer. Le délégué d'un municipe d'Espagne qui touche de la curie locale son allocation « de subsistance journalière » la perçoit en espèces.

L'unité monétaire de la Péninsule, des provinces d'Occident et même de l'Empire, le cours officiel de la monnaie de César, des *aurei*, des monnaies d'argent frappées sous licence impériale, les tétradrachmes de Pergame, des sesterces de bronze, même « légionnaires », rendent inutile le change classique grec. Le professionnel latin, l'*argentarius* ou *nummularius*, vérifie surtout le titre et le bon aloi des pièces[2]. En Afrique, en Espagne, en Gaule, en Germanie, dans les provinces danubiennes, où l'épigraphie le mentionne, il se présente essentiellement comme un « essayeur-changeur ».

Voilà qui élimine les taxes de change — l'odieux *collybus*, fort peu apprécié des Romains —, mais ne dispense pas, avec les variations de titre, de vérifier la valeur des pièces en circulation, surtout dans une capitale cosmopolite.

L'ÉQUIPEMENT DU VOYAGEUR

Le problème des bagages

Les variations climatiques et les problèmes d'intendance rendaient capital le choix des bagages et du costume adéquat pour le voyageur antique.

En Grèce, l'hôtellerie était tout à fait insuffisante et, dans

---

1. Horace, *Épîtres*, I, 17, 52 sq.
2. Martial, *Épigr.*, XII, 57, 8.

l'Empire romain, les gîtes étaient inégalement répartis ; nulle part, il n'y eut d'aménagements spécifiques pour les passagers sur les bateaux... Aussi fallait-il partir avec un bagage très important, qui devait répondre à tous les besoins de la vie quotidienne. À la fin du Ve siècle, Xénophon donne l'inventaire des malles de patrons de navires, ceux qu'on appelle les « nauclères »[1] : ils emportaient à bord des coffres (pour leurs vêtements), des lits, des objets personnels et leurs livres de comptes, rédigés sur papyrus. Ces effets personnels, ainsi que ceux des passagers, devaient passer la douane et les bagages étaient le plus souvent taxés comme des marchandises importées, sauf exemptions spéciales ; dans l'Égypte hellénistique, il fallait de surcroît subir les tracasseries de l'administration lagide[2] :

> Dèmètrios à Zénon, salut ! Sache que ton père et Akrisios sont arrivés chez eux en bonne santé. Car des gens de Rhodes en séjour ici nous ont annoncé que le navire de Timocratès était à Rhodes [au moment de leur départ] et rentrait tout juste de Caunos. Quand ils ont pris le large, ils ont laissé ici les coussins et les oreillers de peau, en demandant à Kimon de les réexpédier à Caunos. Il lui est pour le moment impossible de les envoyer mais il le fera au plus vite, dès que le beau temps sera revenu. Voici pourquoi le nauclère n'a pas voulu les monter à bord : il n'arrivait pas à leur faire passer la douane, alors qu'il était déjà en retard de plusieurs jours pendant que le bateau était à l'ancre en mer [...]. Porte-toi bien !

Les comédies de Plaute évoquent fréquemment les bagages, notamment dans les épisodes maritimes : elles ont une valeur documentaire partielle pour les bagages romains. L'intrigue de la comédie latine, bâtie sur des disparitions, des enlèvements et des reconnaissances, fait souvent intervenir des signes de reconnaissance : la valise sauvée du naufrage permet de les récupérer.

Le *Rudens* de Plaute, comédie de la navigation, montre l'une de ces valises, tantôt « de cuir pourpre », tantôt « grandes et noires ». Le pêcheur Gripus se félicite de trouver « de l'or et de l'argent à foison » ; il invoque le droit d'épave et le « domaine commun » de la mer. Dans la valise figure, répartie en sacoches, une somme importante en liquide : 800 pièces d'or, 100 philippes d'or, un

---

1. *Anabase*, VII, 5, 14.
2. *Papyr. Zenon, Lond.*, 1975 (Orrieux). Voir *GGM*, I, p. 100, § 7.

talent d'argent ; on découvre aussi de la vaisselle courante, « un pot, un canthare, une choé [à boire], une jatte, une mesure à boire ». De même, les *Ménechmes* évoquent l'affranchi Messénion qui rapporte de l'auberge « bagages et argent » : une valise comportant une bourse scellée avec le viatique[1].

Les bagages du voyageur romain n'étaient pas tous en cuir : outre le *vidulus*, le sac-valise rigide, qui pouvait prendre la forme d'un panier d'osier tressé, garni de cuir et peint en rouge ou en noir, on cite encore des coffres ou cassettes de dimensions variées, *arcae* ou *cistae*. L'*auerta* est une sorte de porte-manteau[2]. La *zona*, ceinture aménagée du soldat, peut également servir de bourse au voyageur.

Étant donné l'importance du bagage, le voyageur antique était normalement accompagné d'un porteur. Le simple pèlerin grec, qui voyageait à pied, ne portait réellement que son manteau ; tout le reste — sa literie, sa vaisselle — était chargé sur les épaules d'un valet de pied. Un ex-voto d'Épidaure, du IVe siècle, rappelle les malheurs d'un esclave qui a laissé tomber en route le sac à vaisselle, réduisant en miettes les pots et la cruche familière du maître ; mais Asclépios a miraculeusement raccommodé les débris[3]. Le bagage est souvent placé sur la monture même : ainsi le « bidet » du vieux Caton et son porte-manteau (*hippopera*). On peut charger le mulet ou le cheval « hongre » d'une *mantica (bissac)*, pour les provisions de route du piéton[4]. Sous l'Empire, les grands avaient des chariots ou des berlines pour les bagages.

Le soldat est comparable au voyageur ordinaire. Sur les reliefs de la colonne Trajane, on peut voir le fantassin porter au bout d'une perche sa nourriture et son nécessaire, qui constituent ses *sarcinae*, son « barda ». Tel est le « paquetage » du soldat romain : les ustensiles et les vivres ordonnés en faisceau sur une fourche[5].

Aux époques antérieures, les militaires disposaient généralement de portefaix, qu'on appelait *hoplophoroi* en grec ou *calones* en latin. Ils sont souvent représentés sur les monuments funéraires

---

1. *Rudens*, 597 sq. ; 906 sq. ; 1184 sq. ; 1309 sq. *Ménech.*, 1306 sq.
2. *Édit de Dioclétien*, X-XI ; *Code théodosien*, VIII, 5, 22 et *Code justinien*, XII, 50, 12.
3. Xénophon, *Mémorables*, III, 13, 6 ; *Syll.* 3, 1168, X.
4. Apulée, *Mét.*, I, 18, 8.
5. Frontin, *Stratagèmes*, IV, 1, 7.

grecs comme un double du mercenaire ; la comédie, qui les évoque aussi fréquemment, les dote d'un franc-parler caractéristique : ils fustigent l'indifférence habituelle du voyageur aux souffrances de son porteur — comportement que Socrate condamnait déjà — et tentent de faire comprendre à leur maître qu'ils ne peuvent décemment transporter sur leur dos toutes les commodités de la vie civile[1] ! »

Le bagage individuel des soldats prit une importance extraordinaire à l'époque d'Alexandre et de ses successeurs : chacun vivait en nomade, emportait avec lui l'ensemble de ses biens et emmenait aussi femme, enfants, esclaves... On ne cessait d'accumuler des excédents tout au long des campagnes, soit avec le butin fait sur les ennemis, soit en s'appropriant les effets des vaincus, considérés comme prise de guerre[2]. Aussi les souverains hellénistiques s'efforcèrent-ils, au cours du IIIe siècle, de réduire le train des équipages, en incitant les soldats à avoir un foyer sédentaire où leurs biens seraient protégés.

Le bagage alourdissait le voyageur et ralentissait sa progression. Il fallait donc se délester quand on voulait accélérer l'allure ou que les conditions de voyage devenaient plus difficiles. Les armées y étaient fréquemment obligées[3]. Cela se produisait aussi lors des traversées d'automne ou d'hiver : pour voyager sur les « barques rhodiennes », qui étaient alors les seules à faire du cabotage le long des côtes du sud de l'Asie Mineure et qu'on pouvait emprunter pour revenir d'Égypte, on était forcé de laisser matelas et oreillers de peau à Alexandrie, en espérant bien pouvoir se les faire réexpédier par la suite.

Saint Paul réclama un jour à Timothée les bagages qu'il avait abandonnés à Alexandrie de Troade, d'où partaient des navettes entre la Grèce et l'Asie : il y avait son épais manteau d'hiver et, surtout, sa bibliothèque de voyage composée de parchemins et de papyrus. Il ne rappelle pas les circonstances de ce dépôt, qu'il faut peut-être mettre en relation avec le désir qu'il eut, lors de son retour à Jérusalem, de parcourir à pied la distance séparant Alexandrie de Troade d'Assos (soit 13 kilomètres), malgré son âge

---

1. Ménandre, *Misoumenos* (Edmonds) ; Xénophon, *Mémorables*, III, 13, 6.
2. Polybe, II, 3, 7 et 26, 6.
3. Xénophon, *Anabase*, III, 2, 27-28 ; Polybe, I, 66, 7.

et sa fatigue ; un ami d'Alexandrie garda donc ses affaires « en consigne », suivant la coutume de l'Antiquité[1]. Le pécule de Xénophon (et sans doute aussi une partie de son bagage) fut conservé pendant plus de quatre ans par son hôte à Éphèse[2], chez qui il l'avait laissé au passage, en attendant la possibilité d'une rencontre. Mais la pratique comportait des risques, car le voyageur dépendait totalement de la bonne foi du gardien qu'il avait choisi : l'oracle de Delphes eut à trancher maints cas litigieux[3].

Un voyageur pouvait encore être amené à vendre son bagage ou sa monture en route, par besoin d'argent : à Lampsaque, au terme de l'Anabase, Xénophon dut se défaire de son cheval, auquel il tenait beaucoup, et de « tout ce qu'il avait sur lui » ; les cinquante pièces d'or qu'il en obtint, c'est-à-dire de quoi vivre plusieurs mois, devaient lui permettre de regagner Athènes[4].

Le costume

Dans l'Antiquité, le costume de voyage n'existait pas, non plus que la tenue de détente, bien qu'en Italie la villégiature ait autorisé des habillements moins conventionnels que la toge et les chaussures rigides, les *calcei* du sénateur.

Le voyageur avait simplement le souci d'avoir de bonnes chaussures de marche et de pouvoir se protéger du froid et de l'humidité. Les choses n'évoluèrent guère depuis l'époque d'Hésiode, au VIIIe siècle, qui décrivait ainsi le costume d'hiver[5] :

> Alors, pour protéger votre corps, vêtez, si vous m'en croyez, un manteau moelleux et une longue tunique — tissez sur une chaîne lâche une trame serrée — et enveloppez-vous-en bien, afin que votre poil ne frissonne ni ne se hérisse, se levant tout droit le long de votre corps. Autour de vos pieds nouez des chaussures bien ajustées, taillées dans le cuir d'un bœuf abattu, intérieurement rembourrées de feutre. Puis, quand viendra le vrai froid de la saison, cousez ensemble avec un boyau de bœuf des peaux de chevreaux

---

1. II Tm 4, 13 et Actes des Apôtres 20, 13.
2. *Anabase*, V, 3, 6.
3. Hérodote, VI, 86.
4. *Anabase*, VII, 8, 2 et 6.
5. *Travaux et Jours*, 536-547.

d'une première portée, dont vous couvrirez votre dos comme d'un bouclier contre la pluie ; et, sur votre tête, portez un bonnet de feutre ouvré, pour n'avoir pas vos oreilles trempées. Car le matin est froid les jours où il vente.

La qualité des chaussures était chose importante. Xénophon attribua les plaies et la gangrène dont furent atteints ses camarades, à la fin de l'Anabase, au fait qu'ils avaient dû se refaire des chaussures de fortune et utiliser des peaux de bœufs fraîchement écorchés ; le cuir mal tanné se recroquevillait sous l'effet de l'humidité et blessait d'autant plus les pieds que ces chaussures n'étaient pas doublées de feutre, comme le conseillait Hésiode[1]. Rares étaient les gens qui, comme Socrate, pouvaient circuler pieds nus sur un sol gelé[2].

Le bonnet de feutre ou *pilos* était caractéristique en Grèce de tous ceux qui vivaient dehors : paysans, soldats, ouvriers, voyageurs[3]... Certainement d'origine étrangère, il apparut d'abord dans les pays froids, porté par les peuples de la steppe, en Arménie, en Crimée et en Iran. Dans ces contrées, le feutre servait aussi à fabriquer des couvertures de cheval[4]. Dans les pays latins, on avait adopté, pour améliorer la protection, le capuchon, *cucullus* : ce vêtement d'origine marse protège des intempéries soldats, muletiers, voyageurs ; il peut aussi favoriser l'incognito, souvent souhaitable en voyage[5].

Pour se protéger au contraire du soleil, le voyageur portait une sorte de large chapeau plat qui faisait office de parasol, le « pétase » : connu d'Ératosthène et de Poseidonios, il est la coiffure d'Hermès, dieu des voyageurs. Les Macédoniens l'appelaient *kausia*, un mot qui évoquait directement la chaleur ardente. Le voyageur à cheval en était muni dès la fin du VIe siècle, ainsi qu'en témoigne sa représentation sur une coupe attique de l'époque ; comme il porte également un manteau bariolé très raide, qui suggère du feutre, la scène doit se passer en automne ou en hiver : le pétase abritait donc de la pluie aussi bien que du soleil. C'était la coiffure des sportifs, des chasseurs, des jeunes gens au

---

1. *Anabase*, IV, 5, 14.
2. Platon, *Banquet*, 220a-b.
3. Énée le Tacticien, 25.
4. Hérodote, III, 12 et V, 29 ; Lucien, *Scythes*, 1.
5. Juvénal, *Sat.*, III, 170.

gymnase, mais aussi des femmes, comme l'attestent les statuettes de Tanagra de même qu'un tableau célèbre de la maison des Dioscures à Pompéi, qui représente une scène de voyage. Le pétase était, en effet, passé à Rome dès l'époque de Plaute. À Rome comme en Grèce, il désigne le voyageur.

Au début du Ve siècle, le poète Bacchylide a peint Thésée voyageur, avec une tunique courte recouverte d'un manteau en laine thessalienne, un chapeau de cuir « laconien » et de fortes chaussures de chasseur, les « endromides ». Il voyage armé, une épée suspendue à l'épaule, comme s'il redoutait les brigands [1].

La tunique était la tenue adéquate pour monter à cheval comme pour marcher : dans ce dernier cas, on la portait souvent retroussée. Les historiens grecs appellent *euzonos* le marcheur à l'aise et agile. Le voyageur romain renonce à la toge ; à pied ou à cheval, on est plus à l'aise en tunique retroussée (*succinctus*). On peut porter, tel Auguste, plusieurs tuniques les unes par-dessus les autres [2]. La ceinture du voyageur gréco-romain peut, comme celle du soldat, servir de porte-monnaie [3]. La protection contre le froid exigeait de s'envelopper d'étoffes superposées, et les détails des récits militaires peuvent s'appliquer aux voyageurs surpris par l'hiver. Xénophon évoque « tout ce qu'il portait autour de lui » : on utilisait à l'occasion les matières grasses comme isolants. Les soldats de l'expédition de Potidée ne se risquent en Chalcidique, au nord des Balkans, que « couverts d'un tas de choses extraordinaires » ; on les voit « les pieds ficelés et entortillés dans des bandes de feutre ou de peau d'agneau [4] ». Ces chaussures d'hiver sont plus rudimentaires que les guêtres du chasseur romain, ou les bandes molletières.

A-t-on observé l'apparition de manteaux de voyage spécifiques, pour le froid et les intempéries ? Les intellectuels itinérants adoptèrent la cape grossière des paysans, le *tribon*, « méchant manteau » qu'on considère comme la tenue typique des philosophes populaires, surtout des prêcheurs cyniques. Son équivalent romain est le *pallium*, manteau des Grecs. Le manteau de voyage n'apparut vraiment qu'à l'époque impériale. Il procède de la

---

1. *Dithyrambes*, XVII, 46-54.
2. Suétone, *Aug.* 82.
3. Horace, *Épîtres*, II, 2, 26 ; Achille Tatius, V, 17.
4. *Anabase*, IV, 4, 12 et Platon, *Banquet*, 220a-b.

paenula romaine, lourd manteau à capuchon « rabattable ». Les puristes notèrent le néologisme, et le mot, transcrit tel quel en grec, devint *phainolès*. La *paenula* pouvait être en tissu, ou en feutre : ce matériau était connu depuis la Grèce archaïque comme isolant, propriété qui permettait de confectionner des pelisses très chaudes appelées *gausapina*[1]. Mais contre la pluie, on utilisait les manteaux de peau imperméables, les *scortea*. Sénèque, évoquant des prévisions météorologiques en Grèce, sur la route d'Argos à Corinthe, expose le dilemme : *paenulae* simples, ou *scorteae* imperméables[2] ?

Force est de constater que, pour le monde gréco-romain, les vêtements les mieux adaptés au voyage étaient d'origine étrangère. L'usage du feutre était passé des peuples de la steppe aux Grecs, mais ces derniers n'adoptèrent pas les pantalons des nomades, pourtant favorables aux mouvements. Les Romains ont commencé par dénigrer le *sagum* (saillon) et les *bracae* (braies) des Celtes ; les barbares Allobroges scandalisaient Cicéron avec leurs braies et leur phonétique sauvage[3] ! Mais cette « barbarie » s'est imposée à la longue dans la tenue militaire et par la suite dans le costume de voyage : la transition est nette si l'on considère sur les reliefs de la colonne Trajane les « braies » des soldats. Pour le costume de voyage, comme pour les véhicules, les Celtes ont amélioré l'équipement du voyageur romain. Même le *bardocucullus*, variante du manteau à capuchon, est qualifié de « lingon[4] ».

On adopte volontiers le costume local, surtout quand on voyage en pays grec. Hérodote le signalait déjà au Ve siècle avant notre ère, pour les princes de Scythie[5]. Les Romains, autant par philhellénisme que par confort, se plaisent à circuler en Sicile et dans l'Orient grec en *pallium* et en sandales. Telle avait été l'attitude de Scipion l'Africain en Sicile[6]. Mais le port de la toge faisant partie d'un *decorum* civique et romain, ce relâchement fut condamné. Reste que la toge, avec son drapé minutieux, ne peut se porter en selle, et qu'elle est remplacée par la tunique, militaire à

---

1. Martial, *Épigr.*, VI, 59 ; XIV, 130 et 145 sq.
2. *Quest. Nat.*, IV, B, 6, 2.
3. Martial, *Épigr.*, VI, 11, 8 ; Cicéron, *Pro Fonteio*, XV, 33.
4. *Ibid.*, I, 53, 5 et XIV, 128.
5. Hérodote, IV, 78.
6. Tite-Live, XXIX, 19, 11-12.

l'origine. Le *togatus,* pour les barbares, comme les Scythes, est doté d'un « signe extérieur de culture ».

Le voyageur réaliste tenait compte des difficultés du voyage. Quand il s'agissait d'un dignitaire, son souci d'apparat se manifestait dans l'ampleur de son escorte et dans le nombre des serviteurs qui l'accompagnaient, mais il ne répugnait pas pour autant à emporter des vêtements usagés. Les fonctionnaires lagides du plus haut rang utilisaient une flotte privée où embarquaient des valets d'écurie, un boulanger, un intendant des provisions, un préposé à l'argenterie, des garçons de bain, un prêtre, un médecin[1]... Mais l'inventaire des malles fait bien pauvre[2] :

> De la part de Peisiclès, inventaire des vêtements de Zénon. Voici ce qui est dans la malle de Zénon : une robe de chambre en lin, lavée ; une chlamyde couleur de terre pour l'hiver, lavée [il s'agit d'un manteau] ; une autre, usée ; une pour l'été, à demi usée.

Quelques conclusions s'imposent : la discipline civique et militaire du costume a cédé le pas devant les exigences pratiques du voyage, même si les dignitaires hellénistiques paraissent plus libérés du *decorum* vestimentaire que les magistrats romains. Le déplacement, en brassant les peuples et les coutumes, a favorisé l'évolution de la tenue de voyage : Rome, en particulier, a beaucoup emprunté au monde celte et germain pour la tenue militaire, la tenue de chasse, la tenue de voyage. Là encore, le voyage et les échanges révèlent un « impérialisme renversé ».

---

1. *Papyrus Cairo Zenon*, 59 140 et 301 ; cf. *Anabase*, IV, 4, 21.
2. *Papyrus Zenon*, 59 092 (Orrieux).

CHAPITRE XIII

Les misères du voyage antique

Malgré l'instauration d'un ordre international, l'aménagement d'un réseau routier bien entretenu, l'exploitation régulière des routes maritimes ou fluviales, le voyage antique demeure pénible et incertain. Une fois exorcisées les angoisses archaïques, au demeurant récurrentes chez les Romains, il subsiste des difficultés indépassables. Le « fortuit » du voyage se confond très souvent avec l'hostilité, prévisible ou non, de la géographie et de la météorologie. Le Méditerranéen, Grec ou Romain, homme des régions tempérées, fuit également la froidure des zones nordiques et la canicule des déserts d'Afrique. Il redoute, autant que la mer fermée, les vents et courants hostiles, les gouffres et les écueils de Méditerranée, certains sites maudits, comme l'Euripe, Charybde et Scylla, la cap Malée[1].

CONTRAINTES, FATIGUES ET PERTURBATIONS

L'hostilité des éléments : le voyage d'hiver

« Hâte-toi de venir avant l'hiver ! » : cette injonction pressante du voyageur de l'époque impériale[2] se fait l'écho, à plus de huit siècles de distance, de l'effroi d'Hésiode devant « la désespérance de l'hiver ». Cette angoisse, on l'éprouvait tout particulièrement lors d'un voyage en mer, à la fin de la saison navigable, « quand les

---
1. Vitruve, *Arch.*, VI, 1, § 138 ; *Corpus hippocr.*, *Airs, eaux, lieux*, XII sq.
2. Paul, II Tm, 4, 20.

souffles terribles du Notos accompagnent en soulevant les flots les abondantes pluies du ciel d'automne et rendent la mer périlleuse [1] ».

Le voyageur grec, qui voyageait le plus souvent à pied, n'aimait pas la neige. L'habitant des régions de l'Égée n'en avait guère l'habitude, car la guerre et le trafic s'interrompaient durant la mauvaise saison. Dans les régions du nord de la Grèce et au bord de la mer Noire, voir tomber la neige est une expérience qui marque le touriste : Hérodote compare à des plumes « la neige qui tombe à gros flocons » ; il précise qu'il l'a vue « de près ». Mais, en homme pratique, il enchaîne aussitôt sur les inconvénients du voyage dans l'hiver des steppes : les chevaux grecs n'ont pas la résistance des alezans ou des petits cosaques ; ils ne sont pas faits pour un climat si rigoureux ; les ânes et les mulets résistent mieux [2].

L'hiver entraîne encore d'autres difficultés à une époque où les ponts étaient encore très rares et où l'on passait habituellement les rivières à gué. On hésitait à le faire quand l'eau atteignait des températures très basses, que les chutes de neige grossissaient le fleuve et que les courants devenaient violents [3].

Ces voyageurs malgré eux qu'étaient devenus les soldats de Xénophon à la fin de l'Anabase ont dû affronter les rigueurs de l'hiver arménien. Le vent, qui souffle de face, « brûle tout » et « gèle les hommes ». La neige ne cesse de tomber et devient très épaisse. Les soldats connaissent ses effets sur la vue et s'en protègent « en tenant quelque chose de noir devant les yeux pendant la marche ». Le cuir des chaussures se racornit du fait de l'humidité permanente, et blesse les pieds. Au début, la curiosité l'emporte encore : lorsqu'on allume de grands feux et que la neige fond autour du brasier, on mesure son épaisseur. Puis la vie devient intenable et l'on ne pense plus qu'à son malheur : enfonçant dans la neige avec leurs mauvaises chaussures, les soldats ont les pieds gelés et la gangrène gagne ; d'autres perdent la vue. Alors, les plus faibles refusent de continuer à avancer dans la neige et se laissent mourir [4] :

> Toutes ces misères inévitables furent cause que quelques hommes étaient restés en arrière. Apercevant un endroit qui faisait une tache

---

1. Hésiode, *Travaux et Jours*, 496 et 619-621.
2. Hérodote, IV, 31 ; Xénophon, *Anabase*, VII, 4, 3-4.
3. *IG*, II^2, 1191, 15-16.
4. Xénophon, *Anabase*, IV, 5, 3 à 16.

sombre parce qu'il n'y avait plus de neige, ils supposèrent qu'elle avait fondu. Et c'était, en effet, ce qui avait eu lieu à cause d'une source voisine qui fumait dans un vallon. Ils tournèrent leurs pas de ce côté, s'assirent et refusèrent d'avancer. Quand Xénophon s'en aperçut, il les supplia, en employant toutes les raisons, tous les moyens imaginables, de ne pas rester là, ajoutant qu'une bande nombreuse d'ennemis était à leurs trousses ; il finit même par se fâcher. « Qu'on nous égorge ! répondirent-ils, nous ne pourrions plus faire un pas. »

Quant aux plus déterminés, ils accaparent la chaleur du feu de camp...

L'indifférence aux rigueurs du climat caractérisait le sage, dont Socrate constituait déjà le prototype : Platon tint à rappeler son aisance exceptionnelle lors d'un terrible hiver que les soldats d'Athènes durent affronter au nord de la Grèce[1].

Un des voyages hivernaux les plus célèbres est celui d'Aelius Aristide, entrepris en 143, de Smyrne à Rome et retour[2]. À l'aller, ce rhéteur valétudinaire a connu tous les inconvénients des routes hivernales. Le déplacement d'Aristide a sans doute pour but une présentation à la cour. Accompagné de nombreux amis et de sa domesticité — le train habituel du sophiste — il traverse l'Hellespont et atteint Thessalonique *via* la Thrace et la Macédoine. Les voyageurs subissent les pluies, le froid, le vent, les inondations ; l'intendance est exécrable — auberges « ouvertes à tous les vents », guides inexpérimentés, étapes accélérées. Aristide souffre de maux d'oreilles, de rages de dents ; il a la fièvre et doit s'aliter à Edessa en Macédoine. Depuis Byzance, on a emprunté la célèbre Via Egnatia qui va à Dyrrhachium sur l'Adriatique. En Italie, pour éviter les routes du Nord, on gagne Brindes par mer, et l'on retrouve l'itinéraire « classique » de l'Appia. Le voyage a duré cent jours, quand on arrive à Rome au début d'avril 144. Le sophiste se dit à demi mort : en plus, il a failli être tué par les médecins romains ! Si l'on écarte le pathos du valétudinaire, les rigueurs du climat et les misères physiologiques ne sont pas douteuses.

Ce long et pénible voyage a son pendant quelques décennies

---

1. Platon, *Banquet*, 220b.
2. Discours XLVIII.

plus tard. Apulée, un « sophiste » africain de tempérament très voyageur, se rendait d'Afrique romaine à Alexandrie[1]. C'était l'hiver. Il arriva à Oea, près des Syrtes, épuisé par le voyage terrestre ; la maladie l'y retint pendant de nombreux jours, chez des amis. Un camarade d'études d'Athènes lui conseille — au printemps sans doute — « d'attendre l'hiver suivant à cause du bouillonnement des Syrtes et des bêtes sauvages ». Il s'agit de poursuivre le trajet en bateau. Or la Méditerranée orientale n'est pas très attirante en hiver, non plus que la Tyrrhénienne.

Les voyages au Bas-Empire, même quand la sécurité est garantie, ne sont pas des parties de plaisir. Au IIIe siècle, le Sicilien Firmicus Maternus arrive exténué en Campanie à cause de « la rigueur des frimas », qui ont imposé des « déviations[2] ».

Symmaque dans la Gaule du IVe siècle se révèle très attentif aux dangers de la navigation « hivernale » (en fait, dès l'automne), évoquant la « navigation impraticable » et « les amers déboires du voyage ». Il fait mention de courriers « espagnols » retenus aux bouches du Tibre par les « défaillances de la navigation » et attend que « l'expulsion de l'hiver ouvre les voies maritimes ». L'hiver est une excuse pour ne pas venir à Rome[3] :

> Comment, invité à la première prise d'auspices de ton consulat, pouvais-je traverser les longues distances des Gaules ? Élimine les préparatifs du voyage, réfléchis aux obstacles de l'hiver, à la défaillance de la poste officielle, au resserrement des jours d'arrière-saison. N'était-ce pas pour moi un vain effort que d'arriver avant les calendes de janvier, et après une incivilité ?

L'évêque gaulois Sidoine Apollinaire montre une certaine indifférence à l'égard des rafales de vents pyrénéens et des chaussées instables mais il vit une grande expérience : le voyage à la fin 467, de Lyon à la Ville éternelle[4]. Profitant du *Cursus publicus*, retardé par ses amis qui lui souhaitent « heureux aller et heureux retour », il suit la route alpestre et utilise alternativement la voie terrestre et la voie fluviale. La « montée » — sans doute le mont Genèvre — s'effectue par « un chemin creusé dans la neige

---

1. *Apologie*, LXII-LXXIII.
2. *Matheseôs libri*, Préf.
3. Symmaque, *Lettres* IV, 58, 63 ; V, 96 ; VI, 21.
4. *Lettres*, I, 5.

pour faciliter la traversée, entre les parois de précipices effrayants des deux côtés ». Les cours d'eau non navigables sont passés à gué, ou sur des ponts anciens praticables : l'auteur précise que la chaussée a un revêtement supérieur de pierre. À partir de Ravenne, Sidoine a souffert de la soif, faute d'eau potable ; il a été intoxiqué dans la traversée de la Toscane : il attribue cette affection à un vent froid d'Apulie, ou « au vent malsain venu de la Toscane », bien que toutes les misères du trajet ne soient pas absolument liées à la saison hivernale. Cet itinéraire dominé par « la fièvre et la soif » se termine à Rome sur une note humoristique : après avoir en vain rêvé à l'eau fraîche des rivières d'Ombrie et du Latium, l'évêque assoiffé se « sent capable de vider à la fois les aqueducs et les bassins des naumachies » !

Rutilius Namatianus, qui retourne de Rome en Gaule en 416, corrobore le témoignage de son quasi-contemporain [1]. Il s'agit d'un voyage d'automne, avec ses servitudes climatiques qui interdisent le cabotage d'été, la « voilure enflée », et imposent une prudence toujours inquiète. La saison explique la relative impraticabilité de la voie terrestre :

> On choisit le trajet maritime, puisque les plaines du trajet terrestre sont inondées par les fleuves, et que les hauteurs sont hérissées de rochers. Depuis que la campagne toscane et la chaussée d'Aurelius [2] ont subi le fer et le feu des troupes gétiques, nul ne peut pallier la traversée des forêts par les gîtes, le passage des fleuves par les ponts ; mieux vaut confier ses voiles à la mer.

La dégradation du réseau routier fait préférer la mer pour le trajet de Rome à la Cisalpine. Le calendrier, du 31 octobre au 11 novembre, conduit le voyageur et ses amis, d'étape en étape, du port d'Ostie à Luna. Rutilius a donc utilisé le seul « créneau » possible avant l'interruption hivernale de la navigation — du 11 novembre au 10 mars. Mais cette navigation d'arrière-saison réserve bien des déboires.

Malgré la prière à la mer, à Vénus Marine et à Castor, on reste quinze jours durant aux bouches du Tibre, « guettant un moment sûr pour prendre la mer, attendant que la brise meilleure de la nouvelle lune se lève ». La conversation (à Ostie) et l'excursion

---

1. *De reditu*, 37, 155, 188-217, 221-222, 315, 337, 351.
2. Via Aurelia.

locale (à Centumcellae) permettent de meubler les étapes forcées : on est repoussé à Centumcellae (Civitavecchia) par un auster violent ; le contournement du cap Argentarius, en Étrurie, se révèle dangereux, à cause de la « falaise émiettée » et des « sinuosités du chemin ». À l'embouchure de l'Umbro, le voyageur trahit sa recherche inquiète d' « asiles pour les navires en détresse » : là, les navires sont surpris par la nuit et par la chute de la brise. D'où une épuisante traversée à force de rames... jusqu'à Falérie au-delà de l'île d'Elbe. L'étape de Falérie est une étape forcée, et le bilan global, les onze jours de cabotage jusqu'à Luna, est facile à comparer aux bonnes traversées.

Cette croisière tardive de Rutilius Namatianus ne se heurte qu'aux caprices de la mer et de la météorologie. Le choix de l'itinéraire maritime, malgré toutes les misères et le risque permanent de naufrage, correspond à l'attitude générale du temps.

La longueur fastidieuse

La longueur des trajets est très relative, car l'homme antique, qui n'a pas d'échelle de comparaison, sinon l'imaginaire (celui d'Icaroménippe), la ressent sans doute moins. C'est ainsi qu'on voit un casanier considérer comme lointain un voyage en Grèce qui passe, chez d'autres, pour une excursion « suburbaine ». Pour apprécier le temps, on ne dispose pas « en série » de la pendule de voyage mise au point par les techniciens alexandrins. Tout dépend des voies de communication, de la rapidité et du confort des moyens de transport.

La route directe, compte tenu des obstacles naturels qui la rendent impraticable, n'est pas toujours la plus habituelle, même dans les itinéraires officiels : la Julia Augusta, qui mène en Ligurie et en Narbonnaise par la côte, était inondable ; les milliaires d'Auguste indiquent qu'on préfère l'itinéraire par Rimini et Plaisance, pourtant plus long de 151 milles ! La crainte des intempéries et de l'insécurité prime tout, mais l'on s'interroge souvent sur les conditions optimales d'un trajet, en soupesant la distance et les facilités. Quel est le meilleur itinéraire pour le Sud ? « La voie de Minucius conduit-elle mieux à Brindisi, ou la via Appia ? » Le chemin muletier, plus court, est-il préférable à la grande route qui oblige à passer par Tarente[1] ?

Les *Itinéraires* sont utiles, mais ils ne résolvent pas tous les problèmes. On cherche les raccourcis (*compendiarium,* ou *uia compendiaria*), économie de temps et de distance. Leur importance apparaît métaphoriquement chez Sénèque, mais ce sont surtout les écrivains militaires qui y insistent en les conseillant à la cavalerie, et en les incluant (raccourcis et chemins détournés) dans l'analyse stratégique du terrain. Quintilien préfère l'itinéraire direct et bien frayé de la « voie militaire », « doux » et moins fatigant.

Mais la « longueur » de la route est quelque peu subjective. Elle dépend du style du voyage, donc du style de vie. Columelle oppose le voyageur qui parvient vite à son but, qui « fait le trajet énergiquement et sans la moindre pause », et celui qui sait apprécier au passage « l'ombre des arbres, le charme des petites sources et la fraîcheur de la brise[2] ».

Il existe des catalogues de performances, terrestres ou maritimes, mais elles ont souvent été réalisées dans des circonstances et des conditions exceptionnelles. Par voie de terre, il s'agit des déplacements à bride abattue des courriers, des soldats et des empereurs : Tibère est une fois allé de Pavie en Germanie en couvrant 200 milles (300 kilomètres) par vingt-quatre heures, c'est-à-dire dix fois l'étape journalière type (qui était seulement de 20 milles !). Lors de la crise de 68-69, l' « année des trois empereurs », un porte-enseigne franchit les 108 milles de Cologne à Mayence, les capitales des deux Germanies, en douze heures.

Les records en mer, que les géographes antiques se sont fidèlement transmis jusqu'à Pline[3], n'ont pas été enregistrés en hiver, ni à certaines saisons dominées par les vents défavorables, comme les étésiens : on a pu « faire » Ostie-Gadès (détroit de Gibraltar) en sept jours, Rhégion (Reggio de Calabre)-Alexandrie d'Égypte en six ou sept jours ; Pouzzoles-Alexandrie en neuf jours, par la ligne régulière. Depuis Ostie, on a pu traverser la Méditerranée en un jour seulement pour gagner l'Afrique, en trois jours pour gagner l'Espagne, en deux jours pour gagner la

---

1. Horace, *Épîtres*, I, 18, 20 et *Sat.*, I, 5.
2. *Res rust.*, XI, 1, 6.
3. *HN*, XIX, 3 sq.

Narbonnaise. La vitesse de déplacement des explorateurs partis vers les pays lointains, à Taprobane (Ceylan) ou vers l'île d'Ictis, au large de la Bretagne, a également semblé remarquable et digne d'être enregistrée[1].

Mais le voyageur moyen ressent durement la lenteur des voyages et la multiplication des étapes : il recense les difficultés de la route et de la mer — permanentes, locales ou saisonnières — et doit souvent improviser en combinant les itinéraires terrestres et maritimes[2]. Il déplore, sur terre et sur mer, les étapes forcées. Il occupe le temps du trajet comme il peut : les héros d'une fable d'Ésope, adaptée par La Fontaine, « menaient avec eux en voyage/ Singes et chiens de bateleurs », pour distraire l'ennui.

Les fortes personnalités trompent la longueur du voyage par l'activité intellectuelle, et valorisent ainsi le temps mort. Pline l'Ancien préférait voyager en litière plutôt qu'à pied, pour lire et rédiger « en route ». César a composé son mémoire *Sur l'analogie* pendant la traversée des Alpes et un poème de voyage perdu, l'*Iter*, au cours des vingt-trois jours que dura un voyage en Espagne. Lucullus, général et philosophe, en allant prendre son commandement en Asie, « a fait tout le trajet, terrestre et maritime, partie en interrogeant les spécialistes sur les sites, partie en lisant des chroniques[3] ».

Les misères physiologiques

Les craintes romaines font une place importante aux facteurs de santé : on éprouve souvent le sentiment d'une rupture du genre de vie, et cette considération suscite fréquemment « la haine de la mer et de la route ». Si les médecins préconisent le changement d'air, la verdure, la fuite loin de « l'atmosphère empestée des villes et des odeurs de cuisines fumantes », la diététique favorise surtout la villégiature. Celse a admis que le voyage pouvait perturber la santé et l'équilibre général[4].

---

1. *HN*, IV, 104 et VII, 81 ; voir V, 10 sq.
2. Apulée, *Mét.*, X, 19.
3. Pline le Jeune, *Lettres*, III, 5 ; Suétone, *César*, 56, 5 ; Cicéron, *Academica priora*, II, 1.
4. Horace, *Épîtres*, I, 11, 6 ; Celse, *De medicina*, I, 10.

Les risques de santé liés au voyage sont ou bien généraux, ou bien spécifiques du déplacement terrestre ou de la navigation.

Le voyageur gréco-romain semble redouter l'épuisement physique, sinon la simple fatigue, et Pline a tiré de la pharmacopée hellénistique des remèdes antifatigue, pousses de myrte ou bouquets d'armoise[1].

Si l'on ne paraît pas craindre l'épidémie maritime, on appréhende la « pestilence » qui se développe dans les grandes concentrations humaines. Et encore la théorie de la contagion n'est-elle pas universellement admise : on retient plutôt la causalité générale d'un lieu et d'un climat. De là la défiance à l'égard des spectacles : en Grèce, « les fêtes sont des causes de maladies[2] ».

Dans ce registre, l'épidémiologie romaine évolue dans le sens d'une étude sociologique de l'épidémie, et des conditions de mortalité selon le milieu social et l'habitat. Mais, pour l'essentiel, le déterminisme géographique et climatique joue un rôle important. Dans *Les Problèmes naturels*, Suétone met l'accent sur la « nouveauté du climat et des eaux » pour expliquer l'épidémie, et ne néglige pas la contamination du milieu nutritionnel. Les leçons des épidémies militaires contribuent à rappeler cette influence du « ciel » et de l' « eau », que la diffusion de l'hippocratisme rendra de plus en plus probante pour les Romains. L'homme est fragile, il « ne supporte pas n'importe quel ciel[3] ».

Les plaies de la route

Dans l'Italie d'Horace comme dans la Phrygie d'Aelius Aristide, ce sont les flaques et les fondrières, creusées par le froid vif et les pluies ; la bête de somme gémit dans les flaques d'eau, comme sur les pentes ou au passage des rivières — tel est le catalogue des misères du voyage terrestre[4]. Outre la boue, la poussière constitue un autre des inconvénients majeurs qui incommodent le voyageur, même en litière ou en chaise portée.

Les fondrières existent aussi sur les parcours sablonneux, en

---

1. *HN*, XV, 124 ; XX, 192 ; XXXVI, 150.
2. Philostrate, *Lettres*, XXIX.
3. Tite-Live, XXV, 26 ; Sénèque, *Cons. Marcia*, XI, 4.
4. Aristide, *Discours sacrés*, XVIII ; Horace, *Épîtres*, I, 13 et 17 *passim*.

particulier sur le tracé de ce qui deviendra la Via Domitiana, compte tenu du revêtement de gravier en rase campagne. Les imperfections de la route tiennent autant à son revêtement qu'à son tracé : au cours d'un voyage d'affaires en Grèce du Nord, il faut affronter en Thessalie « les à-pics des monts, les vallées glissantes, la rosée matinale des gazons, les plaines aux mottes inégales ». Apulée développe encore ce thème dans une sorte de parabole qu'on pourrait intituler « Les deux voyageurs [1] » :

> Car ceux qui ont besoin d'accomplir leur trajet sur un char préfèrent avoir les jambes pendantes sur un cheval plutôt que d'être assis dans une voiture, à cause de l'encombrement des bagages, du poids des véhicules, des ennuis de roues et des fondrières des ornières. Ajoute les tas de pierres, les bourrelets des souches, les ruisseaux de plaine et les montées des collines...

Le tracé des routes et les éléments du relief — pentes et eaux courantes — ne sont donc pas les seuls responsables de leur dégradation en fondrières. Les traces de roues (*orbitae* au sens strict) jouent aussi leur rôle. Les moyeux peuvent se rompre, ce qui entraîne de longs retards.

Les voyageurs ordinaires redoutaient surtout les fondrières, mais les délicats, voire les valétudinaires, ne se plaignent pas moins de la dureté du revêtement de pierre, qui provoque une douloureuse trépidation.

Qui dit voyage autre que pédestre suppose l'existence de mouvements plus ou moins « amortis » ou compensés. Sur terre, les véhicules transmettent assez brutalement les inégalités du relief, permanentes ou saisonnières : il en résulte une « misère » (*uexatio*) pour l'organisme. Sur mer, le roulis ou le tangage (*uolutatio* et *iactatio* des flots) engendrent la nausée.

Sur la route, ou sur le sentier muletier, les cahots sont mal ressentis, et peuvent s'ajouter aux autres misères. Ainsi verra-t-on Fronton, en 153-154, renoncer à exercer le proconsulat d'Asie, pourtant prestigieux, en raison d'une rechute de maladie : le voyage, à la fois maritime et terrestre, est long. Le précepteur de Marc Aurèle, d'une manière générale, paraît

---

1. Apulée, *Mét.*, I, 2 et *Florides*, XXI.

craindre beaucoup, en voyage, pour sa petite santé. Dans une lettre à son impérial élève, après une atteinte de « choléra » guérie, il appréhende un petit déplacement[1] :

> Mais maintenant, avec l'aide des dieux, ma santé est très bien équilibrée, je me promène plus facilement, je pousse des cris plus sonores : enfin, si les dieux m'assistent, j'ai dessein de circuler demain en voiture. Si je puis supporter sans peine le revêtement [de pierre], je courrai à toi le plus rapidement possible...

Quoique protégée contre les détériorations saisonnières, la route empierrée ne se révèle pas confortable, malgré les coussins. Peut-être faut-il attribuer la sédentarité de l'empereur Antonin, âgé, à ses troubles osseux et lombaires. Au Bas-Empire, où les routes se sont dégradées, notamment en Gaule, on assortit souvent les invitations à la villégiature de la promesse d'un bateau confortable, aux coussins moelleux[2].

La nausée

Les mouvements de la mer, surtout ceux de la Méditerranée à certaines saisons, au printemps et à la fin de l'automne, provoquent une nausée que l'on redoute en général, et que certains appréhendent particulièrement. Cicéron est du nombre, qui en a souvent fait la confidence dans sa correspondance, ainsi que l'empereur Auguste, qui avait fort peu le pied marin.

Cicéron, dans ses grands voyages de 58-57 (l'exil), de 51 (le proconsulat de Cilicie), de 48 (la guerre civile), mentionne fréquemment la « nausée » (*nausea*), évoquant celle de ses correspondants avec sollicitude et sympathie ; il parle souvent de « navigation difficile » ; il s'abstient et dissuade ses amis, tenant compte des vents et de la résistance de tel ou tel bâtiment. Convaincu que « ce n'est pas rien de naviguer », il note les traversées sans houle et sans nausée comme autant de victoires. Il est vrai que, pour le chef, un certain décorum est engagé : « Je suis sensible à l'épreuve de la navigation, qui sied mal à mon âge et à

---

1. *Lettres*, V, 40.
2. Sidoine Apollinaire, *Lettres*, VIII, 12, 2-5.

ma dignité » : il vient de renoncer à une traversée en Grèce !

Le mal de mer est la hantise permanente du Romain : Sénèque, lors de son premier séjour en Campanie, en 63, redoutait fort cette indisposition, même pour les croisières littorales : il se fait débarquer à cause d'une tempête de printemps qui le secoue durement et, faute de port aux environs, termine à la nage [2]. La crainte du mal de mer explique que le philosophe préfère la route, et même qu'il supporte stoïquement, quoique claustrophobe, le tunnel de Naples.

On comprend fort bien dès lors qu'Apulée mette sur le même plan, parmi les « tribulations » du voyage, les « très nombreuses difficultés de la route et de la mer ». Un des derniers grands voyageurs de l'Antiquité, le rhéteur et poète bordelais Ausone, énumère, parmi les visions obsessionnelles de la nuit, dans ses *Songes*, celle des brigands féroces, ou de « la mer briseuse de vaisseaux », où il s'avance à pied. La clef des songes, classique chez Artémidore, fait une grande place aux difficultés du voyage, terrestre ou maritime [3].

Si la *iactatio* a parfois été jugée bénéfique, le mal de mer, avec ses désordres stomacaux, détourne bien des Romains de la navigation. D'autant que les mouvements de la mer vont souvent de pair avec les mauvaises odeurs de cale, la « sentine ». Pline l'Ancien, qui a terminé sa carrière comme amiral de la flotte prétorienne de Misène, a fréquemment traité de la nausée et il a indiqué toute une pharmacopée considérée comme efficace : hippomarathre (fenouil sauvage) broyé dans de l'eau, menthe avec sel et polente dans de l'eau, absinthe, graine de *mauva* (cumin silvestre) diluée dans le vin noir [4]... Il faut vraiment qu'une femme aime un gladiateur pour le suivre dans ses pérégrinations [5].

---

1. *Ad Att.*, V, 12 et XVI, 3.
2. *Lettres*, LIII.
3. *Mét.*, VII, 6 ; *Somn.*, 7.
4. Pline, XXXI, 63 ; XX, 153, 162, 225 et 256 ; XXVII, 52.
5. Juvénal, *Sat.*, VI, 82-109.

Les perturbations alimentaires

L'alimentation de base du voyageur est faite de pain et d'eau. En Apulie, l'homme avisé d'Horace est contraint d' « en porter sur ses épaules », car on se demande si les gens du Sud ont des citernes ou des puits permanents [1].

Depuis Aristote, on discute de la potabilité des eaux, controverse qu'ont ranimée à Rome les encyclopédistes, de Vitruve à Pline l'Ancien. L'eau potable devient une obsession, fort compréhensible, dans le cas des voyages maritimes :

> Souvent les navigateurs souffrent physiquement du manque d'eau douce, et nous allons mettre en lumière ce palliatif, qui consiste à tendre autour du navire des tissus de laine qui s'humectent des exhalaisons marines, et dont on peut tirer, en les pressant, de l'eau douce.

Mais l'inquiétude est générale : « Il y a aussi chez les voyageurs un sujet de crainte, c'est que des eaux inconnues ne mettent à l'épreuve leur santé [2]. »

Il existe toute une littérature scientifique, parfois issue de l'expérience des campagnes militaires, sur la nocivité de l'eau et les intoxications qu'elle provoque [3]. L'hydrologie comparée des Romains paraît dominée par l'idée d'une supériorité naturelle et technique de l'Italie. Ils sont sensibles à la pollution mercurielle et à la nocivité naturelle des « eaux mortelles » (Alpes Cottiennes ; Via Campana en pays falisque). Ils distinguent les eaux « utiles » des « pernicieuses », en soulignant les exhalaisons malsaines et leur pouvoir infectieux. On remarque avec curiosité que le catalogue des eaux nocives comprend celles de Thrace, de Macédoine, et même des régions « touristiques » : celles de Nonacris, en Arcadie, « trompent l'étranger » ; on cite une source « nocive » proche de la vallée de Tempé en Thessalie [4] ! Voilà un paradis remis en question... L'hydrologie de l'*Histoire naturelle*, témoignage essentiel sur le thermalisme romain, relève les degrés

---

1. Horace, *Sat.*, I, 5 et *Épîtres*, I, 15.
2. Pline, XXXI, 70-71.
3. Tite-Live, XXV, 26, 6 sq.
4. Vitruve, VIII, 3, § 199-200 ; Sénèque, *Quest. Nat.*, III, 20, 2 et 25, 1-2.

de potabilité et de salubrité des eaux. Sensible, comme le voyageur, à la nocivité de l'eau, Pline reprend les débats sur l'eau « paludéenne » ; il discute « l'eau de neige et de glace », réputée nocive [1].

Les impuretés naturelles, boue et fange, sont jugées particulièrement nocives : on cherche toujours, à Rome, à déceler l'eau à risque épidémique. Voilà qui n'incite pas au tourisme en montagne, déjà peu prisé ! D'une manière générale, la littérature scientifique a autant favorisé l'hygiène que renforcé les obsessions diététiques du voyageur.

Le problème du vin est tout aussi crucial pour le voyageur, car les médecins antiques se partagent en « donneurs d'eau » et « donneurs de vin ». Asclépiade de Bithynie a mis l'accent sur la thérapeutique par le vin, et Sénèque insiste sur sa valeur fortifiante [2]. L'œnologie des écrivains techniques, si elle censure l'ivrognerie, prête à cet aliment naturel des vertus curatives et hygiéniques et discute la valeur diététique des divers crus. Pline a rédigé une sorte de guide des vins, centré sur les régions touristiques, la Campanie au premier chef [3]. En un catalogue favorable à la viticulture italienne, il cite, dans une Italie qui possède les deux tiers des crus célèbres, les vins de Campanie, notamment le Falerne et ses variétés. S'il admet les vertus médicinales de certains vins grecs, comme le *bios*, il les reconnaît plutôt aux crus italiens, comme le *setia*, réputé « digestif » par Auguste. On note la mention des vins de Pompéi et de Sorrente, l'hôtellerie ayant tendance à servir le « vin de pays ». Le pompéi est apprécié vieux, le sorrente qualifié de « vinaigre » ou de « piquette ». Enfin, Pline déprécie fort les vins de Narbonnaise, ceux de Béziers surtout, qu'il dit trafiqués « avec des herbes et ingrédients nocifs ». Le circuit d'exportation gaulois étant important, voilà qui éclaire les protestations de la clientèle sur la « piquette ». Il est vrai que Columelle admet que la viticulture italienne « colore » aussi ses vins [4].

---

1. *HN*, XXXI, en particulier 32-33.
2. *ILS*, 7791 etc. ; Sénèque, *Lettres*, XCV, 22 ; Celse, *Med.*, I, 3-4 : *HN*, VII, 124 ; XXVI, 12 sq.
3. *HN*, XIV, 62-94.
4. Columelle, *Res rust.*, XII, 20-21.

INCERTITUDES ET ALÉAS

Les mauvaises surprises de l'hôtellerie

Il y a peut-être quelque exagération à parler des misères de l'hôtellerie, mais l'inégalité de l'accueil, de l'hébergement et de la restauration joue un rôle dissuasif pour le voyageur de la classe moyenne, fût-il fortuné.

Le client de passage, encadré dans une jurisprudence serrée, possède il est vrai des garanties contre l'aubergiste, ses filouteries et ses abus.

Tout un procès de l'hôtellerie, à Rome, souligne la répartition inégale des gîtes, l'hygiène douteuse, la médiocrité du confort et de la restauration. Il commence chez Horace, qui vise surtout l'Italie et utilise des clichés sur les aubergistes : l'étape de *Forum Appi* est le fief des mariniers (du coche d'eau) et des « hôteliers malhonnêtes ». Il apparaît que les mariniers et les voyageurs ont été abreuvés de « piquette ». L'aubergiste de Bénévent, dans une étape routière, se révélera plus honnête que compétent, et manquera de tout faire flamber en rôtissant des grives étiques. Alors on abordera l'Apulie, assez déshéritée du point de vue de l'hôtellerie... Mais l'Appia « classique » est-elle mieux pourvue ? Horace, habitué au voyage du Sud, ne prend pas toujours l'itinéraire transversal et la côte adriatique ; or, quand il évoque le déplacement à Sorrente ou à Brindisi, il retrouve les mêmes misères hôtelières, qui s'ajoutent aux épreuves physiques, cahots et froidure : « la malle fracturée et l'argent du voyage soustrait [1] ».

Le mobilier est sommaire, avant une réglementation tardive : un lit, un candélabre, un vase de nuit. Encore le lit est-il souvent étroit, avec un pied cassé et pourri. On déplore de trouver des matelas rembourrés plus souvent de jonc que de duvet [2] ! Un voyageur de Pompéi a consigné sur la muraille son désappointement : faute de vase de nuit, il a mouillé le lit [3].

Dans les hôtels grouille toute une population mouvante,

---

1. *Sat.*, I, 5, 4-19 et *Épîtres*, I, 17, 52 sq.
2. Apulée, *Mét.*, II, 11, 8 ; Pline, XVL, 58.
3. *CIL*, IV, 4954.

difficile à contrôler. Ils abritent fréquemment les associations et les communautés étrangères, notamment les Juifs sous Claude. Ainsi s'explique la stricte réglementation, qui aboutit maintes fois à la fermeture[1].

Il arrive que l'hôtel soit l' « auberge rouge ». L'Antiquité connaît toute une anthologie de récits sinistres, qui viennent généralement de la Grèce classique et dont Cicéron comme Valère Maxime ont assuré la diffusion dans le monde romain. Un médecin sérieux a recueilli l'histoire d'une auberge connue pour sa soupe délicieuse... à la chair humaine[2].

Même dans les régions touristiques de l'Empire, si l'on excepte les relais des grandes routes, les possibilités d'accueil sont fort inégales. Dans la province d'Asie, considérée comme très bien équipée, en fonction du thermalisme surtout, Aelius Aristide souligne de graves déficiences. Voyageant de Smyrne à Pergame, il est incommodé par la chaleur de l'été. Le soir, il pousse jusqu'à Larissa, où seul un mauvais gîte est disponible ; il poursuit son chemin jusqu'à Cumes... où il ne voit pas d'établissement ouvert. Nouvelle étape jusqu'à Myrina : il n'y parvient qu'au chant du coq et, faute de place, fait dresser son lit dans un vestibule ! Lors du grand voyage de 143, Aelius traverse la Thrace et la Macédoine pour gagner Thessalonique : il ne trouve que des auberges misérables, « où l'on était plus mouillé qu'en plein air[3] ».

Seules les grandes villes sont bien pourvues, mais la promiscuité reste la règle. À la fin du Ve siècle, lors de son pèlerinage à Rome, Sidoine Apollinaire s'installe sans difficulté dans un « appartement locatif d'auberge[4] ».

Rutilius Namatianus relate une pittoresque étape à Falérie, à l'ouest de l'Aurelia, sur une plage. On a tiré les navires au sec ; les voyageurs assistent à la célébration rustique des mystères d'Isis[5] ; faute d'hôtellerie classique, ils descendent dans une ferme-auberge, une *uilla* :

> Débarqués, nous gagnons la ferme-auberge et flânons dans un bosquet : un étang délicieux nous plaît avec son eau captive. Là

---

1. Dion Cassius, LX, 6, 6-7.
2. Galien, VI, 663 et XII, 254 K.
3. *Discours*, XXXVII et XLVIII.
4. *Lettres*, I, 5, 9.
5. *De reditu*, 370 sq.

s'ébattent, au milieu des viviers, des poissons folâtres que l'onde du bassin encastré laisse libres. Mais nous payâmes cher notre repos dans cette riante étape (*statio*), taxés par un directeur plus dur pour ses hôtes qu'Antiphatès [le roi des Lestrygons, hôte d'Ulysse dans l'*Odyssée*]. En effet, l'endroit était géré par un Juif hargneux, un de ces animaux brouillés avec la nature humaine. Il nous fait payer les arbrisseaux malmenés, les algues foulées et crie « Énorme préjudice ! » pour un peu d'eau puisée.

Mis à part la facile digression antisémite, très appuyée, l'anecdote illustre les aléas de l'hôtellerie : un beau cadre, mais un accueil douteux.

Les conditions d'hygiène sont très inégales et souvent déplorables. Ce qui rebute le plus les voyageurs, ce sont les insectes, blattes et moustiques : en furetant dans une chambre, on peut se trouver nez à nez avec un gros moustique, un *sciniphes*. Hadrien, moquant dans des vers cruels Florus, pilier de cabaret qui y couche à l'occasion, mentionne la triste nécessité de « subir les moustiques à la panse arrondie » : les insectes sont gorgés du sang de leurs victimes [1].

Les moustiques importunent particulièrement les voyageurs dans la région des marais Pontins. Il faut mettre la présence des moustiques en relation avec le risque de maladie ou d'épidémie [2]. Les écrivains scientifiques ont pressenti le rôle des insectes des marais dans la transmission de la « pestilence » (il s'agit souvent, dans l'Antiquité, de la malaria). Varron a soupçonné, à propos de la situation hygiénique de la villa, la nocivité de l'environnement aquatique, dont les anophèles font partie ; il a même formulé, le premier, l'hypothèse microbienne (« les petits êtres vivants, invisibles à l'œil humain »). Columelle, abandonnant cette théorie « avancée », dénonce les « bêtes armées de dards qui nous attaquent au vol en essaims très serrés » — autrement dit, la piqûre des moustiques. Pline indique toutes sortes de moyens pour se débarrasser des « cousins », par des fumigations de galbanum, de mélanthium, de lupin, d'écorce de « pommier punique » ; le naturaliste range les

---

1. Pétrone, *Satiricon*, XCVIII ; *Hist. Aug., Hadr.*, XVI, 4.
2. Horace, *Sat.*, I, 5, 14 ; 4, 3 sq. ; 12, 2.

moustiques dans la catégorie des « bestioles estivales des auberges[1] ».

Les guides infidèles

Quand on voyageait en pays mal connu, il fallait recourir à des guides qui, parfois, trompaient le voyageur. Leur rôle était très différent de celui des cicérones, « néocores » ou « mystagogues » qui faisaient les honneurs des sanctuaires-musées aux visiteurs de marque. Ils devaient permettre l'intégration minimale dans la communauté du lieu d'un voyageur qui pouvait passer pour un étranger total, parce qu'il ne parlait pas la langue, parce qu'il était un soldat — donc un ennemi et un pilleur potentiel —, parce que ses manières déroutaient. Dès les poèmes homériques et dans le théâtre tragique, de tels guides sont mentionnés, qui protègent le voyageur contre lui-même et contre les autres en lui indiquant le comportement à suivre : c'est le rôle que tient Nausicaa auprès d'Ulysse, celui du roi d'Argos auprès des Danaïdes enfuies d'Égypte. Pour une mission exploratoire comme celle du Carthaginois Hannon en Afrique noire, pour une expédition militaire comme celle des Perses en Europe ou celle de l'Anabase en Asie, leur présence est vitale[2] :

> Avec toi, tout chemin est facile et tout fleuve franchissable ; il n'y a pas de disette de vivres ; sans toi, tout chemin se fait dans les ténèbres, puisque nous ne savons rien de notre route ; tout fleuve est difficile à franchir, toute multitude est effrayante... Mais le plus effrayant, c'est la solitude, parce qu'avec elle il n'y a que disette de vivres.

Or ces guides ne sont pas sûrs. Une armée étrangère en campagne peut parfois exploiter l'hostilité séculaire de deux populations voisines[3]. En Asie, on voit Xénophon et les autres chefs de l'Anabase réquisitionner systématiquement des chefs de

---

1. *Res rust.*, I, 5, 6 et 12,2 ; Pline, IX, 154 ; *Remèdes*, XIX, 180 ; XX, 184 ; XXII, 157 ; XXIII, 114.
2. *Odyssée*, VI, 255-272 ; Eschyle, *Suppliantes*, 188-203 ; Hérodote, V, 14 et IX, 15 ; *Anabase*, II, 5, 9.
3. Hérodote, VIII, 31.

village pour les conduire de proche en proche jusqu'aux peuples limitrophes : ils admettaient qu'ils connaissaient leur région, les routes, les distances, les pâtures pour les chevaux, les réserves de vivres. En désespoir de cause, il fallait capturer des maraudeurs qui suivaient de loin l'armée, familiers des passes de montagne. Dans ces conditions, la situation d'un guide ne différait guère de celle d'un otage, d'autant que les chefs de village étaient emmenés avec leur fils aîné qui devait garantir leur fidélité. Certains préférèrent pourtant se sauver, surtout quand s'accumulaient les négligences et les mauvais traitements, abandonnant leur fils et l'armée entière dans le plus grand désarroi[1].

La barrière linguistique

Ce fut un obstacle au voyage durant toute l'Antiquité : dans la Bible, le mythe de la tour de Babel l'atteste suffisamment, tout comme l'ironie de Lucien de Samosate, un Syrien de récente hellénisation, au IIe siècle de l'Empire[2]. Mais le problème se posa avec une particulière acuité à l'époque classique, avant que le grec ne devienne, à partir du IVe siècle, la langue de la culture et la langue des affaires sur toutes les rives de la Méditerranée.

Le bilinguisme fut toujours la caractéristique d'une élite « barbare », fascinée par le modèle gréco-romain. À l'époque de l'Anabase, les interprètes étaient des nobles perses du plus haut rang ; quand César prépara la conquête de la Gaule, il utilisa comme truchements des fils de chefs helvètes, devenus citoyens romains depuis trois générations. Dans les milieux lettrés romains, les étudiants destinés à l'université d'Athènes avaient déjà appris le grec au sein de leur famille, avec le plus pur accent attique[3].

Les marchands avaient fréquemment recours à des interprètes, dans la mesure où leurs affaires les menaient aux confins du monde connu, là où chaque tribu avait son propre dialecte. Il fallait sept interprètes aux trafiquants grecs des cités de la mer Noire, désireux de commercer avec l'arrière-pays, jusqu'à l'Oural,

---

1. *Anabase*, IV, 6, 3 et 17 ; 7, 19-20.
2. Lucien, *Conseil des dieux*, 9.
3. *Anabase*, I, 2, 17 ; V, 4, 4. Hérodote, VI, 29. *Bell. Gall.*, I, 9, 3 et 47, 4-6, etc.

et 130 pour les négociants romains sur les rivages orientaux de la mer Noire, là où Strabon ne comptait que 70 idiomes différents. En Illyrie, les voyageurs qui empruntaient la Via Egnatia rencontraient des populations qui parlaient 26 dialectes. Enfin, pour commercer avec les pays riverains de l'océan Indien, il fallait posséder l'araméen aussi bien que le grec [1].

On connaît quelques cas de bilinguisme : le marchand Bardesanès, vers 200 de notre ère, parlait couramment le grec et l'araméen ; un affranchi, employé des douanes, aurait profité de son séjour à Ceylan, durant la mousson, pour apprendre l'idiome local : Strabon rapporte le fait avec un certain scepticisme [2]. Mais tout cela n'est rien au regard de Cléopâtre. La dernière des Lagides passait pour parler sept langues autres que le grec : éthiopien, arabe, hébreu, syrien, mède, parthe et même troglodyte. Voilà qui devait faciliter ses inspections et voyages officiels...

Les armées en campagne ne pouvaient, elles non plus, se passer d'interprètes : notables, transfuges ou esclaves que les hasards de la guerre et du voyage ramenaient dans leur patrie d'origine. Sous l'Empire, les légions romaines eurent un corps officiel d'interprètes [3]. Sinon, cette fonction était tout naturellement assumée par les peuples des régions frontières, que leur situation rendait bilingues : on savait que les Égyptiens de la deuxième cataracte connaissaient l'éthiopien [4]. Mais des interprètes professionnels ne sont attestés à l'époque classique qu'en Orient, dans les régimes autoritaires où les voyageurs étaient dûment encadrés : en Égypte, où l'on cantonnait les marchands dans une seule ville de la côte, Naucratis, les visiteurs qui s'aventuraient plus loin dans la vallée du Nil (en général des lettrés) étaient pris en charge par des interprètes qui constituaient une des sept castes professionnelles de l'Égypte ; les premiers avaient été formés par des mercenaires grecs embauchés par les pharaons, puis leur savoir se transmit héréditairement. La cour du roi perse possédait également ses truchements, qui avaient eux aussi appris le grec auprès d'immi-

---

1. Hérodote, IV, 24 ; Strabon, XI, 2, 16 et 4, 6 ; Pline, VI, 15.
2. Eusèbe, *Hist. eccl.*, VI, 10 et Strabon, II, 3, 2.
3. Héliodore, I, 19, 3. Xénophon, *Anabase*, IV, 8, 4. *CIL*, III, 10 505 et 14 507 ; VI, 4871 et 8481 ; XIII, 8773.
4. Hérodote, III, 19.

grés auxquels ils avaient été confiés dès leur plus jeune âge[1]. Les cours hellénistiques conservèrent cette tradition.

À l'époque hellénistique, et plus encore sous l'Empire romain, le problème de communication se limite, à l'intérieur des frontières, aux voyages dans la campagne où se maintiennent langues et dialectes indigènes, et où l'on parle grec avec un accent difficile à comprendre. Mais l'on ne s'arrêtait guère en dehors des villes et point n'était besoin pour le voyageur ordinaire de connaître alors une autre langue que le grec ou le latin. Les Grecs et les Romains qui firent l'effort d'apprendre une langue « barbare » demeurèrent des exceptions rarissimes ; outre les marchands déjà cités, on a gardé le souvenir de deux exilés : Thémistocle en pays perse et Ovide chez les Gètes.

La rencontre de bêtes féroces

Certains voyageurs malchanceux trouvèrent la mort en rencontrant sur leur route un loup ou un fauve, dont la présence endémique demeura un des aspects caractéristiques de l'insécurité des campagnes. Même sous l'Empire, et en dépit de la fréquence des chasses : les chasseurs eux-mêmes étaient souvent victimes de la férocité du gibier qu'ils poursuivaient. En Égypte, les souverains lagides créèrent un corps spécial qui avait pour mission de détruire les hippopotames et de protéger bêtes et gens contre les carnassiers et les reptiles[2].

Malgré ces mesures, les accidents restaient nombreux. Ceux qui parcouraient le désert syrien, sur les pistes nabatéennes, devaient combattre quotidiennement les loups et les lions. Ces derniers, encore assez généralement répandus dans l'Orient méditerranéen, apparaissent assez régulièrement dans la littérature de voyage : on disait que saint Paul avait rencontré un lion en Asie Mineure au cours d'une excursion dans la montagne[3]. Au IVe siècle av. J.-C., un Palestinien vint mourir à Athènes des suites de blessures causées par un lion : le décor de la stèle et le texte de l'épitaphe en

---

1. *Hérodote,* I, 73 et 86 ; II, 125, 154, 164 ; III, 38, 84 et 140.
2. *OGI,* 99.
3. Diodore, III, 43, 6 ; *Actes de Paul,* 570-574.

vers rappellent cet accident, étonnant malgré tout pour un Athénien[1] :

> Que personne au monde ne s'étonne de cette image
> avec un lion et une proue de part et d'autre de moi.
> Un lion hostile vint en effet, qui voulait me démembrer,
> mais des amis me secoururent et me bâtirent un tombeau en ce lieu.

Il s'agissait d'un navigateur, ou d'un marchand itinérant, riche dans les deux cas, que ses compagnons avaient réussi à rembarquer.

C'était peut-être encore des lions qui compromettaient le tourisme égyptien dans les « lieux désolés », aux limites du désert. Dans les « lieux humides », le danger venait des crocodiles et, surtout, des hippopotames qui peuplaient le Nil jusqu'à Saïs. Enfin rôdaient des sangliers sauvages : au IIIe siècle, Zénon, un des hauts fonctionnaires de la cour lagide, ne dut son salut qu'à son chien indien qui fut éventré en défendant son maître[2].

Les loups étaient partout : dans le désert syrien comme dans les campagnes grecques et dans la vallée du Nil. En Égypte, un voyageur voulut éviter une horde de loups affamés en se jetant dans le fleuve : c'était oublier l'habitude qu'ont ces animaux de former une chaîne en se mordant la queue l'un l'autre pour passer l'eau avec plus de sécurité ; ils gagnèrent donc le malheureux de vitesse à la nage et il y laissa la vie[3].

L'Italie primitive a toujours redouté les loups, entourés d'une crainte révérentielle comme animaux-totems de Mars et comme supports sacrés des confréries religieuses. Leurs hurlements nocturnes dans les hautes citadelles d'Italie, leurs intrusions dans les villes sont, aux yeux des poètes, des signes de mauvais augure. Les paysans en ont peur et clouent leurs mufles sur les étables et on les craint autant que les agresseurs pour le campagnard[4]. Dans l'imagination populaire, le loup inspire surtout une terreur maléfique, à cause des histoires de loups-garous en rase campagne ou dans les nécropoles : lors d'une excursion dans les faubourgs,

---

1. *IG*, II², 8388.
2. *Pap. Cair. Zenon*, 59 532.
3. *Anth. Pal.*, IX, 252.
4. Columelle, VI, 13, 1 ; VII, 12, 3.

dans un cimetière, le soldat se transforme en loup et va saigner le bétail[1]. Mais c'est surtout dans la Grèce montagneuse et boisée que le loup représente un péril aussi grand que le larron : un bourg de Thessalie est terrorisé par des « bandes de loups grands de taille, puissants de corps, d'une cruauté féroce et accoutumés au pillage [...] infestant toute cette contrée, allant jusqu'à assiéger les routes et à attaquer les voyageurs comme font les brigands ». On dissuade alors les esclaves fugitifs de prendre la route la nuit : tout le long du chemin, on peut voir cadavres humains à demi dévorés et ossements blanchissants ! Or les vauriens de conducteurs n'attendent pas le point du jour ; armés et munis de torches, en colonne serrée, ils réussissent à tenir en respect les fauves. L'ours n'est pas moins redoutable dans cette Grèce mi-fictive, mi-réelle, qui enchante les lecteurs de romans au IIe siècle de l'Empire[2].

Quand Pline étudie le règne animal, notamment les animaux exotiques, c'est avec un vif souci de la sécurité des voyageurs[3]. Il indique les régions qui ignorent loups et ours : la Crète, en particulier, n'a pas d' « animaux nuisibles ». Romain typique, homme des pays tempérés, le naturaliste appréhende beaucoup les déserts brûlants. La Libye, « plaines stériles et monde brûlé », a trois fléaux : le serpent, la soif, la brûlure du sable (le simoun). Pline, comme Lucain, n'éprouve qu'horreur pour la faune venimeuse des régions exotiques : aspic, hémorrhoïs, chersydre, chélydre, ophite ; il a noté des bizarreries riches de sens pour le voyageur : les animaux qui épargnent les autochtones pour s'attaquer aux « arrivants », les scorpions de Carie qui sont censés ne pas atteindre les « hôtes », mais supprimer les « indigènes » ; à Tirynthe, de « petits serpents » ne tuent que les « arrivants ». D'une manière générale, l'*Histoire naturelle* dissuaderait de traverser l'Afrique du Nord par voie de terre : les « gorges » de Maurétanie sont infestées de serpents : les itinéraires de la petite Syrte, outre les serpents, présentent des gorges pleines d'une « multitude de fauves »...

---

1. Apulée, *Florides*, XVI, 11-12.
2. *Mét.*, VIII, 15 sq.
3. *HN*, VIII, 227-229 et V, 15-26 ; voir Lucain, IX, 371 et 700.

INSÉCURITÉ PERSISTANTE ET TRACASSERIES ADMINISTRATIVES

La recrudescence du banditisme à l'époque impériale

Pour les Grecs, le pirate ne se distinguait pas du voleur de grand chemin, ni dans la terminologie, ni dans les jugements courants. On a noté, dans le monde grec, une certaine tolérance pour les coutumes de déprédation, et cela explique peut-être qu'il subsiste, en Grèce et en Asie romaines, une piraterie endémique et un brigandage larvé.

Nous possédons peu de documents de première main sur les misères infligées au voyageur grec par la violence armée, sauf pour les abords des grands sanctuaires : pèlerins enlevés contre rançon, et pas uniquement en temps de guerre ; pèlerins détroussés et malmenés par les voisins, jaloux de la prospérité du sanctuaire. On vit conclure, au début du Ve siècle, une convention relative à la sécurité des voyageurs entre les deux ports desservant Delphes. À tout prendre, à l'époque classique et hellénistique, le brigandage semble avoir été moins grave que la piraterie, en mer et sur les côtes, même si un voyageur du IIIe siècle tient à préciser que la route d'Oropos à Tanagra, en Béotie, a été complètement nettoyée[1]. La contrée, jusqu'à l'époque d'Apulée, restera dangereuse pour le voyage terrestre.

Le brigandage est surtout un phénomène d'époque romaine : il constitue l'envers de la « paix romaine » et de son système répressif. Même un admirateur de la paix romaine reconnaît que les routes de son temps sont peu sûres. Mais sont-elles moins sûres en Orient que la forêt Gallinaria, sur le rivage de Cumes, dénoncée comme un repaire de brigands, ou même que les rues de Rome en pleine nuit[2] ?

Historiens et romanciers montrent des marginaux, des exilés, des déserteurs, devenus chefs de bandes et qui se prennent parfois pour des redresseurs de torts : ainsi Felix Bulla, qui regroupa, au

---

1. *GGM*, I, p. 101, § 8.
2. Épictète, *Entretiens*, IV, 1, 91 ; Strabon, IV, 4, 4 ; Properce, *Éleg.*, III, 16.

IIIe siècle, fonctionnaires et contribuables opprimés[1]. La confusion entre les termes de « brigands » (*latrones*) et de « soldats », qui désignent les pions dans le jeu d'échecs, trahit bien la prolifération des déserteurs et de leurs méfaits. Il est vrai que le *latro*, depuis la comédie de Plaute, désigne le mercenaire hellénistique.

Le cas de Bulla s'inscrit dans l'insécurité liée au mouvement de protestation sociale du IIIe siècle. Dans le cadre de cette « crise », les soubresauts de la province d'Afrique, en 238 de notre ère, sont célèbres. Mais déjà les confins méridionaux de la Numidie, le pays des Garamantes où passaient les caravanes d'Afrique noire, étaient peu sûrs depuis le principat de Tibère. Les bandes de Maternus à la fin du IIe siècle, terrorisèrent la Gaule[2]. L'inflation et la misère du IIIe siècle aggravaient la violence locale : en Égypte, en Palestine, les villageois ruinés désertaient les villages, et se réfugiaient dans les zones de confins pour vivre de rapines[3]. L'Italie même fut touchée dès le règne de Marc Aurèle : les habitants croyaient voir un bandit dans le moindre cavalier, si paisible d'allure qu'il fût[4].

La poussée des barbares s'ajoute, à partir du IIIe siècle, à l'insécurité « sociale » : on applique dès lors la qualification de *latrones* aux envahisseurs, Costoboques entre Rhin et Danube, Sarmates en Mésie et en Pannonie, Goths sur les routes de Thrace. L'épigraphie sinistre de la route illustre souvent ces phénomènes.

Il serait vain d'opposer à l'anarchie terrestre et maritime du monde gréco-oriental un ordre impérial romain sans failles, compromis seulement par la « crise » et les invasions. Si le Haut-Empire, en général, justifie les éloges d'un ordre international qui garantit la sécurité du travail et du commerce, la libre circulation des personnes et des biens, son cadre répressif sévère n'est pleinement opérant que dans les régions tenues et « quadrillées ».

Le brigandage et la piraterie sont les indices révélateurs d'une mauvaise intégration à l'Empire. Il est clair que certains peuples ont une tradition de brigandage et de piraterie, justifiée par la

---

1. Héliodore, I, 19 ; Xénophon d'Éphèse, III, 2, 14 ; Dion Cassius, LXXVI, 10.
2. Tacite, *Ann.*, III, 74 ; IV, 23 et 26 ; *Hist. Aug.*, *Comm.*, XVI, 1 et *Pesc. Nig.*, III, 4.
3. Dion Cassius, LXXV, 2, 4 ; *BGU*, 372.
4. Fronton, *Lettres*, II, 12.

pénurie ancestrale : les Crétois et les Étoliens pour le brigandage, les Ciliciens pour la piraterie[1]. Les Salasses rançonnaient les voyageurs dans les cols alpins, ce qui explique la campagne de Murena en 25-24 av. J.-C. ; les Lusitaniens du Portugal, malgré la richesse de leur pays, perpétuaient la tradition du pâtre-brigand Viriathe, ce qui explique la désaffection pour les régions frontières entre Espagne et Portugal, ainsi que pour la Sardaigne, elle aussi infestée[2]. Les Maures et les Garamantes ont la même réputation. Dans le catalogue des peuples pillards et mal intégrés, il faut encore évoquer les peuples de l'Asie profonde, les Mardes d'Hyrcanie, et ceux de la proche Asie Mineure — Pamphiliens, Pisidiens, Isauriens, sans compter les Corses[3] !

À vrai dire, l'ordre romain est très relatif dans les régions boisées et désertiques, en Judée, en Égypte, en Asie Mineure : les romanciers, les auteurs chrétiens et les inscriptions tardives, en apportent la preuve.

Pour la Grèce de la fin du IIe siècle, les *Métamorphoses* d'Apulée ont une valeur documentaire : elles illustrent aussi bien les méfaits des ambulants que le banditisme. Les brigands fourmillent dans les régions montagneuses d'Épire, de Thessalie, de Macédoine. Les routes en sont infestées. L'illégalité et la rapine, contre lesquelles les gouverneurs sont invités à sévir pour protéger les « faibles », sont une réalité quotidienne. L'âne, héros du roman, fut volé à plusieurs reprises par des « voyageurs » ; dans diverses régions, on voit les pasteurs à la recherche du bétail enlevé par les ambulants. La bande de Thrasyléon, le « lion courageux », dans une « montagne sauvage, couverte d'ombre sur une épaisse forêt », avec « de larges creux de ravins, pleins de buissons et d'épines, hérissés de toutes parts », organise dans son réduit une sorte de contre-autorité et de société parallèle : ces brigands ont leur royaume, leurs grandeurs, leurs rites. Hémus de Thrace se vante d'avoir « dévasté toute la Macédoine » et de « faire frémir des provinces entières ». Si aiguë est la psychose des brigands que toute concentration, même pacifique, provoque la réaction des paysans prêts à l'autodéfense. À plus forte raison le voyageur isolé

---

1. Thucydide, I, 5, 2-3 ; Cicéron, *Rep.*, III, 15 ; Diogène Laërce, IX, 83.
2. Strabon, IV et V ; Varron, *Tr. Agro.*, I, 16.
3. Tacite, *Hist.*, II, 58 et IV, 50 ; *Ann.*, XII, 23. Strabon, V, 2, 7 ; XI, 13 et XII, 7, 1-3 et 8, 8.

est-il exposé à la violence. Quant aux prêtres itinérants, ils se révèlent tout aussi nocifs[1].

L'insécurité va tellement de soi dans les confins de l'Empire qu'en Maurétanie Césarienne (Maroc) un technicien des eaux mentionne sans la moindre émotion qu'il « a eu à subir les brigands sur la route[2] ».

On a beau jeu de dire que piraterie et brigandage, sous l'Empire, constituent un lieu commun pour les avocats et les rhéteurs : la criminalité du brigand illustre les méfaits de la cupidité. Mais la rhétorique elle-même, en banalisant le thème, souligne sa réalité sociologique : la perte d'objets est moins grave que les déprédations ! De subtils dialecticiens, argumentant sur « la causalité de la mort », se demandaient si le fait de « conseiller le voyage » engageait la responsabilité du conseilleur dans le cas où le voyageur aurait péri dans un naufrage ou aurait été victime du banditisme. On met en scène des « razzia » hautes en couleur, avec prise de rançon[3].

Pour les philosophes les « remèdes aux coups du sort » concernent, entre autres, le naufrage et le brigandage. Le stoïcisme pratique, celui de Sénèque, lie le brigandage et la piraterie aux misères de la condition humaine ; le philosophe, partisan d'une répression draconienne, définit le brigandage comme « le fait de chercher le mauvais coup et de poignarder les passants pour le profit ».

Les inscriptions funéraires témoignent souvent directement d'attaques à main armée, suivies de meurtres, faits divers dont tirent parti les satiristes : c'est à Rome qu'une voyageuse perdit la vie en même temps que ses bijoux. Au cours d'un voyage à Rome, le fils d'un chevalier de Mésie périt dans un guet-apens. Le fléau n'épargne aucune province : à Salone, une affranchie pleure son mari, enlevé à trente-cinq ans par les brigands ; en Espagne, Lusius est tué au cours du voyage qui le conduisait chez sa sœur. Les courriers impériaux n'étaient pas moins exposés : ainsi un Sabinus est-il assassiné près de Trèves[4].

---

1. *Mét.*, VI, 31 ; VII, 1 et 5 ; VIII, 17 et 24-31.
2. *ILS*, 5795.
3. Cicéron, *De inv.*, I, 14 et 80 ; Sénèque le Père, *Contr.*, I, 6, 12 et 7, 2-5.
4. Juvénal, *Sat.*, III, 88 sq. ; *CE*, 618, 818, 979, 1037.

Violence et autodéfense

Les échecs de la paix romaine engendrèrent des réactions d'autodéfense. Courriers et convoyeurs prirent l'habitude d'assurer eux-mêmes leur sécurité en voyageant armés. On assiste à la création de milices locales dans certaines régions de l'Empire, notamment dans les cités de l'Asie grecque. Elles collaborent avec les « détachements » romains ou avec les sentinelles (*stationarii*) des régions désarmées. C'était là revenir à un usage grec bien attesté à Athènes dès le IVe siècle avant notre ère, et étendu aux Balkans et à l'Asie[1]. On faisait patrouiller dans les zones frontalières peu peuplées des troupes de jeunes gens, légèrement armés. Sous l'Empire, ils opèrent sur les grandes routes romaines : en Thrace, où se distingua le futur empereur Maximin[2], en Afrique, en Palestine, en Asie Mineure. Ils portaient une courte épée, un très petit bouclier et un bâton recourbé semblable à la crosse du berger. Dans le désert syrien, les caravanes étaient protégées par les fameux archers de Palmyre et d'autres supplétifs indigènes des armées romaines.

À ces milices locales, supervisées de loin par Rome, répond en ville la fonction de l' « irénarque », « gardien de la paix » au sens propre : cette charge, une coûteuse « liturgie », apparut en Asie Mineure au début du IIe siècle (les habitants d'Hadrianouterai ont voulu l'imposer à leur compatriote Aelius Aristide), et plus tard en Égypte. L'irénarque, choisi par le gouverneur parmi les premiers de la province, ne se limite toutefois pas au cadre urbain : il passe sa vie en tournées d'inspection, pour débusquer les brigands et libérer leurs victimes[3]. C'est dire que l'administration romaine ne maîtrise pas totalement sa mission de répression du banditisme.

Et pourtant le Haut-Empire faisait surveiller les points névralgiques, carrefours et plaques tournantes du réseau routier, par des garnisaires placés sous l'autorité du gouverneur. Il y avait ainsi un poste à Byzance, pour lequel Pline le Jeune, gouverneur de Bithynie, demande des renforts dans une lettre à Trajan ; il

---

1. Aristote, *Const. Ath.*, XLII, 4 ; *IG*, II², 1193.
2. *Hist. Aug., Maxim.*, II, 1.
3. *Digeste*, I, 18, 13. Xénophon d'Éphèse, II, 13, 3-6.

verrouillait sa province et protégeait « le passage de très nombreux voyageurs en transit ». La réponse de Trajan admet que la région est très exposée à la délinquance[1].

Les entraves juridiques à la circulation des personnes

Celui qui part — pour une destination proche ou lointaine — perd en Grèce toutes ses garanties juridiques, puisqu'elles n'existent que par le privilège de la citoyenneté et par l'intégration à une communauté où tout est partagé. Dans l'Antiquité grecque, le droit des gens ne s'applique pas au voyageur, qui reste un étranger, objet de méfiance, voire de répulsion, dans les cités où il passe.

Il semble que l'étranger de passage doive souvent vivre, à l'époque classique, sous la menace d'une expulsion, pratique assez répandue au temps de Périclès pour que le terme (*xénélasie*) entre dans le vocabulaire commun. Les écrivains de l'Athènes classique en faisaient une spécialité des Spartiates, caractéristique de leur goût du secret et de leurs mœurs « rudes et bourrues » ; Plutarque, à l'époque impériale, a surenchéri sur cette image négative en précisant qu'aucun voyageur professionnel — « ni rhéteur, ni devin charlatan, ni trafiquant » — n'allait à Sparte, puisque la monnaie n'y avait pas cours. Mais il est évident qu'une cité aussi importante politiquement et militairement n'était fermée ni aux ambassadeurs ni aux mercenaires : il y avait des Athéniens à Sparte quand éclata la guerre du Péloponnèse[2]. Bref, à Sparte pas plus qu'ailleurs il n'y eut d'interdiction permanente des étrangers, mais comme ailleurs (ou plus qu'ailleurs) des facilités d'expulsion.

Au début de l'Empire, le voyageur-trublion qu'était saint Paul fut expulsé de la ville de Philippes par les autorités de l'État, qui s'avouaient incapables de rétablir l'ordre et de lui assurer la sécurité personnelle que lui garantissait pourtant son statut de citoyen romain[3]. Même dans ce cas particulièrement favorable, la garantie d'un droit international se révélait bien illusoire face à la

---

1. *Lettres*, X, 77-78.
2. Thucydide, I, 144, 2 ; Platon, *Protagoras*, 342c et *Lois*, XII, 950a-b ; Plutarque, *Lycurgue*, 9, 5.
3. *Actes des Apôtres*, 16 et 39.

réalité des mouvements de foule dont étaient souvent victimes des voyageurs supposés indésirables dans la cité grecque. La crainte des dénonciateurs professionnels (les sycophantes), qui cherchent à engager toute espèce de procédure pour avoir leur part de l'amende ou des biens confisqués, est constante : au Ve siècle, à Athènes, un visiteur perse demande contre eux l'appui d'un homme politique[1] ; Aristophane rappelle avec insistance que même les paysans de Mégare ou de Thèbes, venus vendre à Athènes le produit de leurs cultures ou de leurs pêches, en constituent la cible facile ; quant au voyageur crétois qui parcourt la Béotie au milieu du IIIe siècle, il classe les cités selon que le visiteur y est victime de procédures hostiles ou non[2].

À l'époque classique toujours, les périodes de guerre semblent avoir suscité un contrôle particulièrement rigoureux des personnes déplacées. Deux témoignages, de nature pourtant très différente, se corroborent l'un l'autre. Sur le mode comique, Aristophane évoque dans les *Oiseaux* des formalités de contrôle à l'entrée en Attique : un officier de police (« le chef des choucas ») interpelle le voyageur qui débarque et lui demande de montrer un signe de reconnaissance, en échange de quoi il reçoit un laissez-passer estampillé du sceau de la cité (« par le chef des oiseaux »). Cette bouffonnerie s'éclaire à la lumière du très sérieux traité d'Énée Le Tacticien, relatif à la défense des villes (milieu du IVe siècle) : il précise aussi qu'aucun voyageur, citoyen ou étranger, ne doit sortir du port sans marque de reconnaissance[3]. En combinant les deux textes, on a rétabli la procédure administrative suivante : le voyageur qui quitte sa cité doit avoir un signe de reconnaissance, dont une partie reste dans les mains des magistrats du port ; quand il revient, il doit présenter sa marque pour être réintégré et les magistrats la comparent avec leur contremarque. D'autre part, le voyageur qui arrive pour la première fois doit subir un examen à l'entrée et obtenir un document officiel, sans doute en produisant des citoyens garants. Le contrôle des frontières est donc réellement attesté dans la Grèce classique, mais il faut immédiatement ajouter qu'il s'agit toujours d'une situation

---

1. Plutarque, *Cimon*, 10, 9.
2. *Acharniens*, 860 et 928 ; *GGM*, I, pp. 100-101, §§ 4 et 9.
3. *Oiseaux*, 1200-1225 ; Énée le Tacticien, X, 8.

d'exception, et dans tous les cas d'une ville fermée. Le traité d'Énée n'envisage que la cité assiégée et Aristophane, qui écrivit les *Oiseaux* en 414, aux lendemains des graves revers subis par Athènes en Sicile, met en scène une cité imaginaire sur la défensive.

Sur le plan théorique, Énée allait plus loin en préconisant un contrôle constant des voyageurs et de multiples formalités : laissez-passer des magistrats pour descendre à l'auberge, registres d'hôteliers, enregistrement des professeurs, des étudiants et des gens de métiers, couvre-feu, fermeture des auberges par les magistrats la nuit ; les voyageurs, qui arrivent le plus souvent armés en raison des risques du parcours, doivent déposer leurs armes à l'entrée ; enfin, les visiteurs indésirables, en l'occurrence les « vagabonds », ceux qui dorment à la belle étoile, doivent être expulsés à intervalles réguliers par les hérauts publics. La justification de cette réglementation tatillonne et xénophobe est l' « espionnite » qui sévit dans la cité : en conséquence, on devra concentrer les voyageurs en un seul lieu quand se produira une revue militaire, et on ne lâchera pas les ambassadeurs d'une semelle pour les empêcher d'entrer en contact avec la population[1] !

Le même esprit anime le théoricien des *Lois*, qui écrit à la même époque. Malgré l'image favorable que Platon s'efforce de donner d'Athènes, lui aussi préconise d'éviter les relations directes entre les voyageurs et la population, et recommande un véritable cantonnement des visiteurs étrangers. Les responsables de l'État ont obligation de contrôler et de limiter les déplacements des citoyens qui sortent et des étrangers qui entrent. Les voyages à motif privé seront interdits ; seuls pourront circuler dans l'intérêt de l'État les gens d'expérience ayant passé quarante ans. Pour prévenir le « mélange des mœurs » et les « innovations » dangereuses, les voyageurs les plus nocifs, c'est-à-dire les marchands qui s'abattent chaque printemps sur la cité comme des « oiseaux migrateurs », seront accueillis et contrôlés en dehors de la ville, dans l'*emporion* — à la fois port, halle et marché —, où ils pourront traiter toutes leurs activités. Les pèlerins seront également cantonnés aux approches des sanctuaires, dans des édifices

---

1. Énée, X, 8-11 et 13.

gérés par les prêtres, qui veilleront à ce qu' « ils ne causent ni ne subissent aucun dommage[1] ».

La solution qui s'impose en ce IVe siècle, c'est la création d'un *emporion*, qu'on pourrait traduire par « port autonome ». À Byzance, à Thasos, à Chios, à Milet et surtout à Athènes après l'aménagement du Pirée au Ve siècle, le terme s'applique à un quartier marchand, circonscrit autour du port, avec une infrastructure d'accueil (halles, entrepôts, marchés, hôtels, bordels) et une administration particulière : le Pirée a sa propre police municipale, sa propre police des marchés, son propre office du blé, etc.

Aristote poussa à l'extrême ce souci de discrimination en conseillant de dédoubler l'Agora, suivant les principes d'aménagement urbains observés à Milet et au Pirée par Hippodamos de Milet[2]. Dans la pratique pourtant, le monde de l'*emporion* communique avec l'Agora politique, que visitent régulièrement à Athènes les étrangers de passage : c'est là qu'avaient lieu les rencontres intéressantes et les entretiens philosophiques, c'est là que « tous les habitants d'Athènes et tous les étrangers en visite passaient le meilleur de leur temps à raconter ou à écouter les dernières nouveautés[3] ».

À Rome, sous l'Empire, la création d'un espace international de droit et de procédure entraîne des contraintes légales.

L'astreinte judiciaire peut être un obstacle au voyage, en raison du *uadimonium*, de l'obligation de comparaître, mais on peut se faire représenter, si bien que le voyage à l'étranger prend parfois la forme d'une dérobade. L'empereur Claude dénonce les accusateurs qui inscrivent leurs victimes sur le rôle et partent en voyage ; il est vrai que ces voyages d'agrément (*deliciae*) sont aussi bien le fait des accusés que des accusateurs. En général, le droit et la jurisprudence ont fixé des règles strictes en appréciant le délai de comparution sur la base d'un déplacement de 20 milles journaliers (30 km). La règle n'est pas « pesante » et la jurisprudence a eu tendance à l'assouplir, du moins pour accorder une dispense (*uacatio*)[4].

---

1. *Lois*, XII, 949e-953a.
2. *Politique*, VII, 1331a,30-b,3.
3. Actes des Apôtres, 17 et 21.
4. Gaius, *Inst.*, IV, 184 sq. *FIRA*, I, p. 287, II, lignes 15 sq. *Digeste*, II, 11, 1 ; L, 5, 4 et 16, 3 ; XXXVIII, 15, 2, § 3.

La même règle des 20 milles sera appliquée pour les actes requérant la présence du gouverneur, qui, s'il se trouve dans une cité très proche, devra prendre en compte le temps légalement imparti au déplacement.

La réglementation légale ne protège pas seulement le voyageur ; paradoxalement, mais en fonction de l'intérêt public, elle protège aussi le citoyen romain contre les abus du voyage. Puisqu'on inclinerait parfois à exagérer la rupture du tissu juridique, il convient de souligner que le droit civil protège à la fois le voyageur de bonne foi engagé dans un procès, et les victimes des « aventuriers du voyage » ou des voyageurs abusifs.

Il peut se faire que, sans intention délictueuse, on lèse par son déplacement les personnes protégées par la loi : le « tuteur » ou le « curateur » désignés par le juge qui « opèrent à l'étranger » doivent recevoir la notification de leur mission « avant trente jours », selon un rescrit de Marc Aurèle[1]. Ainsi, la protection juridique n'est pas affectée.

Le débiteur insolvable ne peut trouver d'échappatoire dans l'évasion à l'étranger. Le *Digeste*[2] a codifié ce cas et l'a définie comme « un effort honteux pour se dérober », en prévoyant toutes les situations : se cacher dans la même cité ; vivre sans se cacher dans une autre ville, ce qui est tout aussi condamnable. Qu'on reste sur place ou qu'on « vive à l'étranger », on est réputé fuir par la dérobade la rencontre du créancier.

De même, l'espace international du droit romain permet la recherche de l'esclave fugitif en cas de fuite à l'étranger. Le *Digeste* a prévu explicitement le cas[3] : « On doit comprendre ainsi le concept de " puissance " : avoir la faculté et le pouvoir de le faire paraître [l'esclave] : or s'il se trouve en fuite ou à l'étranger, il ne pourra être réputé " sous la puissance ". »

---

1. *Digeste*, XXVI, 5, 29.
2. *Ibid.*, XLII, 4, 7.
3. *Ibid.*, IX, 4, 21.

Les insuffisances de la protection civile en Grèce

Malgré tout, et surtout pour des raisons commerciales que Platon lui-même admettait, les cités grecques ne sont pas restées insensibles aux problèmes posés par la circulation des voyageurs et elles ont essayé dans une certaine mesure de leur faciliter la vie — sans parvenir pour autant à élaborer, même à l'époque hellénistique, un droit du voyage.

Le système de protection officiel le plus ancien s'enracine dans la tradition et le rituel de l'hospitalité primitive. Un « hôte public » (ou « proxène ») est choisi par une cité — très officiellement, par décret du peuple — pour accueillir et conseiller ses ressortissants là où il réside. Son rôle ressemble un peu à celui du consul dans une ville médiévale ou moderne, à cela près qu'il ne remplit pas une fonction officielle, dotée d'une valeur juridique précise : le proxène n'agit jamais dans sa cité d'origine et de résidence que comme simple citoyen ; il n'est pas le représentant légal du voyageur, mais peut jouer de son influence et de ses relations dans les circonstances critiques — par exemple contre les entreprises de délation.

L'institution de la proxénie est apparue tout au début de l'époque classique, pour se développer au IVe siècle et à l'époque hellénistique : les gens de Délos comptaient alors plusieurs centaines d' « hôtes publics », de Marseille à Tyr en Phénicie, en mer Noire comme en Égypte... Nous ne possédons pas d'écrit théorique sur la proxénie, et le formulaire des décrets de « nomination » paraît bien sec et stéréotypé. Mais, aux origines de l'institution, une tragédie d'Eschyle, les *Suppliantes*, jouée vers 470, évoque très précisément ce que les Grecs attendent d'un proxène : il doit faciliter les premiers contacts entre la communauté du lieu et l'arrivant, surtout si celui-ci est d'un abord déconcertant (race étrangère, vêtements exotiques...) ; on lui demande conseil pour éviter tout impair ; il fournira des guides ou escortera lui-même les voyageurs afin de les présenter à ses concitoyens et d'assurer leur sécurité ; éventuellement, il parlera en leur faveur devant les pouvoirs publics[1]. Mais il n'est

---

1. *Suppliantes*, 470-523.

question ni de représentation légale ni, par ailleurs, d'hébergement.

La sécurité du marchand est devenue dès la fin de l'époque archaïque l'objectif principal des cités maritimes. Les garanties offertes au visiteur de passage font la renommée d'Athènes dès le début du vi^e siècle, quand Solon développe le trafic portuaire, et celle des villes de Sicile au milieu du ve siècle : « Ports vénérés, disait Empédocle en parlant d'Agrigente, où les étrangers peuvent se reposer à l'abri de tout danger[1]. » Tout est toujours fondé sur des accords de protection réciproque, conclus entre deux États partenaires, pour prémunir les ressortissants de passage sur le territoire de l'une et de l'autre cité contre les saisies illicites. Ces conventions d' « asylie », dont les vestiges épigraphiques ne nous permettent pas de connaître précisément le contenu, ont été systématiquement passées entre Athènes et les cités de son empire en Égée et dans les Détroits.

Après la chute de son empire, au ive siècle, Athènes inaugura une solution de rechange qui devait partout s'imposer à l'époque hellénistique : parmi les voyageurs, elle distinguait et privilégiait les professionnels du commerce maritime, auxquels étaient ouverts les tribunaux de la cité dans les meilleurs délais. Les professions itinérantes jouissaient désormais d'une protection légale, puisqu'elles pouvaient elles-mêmes se défendre en justice. Il ne s'agissait toutefois pas d'élaborer un statut du voyageur, mais simplement de prendre en compte l'intérêt des consommateurs dans les grandes villes dont l'approvisionnement dépendait très largement des importateurs.

De même que les cités portuaires se souciaient d'assurer la venue des marchands, de même les grands sanctuaires se préoccupèrent de garantir les pèlerins qui fréquentaient leur panégyrie. Des accords de protection contre les saisies (*asylie*) furent conclus entre eux et les États les plus belliqueux ou ceux qui s'adonnaient volontiers, tels les Étoliens, à la piraterie. Ces conventions assurent la sécurité des personnes, mais sur le seul territoire de la cité ou du sanctuaire, et plus précisément encore dans le port lorsqu'elles débarquent et rembarquent ; elles sont alors sous la protection des administrateurs du port (les épimélètes de l'*empo-*

---

[1]. Plutarque, *Solon*, 22, 1 ; Diodore, XIII, 83, 1.

rion). Les accords jouent en toute circonstance, comme en témoigne la formule stéréotypée utilisée dans les conventions : « en temps de paix comme en temps de guerre ».

Dans ce progrès du droit international, l'influence des souverains hellénistiques, qui pouvaient concevoir plus facilement un ordre mondial, se révéla déterminante : c'est Ptolémée III qui fit reconnaître l'immunité du sanctuaire guérisseur d'Asclépios dans l'île de Cos ; c'est Séleucos qui, en Syrie du Nord, fit donner des garanties au sanctuaire de l'Anti-Liban par lequel passaient les caravanes de Damas à la mer ; c'est Eumène II qui obtint des pirates étoliens l'*asylie* du sanctuaire d'Athéna à Pergame[1]. On a retrouvé dans le sanctuaire anatolien d'Artémis Leucophryéné à Magnésie du Méandre un dossier d'archives très important, qui date de la fin du IIIe siècle et qui prouve que, lorsque la cité institua des concours à vocation panhellénique, elle fit reconnaître la sécurité des participants par tous les rois et par tous les grands États du monde grec, même fort éloignés comme l'Épire ou la Crète.

Ces garanties juridiques, nouvelles à l'époque hellénistique, viennent renforcer, pour des esprits plus légalistes, l'inviolabilité consubstantielle à tout sanctuaire grec, qui s'étendait à toutes les propriétés du dieu et aux individus qui, en embrassant son autel, recevaient le statut de suppliant et devenaient aussitôt inviolables : Eschyle précise qu'arracher le suppliant à un autel revient à « dépouiller le dieu » et que ce geste tombe immédiatement sous l'accusation de sacrilège. Il est remarquable qu'un antique sanctuaire comme celui de Délos se soit toujours contenté de cette sanction religieuse, sans jamais chercher à obtenir de garanties codifiées, sauf des pirates étoliens. La *sanctitas* de l'île, pour reprendre l'expression de Tite-Live, était encore parfaitement respectée par tous les belligérants — Macédoniens, Pergaméniens et Romains — au milieu du IIe siècle[2].

Le système de conventions réciproques destinées à assurer la protection des voyageurs se perpétua jusqu'à l'époque impériale. À la fin de la République et au Ier siècle de notre ère, les sanctuaires de l'Égée et surtout ceux d'Asie Mineure se préoccupèrent

---

1. *Royal Correspondence* (C.B. Welles), 31 et 34 : *IG*, IX, 1/2, 179, 18.
2. Tite-Live, XXXIV, 29, 1-3.

d'actualiser leur systèmes de garanties en faisant reconnaître leur privilège d'*asylie* par le Sénat ou par l'empereur ; les nombreux dossiers invoquent tous une certaine jurisprudence en récapitulant les conventions antérieures et plaident tous la haute antiquité et le renom du sanctuaire [1].

Ces garanties se négocient toujours au niveau des États. L'individu isolé, le banni ou le mercenaire qui n'appartient plus à une cité (l'*a-polis*), n'est rien et ne peut rien ; il fallait être Alcibiade pour obtenir de Sparte une convention à titre personnel et se trouver ainsi « sous garantie » (*hypospondos*) [2]. En revanche, la cité peut s'investir totalement pour faire libérer un simple pèlerin en cas de prise d'otage, ou de capture par les pirates.

Le cadre juridique de l'Empire : servitudes et protections

Le voyage était primitivement conçu à Rome comme un déracinement comparable à l'exil, à la séparation du foyer familial et de ses protections surnaturelles, à la perte de l'eau collective de la cité. N'avoir pas de pénates, comme le prisonnier dans l'attente du *postliminium* [3] (droit de rentrée dans la patrie), pouvait être assimilé, au niveau des mentalités primitives, à une perte de personnalité. Le massacre épisodique des colons ou des négociants romains pouvait raviver ce sentiment d'amoindrissement lié à l'éloignement. Mais peut-on parler de rupture du tissu juridique ? Peut-on assimiler, sous le Haut-Empire, les voyageurs romains à des exilés ?

Il est certain qu'élire domicile à l'auberge se trouve associé aux misères du voyage [4]. Le citoyen se rapproche alors des étrangers, ou des marginaux de Rome : comme les exilés, qu'on exécute facilement dans les îles désertes, le voyageur lointain donne l'impression d'avoir perdu ses garanties juridiques. Mais l'assimilation entre les voyageurs lointains et les « relégués et déportés » se révèle spécieuse [5]. Comme est spécieuse la plaisanterie facile de

---

1. Tacite, *Ann.*, III, 60-63.
2. Thucydide, VI, 88, 9.
3. *Digeste*, IV, 6, 9.
4. Horace, *Épîtres*, I, 11.
5. *Digeste*, XLVIII, 22.

Caligula, despote spirituel à ses heures, qui déclare ses exilés « en déplacement[1] » ! Il arrive de surcroît que l'exil ne crée pas l'isolement du banni : Musonius relégué à Gyaros par Néron a suscité un mouvement de sympathie et de curiosité chez les voyageurs.

Les mythes tragiques de Rome finissent par s'aligner sur ceux de la Grèce. À Œdipe parricide, exilé de Thèbes à Colonne, fait pendant l'Hercule furieux de Sénèque, qui conçoit son exil, dilaté aux dimensions de la planète, comme un déracinement expiatoire : le héros voyageur par excellence promène sa fuite imaginaire aux limites de l'Empire (Tanaïs, Nil, Tigre persique, Rhin, Tage) et aux limites de la civilisation (mer Méotide, Hyperboréens). Sa tirade a pour les bannis, réels ou potentiels, de l'époque néronienne une résonnance sinistre[2].

L'instauration d'un ordre mondial romain représente en réalité pour le citoyen en déplacement la meilleure des garanties. Le gouverneur, proconsul ou légat, a le devoir d'enquêter sur les détentions illégales et de libérer les incarcérés : en Asie, la garantie est d'importance, avec le jeu des intrigues locales et régionales[3] !

Le gouverneur veille à maintenir les structures sociales romaines, à imposer l'obéissance « aux parents, aux patrons et aux fils des patrons » — donc à préserver la puissance paternelle et le patronat. Il doit assurer une bonne administration de la justice, sans privilégier les « puissants », et donner des avocats, sur leur demande ou spontanément, « aux femmes, aux pupilles, aux infirmes mentaux ». Inutile, si l'on voyage à l'étranger, de s'inquiéter quant aux garanties des siens en cas de disparition. Enfin et surtout, on est, par le pouvoir du gouverneur, protégé des abus et des injures des « puissants » — des notables locaux au comportement arbitraire.

Les « devoirs du gouverneur[4] » lui imposent, outre la mission d'assurer la sécurité et de réprimer le brigandage, celle de protéger les personnes et les biens contre les dénis de justice des puissants ; de protéger les activités commerciales à l'étranger, d'empêcher les attentats contre la domesticité mâle ou femelle et contre l'ensem-

---

1. Philon, *Contre Flaccus*, 184.
2. *H. F.*, 1321 sq.
3. *Digeste*, I, 16, 6.
4. *Ibid.*, I, 18, 13 sq.

ble de la maison. Dans l'Orient romain, le voyageur est aussi bien protégé — théoriquement — que dans la péninsule italienne, et même les mauvais princes tendent à faire sanctionner lourdement l'arbitraire des gouverneurs.

L'expérience quotidienne de la xénophobie

Une explosion de xénophobie est restée célèbre dans l'Antiquité grecque : c'était en 88 avant notre ère, quand, sur l'instigation du roi Mithridate, les Italiens furent systématiquement recherchés et massacrés par toutes les cités grecques où ils séjournaient. Minutieusement organisé, le massacre fit au moins 80 000 victimes ; on n'épargna ni les épouses, bien qu'elles aient en général été grecques, ni les esclaves et les affranchis s'ils étaient de « race » italienne[1]. Ce « racisme » se révèle multiforme : soif de richesses, puisqu'on partagea les biens confisqués entre le roi, les dénonciateurs et les assassins, et qu'on étendit ces confiscations aux Juifs ; riposte aux excès de la domination romaine, en particulier aux publicains... La situation était peut-être paroxystique, mais cet état d'esprit n'était pas réellement nouveau.

L'expérience d'un voyageur crétois au IIIe siècle est celle d'une hostilité, d'une insécurité, d'un brigandage plus ou moins admis et officialisés. À Athènes, les touristes riches constituent la proie des avocats professionnels qui « parcourent la cité en tourmentant ceux des étrangers qui sont seulement de passage (*parépidémountes*) et qui ont les moyens, ceux auxquels la cité impute de lourdes amendes quand elles les prend » ; or les dénonciateurs reçoivent une part des amendes et les avocats vivent des procès[2]. La réaction est classique qui oppose les étrangers-résidents (les métèques) et les visiteurs : les premiers sont tolérés, et même appréciés, parce que nécessaires à l'approvisionnement de la cité ; les seconds, « oiseaux migrateurs » qui n'y sont pas intégrés, sont objets de suspicion et sacrifiés à l'intérêt commun[3].

Le voyageur est en effet aussi la proie du fisc. Le Crétois se

---

1. Strabon, XIII, 1, 66 ; Appien, *Mithridate*, IV, 22-23.
2. Héracleidès le Crétois, *GGM*, I, p. 99, § 4.
3. Platon, *Lois*, XII, 952d-e ; repris par Columelle, I, 18 et Denys d'Halicarnasse, I, 25-26.

plaint de la cupidité extraordinaire des fermiers de l'impôt à Oropos ; ils perçoivent des taxes sur tous les biens qui entrent, même les bagages. Oropos est pourtant un sanctuaire guérisseur de renom régional. Mais il ne faut pas oublier que, dans l'impossibilité de taxer les citoyens sinon par des contributions volontaires, les cités alimentaient leurs caisses par des prélèvements effectués sur les étrangers, en particulier à l'entrée et à la sortie du port. Dans un autre sanctuaire panhellénique, celui de Délos dont nous connaissons le système fiscal en détail, le pèlerin, comme le marchand, devait acquitter une multitude de petites taxes, de port, de cabestan, de déchargement, de demi-oboles, etc., qui finissaient par s'accumuler. Certains Grecs, comme Solon ou Xénophon, purent avoir l'idée d'encourager l'immigration par des avantages fiscaux ; aucun n'eut jamais celle de développer ainsi le tourisme[1].

Arrivant à Thèbes au IIIe siècle, le voyageur est démoralisé par l'atmosphère de violence perpétuelle ; les Thébains sont batailleurs envers les étrangers et il ne sert à rien d'intenter une action en justice, car les délais sont très longs.

En somme, entre Athènes et Thèbes, Héracleidès le Crétois n'a été qu'une seule fois bien reçu : à Tanagra. Là, les habitants cultivent l'équité, l'honnêteté, l'hospitalité ; et même, ils aident « ceux qui sont des vagabonds en offrant et en partageant généreusement une part de ce qu'ils ont ». On comparera cette pratique libérale à l'attitude préconisée par les théoriciens de la défense civile qui conseillaient d'expulser régulièrement les voyageurs sans abri.

La conclusion de notre voyageur est désabusée : il faut rechercher, dit-il, les villes prospères et autosuffisantes, « où les conditions de vie sont convenables et où ne naît pas un penchant pour le gain ». Là seulement le voyageur peut se sentir en sécurité, car ailleurs le Grec frustré ou mécontent raisonne plus ou moins consciemment en termes de représailles et de prélèvement sur les biens[2].

---

1. *GGM*, I, p. 100, § 4 ; Plutarque, *Solon*, 22, 1 ; Xénophon, *Poroi*, III, 4-6.
2. *GGM*, I, pp. 100-101, §§ 8, 9-10 et 14.

Les tracasseries douanières de l'Empire

Mais il ne faut pas noircir le tableau de la Grèce classique, de ses particularismes et de sa « xénophobie », pour adhérer sans restrictions critiques aux images idylliques de l'Empire et de son unité mondiale, malgré les hymnes officiels à la *pax Romana* et à la sécurité des voyages et des échanges. L'unité politique de l'*imperium* n'exclut ni sous la République ni sous l'Empire un système de « douanes intérieures » et de péages : aux limites des grands ensembles provinciaux comme aux frontières des provinces particulières, à l'entrée des villes (octroi), voire sur les routes et sur les ponts[1]. Le système de taxation, affermé aux publicains, implique réglementation, contrôle, vérification : on multiplie les *uectigalia*, conçus pour remplir le Trésor, et non pour protéger les produits italiens, comporte toute une structure d'investigation qui concerne les hommes libres en voyage, les esclaves, les marchandises.

« Maritime » ou « terrestre », la taxe de « port » (*portorium*) avait été supprimée dans la Péninsule en 60 av. J.-C. César a rétabli une taxe sur les « marchandises étrangères », qui s'inscrit peut-être dans sa législation somptuaire. Les empereurs, malgré quelques velléités philanthropiques ou démagogiques, ont conservé les péages, en dépit des « exactions des douaniers », qu'évoque Cicéron dans sa correspondance[2]. Sous Néron, on n'a aboli que les taxes de change (le *collybus*). Il faudra attendre le IIIe siècle pour voir « supprimer toutes les taxes imaginées sous la tyrannie précédente pour l'importation des produits, et sur les hauteurs des fleuves et les ports des cités, ainsi que sur les itinéraires des routes » en fondant dans la même rubrique taxes terrestres, fluviales et portuaires, et droits de péage. On s'interroge sur la portée de la mesure, qui a rétabli la « liberté ancienne[3] ». Suppression des taxes, ou abolition des surtaxes antérieures ? Il est avéré que la taxe des Gaules, et celle de l'Asie, deux *quadragesimae* (2,5 %), existent à la fin du IIIe siècle. Seules

---

1. *Digeste*, XIX, 2, 60 ; Sénèque, *Const. sap.*, XIV, 2.
2. *Verrines*, II, 3, 181.
3. Hérodien, II, 4.

les perturbations des barbares ont compromis, en même temps que le commerce, les rentrées fiscales afférentes.

Les *Codes justinien* et *théodosien* attestent la survie du système. Le taux reste mystérieux, du fait du terme « huitième » (*octaua*). Un tel taux eût été exorbitant : on a supposé qu'il ne s'appliquait qu'à des produits de luxe, tels les eunuques, et l'hypothèse la plus vraisemblable est que le « huitième » n'apparaît qu'au Ve siècle[1] sur les animaux sauvages. Un « quarantième » est attesté à la fin du IVe siècle[2] sur les animaux sauvages.

L'organisation des péages a été reconstituée depuis longtemps pour les provinces d'Orient et d'Occident, les plus touristiques — Égypte, Asie, Sicile —, autant que pour les simples provinces d'exploitation, riches en mines. Les postes (*stationes*) sont localisés par les épitaphes des fermiers des taxes, et de leurs employés esclaves. On a déterminé leur emplacement d'après les documents cartographiques et les itinéraires : la *Table de Peutinger*, l'*Itinéraire* d'Antonin, l'*Itinéraire de Bordeaux à Jérusalem*. L'Italie du Nord, comme l'Illyricum — les provinces danubiennes — ou les Gaules, ont des bureaux situés soit aux grands carrefours routiers, comme Metz ou Saint-Bertrand-de-Comminges (*Lugdunum Convenarum*), soit sur des ports fluviaux, comme Arelate (Arles), soit aux confins, comme les « stations fiscales » des Alpes Cottiennes, un nœud routier, soit sur les routes alpines, comme le poste de Saint-Maurice, sur la route d'Aventicum (Avenche) à Augusta Praetoria (Aoste) ; nombreuses sont les stations établies au passage des fleuves. La ville de Lyon a révélé aux fouilleurs une grande quantité de « plombs de douanes », à l'effigie des princes, appliqués sur le bois ou l'étoffe des marchandises.

Malgré la surveillance lointaine des questeurs (au port d'Ostie par exemple), les publicains et leurs agents usent et parfois abusent de leur droit d'investigation. Plutarque[3] dénonce leur zèle inquisiteur. Ils fouillent les marchandises et les bagages, pour découvrir les objets non déclarés. Même pour les voyageurs exempts de taxe — pratiquement les ambassadeurs étrangers, mais pas les promagistrats romains —, la déclaration est indispensable. Nul n'est

---

1. *Code justinien*, IV, 61, 6-7.
2. Symmaque, *Lettres*, V, 63.
3. Plutarque, *Moralia, De curios.*, VII, 518e.

censé ignorer les règlements douaniers, dit une « constitution » d'Hadrien[1]. Ce droit de « scruter » exclut seulement la fouille des dames[2]. Cicéron soulignait déjà le pouvoir absolu de la douane à l'égard des rois et sujets étrangers, et même des *imperatores*; il évoquait les maisons et les celliers fouillés, les navires explorés à fond, les marchands terrorisés au débarquement et retardés à l'embarquement[3].

Taxés ou non, tous les produits, y compris les esclaves et les « instruments du voyage » dégrevés (bêtes de somme, chariots et attelages), étaient déclarés (*professio*), vérifiés, consignés sur les registres du poste. Ces tracasseries retardent le voyage...

Essayons de cerner les catalogues de la douane, les taxations et les franchises, ainsi que les motifs de tracasserie et de contestation.

L'exportation de certains produits est interdite en direction du monde barbare, au moins après le IIIe siècle (fer et armes; vin et huile, or). Même les ambassadeurs « barbares » sont touchés par l'interdiction. Le catalogue des produits à déclarer pour taxation figure au *Digeste* où la consultation de Marcien constitue un code douanier. On y découvre pêle-mêle : parfums et substances pharmaceutiques; épices de consommation, comme le poivre long, le poivre blanc et la cannelle; métaux exotiques (fer indien) et pierres précieuses; textiles bruts ou teints (lin, « carbase » ou coton indien brut; *metaxa*, ou soie brute, et tissus de soie); teintures, comme la pourpre; eunuques de l'Inde et bêtes féroces[4].

Compte tenu des franchises, et du pouvoir quasi discrétionnaire des commis, peu portés à informer le voyageur, et parfois tentés de l'induire en erreur pour le sanctionner, les scènes de contestation devaient être fréquentes, surtout avec les marchands. Une inscription de Rome en évoque une entre marchands et agents du fisc. Parmi les cas litigieux figurent les marchandises des soldats[5].

Les esclaves de service emmenés en voyage sont exemptés du péage : seule la *familia urbana* — valets, cuisiniers, échansons — bénéficie de l'exemption dans un règlement de Sicile; mais

---

1. *Digeste*, IX, 4, 16.
2. Quintilien, *Déclamations*, 340-341 et 349.
3. *Leg. agr.*, II, 61 et *Verr.*, II, 2, 176 sq.
4. *Digeste*, XXXIX, 4; *Code justinien*, IV, 41-43.
5. *CIL*, VI, 1016; Tacite, *Ann.*, XIII, 51.

comment trancher dans l'absolu ? D'autant qu'il y avait des fraudes et des maquillages : ainsi cet esclave débarqué à Brindes et grimé en homme libre[1].

Pour les esclaves comme pour les marchandises, il est difficile de distinguer entre les besoins élémentaires et le luxe. La consultation de Varus « dédouanait » le personnel de service et la main-d'œuvre rurale. De là les contestations sur la notion d' « esclave de luxe[2] ».

Autre casse-tête : quand le gouverneur de province est-il « personne privée » au regard de la douane ?

L'empereur Antonin a tenté de protéger le voyageur de bonne foi, et préconisé l'indulgence dans les cas litigieux d'objets « usuels ». Car l'infraction, ou le refus de déballer la marchandise, peuvent entraîner la saisie en douane (le *commissum*). Ses successeurs ont édicté que seul le gros temps peut dispenser le négociant de cette formalité[3].

Il est évident que le système des douanes et péages constitue l'aspect le plus mal accepté de l'ordre mondial romain. Contrepartie de la *pax Augusta,* qu'il finance, il grève le prix des marchandises et retarde les voyageurs.

Odieuse, la douane impériale a aussi ses scènes cocasses. Le sage itinérant Apollonios de Tyane, passant au bureau douanier de Zeugma, sur l'Euphrate, et sommé de « déclarer », dit qu'il exporte « Sagesse, Justice, Vertu »... ; le préposé veut alors faire enregistrer ces femmes comme esclaves, et le sage rétorque qu'il ne s'agit pas d'esclaves du beau sexe, mais de vertus grecques. C'est qu'on les donnait souvent comme nom aux serviteurs[4] !

---

1. Suétone, *De rhetor., I.*
2. Quintilien, *Déclamations,* CCCXL.
3. *Digeste,* XXXIX, 4, 16 §§ 8 et 9.
4. Philostrate, *V. Apoll.,* I, 20.

VOYAGE, ABSENCE ET RUPTURES

Le mal d'absence en Grèce

Le voyage est une rupture du tissu juridique et social. Ainsi donc, le voyageur compromet l'unité de la communauté civique et familiale, que son départ expose à une double menace : disparition, altération. En désignant négativement la migration comme « éloignement de chez soi » (*apoikia*), la langue grecque définit le voyage comme prise de distance et distinction, et insiste sur l'expérience originelle de la séparation qu'effectue le voyageur. Toute communauté grecque redoute par-dessus tout que ces séparations deviennent définitives et que ses membres s'éparpillent, condamnés à l'éternelle errance (*planètai*) qui est, depuis Homère, une véritable disparition. Aussi les actes rituels qui entourent le départ des voyageurs, et que décrivent les romans grecs, tentent-ils d'exorciser cette menace : les prières et les libations auxquelles procèdent ceux qui restent à terre ont pour but d'implorer des dieux un heureux retour dans la patrie[1].

Celui qui revient n'est plus le même : on ne le reconnaît plus, on ne comprend plus sa façon de parler ; c'est un inconnu, et il n'a plus sa place. Les mésaventures d'Ulysse lors de son retour à I thaque sont célèbres : ni son fils, ni sa femme, ni son père ne le reconnaissent[2]. Mais la réalité athénienne du IVe siècle atteste que des procès ont eu lieu pour reconnaître les droits de « revenants » qui avaient fini, au terme d'une longue captivité, par prendre l'accent de la Sicile et qu'on confondait donc avec des étrangers[3]. Dans le monde grec où l'état civil était embryonnaire et les registres fort mal tenus, maintenir les droits de l'absent était une gageure.

Les biens de l'absent ne sont pas protégés en droit grec, sauf dans le cas particulier des soldats en campagne, à l'époque hellénistique. Un papyrus égyptien de la fin du IIe siècle nous a

---

1. Xénophon, d'Éphèse, I, 10, 10.
2. *Odyssée*, XVI, 192-205 ; XXIII, 90-210 ; XXIV, 328-345.
3. Démosthène, *Contre Euboulides*, 18.

conservé la lettre d'une femme à son mari qui fait alors partie d'une expédition lointaine ; victime d'un vol, elle a déposé plainte, comme elle en avait le droit en l'absence de son époux, mais le défendeur conteste que le mari soit soldat si bien que la décision judiciaire est ajournée jusqu'au retour du chef de famille[1]. D'autres papyrus témoignent encore d'actions judiciaires similaires, intentées par des épouses de soldats en campagne : elles y sont autorisées par la loi lagide en tant que faisant partie du « bagage » (*aposkeuè*) du soldat absent, qui garde donc sur ses possessions — personnes et biens — un droit de protection reconnu par les pouvoirs publics. Il peut ainsi voyager l'esprit tranquille au service de son roi.

C'est là un privilège que ne partagent pas les autres catégories professionnelles dans les royaumes hellénistiques. Aussi un marchand ou un fonctionnaire s'inquiète-t-il toujours pour ses proches qu'il recommande à ses amis[2] :

> Voyant que ce voyage était nécessaire, j'ai laissé derrière moi ma petite femme qui est sur le point d'accoucher. Tu m'obligerais donc en prenant soin, si quelque chose manque aux miens, de le leur envoyer ou de le faire pour eux. Et même, si cela t'était possible, achète à Charmide et donne-leur six conges d'huile d'olive, on dit qu'il en vend. Porte-toi bien !

Les conditions d'existence de l'épouse et des enfants, en l'absence du chef de famille, sont très précaires. La littérature athénienne de la fin du ve et du ive siècle fourmille d'exemples de situations de détresse, quand des femmes abandonnées sont obligées de travailler comme salariées, comme nourrices, comme bouquetières, comme fileuses, pour nourrir leurs enfants[3]. On comprend dans ces conditions les conseils de célibat donnés aux professionnels du voyage à l'époque impériale, notamment aux philosophes.

---

1. *Pap. Bad.*, IV, 48 (Wilcken).
2. *Papyrus Cairo Zenon*, 59 025 (Orrieux).
3. Xénophon, *Mémorables*, VII, 2 ; Aristophane, *Thesmophories*, 446-449 ; Démosthène, *Contre Euboulidès*, 35.

La protection de l'absent : un progrès du droit romain.

Au contraire, le voyageur ne trouve que des avantages dans l'existence d'un espace juridique international continu, de Rome aux provinces.

Le fils de famille est garanti contre « le vol ou le dommage » dans les voyages qu'il entreprend pour une mission ou pour études. Les frais d'études payés au fils à l'étranger ne sont pas déductibles de son hoirie, s'il est avéré que le père a été animé par l'amour paternel, et non par l'intention de faire un prêt[1].

La sauvegarde du domicile du voyageur « partant pour l'étranger avec les siens » peut être confiée à un affranchi au titre de ses prestations dues (*operae*). Mais l'affranchi peut fort bien être astreint, au titre des mêmes « prestations », à accompagner son patron en voyage. Limitation ou garantie mutuelle ? Cette obligation est soumise à des règles ; il s'agit de « services sans conditions infamantes, sans péril de mort », dont la finalité est « de séjourner avec le patron, de partir à l'étranger, d'exercer les activités du patron[2] ».

La maintenance du patrimoine et la « volonté » du propriétaire sont sauvegardées par-delà l'absence. Ainsi peut s'opérer la transmission d'un bien[3] :

> Or il n'y a aucune différence entre le fait que le maître fasse lui-même la transmission, ou que quelqu'un le fasse selon son intention ; par conséquent, si le voyageur en partance pour l'étranger a remis à quelqu'un la libre administration de ses affaires, et que ce dernier a vendu et livré un bien en fonction d'un marché, la transaction est recevable.

Errance, déracinement et solitude

Depuis Ulysse, l'errance est pour les Grecs le pire des maux. Dans la réalité quotidienne, voyager ainsi au hasard est surtout le

---

1. *Digeste*, V, 1, 18 et X, 2, 50.
2. *Ibid.*, XXXVIII, 1, 38, §§ 1 et 49.
3. *Ibid.*, XLI, 1, 9, § 4.

fait de l'exilé, celui qui, d'un bout à l'autre de la tradition littéraire, est présenté comme un « sans-foyer » (*an-hestios*) et un « sans-cité » (*a-polis*), errant, besogneux et parfois clandestin. Pour la plupart d'entre eux, c'est un « renversement » de vie, qui engendre souffrance et détresse, mais dont on peut aussi être fier car il oblige à se dépasser[1].

Pendant les quatorze ans de son exil, entre 82 et 96 de notre ère, le rhéteur Dion a tout connu. Ce notable de Pruse a dû mendier. Cet intellectuel a dû se livrer à de petits travaux manuels (jardinage, domesticité...) pour assurer sa subsistance. Par peur de la répression, il voyageait à l'écart des villes et marchait parfois bien longtemps dans les forêts sans rencontrer âme qui vive, réduit au dénuement et à la saleté. Des conditions de vie aussi difficiles et aussi inhabituelles ruinent rapidement la santé. Dion énumère les épreuves physiques qu'il a subies et constate ses infirmités, de même que l'apôtre Paul, pourtant voyageur volontaire, constate qu'au terme de tant de naufrages, agressions, traversées du désert ou passages de fleuves, « son extérieur d'homme s'est dégradé[2] ».

La solitude est le lot des errants et elle leur apparaît à tous également insupportable : Aelius Aristide, en cure, et Dion de Pruse, en exil, déplorent l'un comme l'autre l'absence d'amis et de serviteurs. Et l'apôtre Paul lance un véritable appel de détresse à Timothée pour le faire venir à Rome, où il se retrouve complètement seul à la fin de sa vie[3].

Les quelques témoignages autobiographiques de voyageurs isolés que nous possédons concordent donc tous, malgré la diversité des voyages. Cependant, le stoïcisme présente le déracinement, aussi douloureux qu'il soit, comme une épreuve salutaire au cours de laquelle se forge une philosophie. Ce lieu commun du stoïcisme est repris par tous les intellectuels à propos de leurs voyages : Dion a accepté l'exil et l'errance comme une expérience humaine, pour vérifier si, conformément à l'opinion commune, il s'agissait réellement d'un état pénible et malheureux. Dans la même veine, Paul s'est fait gloire, devant ses Églises, des misères et

---

1. Dion de Pruse, XL, 2.
2. *Ibid.*, I, 9 et 50 ; XIII, 1 ; XL, 2 ; XLV, 1 ; XLVII, 8 ; LII, 1. Paul, II Co 4, 16.
3. Dion de Pruse, XXXIII, 14 ; XL, 2 ; XLV, 1 ; XLVII, 23. Paul, II Tm 4, 10-12 et 21.

des malheurs subis durant ses voyages, comme d'autant de témoignages de sa foi et de son engagement. Ainsi le voyageur devient-il, par ses infortunes mêmes, un sujet d'admiration [1].

Le voyage d'exil

Les *Tristes* d'Ovide peignent comme une tragédie la navigation hivernale imposée au poète par le décret d'exil, et qui l'emmène jusqu'au bout du monde. Une fois installé chez les Gètes (dans l'actuelle Roumanie), dans une nature inhospitalière, il est accablé par la difficulté des communications.

Le voyage d'exil est bien différent des voyages « classiques », d'affaires, d'études ou d'agrément. Le poète est dominé par l'obsession du naufrage, et ne cesse d'évoquer les réprouvés de la mer, Ulysse, Énée. Les « lourds paquets d'eau », les « montagnes d'eau » qui semblent toucher le ciel, le pilote désemparé, annoncent « un type déplorable de mort » : le naufragé, privé de tombeau, sera « la pâture des poissons de la mer ». De sorte que paradoxalement l'Exilé — Ovide se drape dans ce rôle douloureux — souhaite une navigation favorable ! Le désespoir de l'insépulture le hante. Car, une fois établi chez les Sarmates, il voit l'exil de ses cendres ; il rêve d'être rapatrié « dans une petite urne » et enterré « aux portes de Rome, pour que le voyageur, d'un œil pressé, lise l'épitaphe versifiée de son marbre ». Le livre de l'exilé, revenu en « étranger » à Rome, apporte le message du malheureux « ballotté par la mer, les vents, l'hiver ». Le décret d'exil obligeait Ovide à « quitter les limites extrêmes de l'Ausonie (l'Italie) », à partir de Brindes, et la croisière forcée se déroula dans les plus mauvaises conditions : le navire a affronté les fureurs de l'Adriatique ; on a navigué sur le golfe de Corinthe jusqu'à Cenchrées, franchi l'Isthme à pied, contourné la Grèce et longé Troie. Or le navire remonte au nord vers Samothrace ; on suit, par la terre, l'Hellespont, de Tempyra à Thynias, à travers les « champs Bistoniens ». Ovide devait retrouver le navire à cette étape et poursuivre le voyage par mer jusqu'à Tomis. Il a donc évité la traversée de la Propontide, aux villes célèbres, Cyzique et

---

1. Dion, XIX, 1.

Byzance. À tout prendre, les grondements les plus furieux de la mer semblent avoir eu lieu dans les « Cyclades égéennes »[1].

Le grand départ

Enfin, dans le cas extrême, la mort à l'étranger, le voyageur romain, grâce au testament, possède des garanties pour l'exécution de ses volontés dernières. Il reste ainsi, par-delà la mort, intégré à la communauté romaine[2] :

> Le défunt avait demandé à ses héritiers que, s'il venait à décéder en province, on léguât 60 000 sesterces à Lucius Titius pour lui permettre de faire ramener son corps dans sa patrie [...] et le même jour, il avait en ces termes rédigé des codicilles à l'intention de ses héritiers : « Je vous demande, s'il m'arrive quelque accident grave — dans l'ordre de la nature humaine —, soit dans une province, soit en cours de route, de prendre soin de ramener mon corps en Campanie, pour le placer dans le tombeau de mes fils. »

Malgré un droit favorable, les inscriptions funéraires restent amères. Le voyageur romain décédé à l'étranger n'est pas plus serein que son homologue grec. Le statut juridique n'abolit pas totalement les ruptures sociologiques.

Certes, la pathologie primitive du voyage, la rupture religieuse — et quasi magique — avec la communauté s'atténue grâce à l'élargissement de la communauté juridique romaine aux limites de l'univers connu et politiquement encadré. À l'auberge, en voyage d'affaires, en rupture provisoire de procédure, à l'article de la mort, le voyageur romain possède la solide garantie, fortement sécurisante, du droit public et du droit civil, plus sûre dans le monde antique que le droit des gens. Mais le droit suffit-il à guérir le mal d'absence ?

---

1. *Tristes*, I, 2, 9-10 et 59 ; III, 3, 65-72.
2. *Digeste*, XXXIV, 4, 30.

Nostalgie, regret et littérature épistolaire

Les Grecs de l'Antiquité, plus que les autres hommes, ont éprouvé la « nostalgie », c'est-à-dire, au sens propre du terme, le « mal d'absence » et le « désir de retour ». On trouve ce sentiment à l'origine de leur littérature. L'*Odyssée* est le poème du Retour — ô combien difficile et pénible ! De même, le théâtre d'Eschyle, le premier des grands tragiques athéniens, chante ceux qui, comme Oreste, aspirent à revoir le pays natal : « Je sais bien, dit son beau-père, que les proscrits se repaissent d'espérances. » Le sort du banni, victime de sa faute et repoussé par sa communauté, représente une expérience extrême. Mais le soldat d'Eschyle ressent lui aussi le mal du pays, au point de pleurer de joie à son retour ; il clame son amour de la terre natale[1] :

> Ah ! terre de mes pères, pays d'Argolide, après dix ans, elle a donc lui, l'heure où je te revois ! Pour tant d'espoirs brisés, un seul a tenu bon. Je ne me flattais plus d'obtenir à ma mort le lot, qui me semblait si doux, d'une tombe en terre argienne. Salut donc, ô patrie ; salut, lumière du soleil et toi, Zeus, qui d'en haut veilles sur cette terre, et toi, seigneur de Pythô, archer dont les traits, j'espère, ne sont plus pour nous ; assez longtemps, près du Scamandre, tu fis notre détresse : aujourd'hui sois pour nous salut et guérison, ô sire Apollon ! Je vous invoque aussi tous, dieux de la Cité, et toi, divin patron, Hermès, héraut, cher orgueil des hérauts ; et vous, ô demi-dieux, qui avez protégé le départ de l'armée, accueillez donc maintenant avec faveur ce qu'en a épargné la guerre. Ah ! palais de mes rois, demeure chérie ; sièges augustes ; images ensoleillées de nos dieux ! plus encore qu'aux temps passés, gardez ce radieux visage pour recevoir comme il convient le roi longtemps absent.

Mêmes accents chez Sophocle, quand Oreste et ses amis retrouvent Mycènes après sept ans d'absence, et dans le théâtre d'Euripide, quand de jeunes captives s'exclament : « Si je pouvais, du moins en rêve, revoir la maison, la cité de mes pères, et jouir de ces douces chansons dans l'allégresse publique[2] ! »

La nostalgie est à l'époque classique un sentiment politique.

---
1. *Agamemnon*, 1668 et 503-541.
2. *Iphigénie en Tauride*, 447-455.

C'est l'aspiration à rejoindre une communauté permettant l'exercice des droits politiques. On déclare : « Quand avec les années le regret me prit, comme il est naturel, de cette vie de citoyen que je menais parmi vous... » Un personnage à qui l'on a fait don d'un domaine à Chypre ne peut se consoler de devoir y repartir[1] :

> Mon sentiment personnel, citoyens, est tout opposé [...] loin de ma patrie, je ne voudrais pas de la vie la plus opulente, et Athènes fût-elle en aussi triste état, j'aimerais mieux être citoyen de cette ville que de telle autre qui, à l'heure présente, peut sembler tout à fait prospère. C'est dans ce sentiment que je m'en remets à vous pour décider de mon sort.

L'absence des proches n'est pas aussi douloureusement ressentie. Il faut attendre l'époque impériale pour qu'un étudiant d'Éphèse déplore la séparation d'avec sa bien-aimée :

> Moi, Rufin, à ma très douce Elpis, je souhaite bien de la joie, si elle peut avoir de la joie en mon absence. Non je ne puis plus, j'en jure par tes yeux, supporter cette séparation d'avec toi, cette solitude de mon lit, cet isolement auquel je me condamne ; toujours baigné de larmes, je m'en vais soit au Coressos, soit au temple de la grande Artémis. Mais demain ma patrie m'aura reçu et je volerai vers tes yeux [...] pour te dire adieu encore mille fois.

On s'attardera sur ces émouvants graffiti d'esclaves trouvés à Délos, où l'on devait transiter avant de faire route vers l'inconnu. Ainsi : « C'est douce chose que la terre d'Antioche, les figues et l'eau en abondance[2]. »

Depuis le Ve siècle, le voyageur grec écrivait à sa famille, au moins les marchands et les intellectuels. Mais nous n'avons guère de traces d'une littérature épistolaire qui ne soit pas fonctionnelle et utilitaire. Même les lettres de la Comédie nouvelle ont ce caractère. Nul en Grèce ne publia des lettres de voyage qui ressemblent à la correspondance privée de Cicéron.

De Cicéron à Pline le Jeune, de Pline à Fronton et aux épistoliers du Bas-Empire, apparaît un genre de lettres qui n'est pas toujours conçu pour l'édition, et qui fait une place impor-

---

1. Andocide, *Sur son retour*, 46.
2. *BCH*, 51 (1927), 234-238.

tante au voyage, grand et petit, avec ici et là le souci d'imiter des modèles.

Dans un empire où les distances sont dilatées par les difficultés de communication, on projette plus de voyages, proches ou lointains, qu'on n'en accomplit. L'activité épistolaire, qui délègue le déplacement à des courriers spécialisés, comble le vide de l'absence. Son but a été défini par Cicéron : le type le plus fixé, la finalité même du genre, consistent « à informer les absents des faits qu'ils ont intérêt à connaître, et nous aussi[1] ».

Les correspondants ont leurs courriers personnels pour les « affaires domestiques » ; restent donc les lettres « familières et plaisantes », et les lettres « graves » (sur la politique). Une lettre à Nigidius Figulus, Pompéien banni par César, a pour fonction de satisfaire, depuis Rome, la curiosité politique frustrée[2]. S'il peint parfois aux absents les Jeux, tels ceux de Pompée en 55, ou les banquets mondains, ou encore les grandes réceptions de César dans la villa de Cumes[3], il ne sacrifie pas, comme ses successeurs, à la description artistique de la villa et de la villégiature : Pline et Sidoine Apollinaire en feront un stimulant du « petit voyage ». Carnet de voyage, avec itinéraire et calendrier, la lettre cicéronienne reste utilitaire.

Cicéron a parfois été taxé d'indifférence, voire de sécheresse intéressée, à l'égard des siens. Aussi sa correspondance mérite-t-elle d'être scrutée, non dans les déplacements courants, mais dans les crises qui ont provoqué l'éloignement : l'exil de 58-57 ; moins dramatique, le proconsulat de Cilicie, en 51, dans une région contiguë au monde barbare, à l'écart de l'Asie « civilisée » ; enfin, l'équipée en Grèce, en 49-48. Cicéron ne parle pas fréquemment d' « absence ». Mais il avoue souvent sans fard le « regret » des êtres chers. Cela est surtout vrai pour l'exil. Maintes fois, il épanche ce regret de l'absence, qui se confond avec l'accablement politique et le déracinement. Ainsi les lettres désolées qui jalonnent son itinéraire de Brindes à Dyrrhachium et à Thessalonique, adressées « à sa chère Terentia, à sa petite Tullia et à son fils Cicéron[4] ». Le souci de rester en contact, par la relation

---

1. *Fam.*, II, 4, 1 sq.
2. *Ibid.*, IV, 13 ; *Ad Quintum fr.*, I, 1.
3. *Ad Att.*, XIII, 52.
4. *Fam.*, XIV, 1 sq., en particulier 14.

épistolaire, avec le patrimoine et la *familia*, s'efface devant le regret lancinant des êtres chers. Dans un en-tête de lettre rédigé en 49, de Minturnes, il appelle Tullia et Terentia « ses deux âmes » et, à la fin, il adjure ses « âmes très chères » d'écrire « le plus souvent possible » pour l'informer de leur vie quotidienne et de la situation politique à Rome. Compte tenu du centralisme politique romain, l'éloignement accroît la déréliction de l'homme d'État. La sécheresse des billets adressés à son épouse en 48-47, lors du retour de Grèce après Pharsale, contraste avec les lettres composées au cours des séparations antérieures. Cicéron a écrit un jour à Atticus que l'absence de l'ami ne se mesure pas aux avantages matériels perdus ; à Caelius, en 50, à la fin du proconsulat, il confesse, depuis Laodicée : « Un regret extraordinaire de la Ville m'habite, un regret extraordinaire des miens et surtout de toi, et par ailleurs la satiété de ma province... » Il appelle souvent les êtres chers « objets de mon regret », expression qui traduit la frustration affective. Le souhait d'une correspondance régulière traduit le besoin de visualiser l'absent. Mais, dans l'épreuve, les lettres transmettent des images d'une tristesse poignante[1]. La présence épistolaire n'est pas toujours une compensation à l'absence.

La correspondance de Pline le Jeune, et surtout les lettres à son épouse Calpurnia Hispulla, est empreinte du regret de la séparation. L'avocat politique déplore de n'avoir pas pu accompagner en Campanie l'épouse qui y suit sa cure : il voudrait être assuré qu'elle goûte « sans péril la villégiature, les plaisirs et le luxe de la région » ; on lit en filigrane une imperceptible jalousie. Mais, dans la même lettre, l'« absence » et la « mauvaise santé » de la femme inspirent au mari l'inquiétude. Une autre lettre répond, lors du même séjour, à un envoi de Calpurnia, où elle se disait « profondément affectée de l'absence » de l'époux : avec les lenteurs du courrier, l'imagination nourrit l'angoisse. Calpurnia avoue qu'elle trouve la consolation dans la lecture : l'aveu attise le regret de Pline, son besoin d'amour, de familiarité.

Pour adoucir la tristesse de la séparation, Pline passe ses insomnies à évoquer l'image de l'absente, et le jour, aux heures des rencontres mutuelles, ses jambes le portent au petit pavillon de jardin ; mais il « quitte le seuil vide malade, affligé, semblable à un

---

1. *Fam.*, XIV, 1-4, 11 et 14 ; *Ad Att.*, XII, 3 et 51.

exclu ». Les lettres « officielles » laissent peu filtrer des sentiments aussi personnels. Il est vrai que le proconsul a auprès de lui Calpurnia, pour qui il sollicite un « diplôme » (ordre de mission) permettant d'utiliser la poste : elle a perdu son grand-père et veut consoler sa tante[1].

De Symmaque à Sidoine Apollinaire, la littérature épistolaire du Bas-Empire se révèle, par comparaison, plus joyeuse. Les sentiments douloureux sont absents de leur correspondance. Le petit voyage n'engendre que de menus tracas. Symmaque se plaint surtout de céder aux délices du *farniente* et de « manquer l'occasion d'écrire ». On s'abandonne au loisir, et l'on guette les voyageurs pour leur confier la correspondance familiale, quitte « à créer l'acheminement qu'on ne trouve pas » — les courriers privés. Un valet de pied apporte un jour au préfet deux lettres annonçant le retour de l'ami à Rome. Le courrier suburbain peut être « prévenu par la rumeur ». Tout, en Italie, reste à l'échelle humaine : on écrit souvent en déplacement ; on choisit les courriers privés pour leur célérité : un jour, le préfet donne une lettre à un *apparitor* (« vaguemestre »). Symmaque écrit avec humour à un ami que « ses lettres si brèves et si pressées semblent imiter son itinéraire » (il doit brûler les étapes !). Le silence n'est pas plus éprouvant que l'absence. Symmaque écrit à son frère Flavianus : « Réponds à la lettre que tu as dû recevoir avant midi compte tenu de la distance du trajet ». En substituant souvent la villégiature au grand voyage, Rome réduit d'autant la souffrance morale de l'absence[2].

La mort le long des routes

Déraciné, malmené à l'occasion, incompris, le voyageur ne rencontre pas toujours la mort en chemin ; mais il trouve à chaque instant les morts sur sa route. Quand on quitte la cité et son périmètre habité, souvent frappé d'interdictions funéraires, on côtoie, au bord de la route, le monde des ombres. Et l'exhibition des suppliciés sur les grands chemins de l'Empire ne constituait pas un spectacle réjouissant.

---

1. *Lettres*, VI, 4 et 7 ; VII, 5 et X, 120-121.
2. *Ibid.*, I, 59 ; II, 8, 11, 13, 27, 48, 62.

Dans le monde grec, en Attique, en Grèce continentale, en Asie, les épitaphes interpellent fréquemment le voyageur : on l'appelle « étranger » (*xenos*) ou « passant » (*paroditès*). Le mort qui parle s'efforce de retenir l'attention, à l'occasion en proposant des énigmes, comme le Sphinx à Œdipe sur la route de Thèbes. On sait que très souvent les inscriptions évoquent crûment l'horreur du naufrage, les réalités sordides de la mort, voire des funérailles. Dans ce domaine comme dans d'autres, les épigrammes des poètes professionnels se recoupent avec la réalité des pierres tombales[1].

Le mort dialogue parfois avec le voyageur. Il s'agit en général de répondre au traditionnel interrogatoire d'identité, qu'on adresse à tout nouveau venu. Mais le passant peut aussi être convié à une réflexion symbolique sur le voyage de la vie qui s'achève toujours dans l'au-delà[2] :

> Est-ce donc sous cette pierre que repose Charidas ? — Si tu parles du fils d'Arimmas de Cyrène, il est ici, sous moi. — Charidas, qu'y a-t-il là-bas ? — Une obscurité profonde. — Et les chemins du retour ? — Un mensonge. — Et Pluton ? — Un mythe. Nous ne sommes plus rien.

Tout au long de la route, le voyageur se voit rappeler que la mort nous attend tous, que « l'Hadès est notre port commun », le « port de l'oubli », le « mouillage » auquel nous sommes tous destinés, la « route » que nous prenons tous[3].

Le discours des morts traduit aussi la nostalgie du déraciné : souvent l'épitaphe déplore le destin du voyageur décédé loin de sa patrie, privé des honneurs funèbres convenables, ou le sort de l' « étranger parmi les étrangers[4] ». Les morts lancent un pathétique appel au voyageur, qui représente le dernier lien possible avec la patrie lointaine, et à qui ils demandent fréquemment d'annoncer chez eux leur décès :

> Marins qui naviguez, le Cyrénien Ariston vous prie, au nom de Zeus Hospitalier, de dire à son père Ménon qu'il gît près des roches Icariennes, ayant rendu l'âme dans la mer Égée.

---

1. Dans le recueil de l'*Anthologie Palatine*, VII, voir 429, 465, 478, 523, etc.
2. *Ibid.*, 524 (voir 470).
3. *Ibid.*, 452, 472 *bis*, 498.
4. *Ibid.*, VII, 499 et 500.

Toi qui passes près de mon tertre vide, dis, voyageur, lorsque tu iras à Chios, à mon père Mélésagoras que moi, mon navire et sa cargaison, un mauvais Euros nous a perdus, et que d'Evhippos, il ne reste que le nom.

En Italie comme en Grèce, on enterre hors les murs : les grandes voies romaines du Latium sont bordées de tombeaux, notamment l'Appia, la Flaminia, la Latina, l'Ostiensis. On longe « les cendres et ossements de ses ancêtres » quand on se rend à Ostie, par l'Ostiensis, à bride abattue dans un « cabriolet rapide », si nombreux sont « ceux dont la cendre repose le long de la voie Flaminia et de la voie Latine[1] ».

Le cénotaphe des naufragés, comme les tombes du bord de la route, interpelle le voyageur. On lui remémore « les misères de la navigation ». On déplore les navigations qui vous ont fait « mourir étranger parmi les étrangers ». De la Grèce classique au Bas-Empire, le « discours au voyageur » a peu varié.

Le long des routes de l'Empire, le message des morts est cosmopolite, évoquant la « terre étrangère » du sépulcre, le « sol inconnu » de l'Égypte qui retient le natif de Maurétanie, la « contrée odieuse » (Aquilée) qui conserve le corps de l'Africain qui rêvait du retour[2]. Il y a de quoi contrister le passant et le voyageur, qu'on appelle « hôte de passage » (*hospes*), « voyageur » (*uiator*). Le mort, qui a tout son temps, sollicite l'attention du voyageur : on l'invite à « lire jusqu'au bout » une épitaphe brève, et en contrepartie le défunt lui souhaitera bon vent et bonne route. Au IIe siècle, sur la voie Appienne, un mort remercie le voyageur de s'être « arrêté » (le verbe *resistere* revient très souvent, et généralement à l'impératif, dans ces messages d'outre-tombe au passant). Une épitaphe romaine rend grâces aux voyageurs qui ont fait une pause sur le tombeau de Fabianus — une vedette du cirque —, sans « passer leur chemin » : on leur souhaite « des dieux propices, une route sûre, un retour sain et sauf ». L'inscription de l'Appia ajoutait des vœux de réussite commerciale, de bonne santé... et de bon sommeil[3]. Tout se passe comme si l'acte pie de

---

1. Juvénal, *Sat.*, I, et VIII.
2. Martial, *Épigr.*, X, 26 ; *CE*, 1312 et 2199 ; *CIL*, III, 8384.
3. *CE*, 1098, 1212 ; *CIL*, VI, 2335.

lire l'épitaphe apportait une protection au voyageur, une bénédiction capable d'équilibrer les « malédictions » du voyage.

Mais ces vœux pour la santé et la sécurité des voyageurs, même s'ils n'émanent pas de morts dépaysés, ne donnent pas forcément le moral. On insiste souvent sur les misères « classiques » du trajet, qu'une petite pause pourra alléger :

> Si la boue, si la poussière te retardent d'aventure, voyageur, ou si la soif desséchante maintenant limite ton étape, lis mon épitaphe [...] Suspends ta marche, je t'en prie, laisse l'ombre alléger ton allure obstinée, passant, le chemin est dur, pourquoi brûler les étapes ? [...] Mais, voyageur, repose-toi dans l'herbe verte, et ne fuis pas l'entretien avec une ombre [...] Tout exténué que tu es, voyageur, je te prie de ne pas t'offusquer et de contempler mon tertre, lis et fais une pause, tu vas apprendre quelque chose [1]...

Il arrive que la leçon, pour le « marcheur pressé », soit amère, et qu'on lui offre, en guise de contemplation, le terme funèbre de la condition humaine et de ses vaines démarches [2]...

---

1. *CE*, 982.
2. *CE*, 113.

Conclusion

Le monde parcouru par les contemporains de Strabon et de Pline, le monde cartographié dans la géographie de Ptolémée, avait atteint, dès le début de notre ère, des limites qui ne changeront plus guère jusqu'à l'époque des Grandes Découvertes. C'est dire combien s'est dilaté l'espace du voyage au premier millénaire avant notre ère. Sous la pression de la fatalité ou sous l'impulsion de l'aventure, le « départ de chez soi », déchirante *apoikia*, a toutefois façonné l'état d'esprit et le comportement de l'explorateur, du trafiquant ou du pèlerin, du conférencier ou de la vedette internationale.

Il revenait à Rome de rendre plus homogène cet espace méditerranéen et d'y faciliter les déplacements. La diffusion du modèle grec n'avait pu donner au voyageur que les cadres d'une certaine aisance, en reproduisant d'un bout à l'autre de la Méditerranée le même paysage familier, en généralisant le même langage et les mêmes pratiques : un Grec de l'époque hellénistique pouvait se sentir partout chez lui, à condition d'aller de ville en ville et de ne pas trop s'éloigner de la mer. Mais l'Empire romain réalisa ce que n'avaient pu faire des Grecs éclatés en de multiples États, séparés par des frontières très proches et déchirés par des guerres de voisinage. La conquête et l'administration des pays conquis furent à l'origine du réseau routier. La « paix Auguste » apporta une certaine sécurité. La citoyenneté romaine créa une sorte de statut international de plus en plus étendu.

Mais le rythme du voyage demeurait, quant à lui, inchangé,

toujours très lent et discontinu. Aucune technologie remarquable ne vint améliorer la vitesse des navires ou des véhicules. Les seuls transports de masse se faisaient par mer et les routes ne voyaient guère passer que des silhouettes isolées de marcheurs ou de cavaliers. Le temps du voyage restait court, soumis à l'impératif des saisons et aux aléas du climat, car il ne fallait voyager que par beau temps. Si l'on ajoute à cela une incontestable pesanteur sociologique et une appréhension persistante à trop s'éloigner de chez soi, on comprend qu'aient perduré la pratique du cabotage et celle, pour les flottes comme pour les caravanes, de multiples transits et de brèves étapes, coupées de longues escales.

Car voyager dans de bonnes conditions resta le privilège d'une élite : ceux qui avaient des relations partout, comme les aristocrates grecs dès l'époque archaïque ; ceux qui, riches et connus, disposaient d'une escorte et d'un bagage considérables, comme les sophistes à la mode ; ceux qui exerçaient une fonction officielle et qui pouvaient utiliser, comme les légats romains, l'infrastructure mise en place par l'État. Au fur et à mesure que celle-ci se développait, deux types de voyageurs s'opposèrent. On ne cessa jamais de rencontrer le voyageur malgré lui, pitoyable à ses contemporains comme il l'avait été à Homère et aux Tragiques. À l'époque hellénistique et sous l'Empire, c'était l'exilé, le mercenaire ou l'esclave, poussé hors de chez lui par la famine, la guerre ou la politique ; il restait un isolé à l'existence précaire, un marginal. Cependant, la récurrence même du thème dans toute la littérature de l'Antiquité et son exploitation métaphorique chez les philosophes, dans la poésie populaire ou la prédication religieuse, suffisent à montrer l'intégration progressive et continue de l'expérience du voyage dans l'humanisme antique. L'élite devint voyageuse.

Pour cette période, le type « moderne » du voyageur est représenté par le notable cultivé. Il était le seul à pouvoir préparer et organiser son voyage. Seul, il disposait de l'expérience nécessaire, qu'il tirait de ses livres et de ses relations.

Aussi trouve-t-on de plus en plus fréquemment ces voyages à finalité mixte, qui sont bien la caractéristique de l'Antiquité. Le plus souvent, il s'agissait pour des savants ou des artistes de s'agréger à un convoi officiel, expédition ou ambassade. À l'échelle individuelle, on constate le souci de l'officier, du diplomate et du marchand d'utiliser des déplacements obligés pour satisfaire leur curiosité et aller voir par eux-mêmes ce qu'ils avaient connu par les livres. Le voyage d'étude ou de curiosité ne fut presque toujours qu'un épiphénomène, une opportunité offerte par des activités internationales. Si l'on peut parler quelquefois de « tourisme », c'est moins par la finalité d'un type particulier de voyage — visant comme de nos jours la détente et le loisir — que par un mode de déplacement conçu comme un circuit, et par le goût d'aller tout voir de ses propres yeux.

Les critères de ces « touristes » n'étaient pas exactement les nôtres. Individus sociables par excellence, qui ne concevaient pas la vie hors de la ville et sans un minimum d'installations collectives, Grecs et Romains ne pratiquèrent jamais le voyage (même lointain et aventureux) comme un retour à la nature ou comme l'expérience d'un nouveau genre de vie. Les plus cosmopolites d'entre eux ne dépouillèrent jamais leur horreur de la « sauvagerie », ni leurs préjugés contre les « barbares » — qu'ils observaient avec intérêt, mais auxquels ils ne se mêlaient pas. Le voyageur fortuné transportait donc partout son style de vie, en même temps que ses cuisiniers, ses secrétaires et ses amis. On cherchait à se retrouver entre soi et les hauts lieux du tourisme antique furent avant tout des espaces de sociabilité, ancêtres de nos modernes villes d'eaux, pèlerinages, stations balnéaires, festivals...

De même, l'intérêt pour le paysage fut toujours oblitéré par le goût de l'histoire. On considérait la nature ou les monuments comme un cadre à peupler et à animer de réminiscences mythologiques et historiques. Et si l'on visitait le guide à la main, c'était pour remarquer ce qui était « intéressant » plutôt que ce qui était « beau ».

Le voyageur antique cherchait bien, en un certain sens, le dépaysement, et il était sensible au plaisir de la découverte. Mais ce plaisir provenait moins de l'appréciation des différences — entre les lieux et entre les hommes — que de l'attrait pour l'extraordinaire. Comme l'exploration, le voyage de curiosité fut une quête du merveilleux plus qu'un désir d'aller voir ailleurs.

Bibliographie

Les auteurs latins et grecs ayant écrit une œuvre unique ne sont mentionnés que par leur nom : Hérodote, Athénée, Pausanias, Pline l'Ancien, Aulu-Gelle, etc.

Leurs œuvres sont citées dans la traduction de la Collection des Universités de France (Les Belles Lettres), corrigée et adaptée le cas échéant ; dans les autres cas, références de la collection Teubner ou de la Loeb Classical Library. Les textes techniques et juridiques latins ont été retraduits, ainsi que les inscriptions. Le texte des papyrus est cité d'après la traduction de Cl. Orrieux, *Les Papyrus de Zénon. L'horizon d'un Grec en Égypte*, Paris, 1983.

Chapitre premier. — L'héritage des Grecs : comme Ulysse, malgré eux

Homère

Étude classique de E. Delebecque, « Le voyage dans les temps homériques », *The G.P. Vanier Memorial Lectures 1971-1972*, Ottawa, 1972, pp. 81-95 ; approche anthropologique des voyages d'Ulysse par F. Hartog dans Homère, *L'Odyssée*, trad. P. Jaccottet, Paris, 1982.

Sur la géographie homérique et ses prolongements, A. Ballabriga, *Le Soleil et le Tartare. L'image mythique du monde en Grèce archaïque*, Paris, 1986.

Le tragique de l'errance

A. Bernand, *La Carte du tragique*, Paris, 1985, pp. 323-398.

Circulation autour des sanctuaires

Sur la localisation et l'importance des sanctuaires ruraux, F. DE POLIGNAC, *La Naissance de la cité grecque*, Paris, 1984, pp. 31-35 ; sur la localisation des principaux sanctuaires d'Asie Mineure sur un grand axe est-ouest, par lequel passaient les échanges entre l'Égée et le monde mésopotamien depuis le IIe millénaire, P. DEBORD, *Aspects sociaux et économiques de la vie religieuse dans l'Anatolie gréco-romaine*, Leyde, 1982, p. 11.

L'importance des processions de la ville aux sanctuaires rustiques a été soulignée par R. OSBORNE, *Demos. A Discovery of Classical Attika*, Cambridge, 1985 et par M. JOST, *Sanctuaires et Cultes d'Arcadie*, Paris, 1985. Sur les théâtres et les fêtes des bourgs de l'Attique, D. W. WHITEHEAD, *The Demes of Attica*, Princeton, 1986, pp. 218-222.

Sur l'origine des fêtes panhelléniques, C. MORGAN, *Athletes and Oracles. The Transformation of Olympia and Delphi in the Eight Century B.C.*, Cambridge, 1990 ; M. I. FINLEY, H. W. PLEKET, *The Olympic Games. The First Thousand Years*, Londres, 1976.

Sur les « théores », voir l'étude du terme dans P. CHANTRAINE, *Dictionnaire étymologique de la langue grecque*, s. v. *Théôros*. Les théories envoyées à Délos à l'époque hellénistique sont répertoriées et étudiées par Ph. BRUNEAU, *Les Cultes de Délos à l'époque hellénistique et impériale*, Paris, 1970.

Pour les aspects pratiques de la théorie, voir l'inscription de Delphes du Ve siècle, traduite et commentée par G. ROUGEMONT. « Les théores d'Andros à Delphes », *Études delphiques, BCH*, Suppl. IV, 1977, pp. 37-47. Le très long trajet des offrandes hyperboréennes, des régions de la mer Noire à Délos, a été étudié par J. TRÉHEUX, « La réalité des offrandes hyperboréennes », *Essays... D.M. Robinson*, New York, 1953, pp. 754-774.

Débuts du thermalisme en Grèce

R. GINOUVES, *L'Établissement thermal de Gortys d'Arcadie*, Paris, 1959 et *Balaneutikè*, Paris, 1962.

Le goût de la nature à l'époque classique

Cl. VATIN, « Jardins et vergers grecs », *Mélanges G. Daux*, Paris, 1974, pp. 345-359. A. MOTTE, *Prairies et jardins de la Grèce antique : de la religion à la philosophie*, Bruxelles, 1972.

Archéologie de la campagne attique : J. E. JONES, L. H. SACKETT, A. J. GRAHAM, « The Dema House in Attica », *ABSA*, 57, 1962, pp. 75-114, qui donnent, p. 102, n. 29, la liste de tous les habitats classiques repérés en Attique. D'autres maisons à jardin sont connues par les bornes hypothécaires.

Débuts de la cartographie

Ch. JACOB, *Géographie et ethnographie en Grèce ancienne*, Paris, 1991, qui présente la première réflexion historique sur la carte antique. Vestiges matériels et sources rassemblés par O. A. W. DILKE, *Greek and Roman Maps*, Londres, 1985. Sur le genre des Périples, R. GUNGERICH, *Die Küstenbeschreibung in der griechischen Literatur*, Münster, 1950. Textes conservés édités dans *Geographi Graeci Minores*, 1855, I, pp. 14, 15-96, 370-423.

L'accueil public

Listes de théarodoques publiées par A. PLASSART, « Inscriptions de Delphes. La liste des théarodoques », *BCH*, 55, 1921, pp. 1-85, par P. CHARNEUX, « Liste des théarodoques d'Argos », *BCH*, 90, 1966, pp. 156-239 et 710-714 et par S. G. MILLER, « The Theorodokoi of the Nemean Games », *Hesperia*, 57, 1989, pp. 147-163. Étude de G. DAUX, « Théores et théarodoques », *REG*, 80, 1967, pp. 282-297.

L'infrastructure d'accueil dans les cités et les sanctuaires classiques n'a pas été étudiée systématiquement : l'étude ancienne de P. MONCEAUX, *Les Proxénies grecques*, Paris, 1885, doit être revue et nuancée avec Ph. GAUTHIER, *Symbola*, Nancy, 1972 ; sur les aménagements, remarques générales de L. CASSON, *Travel in the Ancient World*, 2e éd., Londres, 1979 et M.-F. BASLEZ, *L'Étranger dans la Grèce antique*, Paris, 1984.

CHAPITRE II. — L'APPEL DU VOYAGE

Exploration

Afrique : ouvrage fondamental de J. DESANGES, *Recherches sur l'activité des Méditerranéens aux confins de l'Afrique*, Paris, 1978, surtout pp. 243-305. Voir aussi P. M. FRASER, *Ptolemaic Alexandria*, Oxford, 1972, I, pp. 172-184. Sur les relations entre le monde grec et l'Afrique, M. B. WALBANK, « Athens, Carthage and Tyre », *ZPE*, 59, 1985, pp. 110-111 ; M.-F. BASLEZ. « Un monument de la famille royale de Numidie à Délos », *REG*, 94, 1981, pp. 160-166 et V. KONTORINI, *AC*, 44, 1975, pp. 88-89.

Inde : mise au point de J. FILLIOZAT, « La valeur des connaissances gréco-romaines sur l'Inde », *J. Savants*, avril-juin 1981, pp. 97-135. J. FILLIOZAT et J. ANDRÉ, *L'Inde vue de Rome. Textes latins de l'Antiquité relatifs à l'Inde*, Paris, 1986. A. DIHLE, « The Conception of India in Hellenistic and Roman Literature », *Proceedings Cambridge Phil. Soc.*, 10, 1964, pp. 15-23.

Occident : C. F. C. HAWKES, *Pytheas : Europe and Greek Explorers. The Eight J. L. Myres Memorial Lecture*, Oxford, 1975 ; P. FABRE, « Étude sur Pythéas le Massaliote et l'époque de ses travaux », *Les Études classiques*, 1975, pp. 25-44 et 147-165 ; du même, *Les Grecs et la connaissance de l'Occident*, Lille, 1981. *L'Océan et les Mers lointaines dans l'Antiquité*, Paris, 1993.

Sur les rapports culturels avec Rome, P. GRIMAL, *Le Siècle des Scipions*, Paris, 1953, pp. 126-163 ; J.-M. BERTRAND, « Continent et outre-mer, l'espace vécu des Romains », dans *L'Illyrie méridionale et l'Épire dans l'Antiquité*, Clermont-Ferrand, 1987, pp. 263-270.

Polybe

Sur ses voyages et sa méthode géographique, ouvrage fondamental de P. PÉDECH, *La Méthode historique de Polybe*, Paris, 1964.

Vacances et déplacements des fonctionnaires royaux et de leurs familles

Papyrus traduits et présentés par Cl. ORRIEUX, *Les Papyrus de Zénon. L'horizon d'un Grec en Égypte*, Paris, 1983, pp. 61-72. Voir H. HAUBEN, « Les vacances d'Agréophon », *CE*, 60, 1985, pp. 102-108.

Fêtes hellénistiques

Recueil d'études édité par F. DUNAND, *La Fête, pratique et discours*, Besançon-Paris, 1981. Voir aussi M.-F. BASLEZ, *L'Étranger dans la Grèce antique*, Paris, 1984, pp. 273-278. Sur la transformation de fêtes locales en panégyries avec foires et concours reconnus internationalement et privilégiés, voir Ph. GAUTHIER, *Symbola*, Nancy, 1973, pp. 266-284. Le fonctionnement et le rayonnement d'une panégyrie hellénistique récente, celle d'Ilion, sont étudiés par L. ROBERT, *Monnaies antiques en Troade*, Paris, 1966, pp. 18-36.

Littérature de voyage et thème du voyage dans la littérature hellénistique

Présentation d'ensemble de F. CHAMOUX, *La Civilisation hellénistique*, Paris, 1981, pp. 393-403.

Récits de voyageurs et géographes mineurs, édités par C. MÜLLER, *Geographici Graeci Minores*, Paris, 2 vol., 1853-1861 (Agatharchide : pp. 111-195).

Tradition du journal de voyage : voir E. NORDEN, *Agnostos Theos*, Leipzig, 1891, pp. 128-143 et E. TROCMÉ, *Le « Livre des Actes » et l'histoire*, Paris, 1957, pp. 128-143.

Sur les géographes alexandrins : présentation générale de Ch. JACOB, *Géographie et ethnographie en Grèce ancienne*, Paris, 1991, pp. 105-146, qui traite en détail l'apport d'Agatharchide. Sur l'érudition alexandrine plus particulièrement, L. CANFORA, *La Véritable Histoire de la bibliothèque d'Alexandrie*, Paris, 1988.

Sur les procédés de description, C. J. CLASSEN, *Die Stadt im Spiegel der Descriptiones und Laudes Urbium*, 2e éd., Hildesheim-New York, 1980.

Sur le genre de la périégèse, on pourra utiliser l'étude de Ch. JACOB, *La Description de la Terre habitée de Denys d'Alexandrie ou la Leçon de géographie*, Paris, 1990 (traduction et présentation d'un manuel de vulgarisation alexandrin au IIe siècle de notre ère).

Littérature paradoxographique

K. SCHNEIDER, « Paradoxographoi », *RE*, XVIII. 3, 1949, col. 1137-1167.

Cartographie alexandrine

Ch. JACOB, *Géographie et ethnographie en Grèce ancienne*, Paris, 1991, pp. 105-131 (sur la carte alexandrine) et *L'Empire des cartes*, Paris, 1992 (histoire de la cartographie européenne dans laquelle la carte de Ptolémée a marqué une étape décisive). Voir également Cl. NICOLET, *L'Inventaire du monde*, Paris, 1988, bien qu'il se soit principalement consacré aux modèles géographiques de l'époque augustéenne.

Villégiature

Pour un « paradis » hellénistique en Jordanie, P. GENTELLE, *Hérodote*, 20, 1981, pp. 70-101. Sur les « paradis » du Fayoum, Cl. ORRIEUX, *Les Papyrus de Zénon*, Paris, 1983, pp. 79-88 et *Zénon « parépidèmos » et le destin grec*, Besançon, 1985, pp. 133-135. E. VANDERBORGHT, « La maison de Diotimos à Philadelphie », *CE*, 33, 1942, pp. 117-126.

CHAPITRE III. — ANTIQUES PRÉJUGÉS ET TABOUS À ROME. ÉVOLUTION DES MENTALITÉS

Primitivisme romain ; enracinement

M. BONJOUR, *Terre natale. Études sur une composante affective du patriotisme romain*, Paris, Les Belles Lettres, 1975, contient des analyses psycho-sociologiques très intéressantes qui mettent en évidence, à partir des migrations primitives (p. 12 sq.), la naissance d'un patriotisme romain et d'un patriotisme local. L'auteur souligne avec rigueur les tensions entre la grande patrie, civique et mondiale, et l'enracinement local (cas de Cicéron, p. 78 sq.) ; de même, l'attachement des Romains à la Ville, obstacle psychologique à la colonisation (p. 126 sq.). On lira particulièrement le passage du chapitre II intitulé « L'abandon de Rome », pp. 149-162 (y compris l'analyse littéraire de l'exil), puis le chapitre III, « Au pays natal. Séjours et retours » (p. 162 sq.), série de monographies sur tous les grands auteurs latins, provinciaux attirés ou aspirés par Rome ; dans le cadre du « patriotisme local », l'étude de l' « esprit de clocher » — clef d'un certain immobilisme casanier —, éclaire le « sabinisme » de Varron, l'attachement d'Horace à l'Apulie (p. 234 sq.). Plus loin (p. 259 sq.), l'existence de « groupes régionaux » à Rome, notamment le noyau cisalpin et le noyau espagnol, corrobore la même quête de cadres sécurisants. On regrettera que l'aspect paléoreligieux et les « tabous » du déplacement soient un peu sacrifiés.

Sur les tabous du déplacement, K. LATTE, *Römische Religionsgeschichte*, Munich, 1960, pp. 202-203 et 402-403 (AULU-GELLE, *Nuits attiques*, X, 15, 4 sq.) ; J. BAYET, *Histoire politique et psychologique de la religion romaine*, Paris, 1957, p. 100 (flamine de Jupiter).

Problèmes de droit

Le *postliminium* et l'exil : pour le *postliminium*, voir A. WATSON, *The Law of Persons in the Late Republic*, Oxford, 1967, p. 162 sq. (commentaire de *Digeste*, XLIX, 15, 5, 2).

L'*interdictio aqua et igni* (deux formulations, *interdicere aqua et igni/ interdictio aquae et ignis*) : voir HEUMANN-SECKEL, *Handlexikon zu den Quellen des römischen Rechts*, 2ᵉ éd., Graz, 1971, p. 279 (sources : *Digeste*, XLVIII, 19, 2 ; *Code justinien*, V, 17). L'*interdictio* est liée à l'exil et à la déportation : GAIUS, *Institutes*, I, 128 ; *Digeste*, I, 5, 18 ; XXVIII, 5, 60 ; XXXII, 1, XXXVIII, 10, 4, etc.

Les implications juridiques de *peregrinus/peregrinitas* : le *peregrinus* est avant tout le ressortissant d'un droit différent, cf. *Code justinien*, IX, 18, 6 *(naturae peregrinus)* ou *Code théodosien*, IV, 6, 3 *(peregrinus a Romanis legibus)*. La notion primitive d'*hostis*, ambivalente (étranger-ennemi), est présente dans les Douze Tables, II et VI, et dans leurs commentaires ultérieurs (CICÉRON, *De officiis*, I, 12, 37 ; le grammairien FESTUS, etc.).

Sociologie des activités primitives

J.-M. ANDRÉ, *L'Otium dans la vie morale et intellectuelle romaine*, Paris, 1966, p. 19 sq. ; pour le témoignage de la comédie *palliata, ibid.*, p. 67 sq.

Chapitre iv. — L'Empire romain et le voyage : essor et résistances

Pour la navigation et le commerce international, voir J. Rougé, *Recherches sur l'organisation du commerce maritime en Méditerranée sous l'Empire romain*, Paris, 1966.
Pour la géographie, l'ethnographie et l'anthropologie, voir chapitre ix.
Pour les écoles philosophiques du Haut-Empire, voir chapitre viii (aspect « théorétique » du voyage).

La pax Augusta et l'organisation du monde conquis

Outre A. Piganiol, *La Conquête romaine*, Paris, 1927 et rééd., voir J.-M. André, *Le Siècle d'Auguste*, Paris, 1974, p. 136 sq. (impérialisme et « paix romaine ») ; L. Homo, *Le Siècle d'or de l'Empire romain. Les Antonins*, Paris, 1947 ; J. Béranger, *Recherches sur l'aspect idéologique du principat*, Bâle, 1953, notamment p. 210 sq. (*prouidentia*) et 266 sq. (*tutela*) ; H. Fuchs, *Augustin und der antike Friedensgedanke*, Neue Philologische Untersuchungen, 3, 1926, p. 182 sq. ; M. A. Levi, *Il tempo di Augusto*, Firenze, 1951, notamment vi, p. 273 sq. (« La vita economica e sociale »), et vii-viii, p. 331 sq. (organisation militaire ; « provinces et confins »).

L'exploration du monde et la géographie

E. de Saint-Denis, *La Mer dans la poésie latine*, Paris, 1936, pp. 177-181 (Auguste et la politique de la mer), p. 409 sq. (la génération julio-claudienne). A. Silberman, *Pomponius Mela, Géographie*, Paris, CUF, 1988 : excellente Introduction, notamment p. xxxvi sq. (« Les sources de date romaine », avec bibliographie).

La civilisation urbaine et la valeur « théorétique » des villes

L. Homo, *Rome impériale et l'urbanisme dans l'Antiquité*, Paris, 1951 ; P. Grimal, *Les Jardins romains*, 2ᵉ éd., Paris, 1969, *passim* (la Rome des promenades et des parcs) ; J.-M. André, *Le Siècle...*, *op. cit.*, p. 45 sq. et 209 sq. ; C. J. Classen, *Die Stadt im Spiegel der Descriptiones und Laudes urbium*, Hildesheim-New York, 1980, pp. 6-27 (éloge de la ville dans l'éloquence « épidéictique » et incitation au tourisme).

Chapitre v. — Les voyages officiels

Monde grec et hellénistique

Le voyage officiel a été très peu traité, sinon à travers la documentation papyrologique par Cl. Orrieux, *Les Papyrus de Zénon*, Paris, 1983 (beaucoup de documents traduits) ; sous ses aspects religieux (le culte de l'épiphanie du souverain, en particulier à son débarquement) par Ch. Habicht, *Gottmenschentum und griechische Städte*, Munich, 1970, et pour le personnel diplomatique par D. J. Mosley, *Envoys and Diplomacy in Ancient Greece*, Wiesbaden, 1973. Pourtant, les souverains hellénistiques ont fourni la tradition et le modèle du voyage impérial, beaucoup mieux étudié.

Voyages des légats à l'époque républicaine

Article de D. Kienast, dans *RE*, Suppl. XIII, 1973, col. 587 sq. : *Presbeia, Griechisches Gesandtschaftswesen* (Tite-Live et Polybe, livres XXX sq.). Synthèse de P. Jal, « Place et rôle des *legati* et *legationes* dans le récit livien, *REL*, 63, 1985, p. 118 sq.

Sur les réalités juridiques, G. Rotondi, *Leges publicae populi Romani*, Rome, 1912, p. 15 sq.

L'accueil des ambassades à Rome : localisation de la *Villa Publica*, S. B. Platner, *A Topographical Dictionary of Ancient Rome*, Rome, 1965, p. 581.

Les garanties diplomatiques, *hospitium publicum* et *fides publica* : J. Gaudemet, *Institutions de l'Antiquité*, Paris, 1967, p. 388 ; G. Freyburger, « *Fides* ». *Étude sémantique et religieuse depuis les origines jusqu'à l'époque augustéenne*, Paris, 1986, pp. 127-128, 185 sq.

Dimension religieuse

J. Champeaux, *Le Culte de la Fortune à Rome et dans le monde romain*, I, coll. École française de Rome, 64, Paris-Rome, 1982, p. 150 sq. (158-159), p. 177-178 (monnaies de Rustius et allusions à la Fortune d'Antium comme *Redux* chez Horace) ; II, 1987, pp. 250-251. I. Paladino, « *Fratres Arvales* ». *Storia di un collegio sacerdotale romano*, Rome, 1988, pp. 66-71. H. Halfmann, *Itinera principum*, Stuttgart-Wiesbaden, 1986, pp. 234-242 (*Felicitas*) et 124-129 (l'empereur comme bienfaiteur). Sur la fonction évergétique du voyage, W. Schubart, « Das hellenistische Königsideal », dans *Ideologie und Herrschaft in der Antike*, Darmstadt, 1979, p. 90 sq.

Voyages impériaux

L'ouvrage fondamental est H. HALFMANN, *Itinera principum. Geschichte und Typologie der Kaiserreisen im römischen Reich*, Stuttgart-Wiesbaden, 1986 (finalités et modalités du voyage princier; princes jusqu'au Bas-Empire et famille impériale; organisation étatique et charges locales; utilisation exhaustive des « sources »).
Pour les voyages de Mécène et d'Agrippa : J.-M. ANDRÉ, *Mécène. Essai de biographie spirituelle*, Paris, 1967, pp. 64-70. J.-M. RODDAZ, *M. Agrippa*, Bibliothèque des Écoles françaises d'Athènes et de Rome, fasc. 253, Paris-Rome, 1984, notamment III, chap. II et III, p. 383 sq. et Chronologie, pp. 635-638.
Pour Néron : G.-Ch. PICARD, *Auguste et Néron. Les secrets de l'Empire*, Paris, 1962, VI, pp. 145 sq. 228-233, ; F. F. ABBOTT-A. C. JOHNSON, *Municipal Administration in the Roman Empire*, Princeton, 1926, n° 56, pp. 359-360 (proclamation de Néron aux jeux Isthmiques).
Pour l'inspection d'Hadrien à Lambèse : *CIL*, VIII, 2532 et 18042 (*ILS*, 2487 et 9133-9135, trad. L. HOMO, *Le Siècle d'or de l'Empire romain*, Paris, 1947, pp. 197-200). On consultera, parmi les documents primaires, le recueil d'E. MARY SMALLWOOD, *Documents Illustrating the Principates of Nerva, Trajan and Hadrian*, Cambridge, 1966, pour les *Acta Arvalium*, pour les attestations épigraphiques des voyages d'Hadrien.

Attestations épigraphiques du passage des « officiels » dans la Vallée des Rois

Ouvrage ancien de J.-A. LETRONNE, *Recueil des inscriptions grecques et latines de l'Égypte*, Paris, 1842, II, p. 316 sq. (majeure partie des textes de l'époque d'Hadrien, p. 328 sq. ; pour le voyage de 130, pp. 350-371). A. et E. BERNAND, *Les Inscriptions grecques et latines du Colosse de Memnon*, Bibl. Étude Institut français Arch. Or., Le Caire, t. XXXI, 1960.

Visites impériales à Athènes

P. GRAINDOR, *Athènes sous Auguste* et *Athènes sous Hadrien*, Le Caire, 1927 et 1934. À revoir avec S. FOLLET, *Athènes aux IIe et III^{e}siècles. Études chronologiques et prosopographiques*, Paris, 1976, pp. 113-116, 136 sq.

Les frais de mission

Les lois qui réglementent les missions et les dépenses, citées par G. ROTONDI, *Leges publicae...*, *op. cit.*, sont, dans l'ordre chronologique, et avec une marge d'incertitude :

— *lex Porcia de sumptu prouinciali*, datant peut-être du consulat de Caton (195 av. J.-C.), cf. TITE-LIVE, XXXII, 27 (restrictions sur les frais de réception des « alliés ») ;

— *lex Cornelia*, mal connue, datant de Sylla (CICÉRON, *In Pisonem*, XXI, 50 ; ROTONDI, *Leges...*, *op. cit.*, p. 360) ;

— *lex Julia de repetundis*, de 59 av. J.-C., datant du consulat de César, qui limite les prestations publiques et les charges « imposées » aux administrés, considérées comme des « extorsions » (cf. *Verrines*, II, 5, 45 : « *praesidi et uecturae causa sumptu publico nauigia* », « navires à frais public »). Cette loi est mal distinguée de la *lex de liberis legationibus* de 46 av. J.-C. (abus des « missions libres »), loi de la dictature de César.

Les charges locales

F. F. ABBOTT-A. C. JOHNSON, *Municipal Administration in the Roman Empire*, Princeton, 1926, V, p. 39 sq. (*ciuitates liberae et immunes* and *ciuitates stipendiariae*), notamment p. 53 (réquisitions), 95-96 (charges personnelles). H. HALFMANN, *Itinera principum... op. cit.*, II. « Planung und Organisation », p. 74 sq. ; III, « Kaiserbesuch und provinziale Stadt », p. 129 sq. (*munus* des cités).

Cursus publicus

Article ancien de DAREMBERG-SAGLIO, *Dictionnaire Antiquités...*, 1645 sq. ; PAULY-WISSOWA, *RE*, IV. 2, 1846-1863. Reprise de la question et du matériel épigraphique dans H. G. PFLAUM, *Essai sur le « Cursus publicus » sous le Haut-Empire*, Mémoires Acad. Inscriptions, XIV, I, 1940, pp. 183-391, notamment p. 232 sq. (les courriers et la correspondance officielle de Pline) ; chap. IV, p. 250 sq. (d'Hadrien à Septime Sévère : fonctionnaires locaux et « préfets des véhicules »).

Le problème des *diplomata* est traité, outre DAREMBERG-SAGLIO, et PAULY-WISSOWA, par PFLAUM, pp. 312-315 (modalités de délivrance ; « bureau des diplômes » et abus sanctionnés).

CHAPITRE VI. — LES VOYAGES DE DEVOIR ET D'ACTIVITÉ

Exploitation foncière

Ch. SAUMAGNE, « Ouvriers agricoles ou rôdeurs de celliers ? Les circoncellions d'Afrique », *Annales ESC*, 1934, 351 sq. M.-C. AMOURETTI, *Le Pain et l'huile dans la Grèce antique*, Paris, 1986.

Sur la transhumance, A. GRENIER, « La transhumance des troupeaux en Italie et son rôle dans l'histoire romaine », *Mél. Arch. Hist.*, 1905, pp. 293-328 ; études récentes de S. GEORGOUDI, « Quelques problèmes de transhumance dans la Grèce ancienne », *REG*, 87, 1974, pp. 155-185 ; sur l'importance de la pratique au nord-ouest de la Grèce, P. CABANES, *Les Illyriens*, Paris, 1988, pp. 39-41.

Colporteurs et forains

Documentation athénienne : voir V. EHRENBERG, *The People of Aristophanes*, Oxford, 1951, pp. 13-15.

Documentation alexandrine : voir P. PERDRIZET, *Terres cuites Fouquet*, Le Caire, 1921 et F. CUMONT, *L'Égypte des astrologues*, Bruxelles, 1937, pp. 81-95.

Artisans et artistes

Pour l'archaïsme grec : K. MURAKAWA, « Demiurgos », *Historia*, 6, 1957, pp. 385-415 ; R. D. BARNETT, « Early Greek and Oriental Ivories », *JHS*, 68, 1948, pp. 1-7.

Déplacements de sculpteurs : J. MARCADÉ, *Recueil des signatures de sculpteurs grecs*, Paris, 1953 et 1957 ; J. B. WADE-PERKINS, « The Tripolitan Marble Trade », *JRS*, 1951, pp. 89-95 ; F. S. KLEINER, « Artists in the Roman World. An Itinerant Workshop in Augustean Gaul », *MEFR*, 89, 1977, pp. 661-696.

Grands chantiers du monde grec : A. BURFORD, « The Economics of Greek Temple Building », *Proceedings of the Cambridge Philological Society*, 1965, pp. 21-34 et *The Greek Temple Builders at Epidauros*, Liverpool, 1969 ; G. ROUX, *L'Amphictionie, Delphes et le temple d'Apollon au IVe siècle*, Lyon, 1979 ; pour Délos, M. LACROIX, « Les étrangers à Délos », *Mélanges Gustave Glotz*, Paris, 1932, pp. 501-525.

Rome : dans une copieuse bibliographie, citons seulement M. A. LEVI, *Il tempo di Augusto*, Florence, 1951, p. 237 sq. (voir les planches des reliefs de l'*Ara Pacis*). Voir aussi F. COARELLI, *Guida archeologica di Roma*, Rome, 1974, pp. 270-277 (Autel et Mausolée), avec bibliographie, et p. 350. Voir aussi J.-C. RICHARD, « *Mausoleum* » : d'Halicarnasse à Rome, puis à Alexandrie, Latomus, XXIX, 1970, p. 370 sq. Étude détaillée de l'*Ara Pacis* et de ses canons artistiques dans R. BIANCHI BANDINELLI, *Rome, le centre du pouvoir*, p. 182 sq. ; bibliographie, p. 394.

Compagnies théâtrales

M. BIEBER, *The History of the Greek and Roman Theater*, Princeton, 1961. P. GIRON-BISTAGNE, *Recherches sur les acteurs dans la Grèce antique*, Paris, 1976, 4ᵉ partie, p. 173 sq., *passim*. Plus dense, A. PICKARD-CAMBRIDGE, *The Dramatic Festivals of Athens*, 2ᵉ éd., Oxford, 1988, pp. 279-321.

Description des genres bouffons dans G. MICHAUT, *Sur les tréteaux latins*, Paris, 1911.

Athlètes

C. MORGAN, *Athletes and Oracles. The Transformation of Olympia and Delphi in the 8th Century*, Cambridge, 1990 ; E. N. GARDINER, *Athletics of the Ancient World*, Oxford, 2ᵉ éd., 1967 ; L. MORETTI, *Iscrizioni agonistiche grece*, Rome, 1953 ; L. ROBERT, « Les épigrammes satiriques de Lucilius sur les athlètes. Parodie et réalités », *Entretiens de la Fondation Hardt XIV*, Vandœuvres-Genève, 1967, surtout pp. 200 et 236-237, qui montre clairement la mobilité des champions.

Gladiateurs : G. VILLE, *La Gladiature dans l'Occident romain*, Rome-Paris, 1981 ; L. ROBERT, *Les Gladiateurs dans l'Orient grec*, Paris, 1940, rééd. 1970.

Intellectuels et professions libérales

Étude classique de M. GUARDUCCI, *Poeti vaganti e conferenzieri dell'eta ellenistica. Ricerche di epigrafia greca nel campo della letteratura del costume*, Mémoires de l'Académie des Lincei, Sciences morales, 6, 2, fasc. 9, Rome, 1929, pp. 629-665.

Le thème du voyage dans les épitaphes métriques de médecins est traité par L. ROBERT, *Hellenica*, II, Paris, 1946. Sur les sophistes, J. de ROMILLY, *Les Grands Sophistes dans l'Athènes de Périclès*, Paris, 1988. A. BOULANGER, *Aelius Aristide et la sophistique dans la province d'Asie au IIᵉ siècle de notre ère*, Bibl. des écoles françaises d'Athènes et de Rome, 126, Paris, 1923, notamment p. 50 sq. (les sophistes et leurs missions) ; pp. 74-108, *passim* ; pp. 211-212, 227-232, 249-265, *passim* (les *Discours* d'Aelius).

Militaires

H. W. PARKE, *Greek Mercenary Soldiers*, Oxford, 1933. M. LAUNEY, *Recherches sur les armées hellénistiques*, Paris, 2ᵉ éd., 1987, qui fournit d'abondantes listes par origine. J. ROY, « The Mercenaries of Cyrus », *Historia*, 16, 1967, pp. 287-323. Y. LE BOHEC, *L'Armée romaine*, Paris, 1989, surtout pp. 221-246 (rôle économique, explorations, protection juridique, migrations...).

Trafiquants

Archaïsme : M. GRAS, *Trafics tyrrhéniens archaïques*, Paris, 1985.

Sur le problème, mal résolu, des itinéraires du commerce grec dans le monde celte, Cl. ROLLEY, « Importations méditerranéennes et repères chronologiques » et P. VILLARD, « Les vases grecs chez les Celtes », dans *Les Princes celtes et la Méditerranée*, Rencontres de l'École du Louvre, Paris, 1988 (pp. 93-102 et pp. 333-342).

Orientaux en Méditerranée : M.-F. BASLEZ, « Le rôle et la place des Phéniciens dans la vie économique des ports de l'Égée », *Studia Phoenicia*, 5, 1987, pp. 267-285 ; G. BRIZZI, « Gli emporese siro-libanese. Peripli e scrittori », *Felix Ravenna*, 111-112, 1976, pp. 3-61.

Sur les caravanes arabes, M. ROSTOVTZEFF, *Caravan Cities*, Oxford, 1932.

Sur la colonie orientale de Lyon, voir les inscriptions publiées par ALLMER-DISSARD, *Musée de Lyon, Inscriptions antiques*, III et le commentaire de J. ROUGÉ, dans *98ᵉ Congrès des Sociétés savantes, Toulouse, 1971*, Paris, 1976, pp. 211-217.

Italiens : étude classique de J. HATZFELD, *Les Trafiquants italiens dans l'Orient hellénique*, Paris, 1919, à compléter par D. van BERCHEM, Les Italiens d'Argos et le déclin de Délos », *BCH*, 86, 1962, pp. 305-313 et « Les Italiens d'Argos. Un post-scriptum », *BCH*, 87, 1963, pp. 322-324 ; R. BALADIÉ, *Le Péloponnèse de Strabon*, Paris, 1980, pp. 326-330 ; R. ÉTIENNE, *Ténos II*, Paris, 1990, pp. 125-145 ; S. DEMOUGIN, *L'Ordre équestre sous les Julio-Claudiens*, Paris-Rome, 1988, pp. 104-111 et n. 173 (matériaux épigraphiques sur les publicains et leurs *socii*).

Sur le commerce d'esclaves à travers les Balkans, stèle d'Amphipolis, à voir maintenant dans H. DUCHÊNE, *BCH*, 110, 1986, pp. 513-530.

Banquiers : étude classique de R. BOGAERT, *Banques et banquiers dans les cités grecques*, Leyde, 1968.

Routes de la soie et des épices

S. HEDIN, *The Silk Road*, Londres, 1938 ; J. I. MILLER, *The Spice Trade of the Roman Empire*, Oxford, 1969 ; J. J. THORLEY, « The Silk Trade between China and the Roman Empire », *G. & R*, 18, 1971, pp. 71-80. Mise au point de M. G. RASCHKE, « New Studies in Roman Commerce with the East », *ANRW*, II. 9. 2, Berlin-New York, 1978, pp. 622-637 et 650-676.

Propagation des religions orientales

Les ouvrages anciens célèbres de F. CUMONT, *Les Religions orientales dans le paganisme romain*, Liège, 1911 (dernière réédition, Paris, 1963) et J. BIDEZ-F. CUMONT, *Les Mages hellénisés*, Paris, 1938 gardent tout leur intérêt, mais sont à revoir à la lumière des études monographiques publiées dans la collection EPRO à Leyde (Études préliminaires aux religions orientales dans l'Empire romain).

Pour l'Empire, synthèse récente de R. Turcan, *Les Cultes orientaux dans le monde romain*, Paris, 1989.

Présentation générale de G. et M. L. Freyburger, et J.-C. Tautil, *Sectes religieuses en Grèce et à Rome*, Paris, 1986.

Sur les conditions de diffusion des cultes égyptiens dans le monde grec, mise au point d'Ed. Will dans *Histoire politique du monde hellénistique*, 2ᵉ éd., Nancy, 1979, pp. 200-207.

Pour Délos : P. Roussel, *Les Cultes égyptiens à Délos*, Paris, 1915-1916 ; M.-F. Baslez, *Pénétration et diffusion des religions orientales à Délos*, Paris, 1977.

Astrologues : F. Camer, *Astrology in Roman Law and Politics*, Philadelphie, 1954 ; G. W. Bowersock, « Antipater Chaldaeus », *Class. Quart.*, 33, 1983, p. 491 ; I. Savelli, « Un " astronomo caldeo " nelle Tessaglia tardo-ellenistica », *Ann. Scuol. Norm. Sup.*, Pisa, 15, 1985, pp. 542-548.

Première mission chrétienne

M.-F. Baslez, « Les voyages de saint Paul », *L'Histoire*, sept. 1980, pp. 38-47 et *Saint Paul*, Paris, 1991.

L'épitaphe du Syrien Eukténios Julianus, publiée par J. Pouilloux, *J. Savants*, 1975, pp. 47-75, a été abondamment commentée : M. Guarducci, « Il missionario di Lione », *MEFRA*, 88, 1976, pp. 843-852 (thèse qui s'est révélée peu fondée) ; C. P. Jones, *Am. Jour. Phil.*, 1976, pp. 336-353 (thèse du rhéteur) ; G. Anderson, *JHS*, 104, 1982, p. 202 (thèse du marchand cultivé).

Chapitre VII. — Les voyages de piété

Problématique du pèlerinage

Les Pèlerinages, Sources orientales, III, Paris, 1960, et R. de Vaux, *Les Institutions de l'Ancien Testament*, Paris, 1958. « L'Antiquité chrétienne » dans *Les Pèlerinages*, Paris, 1973, pp. 97-115.

Des témoignages incontestables sont consignés dans des papyrus araméens, édités par P. Grelot, *Documents araméens d'Égypte*, Paris, 1972, par exemple au n° 83. Sur le sens des déplacements aux villes saintes à l'époque pharaonique, voir J. Yoyotte dans Sources orientales, III, pp. 19-74.

Pages suggestives de G. Siebert, « Réflexions sur la notion de pèlerinage dans la Grèce antique », *Les Pèlerinages*, Paris, 1973, pp. 33-53.

Processions

Pythaïdes d'Athènes à Delphes : G. COLIN, *Le Culte d'Apollon Pythien à Delphes*, Paris, 1905 ; S. V. TRACY, *IG II/2.2336. Contributors of First Fruits for the Pythais*, Meisenheim am Glan, 1982.

Éleusis : G. MYLONAS, *Eleusis and the Eleusinian Mysteries*, Princeton, 1961, pp. 216-221, planches avec des représentations céramiques de différents moments de la procession.

Sur la fonction des processions d'Athènes, R. OSBORNE, *Demos. The Discovery of classical Attika*, Cambridge, 1985.

Pieds votifs

Étude d'ensemble de M. GUARDUCCI, « Le impronte del Quo Vadis », *Atti della Pontificia Accademia Romana di Archeologia*, 19, 1942-1943, pp. 305-344.

Ex-voto

Témoignages rassemblés par O. WEINREICH, *Theoi Epèkooi, AM*, 37, 1912, 1-68.

Consultations oraculaires

Listes et historique par H. W. PARKE, *The Delphic Oracle*, Oxford, 1956 ; *The Oracles of Zeus*, Oxford, 1961 ; *The Oracles of Apollo in Asia Minor*, Londres, 1985.

Sur la circulation, voir P. DEBORD, *Aspects sociaux et économiques de la vie religieuse dans l'Anatolie gréco-romaine*, Leyde, 1982, pp. 20-22.

Sur la vitalité des oracles au Bas-Empire, J. ROBERT, *Fouilles de Claros*, I, Paris, 1990.

Sur l'oracle de Delphes : présentation générale de G. ROUX, *Delphes, son oracle et ses dieux*, Paris, 1976. Plus précis, P. AMANDRY, *La Mantique apollinienne à Delphes*, Paris, 1950 et J. DEFRADAS, *Les Thèmes de la propagande delphique*, Paris, 1964. Sur les liens de Rome avec l'oracle, G. DAUX, *Delphes au II^{er} et au Ier siècle*, Paris, 1936.

Sur la fonction internationale des oracles dès l'époque classique, R. CRAHAY, *La Littérature oraculaire chez Hérodote*, Paris, 1956.

On peut encore consulter A. BOUCHÉ-LECLERCQ, *Histoire de la divination dans l'Antiquité*, Paris, 1879, surtout t. III.

Cures miraculeuses

Sur les origines du thermalisme grec, R. GINOUVES, *Balaneutikè*, Paris, 1962.

Sur le culte d'Asclépios, tout le matériel est rassemblé par E. et L. EDELSTEIN, *Asclepius. A Collection and Interpretation of the Testimonies*, New York, 1975, qui voient dans ce culte une opération des écoles de médecine. Bonne mise au point de R. MARTIN et H. METZGER, dans *La Religion grecque*, Paris, 1976.

Témoignages de miraculés : nombreuses traductions de stèles d'Épidaure par A.-J. FESTUGIÈRE dans *Histoire générale des religions*, II, Paris, 1960 ; du même, traduction et présentation d'AELIUS ARISTIDE, *Discours sacrés. Rêve, religion, médecine au IIe siècle ap. J.-C.*, Paris, 1986.

Sanctuaires guérisseurs

R. GINOUVES, *L'Établissement thermal de Gortys d'Arcadie*, Paris, 1959.

Cos : S. SHERWIN-WHITE, *Ancient Cos*, Göttingen, 1978.

Pergame : Ch. HABICHT, « Die Inschriften des Asklepieions », dans *Die Inschriften von Pergamon*, III, Berlin, 1966 ; O. ZIEGENHAUS et G. DE LUCA, *Pergamon. Das Asklepieion*, I, Berlin, 1968 ; M. LE GLAY, « Hadrien et l'Asclépieion de Pergame », *BCH*, 100, 1976, pp. 346-372.

Gaule : étude d'ensemble dans le recueil édité par A. PELLETIER, *La Médecine en Gaule. Villes d'eau, sanctuaires des eaux*, Paris, 1985 ; monographie de M. DESNOYERS, *Néris-les-Bains (Allier)*, dans le même recueil.

Médecine romaine

D. GOUREVITCH, *Le Triangle hippocratique dans le monde gréco-romain. Le malade, sa maladie et son médecin*, Paris, 1984, p. 347 sq. ; J.-M. ANDRÉ, *La Notion de « pestilentia » à Rome : du tabou religieux à l'interprétation préscientifique*, Latomus, XXXIX, 1, 1980, p. 3 sq.

Pèlerinages chrétiens

L'antériorité du pèlerinage oriental est bien dégagée par P. MARAVAL, *Lieux saints et pèlerinages d'Orient. Histoire et géographie, des origines à la conquête arabe*, Paris, 1985, II, p. 61 sq. ; p. 88 sq. (développement de l'Asie Mineure, et des sites religieux de Thrace et Macédoine) ; p. 105 sq. (origine géographique et condition sociale des pèlerins ; importance des moines). B. KÖTTING, *Ecclesia peregrinans. Das Gottesvolk unterwegs*, Münster, 1985, p. 232 sq. (*Palästina*).

Sur les débuts du culte des martyrs, déjà bien implanté au IVe siècle, P. DE LABRIOLLE, *La Réaction païenne*, Paris, 1934 ; Ch. PIÉTRI, *Roma christiana*, Paris, 1976.

Les Itinéraires antiques de Gaule ou d'Italie à Jérusalem ont été édités par P. GEYER, *Itinera Hierosolymitana saeculi III-VIII*, Vienne-Leipzig,

1898, repr. 1964. Pour Egérie, *Journal de voyage (Itinéraire)* et *Lettre sur la bienheureuse Égérie*, édités par P. Maraval, M.-C. Diaz et Y. Diaz dans Sources chrétiennes n° 298, Paris, 1982, avec une introduction substantielle.

Pèlerinages dans l'Égypte gréco-romaine

Typologie et synthèse d'E. BERNAND, « Pèlerins dans l'Égypte gréco-romaine », dans *Mélanges Levêque*, I, Paris, 1988, pp. 49-63.

CHAPITRE VIII. — VOYAGE ET CULTURE

Sources philosophiques

H. DIELS, *Die Fragmente der Vorsokratiker*, 2e éd., Zürich-Dublin, 1966, 3 vol. : vie, doctrine et fragments des « présocratiques », vol. I et II ; vie et fragments des grands sophistes, Protagoras, Gorgias, Hippias, etc., vol. II. C, *Ältere Sophistik*, p. 252 sq.

H. VON ARNIM, *Stoicorum Veterum Fragmenta*, Leipzig, 1903-1904, 4 vol., avec Index de M. Adler (t. IV).

H. USENER, *Epicurea*, Leipzig, 1887.

F. WEHRLI, *Die Schule des Aristoteles. Texte und Kommentar*, Bâle-Stuttgart, 1944-1957, 11 fasc. : biographies et fragments attestés de Théophraste, Dicéarque...

DIOGÈNE LAËRCE, *Vie et doctrine des philosophes éminents*, éd. Loeb, 2 vol., 1958-1959.

Écoles philosophiques

J.-M. ANDRÉ, *L'Otium dans la vie morale et intellectuelle romaine, des origines à l'époque augustéenne*, Paris, 1966 : essai sur l'adaptation de la *theôria* grecque à Rome, confrontée avec la sociologie romaine ; réception des systèmes grecs, platonisme, stoïcisme, épicurisme, pythagorisme (bibliographie critique). Du même, *La Philosophie à Rome*, Paris, 1977, chap. I (résumé des grandes doctrines). Du même, « Les écoles philosophiques aux deux premiers siècles de l'Empire » *A N R W*, II. 36. 1, Berlin-New York, 1986, pp. 5-77. On trouvera dans les tomes 36, 1 et suiv. une synthèse complète sur les grandes écoles.

V. BROCHARD, *Les Sceptiques grecs*, rééd., Paris 1986 (biographie et doctrine de Pyrrhon, Arcésilas, Carnéade, etc., avec mention de leurs voyages).

A. OLTRAMARE, *Les Origines de la Diatribe romaine*, thèse, Genève, 1925 : « thèses » liées au voyage, sur la diversité des coutumes, morales, religieuses, funéraires, sur la « vertu des primitifs » (rôle de Sénèque dans la vulgarisation : chap. XI, p. 252 sq.).

H. VON ARNIM, *Leben und Werke des Dio von Prusa*, Berlin, 1898, p. 254 sq. (l'exil et l'expérience cynique de Dion; ses voyages aux confins du monde civilisé).

F. JOUAN, « Les récits de voyage de Dion Chrysostome : réalité et fiction », dans *L'Invention de l'autobiographie*, Paris, 1993, 189-198.

A.-J. FESTUGIÈRE, *Épicure et ses dieux*, Paris, 1946 (en fait, biographie d'Épicure et étude de son école).

Rôle intellectuel d'Alexandrie

P. M. FRASER, *Ptolemaic Alexandria*, Oxford, 1972 ; L. CANFORA, *La Véritable Histoire de la bibliothèque d'Alexandrie*, Paris, 1988.

Éphébie athénienne

Pour l'époque hellénistique : Ch. PELEKIDIS, *Histoire de l'éphébie attique des origines à 31 av. J.-C.*, Paris, 1962 (pp. 186-190 sur son ouverture).

Pour l'époque impériale : présentation d'ensemble dans H.-I. MARROU, *Histoire de l'éducation dans l'Antiquité*, Paris, 1950, pp. 154-155 et 497-500 (notes). Données réactualisées par S. FOLLET, « Éphèbes étrangers à Athènes », *Centre d'études chypriotes. Cahier 9*, Université de Paris X-Nanterre, 1988, pp. 19-32 et M.-F. BASLEZ, « Citoyens et non-citoyens dans l'Athènes impériale au Ier et au IIe siècle de notre ère », dans *The Greek Renaissance in the Roman Empire*, BICS, suppl. 55, Londres, 1989, p. 36 sq., avec un tableau de la répartition par promotions.

Les écoles athéniennes sous l'Empire

J. MC K. CAMP, « The Philosophical Schools of Roman Athens », dans *The Greek Renaissance in the Roman Empire, op. cit.*, pp. 50-55 ; A. FRANTZ, *Agora XXIV. Late Antiquity : A.D. 267-700*, Princeton, 1988.

CHAPITRE IX. — LA CONNAISSANCE DE NOTRE TERRE

Archéologie archaïque

H. LORIMER, *Homer and the Monuments*, Londres, 1950. Sur la redécouverte de tombes antiques qui devinrent des lieux de culte et de pèlerinage, J. N. COLDSTREAM, « Hero-Cults in the Age of Homer », *JHS*, 96, 1976, pp. 8-17 ; A. SNODGRASS, *La Grèce archaïque*, Paris, 1986, pp. 34-36.

Pausanias

La traduction française en est seulement à ses débuts dans la Collection des Universités de France : t. I, *Livre I. L'Attique*, Paris, 1992, avec une substantielle introduction sur l'homme et l'œuvre par J. Pouilloux et un commentaire archéologique détaillé de F. Chamoux.
Le commentaire monumental de J. G. FRAZER, *Pausanias' Description of Greece*, Londres, 1898 (6 vol. dont un de traduction, suivis en 1930 d'un volume de cartes et de plans) reste fondamental.
Études de détail : A. TRELENBURG, *Pausanias in Olympia*, 1914 ; G. DAUX, *Pausanias à Delphes*, Paris, 1936 ; G. ROUX, *Pausanias en Corinthie*, Paris, 1938. Excellentes études historiques de D. MUSTI dans *Pausanias. Guida della Grecia. Libro I, L'Attica*, Milan, 1982, et de Ch. HABICHT, *Pausanias. Guide to Ancient Greece*, Univ. of Calif. Press, 1986, qui mettent en évidence les qualités de l'ouvrage comme guide touristique.

Géographie

Utiles mises au point récentes sur l'histoire de la géographie antique : G. AUJAC, *La Géographie antique*, Paris, 1975 et P. PEDECH, *La Géographie des Grecs*, Paris, 1976, qui s'attachent tous deux aux aspects scientifiques et techniques ; plus épistémologique, Ch. JACOB, *Géographie et ethnographie en Grèce ancienne*, Paris, 1991.
Monographies : G. AUJAC, *Strabon et la science de son temps*, Paris, 1966 (fondamental) ; M. LAFFRANQUE, *Poseidonios d'Apamée*, Paris, 1964 ; E. POLASCHEK, « Ptolemaios als Geograph », *RE*, suppl. XII, 1965, col. 680-833 ; sur Polybe, P. PEDECH, *La Méthode historique de Polybe*, Paris, 1964 et F. W. WALBANK, « The Geography of Polybius », *C & M*, 9, 1948, pp. 155-182.
Aspects scientifiques : M. POHLENZ, *Die Stoa...*, I, p. 219 sq. et II, p. 109 sq. (notes) : important pour la « théorie des zones » chez Poseidonios. L. ROBERT « Philologie et géographie », II, *Anatolia*, 4, 1959, pp. 1-26. A. SCHERILLO, « Vulcanismo e bradisismo nei Campi Flegrei », *Campi Flegrei*, Atti Convegni Lincei, 33, Roma, 1977, p. 81, sq.
Connaissance de l'Afrique : J. DESANGES, *Recherches sur l'activité des Méditerranéens aux confins de l'Afrique : VIe siècle av. J.-C. IVe siècle ap. J.-C.*, Rome, 1978 ; M. LAFFRANQUE, « Eudoxe de Cnide et la circumnavigation de l'Afrique », *Rev. Philosophie*, 153, 1963, pp. 199-222 ; R. THOUVENOT, « La connaissance de la montagne marocaine chez Pline l'Ancien », *Hesperia*, 26, 1939, pp. 113-121 et « Le témoignage de Pline sur le périple africain de Polybe », *REL*, 34, 1956, pp. 88-92 ; J.-M.

ANDRÉ, « Les Romains et l'Egypte », *Les Etudes philosophiques*, 2/3, 1987, pp. 189-206.

Connaissance de l'Inde : fondamental, J. FILLIOZAT et J. ANDRÉ, *L'Inde vue de Rome. Textes latins de l'Antiquité relatifs à l'Inde*, Paris, 1986. Voir aussi Ch. LASSEN, *Die indische Altertumskunde*, rééd. Osnabrück, 1968 ; A. DIHLE, « The conception of India in Hellenistic and Roman Literature », *Proceed. Cambridge Philol. Society*, 10, 1964, pp. 15-23.

Zoologie

G. KELLER, *Die antike Tierwelt*, 1. Band, 1909, *Saügetiere* ; 2. *Andere Landtiere*, 1913 ; rééd. Hildesheim, 1913 (I, pp. 24-60, pour les fauves). J. AYMARD, *Essai sur les chasses romaines, des origines à la fin du siècle des Antonins*, Paris, 1951 : pour les « grandes chasses coloniales » d'Hadrien, chap. IX, pp. 173-182. D. B. BULL, *Hounds and Hunting in Ancient Greece*, Londres, 1964, pp. 101-103 (fauves). J. M. C. TOYNBEE, *Animals in Roman Life and Art.*, Londres, 1973 (animaux domestiques, animaux de trait et fauves).

G. VILLE, *La Gladiature en Occident, des origines à la mort de Domitien*, Bibl. Écoles françaises d'Athènes et de Rome, 245, Rome, 1981, pp. 88-173, *passim :* permet de rétablir la chronologie de la découverte et de l'importation de la faune exotique dans la *uenatio*. L. ROBERT, *Les Gladiateurs dans l'Orient grec*, rééd., Amsterdam, 1971, chap. V, p. 310 sq. : extension de la *uenatio* en Orient et circuits commerciaux (d'après l'épigraphie) : ours, taureaux, panthères, lions, autruches, gazelles, etc.

Sur les monstres marins, E. DE SAINT-DENIS, *Vocabulaire des animaux marins en latin classique*, Paris, 1947. Voir aussi M. FLAHAUT, *La Mer dans l'* « *Histoire naturelle* » *de Pline*, Louvain, 1941.

Ethnographie

L'ethnographie dans la Grèce antique a fait l'objet de beaucoup d'études récentes : livres fondamentaux de F. HARTOG, *Le Miroir d'Hérodote. Essai sur la représentation de l'autre*, Paris, 1980 et « Des lieux et des hommes », dans HOMÈRE, *L'Odyssée*, trad. P. Jaccottet, Paris, 1982.

Sur la conception de l'Africain, P. JANNI, *Etnografia e mito. La storia dei Pigmei*, Rome, 1978 et R. LONIS, « Les trois approches de l'Éthiopien par l'opinion gréco-romaine », *Ktéma*, 6, 1981, pp. 69-87.

Sur l'ethnographie hellénistique, S. GOZZOLI, « Etnografia e politica in Agatarchide », *Athenaeum*, 56, 1978, pp. 54-79 ; A. DIHLE, « Zur hellenistichen Ethnographie », dans *Grecs et Barbares*, Entretiens sur l'Antiquité classique, VIII, Vandœuvres-Genève, 1962, pp. 205-232 ;

Ch. Jacob, *Géographie et ethnographie en Grèce ancienne*, Paris, 1991 (surtout pour Agatharchide et Strabon).

Sur l'ethnographie romaine, Kl. Sallmann, *Plinius der Ältere 1938-1970*, Sonderdruck aus Lustrum, Göttingen, 1977, pp. 164-173 (mise au point sur l'anthropologie comparée de Pline, ses sources littéraires, ses liens avec le « fabuleux »; discussion de la bibliographie); p. 134 sq. (pour les implications ethnographiques des livres de géographie sur Égypte, Syrie, Esséniens, Pont et Caspienne, Inde-Ceylan). A. Dahlovist, *Megasthenes und Indian Religion*, Stockholm, 1962. Ch. Daniels, *The Garamantes of Southern Libya*, Stoughton, 1970. K. Trüdinger, *Studien zur Geschichte der griechisch-römischen Ethnographie*, Diss., Bâle, 1918.

Documents figurés. Anthropologie et zoologie

L'Image du Noir dans l'art occidental, t. I. *Des pharaons à la chute de l'Empire romain*, Paris, 1976. J.-P. Cebe, *La Caricature et la parodie dans le monde romain antique des origines à Juvénal*, Bibl. Ec. Fr. Athènes et Rome, 206, Paris, 1966, pp. 345-354 : Pygmées et Nègres (Casa del Scultore, Pompéi); Pygmées chassant la faune du Nil, crocodiles et hippopotames (*ibid.*, planches VI à XV). G. Cullini, *I mosaici di Palestrina*, Rome, 1956 (faune Nil-Éthiopie; Pygmées). G. Vinicio Gentili, *La Villa Erculia di Piazza Armerina, I mosaici figurati*, Milan, 1959 : ambulacre dit de la « Grande Chasse » (capture et transport d'animaux exotiques) s'opposant à la *Diaeta* (pavillon) dit de la « Petite Chasse » (chasse courante); salle des « Petits Amours Pêcheurs », *Diaeta* d'Arion, *Diaeta* d'Orphée (familiarité avec la faune marine et sauvage). A. Martin-G. Fradier, *Mosaïques de Tunisie*, Tunis, 1976 (dernières sections, non paginées, « Chasse, Mer et pêche, Mythologie et religion »).

Chapitre X. — Sur la route : voies de communication et moyens de transport

Perse achéménide

Sur l'aménagement des routes et la construction de ponts comme lieux communs de la propagande royale dans les inscriptions monumentales, J. M. Cook, *The Persian Empire*, Londres-Melbourne-Toronto, 1983.

Grèce

La seule étude d'ensemble est celle de W. K. Pritchett, *Studies in Ancient Greek Topography. III Roads*, Berkeley-Los Angeles-Londres, 1980.

Pour l'Épire et la Macédoine, prospections et inventaire de N. G. L. HAMMOND, *Epirus. The Geography, the Ancient Remains, the History and the Topography of Epirus and Adjacent Areas,* Oxford, 1977 et *A History of Macedonia,* I et II, Oxford, 1972 et 1979.

On peut encore se référer à l'article ancien de CAILLEMER, « Les voies à rainures chez les Anciens », *Congrès archéologique de France,* 1879, pp. 277-289.

Sur le passage de l'isthme de Corinthe et le *diolkos,* N. VERDELIS, *Bull. Corr. Hell.,* 80, 1957, p. 527 et B. R. MACDONALD, « The Diolkos », *Journal Hell. St.,* 106, 1986, pp. 191-195.

Pour les attelages, l'étude de base reste celle de H. LORRIMER, « The Country Cart of Ancient Greece », *Journal Hell. St.,* 23, 1903, pp. 132-151. Nombreuses représentations céramiques : voir en particulier la coupe attique du British Museum (VIe siècle), publiée dans le *Journal Hell. St.,* 1, 1980, pl. VII.

La chronologie et le rythme des voyages terrestres de saint Paul ont été reconstitués par R. JEWETT, *Dating Paul's Life,* Londres, 1979.

Routes romaines

Fondamental, G. RADKE, *Viae Publicae Romanae,* Sonderdruck aus Pauly's Realencyclopädie..., Supplementband XIII, Stuttgart, 1971 : assez riche bibliographie ; étude technique de la construction des voies, de la politique routière des empereurs, du classement juridique des *uiae* et de leur dénomination (col. 1-31, *passim*) ; une section est consacrée aux bornes milliaires (I, 6, « Meilensteine »), et une autre (I, 7, col. 39 sq.) aux « descriptions de routes » : Végèce (III, 6) souligne la fonction stratégique des *itineraria omnium regionum.* La section I, 8, col. 49 sq., « Fora an den Strassen », est particulièrement importante pour les étapes et la « restauration ». Dans la seconde section, on signalera les monographies sur les grandes voies de la ceinture romaine et de la Péninsule, avec les prolongements impériaux (p. 62 sq.), notamment la Latina, l'Appia (essentielle), la Flaminia, etc. ; des cartes des « sections » routières et des croquis indiquent les étapes et les distances ; confrontation de l'épigraphie milliaire et des documents officiels — *Itineraria* — ou cartographiques *(Table de Peutinger).* RADKE étudie les techniques de construction, les ponts et le financement de la politique routière (col. 22 sq.).

Sur l'aspect technique, outre la bibliographie sélective de RADKE, col. 2, on consultera R. J. FORBES, *Studies in Ancient Technology,* vol. II, Leiden, 1965, 2e éd. rev., p. 145 sq. (« Evolution of the Roman Roads ») ; A. NEUBURGER, *The Technical Arts and Sciences of the Ancients,* Londres, 1969, IX, p. 450 sq. (« Roads and Bridges »).

Itinéraires romains

S. MILLER, *Itineraria Romana*, Stuttgart, 1916.

L'ouvrage de H. CHARLESWORTH, qui existe en traduction française (P. Grimal), *Les Routes du trafic commercial dans l'Empire romain*, Paris, 1939, étudie le réseau routier par région et par province, en exploitant systématiquement les géographes.

Pour la *Table de Peutinger*, l'édition citée de A. et M. LEVI, *Itineraria Picta. Contributo allo studio della Tabula Peutingeriana*, Rome, 1967, est de qualité exceptionnelle. Elle fait le point sur les *Itineraria* (p. 25 sq.) et sur les « cartes géographiques » (p. 32 sq.), en liaison avec les « vignettes » (eaux thermales, ports, etc.) ; le souci est permanent de lier la *Tabula* à l'évolution de la géographie et de la cartographie.

La *Cartographie à Rome* est étudiée dans la thèse de P. ARNAUD, 4 t. en 5 vol., Paris, 1990, texte dactyl.

Aménagement du réduit alpin

La Valle d'Aosta e l'Arco Alpino nella politica del mondo antico. Atti, Aoste, 1987, notamment H.-E. HERZIG, « Le carrefour d'Aoste selon les bornes milliaires », p. 47 sq. ; « Romanizzazione politica in area alpina », p. 79 sq. ; « Le processus de la romanisation dans quelques vallées alpines », p. 118 sq. (G. WALSER) ; J.-M. ANDRÉ, « La politique alpine de Claude et de Néron », p. 129 sq.

R. FELLMANN, *La Suisse gallo-romaine. Cinq siècles d'histoire*, Lausanne, 1992, chap. II : *Les voies de communication*, pp. 81-96 (remarquable synthèse).

Politique impériale d'aménagement routier

J. ARMAND, *L'Armée et le soldat à Rome de 107 à 50 avant notre ère*, Paris, 1967, pp. 95, 154-155, 362-364.

Attestations épigraphiques et numismatiques : outre *CIL*, *ILS* et *BMC* (Mattingly), recueils commodes de E. MARY SMALLWOOD, *Documents Illustrating the Principates*, notamment *Nerva, Trajan and Hadrian*, Cambridge, 1966, XIV, p. 134 sq. (« Roads ») ; *Gaius, Claudius and Nero*, 1967, XIII, p. 87 sq. (« Roads »).

Sur le rôle d'Agrippa en Gaule, J.-M. RODDAZ, *Marcus Agrippa*, Rome, 1984, p. 389 sq.

Pour la taxation, *Édit de Dioclétien*, texte dans *Monumenti Antichi*, t. XXXVIII, 1939, col. 205-221 ; *Année épigraphique*, 148-149, 1947. M. GUARDUCCI, « Il primo frammento scoperto in Italia dell'editto di Diocleziano », *Rend. Accad. Pont. Archeol.*, XVI, 1940. J. ROUGÉ, *Commerce maritime...*, pp. 369-373.

Montures

Ouvrage commode, par son appareil de textes : J. M. C. TOYNBEE, *Animals in Roman Life and Art,* Londres-Southampton, 1973, chap. XVI, pp. 167-199 (« Equine animals »), notamment pp. 167-168 et p. 184 sq. (chevaux, mules et ânes).

L'élevage latin est peu étudié, en général, du point de vue de la sélection fonctionnelle des animaux (de selle, de trait et de bât) ; voir R. MARTIN, *Recherches sur les agronomes latins et leurs conceptions économiques et sociales,* Paris, 1971, pp. 111-114, 123 sq. (réduction du nombre de bêtes, VARRON, *R. rust.,* I, 19, 3), p. 172 sq. (pâtres sédentaires de la *uilla* et pâtres nomades), etc.

Véhicules

Outre les articles de DAREMBERG-SAGLIO, et PAULY-WISSOWA, étude des textes et des types dans J. MARQUARDT, *Privatleben der Römer,* II, pp. 727-738. J. CARCOPINO, « L'impérialisme renversé », dans *Les Étapes de l'impérialisme romain,* Paris, 1961, pp. 238-240 (l'apport de la charronnerie gauloise).

CHAPITRE XI. — EN MER : NAVIRES ET LIGNES MARITIMES

Ouvrages généraux

Pour l'ensemble de l'Antiquité, L. CASSON, *Ships and Seamanship in the Ancient World,* Princeton, 1971, dont les recherches techniques sur la navigation antique sont très importantes. Reprises dans *Travel in the Ancient World,* Londres, 1974. Petit manuel très utile de J. ROUGÉ, *La Marine dans l'Antiquité,* Paris, 1975. Du même, *Recherches sur l'organisation du commerce maritime en Méditerranée sous l'Empire romain,* thèse, Paris, 1966, qui constitue l'ouvrage de base pour le monde romain.

Archéologie des navires

Nombreuses représentations dans l'art antique et choix de planches très éclairant dans les ouvrages de J. ROUGÉ. Les plus anciennes en Grèce (IIIe et IIe millénaires) sont les dessins incisés sur des plaquettes conservées au musée d'Apeiranthos, île de Naxos, et les fresques de Santorin, conservées au musée d'Athènes (S. MARINATOS, « Das Schiffsfresko von Thera », dans *Archaeologia Homerica,* I, Göttingen, 1974). Les potiers attiques de l'époque archaïque et classique ont beaucoup joué de l'opposition entre le navire de transport, arrondi, et le navire de guerre, effilé. Pour l'époque romaine, scènes de la mosaïque de Préneste, actuellement au musée de Palestrina, œuvre d'artistes alexandrins vers 80 av. J.-C. : voir G. GULLINI, *I Mosaici di Palestrina*, Rome, 1959.

La connaissance des bateaux a été récemment renouvelée par l'archéologie des épaves, surtout pour les tonnages et les aménagements intérieurs : épaves de la Mahdia (240 tonneaux), de Saint-Tropez et de Tarente (plus de 200 tonneaux), de Sicile (350 tonneaux), de la Madrague de Gien (plus de 400 tonneaux). Pour les fouilles françaises, voir la revue *Archaeonautica*, éditée par le CNRS, Paris.

Études de détail dans *Navires et commerces de la Méditerranée antique. Hommage à Jean Rougé*, Lyon, 1988.

Vie à bord et voyages célèbres

Plusieurs études significatives de Jean ROUGÉ : « Le confort des passagers à bord des bateaux antiques », *Archaeonautica*, 2, 1979, pp. 265-280 ; « Patristique et histoire de la navigation antique », *Cahiers d'histoire*, 33, 1988, pp. 3 sq. ; « Actes 27, 1-10 », *Vigilae Christianae*, 14, 1960, pp. 193-203.

Archéologie portuaire

Étude de base de K. LEHMANN-HARTLEBEN, *Die antiken Hafenanlagen des Mittelmeeres*, Klio Beiheft XIV, 1923, p. 73 sq. Voir aussi L. ROBERT, « Limenes », *Hellenica*, XI-XII, Paris, 1960, pp. 263-266. Synthèse dans J. ROUGÉ, *Commerce maritime...*, op. cit., p. 107 sq.

Patras : R. BALADIER, *Le Péloponnèse de Strabon*, Paris, 1980, pp. 238-239.

Pouzzoles : Ch. PICARD, « Pouzzoles et le paysage portuaire », *Latomus*, 18, 1959, pp. 23-51.

Délos : en attendant la publication de H. DUCHÊNE, voir Ph. BRUNEAU et J. DUCAT, *Guide de Délos*, 3ᵉ éd., Paris, 1983, pp. 205, 211, 268.

Sidè et les représentations portuaires sur les monnaies : L. ROBERT, *Hellenica*, V, Paris, 1948, pp. 69-74.

Le Pirée : M. AMIT, « Le Pirée dans l'histoire d'Athènes à l'époque classique », *Bull. Ass. G. Budé*, 20, 1961, pp. 465-469 ; R. MARTIN, *L'Urbanisme dans la Grèce antique*, 2ᵉ éd., Paris, 1974, pp. 106-110. Sous l'Empire, J. DAY, *An Economic Survey of Athens under Roman Domination*, New York, 1942.

Alexandrie : A. BERNAND, *Alexandrie la Grande*, Paris, 1966 (carte p. 376) ; P. M. FRASER, *Ptolemaic Alexandria*, Oxford, 1972, I, pp. 17-27.

Ostie : R. MEIGGS, *Roman Ostia*, Oxford, 1960 (historique et bilan archéologique du port, pp. 159-171).

Piraterie

Ouvrages fondamentaux : E. ZIEBARTH, *Beiträge zur Geschichte des Seeraubs im alten Griechenland*, Hambourg, 1929 ; H. A. ORMEROD, *Piracy in the Ancient World*, Liverpool, 1924, réimpr. 1978 ; P. DUCREY, « La piraterie, symptôme d'un malaise économique et social », dans *Les Cyclades*, Table Ronde, CNRS, Paris, 1983. Le *Discours Euboïque* de Dion montre que le brigandage maritime, au Ier siècle, se développe sur un fond de crise économique.

Conditions de navigation

Sur les conditions météorologiques, E. DE SAINT-DENIS, *Le Rôle de la mer dans la poésie latine*, Lyon, 1935 et « Mare clausum », *REL*, 25, 1947, pp. 106 sq. ; G. AUJAC, *Strabon et la science de son temps*, Paris, 1966, pp. 251-267.

Les vents : G. SCHMIDT, R. BÖKER, H. GUNDEL, « Winde », *RE*, VIII, A, 2, col. 2211-2381 (toute l'anémologie de l'Antiquité), col. 2265-2288 (rafales et tourmentes). Sur les étésiens, textes anciens réunis par D. VOTTERO, *Questioni Naturali di Lucio Annaeo Seneca*, Turin, UTET, 1989, pp. 542-544.

CHAPITRE XII. — L'INTENDANCE DU VOYAGE

Aménagements. Archéologie du monde grec

Ouvrage général sur l'accueil public au Prytanée : S. MILLER, *The Prytaneion. Its Function and Architectural Form*, Berkeley, 1978.

Établissement de Cassopè d'Épire : S. DAKARIS (en grec), *Kassopè. Néôteres Anaskaphès 1977-1983*, Ioannina, 1984, pp. 20-22.

Établissement des Phéniciens de Beyrouth à Délos : *Exploration archéologique de Délos*, VI, Paris, 1921.

Sur les restaurants publics : A. FRICKENHAUS, « Griechische Bankett-haüser », *Jahrbuch Arch. Inst.*, 32, 1917. Sur les restaurants des sanctuaires de Délos en particulier, G. ROUX, « Salles de banquet à Délos », *Études déliennes*, *BCH*, suppl. I, Paris, 1973, p. 525 sq. ; *Exploration archéologique de Délos*, XI, Paris, 1928, pour les salles de banquet des sanctuaires du mont Cynthe.

Archéologie du monde romain

Ostie : G. CALZA, *Scavi di Ostia, I. Topografia generale*, 1953 : *Caupona* de Fortunatus, époque de Trajan (Rég. II, ins. 6, 1) ; *Caupona* du Paon, époque des Sévères (Reg. IV, ins. 2, 6, 240-255).

Pompéi : R. Gusman, *Pompéi, la ville, les mœurs, les arts*, Paris, 1899, p. 248 sq. M. Della Corte, *Case ed abitanti di Pompei*, 2ᵉ éd., Naples, 1954, *passim* et surtout, dans le catalogue, les nᵒˢ 314, 319, 327, 756, 813-814, 852a, 993 ; pour les « filles », 309 sq. (ouvrage construit par quartier, selon le plan des fouilles). M. d'Avino, *The Women of Pompei*, Naples, 1967, chap. III et IV, p. 39 sq. (« Women of ill-fame » et filles de la taverne d'Asellina).

Brindisi : Ch. Picard, « Brundisium. Notes de topographie et d'histoire », *REL*, 35, 1957, pp. 285-303 (accueil des Grecs).

Hospitalité

Fondamental : Ph. Gauthier, « L'étranger et l'hospitalité en Grèce et à Rome », *Ancient Society*, 4, 1973, pp. 1-22.

Sur l'accueil et l'entraide dans les communautés d'immigrés, M.-F. Baslez, « Les communautés d'Orientaux dans la cité grecque », dans *L'Étranger dans le monde grec*, I, Nancy, 1988, pp. 139-158.

J. Carcopino, *Les Secrets de la correspondance de Cicéron*, Paris, 1957, I, *passim*, notamment p. 87 (autarcie et hospitalité), p. 132 sq. (hospitalité et gastronomie), p. 179 sq. (lettres de recommandation de *Ad Fam.*, XIII).

Hôtellerie professionnelle

E. Ziebarth, « Gästhaüser im alten Griechenland », *Mélanges (Eis mnémèn) S. Lamprou*, Athènes, 1935, pp. 339-348 (références). T. Kleberg, *Hôtels, restaurants et cabarets dans l'Antiquité romaine*, Uppsala, 1957 : nomenclature des établissements, pp. 1-25 ; les « types principaux et leur répartition », p. 26 sq. *(caupona, deuersorium, hospitium, stabulum, taberna)*, avec classement des établissements de Pompéi (p. 101 sq.) ; restauration, vin et « piquette » (pp. 108-112), installations (pp. 113-114), enseignes (p. 115 sq.).

Profession hôtelière : J. Marquardt, *Privatleben*, II, pp. 469-474 ; J. Carcopino, *La Vie quotidienne à Rome à l'apogée de l'Empire*, Paris, 1966, p. 292 sq.

Enseignes commerciales : J. Marquardt, *op. cit.*, pp. 473-474 ; L. Friedländer, *Mœurs romaines du règne d'Auguste à la fin des Antonins*, trad., Paris, 1865, t. II, chap. VII, p. 351-366.

P. Gusman, *Pompéi, op. cit.*, pp. 251-252.

Banque et transfert de fonds

Sur la présence et le rôle des banques, R. Bogaert, *Banques et banquiers dans les cités grecques*, Leyde, 1968 ; J. Andreau, *La Vie financière dans le monde romain : les métiers de manieurs d'argent (IVᵉ siècle av. J.-C.-IIIᵉ siècle ap. J.-C.)*, Rome-Paris, 1987.

Sur les transferts de fonds, Ph. GAUTHIER, *Un commentaire historique aux « Poroi » de Xénophon*, Paris-Genève, 1976 (monnaie d'or appréciée pour le voyage, des mercenaires et des marchands, cf. *Anabase*, I, 1, 9 et 3, 31 ; VII, 2, 36, etc. ; ARISTOTE, *Économ.*, I, 24 et 29) ; J. BOUSQUET, *Comptes de Delphes*, Paris, 1988, pp. 115-117.

Sur l'*ephodion* grec, J. MOSLEY, *Envoys and Diplomacy in Ancient Greece*, Wiesbaden, 1973, pp. 74-76 (viatique au porteur de rançon de DÉMOSTHÈNE, *Contre Nicostratos*, 7 : 300 drachmes).

Le train des armées

M. LAUNEY, *Recherches sur les armées hellénistiques*, II, 2ᵉ éd., Paris, 1987, pp. 783-784 (documentation sur les bagages) ; M. HOLLEAUX, « Ceux qui sont dans le bagage », *REG*, 1926, pp. 355-366 (*Études d'épigraphie et d'histoire grecque*, III, pp. 15-26) ; L. HARMAND, *L'Armée et le soldat à Rome de 107 à 50 avant notre ère*, Paris, 1967, pp. 150-157.

CHAPITRE XIII. — LES MISÈRES DU VOYAGE ANTIQUE

Obstacle linguistique

H.-I. MARROU, *Histoire de l'éducation dans l'Antiquité*, Paris, 1950, pp. 345 sq. (sur le bilinguisme gréco-romain et les aires de partage linguistique dans l'Empire). À actualiser par R. MACMULLEN, « Provincial Languages in the Roman Empire », *Am. Jour. Phil.*, 87, 1966, pp. 1-17.

Interprètes : J. D. MOSLEY, « Greeks, Barbarians, Language and Contacts », *Ancient Society*, 2, 1971, pp. 1-6. W. J. SNELLMANN, *De interpretibus Romanorum deque linguae latinae cum aliis nationibus commercio*, I. *Enarratio* ; II. *Testimonia*, Leipzig, 1914-1918 (interprètes diplomatiques et privés). J. P. V. D. BALSDON, *Romans and Aliens*, Londres, 1979, pp. 116-136 et 137-160.

Xénophobie

Ph. GAUTHIER, *Symbola*, Nancy, 1972, pp. 17-62 ; J. P. V. D. BALSDON, *Romans and Aliens*, op. cit., pp. 98-102 ; M.-F. BASLEZ, *L'Étranger dans la Grèce antique*, Paris, 1974, pp. 178-182 et 301-313.

Déracinement

J. P. V. D. BALSDON, *Romans and Aliens*, op. cit., pp. 97-115 ; M.-F. BASLEZ, « La cité grecque a-t-elle connu des apatrides ? », dans *L'Étran-*

ger dans le monde grec, II, Nancy, 1992, pp. 17-41 ; J. SEIBERT, *Die politischen Flüchtlinge und Verbannten*, Darmstadt, 1979.

Nombreux traités *Sur l'exil* (en particulier Plutarque, *Moralia*, 601 d-e) ; voir A.-J. FESTUGIÈRE, *Télès et Musonius. Prédications*, Paris, 1978.

Correspondance de voyage

H. PETER, *Die Brief in der römischen Literatur*, Sächs. Abhandl., 1901 ; rééd. Hildesheim, 1965.

F. TRISOGLIO, *Opere di Plinio Cecilio Secondo*, I-II, Turin, UTET, 1973 (riches *Indice*) ; U. WILCKEN, « Plinius Reisen in Bithynien und Pontus », *Hermes*, 49, 1914. pp. 120-136.

J. CARCOPINO, *Les Secrets de la correspondance de Cicéron*, 2 t., Paris, 1957 : concerne les villas et « gîtes » de Cicéron ; ses liens d'amitié et d'hospitalité ; le voyage d'exil de 57 et le voyage officiel de 51 en Cilicie ; le financement des études de Marcus et les problèmes de « banque ».

Épitaphes et graffiti

E. GALLETIER, *Étude sur la poésie funéraire romaine d'après les inscriptions*, Paris, 1922, pp. 112-113 (les victimes du brigandage), pp. 176-177 (le message des marchands). R. LATTIMORE, *Themes in Greek and Latin Epitaphs*, Urbana, 1962, pp. 202, 232-237, 289 (apostrophe au *xenos, uiator, hospes, meator*). M. GUARDUCCI dans *Acts of the 5. International Congress of Greek and Latin Epigraphy*, Cambridge, 1967, pp. 219-223 (graffiti d'auberge de Pouzzoles). A. SEVERYNS, *BCH*, 51, 1927, pp. 234-238 (graffiti d'esclaves de Délos).

Sur l'expression littéraire de la nostalgie, A. BERNAND, *La Carte du tragique*, Paris, 1985, pp. 323-413 ; E. DE SAINT-DENIS, *Le Thème de la mer dans la poésie latine*, Lyon, 1935.

Tracasseries administratives

Dans la cité grecque : Ph. GAUTHIER, *Symbola*, pp. 75-85 ; Cl. VATIN, *Citoyens et non-citoyens dans le monde grec*, Paris, 1984, pp. 150-154.

À Rome : R. CAGNAT, *Étude historique sur les impôts indirects chez les Romains*, Paris, 1882, chap. III, pp. 19-82 : implantation géographique des stations de péage, d'après l'épigraphie traditionnelle, ainsi pour la Gaule (p. 47 sq.), l'Asie et les provinces voisines (p. 79 sq.) ; étude du centre douanier de Lyon et des « plombs », p. 65 sq. ; sur les octrois et péages, chap. VIII-IX, p. 140. sq. F. VITTINGHOFF, art. *Portoria*, PAULY-WISSOVA, *RE*, XXII. 1, 1953, col. 346-399 : 371 sq. (« Zollbezirke ». Asie Mineure et Égypte), 395 sq. (immunités et sanctions).

Insécurité

En mer : voir chapitre XI.
En Asie : L. ROBERT, *Études anatoliennes*, Paris, 1937, pp. 96-110 et D. MAGIE, *Roman Rule in Asia Minor*, Princeton, 1950.

Pour l'ensemble de l'Empire : J. GAGE, *Les Classes sociales dans l'Empire romain*, Paris, 1964, pp. 143 sq. (les « déchets de l'ordre impérial », brigands, déserteurs...) ; R. MACMULLEN, *The Enemies of the Roman Order*, Harvard, 1967, Appendix B (« Brigandage ») ; *Oppositions et résistances à l'Empire d'Auguste à Trajan*, Entretiens de la Fondation Hardt, XXXII, Vandœuvres-Genève, 1987.

Index des noms de personnes

A

Achille Tatius : 56, 62, 68.
Acilius Glabrio : 105.
Adrien de Tyr (sophiste) : 311.
Aelius Aristide : 125, 126, 228, 271, 272, 310, 363-365, 367, 394, 426, 485, 490, 491, 510.
Aemilius Scaurus : 338.
Agamemnon : 73, 188, 260.
Agatharchide de Cnide : 45.
Agnès (sainte) : 266.
Agrippa (M. Vipsanius) : 115, 122, 157, 193, 195-198, 304, 308, 311, 360, 393, 399.
Ajax : 188.
Alcibiade : 39, 188, 519.
Alexandre le Grand : 9, 34, 40, 43, 45, 52, 58, 71, 119, 137, 167, 168, 184, 216, 220, 221, 230, 231, 235, 256, 259, 288, 292, 314, 336, 344, 345, 361, 362, 375, 384, 408, 476.
Albinus (platonicien) : 199.
Albucius : 293, 303.
Aménophis III : 332.
Ammien Marcellin : 158, 205, 368.
Amyntas : 34.
Andronikos : 242.
Annius Plocamus : 239.
Antenor : 77.
Antia : 51.
Antigone : 49, 169.
Antigone de Carystos : 66.
Antinoos : 187.
Antiochos III : 49, 170.
Antiochos IV : 55, 103, 104.
Antiochos d'Ascalon : 227.
Antisthène : 287.
Antoine (Marc Antoine) : 115, 171, 363, 366.
Antonin le Pieux : 129, 190, 200, 204, 229, 493, 526.
Antonins : 64, 223.
Antonius (Diognetès) : 64.
Marcus Antonius : 447.
Apicius : 460, 461.
Apion : 308.
Apollonios (ministre lagide) : 52, 56.
Apollonios (boxeur) : 219.
Apollonios (prêtre) : 241.
Apollonios de Tyane : 63, 227, 295, 306, 367, 429, 526.
Apulée : 283, 294, 309, 310, 410, 492, 494, 508.
Aratos de Sicyone : 85, 130.
Archagatos de Sparte : 273.
Archelaos (médecin) : 315.
Archias : 225.
Archiloque de Paros : 16.
Archimède : 422.
Aristarchos : 319.
Aristoboulos : 333.

Aristophane : 30, 267, 268, 512.
Aristote : 133, 220, 288, 381, 432, 438, 451.
Arrien : 192, 336.
Artémidore d'Éphèse : 68, 92-95, 494.
Asclépiade de Bithynie : 315, 496.
Asellus : 97.
Assaracus : 324.
Athénodore (de Tarse) : 311.
Athlètes : 217, 219, 220.
Attale : 104, 298.
Attale III : 98.
Attalides : 255, 298, 299.
Atticus : 286, 287, 302, 460, 472.
Aufidii (banquiers) : 238.
Auguste : 68, 83, 84, 91, 115, 120-122, 128, 152, 153, 156, 174-178, 194, 199, 204, 215, 217, 223, 277, 304, 305, 324, 339, 355, 363, 392, 393, 400, 436, 479.
Aulu-Gelle : 311, 420.
Aurélien : 129, 411, 414.
Ausone : 159, 160, 277, 403.

B

Bacchylide : 479.
Baeton : 34.
Bérose : 242.
Bulla (brigand) : 506, 507.
Bullatius : 145.

C

Caelius Rufus : 113, 114.
Callisthène : 256, 337.
Calpurnius Siculus : 123.
Caligula : 121, 173, 179, 183, 239, 355, 421.
Calpurnia (femme de Pline le Jeune) : 201, 537.
Camille (dictateur) : 82, 153.
Canius : 353.
Caracalla : 191, 271, 436, 441.
Carnéade : 117, 226.
Caton (l'Ancien) : 77, 78, 88, 95, 97, 98, 149, 200, 226, 227, 323, 410, 411, 475.
Caton (le Jeune) : 55, 302, 303, 459.
Catulle : 402.
Catullinus : 76, 165.
Catullus : 92.
Celse (encyclopédiste) : 269, 278, 490.
Celse (philosophe) : 261.
César (Jules César) : 92, 120, 157, 174, 175, 183, 192, 200, 259, 302, 324, 326, 363, 416, 434, 490, 501.
Chérémon : 330.
Cicéron (orateur) : 79, 86, 88, 97, 99, 100-103, 109, 111-114, 127, 133, 155, 192, 200, 226, 238, 239, 286-288, 299, 301, 302, 304, 305, 323, 324, 344, 354, 453, 472, 480.
Cicéron (Quintus, frère) : 111, 302, 472.
Cicéron (Marcus, fils) : 101, 133, 303, 304.
Cimon : 450, 455.
Claude (empereur) : 78, 86, 120, 122, 128, 131, 178, 202, 214, 239, 240, 244, 349, 415, 416, 434, 435, 498, 514.
Cléarque de Soloi : 292.
Cléopâtre : 171, 421, 502.
Cocceius (Nerva) : 115-117.
Columelle : 79, 95, 96, 148, 289, 489.
Commode : 190, 191, 264, 415.
Constance (empereur) : 267.
Constantin : 125, 263, 277.
Corbulon : 132, 184.
Crassus (triumvir) : 275, 385.
Crésus : 21, 41, 254.
Critolaos : 226, 227.
Ctésias (de Cnide) : 33, 63, 65, 66, 313, 336.
Cyrus : 32.

D

Damase (pape) : 264, 267.
Damianos : 437.
Darius : 33, 140, 313, 325.
Démétrios Poliorcète : 169, 170, 172.

Démétrius le Cynique : 227, 295, 296, 308.
Démocédès : 229, 313.
Denys le Tyran : 325.
Denys d'Halicarnasse : 77, 151, 152, 421.
Dicéarque : 133, 343, 346.
Digeste (jurisconsultes du) : 396, 409, 413, 427, 443, 444, 463, 464, 471, 519, 525.
Dioclétien : 125, 126, 204, 339, 410, 417.
Diodore (le Périégète) : 319.
Diogène (le Cynique) : 296.
Diogène (de Babylone) : 226, 227.
Dion Chrysostome (de Pruse) : 9, 67, 124, 192, 217, 227, 295, 296, 309, 310, 380, 530.
Dionysios (de Milet) : 57.
Dolabella : 109, 110.
Domitien : 296, 358, 395, 403.
Drusilla : 179.
Drusus (I, père de Claude) : 131, 201.

E

Égérie (Éthérie) : 262-264.
Élagabal : 205, 411.
Énée : 77, 153, 154, 260, 294, 355, 363, 531.
Énée (le Tacticien) : 512, 513.
Épicure, Épicuriens : 290, 291, 360.
Ératosthène : 47, 48, 68, 69, 375, 379, 478.
Eschyle : 15, 516, 518, 533.
Eudoxe de Cnide : 33, 47, 285, 341.
Eumène (de Pergame) : 104.
Euripide : 533.
Eurycleidès : 212.
Eusèbe : 263.
Évandre : 77, 154, 156.

F

Favorinus (d'Arles) : 311.
Firmicus Maternus : 486.

Flaccus (préfet d'Égypte) : 121.
Flamininus : 103-105, 183.
Flavius Josèphe : 121, 122, 198, 439.
Fronton : 126, 206, 492.
Fulvius Nobilior : 106.

G

Galien : 269, 299, 314, 315.
Gallus (Cornelius) : 326, 327.
Gellius (Poplicola) : 303.
Germanicus Caesar : 130, 131, 178, 179, 201, 204, 324, 325, 327, 328, 330, 370, 371.
Gorgias : 38, 225, 227.
Grégoire de Nysse : 263.
Gygès : 21.

H

Hadrien (empereur) : 158, 172, 175, 186-191, 200, 257, 271, 308, 312, 335, 336, 360, 363, 368, 370, 372, 374, 386, 443, 525.
Hannibal : 95, 355.
Hannon : 47, 81, 333.
Hélène : 13, 259.
Héliodore (le Périégète) : 319.
Héraklès (Hercule) : 38, 90, 297, 322.
Hérode (le Grand) : 122, 197, 432, 451.
Hérode Atticus : 229, 306, 310, 311.
Hérodote : 11, 23, 30, 32, 33, 37, 38, 40-42, 49, 62, 64-66, 75, 224, 256, 284, 285, 320, 328, 336, 341-343, 367, 375, 379, 404, 405, 431, 469.
Hésiode : 14, 15, 85, 318, 440, 477, 478, 483.
Hippias : 225, 227, 286.
Hippocrate : 117, 140, 313, 343.
Homère : 14, 17, 18, 85, 171, 213, 318, 444.
Horace : 84, 87-89, 91, 98, 114, 116, 117, 144, 145, 149, 161-163, 280, 281, 291, 303, 394, 423, 460, 473.

I

Iamboulos (marchand) : 65, 235, 246.
Isocrate : 233, 244.

J

Jean Chrysostome (saint) : 266.
Jérôme : 187.
Jésus-Christ : 247, 260-263.
Julie (fille d'Auguste) : 197, 198.
Julio-Claudiens : 177, 223, 334, 339, 362.
Justinien : 306.
Juvénal : 92, 212, 258, 462, 494.

L

Lacritos : 233.
Lagides : 60, 71, 255, 421, 433, 437.
Lucain : 135, 505.
Lucien de Samosate : 64, 228, 270, 310, 360.
Lucilius (satirique) : 98, 99.
Lucilius (procurateur de Sicile) : 102, 335.
Lucrèce : 84.
Lucullus, Luculli : 225, 301, 303, 490.
Lucumon : 78.

M

Marc Aurèle : 165, 166, 190, 191, 280, 306, 307, 366, 442, 492, 507.
Marcellus : 99, 121.
Marcellus (de Bordeaux) : 277.
Marcianus : voir Digeste.
Martial : 128, 130, 158, 212, 347, 403, 461.
Massinissa : 46, 235.
Mastophanès : 354.
Maternus : 507.
Maximin : 510.
Mécène : 114-117, 193, 194, 291.
Mégasthène : 43, 336, 341.
Mela (Pomponius) : 138-142, 330, 344, 355, 367, 371.
Méliton : 261.
Memmius : 303.
Memnon : 75, 332.
Messalla (M. Valerius Messalla Corvinus) : 142, 302, 303, 305.
Metelli : 108, 225.
Midas : 21.
Mithridate : 117, 188, 235, 383, 446, 521.
Molon : 301.
Mucien : 326.
Mummius : 108.
Musonius Rufus : 121, 520.

N

Nausicaa : 500.
Néarque : 34, 336, 341.
Néron : 131, 132, 156, 178, 182-185, 205, 243, 257, 270, 295, 296, 306, 326, 358, 362, 388, 411, 436.
Nerva (empereur) : 458.
Nicomède : 109, 298.
Nigidius Figulus : 535.
Numa Pompilius : 78, 86, 156.

O

Œdipe : 378, 538.
Orata (Sergius) : 275, 357.
Ovide : 9, 91, 304, 357, 503, 531.

P

Panaitios (Panétius) de Rhodes : 99, 108, 133, 135, 299, 333.
Paul (saint) : 63, 64, 171, 244, 245, 265, 266, 360, 361, 425, 426, 429, 438, 440, 442, 444, 453, 468, 469, 476.
Paula : 263.
Paul Émile : 55, 74, 106, 108, 157, 323.
Pausanias : 64, 67, 73, 259, 319-322, 359, 360.
Peregrinus : 227, 360.

Périclès : 124, 208.
Perse (satirique) : 135, 333.
Persée (héros) : 103, 104, 170, 256.
Pertinax : 205.
Pétrone : 240, 427, 428.
Phèdre : 25.
Philippe II : 52, 375, 450.
Philippe V : 103.
Philippidès : 407, 408.
Philon d'Alexandrie : 121, 198.
Philopappos de Commagène : 360.
Philopoemen : 232.
Pierre (saint) : 265, 266.
Pindare : 24, 180.
Platon : 25, 36, 37, 242, 269, 284-287, 298, 360, 456, 457.
Platoniciens : 292, 293.
Plaute : 79-81, 84, 86, 88, 96, 97, 230, 231, 474, 479.
Pline (l'Ancien) : 140-142, 157, 269, 277, 278, 328, 340, 345, 347, 349, 353, 367, 399, 438.
Pline (le Jeune) : 84, 86, 113, 201-203, 323, 348, 351-353, 437, 471.
Plutarque : 98, 124, 257, 258, 260, 360, 371, 524.
Polémon (Antonius, sophiste) : 188, 229.
Polémon (d'Ilion) : 319.
Polybe : 17, 46, 47, 49, 67, 73, 75, 99, 108, 387.
Pompée : 117, 141, 303.
Popilius (Laenas) : 99, 103.
Poseidonios (Posidonius d'Apamée ou de Rhodes) : 56, 289, 299, 333, 478.
Proclus (sophiste) : 246.
Properce : 146, 147, 154, 399.
Protagoras : 38, 225, 285, 286.
Prudence : 265, 266.
Ptolémées : 71, 133, 241, 299, 367.
Ptolémée II : 45, 52, 55, 56, 170, 337, 433, 458.
Ptolémée III : 518.
Ptolémée IV : 219.
Ptolémée (Claude) : 48, 49, 541.
Pyrrhon : 292.
Pythéas : 45, 138.
Pythagore : 283, 285-287.

Q

Quintilien : 155.

R

Ramsès : 251, 328.
Romans grecs et latins : 50, 51, 56-58, 62, 68, 360, 367, 368.
Romulus : 78, 86, 266.
Rustius : 177.
Rutilius Namatianus : 10, 159, 486, 489.

S

Scipion (l'Africain) : 95, 134, 179, 180, 480.
Scipion (Émilien) : 46, 54, 71, 97, 99, 108, 231, 300.
Scribonius Largus : 178, 313.
Séleucides : 60, 168, 255, 362.
Séleucos : 43, 170, 518.
Sénèque (le Père) : 131.
Sénèque (le Philosophe) : 77, 87, 134-137, 162, 163, 165, 166, 244, 278-280, 291, 294, 308, 325, 334, 335, 351, 358, 370, 397, 440, 459, 461, 480, 509, 520.
Septumanus (aubergiste) : 466.
Sergiolus : 223.
Servius Tullius : 78.
Sévère (Septime) : 191.
Sévère (Alexandre) : 205, 366, 411.
Sidoine Apollinaire : 159, 265, 295, 486, 498.
Silanus : 121.
Silius Italicus : 349.
Silvia : 262.
Socrate : 22, 25, 162, 163, 253, 285, 407, 450, 476, 478, 485.
Solon : 38, 517.
Sophistes : 225, 227-229, 310-312.
Sophocle : 15, 533.
Soranos d'Éphèse : 277.

Sostratos de Cnide : 52, 433.
Stace : 281, 395, 396, 402.
Strabon : 47, 67, 69, 138, 151, 155, 276, 330, 334, 335, 343, 354, 361, 362, 367, 370, 371, 377.
Suétone : 176, 181, 184, 491.
Sylla : 257, 338, 371.
Symmaque : 96, 130, 265, 537.

T

Tacite : 87, 120, 176, 181, 302, 331, 346, 347.
Tarquin (le Superbe) : 158.
Taurus (de Tyr) : 310, 311.
Tertullien : 186.
Thalès : 30, 38, 468.
Thémistocle : 455, 503.
Théodose : 267, 415.
Théophraste : 27, 133, 134, 308, 453.
Théopompe : 66.
Thraséa : 295.
Thucydide : 18, 19, 26, 39, 66, 318.
Tibère : 120, 121, 165, 177, 178, 199, 243, 280, 299, 489, 507.
Tibulle : 83, 88, 142, 305.
Tiridate : 84, 181, 182.
Tite-Live : 82, 95, 98, 151, 153, 518.
Titus : 124, 176, 178.
Trajan : 86, 198, 201, 203, 214, 229, 257, 271, 393, 394, 402, 403, 435, 436, 459, 475, 510, 511.
Trimalcion : 240, 416.

U

Ulysse : 9, 11, 13, 14, 16, 62, 89, 296, 297, 527, 529, 531.

V

Varius Rufus : 116.
Varron : 77, 88, 90, 96, 100, 101, 148, 150, 210, 301, 357, 412.
Vedius : 417.
Velleius Paterculus : 122.
Verrès : 102, 109-111, 117, 198, 354.
Verrius Flaccus : 151.
Verus (Lucius) : 190, 366.
Vespasien : 156, 157, 172, 173, 183, 275, 306, 393, 438.
Virgile : 84, 88, 89, 93, 96, 116, 143, 147, 148, 291, 304, 305.
Viriathe : 508.
Vitruve : 89, 96, 133, 140, 151, 273, 274, 277, 399, 433.

X

Xénophantos : 169.
Xénophon (historien) : 22, 27, 28, 39, 40, 63, 70, 73, 75, 208, 253, 405, 406, 430, 432, 474, 477-479, 484.
Xerxès : 375, 383, 403.

Z

Zacharie : 263.
Zalmoxis : 284.
Zaratas : 284.
Zénon de Cittium : 134, 288, 292, 296.
Zénon (papyrus) : 452, 474, 481.
Zénon (ministre) : 52, 54, 504.

Index des noms de lieux

A

Abu Simbel : 232, 339, 366.
Achaïe (région) : 109.
Achaïe (province) : 174, 177, 182, 184, 185, 223, 302, 348.
Adriatique (mer) : 180, 237, 305, 426, 439, 485, 521.
Afrique :
  province : 175, 179, 186, 189, 210, 239, 435.
  région : 236, 237, 294, 335, 338, 339, 345, 441, 465, 473, 486, 489, 510.
  continent (Libye) : 315, 341, 483, 500, 507.
Afrique du Nord (voir aussi Numidie) : 46, 445, 505.
Aisépos (fleuve) : 365.
Alexandrie (d'Égypte) : 45, 48, 50, 52, 53, 54, 55, 65, 66, 74, 107, 124, 141, 159, 172, 175, 217, 219, 223, 227, 228, 232, 238-239, 294, 299, 308, 309, 337, 367, 369, 370, 425, 430, 431, 433, 435-437, 438, 447, 468, 476, 486.
Alexandrie (de Troade) : 476, 477.
Alpes : 75, 122, 174, 335, 349, 393, 398, 490, 495, 524.
Anio (fleuve) : 143, 146, 281, 390.
Antioche (de Syrie) : 53, 55, 159, 205, 221, 257, 299, 309, 311, 351, 366, 411, 534.

Apennins (monts) : 100, 210, 395, 398.
Apollonie (d'Épire) : 193, 304, 392.
Appia (via) : 91, 99, 101, 112, 115-116, 222, 388, 390-391, 392, 395, 397, 398, 413, 423, 435, 436, 465, 485, 488, 497, 539.
Apulie : 116-117, 149, 394, 487, 495, 497.
Aquilée : 159, 436, 539.
Aquitaine : 130, 161.
Arabie : 49, 50, 143, 145, 213, 223, 236, 262, 336, 406.
Arcadie : 322, 373, 377, 495.
Aréthuse (source) : 325, 332, 334, 354, 355.
Argos : 42, 183, 211, 374, 408, 480, 500, 532.
Arles (Arélate) : 129, 189, 463, 524.
Arménie : 33, 49, 132, 146, 179, 191, 404, 478.
Arpinum : 101, 279, 460.
Asie :
  province romaine : 111, 138, 186, 190, 192, 197, 239, 240, 301, 302, 324, 348, 453, 465, 472, 490, 492, 493, 498, 523.
  région : 219, 271, 290, 292, 300, 309, 323, 335, 350, 450, 500, 506, 508, 510, 520.
  continent : 39, 40, 45, 124, 315, 344.
Asie Mineure (Anatolie) : 15, 21, 33, 56, 57, 60, 71, 80, 86, 97, 107, 109,

111, 124, 132, 145, 171, 188, 192, 202, 215, 224, 233, 243, 255, 262, 284, 339, 361, 379, 419, 456, 476, 503, 508, 510, 518.
Assyrie (région) : 33, 313.
Athènes : 23, 24, 27, 31, 40, 53, 61, 64, 68, 74, 75, 80, 97, 101, 109, 112, 124, 146, 155, 159, 172, 179, 186-187, 190, 197, 208, 215, 225, 228, 230, 233, 242, 249, 285, 287, 288, 290, 293, 297-312, 315, 322, 324, 358, 359, 363, 374, 379, 380, 381, 406, 424, 450, 468, 469, 472, 501, 510, 511, 512, 513, 521.
Atlantique (océan) : 45, 130-131, 339.
Attique (région) : 13, 23, 26, 28, 30, 31, 81, 97, 197, 208, 301, 309, 310, 313, 320, 321, 386, 512, 538.
Averne (lac) : 351, 358, 423.

B

Babylone (Babyloniens) : 42, 107, 167, 343, 344, 375, 384, 405.
Bactriane (Afghanistan) : 49, 141, 144, 292, 328.
Baïes : 164, 165, 274-276, 281, 351, 357, 358, 366, 397.
Bénévent : 111, 116, 180, 391, 393, 436, 459, 465, 497.
Béotie (région) : 28, 322, 359, 374, 376, 506, 512.
Bithynie : 109, 113, 174, 188, 202, 203, 239, 295, 328.
Bretagne (britannique) : 178, 189, 202, 243, 346-347, 490.
Brindes (Brindisi) : 112, 114-118, 175, 180, 182, 305, 306, 391, 394, 410, 436, 441, 452, 459, 460, 485, 488, 497, 526, 531, 535.
Byzance : 76, 192, 203, 205, 311, 325, 449, 471, 485, 511, 514, 532.

C

Campanie : 88, 95, 96, 98, 100, 101, 111, 130, 138, 148-149, 163, 165, 173, 177, 190, 223, 237, 240, 274-276, 291, 348, 350, 351, 357, 358, 366, 392, 395, 460, 461, 486, 494, 496, 532, 536.
Canope : 284, 327, 350, 351, 369, 370, 433.
Capène (Porte) : 212, 413.
Capoue : 95, 116, 159, 357, 395, 410.
Cappadoce (région) : 33, 240, 298, 328, 379.
Capri : 165, 173, 177, 280.
Carthage : 46, 99, 306, 309, 446.
Caspienne (mer) : 43.
Caspiennes (Portes) : 141, 184, 375.
Cassitérides (îles de l'étain) : 45, 341.
Cassiopè : 36, 392, 455.
Caucase (monts) : 143, 337.
Cenchrées (port) : 23, 139, 432, 531.
Centumcellae (Civitavecchia) : 173, 436, 488.
Céphise (rivière) : 187, 386.
Ceylan (Taprobane) : 131, 138, 141, 240, 490, 502.
Champs Phlégréens : 355, 388.
Charybde (détroit de Messine) : 13, 99, 146, 335, 354, 426, 483.
Chypre : 109, 284, 379, 438, 447, 534.
Cilicie (région) : 33, 109-111, 112-114, 138, 175, 190, 201, 405, 445-447, 460, 472, 493, 535.
Cilicie (Portes de) : 125, 376.
Claros (sanctuaire) : 256, 258, 325.
Clitumne (fleuve) : 85, 146, 258, 349, 352.
Cnide : 305, 314.
Colosse de Memnon : 75, 190, 331.
Comana (sanctuaire) : 51, 230.
Coptos : 141, 338.
Corcyre (Corfore) : 184, 305, 392, 422, 460.
Corinthe : 15, 23, 27, 74, 139, 169, 182, 190, 295, 309, 324, 359, 361, 374, 377, 454, 469, 480, 531.
Cos : 50, 236, 242, 249, 269, 270, 305, 313, 314, 467, 518.
Crète (île) : 27, 138, 227, 232, 439, 445, 505, 518.
Crimée : 40, 233, 468, 478.

Cumes :
  ville d'Éolide : 15, 498.
  ville de Campanie : 100, 276, 358, 396, 462, 506, 535.
Cyclades (archipel) : 12, 13, 32, 121, 214-215, 242, 419, 431, 442, 445, 532.
Cynthe (mont) : 36, 456.
Cyrène : 225, 227, 377.

D

Damas : 122, 236, 457, 518.
Danube (Ister, fleuve) : 63, 144, 190, 220, 243, 393, 394, 403, 507.
Delphes (sanctuaire) : 21, 22, 23, 29, 30, 32, 35, 37, 39, 41, 46, 48, 65, 72, 105, 106, 141, 183, 186, 210, 215, 216, 217, 220, 221, 250-255, 257, 260, 273, 292, 318, 359, 360, 374, 377, 379, 381, 447, 454-455, 457, 467, 477, 506.
Délos (île) : 23, 32, 36-37, 41, 50, 51, 60, 61, 71, 72, 109, 172, 197, 212, 214, 219, 221, 236-238, 238, 241, 248-250, 259, 260, 285, 298, 300, 301, 318, 382, 426, 431, 441, 446, 449, 451, 456, 457, 516, 518, 522, 534.
Delta (du Nil) : 247, 256, 264, 285, 311, 336, 369, 370.
Détroits (Hellespont, Bosphore) : 48, 228, 325, 439, 517.
Didymes (sanctuaire) : 21, 124, 138, 256, 395.
Dodone (sanctuaire) : 21, 65, 252, 256, 332, 385.
Domitiana (via) : 358, 387, 395, 396, 401, 436, 492.

E

Égée (mer) : 12, 13, 15, 34, 46, 53, 117, 215, 236, 294, 376, 383, 419, 426, 429, 430, 438, 449, 452, 484, 517, 518, 538.
Égine (île) : 22, 230, 424.

Egnatia (via) : 239, 375, 392, 436, 485, 502.
Égypte : 13, 30, 38, 40, 41, 47, 53, 56, 61, 68, 87, 107, 129, 175, 177, 179, 181, 190, 202, 204, 214, 228, 232, 250, 251, 256, 262, 264, 279, 283-285, 290, 310-312, 315, 320, 326-331, 338, 344, 348, 366-372, 387, 404, 424, 458, 474, 502, 504, 507, 508, 510, 516, 539.
  basse : 54, 68, 366, 367.
  haute : 132, 285, 370.
Éleusis (sanctuaire) : 32, 186, 190, 260, 377.
Éleusis (d'Égypte) : 370.
Éphèse : 81, 97, 109, 124, 129, 138, 171, 187, 202, 239, 240, 262, 299, 305, 311, 312, 375, 379, 380, 419, 436, 437, 472, 477, 534.
Épidaure : 23, 36, 187, 211, 215, 252, 268, 269, 360, 377, 475.
Épire : 373, 375, 385, 460, 508, 518.
Éthiopie : 45, 140, 175, 256, 285, 327, 328, 337, 345.
Etna (volcan) : 102, 135, 179, 333-335, 354, 355.
Étaurie (Étrusques) : 214, 222, 300, 352, 446, 488.
Eubée (île) : 13, 31, 32, 70, 106, 139, 221, 310, 318, 382, 406, 428.
  Creux de l' : 429.
Euphrate (fleuve) : 33, 132, 379, 383, 384, 405, 526.
Euripe (détroit) : 106, 139, 382, 439, 483.
Europe (continent) : 315, 419, 500.

F

Fayoum : 56, 209, 369.
Flaminia (via) : 392, 393, 465, 539.
Forum Appi : 115, 116, 400.

G

Gange : 145, 340, 346.
Garonne (fleuve) : 139, 161.

Gaule : 47, 48, 122, 130, 138, 178, 189, 213, 215, 228, 238, 276-278, 284, 343, 392, 397, 461, 473, 486, 487, 493, 501, 507, 523, 524.
Germanie : 123, 130, 138, 189, 201, 325, 340, 346, 347, 349, 473, 489.
Gizeh : 75, 259, 328, 367, 370.
Gortys : 36, 269.
Grèce (Hellade) : 124, 173, 175, 179, 180-187, 219, 242, 243, 251, 299, 300, 305, 313, 323, 348, 350, 358-361, 394, 463, 469, 470, 473, 478-480, 488, 491, 506, 508, 531, 535, 538, 539.
Grèce du Nord : 108, 303, 359, 481, 484, 485, 492.
Gyaros (île) : 121, 351.

H

Halys (fleuve) : 33, 384.
Hellespont (Dardanelles) : 109, 175, 345, 383, 485, 531.
Hiérapolis (de Syrie) : 320.
Hiérapolis (de Phrygie) : 362.
Hyrcanie : 337, 344, 508.

I

Ibérie (Espagne) : 47, 48, 100, 175, 195, 198, 435, 473, 489, 490, 508, 509.
Ilissos (rivière) : 25, 27, 406, 407.
Inde : 33, 43, 50, 65, 138, 141, 143, 144, 148, 231, 284, 313, 337, 340, 341, 344, 345, 375, 525.
Indien (océan) : 34, 43, 45, 333, 502.
Indus (fleuve) : 43, 45, 333.
Iran : 43, 49, 333, 342, 478.
Isthme (de Corinthe) : 23, 29, 139, 182, 183, 227, 269, 310, 361, 376, 388, 455, 531.
Italie : 46, 77, 81, 100, 146, 148-152, 161, 201, 202, 210, 217, 219, 230, 239, 241, 258, 349, 359, 477, 485, 491, 495, 504, 531, 537, 539.
Italie du Sud (Grande-Grèce) : 27, 175, 213, 217, 222, 224, 226, 281, 286, 287, 313, 320.
Jérusalem : 64, 170, 197, 247, 263, 264, 450, 457, 476.

K

Kéos (île) : 12, 41.

L

Latium : 149, 222, 271, 460, 487, 539.
Lébadée : 106, 256.
Lébédos : 138, 145, 220, 365.
Léchaion (port) : 183, 305, 432.
Lesbos (île) : 25, 121, 197, 274, 337, 429.
Libye (Cyrénaïque) : 24, 225, 256, 296, 309, 320, 328, 336, 405.
Libye (continent africain) : 30, 45, 50, 327, 505.
Lindos (sanctuaire) : 259, 319.
Lydie (région) : 33, 321.
Lyon (Lugdunum) : 78, 129, 236, 245, 392, 465, 486, 524.

M

Macédoine (région) : 55, 168, 169, 226, 235, 239, 302, 313, 359, 373, 375, 385, 392, 406, 457, 470, 485, 498, 508.
Magnésie (du Méandre, sanctuaire) : 217, 219, 249, 455, 518.
Malée (cap) : 139, 183, 376, 439, 483.
Marathon : 310, 311.
Marseille : 47, 178, 213, 446, 516.
Maurétanie (Maroc) : 42, 132, 238, 338, 505, 509, 539.
Méandre (fleuve) : 137, 334.
Mégare : 32, 332, 374, 407, 512.
Memphis : 72, 107, 191, 241, 285, 328, 369, 370, 371.
Méroé (Nubie) : 45, 242.
Mésopotamie : 132, 292, 332, 384.
Milan : 159, 265, 315.
Milet : 29, 208, 217, 432, 514.

INDEX

Minturnes : 111, 460, 536.
Misène (cap) : 358, 495.
Musée d'Alexandrie : 47, 133.
Mysie : 362, 363, 365.
Mytilène : 121, 145, 197, 274, 280, 281, 290, 429.

N

Naples (Parthénopé) : 88, 173, 177, 180, 183, 219, 226, 228, 279, 291, 397, 494.
Naples (golfe de) : 357.
Narbonnaise (province) : 123, 160, 195, 238, 393, 435, 438.
Narbonne (Narbonnaise) : 83, 129, 465, 487, 490, 496.
Némée (sanctuaire) : 23, 29, 183.
Nicomédie : 188, 437.
Nicopolis (d'Épire) : 179, 183, 325, 359.
Nil (fleuve) : 45, 48, 51, 61, 65, 68, 71, 107, 132, 135-137, 140, 144, 170, 247, 330, 332, 333, 334, 366, 369, 423, 430, 502.
Numidie : 210, 338, 507.

O

Olympie : 23, 24, 27, 29, 55, 106, 182, 211, 219, 220, 224, 225, 227, 228, 286, 287, 296, 319, 322, 332, 359, 360, 377, 380, 454.
Ombrie : 352, 353, 487.
Oropos (sanctuaire d'Amphiaraos) : 36, 106, 197, 268, 457, 522.
Ostie : 129, 178, 214, 243, 311, 339, 340, 390, 391, 413, 419, 434-436, 446, 462, 487, 489, 525, 539.
Ostie (Porte d') : 371.
Ostiensis (via) : 266, 390, 539.

P

Palestine : 247, 248, 261-264, 320, 425, 431, 503, 507, 510.
Palmyre : 187, 236, 510.
Pannonie : 229, 240, 507.
Parthes (pays des) : 144, 191.
Parnasse (mont) : 140, 315, 374, 379.
Patras : 112, 377, 430.
Péloponnèse (région) : 13, 27, 64, 66, 106, 183, 197, 209, 237, 359, 376, 377, 380, 439, 511.
Péluse : 326, 433.
Pergame : 23, 219, 223, 270-272, 290, 299, 303, 309, 315, 324, 361, 363, 365, 457, 467, 473, 498, 518.
Perse (voir Iran) : 33, 107, 343, 383, 384, 407, 457.
Persique (golfe) : 141, 236, 345, 394.
Pétra : 50, 51, 236.
Phare (Pharos, à Alexandrie) : 52, 68, 223, 251, 369, 433.
Phase (fleuve) : 141, 191, 337.
Phénicie : 30, 213, 214, 341.
Philae (sanctuaire) : 72, 140, 370.
Phocide : 106, 256, 259.
Phrygie (région) : 21, 33, 188, 223, 256, 379, 491.
Pirée (port d'Athènes) : 23, 50, 106, 202, 214, 241, 305, 377, 419, 424, 432, 449, 468, 514.
Platées : 36, 455.
Pô (fleuve) : 178, 392.
Pompéi : 111, 222, 242, 281, 291, 358, 413, 451, 462, 465, 466, 479, 496, 497.
Pont (région) : 188, 203, 228, 243, 292, 442.
Pont-Euxin (mer Noire) : 13, 15, 32, 144, 192, 325, 361, 379, 383, 424, 459, 468, 484, 501, 516.
Préneste (Palestrina) : 199, 258, 281, 371, 390, 413.
Pouzzoles (Dicéarchie) : 99, 177, 238, 243, 346, 358, 369, 432, 433, 434, 435, 462, 489.
Ptoion (sanctuaire) : 21, 256.
Ptolémaïs (d'Égypte) : 54, 369.
Pyramides : 191, 328, 342, 371.
Pyrénées : 160, 174, 387.

R

Réate : 78, 88, 100.
Rhégion (Regium) : 99, 226, 408, 489.
Rhin (fleuve) : 132, 142, 159, 243, 388, 393, 507, 520.
Rhodes (île) : 48, 50, 51, 72, 80, 107, 113, 120, 145, 177, 188, 217, 227, 228, 280, 281, 299, 301, 302, 305, 309, 326, 350, 443, 447.
Rhône : 159, 387, 388, 392, 393.
Rome (ville) : 46, 69, 150, 152-159, 163, 173, 180, 205, 212, 215, 221, 223, 226-228, 301, 306, 307, 311, 312, 324, 344, 346, 347, 392, 413, 424, 426, 454, 465, 472, 479, 498, 507, 509, 514, 525.
Rome (ville éternelle) : 264-267.
Rouge (mer) : 45, 61, 132, 141, 328, 333.

S

Sabine : 95, 96, 273, 335.
Samos : 124, 145, 197, 202, 230, 290, 419, 431.
Samothrace : 178, 531.
Sardaigne : 120, 183, 200, 354, 508.
Sardes : 33, 220, 361, 375.
Sarmates (pays des) : 138, 199.
Scythes (pays des) : 144, 199, 296, 328, 342, 343, 345, 480.
Séleucie (port de Syrie) : 50, 311, 436.
Sères (pays des, Chine) : 132, 143.
Sériphos (île) : 121, 351, 442.
Sicile : 24, 39, 66, 98, 99, 101, 103, 138, 177, 179, 186, 222, 224, 238, 286, 323, 350, 353-355, 392, 430, 439, 450, 480, 517, 525, 527.
Sicyone : 27, 65, 109.
Smyrne : 188, 220, 228, 229, 271, 299, 309-312, 365, 457, 498.
Sparte (Lacédémone) : 177, 191, 228, 259, 381, 406, 407, 511, 519.
Suse : 33, 167, 309, 375.
Syracuse : 136, 179, 186, 286, 354, 355, 422.
Syrie : 55, 109, 122, 174, 197, 205, 223, 227, 228, 242, 257, 303, 305, 320, 383, 439, 447, 449, 518.

T

Tarente : 112, 194, 226, 281, 391, 461.
Terracine : 115, 116, 391, 411, 413, 423, 434.
Téos (sanctuaire) : 249, 270.
Thasos (île) : 16, 379, 456.
Thèbes (Béotie) : 75, 211, 376, 378, 512, 520, 522, 538.
Thèbes (Égypte) : 66, 285, 320, 328, 331, 371.
Thessalie (région) : 32, 35, 106, 223, 315, 373, 375, 405, 416, 492, 495, 498, 505, 508.
Thrace : 16, 191, 197, 233, 237, 284, 325, 375, 419, 441, 485, 495, 498, 507, 508, 510.
Thrace (mer de) : 217.
Tibre (fleuve) : 13, 143, 153, 154, 177, 358, 392, 403, 421, 422, 434, 435, 486, 487.
Tibur : 88, 281, 390.
Tiburtina (via) : 390.
Tiburtina (Porte) : 413.
Tigre (fleuve) : 27, 137, 144, 236, 292, 334, 383, 385, 520.
Tmolos (mont) : 143, 343.
Toscane : 353, 487.
Tricca : 23.
Troie (Ilion) : 13, 106, 188, 198, 228, 324, 337, 362, 531.
Trois Tavernes (Tres Tabernae) : 400, 465.
Tusculum : 100, 281, 390.
Tyr : 57, 257, 365, 419, 452, 470, 516.

V

Vadimon (lac) : 349, 352.
Valeria (via) : 354, 390.
Vallée des Rois : 75, 259, 260, 298, 328, 332, 370, 371.
Vésuve (volcan) : 135, 333, 358.

Table des cartes

L'espace sacré des Grecs à l'époque classique 20
Le monde habité à la fin de l'époque hellénistique (d'après la géographie de Strabon) 44
La circulation autour du sanctuaire de Délos à l'époque hellénistique. 59
La Grèce touristique (d'après le circuit de Paul Émile à l'automne 167) 107
Déplacements officiels d'Agrippa dans le monde romain (d'après J.-M. Rodaz, *Marcus Agrippa*, Paris-Rome, 1984) 196
Les déplacements d'un champion au début du IIIe siècle de notre ère 218
Un voyage commercial au long cours au milieu du IVe siècle (d'après le *Contre Lacritos* de Démosthène) 234
La clientèle des oracles d'Asie à l'époque hellénistique et impériale 255
La Méditerranée orientale *(Table de Peutinger)*. 329
La Campanie touristique *(Table de Peutinger)* 356
Le thermalisme dans l'Asie Mineure romaine (d'après P. Debord, *Aspects sociaux et économiques de la vie religieuse dans l'Anatolie gréco-romaine*, Leyde, 1982) 364
L'Égypte touristique 368
Les routes romaines en Thrace et en Macédoine *(Table de Peutinger)* 389

Table des matières

Introduction 7

Chapitre premier. — L'héritage des Grecs : comme Ulysse, malgré eux 11
Adossés à la montagne, regardant la mer 12
Les « chemins de la mer », 12. — Nostalgie homérique et errance tragique, 13. — L'état de guerre permanent et la tradition des représailles, 16.
L'apparition du tourisme sacré 18
Les émissaires sacrés, 19. — Malades en quête de guérison : les débuts du voyage médical, 22. — La mode du tourisme religieux, 23.
Entre ville et campagne 25
L'excursion, 25. — L'introduction d'un modèle étranger, 26. — Les parties de chasse, 28.
Les « circuits » de l'époque classique 28
Les premières cartes, 29. — L'itinéraire et les débuts du voyage organisé, 31.
L'amélioration des conditions du voyage 34
L'apparition d'une infrastructure d'accueil, 34. — De l'émissaire sacré à l'observateur curieux, 36. — La « Nouvelle Éducation » et l'esprit d'observation, 37. — Quand les jeunes veulent voir du pays, 39. — Dans les sanctuaires, « en suivant le guide », 40.

Chapitre ii. — L'appel du voyage. 43
L'ouverture du monde hellénistique 43
L'ère des explorations, 43. — Une meilleure maîtrise du monde : les progrès de la cartographie et de la géogra-

TABLE DES MATIÈRES 589

phie, 47. — L'espace et le temps du cabotage, 49. — L'internationalisation de l'espace, 51. — L'attraction des capitales et des fêtes, 54. — La généralisation de la villégiature dans l'Orient hellénistique, 55. — Sanctuaires et vie de relation, 58. — Un espace homogène et humanisé, 58.

L'âge de la curiosité 62
Un imaginaire avide de dépaysement, 62. — La naissance du guide de voyage, 64. — L'inventaire des Merveilles du monde, 65.

L'expérience du voyage 66
Voir de ses propres yeux, 67. — Faire sentir ce qu'on a vu, 68.

L'amateur de voyage 70
Un tourisme de passage, 71. — Un point de vue pratique, 73. — Le plaisir des yeux, 74.

CHAPITRE III. — ANTIQUES PRÉJUGÉS ET TABOUS À ROME. ÉVOLUTION DES MENTALITÉS 77

Une société fermée 77
Du Latium casanier à l' « ouverture » de la Grèce : débats et contradictions, 78. — Le déplacement sacré et maudit, 81. — Les angoisses du déplacement : le Latin et l'eau, 83. — Intégration et déracinement, 85. — Rites d'exécration et de propitiation, 90. — La *Clé des songes*, ou les itinéraires de l'inconscient, 92.

Du Latium primitif à l'empire mondial : l'élargissement des horizons 95
La dislocation de la « rusticité » primitive, 95. — Les premiers documents littéraires sur le voyage : Lucilius, 98. — L'essor du voyage à la génération de Varron et de Cicéron, 100. — L'enquête d'un avocat romain en Sicile, 102.

La conquête romaine et les premiers voyages officiels 103
La prolifération des ambassades et le chassé-croisé diplomatique, 104. — Les grandes missions des chefs romains : politique et curiosité, 105. — La tournée du légat Verrès, ou le brigandage organisé, 109. — Les déplacements proconsulaires de Cicéron, 111. — Tourisme et diplomatie à l'aube du principat, 114.

CHAPITRE IV. — L'EMPIRE ROMAIN ET LE VOYAGE : ESSOR ET RÉSISTANCES 119

Le cadre historique et politique 119
Restauration de l'ordre mondial et *pax Augusta*, 121. —

Une vision mondiale de l'ordre, 123. — De l'ère antonine au Bas-Empire : les constantes, 125. — L'Empire : légalité et répression, 127. — L'organisation mondiale des échanges, 128. — La politique d'exploration à l'époque julio-claudienne, 130.

Naissance du voyage de curiosité et de découverte 132
Naissance d'une géographie latine, 138. — La géographie de Pline l'Ancien et le voyage, 140.

Les paradis lointains et les terroirs fabuleux 142
Exotisme et rêve impérialiste, 143. — Le « mythe » de l'Orient lointain, 144.

La survie du chauvinisme italien : les beautés de la patrie 145
Properce contre les mirages lointains, 146. — Apologie pour la Péninsule : nationalisme poétique et agronomie, 147.

Les antiquaires et le passé latin 149
Une géopolitique occidentale, 151. — Patriotisme et enracinement religieux, 151.

Les « merveilles de la Ville » et l'éloge des villes 153
Tourisme urbain et éloquence « démonstrative », 153. — Le catalogue des « merveilles de la Ville » : des Flaviens au Bas-Empire, 156. — La Ville et les métropoles, 159.

Naissance d'une critique romaine du voyage 160
Les diatribes d'un poète philosophe, 161. — Mobilité et instabilité humaines, 162. — Le plaisir du voyage : illusions et antinomies, 163. — La philosophie et le « snobisme du voyage », 165.

CHAPITRE V. — LES VOYAGES OFFICIELS 167

Le voyage royal à l'époque hellénistique 168
Le voyage impérial 172
Voyage impérial et mutations du système politique, 172. — César, ou la vie à marches forcées, 174. — Auguste et le voyage, 175. — Sédentarité et humeur voyageuse des princes julio-claudiens, 177. — Le « grand tour » de Néron en Grèce, 180. — Hadrien, l'empereur du voyage, 186. — Les missions impériales aux IIe et IIIe siècles, 190.

Les déplacements des grands serviteurs de l'Empire 192
Mécène diplomate et voyageur, 193. — Les tournées de Marcus Agrippa, 195. — Une diplomatie mondiale, 198.

Problèmes d'intendance 199
La « logistique » des voyages républicains, 199. — Gestion du voyage officiel sous l'Empire, 201. — Le *Cursus publicus* ou la Poste impériale, 204.

TABLE DES MATIÈRES 591

Chapitre VI. — Mobilité des professions spécialisées.... 207

Déplacements saisonniers et régionaux 208
  Les oscillations ville-campagne, 208. — Les migrations saisonnières, 210. — Colporteurs et forains, 211.
L'appel aux spécialistes 213
Les professionnels du spectacle 215
  Les tournées de solistes, 215. — Athlétisme et mobilité sportive, 216. — Les compagnies théâtrales, 220. — Les gladiateurs, 223.
Des intellectuels itinérants 224
  Panhellénisme et cosmopolitisme intellectuels, 224. — La seconde sophistique ou la culture voyageuse, 227. — Voyages de médecins, 229.
Le nomadisme des soldats 230
Trafics et trafiquants 233
  Les pionniers du grand négoce international, 233. — Le grand négoce italien sous la République, 237. — Les brasseurs d'affaires du Haut-Empire, 239.
Missionnaires et propagateurs de sectes 241

Chapitre VII. — La quête de salut et de la santé 247

Le pèlerinage païen 247
  Pèlerinages et panégyries, 248. — La tournée des oracles, 252. — Consultations divinatoires sous l'Empire, 257. — Pèlerinages aux sources et culte des reliques, 258.
Naissance et essor du pèlerinage chrétien 260
  Les voyages d'intellectuels chrétiens, 260. — La visite des Lieux saints, 262. — Pèlerinages dans la Ville éternelle, 264.
Le voyage médical 267
  Cures miraculeuses dans les sanctuaires grecs, 267. — Miracles et thermalisme en Asie à l'époque impériale : l'expérience d'Aelius Aristide, 270. — Sédentarité et autarcie de la médecine romaine archaïque, 272. — La Campanie thermale : une alternative aux cures miraculeuses, 274. — Sanctuaires guérisseurs et thermalisme en Gaule, 276. — Le voyage et la problématique complexe de la santé, 278.

Chapitre VIII. — Voyage et culture 283

La philosophie grecque et le voyage 283
  La biographie des sages et le voyage initiatique, 283. — De Pythagore au cynisme itinérant, 286. — La philosophie

hellénistique et le voyage, 288. — L'originalité de la famille platonicienne, 292. — Le cynisme dans le monde romain : sagesse itinérante et cosmopolitisme, 293.

Le voyage d'études dans le monde gréco-romain 297
Le voyage d'étudiant à l'époque hellénistique, 297. — L'apparition du voyage d'études à Rome, 300. — A l'époque cicéronienne, 301. — Les étudiants romains en Grèce à l'aube du principat, 303. — L'université d'Athènes sous l'Empire, 306. — La seconde sophistique : pratique et théorie du voyage, 309. — Les médecins du Haut-Empire : la tradition du voyage, 312.

Chapitre IX. — Enquêtes sur le monde 317

Curiosités archéologiques 317
Le touriste grec : une curiosité tournée vers le passé, 317. — Les étapes de la curiosité archéologique à Rome, 323. — L'ouverture de l'Égypte : Germanicus, 327.

Explorations scientifiques et curiosités naturelles 331
Les Grecs et les merveilles naturelles, 331. — *Miracula* et *mirabilia* à Rome, 333. — La curiosité zoologique, 335. — La curiosité ethnographique, 341. — Géographie et ethnographie romaines, 344.

Les régions touristiques de l'Empire romain 348
Le tourisme local italien, 348. — La Sicile de plaisance, 353. — La Campanie, ou le rêve romain, 357. — La Grèce éternelle, 358. — L'Asie, « presque aussi belle que la Grèce », 361. — Le Proche-Orient touristique : les villes de « délices », 365. — L'Égypte mystérieuse, 366.

Chapitre X. — Sur la route : voies de communication et moyens de transport 373

Le réseau routier 373
L'archaïsme du réseau routier grec, 373. — Le passage des fleuves : une épreuve pour les Grecs, 382. — La primauté de la route romaine, 388. — Le réseau ancien d'Italie, 390. — La politique routière du principat, 392. — La voie romaine et le droit public, 395. — Les caractères techniques de la voie romaine, 396. — Itinéraires et distances, 398. — Le *Cursus publicus* et les itinéraires, 400. — Le revêtement et le confort, 401. — Les ponts et la faune du voyage, 402.

Le piéton, la monture et le véhicule 404
Le marcheur grec, 404. — Montures et véhicules dans le monde romain, 408. — Monture et véhicule : le décorum

TABLE DES MATIÈRES 593

politique, 410. — Le matériel roulant des Romains : éléments autochtones et emprunts, 412. — Problèmes techniques et discriminations sociologiques, 414. — La route romaine, espace de réglementation, 417.

CHAPITRE XI. — EN MER : NAVIRES ET LIGNES MARITIMES.... 419

Le transport maritime 419
Des cargos mixtes, 420. — Navires de plaisance, 422. — La vie à bord, 423. — Passagers en difficulté, 425. — Croisières de détente, 428.

Les aménagements portuaires 430
Du mouillage à l'*emporion* : le lent développement des ports grecs, 430. — Les grands ports de l'Empire, 434.

Une insécurité chronique 437
Les jouets du vent, 437. — La fréquence des naufrages, 439. — Les naufrageurs, 442. — La pratique du jet, 443. — Une piraterie endémique, 444.

CHAPITRE XII. — L'INTENDANCE DU VOYAGE 449

Hébergement et hôtellerie 449
L'hospitalité gratuite : une tradition grecque adoptée par Rome, 449. — L'hôtellerie d'État : une autre tradition grecque, 454. — La misère des auberges grecques, 456. — Les progrès dans l'Empire : l'hébergement des officiels, 458. — L'hospitalité amicale dans le monde romain, 459. — Buvettes, auberges... ou lupanars ?, 461. — L'encadrement juridique et la profession hôtelière, 463. — La carte des auberges romaines, 465.

Les problèmes d'argent 466
Transport et transfert de fonds : les difficultés du Grec, 466. — Travailler pour payer son voyage, 468. — L'allocation de voyage en Grèce, 469. — Le voyage romain et l'argent : le « viatique », 471. — Banque romaine et unité monétaire, 472.

L'équipement du voyageur........................ 473
Le problème des bagages, 473. — Le costume, 477.

CHAPITRE XIII. — LES MISÈRES DU VOYAGE ANTIQUE....... 483

Contraintes, fatigues et perturbations 483
L'hostilité des éléments : le voyage d'hiver, 483. — La longueur fastidieuse, 488. — Les misères physiologi-

ques, 490. — Les plaies de la route, 491. — La nausée, 493. — Les perturbations alimentaires, 495.

Incertitudes et aléas 497
Les mauvaises surprises de l'hôtellerie, 497. — Les guides infidèles, 500. — La barrière linguistique, 501. — La rencontre de bêtes féroces, 503.

Insécurité persistante et tracasseries administratives 506
La recrudescence du banditisme à l'époque impériale, 506. — Violence et autodéfense, 510. — Les entraves juridiques à la circulation des personnes, 511. — Les insuffisances de la protection civile en Grèce, 516. — Le cadre juridique de l'Empire : servitudes et protections, 519. — L'expérience quotidienne de la xénophobie, 521. — Les tracasseries douanières de l'Empire, 523.

Voyage, absence et ruptures 527
Le mal d'absence en Grèce, 527. — La protection de l'absent : un progrès du droit romain, 529. — Errance, déracinement et solitude, 529. — Le voyage d'exil, 531. — Le grand départ, 532. — Nostalgie, regret et littérature épistolaire, 533. — La mort le long des routes, 537.

CONCLUSION.................................... 541

BIBLIOGRAPHIE.................................. 545

INDEX DES NOMS DE PERSONNES..................... 575

INDEX DES NOMS DE LIEUX.......................... 581

TABLE DES CARTES................................ 587

Impression réalisée sur CAMERON par
BRODARD ET TAUPIN
La Flèche

Imprimé en France
Dépôt légal : mai 1993
N° d'édition : 4494 – N° d'impression : 1734H-5
35-66-9052-01/8
ISBN : 2-213-03097-9